PAUL BOWLES

Gesammelte Erzählungen I

Buch

Seine Schauplätze sind ferne exotische Länder mit Namen, die nach Verheißung klingen: Marokko, Corazon, Paso Rojo oder Cold Point. Seine Helden sind rastlose Aussteiger, Vertreter der »lost generation«, die der Enge und Konvention des zivilisierten Alltagslebens entfliehen. Aber über den fremden Orten, von denen Bowles' Figuren magisch angezogen werden, liegt in Wahrheit eine Atmosphäre unfassbarer Bedrohung. Fernab der Schranken des zivilisierten Alltagslebens brechen lange verdeckte Abgründe der menschlichen Existenz auf, in denen Bowles' Gestalten mit der oft erschreckenden Wahrheit über sich selbst konfrontiert werden.

Autor

Paul Bowles wurde 1910 als Sohn eines Zahnarztes in New York geboren. Er studierte in Berlin und New York Musik und schrieb Bühnenmusiken für Orson Welles, William Saroyan und Tennessee Williams, bevor er in den vierziger Jahren als Autor und Übersetzer weltberühmt wurde. 1947 ließ sich Bowles, den zahlreiche Reisen immer wieder nach Lateinamerika, Asien und vor allem Nordafrika geführt hatten, mit seiner Frau Jane in Tanger nieder, wo er bis zu seinem Tod im November 1999 lebte. 1949 erschien »Himmel über der Wüste«, der Roman, der seinen Ruhm begründete und ihn neben Albert Camus und Jean-Paul Sartre zu dem wohl bedeutendsten Vertreter des Existentialismus machte. Seine vier Romane sowie seine zahlreichen Kurzgeschichten haben Bowles zu einem der großen Klassiker der Moderne gemacht.

Von Paul Bowles außerdem bei Goldmann lieferbar:

Das Haus der Spinne. Roman (46432)
So mag er fallen. Roman (46346)
Himmel über der Wüste. Roman (46246)
Gesang der Insekten. Roman (46563)
Gesammelte Erzählungen II (gebundene Ausgabe, 39060)

Paul Bowles

Gesammelte Erzählungen I

Deutsch von pociao

GOLDMANN

Die Originalausgabe erschien 1979 unter dem Titel
»Collected Stories 1939-1976«
bei Black Sparrow Press, Santa Barbara

Die Erzählung »Vier Tagesreisen von Santa Cruz«
erschien in Deutschland erstmals in Text & Zeichen, 1951,
in der Übersetzung von Susanne Rademacher.
Nutzung der Übersetzung mit freundlicher Genehmigung
des Luchterhand Literatur Verlags.

FSC

Mix

Produktgruppe aus vorbildlich
bewirtschafteten Wäldern und
anderen kontrollierten Herkünften

Zert.-Nr. SGS-COC-1940
www.fsc.org
© 1996 Forest Stewardship Council

Verlagsgruppe Random House FSC-DEU-0100
Das FSC-zertifizierte Papier *München Super* für Taschenbücher
aus dem Goldmann Verlag liefert Mochenwangen Papier

INHALT

TEE AUF DEM BERG

Die Post hatte ihr am Morgen einen großen Vorschuß von ihrem Verleger gebracht. Zumindest erschien er ihr groß hier in der Internationalen Zone, wo das Leben billig war. Sie hatte den Brief am Tisch des Straßencafés gegenüber vom Spanischen Postamt geöffnet. Durch das Gefühl, das sie beim Anblick der Ziffern auf dem Scheck überkam, wurde sie unversehens großzügig den Bettlern gegenüber, die ständig vorbeigingen. Später legte sich die Erregung und wich einer vorübergehenden Niedergeschlagenheit. Die Straßen und der Himmel wirkten heller und stärker als sie. Durch die Umstände bedingt, hatte sie nur wenige Freunde in der Stadt, und obgleich sie jeden Tag regelmäßig an ihrem Roman arbeitete, mußte sie sich eingestehen, daß sie manchmal einsam war. Driss kam vorbei, eine makellose malvenfarbene Dschellaba um die Schultern und einen neuen Fez auf dem Kopf.

»*Bonjour, Mademoiselle*«, sagte er und vollführte eine übertriebene Verbeugung. Er widmete ihr seit mehreren Monaten unermüdlich seine Aufmerksamkeit, doch bisher war es ihr gelungen, ihn auf Distanz zu halten, ohne seine Freundschaft zu verlieren; er war ein angenehmer Begleiter an den Abenden. An diesem Morgen begrüßte sie ihn herzlich, ließ zu, daß er ihre Rechnung beglich, und schlenderte mit ihm die Straße hinauf, eingedenk der Kommentare, die ihre Geste unter den übrigen Arabern im Café provozierte.

Sie bogen in die Rue du Télégraphe Anglais ein und schritten langsam den Hügel hinab. Sie hoffte, durch die Bewegung etwas Appetit für den Lunch zu entwickeln; in der Mittagsluft war es oft schwierig, Hunger zu haben. Driss war so europäisiert, daß er auf Apéritifs vor den Mahlzeiten bestand; statt jedoch beispielsweise zwei Dubonnets zu trinken, bestellte er einen Gentiane, einen Byrrh, einen Pernod und einen Amer Picon. Danach legte er sich meistens hin und verschob das Essen auf später. Vor dem Café an der Marshan Road blieben sie stehen und setzten sich an einen Tisch neben einer Runde von mehreren Schülern des Lycée Français. Die Jungen tranken Limonade und blätterten in ihren Notizbüchern. Plötzlich wandte Driss sich ihnen zu und begann ein oberflächliches Gespräch. Kurz darauf wechselten sie an den Tisch der Schüler.

Nacheinander wurde sie allen Schülern vorgestellt; sie bezeugten ihr ein feierliches »enchanté«, blieben jedoch auf ihren Plätzen sitzen. Nur einer mit Namen Mjid erhob sich kurz von seinem Stuhl und setzte sich mit besorgtem Blick schnell wieder hin. Er war derjenige, der sie sofort interessierte, vielleicht, weil er ernster war, sanftäugig und trotzdem lebhafter und hitziger schien als die anderen. Er sprach sein gekünsteltes Theater-Französisch sehr schnell, mit weniger starkem Akzent als seine Mitschüler, und er begleitete seine Sätze regelmäßig mit einem Anflug von Lächeln statt der korrekten oder zu erwartenden Betonung. Neben ihm saß Ghazi, plump und schwarz.

Sie sah sofort, daß Mjid und Ghazi eng befreundet waren. Sie antworteten wie aus einem Mund auf ihre Fragen oder Schmeicheleien, wobei Ghazi es jedoch vorzog, die wichtigen Sätze Mjid zu überlassen. Er hatte einen Sprachfehler, und er schien langsamer im Denken. Innerhalb weniger

Minuten hatte sie herausgefunden, daß die beiden seit zwölf Jahren gemeinsam die Schule besuchten und immer in derselben Klasse gewesen waren. Das erschien ihr seltsam, da Ghazis mangelnde Reife um so deutlicher wurde, je mehr sie ihn beobachtete. Mjid bemerkte ihren überraschten Ausdruck und sagte: »Ghazi ist sehr intelligent, wissen Sie. Sein Vater ist Oberster Richter am Marokkanischen Gericht der Internationalen Zone. Eines Tages werden Sie ihn besuchen und sich mit eigenen Augen überzeugen können.«

»Oh, aber ich glaube Ihnen doch«, sagte sie überlaut und verstand jetzt, warum Ghazi bisher trotz seiner offensichtlichen Einfalt keine Schwierigkeiten im Leben gehabt hatte.

»Ich habe wirklich ein wunderschönes Haus«, setzte Ghazi hinzu. »Würden Sie gerne dort leben? Sie sind herzlich willkommen. Das ist so Brauch bei uns Tanjaoui.«

»Haben Sie vielen Dank. Vielleicht komme ich eines Tages. Jedenfalls danke ich Ihnen für das Angebot. Sie sind sehr nett.«

»Und mein Vater«, fuhr Mjid höflich, aber entschieden dazwischen, »der arme Mann, er ist tot. Jetzt ist es mein Bruder, der das Sagen hat.«

»Aber Mjid, dein Bruder hat doch Tuberkulose«, seufzte Ghazi.

Mjid war außer sich. Er begann eine heftige Diskussion auf arabisch mit Ghazi, in deren Verlauf er seine Limonadenflasche umstieß. Sie rollte auf den Bürgersteig und in den Rinnstein, wo ein kleiner Junge sie aufheben und sich damit aus dem Staub machen wollte, doch ein Kellner hinderte ihn daran. Dieser kam mit der Flasche zurück, wischte sie sorgfältig an seiner Schürze ab und stellte sie auf den Tisch.

»Dreckiger Jude!« schrie der Junge von der Mitte der Straße.

9

Mjid verstand das Schimpfwort selbst inmitten seines Wortschwalls. Er drehte sich auf seinem Stuhl um und rief dem Jungen zu: »Geh nach Hause. Heute abend beziehst du Prügel.«

»Ist er Ihr Bruder?« fragte sie neugierig.

Da Mjid keine Antwort gab, sie nicht einmal gehört zu haben schien, sah sie wieder zu dem kleinen Jungen hin und bemerkte seine zerlumpte Kleidung. Sie entschuldigte sich.

»Oh, es tut mir leid«, sagte sie. »Ich hatte ihn nicht angesehen. Jetzt merke ich…«

Ohne sie eines Blickes zu würdigen, sagte Mjid: »Sie brauchen diesen Bengel nicht anzusehen, um zu wissen, daß er nicht zu meiner Familie gehört. Sie haben doch gehört, wie er redet…«

»Der Sohn eines Nachbarn. Ein armer kleiner Teufel«, unterbrach Ghazi.

Mjid wirkte einen Augenblick gedankenverloren. Dann wandte er sich zu ihr und erklärte langsam: »Ein Wort, das wir nicht ertragen, ist Tuberkulose. Jedes andere Wort, Syphilis, Lepra, selbst Lungenentzündung können wir hören, nicht aber dieses Wort. Und Ghazi weiß das. Er möchte Sie glauben machen, wir hätten hier Pariser Zustände. Ich weiß, dort wird dieses Wort überall gebraucht, auf den Boulevards, in den Cafés, in Montparnasse, in der Kathedrale –«, seine Erregung wuchs, als er diese Sehenswürdigkeiten aufzählte, »im Moulin Rouge, in Sacre Cœur, im Louvre. Eines Tages werde ich selbst hinfahren. Mein Bruder war da. Und ist dort krank geworden.«

Driss war sich seiner Macht über die amerikanische Frau so sicher, daß er ihre Unterhaltung mit vermeintlichen Schuljungen nicht ernst nahm und hochmütig mit den übrigen Schülern sprach. Alle hatten Pickel und trugen Brillen.

Er erzählte ihnen von den Fußballspielen, die er in Málaga gesehen hatte. Sie waren noch nie in Spanien gewesen; sie lauschten, nippten ernst an ihrer Limonade und spuckten auf den Boden wie Spanier.

»Da ich Sie nicht zu mir einladen kann, weil wir die Krankheit im Haus haben, möchte ich, daß Sie mich morgen zu einem Picknick begleiten«, verkündete Mjid. Ghazi protestierte unhörbar leise, doch Mjid brachte ihn mit einem Blick zum Schweigen, worauf dieser beschloß, ein strahlendes Gesicht aufzusetzen und den Plänen begeistert zu lauschen.

»Wir mieten eine Kutsche, kaufen etwas Schinken und fahren zu meinem Landhaus«, fuhr Mjid fort; seine Augen funkelten vor Erregung. Ghazi warf einen besorgten Blick zu den anderen Männern, die auf der Terrasse saßen; dann stand er auf und trat ins Café.

Als er zurückkam, wandte er ein: »Du nimmst nicht die geringste Rücksicht, Mjid. Du redest mit lauter Stimme von ›Schinken‹, obwohl du weißt, daß Freunde meines Vaters hiersein könnten. Es wäre sehr schlecht für mich. Nicht jeder ist so frei wie du.«

Mjid war einen Augenblick zerknirscht. Er streckte sein Bein aus und zog an der seidenen *gandoura.* »Wie gefallen Ihnen meine Strumpfbänder?« fragte er unvermittelt.

Sie war erstaunt. »Sie sind sehr gut«, sagte sie.

»Darf ich Ihre auch sehen?«

Sie blickte an ihrer Hose hinunter. Sie hatte Espadrilles an den Füßen und trug keine Strümpfe. »Tut mir leid«, antwortete sie. »Ich habe keine.«

Mjid wirkte unangenehm berührt, und sie erriet den Grund: Es lag eher daran, daß er einen Makel an ihrer Erscheinung festgestellt, als daß er sie in eine peinliche Situation gebracht hatte. Er warf Ghazi einen beschämten Blick zu, als wollte er sich dafür entschuldigen, eine fremde Frau angesprochen zu haben, die offensichtlich nicht die Richtige war. Sie hatte das Gefühl, daß sie etwas von ihr erwarteten. Sie zog mehrere hundert Francs, alles Geld, was sie bei sich hatte, aus der Börse und legte es auf den Tisch, während sie in ihrer Handtasche nach einem Spiegel kramte. Mjids Blick besänftigte sich. Er wandte sich triumphierend zu Ghazi und erlaubte sich eine leichte Geste der Genugtuung, indem er seinem Freund wiederholt die Wange tätschelte.

»Also abgemacht!« rief er. »Morgen mittag treffen wir uns hier vor dem Café du Télégraphe Anglais. Ich werde um halb zwölf am Markt eine Kutsche mieten. Sie, meine liebe *Mademoiselle* –«, und damit wandte er sich an sie, »werden um halb elf zu dem englischen Geschäft gehen und den Proviant besorgen. Bestehen Sie auf Jambon Olida, er ist der beste.«

»Der beste Schinken«, murmelte Ghazi und sah furchtsam die Straße hinauf und hinunter.

»Und kaufen Sie eine Flasche Wein.«

»Mjid, du weißt doch, daß mein Vater davon erfahren könnte«, protestierte Ghazi.

Mjid war die Einwände leid. Er lächelte sie an. »Wenn Sie wollen, *Mademoiselle,* können wir auch allein fahren.«

Sie warf Ghazi einen Blick zu; in seinen Kuhaugen glänzten echte Tränen.

Mjid fuhr fort: »Es wäre wunderbar auf dem Berg, nur wir beide. Wir könnten am Abhang entlang zu den Rosengärten spazieren. Dort oben weht den ganzen Nachmittag eine frische Brise vom Meer. Bei Einbruch der Dämmerung sind wir zurück auf dem Hof. Dort trinken wir Tee und ruhen uns aus.« An dieser Stelle, die er für entscheidend hielt, machte er eine Pause.

Ghazi gab vor, in seinem Lehrbuch für Handelskorrespondenz zu lesen, die *chechia* schräg über den Augenbrauen, wie um sein hoffnungslos trauriges Gesicht zu verbergen. Mjid lächelte zärtlich.

»Wir fahren zu dritt«, sagte er weich.

Ghazi sagte nur: »Mjid ist böse.«

Driss war mittlerweile stockbetrunken. Die anderen Schüler sahen ihn beeindruckt und respektvoll an. Einige der bärtigen Männer im Café musterten den Tisch mit einem Ausdruck unverhohlener Mißbilligung. Sie wußte, daß die Männer sie für den Inbegriff der Korruption hielten. Sie warf einen Blick auf ihre auffällige kleine Emailleuhr, die jeder am Tisch sorgfältig begutachtete, ehe sie Gelegenheit bekam, sie wieder in ihrer Schatulle verschwinden zu lassen, und verkündete, daß sie hungrig sei.

»Essen Sie mit uns?« fragte Ghazi ängstlich. Offensichtlich hatte er gelesen, daß man bei derartigen Gelegenheiten eine Einladung auszusprechen hatte; zugleich merkte man ihm an, daß er entsetzliche Qualen ausstand, sie könnte annehmen.

Sie lehnte ab und stand auf. Das blendende Licht der Straße und der unaufhörliche Strom der Passanten hatten sie ermüdet. Sie verabschiedete sich von allen Schülern, während Driss im Inneren des Cafés war, und ging hinunter zu dem Strandrestaurant, wo sie gewöhnlich ihren Lunch einnahm.

Während sie aß und auf das Meer schaute, dachte sie: »Es war amüsant, aber nun ist es genug« und beschloß, nicht zu dem Picknick zu gehen.

Sie wartete nicht einmal bis zum nächsten Tag, um sich in dem englischen Geschäft mit Proviant einzudecken. Sie kaufte drei Flaschen einfachen Rotwein, zwei Dosen Jambon Olida, mehrere Sorten Huntler and Palmer's Biskuits, ein Glas gefüllte Oliven und ein Pfund Likörpralinen. Die englische Dame verschnürte alles zu einem prächtigen Paket.

Am Mittag des nächsten Tages saß sie vor einem *orgeat* im Café du Télégraphe Anglais. Ein Wagen, der von zwei mit Glocken behängten Pferden gezogen wurde, fuhr vor. Hinter dem Fahrer, durch das sandfarbene Schutzdach des Kutschwagens vor der Sonne geschützt, saßen Ghazi und Mjid. Sie wirkten ernst und zufrieden. Beide sprangen ab, um ihr beim Einsteigen behilflich zu sein. Als sie den Hügel hinauffuhren, betrachtete Mjid das Paket anerkennend und flüsterte: »Der Wein?«

»Alles da«, sagte sie.

Als sie den Stadtrand erreichten, veranstalteten die Zikaden einen Höllenlärm in den staubigen Felsen entlang der Straße. »Unsere Nachtigallen«, lächelte Mjid. »Hier, ein Ring für Sie. Geben Sie mir Ihre Hand.«

Sie war verblüfft und streckte den linken Arm aus.

»Nein, nein! Die rechte!« rief er. Der Ring war aus massivem Silber; er paßte auf ihren Zeigefinger. Sie war hoch erfreut.

»Sie sind zu nett zu mir. Wie kann ich mich revanchieren?« Sie versuchte traurig und hilflos zu wirken.

»Indem Sie mir die Freude machen, eine gute europäische Freundin zu haben«, antwortete Mjid ernst.

»Aber ich bin Amerikanerin«, protestierte sie.

»Um so besser.«

Ghazi beobachtete schweigend die fernen Gipfel des Rif-Gebirges. Wie ein Prophet hob er den Arm mit dem im heißen Wind flatternden seidenen Hemdsärmel und deutete auf die rissigen Lehmfelder.

»Da unten«, erklärte er, »gibt es ein Dorf, in dem alle Menschen verrückt sind. Ich bin einmal mit einem Assistenten meines Vaters dort gewesen. Es ist das Wasser, das sie trinken.«

Der Wagen schwankte. Es ging bergauf. Unter ihnen erstreckte sich das Meer, postkartenblau. Die Gipfel der Berge drüben in Spanien, jenseits des Wassers, ragten aus dem Dunst. Mjid begann zu singen. Ghazi hielt sich mit seinen massigen Händen voller Fettpolster die Ohren zu.

Das Sommerhaus wurde von einer Familie mit vielen Kindern bewohnt. Nachdem er den Kutscher entlohnt und angewiesen hatte, nicht zu warten, da er zu Fuß zurückkehren wollte, zeigte Mjid seinen Gästen das Haus und die Umgebung. Es gab mehrere Brunnen. Sicher hatte Ghazi sie schon unzählige Male gesehen, doch vor jedem blieb er wie staunend stehen und flüsterte, während sie ihn begutachteten: »Nicht zu fassen!«

Auf einem steinigen Vorsprung unweit des Hauses stand ein großer Olivenbaum. Dort breiteten sie das Essen aus und begannen ihr Mahl. Die Berberin, die den Hof bewirtschaftete, hatte ihnen mehrere Fladen selbstgebackenen Brotes, Oliven und Orangen geschenkt. Ghazi wollte, daß Mjid ablehnte.

»Es sollte ein echt europäisches Picknick sein.«

Doch sie bestand darauf, die Orangen zu nehmen.

Das Öffnen der Dosen wurde unter andächtigem Schweigen zelebriert. In kürzester Zeit waren beide leer. Dann machten sie sich über den Wein her.

»Wenn mein Vater uns sehen könnte«, sagte Ghazi und leerte seine Blechtasse. »Schinken und Wein!«

Mjid trank eine Tasse und verzog das Gesicht. Er legte sich zurück, die Arme unter dem Kopf verschränkt. »Jetzt, da ich fertig bin, kann ich es Ihnen sagen: Ich mag keinen Wein, und jeder weiß, daß Schinken unrein ist. Aber ich hasse unsere strengen Sitten.«

Sie hatte den Verdacht, daß er die kleine Rede auswendig gelernt hatte.

Ghazi trank weiter. Er leerte eine ganze Flasche allein und zog dann, indem er sich bei seinen Freunden entschuldigte, die *gandoura* aus. Bald darauf war er eingeschlafen.

»Sehen Sie?« flüsterte Mjid. Er nahm ihre Hand und zog sie hoch. »Jetzt können wir zum Rosengarten gehen.« Er führte sie am Abhang entlang und einen Pfad hinunter, der vom Haus wegführte. Er war sehr schmal; dornige Zweige zerkratzten ihnen die Arme, als sie sich hindurchzwängten.

»Ich will Ihnen von Ghazi erzählen«, sagte Mjid. »Eine der Frauen seines Vaters war eine senegalesische Sklavin, ein armes Ding. Sie schenkte ihrem Mann Ghazi und sechs weitere Söhne, und sie sehen alle aus wie Neger.«

»Halten Sie Neger nicht für genausogut wie sich selbst?« fragte sie.

»Es ist nicht die Frage, ob sie gut sind – es ist eine Frage der Schönheit«, lautete seine entschiedene Antwort.

Sie waren auf eine Lichtung am Berghang gestoßen. Er blieb stehen und sah sie aufmerksam an. Dann streifte er das Hemd über den Kopf. Sein Körper war weiß.

»Mein Bruder hat blondes Haar«, sagte er stolz. Schließlich zog er verwirrt das Hemd wieder an und legte ihr den Arm um die Schultern. »Sie sind schön, denn Sie haben blaue Augen. Aber sogar manche von uns haben blaue Augen. Jedenfalls sind Sie *wunderbar*!« Er ging wieder voraus und sang ein spanisches Lied.

*»Es pa' mi la más bonita
La mujer que yo más quiero...«*

Sie erreichten eine Kaktushecke mit einem kleinen Tor aus verbogenem Stacheldraht. Ein blonder Welpe kam angelaufen und bellte freudig.

»Haben Sie keine Angst«, sagte Mjid, obgleich sie kein Anzeichen der Furcht zu erkennen gegeben hatte. »Sie sind meine Schwester, Angehörige der Familie beißt er nicht.« Sie folgten dem staubigen Pfad zwischen verkümmerten Palmen, die gänzlich vertrocknet und gelb waren, und gelangten plötzlich zu einer primitiven Laube aus Bambusstäben. In der Mitte stand eine kleine Bank an der Rückwand, und an den Seiten wuchsen mehrere verdorrte Rosenbüsche aus der staubigen Erde. Er pflückte zwei leuchtendrote Rosen und steckte ihr eine ins Haar und die andere unter seine *chechia*, so daß sie ihm wie eine Haarlocke in die Stirn fiel. Das dichte Gestrüpp aus dornigen Kletterpflanzen, das sich an den Spalieren emporrankte, tauchte die Bank in Schatten. Eine Zeitlang saßen sie schweigend in der Abgeschiedenheit.

Mjid schien in Gedanken versunken. Schließlich nahm er ihre Hand. »Ich denke nach«, flüsterte er. »Abseits der Stadt, in seinem eigenen Garten, wo es ruhig ist, weitab von jedermann, da denkt man eben nach. Oder man macht Musik«, setzte er hinzu.

Plötzlich wurde ihr die Stille des Nachmittags bewußt. In weiter Ferne hörte sie das verlorene Krähen eines Hahns. Es weckte das Gefühl in ihr, daß bald die Sonne untergehen würde, daß die ganze Schöpfung am Rande eines großen und endgültigen Sonnenuntergangs stand. Sie überließ sich der Traurigkeit, die sie durchschauerte.

Mjid sprang auf. »Wenn Ghazi aufwacht!« rief er. Er zog sie ungeduldig am Arm. »Kommen Sie, wir machen einen Spaziergang.« Sie gingen den Pfad zurück, durch das Tor und über ein nacktes, steiniges Plateau den Berg hinunter.

»Es gibt hier in der Nähe ein Tal, wo der Bruder des Verwalters wohnt. Dort können wir hingehen und etwas Wasser trinken.«

»Ganz dort unten?« fragte sie, obgleich sie die Möglichkeit, dadurch Ghazis Gesellschaft für den Nachmittag zu entgehen, anspornte. Die traurige Stimmung hatte sie nicht verlassen. Sie liefen den Berg hinunter, sprangen von einem Stein zum nächsten. Ihre Rose fiel herunter; sie mußte sie in der Hand tragen.

Der Bruder des Verwalters schielte. Er reichte ihnen einen Tonkrug mit Wasser, das nach Fäulnis roch.

»Ist es aus dem Brunnen?« fragte sie Mjid verstohlen.

Sein Gesicht verdunkelte sich; er war ärgerlich. »Wenn man Ihnen etwas zu trinken anbietet, sollten Sie es annehmen und dem Mann danken, der es Ihnen gibt, selbst wenn es Gift wäre.«

»Aha«, sagte sie. »Es ist also Gift. Das dachte ich mir.«

Mjid griff nach dem Tonkrug, der zwischen ihnen auf der Erde stand, trat damit zum Rand der Schlucht und schleuderte ihn in gespielter Wut hinunter. Der schielende Mann protestierte, und dann lachte er. Mjid sah ihn nicht an, sondern ging ins Haus und begann eine Unterhaltung mit ein paar Berberinnen. Sie blieb mit dem Bauern allein und stammelte ihm die paar arabischen Worte vor, die sie konnte. Die Nachmittagssonne brannte, und sie war vollkommen besessen von der Vorstellung, etwas Wasser zu trinken. Sie setzte sich trotzig mit dem Rücken zur Aussicht, spielte mit Kieselsteinen und kam sich ungeheuer nutzlos und absurd vor.

Der schielende Mann fuhr fort, in Abständen zu lachen, als wäre dies ein akzeptabler Ersatz für ein Gespräch.

Als Mjid schließlich herauskam, war seine schlechte Laune verflogen. Er reichte ihr die Hand, um ihr aufzuhelfen, und sagte: »Kommen Sie, wir gehen wieder hinauf zum Hof und trinken Tee. Ich habe dort mein eigenes Zimmer. Ich habe es selbst eingerichtet. Sie werden es sehen und mir dann sagen, ob Sie in Ihrem Haus in Amerika auch so ein schönes Zimmer zum Teetrinken haben.« Sie machten sich auf den Weg bergan.

Die Frau im Haus war sehr devot. Sie fächelte das Kohlefeuer an und holte Wasser vom Brunnen. Die Kinder spielten ein geheimnisvolles, stilles Spiel am anderen Ende der Einfriedung. Mjid führte sie im Haus durch mehrere halbdunkle Räume in ein Zimmer, das ihr das letzte in der Reihe zu sein schien. Es war kühler und ein wenig dunkler als die übrigen.

»Sie werden sehen«, sagte Mjid und klatschte zweimal in die Hände. Nichts geschah. Er rief mißmutig. Plötzlich trat die Frau ins Zimmer. Sie strich die Matratzen auf dem Boden glatt und öffnete den Laden des einzigen kleinen Fensters, das auf das Meer sah. Dann zündete sie mehrere Kerzen an, die sie auf dem Kachelboden festklebte, und ging hinaus.

Sein Gast trat ans Fenster. »Kann man das Meer von hier aus jemals hören?«

»Natürlich nicht, es ist mehr als sechs Kilometer entfernt.«

»Aber es sieht aus, als könnte man einen Stein hineinwerfen«, wandte sie ein und bemerkte den falschen Klang ihrer Stimme. Sie interessierte sich nicht für das Gespräch; sie hatte das Gefühl, alles sei schiefgegangen.

»Was mache ich hier? Was habe ich hier verloren? Ich war doch entschlossen, nicht zu kommen.« Die Vorstellung eines derartigen Picknicks hatte so vollkommen mit einem unbewußten Verlangen übereingestimmt, das sie seit Jahren in sich trug. Frei zu sein, in der Natur, mit einem jungen Mann, den sie nicht kannte – nicht kennen *konnte* –, und das war wahrscheinlich der wichtigste Teil des Traums. Denn wenn sie ihn nicht kennen konnte, dann konnte auch er sie nicht kennen. Sie zog den kleinen Fensterladen zu und hakte ihn fest. Im nächsten Moment stieß sie ihn wieder auf und sah auf die weite Fläche des Wassers, das in der Dämmerung zu dunkeln begann.

Mjid beobachtete sie. »Sie sind verrückt«, sagte er schließlich verzweifelt. »Sie sind hier in diesem wunderschönen Zimmer. Sie sind mein Gast. Sie sollten glücklich sein. Ghazi ist bereits in die Stadt zurückgekehrt. Ein Freund kam vorbei, mit einem Pferd, und hat ihn mitgenommen. Sie könnten sich hinlegen, singen, Tee trinken, Sie könnten mit mir glücklich sein …« Er hielt inne, und sie erkannte, daß er zutiefst aufgewühlt war.

»Was ist? Was ist denn?« stieß sie hervor.

Er seufzte dramatisch; vielleicht war es ein echtes Seufzen. Sie dachte: »Es ist alles in Ordnung. Ein Mann hätte es sein sollen, kein Junge, das ist alles.« Sie dachte nicht daran, sich zu fragen: »Aber wäre ich gekommen, wenn es ein Mann gewesen wäre?« Sie betrachtete ihn zärtlich und sagte sich, daß sein Gesicht das faszinierendste und schönste war, das sie je gesehen hatte. Sie murmelte ein Wort, ohne genau zu wissen, welches.

»Was?« fragte er.

Sie wiederholte es: »Unglaublich.«

Er lächelte unergründlich.

Sie wurden vom Geräusch bloßer Füße unterbrochen. Die Frau brachte ein riesiges Tablett mit der Teekanne und den dazugehörigen Utensilien herein.

Während er den Tee bereitete, warf Mjid ihr immer wieder einen Blick zu, wie um sich zu versichern, daß sie noch da war. Sie saß vollkommen reglos auf einer der Matratzen und wartete.

»Wissen Sie«, sagte er langsam, »wenn ich irgendwo Geld verdienen könnte, würde ich gleich morgen dorthin aufbrechen. Ich werde ohnehin dieses Jahr mit der Schule fertig, und mein Bruder hat kein Geld, um mich auf eine Medersa in Fez zu schicken. Und selbst wenn er es hätte, würde ich nicht gehen. Ich schwänze andauernd die Schule. Nur wird mein Bruder sehr böse.«

»Was machen Sie statt dessen? Schwimmen gehen?«

Er lachte verächtlich, probierte den Tee, goß ihn in die Kanne zurück und hockte sich mit geradem Oberkörper hin. »Noch eine Minute, und er ist fertig. Schwimmen? Ah, meine Freundin, es muß schon etwas Wichtiges sein, wenn ich den Zorn meines Bruders riskiere. Ich verbringe diese Tage mit der Liebe – von morgens bis abends.«

»Wirklich? Von morgens bis abends?« Sie war nachdenklich.

»Den ganzen Tag und die ganze Nacht. Oh, ich kann Ihnen sagen, es ist wunderbar, prachtvoll. Ich habe ein kleines Zimmer«, er kroch zu ihr und legte seine Hand auf ihr Knie, sah mit einem Ausdruck von Eifer, der einem Glauben entsprang, zu ihr auf. »Ein Zimmer, von dem meine Familie nichts weiß, in der Kasbah. Und meine kleine Freundin ist zwölf. Sie ist wie die Sonne, zärtlich, schön, sanft. Hier, nehmen Sie Ihren Tee.« Er schlürfte laut und schmatzte dabei mit den Lippen.

»Den ganzen Tag«, sinnierte sie und lehnte sich in die Kissen.

»O ja. Aber ich will Ihnen ein Geheimnis verraten. Man muß so viel essen wie nur möglich. Obwohl – das ist nicht schwer. Man hat auch mehr Hunger.«

»Ja, sicher«, sagte sie. Eine leichte Brise strich über den Boden, und die Kerzen flackerten.

»Wie gut es tut, Tee zu trinken und sich zu entspannen«, erklärte er, schenkte ihr Tee nach und streckte sich neben ihr aus. Sie machte eine Bewegung, als wollte sie aufspringen, blieb dann jedoch ruhig liegen.

Er sprach weiter. »Merkwürdig, daß ich Ihnen letztes Jahr nie begegnet bin.«

»Ich war nicht oft in der Stadt. Nur am Abend. Und dann war ich am Strand. Ich wohnte auf dem Berg.«

Er setzte sich auf. »Auf diesem Berg? Und ich habe Sie niemals gesehen. Was für ein Pech!«

Sie beschrieb das Haus, und da er darauf bestand, verriet sie ihm, wieviel Miete sie bezahlt hatte. Er war schrecklich aufgebracht. »Für dieses schäbige Haus, das nicht einmal einen ordentlichen Brunnen hat? Sie mußten Ihren Mohammed Wasser holen schicken! Ich kenne das Haus. Man hat Sie bestohlen, meine arme Freundin! Wenn ich dem verfluchten Dieb das nächste Mal begegne, werde ich ihm das Gesicht einschlagen. Ich werde das Geld zurückfordern, das Sie bezahlt haben, und dann verreisen wir zusammen.« Er unterbrach sich. »Ich meine, natürlich werde ich es Ihnen geben, und dann können Sie entscheiden, was Sie damit machen wollen.«

Nach dieser Rede griff er nach ihrer Handtasche, öffnete sie und nahm einen Füllfederhalter heraus. »Ist der schön«, murmelte er. »Haben Sie viele?«

»Das ist der einzige.«

»Wunderbar!« Er warf ihn wieder hinein und legte die Tasche auf den Boden. Er lehnte sich in die Kissen zurück und dachte laut nach. »Vielleicht komme ich eines Tages nach Amerika, und dann laden Sie mich zum Tee ein. Jedes Jahr kommen wir nach Marokko zurück, besuchen unsere Freunde und bringen Filmstars mit und Geschenke.«

Was er da sagte, erschien ihr so lächerlich, daß sie sich nicht einmal die Mühe machte zu antworten. Sie wollte ihn nach dem zwölfjährigen Mädchen fragen, fand jedoch keinen Vorwand, um darauf zu sprechen zu kommen.

»Sie sind nicht glücklich?« Er drückte ihren Arm.

Sie setzte sich auf, um zu lauschen. Mit dem dahinschwindenden Tag war das Land vollkommen zur Ruhe gekommen. In der Ferne hörte sie eine schwache, aber klare Stimme singen. Sie sah Mjid an.

»Der *muezzin*? Man kann ihn bis hierher hören?«

»Natürlich. Es ist nicht weit bis zur Marshan Road. Wozu ist ein Landhaus gut, wenn man den *muezzin* nicht hört? Da kann man genausogut in die Sahara ziehen.«

»Sch! Ich will ihn hören!«

»Eine gute Stimme, nicht wahr? Sie haben die kräftigsten Stimmen der Welt.«

»Es macht mich immer traurig.«

»Weil Sie nicht dem Glauben angehören.«

Sie dachte einen Augenblick nach und sagte dann: »Ich denke, Sie haben recht.« Sie wollte noch hinzufügen: »Aber Ihr Glaube sagt, Frauen haben keine Seele«, statt dessen erhob sie sich von der Matratze und glättete ihr Haar. Der *muezzin* war verstummt. Sie fröstelte. »Das ist vorbei«, sagte sie sich. Sie stolperte über die dunkle Straße, zurück in die Stadt. Unterwegs sprachen sie kaum ein Wort.

Er brachte sie zu ihrem kleinen Hotel. Das Telegramm, das sie mehr oder weniger seit Wochen erwartete, war eingetroffen. Sie stiegen die Treppe hinauf zu ihrem Zimmer; der Pförtner sah ihnen mißtrauisch nach. Sobald sie im Zimmer waren, öffnete sie den Umschlag. Mjid hatte sich aufs Bett geworfen.

»Ich fahre morgen nach Paris.«

Sein Gesicht verdüsterte sich, und er schloß einen Augenblick die Augen. »Sie müssen fort? Nun gut. Ich gebe Ihnen meine Adresse.« Er zückte seine Brieftasche, suchte nach einem Stück Papier, nahm, da er keins fand, eine Visitenkarte, die ihm jemand gegeben hatte, und schrieb sorgfältig.

»Fuente Nueva«, sagte er langsam, während er die Buchstaben formte. »Mein kleines Zimmer. Ich werde jeden Tag nachsehen, ob ein Brief gekommen ist.«

Einen Moment lang hatte sie eine Vision: Er las am sonnendurchfluteten Fenster, hoch über den Terrassendächern der Stadt, den Brief, und hinter ihm, im Dunkel des Zimmers, wartete ein willfähriges Kind, dessen Gesicht weit über sein Alter hinaus erfahren war.

Er reichte ihr die Karte. Unter die Anschrift hatte er das Wort »Unglaublich« geschrieben, in Anführungszeichen, und zweimal unterstrichen. Sie warf ihm einen raschen Blick zu, doch sein Gesicht verriet nichts.

Unter ihnen war die Stadt blau, die Bucht fast schwarz.

»Der Leuchtturm«, sagte Mjid.

»Er blinkt«, antwortete sie.

Er wandte sich ab und ging zur Tür. »Auf Wiedersehen«, sagte er. »Sie kommen zurück.« Er ließ die Tür offen und stieg die Treppe hinunter. Sie stand reglos da und nickte schließlich ein paar Mal mit dem Kopf, als beantwortete sie nachdenklich eine Frage. Durch das offene Fenster im Korridor hörte sie seine schnellen Schritte auf dem Kies im Garten. Sie verloren sich.

Sie sah auf das Bett; dicht an der Kante, bereit, jeden Augenblick herunterzufallen, lag die weiße Karte, die sie dort hingeworfen hatte. Am liebsten hätte sie sich hingelegt und geruht. Statt dessen ging sie hinunter in den vollgestopften kleinen Salon, setzte sich in eine Ecke und blätterte in alten Ausgaben von *L'Illustration.* Es würde noch eine Stunde dauern, ehe man das Abendessen servierte.

New York, 1939

DER SKORPION

Es war einmal eine alte Frau, die hauste in der Nähe einer Quelle in einer Höhle, die ihr ihre Söhne in ein Felsenriff geschlagen hatten, ehe sie fortzogen in die Stadt, wo viele Menschen lebten. Sie war mit ihrem Los weder zufrieden noch unzufrieden, denn sie ahnte, daß ihr Ende nahe war und daß ihre Söhne wahrscheinlich nicht mehr zurückkommen würden, egal, zu welcher Jahreszeit. In der Stadt gab es immer viele wichtige Dinge zu erledigen, und sie würden sie erledigen, ohne sich die Mühe zu machen, an die Zeit zurückzudenken, als sie noch in dem Berg lebten und für die alte Frau sorgten.

Zu bestimmten Zeiten des Jahres versperrte ein Vorhang von winzigen Wassertropfen den Eingang zur Höhle, durch den die alte Frau mußte, wenn sie hinein wollte. Das Wasser strömte den pflanzenüberwucherten Abhang des Berges oberhalb ihrer Höhle herunter und tropfte vor dem Eingang auf den Lehmboden. So gewöhnte sich die alte Frau daran, lange Zeit zusammengekauert in ihrer Höhle zu hocken, um so trocken wie nur möglich zu bleiben. Hinter dem sanft hin und her pendelnden Wasservorhang erkannte sie die bloße Erde im Licht eines grauen Himmels, und manchmal flogen ein paar große trockene Blätter vorbei, die der Wind aus den höhergelegenen Teilen des Landes mitbrachte. Im Innern der Höhle herrschte ein angenehmes rötlich warmes Licht, wie der Lehm, der sie hier überall umgab.

Ab und zu kamen Leute auf dem Pfad vorbei, der nicht weit von der Höhle entfernt vorbeiführte, und weil eine Quelle in der Nähe war, verirrten sich manchmal auch Reisende, die von ihrer Existenz wußten, nicht aber, wo sie genau war, in diese Umgebung, bis sie merkten, daß die Quelle gar nicht hier war. Die alte Frau sprach sie niemals an. Sie saß einfach nur da und schaute zu, wie sie näher kamen und sie plötzlich entdeckten. Und sie beobachtete sie noch, wenn sie sich schon umdrehten und in die andere Richtung weitergingen, auf der Suche nach Trinkwasser.

Es gab viele Umstände an dieser Lebensweise, die die alte Frau schätzte. Sie war nicht länger gezwungen, mit ihren Söhnen zu streiten und darum zu bitten, daß sie ihr Holz für den Ofen brachten. Es stand ihr frei, des Nachts herumzustreifen und sich etwas zu essen zu suchen. Sie konnte alles aufessen, was sie fand, ohne teilen zu müssen, und sie schuldete niemandem Dank für die Dinge, die sie in diesem Leben hatte.

Manchmal kam ein alter Mann aus dem Dorf auf seinem Weg ins Tal hinunter vorbei und setzte sich auf einen Felsvorsprung, gerade so weit vom Eingang der Höhle entfernt, daß sie ihn noch erkennen konnte. Sie war sich klar darüber, daß er ihre Anwesenheit in der Höhle bemerkt hatte. Und obwohl es ihr wahrscheinlich nicht bewußt war, mochte sie ihn nicht, weil er nie ein Zeichen dafür gab, daß er ihr Versteck kannte. Es kam ihr vor, als hätte er ihr gegenüber einen unfairen Vorteil und nutzte ihn schamlos aus. Sie dachte sich ein paar Möglichkeiten aus, um ihn zu ärgern, falls er je nah genug herankam, aber er ging immer in einiger Entfernung vorbei, hielt dann an, setzte sich eine Weile auf den Felsvorsprung und starrte nicht selten direkt auf den Eingang ihrer Höhle. Dann setzte er langsam seinen Weg fort, und es kam der alten Frau immer ein wenig so vor, als ginge er nach seiner Rast schwerfälliger als vorher.

Das ganze Jahr über gab es Skorpione in der Höhle, vor allem aber in der Zeit, ehe das Wasser durch die Pflanzen oberhalb der Höhle sickerte. Die alte Frau hatte ein großes Bündel von alten Lumpen. Damit wischte sie sie von der Decke und den Wänden und trat dann mit einem bloßen Absatz schnell auf ihren Panzer. Gelegentlich verirrte sich ein kleiner wilder Vogel oder ein Tier in die Höhle, aber sie war nicht schnell genug, um sie zu fangen und hatte mittlerweile aufgegeben, es zu versuchen.

Eines trüben Tages schaute sie auf und sah einen ihrer Söhne am Eingang stehen. Sie konnte sich nicht erinnern, welcher, aber sie glaubte, daß es der war, der mit seinem Pferd das ausgetrocknete Flußbett heruntergestürzt und dabei beinahe umgekommen war. Sie betrachtete seine Hand, um zu sehen, ob sie verformt war. Es war nicht dieser Sohn.

Er fing an zu sprechen: »Bist du es?«

»Ja.«

»Geht es dir gut?«

»Ja.«

»Ist alles in Ordnung?«

»Alles.«

»Du bist also hiergeblieben?«

»Wie du siehst.«

»Ja.«

Ein langes Schweigen breitete sich aus. Die alte Frau schaute sich in der Höhle um und war ärgerlich, daß dieser Mann im Eingang praktisch alles hier drinnen verdunkelte. Sie beschäftigte sich mit dem Versuch, verschiedene Dinge zu unterscheiden, ihren Stock, ihr Trinkgefäß, ihre Blechdose, ein Stück Seil. Sie runzelte vor Anstrengung die Stirn.

Der Mann fing wieder an zu sprechen.

»Soll ich hereinkommen?«

Sie gab keine Antwort.

Er zog sich aus dem Eingang zurück und schüttelte die Wassertropfen von seinen Kleidern. Gleich wird er bestimmt irgendwas Lächerliches sagen, dachte die alte Frau. Sie wußte zwar nicht mehr, welcher von ihren Söhnen es war, aber sie erinnerte sich, wie er war.

Sie entschied sich, zu antworten.

»Was?« fragte sie.

Er beugte sich durch den Wasservorhang und wiederholte seine Frage.

»Soll ich hereinkommen?«

»Nein.

»Was ist los mit dir?«

»Nichts.«

Dann setzte sie hinzu: »Es ist nicht genug Platz da.«

Er zog sich wieder zurück und strich sich über den Kopf. Die alte Frau dachte, daß er wahrscheinlich wieder gehen würde und fragte sich, ob sie das wirklich wollte. Es gab aber nichts, was er hätte tun können, glaubte sie. Dann hörte sie, wie er sich draußen vor der Höhle hinsetzte, und roch Tabakqualm. Sonst war alles still, bis auf das Tröpfeln des Wassers auf dem Lehmboden.

Nach einer Weile hörte sie, wie er aufstand. Er kam wieder zum Eingang.

»Ich komme herein«, sagte er.

Er bückte sich und kroch herein. Die Höhle war zu klein, als daß er aufrecht hätte stehen können. Er schaute sich um und spuckte auf den Boden.

»Komm mit«, sagte er.

»Wohin?«

»Mit mir.«

»Warum?«

»Weil du mußt.«

Sie wartete ein Weilchen und fragte dann mißtrauisch:

»Wo gehst du hin?«

Er deutete unbestimmt in Richtung Tal und sagte:

»Da hinunter.«

»In die Stadt?«

»Weiter.«

»Ich komme nicht mit.«

»Du mußt.«

»Nein.«

Er nahm ihren Stock und hielt ihn ihr entgegen.

»Morgen«, sagte sie.

»Jetzt.«

»Ich muß schlafen«, sagte sie und legte sich auf dem Bündel mit alten Lumpen zurück.

»Gut. Ich warte draußen«, antwortete er und ging hinaus.

Die alte Frau schlief sofort ein. Sie träumte von der großen Stadt. Die Stadt hörte gar nicht mehr auf, und ihre Straßen wimmelten von Menschen in neuen Kleidern. Die Kirche hatte einen hohen Turm mit mehreren Glocken, die ständig läuteten. Sie lief den ganzen Tag durch die Straßen; viele Leute begegneten ihr. Sie war sich nicht sicher, ob das alles ihre Söhne waren oder nicht. Ein paar von ihnen fragte sie:

»Seid ihr meine Söhne?« Sie konnten nicht antworten, aber wenn sie gekonnt hätten, hätten sie ja gesagt, glaubte sie. Als es Abend wurde, fand sie ein Haus, dessen Tür offenstand. Im Innern brannte Licht, und in einer Ecke des Zimmers saßen ein paar Frauen zusammen. Als sie eintrat, erhoben sie sich und sagten:

»Hier ist dein Zimmer.« Sie wollte es nicht sehen, aber die Frauen schoben sie vorwärts, bis sie drin war und schlossen die Tür. Sie war ein kleines Mädchen und fing an zu weinen. Die Kirchenglocken draußen waren so laut, daß sie sich vorstellte, sie bedeckten den ganzen Himmel. In der Mauer hoch über sich entdeckte sie einen Schlitz, durch den sie die Sterne sehen konnte. Sie leuchteten bis ins Zimmer hinein. Durch das Schilfrohr, welches das Dach bildete, kroch ein Skorpion. Er kam langsam die Wand herunter und auf sie zu. Sie hörte auf zu weinen und beobachtete ihn. Sein Schwanz schnellte bogenförmig über den Rücken und schwankte leicht hin und her, wenn er sich bewegte. Die alte Frau schaute sich flüchtig nach einem Gegenstand um, mit dem sie ihn von der Wand fegen konnte. Als sich im Zimmer nichts fand, nahm sie die Hand. Doch ihre Bewegungen waren zu langsam; der Skorpion verbiß sich mit seinen Zangen in ihrem Finger und klammerte sich so fest, daß sie ihn nicht abschütteln konnte. Plötzlich merkte sie, daß er sie gar nicht stechen wollte. Ein großes Glücksgefühl durchströmte die alte Frau. Sie hob die Hand zum Mund, um ihn zu küssen. Draußen verstummten die Glocken. Ein unermeßlicher Friede breitete sich aus, als der Skorpion langsam in ihren Mund hereinkroch. Sie spürte, wie der harte Panzer und die kleinen festen Beine über ihre Lippen und ihre Zunge glitten. Langsam schob er sich die Kehle herunter und gehörte nun ganz ihr. Sie wachte auf und stieß einen Schrei aus.

Ihr Sohn rief: »Was ist los?«

»Ich bin bereit.«

»So schnell?«

Er stand draußen, als sie, auf ihren Stock gestützt, durch den Wasservorhang kam. Dann ging er ein paar Schritte voran auf den Pfad zu.

»Es wird regnen«, sagte ihr Sohn.

»Ist es weit?«

»Drei Tage«, sagte er und betrachtete ihre alten Beine.

Sie nickte. Dann bemerkte sie den alten Mann, der auf dem Felsvorsprung saß. Ein Ausdruck großer Überraschung lag auf seinem Gesicht, als hätte sich soeben ein Wunder vollzogen. Mit offenem Mund starrte er die alte Frau an. Als sie genau vor seinem Felsen waren, schaute er ihr so eindringlich wie noch nie zuvor ins Gesicht. Sie tat, als ob sie ihn gar nicht bemerkte. Während sie sich vorsichtig den abschüssigen felsigen Pfad entlangtasteten, hörten sie die dünne Stimme des alten Mannes, die ihnen der Wind hinterherwehte.

»Auf Wiedersehen.«

»Wer ist das?« fragte der Sohn.

»Ich weiß nicht.«

Ihr Sohn sah sie plötzlich finster an.

»Du lügst«, sagte er.

New York, 1944

Am Wasser

Der schmelzende Schnee tropfte von den Balkonen. Die Menschen liefen eilig durch die kleine Straße, in der es immer nach gebratenem Fisch roch. Hin und wieder stieß ein Storch herab, die staksigen Beine hinter sich herziehend. Kleine Grammophone kratzten Tag und Nacht hinter den Wänden des Ladens, wo der junge Amar lebte und arbeitete. Nur an wenigen Stellen der Stadt wurde der Schnee geräumt, und diese gehörte nicht dazu. Daher sammelte er sich während der Wintermonate an und türmte sich vor den Eingängen der Geschäfte.

Nun aber war der Winter fast vorbei; die Sonne schien bereits wärmer. Der Frühling stand vor der Tür, um die Herzen zu verwirren und den Schnee zu schmelzen. Amar, der niemanden auf der Welt hatte, fand, es sei an der Zeit, eine benachbarte Stadt zu besuchen, in der, wie sein Vater einmal gesagt hatte, einige seiner Cousins lebten.

Am frühen Morgen ging er zum Busbahnhof. Es war noch dunkel, und der leere Bus fuhr ein, als er gerade heißen Kaffee trank. Die Straße wand sich den ganzen Weg über durch die Berge.

Als er in der Stadt ankam, war es bereits dunkel. Hier lag der Schnee noch höher in den Straßen, und es war kälter. Da er die Kälte nicht wollte, hatte Amar nicht mit ihr gerechnet, und es ärgerte ihn, den Burnus enger um sich wickeln zu müssen, als er den Busbahnhof verließ. Es war eine unfreundliche Stadt, das fiel ihm sofort auf. Die Männer gingen mit gesenkten Köpfen, und wenn sie einen Entgegenkommenden anrempelten, sahen sie nicht einmal auf. Abgesehen von der Hauptstraße, in der alle paar Meter eine Bogenlampe stand, schien es keinerlei Beleuchtung zu geben, und die Nebenstraßen, die nach beiden Seiten abgingen, lagen in tiefer Dunkelheit. Die weißgekleideten Gestalten, die dort einbogen, wurden auf der Stelle verschluckt.

»Eine schlechte Stadt«, sagte Amar leise. Er war stolz, aus einer anderen und besseren Stadt zu kommen, doch dieses angenehme Gefühl wurde getrübt von der Angst, die Nacht in diesem feindseligen Ort verbringen zu müssen. Er gab die Idee auf, seine Cousins vor Tagesanbruch zu finden, und machte sich daran, einen *fondouk* oder ein Badehaus zu finden, wo er die Nacht über bleiben konnte.

Nur ein paar Schritte weiter endete die Straßenbeleuchtung. Dahinter schien die Straße steil abzufallen und ins Dunkel einzutauchen. Hier war der Schnee gleichmäßig tief und nicht geräumt wie in der Nähe des Busbahnhofs. Er blies die Backen auf und hauchte kleine Dampfwolken aus. Als er den unbeleuchteten Bezirk erreichte, hörte er ein paar gedehnte Töne, die von einer *oud* stammten. Die Musik kam aus einem Eingang zu seiner Linken. Er blieb stehen und lauschte. Von der anderen Seite näherte sich jemand der Tür und fragte, offenbar den Mann mit der *oud*, ob es »zu spät« sei.

»Nein«, antwortete der Mann und spielte weiter.

Amar näherte sich der Tür.

»Ist noch Zeit?« fragte er.

»Ja.«

Er trat durch die Tür. Es gab kein Licht, aber er spürte,

wie vom Gang rechts her warme Luft in sein Gesicht blies. Er ging weiter und strich mit der Hand über die feuchte Wand an seiner Seite. Bald gelangte er zu einem großen, trübe erleuchteten Raum mit gekacheltem Boden. Hier und da, ohne erkennbare Ordnung, lagen schlafende Gestalten, eingehüllt in graue Decken. In einer entfernten Ecke saß eine Gruppe von halbbekleideten Männern um einen brennenden Kohleofen; sie tranken Tee und unterhielten sich leise. Amar ging langsam auf sie zu, bemüht, nicht auf die Schlafenden zu treten.

Die Luft war erstickend warm und feucht.

»Wo ist das Bad?« fragte Amar.

»Da unten«, antwortete ein Mann in der Gruppe, ohne den Kopf zu heben. Er wies in eine dunkle Ecke links von ihm. Und tatsächlich, jetzt, da Amar hinsah, schien ihm, als wehe ein warmer Luftstrom aus diesem Teil des Raumes. Er trat in die dunkle Ecke, zog sich aus, legte seine Kleider gefaltet auf ein Stück Strohmatte und folgte der Wärme. Er dachte, welch ein Unglück es sei, bei Nacht in dieser Stadt anzukommen, und er fragte sich, ob die Kleider während seiner Abwesenheit durchwühlt würden. Sein Geld trug er in einem Lederbeutel um den Hals. Er tastete abwesend nach dem Beutel unter dem Kinn, drehte sich um und warf noch einen Blick auf die Kleider. Niemand schien beim Ausziehen Notiz von ihm genommen zu haben. Er ging weiter. Es wäre nicht gut, allzu mißtrauisch zu wirken. Er würde unversehens in einen Streit hineingezogen, der schlecht für ihn ausgehen könnte.

Ein kleiner Junge lief aus der Dunkelheit auf ihn zu und rief: »Folge mir, Sidi, ich führe dich zum Bad.« Er war ungemein schmutzig und abgerissen und wirkte eher wie ein Zwerg als wie ein Kind. Der Junge ging die warmen, rutschigen Stufen entlang voraus in die Dunkelheit und plapperte unentwegt: »Wirst du nach Brahim rufen, wenn du deinen Tee wünschst? Du bist ein Fremder. Du hast viel Geld...«

Amar fiel ihm ins Wort: »Du kriegst dein Geld, wenn du mich morgen weckst. Nicht heute nacht.«

»Aber Sidi! Ich darf nicht in den großen Raum. Ich bleibe am Eingang und zeige den Herren den Weg zum Bad. Dann gehe ich zum Eingang zurück. Ich kann dich nicht wecken.«

»Ich werde in der Nähe des Eingangs schlafen. Dort ist es ohnehin wärmer.«

»Lazrag wird wütend sein, und schreckliche Dinge werden passieren. Ich werde nie wieder nach Hause zurückkönnen, und wenn doch, dann in einen Vogel verwandelt, so daß meine Eltern mich nicht wiedererkennen. So etwas tut Lazrag, wenn er wütend ist.«

»Lazrag?«

»Das Badehaus gehört ihm. Du wirst ihn sehen. Er verläßt diesen Ort niemals. Denn wenn er es täte, würde ihn die Sonne verbrennen wie das Feuer einen Strohhalm. Er würde völlig verkohlt zu Boden fallen, wenn er nur einen Fuß aus der Tür setzte. Er kam hier unten in der Grotte zur Welt.«

Amar achtete kaum auf das Geplapper des Jungen. Sie gingen eine nasse, steinerne Rampe hinunter, setzten im Dunkeln langsam einen Fuß vor den anderen und tasteten sich vorsichtig an der unebenen Wand entlang. Weiter vorn hörte man Wasser plätschern und Stimmengewirr.

»Das ist ein eigenartiger *hammam*«, sagte Amar. »Gibt es dort ein Becken voller Wasser?«

»Ein Becken! Hast du noch nie von Lazrags Grotte gehört? Sie ist endlos und voll von tiefem, warmem Wasser.«

Während der Junge noch sprach, erreichten sie einen steinernen Balkon, ein paar Meter über dem Rand eines sehr großen Beckens. Es wurde von zwei nackten Glühbirnen unterhalb ihres Balkons beleuchtet und erstreckte sich im trüben Licht, bis es sich weiter hinten in völliger Finsternis verlor. Teile der Decke hingen tief herunter. »Wie graue Eiszapfen«, dachte Amar, während er sich verwundert umschaute. Aber es war sehr warm hier unten. Schwaden leichten Dampfs trieben über die Oberfläche des Wassers und stiegen unablässig zur felsigen Decke auf. Ein triefender Mann lief an ihnen vorbei und tauchte ins Wasser. Mehrere Männer schwammen im helleren Teil des Beckens, unweit der Glühbirnen; sie wagten sich nicht ins Dunkel vor. Das Planschen und Schreien hallte laut unter der niedrigen Decke wider.

Amar war kein guter Schwimmer. Er wandte sich zu dem Jungen und fragte: »Ist es tief?«, doch dieser war bereits auf der Rampe verschwunden. Er trat einen Schritt zurück und lehnte sich gegen die steinerne Wand. Zu seiner Rechten stand ein niedriger Stuhl, und im trüben Licht meinte er, eine kleine Gestalt zu erkennen. Einige Minuten lang beobachtete er die Badenden. Jene, die am Rand des Wassers standen, seiften sich eifrig ein; die anderen schwammen im kleinen Radius der Lampen hin und her. Plötzlich vernahm er eine tiefe Stimme neben sich. Er sah hinunter und hörte sie fragen: »Wer bist du?«

Der Kopf der Gestalt war groß, der Körper klein und hatte weder Arme noch Beine. Der untere Teil des Rumpfes endete in zwei flossenartigen Stummeln. Den Schultern entwuchsen kurze Zangen. Es war ein Mann, und es sah vom Boden, wo es lag, zu ihm auf.

»Wer bist du?« wiederholte es mit unüberhörbar feindseliger Stimme.

Amar zögerte. »Ich bin gekommen, um zu baden und zu schlafen«, sagte er schließlich.

»Wer hat dir die Erlaubnis erteilt?«

»Der Mann am Eingang.«

»Verschwinde, ich kenne dich nicht.«

Amar packte die Wut. Er sah böse auf das kleine Wesen herab und trat ein paar Schritte von ihm weg, um sich zu den Männern zu gesellen, die sich dicht am Rand des Wassers wuschen. Doch schneller, als er sich bewegen konnte, warf es sich vor ihm über den Boden, bis es ihm den Weg versperrte. Dann richtete es sich auf und sprach: »Du glaubst, du könntest baden, obwohl ich dich weggeschickt habe?« Es lachte auf, der Ton war dünn, aber sehr tief. Schließlich rutschte es näher und stieß den Kopf gegen Amars Beine. Er holte aus und versetzte dem Kopf einen Tritt, nicht besonders heftig, aber doch kräftig genug, um den Körper aus dem Gleichgewicht zu bringen. Das Ding rollte stumm über den Boden und versuchte mit Hilfe des Nackens, nicht zu nah an den Rand des Balkons zu gelangen. Die Männer sahen alle auf. Ein furchtsamer Ausdruck lag auf ihren Gesichtern. Als das kleine Wesen über den Rand stürzte, schrie es auf. Es plumpste hinunter wie ein großer Stein. Zwei Männer, die im Wasser waren, schwammen eilig hinzu. Die anderen gingen auf Amar los und schrien: »Er hat Lazrag angegriffen!«

Entsetzt und erschrocken machte Amar kehrt und lief zur Rampe zurück. In der Finsternis stolperte er hinauf. Ein Felsvorsprung zerschrammte ihm den nackten Oberschenkel. Die Stimmen hinter ihm wurden lauter und erregter.

Er erreichte den Raum, wo er seine Kleider zurückgelassen hatte. Nichts hatte sich verändert. Die Männer saßen noch immer am Feuer und schwatzten. Er griff hastig nach seinem Kleiderbündel und lief, sich in seinen Burnus windend, zur Tür, die auf die Straße führte, den Rest der Kleider unter dem Arm. Der *oud*-Spieler am Eingang sah ihn erschrocken an und rief etwas hinter ihm her. Amar lief mit nackten Beinen die Straße hinauf Richtung Stadtzentrum. Er wollte dorthin, wo es helle Lampen gab. Die wenigen Menschen in den Straßen schenkten ihm keine Beachtung. Als er zum Busbahnhof kam, war dieser geschlossen. Er betrat einen kleinen Park gegenüber, dessen Musikpavillon unter einer hohen Schneeschicht verborgen lag. Dort setzte er sich auf eine kalte Steinbank und zog sich so unauffällig wie möglich an, den Burnus als Schutz vor sich haltend. Er zitterte vor Kälte, verfluchte sein Pech und wünschte, er hätte seine Stadt nie verlassen, als im Halbdunkel eine kleine Gestalt auf ihn zukam.

»Sidi«, sagte sie. »Komm mit mir. Lazrag ist hinter dir her.«

»Wohin?« sagte Amar und erkannte den kleinen Jungen aus dem *hammam*.

»Zu meinem Großvater.«

Der Kleine rannte los und machte ein Zeichen, ihm zu folgen. Sie liefen durch die Gassen und Tunnel bis in den dichtest bevölkerten Teil der Stadt. Der Junge sah sich nicht um, Amar aber tat es. Schließlich blieben sie vor einer kleinen Tür am Ende eines schmalen Gäßchens stehen. Der Junge klopfte heftig. Aus dem Inneren drang eine krächzende Stimme: »*Chkoun?*«

»*Annah!* Brahim!« rief der Junge.

Vorsichtig zog der alte Mann die Tür auf und beäugte Amar.

»Kommt herein«, sagte er schließlich. Nachdem er die Tür hinter ihnen verschlossen hatte, führte er sie durch einen Innenhof voller Ziegen in ein Zimmer, in dem ein schwaches Licht flackerte. Er blickte Amar streng ins Gesicht.

»Er will heute nacht hierbleiben«, erklärte der Junge.

»Glaubt er etwa, dies sei ein *fondouk?*«

»Er hat Geld«, sagte Brahim erwartungsvoll.

»Geld«, rief der alte Mann aufgebracht. »So etwas lernst du also im *hammam,* wie man Geld stiehlt! Wie man den Leuten das Geld aus der Tasche zieht! Und jetzt schleppst du sie hier an! Was erwartest du von mir? Soll ich ihn töten und dir seine Geldbörse geben? Ist er dir zu schlau? Schaffst du es nicht allein? Ist es das?« Die Stimme des Alten hatte sich zu einem Geschrei erhoben, und er gestikulierte in wachsender Erregung. Dann setzte er sich mühsam auf ein Polster und schwieg einen Augenblick.

»Geld«, sagte er schließlich. »Er soll zu einem *fondouk* oder in ein Badehaus gehen. Wieso bist du nicht im *hammam?*« Er musterte seinen Enkel mißtrauisch.

Der Junge zupfte seinen Freund am Ärmel. »Komm«, sagte er und zog ihn hinaus in den Innenhof.

»Bring ihn zum *hammam!*« schrie der Alte. »Soll er sein Geld dort ausgeben.«

Zusammen gingen sie die finsteren Straßen zurück.

»Lazrag sucht dich«, sagte der Junge. »Zwanzig seiner Männer werden die Stadt durchkämmen, um dich zu finden und zu ihm zu bringen. Er ist so böse, daß er dich in einen Vogel verwandeln wird.«

»Wohin gehen wir jetzt?« fragte Amar mürrisch. Er fror und war todmüde, und obgleich er die Geschichte des Jungen nicht glaubte, wünschte er sich, nicht länger in dieser unfreundlichen Stadt zu bleiben.

»Wir müssen so weit wie möglich laufen. Die ganze

Nacht. Morgen früh sind wir weit fort, in den Bergen, und sie werden uns nicht finden. Wir können zu deiner Stadt gehen.«

Amar antwortete nicht. Er war froh, daß der Junge bei ihm bleiben wollte, aber er fand es unpassend, das auszusprechen. Sie folgten einem gewundenen Weg den Hügel hinab, bis alle Häuser hinter ihnen lagen und sie das offene Land erreichten. Unvermittelt führte der Pfad abwärts und in ein schmales Tal, wo er am Ende einer kleinen Brücke auf die Landstraße mündete. Hier war der Schnee von den vorbeikommenden Wagen plattgewalzt, und es ließ sich leichter gehen.

Als sie in zunehmender Kälte etwa eine Stunde unterwegs waren, kam ein großer Lastwagen vorbei. Er stoppte kurz vor ihnen, und der Fahrer, ein Araber, bot ihnen an, sie mitzunehmen. Sie stiegen auf und bauten sich ein Nest aus einigen leeren Säcken. Der Junge war sehr glücklich, durch die dunkle Nacht zu sausen. Berge und Sterne wirbelten über seinem Kopf vorbei, und der Lastwagen gab ein mächtiges Dröhnen von sich, während er über die leere Landstraße fuhr.

»Lazrag hat uns gefunden und in Vögel verwandelt!« rief er, als er sein Entzücken nicht länger für sich behalten konnte. »Man wird uns niemals wiedererkennen.«

Amar grunzte und legte sich schlafen. Der Junge aber betrachtete lange den Himmel und die Bäume und die Felsen, ehe er einschlief.

Kurz vor Morgengrauen hielt der Lastwagen an einer Quelle, um Wasser nachzufüllen.

Die Stille weckte den Jungen auf. Ein Hahn krähte in der Ferne, und dann hörte er den Fahrer Wasser schöpfen. Wieder krähte der Hahn, ein trauriger, dünner, langgezogener

Laut, weit weg in der kalten Finsternis der Ebene. Die Dämmerung war noch nicht angebrochen. Er vergrub sich tiefer in dem Haufen aus Säcken und Lumpen und spürte im Schlaf Amars Wärme.

Als der Tag anbrach, waren sie in einem anderen Teil des Landes. Hier lag kein Schnee. Auf den Berghängen, an denen sie vorbeibrausten, standen die Mandelbäume in Blüte. Die Straße wand sich immer weiter bergab, bis sie plötzlich aus den Bergen heraustrat. Sie gelangten an einen Ort, unterhalb dessen sich eine große, glitzernde Leere erstreckte. Amar und der Junge betrachteten sie und sagten sich, daß es das Meer sein mußte, das im Licht des Morgens erstrahlte.

Der Frühlingswind wehte die Gischt der Brandung über den Sand; er stob vom Meer in die Kleider Amars und des Jungen, während sie am Strand entlanggingen. Schließlich fanden sie zwischen einigen Felsen eine geschützte Stelle und zogen sich aus; die Kleider ließen sie auf dem Sand zurück. Der Junge hatte Angst, ins Wasser zu gehen; er fand es aufregend genug, wenn die Wellen sich an seinen Beinen brachen, doch Amar versuchte ihn weiter hineinzuziehen.

»Nein, nein!«

»Komm«, drängte Amar.

Amar sah nach unten. Ein riesiger Krebs, der aus einem dunklen Spalt im Felsen herausgekrochen war, näherte sich ihm von der Seite. Erschrocken machte er einen Satz nach hinten, verlor das Gleichgewicht, stürzte schwer und schlug mit dem Kopf auf einen der großen Felsen. Der Junge blieb regungslos stehen und beobachtete, wie sich das Tier vorsichtig einen Weg durch den Schaum der brechenden Wellen auf Amar zubahnte. Amar lag ohne Bewegung, kleine Rinnsale von Wasser und Sand liefen über sein Gesicht. Als der Krebs seine Füße erreichte, sprang der Junge in die Luft und schrie mit vor Verzweiflung heiserer Stimme: »Laz-rag!«

Der Krebs glitt eilig hinter den Felsen und verschwand. Das Gesicht des Jungen begann zu strahlen. Er lief zu Amar, hob seinen Kopf über eine neu heranrollende Welle und schlug ihm aufgeregt auf die Wangen.

»Amar! Ich habe ihn verjagt!« rief er. »Ich habe dich ge-rettet!«

Wenn er sich nicht bewegte, war der Schmerz nicht allzu groß. Also lag er still und spürte das warme Licht der Sonne, das sanfte Wasser, das über ihn hinwegspülte, und den kühlen, süßen Wind, der vom Meer kam. Er spürte, wie der Junge zitterte vor Anstrengung, seinen Kopf über den Wellen zu halten, und hörte ihn wieder und wieder sagen: »Ich habe dich gerettet, Amar!«

Nach langer Zeit antwortete er: »Ja.«

New York, 1945

EINE FERNE EPISODE

Die Sonnenuntergänge im September waren so rot wie noch nie, als der Professor beschloß, Aim Tadouirt zu besuchen, einen Ort, der im warmen Land liegt. Er kam mit dem Abendbus aus der flachen, hohen Region an, mit zwei kleinen Koffern voller Landkarten, Sonnenöl und Medizin. Vor zehn Jahren hatte er einmal drei Tage in diesem Dorf verbracht, und das war lange genug, um eine einigermaßen feste Freundschaft mit dem Café-Besitzer zu schließen, der ihm im ersten Jahr nach seinem Besuch einige Male geschrieben hatte, danach jedoch nicht mehr. »Hassan Ramani«, sagte der Professor wieder und wieder vor sich hin, während der Bus durch immer wärmere Luftschichten abwärts rumpelte. Mal dem flammenden Himmel im Westen, mal dem zerklüfteten Gebirge entgegen, folgte der Bus der staubigen Spur durch die Schluchten hinab in eine Atmosphäre, die allmählich nach anderen Dingen zu riechen begann als dem ewigen Ozon der Höhe: Orangenblüten, Paprika, in der Sonne getrocknete Exkremente, angebranntes Olivenöl, verfaulte Früchte. Glücklich schloß er die Augen und überließ sich einen Moment lang völlig der Welt der Gerüche, die ihn umgab. Eine ferne Vergangenheit tat sich wieder vor ihm auf, welche, hätte er jedoch nicht sagen können.

Der Chauffeur, mit dem der Professor seinen Sitz teilte, sprach ihn an, ohne die Augen von der Straße zu nehmen.

»*Vous êtes géologue?*«

»Geologe? Aber nein! Ich bin Linguist.«

»Hier gibt es keine Sprachen. Nur Dialekte.«

»Genau. Ich will einen Aufsatz über die Variationen des Maghrebi schreiben.«

Der Chauffeur lächelte hämisch.

»Fahren Sie immer weiter nach Süden«, sagte er. »Dort werden Sie ein paar Sprachen finden, von denen Sie noch nie im Leben gehört haben.«

Als sie durch das Stadttor fuhren, sprang der übliche Kinderschwarm aus dem Staub und rannte kreischend neben dem Bus her. Der Professor klappte seine Sonnenbrille zusammen, steckte sie in die Tasche, sprang, sobald das altertümliche Vehikel zum Stehen gekommen war, hinaus und bahnte sich einen Weg durch die aufdringlichen Jungen, die vergeblich versuchten, sein Gepäck zu erhaschen. Schnell ging er zum Hotel *Saharien*. Zwei der acht Zimmer standen noch leer, eins mit Blick auf den Marktplatz und das andere, das kleiner und daher auch billiger war und auf einen Hinterhof voller Abfälle und alter Fässer führte, in dem zwei Gazellen herumspazierten. Er nahm das kleinere Zimmer, goß das ganze Wasser aus dem Waschkrug in das Zinnbecken und begann, sich den Staub von Gesicht und Händen zu waschen. Mittlerweile hatte das Abendrot seine Kraft verloren und war einem sanften Rosa gewichen, das alle Gegenstände erfüllte und sich verlor, während der Professor es noch betrachtete. Er zündete die Karbidlampe an und fuhr bei ihrem Geruch zurück.

Nach dem Abendessen wanderte der Professor langsam durch die Straßen zu Hassan Ramanis Café, dessen Hinterzimmer halsbrecherisch über den Fluß ragte. Der Eingang war so niedrig, daß er ein wenig den Kopf einziehen mußte, als er eintrat. Ein Mann hockte vor dem Feuer und küm-

45

merte sich darum, daß es brannte. Ein einzelner Gast schlürfte seinen Tee. Der *qaouaji* versuchte ihn dazu zu bewegen, an einem der Tische im vorderen Zimmer Platz zu nehmen, aber der Professor marschierte, ohne sich darum zu kümmern, ins Hinterzimmer und setzte sich. Durch das Geflecht des Schilfrohrs schien der Mond ins Zimmer hinein. Draußen war nichts zu hören, bis auf das gelegentliche ferne Bellen eines Hundes. Er wechselte den Tisch, so daß er auf den Fluß hinausschauen konnte. Im Moment war er ausgetrocknet, aber es gab einige Tümpel hier und da, die den hellen Nachthimmel widerspiegelten. Der *qaouaji* kam und wischte den Tisch ab.

»Gehört dieses Café noch immer Hassan Ramani?« fragte er ihn auf Maghrebi. Er hatte vier Jahre gebraucht, um es zu lernen. Der Mann antwortete in schlechtem Französisch:

»Der ist verschieden.«

»Verschieden?« wiederholte der Professor, ohne die Absurdität des Wortes zu beachten. »Wirklich? Wann denn?«

»Weiß ich nicht«, sagte der *qaouaji*. »Einen Tee ?«

»Ja. Aber ich verstehe nicht…«

Schon war der Mann verschwunden und fächelte im anderen Zimmer das Feuer. Der Professor saß still, fühlte sich einsam und verfluchte sich selbst; schließlich war das geradezu lächerlich. Nach kurzer Zeit kam der *qaouaji* mit dem Tee zurück. Er zahlte und gab ihm ein großzügiges Trinkgeld, das mit einer ernsten Verbeugung belohnt wurde.

»Sagen Sie mir«, sagte er schnell, als der andere sich zum Gehen wandte, »kann man hier noch diese kleinen Futterale aus Kameleutern bekommen?«

Der Mann sah ärgerlich auf ihn herab.

»Es kommt vor, daß die Reguibat solche Dinge hierher

bringen. Aber wir kaufen sie nicht.« Dann setzte er unverschämt auf Arabisch hinzu:

»Und wozu überhaupt ein Futteral aus Kameleuter?«

»Weil ich sie mag«, erwiderte der Professor. Und da er mittlerweile aufgekratzt war, sagte er noch: »Ich mag sie so sehr, daß ich eine Sammlung davon anlegen will. Ich bezahle dir zehn Francs für jedes, das du mir beschaffen kannst.«

»*Khamstache*«, sagte der *qaouaji*. Er öffnete und schloß seine linke Hand in rascher Folge dreimal hintereinander.

»Niemals. Zehn.«

»Unmöglich. Aber warten Sie bis später, und kommen Sie mit mir. Sie können mir bezahlen, was Sie wollen, und Sie werden Ihre Kameleuterfutterale kriegen, falls es überhaupt noch welche gibt.« Er ging ins Vorzimmer und ließ den Professor allein, der seinen Tee trank und dabei dem anschwellenden Chor von Hunden lauschte, die immer lauter bellten und heulten, während der Mond am Himmel emporstieg. Eine Gruppe von Gästen kam ins Vorzimmer und blieb etwa eine Stunde in eine Unterhaltung vertieft dort sitzen. Als sie dann aufbrachen, löschte der *qaouaji* das Feuer und hüllte sich im Eingang in seinen Burnus.

»Kommen Sie«, sagte er.

Draußen auf der Straße war nicht mehr viel los. Die Buden waren jetzt alle geschlossen, und das einzige Licht stammte vom Mond. Ab und zu kam ein Fußgänger vorbei, der dem *qaouaji* einen knappen Gruß zubrummte.

»Jeder scheint dich zu kennen«, sagte der Professor, um das Schweigen zu brechen.

»Ja.«

»Ich wünschte, mich würde auch jeder kennen«, sagte der Professor, ehe ihm auffiel, wie kindisch eine solche Bemerkung klingen mußte.

»*Niemand* kennt Sie«, antwortete sein Gefährte schroff. Sie waren am anderen Ende der Stadt angelangt, standen auf einem Vorsprung über der Wüste, und durch einen Spalt in der Mauer erkannte der Professor die weiße Endlosigkeit, die nur im Vordergrund durch ein paar dunkle Flecken, die Oasen, unterbrochen wurde. Sie traten durch die Öffnung und folgten einem gewundenen Pfad zwischen den Felsen hinunter auf den nächsten Palmenhain zu. Der Professor dachte: »Er könnte mir die Kehle aufschlitzen. Aber sein Café – man würde ihn sicher entdecken.«

»Ist es weit?« fragte er beiläufig.

»Sind Sie müde?« konterte der *qaouaji*.

»Man erwartet mich im Hotel *Saharien*«, log er.

»Man kann eben nicht gleichzeitig hier und woanders sein«, sagte der *qaouaji*.

Der Professor lachte. Er fragte sich, ob dem anderen die Unsicherheit darin auffiel.

»Hast du Ramanis Café schon lange?«

»Ich arbeite dort nur für einen Freund.« Diese Antwort bedrückte den Professor mehr, als er befürchtet hatte.

»Ach so. Wirst du morgen dort arbeiten?«

»Das ist unmöglich zu sagen.«

Der Professor stolperte über einen Stein, fiel und schrammte sich dabei die Hand auf. Der *qaouaji* sagte:

»Seien Sie vorsichtig.«

Plötzlich hing ein süßliches schwarzes Aroma von fauligem Fleisch in der Luft.

»Igitt!« sagte der Professor und würgte. »Was ist denn das?« Der *qaouaji* verhüllte sein Gesicht mit dem Burnus und gab keine Antwort. Bald hatten sie den Gestank hinter sich gelassen. Sie befanden sich jetzt auf ebener Erde. Der Pfad vor ihnen war zu beiden Seiten von hohen Mauern aus

Lehm eingefaßt. Kein Lüftchen regte sich, und die Palmen standen unbeweglich, aber hinter den Mauern war das Rauschen fließenden Wassers zu hören. Und auch der Geruch von menschlichen Exkrementen dauerte an, als sie zwischen den Mauern entlanggingen.

Der Professor wartete noch eine Weile, bis er es gerechtfertigt fand, einigermaßen ärgerlich zu fragen:

»Aber wohin gehen wir denn eigentlich?«

»Bald«, antwortete sein Führer und bückte sich, um ein paar Steine vom Straßenrand zu sammeln.

»Suchen Sie sich lieber auch ein paar«, riet er dem Professor. »Hier gibt es böse Hunde.«

»Wo?« fragte der Professor, aber dann bückte er sich und hob drei große Steine mit scharfen Kanten auf.

Leise setzten sie ihren Weg fort. Schließlich hörten die Mauern auf, und die helle Wüste lag vor ihnen. In der Nähe lag ein verfallener Marabout, seine kleine Kuppel stand nur noch zur Hälfte, und die vordere Fassade war völlig zerstört. Dahinter erhoben sich Gruppen von verkümmerten Palmen. Ein verrückter Hund kam auf drei Beinen humpelnd auf sie zugerannt. Erst als er schon ziemlich nahe war, hörte der Professor sein anhaltendes Knurren. Der *qaouaji* warf einen Stein nach ihm, der offenbar seine Schnauze traf. Zuerst hörte man ein seltsames Schnappen der Kiefer, und dann rannte der Hund seitwärts in eine andere Richtung, prallte blindlings gegen Felsbrocken und taumelte hilflos um sich schlagend wie ein verletztes Insekt davon.

Jetzt bogen sie vom Weg ab und gingen über die mit scharfen Steinchen bedeckte Erde an der Ruine vorbei, durch den Palmenhain hindurch, bis sie zu einer Stelle kamen, wo der Boden vor ihnen abrupt abbrach.

»Sieht aus wie ein Steinbruch«, sagte der Professor und

nahm für das Wort »Steinbruch« Zuflucht beim Französischen, weil er sich im Moment nicht auf den arabischen Begriff besinnen konnte. Der *qaouaji* gab keine Antwort. Statt dessen blieb er stehen und drehte den Kopf, als ob er auf etwas lauschte. Und tatsächlich, von irgendwo unterhalb, aber sehr weit weg, kam der schwache Klang einer Flöte. Der *qaouaji* nickte ein paarmal mit dem Kopf. Dann sagte er:

»Hier beginnt der Pfad. Sie können ihn die ganze Zeit gut erkennen. Die Klippen sind weiß, und der Mond scheint hell heute nacht. Also können Sie gut sehen. Ich gehe jetzt zurück und lege mich schlafen. Es ist spät. Sie können mir geben, was Sie wollen.« Als er so am Rande des Abgrunds stand, der mit jedem Augenblick steiler aussah, das dunkle Gesicht des *qaouaji* eingerahmt vom mondhellen Burnus unmittelbar vor sich, fragte sich der Professor, was er jetzt fühlte. Entrüstung, Neugier, Furcht, vielleicht – aber vor allem Erleichterung und die Hoffnung, daß dies kein Trick war, die Hoffnung, daß der *qaouaji* ihn wirklich hier zurücklassen und ohne ihn zurückkehren würde.

Er trat ein paar Schritte vom Abgrund zurück und tastete nach einer losen Banknote, denn seine Brieftasche wollte er lieber nicht zeigen. Glücklicherweise hatte er noch einen 50-Franc-Schein in der Tasche, den er dem Mann reichte. Er wußte, daß der *qaouaji* zufrieden war, und so achtete er nicht weiter darauf, als er jetzt sagte:

»Es ist nicht genug. Ich habe einen weiten Weg nach Hause, und da sind die Hunde...«

»Danke und gute Nacht«, sagte der Professor, setzte sich mit gekreuzten Beinen hin und zündete sich eine Zigarette an. Er war beinahe glücklich.

»Geben Sie mir nur eine Zigarette«, bettelte der Mann.

»Selbstverständlich«, antwortete er ein bißchen barsch und hielt ihm das Päckchen hin.

Der *qaouaji* hockte sich dicht neben ihn. Er sah nicht gerade freundlich drein. »Was ist?« dachte der Professor aufs neue erschreckt und hielt ihm seine brennende Zigarette hin.

Die Augen des anderen waren fast geschlossen. In seinem Gesicht spiegelte sich der offensichtlichste Ausdruck konzentrierten Abwägens, den der Professor je gesehen hatte. Als die Zigarette brannte, riskierte er, den immer noch neben ihm hockenden Araber zu fragen:

»Woran denkst du?«

Der andere zog bedächtig an seiner Zigarette und schien etwas sagen zu wollen. Doch dann erschien ein Ausdruck von Befriedigung auf seinem Gesicht, und er antwortete nicht. Eine kühle Brise strich durch die Luft, und der Professor fröstelte. Aus den Tiefen hörte man dann und wann den Klang der Flöte, manchmal vom Geräusch der Palmwedel übertönt, die sich hinter ihnen aneinanderrieben. »Diese Leute sind keine Primitiven«, schoß es dem Professor durch den Kopf.

»Gut«, sagte der *qaouaji* und stand langsam auf. »Behalten Sie Ihr Geld. Fünfzig Francs sind genug. Es war mir eine Ehre.« Dann verfiel er wieder ins Französische. »*Ti n'as qu'à discendre, to'droit.*« Er spuckte aus, lachte in sich hinein (oder war der Professor hysterisch?) und ging eilig davon.

Der Professor war ziemlich erledigt. Er zündete sich eine zweite Zigarette an und merkte, wie seine Lippen sich mechanisch bewegten. Sie sagten: »Ist das hier nun eine Situation oder ein Dilemma? Ist ja lächerlich!« Mehrere Minuten saß er regungslos und wartete, daß er seinen Sinn für die

Realität zurückgewann. Er streckte sich auf dem kalten harten Boden aus und schaute hinauf zum Mond. Es war fast genauso, als wenn er direkt in die Sonne gestarrt hätte. Wenn er die Augen ein bißchen zusammenkniff, konnte er quer über den ganzen Himmel eine Reihe von schwächeren Monden ausmachen. »Unglaublich!« flüsterte er. Dann richtete er sich hastig auf und schaute sich um. Es gab keine Garantie dafür, daß der *qaouaji* auch wirklich in die Stadt zurückgegangen war. Er sprang auf und beugte sich über den Rand des Abgrunds. Die Talsohle schien im Mondschein meilenweit entfernt zu sein, und da war nichts, an dem man sich hätte messen können, kein Baum, kein Haus, kein Mensch. Er horchte auf die Flöte, aber er hörte nur den Wind, der an seinen Ohren vorbeiwehte. Plötzlich packte ihn ein gewaltiges Verlangen, auf die Straße zurückzulaufen. Er drehte sich um und schaute in die Richtung, die der *qaouaji* genommen hatte. Gleichzeitig tastete er verstohlen nach seiner Brieftasche. Dann spuckte er über den Rand der Klippe. Er ließ Wasser, vor dem Abgrund stehend, und lauschte, aufmerksam wie ein Kind. Das gab endlich den Ausschlag, und er betrat den Pfad in die Schlucht hinunter. Merkwürdigerweise spürte er keinen Schwindel. Trotzdem wagte er nicht, nach rechts über den Abgrund zu spähen. Es war ein stetiger, steiler Abstieg. Die Monotonie des Kletterns versetzte ihn in einen Zustand, der ihn an den nach der Busreise erinnerte. Wieder murmelte er: »Hassan Ramani«, wiederholte die Worte immer wieder rhythmisch. Doch dann hörte er plötzlich auf – die finsteren Assoziationen, die dieser Name nun in ihm auslöste, machten ihn ärgerlich. Der Ausflug hatte ihn erschöpft. »Und das Laufen«, setzte er hinzu.

Er hatte die Ebene nun fast erreicht, doch der Mond, der

direkt über ihm stand, spendete mehr Licht als zuvor. Nur der Wind hatte sich gelegt, war oben zurückgeblieben, um zwischen den Bäumen entlangzurauschen, die staubigen Straßen von Aim Tadouirt entlang, in die Halle des Grand Hotel *Saharien* und unter der Tür in sein kleines Zimmer hinein.

Irgendwann fiel ihm ein, daß er sich eigentlich Rechenschaft darüber ablegen sollte, warum er etwas so Irrationales tat, aber andererseits war er intelligent genug, um zu wissen, daß, da er es tat, es wohl im Moment nicht so wichtig war, nach Erklärungen zu suchen.

Plötzlich war die Erde unter seinen Füßen flach. Er hatte den Fuß des Abhangs schneller erreicht, als er erwartet hatte. Immer noch mißtrauisch machte er ein paar Schritte vorwärts, als fürchtete er einen weiteren verborgenen Abhang. In diesem gleichförmig schwachen Licht war alles so schwer zu erkennen. Ehe er sich versah, war der Hund über ihm, eine schwere Masse Fell, die versuchte, ihn rückwärts zu stoßen, ein scharfer Nagel, der ihm die Brust herunterfuhr, das Gefühl angespannter Muskeln, die danach trachteten, ihm die Zähne in die Kehle zu schlagen. Der Professor dachte: »Ich weigere mich, auf diese Art zu sterben.« Der Hund ließ von ihm ab, er sah aus wie ein Eskimohund. Als er sich wieder auf ihn stürzte, rief er laut, so laut er konnte: »Ay!« Er prallte auf ihn, es war ein Chaos von Empfindungen und irgendwo ein Schmerz. Außerdem erkannte er irgendwo ganz nah das Gemurmel von Stimmen, konnte aber nicht verstehen, was sie sagten. Etwas Kaltes, Metallisches bohrte sich brutal in seinen Rücken, während sich der Hund noch in einer Masse von Kleidern und vielleicht auch Fleisch in ihm festkrallte. Der Professor wußte, es war ein Gewehr; er hob die Hände und rief auf Maghrebi:

»Nehmt den Hund weg.« Aber das Gewehr stieß ihn einfach vorwärts. Der Hund hatte von ihm abgelassen und machte keine Anstalten, sich wieder auf ihn zu stürzen, also tat er einen Schritt vorwärts. Das Gewehr stieß ihn weiter, er machte einen Schritt nach dem anderen. Wieder hörte er Stimmen, aber die Figur hinter ihm gab keine Antwort. Es kam ihm vor, als liefen überall Leute herum, jedenfalls klang es so. Denn seine Augen, das merkte er jetzt, waren aus Furcht vor den Attacken des Hundes noch immer fest zusammengekniffen. Er öffnete sie. Ein Häuflein Männer kam auf ihn zu. Sie trugen die schwarze Stammeskleidung der Reguibat. »Der Reguiba ist wie eine Wolke auf dem Antlitz der Sonne.« »Sobald ein Reguiba auftaucht, wendet der Gerechte sich ab.« Wie oft hatte er diese Sprüche in Läden und auf den Marktplätzen scherzhaft unter Freunden gehört? Nie in Gegenwart eines Reguiba, das stand fest, denn diese Männer kommen nicht oft in die Stadt. Sie schicken Abgesandte in Verkleidung, die mit den finsteren Elementen der Stadt über den Verkauf ihrer erbeuteten Waren verhandeln. »Eine Gelegenheit«, dachte er schnell, »die Richtigkeit solcher Sprichwörter zu überprüfen.« Er zweifelte keinen Augenblick, daß dieses Abenteuer sich letztlich bloß als Warnung gegen seine Dummheit entpuppen würde – eine Warnung, die im nachhinein teils düster, teils lächerlich erscheinen würde.

Zwei knurrende Hunde tauchten hinter den herankommenden Männern auf und warfen sich gegen seine Beine. Er war schockiert, daß niemand sich um diesen Verstoß gegen die Etikette zu kümmern schien. Das Gewehr stieß härter zu, als er jetzt versuchte, den wütenden Angriff der Tiere abzuschütteln. Wieder rief er:

»Die Hunde! Nehmt die Hunde weg!« Das Gewehr stieß

ihn mit einem wuchtigen Schlag vorwärts. Er fiel fast genau vor die Füße der Männer, die ihn betrachteten. Die Hunde zerrten an seinen Armen und Händen. Ein Stiefel fegte sie beiseite – sie jaulten auf – und trat dem Professor mit zunehmender Härte in die Seite. Dann folgte eine ganze Salve von Tritten aus allen Richtungen. Man stieß ihn eine Zeitlang rücksichtslos über die Erde. Während der ganzen Zeit war er sich bewußt, daß Hände in seine Taschen griffen und alles herausholten. Er versuchte zu sagen: »Ihr habt mein ganzes Geld, jetzt hört endlich auf, mich zu mißhandeln.« Aber seine angegriffenen Gesichtsmuskeln gehorchten nicht mehr; er fühlte, wie sich die Lippen bewegten, und das war alles. Dann versetzte ihm jemand einen schweren Schlag auf den Kopf, und er dachte: »Jetzt verliere ich wenigstens das Bewußtsein – dem Himmel sei Dank.« Aber die gutturalen Stimmen wollten nicht weichen, auch wenn er sie nicht verstand. Er spürte, wie man ihm Hände und Füße fesselte. Dann war nur noch ein schwarzes Schweigen, das sich von Zeit zu Zeit öffnete wie eine Wunde, um die sanften, tiefen Klänge der Flöte einzulassen, die immer wieder die gleiche Tonfolge spielte. Plötzlich verspürte er überall stechende Schmerzen, Schmerz und Kälte. »Dann war ich also doch ohnmächtig«, dachte er. Trotzdem erschien ihm die Gegenwart nur wie eine direkte Fortsetzung dessen, was vorher passiert war.

Es dämmerte schwach. Irgendwo ganz in der Nähe mußten Kamele sein, er konnte sie grunzen und röcheln hören. Er brachte es nicht fertig, die Augen zu öffnen, aus Angst, daß es sich als unmöglich erweisen könnte. Als er jedoch merkte, daß sich Schritte näherten, entdeckte er, daß ihm das Sehen keine Schwierigkeiten bereitete.

Im grauen Licht des Morgens betrachtete ihn der Mann

teilnahmslos. Dann kniff er dem Professor mit einer Hand die Nasenlöcher zusammen. Als der Professor den Mund aufmachte, um nach Luft zu schnappen, ergriff der Mann geschickt seine Zunge und zog aus voller Kraft. Der Professor würgte und hielt den Atem an; er sah nicht mehr, was jetzt passierte. Der Schmerz des brutalen Zupackens ließ sich nicht mehr von dem eines scharfen Messers unterscheiden. Dann ging alles in ein endloses Röcheln und Spucken über, das sich mechanisch fortsetzte, als ob er gar nichts mehr damit zu tun hätte. Immer wieder ging ihm das Wort »Operation« durch den Kopf; es beruhigte seine Furcht ein wenig, und dann versank er wieder in der Dunkelheit. Irgendwann am Vormittag brach die Karawane auf. Der Professor war nicht ohnmächtig, befand sich aber in einem Zustand äußerster Erstarrung, er würgte und spuckte Blut. Man hatte ihm die Arme mit den Beinen zusammengefesselt und ihn dann in einen Sack gesteckt und auf ein Kamel gebunden. Das gegenüberliegende Ende des großen Amphitheaters enthielt eine natürliche Öffnung zwischen den Felsen. Die Kamele, schnelle *mehara*, waren nur leicht beladen. Sie passierten eins nach dem anderen die Öffnung und stiegen dann langsam den sanften Abhang hinauf, der in die Wüste mündete. Bei einer Rast hinter ein paar flachen Hügeln hoben ihn die Männer am Abend aus dem Sack. Immer noch ließ sein Zustand keinen klaren Gedanken zu. Jetzt schmückten sie die staubigen Fetzen, die von seinen Kleidern übriggeblieben waren, mit einer Reihe von merkwürdigen Gürteln, die aus aneinandergereihten Deckeln von Blechdosen bestanden. Sie hakten einen nach dem anderen dieser leuchtenden Gurte um seinen Rumpf, um Arme und Beine, ja sogar über sein Gesicht, bis er ganz und gar in einem Panzer aus runden Metallscheiben zu stecken schien. Anscheinend hatten die Männer viel Spaß dabei. Einer brachte seine Flöte zum Vorschein, und einer seiner jüngeren Gefährten gab eine anmutige Karikatur der Ouled Nail zum besten, die einen Rohrtanz aufführten.

Der Professor hatte längst wieder das Bewußtsein verloren, eigentlich existierte er nur noch in den Bewegungen der anderen. Als sie endlich fertig waren und ihn so ausstaffiert hatten, wie sie wollten, stopften sie ein wenig Nahrung unter die Blechscheiben, die vor seinem Gesicht pendelten. Obwohl er mechanisch kaute, fiel das meiste doch zu Boden. Am Ende steckten sie ihn wieder in den Sack und ließen ihn über Nacht so liegen.

Nach zwei Tagen erreichten sie ihre Lagerplätze. Dort gab es Frauen und Kinder und Zelte, und die Männer mußten die knurrenden Hunde vertreiben, die sie zu ihrer Bewachung zurückgelassen hatten. Als sie den Professor aus dem Sack kippten, erschollen furchtsame Schreie. Es dauerte Stunden, bis sich die letzte Frau davon überzeugt hatte, daß er harmlos war, wenn es auch von Anfang an keinen Zweifel geben konnte, daß er eine wertvolle Beute war. Nach ein paar Tagen zogen sie mit ihrer ganzen Habe weiter. Sie reisten nur während der Nacht, das Terrain wurde immer heißer.

Auch als alle Wunden geheilt waren und er keinen Schmerz mehr fühlte, fing der Professor nicht wieder an zu denken; er aß und er schied aus, er tanzte, wenn man es von ihm verlangte – ein sinnloses auf und ab Hüpfen, das vor allem die Kinder begeisterte, denn es machte einen wundervollen schrillen Lärm. Und während der größten Hitze des Tages schlief er gewöhnlich bei den Kamelen.

Die Karawane schlängelte sich in Richtung Südost und mied dabei jeden Kontakt zu seßhaften Zivilisationserscheinungen. Nach ein paar Wochen erreichte sie ein neues Plateau mit spärlicher Vegetation, das völlig verwildert war. Hier schlugen die Männer die Zelte auf, und hier blieben sie, nachdem sie die *mehara* zum Grasen hinausgetrieben hatten. Hier fühlten sich alle gut, das Klima war kühler, und nur wenige Stunden entfernt gab es eine Quelle am Rande einer selten benutzten Reiseroute. Hier kamen sie auf die Idee, den Professor nach Fogara zu bringen und ihn an die Tuareg zu verkaufen.

Aber es dauerte ein volles Jahr, ehe sie ihren Plan in die Tat umsetzten. Mittlerweile war der Professor auch viel besser ausgebildet. Er konnte einen Handstand machen und eine Reihe von furchterregenden Lauten ausstoßen, die gleichzeitig ein gewisses Maß an Humor enthielten, und als die Reguibat die Blechdeckel vor seinem Gesicht entfernten, entdeckten sie, daß er auch noch die erstaunlichsten Grimassen schneiden konnte, wenn er tanzte. Sie brachten ihm ein paar fundamentale obszöne Gesten bei, die den Frauen stets entzückte Schreie entlockten. Inzwischen wurde er nur noch nach besonders reichen Festmahlen vorgeführt, wenn es Musik und Tanz gab. Es fiel ihm nicht schwer, sich ihrem Gefühl für Ritual anzupassen, und so entwickelte er ein elementares »Programm«, das er stets präsentierte, wenn man ihn rief: Tanzen, sich auf dem Boden wälzen, bestimmte Tiere nachahmen und sich schließlich in gespieltem Zorn auf eine Gruppe stürzen, die erschreckt und ausgelassen zurückwich.

Als drei der Männer mit ihm nach Fogara aufbrachen, nahmen sie vier *meharas* mit – eins für ihn. Es wurden keine Vorsichtsmaßnahmen getroffen, um ihn zu bewachen, aber es spielte sich schnell ein, daß er immer bei ihnen blieb und ein Mann stets am Schluß der Gesellschaft ritt. Im Morgengrauen kamen sie in Sichtweite der Stadt und verbrachten den Tag wartend in den Bergen. Bei Sonnenuntergang brach der jüngste auf und kehrte drei Stunden später mit einem Freund zurück, der einen kräftigen Stock bei sich hatte. Sie versuchten, ihm gleich auf der Stelle das Programm des Professors vorzuführen, aber der Mann aus Fogara hatte es eilig zurückzukommen, und so brachen sie alle zusammen auf ihren *meharas* auf.

In der Stadt ritten sie auf direktem Weg zum Haus des Mannes, wo sie im Hof, auf den Kamelen sitzend, Kaffee tranken. Hier präsentierte dann der Professor auch sein Programm, was mit großer Belustigung und Händereiben quittiert wurde. Man traf eine Vereinbarung, eine Geldsumme wechselte den Besitzer, und dann zogen sich die Reguibat zurück und ließen den Professor im Haus des Mannes mit dem Stock zurück, der keine Zeit verlor und ihn in ein kleines Gehege im Hof sperrte.

Der nächste Tag war ein wichtiger Tag im Leben des Professors, denn an diesem Tag spürte er zum ersten Mal seit langer Zeit wieder den Schmerz. Eine Gruppe von Männern kam zum Haus des Fremden, unter ihnen ein ehrwürdiger Herr, der besser gekleidet war als die anderen, die offenbar nichts anderes zu tun hatten, als ihm zu schmeicheln und glühende Küsse auf seine Hände oder den Saum seines Gewandes zu drücken. Diese hohe Persönlichkeit achtete darauf, ab und zu in klassisches Arabisch zu verfallen, um die anderen zu beeindrucken, die kein Wort aus dem Koran auswendig wußten. Und so nahm die Konversation folgenden Gang:

»Vielleicht in In Sallah. Die Franzosen dort sind dumm. Himmlische Vergeltung ist nahe. Wir wollen nichts überstürzen. Lobt den Herrn und richtet einen Bannstrahl gegen die Götzen. Mit Farbe auf dem Gesicht. Falls die Polizei genauer hinschauen will.« Die anderen lauschten und stimmten ihm zu, wobei sie langsam und feierlich nickten. Und der Professor, der in seinem Stall neben ihnen saß, lauschte ebenfalls. Das heißt, er war sich des Klanges des Arabischen, das der Alte spach, bewußt. Zum ersten Mal seit vielen Monaten erreichten ihn die Worte. Geräusche, dann: »Himmlische Vergeltung ist nahe.« Und: »Es ist mir eine Ehre. Fünfzig Francs sind genug. Behalte dein Geld. Gut.« Und der *qaouaji*, der neben ihm am Rand des Abgrunds hockte. Dann »Bannstrahl gegen die Götzen«, und mehr Geschwätz. Er wälzte sich auf die andere Seite, keuchte in den Sand und vergaß es wieder. Aber der Schmerz hatte begonnen. Er wirkte wie in einem Delirium, doch er war wieder in sein Bewußtsein zurückgekehrt. Als der Mann die Tür aufmachte und ihn mit dem Stock schubste, stieß er einen Wutschrei aus, und alle lachten.

Sie stellten ihn auf die Beine, aber er tanzte nicht. Er stand vor ihnen, starrte zu Boden und weigerte sich hartnäckig, auch nur eine Bewegung zu machen. Der Besitzer war wütend und ärgerte sich so sehr über das Gespött der anderen, daß er sich genötigt sah, sie wegzuschicken. Er entschuldigte sich und sagte, er werde lieber eine günstigere Zeit abwarten, um ihnen seine neue Erwerbung vorzuführen, denn er wagte es nicht, seinen Ärger vor dem Alten offen zu zeigen. Als sie jedoch gegangen waren, versetzte er dem Professor mit dem Stock einen heftigen Schlag auf die Schulter, verfluchte ihn mit obszönen Schimpfworten und trat hinaus auf die Straße, nachdem er die Hoftore hinter sich zugeworfen hatte. Er ging geradewegs zur Straße der Ouled Nail, denn er war sicher, daß er die Reguibat dort bei den Mädchen finden würde, wo sie normalerweise ihr Geld verpraßten.

Und tatsächlich fand er in einem der Zelte den einen noch im Bett, während eine Ouled Nail die Teegläser spülte. Er stürzte hinein und hieb dem Mann mit einem Schlag beinah den Kopf vom Rumpf, noch ehe der Zeit hatte, sich auch nur aufzurichten. Dann warf er sein Rasiermeser auf das Bett und rannte hinaus. Die Ouled Nail sah das Blut, lief aus ihrem Zelt hinaus ins nächste und tauchte gleich danach mit vier Mädchen wieder auf, die alle zusammen ins Kaffeehaus liefen und dem *qaouaji* erzählten, wer den Reguiba getötet hatte. Es dauerte weniger als eine Stunde, ehe die französische Militärpolizei ihn im Haus eines Freundes gefangennahm und auf die Wache schleppte. An diesem Abend bekam der Professor nichts zu essen. Während sich sein Bewußtsein langsam, aber sicher wieder einstellte, durch den wachsenden Hunger noch verstärkt, wanderte er ziellos im Hof und den angrenzenden Zimmern des Fremden umher. Es war niemand da. In einem Zimmer hing ein Kalender an der Wand. Der Professor betrachtete ihn nervös, wie ein Hund, der eine Fliege vor seiner Nase verfolgt. Auf dem weißen Papier sah er schwarze Objekte, die Töne in seinem Kopf erzeugten. Er konnte sie sogar hören: »*Grande Épicerie du Sahel. Juin. Lundi, Mardi, Mercredi…*«

Die kleinen Tintenspuren, aus denen eine Symphonie besteht, sind zwar vor langer Zeit erfunden worden, aber erst, wenn sie im Klang vollendet werden, sind sie drohend und mächtig. Im Kopf des Professors erklang jetzt eine Art Gefühlsmusik, die immer lauter wurde, während er auf die Lehmwand starrte, und plötzlich hatte er das Gefühl, daß er etwas ausführte, was vor langer Zeit geschrieben worden war. Er wollte weinen, er wollte durch das kleine Haus toben und die wenigen zerbrechlichen Objekte in tausend Stücke schlagen. Er brüllte auf, so laut er konnte und zerschmetterte alles, was ihm zwischen die Finger kam. Dann stürzte er sich auf das Tor, das auf die Straße führte. Es widerstand eine Weile und gab dann nach. Nachdem er ein paar Bretter herausgebrochen hatte, kletterte er durch den schmalen Spalt und galoppierte schreiend und mit den Armen rudernd durch die stille Straße auf das Stadttor zu. Ein paar Leute blieben stehen und sahen ihm neugierig nach. Als er an der Garage vorbeikam, dem letzten Gebäude vor der mit kleinen Rundbögen und Türmchen verzierten Stadtmauer, hinter der die Wüste begann, erblickte ihn ein französischer Soldat. »*Tiens*«, sagte er sich, »ein heiliger Verrückter.«

Wieder ging die Sonne unter. Der Professor rannte durch das kuppelförmige Tor, wandte sein Gesicht dem roten Himmel zu und trottete die Piste d'In Salah entlang, geradewegs in den Sonnenuntergang hinein. Der Soldat hinter ihm feuerte, denn er hatte mal irgendwo gehört, daß das Glück bringen soll. Die Kugel zischte haarscharf am Kopf des Professors vorbei, und sein Kreischen ging in ein entrüstetes Jammern über, während er mit hochgerissenen Armen zu Tode erschreckt ein paar wilde Sätze machte.

Eine Weile schaute ihm der Soldat nach und lächelte. Die umherspringende Figur wurde in der schnell hereinbrechenden Dämmerung des Abends immer kleiner, und das Scheppern der Blechdeckel um seinen Hals erstarb im großen Schweigen dort draußen jenseits des Tores. Er lehnte sich gegen die Mauer. Noch spendete sie ein wenig Wärme von der Hitze des Nachmittags, aber schon kroch die mondliche Kühle der Nacht auf ihn zu.

New York, 1945

Das Echo

Aileen zog ihren Spiegel heraus; die Vibration des Flugzeugs war so stark, daß sie nicht erkennen konnte, ob ihre Nase frischen Puder brauchte oder nicht. Außer ihr waren nur zwei Passagiere an Bord, und beide schliefen. Mittagszeit; die tropische Sonne brannte mit voller Kraft auf die großen silbernen Flügel und verursachte scharfe Reflexionen an der Decke. Weit unten zog der eintönige grüne Teppich des Dschungels langsam vorbei. Sie war schläfrig, aber auch nervös bei dem Gedanken an das neue Zuhause, das sie erwartete. Aus ihrer Handtasche kramte sie einen zusammengefalteten Brief, den sie erneut aufmerksam las, als könnte sie zwischen den Zeilen eine Bedeutung entdecken, die aus den Worten selbst nicht hervorging. Es war die Handschrift ihrer Mutter.

Aileen, mein Liebes –
ich muß noch vor dem Abendessen mit diesem Brief anfangen (und fertig werden). Prue ist nach draußen gegangen, um ihr Bad zu nehmen, und das bedeutet, daß mindestens eine Stunde vergehen wird, bis sie Luz (die Köchin) dazu gebracht hat, das Wasser aufzuheizen, und José (den Gärtner) gefunden hat, der es zum Tank auf das Dach trägt. Dazu kommt die Zeit, die sie zum Baden und Ankleiden braucht. Du siehst, ich habe gerade Zeit für ein kleines Schwätzchen.
Vielleicht sollte ich mit der Feststellung beginnen, daß

Prue und ich hier über die Maßen glücklich sind. Nach Washington ist es einfach himmlisch, wie Du Dir sicher vorstellen kannst. Prue konnte die Staaten natürlich nie ausstehen, und ich hatte – nach all dem Ärger mit Deinem Vater – das Gefühl, daß ich für eine Weile niemanden um mich haben wollte. Du weißt ja, wie wichtig mir meine Ruhe immer war. Und dies ist der ideale Ort dafür.

Natürlich hatte ich ein schlechtes Gewissen, einfach hierher zu flüchten, ohne Dich noch einmal zu sehen. Aber die Reise nach Northampton hätte mein Schicksal wahrscheinlich endgültig besiegelt. Ich glaube wirklich nicht, daß ich sie durchgestanden hätte. Und Prue hatte Angst, das Außenministerium könnte ein neues Gesetz erlassen, das Amerikanern die Ausreise aus den Vereinigten Staaten erschwert, wegen der angespannten Lage und so weiter. Außerdem dachte ich, je eher wir nach Jamonocal kämen, um so rascher könnten wir das alte Haus zu einem Heim machen, in dem Du Deine Ferien verbringst. Es wird wirklich wunderbar! Ich will gar nicht erst die Gründe aufzählen, warum ich Dir nichts erzählt habe – das wäre wie eine Entschuldigung, und ich weiß, daß ich mich bei Dir nie für irgend etwas entschuldigen muß. Also reden wir nicht mehr davon. Im übrigen bin ich sicher, daß die acht Monate für Dich da oben sehr schnell vergangen sind.

Seit letzten Oktober haben wir ständig irgendwelche Bautrupps hier. Zufällig war Mr. Forbes in Barranquilla, wegen eines neuen Projekts der Amerikaner im Landesinneren, und ich wollte unbedingt, daß er den Bau der vorspringenden Träger im Fundament überwacht. Dieser Mann ist einfach unbezahlbar. Phantastisch! Er war ständig auf Trab und gab Anweisungen bis ins letzte Detail. Ich machte mir Vorwürfe, weil er so schwer schuften mußte, aber ich glaube, es hat ihm Spaß gemacht mit uns beiden. Auf alle Fälle wäre es albern gewesen, einen alten Freund und einen der besten Architekten von Amerika nicht um Hilfe zu bitten, zumal er zufällig hier in Kolumbien war und ich ihn brauchen konnte. Wie auch immer, das alte Haus ist jetzt der alte Flügel, und der neue Teil ragt über die Schlucht hinaus und ist so aufregend, daß ich kaum erwarten kann, was Du dazu sagst. Es gibt wahrscheinlich nirgendwo auf der Welt noch einmal ein solches Haus, auch wenn das aus meinem Mund nach Aufschneiderei klingt. Die Terrasse erinnert mich an einen alten Cartoon im New Yorker, auf dem zwei Männer über den Rand des Grand Canyon schauen, und der eine sagt zum anderen: Hast du je eine Meile weit spucken wollen, Bill? Hier ist deine Chance!

Wir haben uns inzwischen eingelebt. Das Wetter ist herrlich, und wenn Luz nur ein bißchen mehr davon verstünde, was die Weißen gern essen und wie man es ihnen serviert, wäre alles perfekt. Ich weiß, es wird Dir gefallen, Prue hier zu treffen. Ihr habt vieles gemeinsam, auch wenn Du Dich zu erinnern meinst, daß Du sie ›nicht besonders leiden‹ konntest. Das war in Washington, und Du warst, gelinde ausgedrückt, in einem schwierigen Alter. Als Erwachsene (und das bist Du mittlerweile wirklich) wirst Du hoffentlich verständnisvoller sein. Sie liebt Bücher, vor allem über Philosopie und Psychologie und andere Gebiete, von denen Deine arme Mutter nicht viel versteht. Sie hat im alten Gästehaus, an das Du Dich wahrscheinlich nicht erinnerst, eine Werkstatt mit einem Brennofen eingerichtet. Dort ist sie fast den ganzen Tag mit ihrer Töpferei beschäftigt, und ich habe genug damit zu tun, das Haus sauberzuhalten und dafür zu sorgen, daß eingekauft wird. Wir haben ein System entwickelt, nach dem Luz jeden Nachmittag mit einer Ein-

kaufstüte zu ihrem Bruder geht, der die Sachen am folgen-
den Tag aus der Stadt holt. Er braucht fast den ganzen Tag,
um den Berg hinauf- und hinunterzureiten. Sein Gaul ist alt
und träge und hat sein Leben lang nichts anderes getan, als
zwischen dem Haus und dem Tal hin- und herzutrotten; mit
dem Begriff ›schnell‹ kann er daher nichts anfangen. Aber
wozu sollte man sich hier unten auch beeilen?

Ich bin sicher, daß alles zu Deiner Zufriedenheit ausfällt
und daß Du keine fünf Minuten brauchen wirst, um zu sehen,
daß Prue ein Schatz ist und ganz und gar nicht ›schrullig‹,
wie Du in Deinem Brief geschrieben hast. Schick mir ein Te-
legramm, sobald Du diesen Brief erhalten hast, und laß mich
wissen, in welcher Woche der Unterricht endet. Prue und ich
werden Dich in Barranquilla abholen. Ich habe eine ganze
Liste von Dingen, die Du mir in New York besorgen mußt.
Ich werde Dir kabeln, sobald ich von Dir höre. Prue ist fer-
tig mit dem Bad. Muß schließen.

Alles Liebe, Mutter

Aileen steckte den Brief ein, lächelte ein wenig und beobachtete, wie die Flügel in die kleinen dicken Wolken ein-
tauchten, die dem Flugzeug im Weg lagen, und dann wieder
zum Vorschein kamen. Jedesmal gab es ein leichtes Rütteln,
und die Welt draußen wurde ein blendendes Weiß. Sie stellte
sich vor, wie sie hinaussprang und auf dieser festen Weich-
heit entlangschritt wie eine Figur aus einem Zeichentrick-
film.

Der Brief ihrer Mutter hatte sie an den Winter erinnert,
den sie vor vielen Jahren in Jamonocal verbrachten. Das einzige, was sie aus der Zeit behalten hatte, war, wie einer der
Einheimischen sie auf ein Maultier gesetzt und sie Todes-
ängste ausgestanden hatte, das Tier könnte in die falsche

Richtung laufen, vom Haus weg auf den Rand der Schlucht zu. An die Schlucht selbst konnte sie sich nicht erinnern. Sie hatte sie wahrscheinlich nie gesehen, obwohl sie nur wenige Schritte vom Haus entfernt lag, hinter einem schmalen, aber dichten Streifen Rohrdickicht. Und doch war ihr eine klare Vorstellung ihrer Existenz im Gedächtnis geblieben, das Gefühl einer unermeßlichen Leere hinter und unter jener Seite des Hauses. Und sie entsann sich jenes fernen, hohlen Klangs des Wassers, das aus großer Höhe herabstürzte, eine stetige, leise Hintergrundmusik, die jeden Augenblick des Tages erfüllte – die Pausen während der Mahlzeiten, die Unterbrechungen beim Spielen im Garten und die Nachtstunden zwischen den Träumen. Sie fragte sich, ob es tatsächlich möglich war, daß sie sich an all das erinnern konnte, obgleich sie damals erst fünf gewesen war.

In Panama mußte sie das Flugzeug wechseln. Zartgrünes Zwielicht hing in der Luft, und sie machte einen kurzen Spaziergang um den Flughafen. Papageien kreischten in den Wipfeln der Bäume; urplötzlich verstummten sie. Sie machte kehrt und ging wieder hinein, um sich hinzusetzen und zu lesen, bis es Zeit war, an Bord zu gehen.

Niemand war da, um sie in Empfang zu nehmen, als sie in den frühen Morgenstunden in Barranquilla ankam. Sie beschloß, in die Stadt zu fahren und ein Hotelzimmer zu nehmen. Mit ihren beiden Koffern trat sie hinaus und hielt Ausschau nach einem Taxi. Alle waren mit anderen Passagieren in die Stadt gefahren, doch auf einer Kiste saß ein Mann, der ihr sagte, sie würden bald zurückkommen. Plötzlich fragte er: »Du willst zwei Damen?«

»Wie bitte? Nein. Was meinen Sie?«

»Du willst zwei Damen suchen nach dir letzte Nacht?«

»Wo sind sie?« fragte Aileen, langsam begreifend.

»Sie wollten einen Drink«, antwortete er mit einem unverschämten Grinsen.

»Wo? In Barranquilla?«

»Nein. Hier.« Er deutete auf die dunkle Straße.

»Wo? Kann ich zu Fuß gehen?«

»Klar. Ich nehme dich.«

»Nein! Nein danke. Bleiben Sie hier. Vielen Dank. Ich komme allein zurecht. Wo ist es? Wie weit?«

»O. K.«

»Was ist es? Eine Bar? Wie heißt sie?«

»Sie haben Musik. La Gloria. Du gehst. Du hörst Musik. Zwei Damen. Sie trinken.«

Sie trat wieder hinein und übergab ihr Gepäck einem Angestellten der Fluglinie, der darauf bestand, sie zu begleiten. Schweigend gingen sie die schmale Straße entlang. Die Vegetation hatte zu beiden Seiten dichte Mauern gebildet, in denen sich Insekten verbargen, die hin und wieder ein wildes, heiseres Geräusch ausstießen, ähnlich einer hölzernen Ratsche. Nach einiger Zeit hörten sie den Klang von Trommeln und Trompeten, die kubanische Tanzmusik spielten.

»La Gloria«, verkündete ihr Begleiter triumphierend.

La Gloria war eine hell erleuchtete Lehmhütte mit einer von Palmwedeln überdachten Veranda, die an die Straße grenzte. Die Jukebox stand draußen; ein paar betrunkene Schwarze lungerten herum.

»Sind sie hier?« fragte sie laut, doch an sich selbst gewandt.

»La Gloria«, wiederholte er und deutete nach vorn.

Als sie vor der Hütte standen, erhaschte sie einen Blick auf eine Frau in Bluejeans, und obwohl sie im selben Augenblick wußte, daß es Prue war, wollte ihr Bewußtsein diese

Tatsache nicht akzeptieren, und sie fuhr fort, sich zu fragen: »Sind sie hier oder nicht?«

Sie ging auf das Haus zu. Die Musik hatte aufgehört. Der Graben lag zwischen Straße und Veranda im Dunkeln. Sie stolperte, fiel hin und hörte sich aufschreien. Der Mann hinter ihr sagte: »*Cuidado!*« Sie lag keuchend vor Wut und Schmerz da und stöhnte: »Oh! Mein Knöchel!« Aus der Bar hörte man einen Schrei. Es war die Stimme ihrer Mutter: »Da ist Aileen!« Dann hob erneut das Plärren und Dröhnen der Jukebox an. Die Schwarzen rührten sich nicht. Irgend jemand half ihr auf die Beine. Sie war im Innern der Bar, im harten, grellen Licht.

»Es geht schon wieder«, sagte sie, nachdem man ihr auf einen Stuhl geholfen hatte.

»Aber Kind, wo bist du gewesen? Seit acht Uhr haben wir auf dich gewartet. Beinahe hätten wir aufgegeben. Die arme Prue ist krank.«

»Unsinn, ich bin schon drüber weg«, sagte Prue, die noch immer an der Bar saß. »Hatte nur ein Rumoren im Magen, weiter nichts.«

»Ist wirklich alles in Ordnung, Liebes? Was für eine absurde Ankunft!« Sie sah hinunter auf Aileens Knöchel. »Tut er weh?«

Prue kam von der Bar, um ihr die Hand zu geben. »Ziemlich dramatischer Auftritt, Mädchen«, sagte sie.

Aileen saß da und lächelte. Sie hatte eine eigenartige Angewohnheit. Als Kind hatte sie sich eingebildet, ihr Kopf sei durchsichtig und ihre Gedanken seien für jeden in ihrer Umgebung direkt sichtbar. Deshalb entwickelte sie ein System, mit dessen Hilfe sie in unangenehmen Situationen jede Art von Denken unterdrückte, nur um nicht Gefahr zu laufen, unhöflicher oder aufsässiger Gedanken verdächtigt zu werden. In ihrer Kindheit hatte sie eine Zeitlang diese Angst vor mangelnder Privatsphäre auf jedermann ausgedehnt; selbst Menschen, die sich woanders aufhielten, konnten ihre Gedanken lesen. Heute dagegen fühlte sie sich nur jenen ausgeliefert, die in ihrer Nähe waren. Als sie sich Prue gegenübersah, war sie sich daher keiner bestimmten Emotion bewußt, nur des vertrauten, vagen Gefühls der Langeweile. Ihr Kopf war vollkommen leer, und ihr Gesicht machte kein Hehl aus dieser Tatsache.

Die frühen Morgenstunden waren unvergleichlich. Die Kühle, die aus dem Dschungel den Abhang hinunter über das Haus floß, wurde vom Dunst knapp über dem Erdboden festgehalten. Draußen und drinnen war es feucht und roch wie in einem Blumenladen, doch jeden Tag, wenn die sengende Sonne den dünnen Nebelschleier, der über dem Rücken des Berges lag, zerriß, vertrieb sie die Feuchtigkeit. Hier lebte man gleichsam seitwärts: Auf der einen Seite stieg das Land steil an, auf der anderen fiel es im gleichen Winkel ab. Nur die Schlucht vermittelte das Gefühl der Senkrechte; die vertikalen Felswände auf der gegenüberliegenden Seite des großen Amphitheaters gemahnten daran, daß das Zentrum der Schwerkraft in der Tiefe lag und nicht schräg auf einer Seite. Unablässig trieb Dampf aus dem unsichtbaren Becken am Grund, und das ferne, diffuse Rauschen des Wassers war wie die Stimme des Schlafes.

Einige Tage lag Aileen im Bett und lauschte dem Wasser und den Vögeln und den nahen, unvertrauten Geräuschen des Hauses. Ihre Mutter und auch Prue frühstückten im Bett und erschienen gewöhnlich ein paar Minuten vor dem Mittagessen für ein Schwätzchen, bis Concha das Tablett mit dem Essen für die Kranke brachte. An den Nachmitta-

gen blätterte sie in alten Illustrierten und las Kriminalge-
schichten. Gewöhnlich setzte gegen drei Uhr der Regen ein;
zuerst klang das Geräusch wie eine Verstärkung des Wasserfalls in der Ferne, dann, während es immer heftiger
wurde, kam es unzweideutig näher – bis ein gewaltiges
Dröhnen um das Haus jedes andere Geräusch auslöschte.
Die schwarzen Wolken schlossen sich dicht um den Berg, so
daß es den Anschein hatte, als breche die Nacht herein. Mit
einer kleinen Glocke rief sie Concha, damit diese die Öllampe anzündete, die auf dem Tisch neben dem Bett stand.
Wenn sie so dalag, auf die nassen Blätter der Bananenstaude
vor dem Fenster sah und dem allgegenwärtigen Rauschen
des Regens lauschte, fühlte sie sich einen flüchtigen Augenblick lang vollkommen wohl. Es gab keinen Grund, dieses
Gefühl in Frage zu stellen, keine Notwendigkeit zu denken
– nur das allmähliche Nachlassen des Regens, die trium-
phierende Auferstehung der Sonne im diesigen Halblicht
und die Aussicht auf ein frühes Abendessen.

Jeden Abend nach dem Essen kam ihre Mutter, um eine
Weile mit ihr zu plaudern, gewöhnlich über das Personal.
An den ersten drei Abenden war Prue mitgekommen, einen
Whiskey in der Hand, später kam ihre Mutter allein.

Aileen hatte darum gebeten, im alten Teil des Hauses ein-
quartiert zu werden statt in einem der komfortableren Zimmer des neuen Flügels. Ihr Fenster sah auf den Garten, der
aus einem rechteckigen, auf allen Seiten von jungen Bananenstauden gesäumten Stück Rasen bestand. Am äußersten
Ende stand ein Brunnen, dahinter begann das wilde Terrain
des Berghangs mit dem vor kurzem gerodeten Unterholz
und den verkohlten Baumstümpfen, und noch weiter entfernt der hohe Dschungel, dessen Grenze seit der Rodung
für die Plantage vor vielen Jahren schnurgerade über die

Hänge verlief. Hier in ihrem Zimmer hatte sie wenigstens das Gefühl, daß die Erde irgendwo unter ihr war.

Als die Schmerzen im Knöchel nachließen, ging sie zum Abendessen hinunter. Es wurde draußen auf der Terrasse serviert, an einem Tisch, in dessen Mitte ein Sonnenschirm befestigt war. Prue kam regelmäßig zu spät aus ihrer Werkstatt und erschien in lehmverschmierten Bluejeans und mit Schmutzflecken im Gesicht bei Tisch. Da Aileen es nicht fertigbrachte, zu denken, was sie empfand, nämlich, daß Prue unfreundlich, häßlich und eine Art Eindringling war, nahm sie Prues Anwesenheit gefühlsmäßig einfach nicht wahr, was sich darin zeigte, daß sie höflich, aber gelangweilt wirkte und sich an den Gesprächen während der Mahlzeiten kaum beteiligte. Im übrigen fühlte sie sich auf der Terrasse unbehaglich. Am liebsten beendete sie die Mahlzeiten so rasch wie möglich und vertrödelte keine unnötige Zeit mit dem anschließenden Kaffee, doch es wäre ihr nie in den Sinn gekommen, über die Gründe dafür zu sprechen. In Prues Anwesenheit sah sie sich genötigt, äußersten Anstand zu wahren. Glücklicherweise bot ihr Knöchel eine willkommene Entschuldigung, sich zurückzuziehen.

Bald darauf entdeckte sie einen winzigen Patio neben der Küche, wo sich dicke Weinreben mit süß duftenden Blüten an einer Laube emporrankten. Die Luft war erfüllt vom Summen unzähliger Bienen, die schwerfällig an den Blütenblättern hingen und träge hin und her flogen. Nach dem Mittagessen zog sie einen Liegestuhl in den Schatten der Laube und las, bis der Regen einsetzte. Es war drückend schwül dort, kein Lüftchen ging, doch wenigstens erstickte das Summen der Bienen das Geräusch des Wasserfalls. Eines Nachmittags gesellte sich Prue zu ihr, blieb mit den Händen in den Gesäßtaschen vor ihr stehen und sah sie an.

»Wie hältst du diese Hitze aus?« fragte sie Aileen.

»Oh, ich mag sie.«

»Tatsächlich?« Sie hielt inne. »Sag mal, bist du wirklich gern hier, oder findest du es furchtbar langweilig?«

»Wieso, ich finde es wunderbar!«

»Hm, ja, das ist es.«

»Gefällt es dir nicht?«

Prue gähnte. »O doch, sehr sogar. Aber ich muß ständig etwas tun. Wo immer ich arbeiten kann, komme ich zurecht, verstehst du?«

»Ja, gewiß«, antwortete Aileen. Dann setzte sie hinzu: »Hast du vor, lange zu bleiben?«

»Wie zum Teufel meinst du das?« erwiderte Prue und lehnte sich gegen die Hauswand, die Hände immer noch in den Taschen. »Ich wohne hier.«

Aileen lachte auf. Jeder außer Prue hätte es als fröhliches, angenehmes Lachen empfunden, sie aber zog die Augen zu schmalen Schlitzen zusammen und schob das Kinn ein wenig vor.

»Was ist denn so komisch dran?« fragte sie.

»Ich finde, du bist komisch. So unzugänglich. Du nimmst alles so persönlich. Vielleicht arbeitest du zu viel in deinem kleinen Häuschen da drüben.«

Prue sah sie verwundert an. »Allmächtiger«, sagte sie schließlich. »Da zeigt sich wohl dein IQ, meine Liebe.«

»Danke«, sagte Aileen sehr ernsthaft. »Jedenfalls freut es mich, daß du hier glücklich bist, und ich hoffe, daß es so bleibt.«

»Dasselbe wollte ich dir auch sagen.«

»Dann ist ja alles in Ordnung.«

»Ich werde nicht schlau aus dir«, sagte Prue und zog die Stirn kraus.

»Und ich habe keine Ahnung, was du eigentlich von mir willst«, gab Aileen zur Antwort und blätterte ungeduldig in ihrem Buch. »Das ist das sinnloseste Gespräch, das ich je geführt habe.«

»Das wage ich allerdings zu bezweifeln«, gab Prue zurück und trat in die Küche.

Als ihre Mutter an diesem Abend zu ihrer täglichen Plauderstunde kam, wirkte sie ein wenig bedrückt.

»Du scheinst dich nicht besonders mit Prue zu vertragen«, sagte sie vorwurfsvoll, während sie sich auf das Fußende des Bettes setzte.

»Wieso, wir verstehen uns prächtig. Aber du meinst wahrscheinlich die Sache mit heute nachmittag, wie?«

»Ja, die meine ich wahrscheinlich. Wirklich, Aileen! Du kannst doch nicht so ungezogen sein, noch dazu zu einer Person in ihrem Alter! Sie ist mein Gast, und du bist mein Gast, also müßt ihr höflich zueinander sein. Sie ist es, du aber nicht, wie mir scheint.«

Aileen holte tief Luft und wiederholte: »Ich bin dein Gast…«

»Ich habe dich eingeladen, deine Ferien hier zu verbringen. Ich möchte, daß ihr euch wohl fühlt, und ich sehe keinen Grund, warum das so schwierig sein sollte.«

Plötzlich rief Aileen aus: »Sie ist übergeschnappt!«

Ihre Mutter sprang auf und verließ den Raum.

In den ruhigen Tagen, die folgten, erwähnte keine von ihnen den Zwischenfall. Aileen suchte auch weiterhin nach dem Mittagessen den kleinen Patio auf.

Dann kam ein Tagesanbruch, der süßer war als die anderen. Der jungfräuliche Dunst des frühen Morgens hing in ihrem Schlafzimmer, und das schrille Kreischen der Vogelstimmen drang mit vollendeter Klarheit aus dem unberührten Wald. Rasch schlüpfte sie in ihre Kleider und trat hinaus. Ein strahlender weißer Glanz, den sie noch nie zuvor gesehen hatte, erfüllte die Atmosphäre. Sie schritt den Pfad entlang, der an den Hütten der Einheimischen vorbeiführte. Drinnen regte sich Leben; Säuglinge weinten, zahme Papageien und andere Vögel sangen und lachten. Der Pfad bog zu einer niedrigen Baumreihe ab, die zum Schutz der Kaffeebäume gepflanzt worden war. Hier hatte die Morgendämmerung gerade erst begonnen, an manchen Stellen stand die Nachtkühle noch in der Luft, und die Gerüche der Pflanzen waren wie unsichtbare Girlanden, die von den Zweigen der Bäume hingen. Ein großer heller Käfer kreuzte gemächlich den Pfad zu ihren Füßen. Sie blieb stehen und sah ihm nach, bis er im Blattwerk auf der anderen Seite verschwand. Sie griff sich ans Herz, um zu spüren, wie heftig es schlug. Und einen Augenblick lauschte sie dem Pochen in ihrem Kopf, nicht gewillt, seinen Rhythmus zu unterbrechen, indem sie ihren Gang wieder aufnahm. Dann ging sie eilig weiter und folgte dem Pfad aufwärts dorthin, wo sich das Licht des Himmels zu bündeln schien. Als er plötzlich in einen Vorsprung unmittelbar über der Plantage mündete, konnte sie die Ansammlung der Dächer durch den Nebel kaum erkennen. Das Geräusch des Wasserfalls war stärker; sie vermutete, daß sie in der Nähe der Schlucht war, obwohl sie diese nirgendwo entdecken konnte. Der Pfad bog ab und führte über unebenes, offenes Gelände aufwärts. Eine halbe Stunde lang kletterte sie stetigen Schrittes, atmete langsam und tief und stellte mit Verwunderung fest, daß auf diesem Abschnitt des Berges der Dschungel auf allen Seiten abgeholzt war. Eine Zeitlang hatte sie das Gefühl, daß der Himmel aufklarte und die Sonne jeden Augenblick herauskommen würde, doch als der Pfad ebeneres Gelände erreichte und sie in der Lage war, etwas weiter zu sehen, erkannte sie, daß der Nebel hier oben noch dichter war als unten.

An manchen Stellen gab es schroffe Abgründe zu beiden Seiten des Pfades. Es war nicht zu erkennen, wie tief das Terrain abfiel. Sie sah ein paar Pflanzen und Felsen in der Nähe, dann die höchsten Wedel eines Farnbaumes etwas darunter und schließlich nur noch weiße Leere. Es war, als spazierte sie auf einer Mauer hoch in der Luft. Schließlich beschrieb der Pfad einen weiten Bogen und stieg dann steil an. Etwas weiter oben erkannte sie einen einsamen Baum.

Unvermittelt stieß sie auf eine Reihe von Hütten. Sie waren schlechter gebaut als die unten bei der Plantage, auch kleiner. Der Nebel war von Holzrauch erfüllt; es roch nach Schweinen. Sie blieb stehen. Ein Mann sang. Zwei nackte kleine Kinder kamen aus dem Eingang einer Hütte, sahen sie einen Augenblick entsetzt an und liefen schnell wieder hinein. Sie ging weiter. Der Gesang kam von der Rückseite der letzten Hütte. Als sie dort angelangt war, sah sie, daß die Hütte von einem verhedderten, doch wirkungsvollen Zaun aus Stacheldraht umgeben war, der auf allen Seiten der Hütte einen etwa zwei Meter breiten Freiraum ließ. Ein junger Mann erschien vom anderen Ende der Umzäunung. Sein Hemd und seine Hose waren zerschlissen, die braune Haut schien an vielen Stellen durch. Er sang, als er auf sie zukam, und sang weiter, während er sie aus hellen, fragenden Augen starr ansah. Sie lächelte und sagte: »*Buenos días!*« Er machte eine auffordernde Geste, ein wenig zu dramatisch. Sie blieb stehen und schaute unschlüssig zurück zu den anderen Hütten. Der junge Mann winkte erneut und trat in die Hütte. Einen Augenblick später kam er wieder heraus, starrte sie noch immer fasziniert an und machte weitere auffordernde Bewegungen. Aileen stand reglos da, ohne die Augen von seinem Gesicht zu nehmen. Er trat langsam an den Zaun und griff mit beiden Händen nach dem Stacheldraht; als sich die Dorne in seine Handflächen bohrten, wurden seine Augen noch heller als zuvor. Er beugte sich vor, reckte ihr seinen Kopf entgegen, und sein Blick senkte sich mit unvorstellbarer Intensität in den ihren. Einige Sekunden lang starrten sie sich an, dann trat sie einen Schritt auf ihn zu, sah auf sein Gesicht und runzelte die Stirn. Im selben Augenblick spuckte er mit einem Aufschrei das Wasser aus, das er im Mund gehalten hatte, und zielte dabei genau auf Aileens Gesicht. Ein wenig davon traf ihre Wange, der Rest das Kleid. Seine Finger lösten sich von dem Stacheldrahtzaun; er richtete sich auf und zog sich langsam in die Hütte zurück, wobei er sie keine Sekunde aus den Augen ließ.

Einen Augenblick blieb sie unbeweglich stehen, die Hand auf der Wange. Dann bückte sie sich, hob einen großen Stein vom Pfad auf und schleuderte ihn mit voller Kraft durch die Tür. Ein schrecklicher Schrei erscholl aus dem Inneren; er war anders als alles, was sie je zuvor gehört hatte. Oder doch, dachte sie, als sie begann, zu den anderen Hütten zurückzulaufen – er hatte die Entrüstung und empörte Unschuld eines Babys, aber er war auch der Schrei eines erwachsenen Mannes. Niemand zeigte sich, als sie an den Hütten vorbeilief. Bald umfing sie wieder das Schweigen des leeren Berghangs, doch sie hörte nicht auf zu laufen und war überrascht, als sie merkte, daß sie schluchzte. Sie setzte sich auf einen Felsen und beruhigte sich, indem sie zusah, wie ein paar Ameisen ein Gebüsch vernichteten, indem sie Stücke der Blätter herausfraßen und davontrugen. Allmählich wurde der Himmel heller; bald würde die Sonne herauskommen.

Sie ging weiter. Als sie die Anhöhe über der Plantage erreichte, hatte sich der Nebel in lange Schwaden verwandelt, die den Berghang hinabtrieben und in Felsspalten verschwanden. Sie war entsetzt, als sie merkte, wie nahe sie dem häßlichen schwarzen Rand der Schlucht war. Und das Haus unter ihr wirkte irrsinnig, lehnte über die Kante, als versuchte es, in den Abgrund zu blicken. Weit unter dem Haus stieg Dampf aus dem Becken auf. Ihr Blick folgte den kahlen Wänden des gegenüberliegenden Felsens bis zum Rand, der etwas höher war als die Stelle, an der sie stand. Ihr wurde schwindlig, und sie stolperte zurück zum Haus, die Hand über der Stirn, ohne auf die Einheimischen zu achten, die in den Eingängen standen und sie grüßten.

Als sie am Garten vorbeilief, rief eine Stimme nach ihr. Sie drehte sich um und sah, wie Prue sich im Becken des Springbrunnens die Hände wusch. Sie blieb stehen.

»Du bist früh auf. Anscheinend geht's dir besser«, sagte Prue und trocknete sich die Hände am Haar ab. »Deine Mutter hatte einen Nervenzusammenbruch. Geh rein und sieh nach ihr.«

Aileen starrte sie einen Augenblick an und sagte dann: »Ich bin auf dem Weg zu ihr. Es ist nicht nötig, daß du mich daran erinnerst.«

»Oh, ich dachte, es wäre besser, es dir zu sagen.«

»Du hast mir gar nichts zu sagen. Ich komme bestens ohne deine Hilfe zurecht.«

»Es ist nicht unbedingt Hilfe, was ich dir anbiete«, erwiderte Prue und steckte die Hände in die Taschen. »Mir wäre eher nach einer kräftigen Ohrfeige zumute. Oder meinst du, es macht mir Spaß zu sehen, wie deine Mutter sich um dich sorgt? Zuerst bist du krank und liegst im Bett, und dann verschwindest du in diesem gottverdammten Dschungel!

Glaubst du, ich habe nichts Besseres zu tun, als mich über dich zu unterhalten und deine Mutter alle zehn Minuten aufs neue zu beruhigen? Was, zum Teufel, ist das Leben deiner Meinung nach – ein ewiges Fest?«

Aileen starrte sie eindringlicher an, nun mit unverhohlenem Haß. »Ich glaube, daß das Leben ziemlich schrecklich ist«, sagte sie langsam. »Besonders hier. Und ich glaube, daß du einmal in den Spiegel sehen und dich dann von der Terrasse stürzen solltest. Und außerdem glaube ich, daß Mutter nicht ganz bei Trost ist.«

»Verstehe«, sagte Prue mit unheilverkündender Stimme. Sie zündete eine Zigarette an und schlenderte zurück in ihre Werkstatt. Aileen ging ins Haus und hinauf in ihr Zimmer.

Keine Stunde später klopfte ihre Mutter an die Tür. Als sie ins Zimmer trat, sah Aileen, daß sie geweint hatte.

»Aileen, mein Liebes, ich muß dir etwas sagen«, begann sie entschuldigend. »Und es bricht mir das Herz. Aber es muß sein.«

Sie hielt inne, als wartete sie auf eine Aufforderung.

»Mutter, was ist denn?«

»Ich glaube, du weißt es.«

»Es geht um Prue, vermute ich. Stimmt's?«

»Natürlich. Ich weiß nicht, wie ich das je wiedergutmachen soll. Sie hat mir erzählt, was du gesagt hast, und ich muß gestehen, ich kann es kaum glauben. Wie konntest du nur?«

»Du meinst, jetzt eben im Garten?«

»Ich weiß nicht, wo es war, ich weiß nur, daß es so nicht weitergehen kann. Ich bin daher gezwungen, dir etwas mitzuteilen: Du wirst abreisen müssen. Ich kann diese Aufregung nun mal nicht ertragen, und ich weiß genau, wie es sein wird, wenn du bleibst.«

»Das überrascht mich nicht«, antwortete Aileen und tat, als mache es ihr nicht das geringste aus. »Wann soll ich gehen?«

»Es ist einfach schrecklich...«

»Ach, hör schon auf. Es ist mir egal. Ich habe mich erholt und kann noch etwas arbeiten, ehe das neue Schuljahr anfängt. Heute? Morgen?«

»Anfang der Woche, denke ich. Ich werde dich nach Barranquilla bringen.«

»Fändest du es albern, wenn ich die Mahlzeiten hier oben einnähme?«

»Ich finde, das ist eine hervorragende Idee, mein Liebes. Du und ich, wir können uns gegenseitig zwischen den Mahlzeiten besuchen.«

Jetzt hätte die Spannung eigentlich vorbei sein sollen, und doch ging sie irgendwie nicht weg. In den vier Nächten vor der Abreise hatte Aileen schreckliche Träume. Sie wachte auf und lag im Dunkeln, so verstört, daß sie kaum die Hand bewegen konnte. Es war keine Angst, denn sie konnte sich nicht an die Träume erinnern. Es kam ihr vor, als sei ein neu entdeckter, innerster Teil von ihr voller Schmerz. Sie atmete schnell und lag lange Zeit wie gelähmt, während sie dem unablässigen Rauschen des Wasserfalls lauschte, das in großen Abständen von leisen, nächtlichen Lauten irgendwo in den nahen Bäumen unterbrochen wurde. Später, wenn sie genügend Energie gesammelt hatte, um sich zu bewegen, drehte sie sich im Bett um, seufzte tief und entspannte sich so weit, daß sie wieder in der unheimlichen Welt des Schlafes versank.

Als der letzte Tag gekommen war, klopfte es im Morgengrauen leise an ihrer Tür. Sie stand auf und entriegelte sie. Ihre Mutter stand da und lächelte dünn.

»Darf ich reinkommen?«

»Oh, guten Morgen. Natürlich. Es ist noch sehr früh, nicht?«

Ihre Mutter trat ans Fenster und sah hinunter in den dunstverhangenen Garten. »Mir geht es heute nicht gut«, sagte sie. »Ich fürchte, ich kann dich nicht nach Barranquilla bringen. Ich werde mich heute auf kein Pferd setzen. Es ist einfach zu viel, dieser dreistündige Ritt nach Jamonocal, und dann der Zug und das Boot die ganze Nacht. Du darfst mir nicht böse sein. Alles drei hielte ich nicht aus. Aber es ist nicht schlimm, oder?« Sie sah auf. »Wir verabschieden uns hier.«

»Aber Mutter, soll ich allein gehen?«

»Oh, José wird dich bis Barranquilla begleiten und Mittwoch abend wieder zurück sein. Du glaubst doch nicht, ich ließe dich den ganzen Weg allein gehen?«

Sie lachte angespannt, brach dann ab und sah nachdenklich aus. »Eigentlich gefällt es mir nicht, zwei Nächte hier allein zu bleiben, aber ich sehe keine andere Möglichkeit, wenn du bis morgen da sein sollst. Du kannst ein Schiff nach Panama nehmen. Für gewöhnlich kriegt man noch irgendwo einen Platz. Jetzt Frühstück, Frühstück...«

Sie tätschelte Aileens Wange und eilte die Treppen hinunter in die Küche.

Der morgendliche Gesang der Vögel drang vom Wald herunter; Nebelfetzen hingen in den Wipfeln der großen Bäume dort oben. Aileen richtete den Blick auf den Garten zu ihren Füßen. Plötzlich hatte sie das Gefühl, nicht fortgehen zu können. Irgendwie war es, als ließe sie die Liebe zurück. Sie setzte sich aufs Bett. »Aber was ist es?« fragte sie sich verzweifelt. »Nicht Mutter. Nicht das Haus. Nicht der Dschungel.« Mechanisch kleidete sie sich an und packte die restlichen Toilettenartikel in ihren Handkoffer. Doch das Gefühl war da, gebieterisch und allumfassend in seiner Vollkommenheit.

Sie ging hinunter. Aus der Küche drangen Stimmen und das Klappern von Geschirr. Concha und Luz waren dabei, ihr Frühstückstablett vorzubereiten. Sie trat hinaus und beobachtete sie, bis alles fertig war.

»*Ya se va la señorita?*« fragte Concha traurig.

Sie gab keine Antwort, nahm ihr jedoch das Tablett ab und trug es durch das Haus auf die Terrasse, wo sie es auf den Tisch stellte. Alles hier war von Tau und Feuchtigkeit aus der Schlucht bedeckt. Sie drehte das Sitzkissen um und setzte sich, um zu frühstücken. Das Rauschen des Wasserfalls nahm ihr den Appetit, doch sie dachte: »Es ist das letzte Mal.« Sie hatte das Gefühl, an ihren Gefühlen zu ersticken, doch sie waren zu diffus und verworren, als daß sie eines davon als herausragend hätte benennen können. Während sie dasaß und angestrengt aß, merkte sie plötzlich, daß sie beobachtet wurde. Sie blickte auf und sah Prue auf der Türschwelle stehen. Sie trug einen Pyjama und einen Morgenmantel, in der Hand hielt sie ein Glas Wasser. Sie wirkte sehr verschlafen.

»Wie geht's?« fragte sie und trank in kleinen Schlucken von dem Wasser.

Aileen erhob sich.

»Wir sind alle frisch und munter heute morgen«, fuhr Prue ungerührt fort.

»Ich – reise ab. Ich muß gehen. Entschuldige, es ist spät«, murmelte Aileen und sah sich verstohlen um.

»Nur die Ruhe, Mädchen. Du hast dich noch nicht von deiner Mutter verabschiedet. Und José sattelt gerade erst die Pferde. Du hast eine Menge Gepäck.«

»Entschuldige«, sagte Aileen und versuchte, sich an ihr vorbeizudrängen.

»Geben wir uns die Hand«, sagte Prue und streckte die ihre dem Mädchen entgegen.

»Laß mich in Ruhe!« rief Aileen und versuchte ihr auszuweichen. »Rühr mich nicht an!« Doch Prue war es gelungen, einen ihrer wild umherrudernden Arme zu fassen. Sie hielt ihn fest.

»Ein dramatischer Auftritt genügt. Wir brauchen nicht auch noch einen solchen Abgang. Verabschiede dich von mir, wie es sich gehört.« Sie drehte ihr leicht den Arm um, ohne es eigentlich zu wollen. Aileen lehnte sich gegen die Tür und wurde leichenblaß.

»Fällst du etwa in Ohnmacht?« sagte Prue. Sie ließ Aileens Arm los, hob das Glas und spritzte ihr etwas Wasser ins Gesicht.

Die Reaktion ließ nicht auf sich warten. Aileen stürzte sich mit unvorstellbarem Zorn auf sie, trat, biß und schlug um sich. Das Glas fiel auf den Steinboden; Prue war vollkommen überrumpelt. Mechanisch, mit rasender, unmenschlicher Wut, hämmerte das Mädchen auf Gesicht und Körper der Frau ein, drängte sie langsam von der Tür über die Terrasse zurück.

Mehrmals kam das Wort »Gott!« über Prues Lippen. Zuerst tat sie nichts, um sich zu verteidigen. Sie schien wie in Trance, während sie sich auf den Rand der Schlucht zubewegte. Dann warf sie sich plötzlich zu Boden. Immer wieder trat Aileen zu, während Prue zusammengekrümmt dalag und versuchte, ihr Gesicht zu schützen.

»Niemand! Niemand! Niemand! Niemand tut mir das an!« schrie Aileen im Rhythmus ihrer Tritte.

Ihre Stimme wurde gellender und lauter; einen Augenblick hielt sie inne, dann hob sie den Kopf und stieß den schrecklichsten Schrei ihres Lebens aus. Er wurde augenblicklich von der schwarzen Felswand der Schlucht zurückgeworfen, geradewegs durch das Rauschen des Wassers. Mit dem Klang ihrer eigenen Stimme war die Sache für sie beendet, und sie ging über die Terrasse zurück ins Haus.

Concha und Luz standen erschrocken in der Tür; es war, als wären sie gekommen, um einen furchtbaren Sturm über das Land ziehen zu sehen. Als Aileen durch die Tür trat, wichen sie zur Seite.

Draußen vor dem Stall sattelte José die Pferde fertig und pfiff dabei vor sich hin. Ihre Koffer waren bereits auf dem Esel festgezurrt.

Noch immer in einem tiefen Traum versunken, wandte Aileen den Kopf, als sie am Haus vorbeiritten. Einen Augenblick lang erhaschte sie zwischen den Zweigen einen Blick auf die Gestalten ihrer Mutter und Prues, die nebeneinander auf der Terrasse standen; die Wand der Schlucht zeichnete sich undeutlich hinter ihnen ab. Dann bogen die Pferde ab und begannen den Abstieg.

New York, 1946

Zwischenhalt in Corazón

»Aber warum in aller Welt willst du, daß so ein kleines Ungeheuer mit uns kommt? Das hat doch keinen Sinn. Du weißt, wie sie sind.«

»Ich weiß, wie sie sind«, antwortete ihr Mann. »Es ist angenehm, sie zu beobachten. Was auch passiert, wenn ich ihn bei mir hätte, würde ich mich immer wieder daran erinnern, wie dumm es ist, sich über irgend etwas aufzuregen.«

Er beugte sich weiter über die Reling und sah aufmerksam zur Mole hinüber. Da lagen Körbe zum Verkauf aus, grell angemaltes Spielzeug aus Kautschuk, Brieftaschen und Gürtel aus Reptilienleder und ein paar ausgerollte ganze Schlangenhäute. Und etwas weiter weg, vom gleißenden Sonnenlicht geschützt, hatte man ein winziges, pelziges Äffchen in den Schatten einer Lattenkiste gesetzt. »Ist es nicht niedlich?«

»Ich finde dich unmöglich – und ein bißchen beleidigend«, gab sie zurück.

Er drehte sich um und musterte sie. »Meinst du das ernst?« Er sah, daß es so war.

Sie starrte auf ihre Sandalen und die schmalen Holzplanken darunter und fuhr fort: »Du weißt, dieser Unsinn oder deine Verrücktheiten machen mir nichts aus. Laß mich nur ausreden.« Er nickte zustimmend und warf einen Blick zurück auf die heiße Mole und das erbärmliche Dorf mit den blechgedeckten Hütten dahinter. »Es versteht sich von selbst, daß es mir nichts ausmacht, sonst wären wir nicht hier. Oder du wärst allein hier...«

»Man geht nicht allein auf Hochzeitsreise«, unterbrach er.

»Du schon!« Sie lachte kurz.

Er tastete die Reling entlang nach ihrer Hand, doch sie entzog sie ihm und sagte: »Ich bin noch nicht fertig. Ich weiß, daß du verrückt bist, und ich weiß, daß ich schließlich doch nachgeben werde. Ich bin selbst verrückt, das ist mir klar. Aber ich wünschte, ich könnte einmal das Gefühl haben, daß mein Nachgeben dir etwas bedeutet. Ich wünschte, du wüßtest es zu würdigen.«

»Du glaubst also, du würdest nach meiner Pfeife tanzen? Davon habe ich nichts gemerkt.« Seine Stimme war verdrießlich.

»Ich *tanze* überhaupt nicht. Ich versuche nur mit dir zu leben – auf einer ausgedehnten Reise in unzähligen vollgestopften Kajüten auf einem stinkenden kleinen Schiff nach dem anderen.«

»Was soll das heißen?« fragte er erregt. »Du hast immer gesagt, daß du Schiffe magst. Hast du deine Meinung geändert oder einfach den Verstand verloren?«

Sie wandte sich ab und ging auf den Bug zu. »Laß mich in Ruhe«, sagte sie. »Geh und kauf dein Äffchen.«

Er folgte ihr mit bekümmertem Gesicht. »Du weißt, daß ich es nicht kaufe, wenn es dich unglücklich macht.«

»Ich wäre unglücklicher, wenn du es nicht tätest, also geh und kauf es.« Sie blieb stehen und drehte sich um. »Ich hätte es sehr gern. Wirklich, ich finde es niedlich.«

»Ich verstehe dich nicht.«

Sie lächelte. »Ich weiß. Stört es dich sehr?«

Nachdem er das Äffchen gekauft und es am Metallpfosten

der Koje in ihrer Kajüte angebunden hatte, machte er einen Spaziergang, um die Gegend zu erkunden. Die Stadt bestand aus Wellblech und Stacheldraht. Die Hitze der Sonne war unerträglich, trotz der dünnen Dunstschicht, die den Himmel bedeckte. Jetzt, um die Mittagszeit, waren nur wenige Menschen auf der Straße. Er gelangte fast sofort zum Ende der Stadt. Zwischen ihm und dem Dschungel lag nur mehr ein schmaler, träge dahinfließender Fluß; sein Wasser hatte die Farbe schwarzen Kaffees. Einige Frauen wuschen Wäsche. Kleine Kinder planschten im Wasser. Große graue Krabben hasteten zwischen den Löchern hin und her, die sie entlang des Ufers in den Schlamm gegraben hatten. Er setzte sich auf einige bizarr geformte Wurzeln am Fuß eines Baumes und zog das Notizbuch aus der Tasche, das er stets bei sich trug. Tags zuvor, in einer Bar in Pedernales, hatte er eingetragen: »Rezept, um den Eindruck von Häßlichkeit einer Sache zu zerstreuen: Konzentriere alle Aufmerksamkeit auf das entsprechende Objekt oder die Situation, so daß die verschiedenen, an sich vertrauten Elemente sich neu gruppieren. Angst ist nichts anderes als ein unvertrautes Muster.«

Er zündete eine Zigarette an und beobachtete den hoffnungslosen Versuch der Frauen, die zerlumpten Kleider sauber zu schrubben. Schließlich warf er den glühenden Stummel nach der nächsten Krabbe und schrieb sorgfältig: »Mehr als alles andere besteht die Frau auf strenger, ritualistischer Einhaltung der Traditionen sexuellen Verhaltens. Das ist ihre Definition von Liebe.« Er dachte an den Spott, der ihn erwartete, sollte er eine solche Bemerkung vor dem Mädchen drüben auf dem Schiff machen. Er warf einen Blick auf die Uhr und schrieb eilig: »Moderne, das heißt, intellektuelle Erziehung, da von Männern für Männer ersonnen, hemmt und verwirrt sie. Dafür rächt sie sich…«

Zwei nackte Kinder, die vom Spielen im Fluß kamen, liefen schreiend an ihm vorbei und spritzten Wassertropfen auf das Papier. Er rief ihnen nach, doch sie setzten ihre Jagd fort, ohne ihn zu beachten. Lächelnd steckte er Bleistift und Notizbuch in die Tasche und beobachtete, wie sie hintereinander durch den Staub trippelten.

Als er zum Schiff zurückkehrte, rollte der Donner von den Bergen herab. Das Gewitter erreichte den Höhepunkt seiner Hysterie in dem Moment, als sie ausliefen.

Sie saß auf ihrer Koje und sah durch das offene Bullauge. Das schrille Knattern des Donners hallte von einem Ende der Bucht zum anderen, während sie auf die offene See fuhren. Er lag zusammengerollt auf seiner Koje gegenüber und las.

»Lehn dich nicht mit dem Kopf an die Metallwand«, riet er ihr. »Sie ist ein perfekter Leiter.«

Sie sprang auf den Boden und ging zum Waschbecken. »Wo ist die Flasche White Horse, die wir gestern gekauft haben?«

Er machte eine Handbewegung. »Im Regal neben dir. Willst du trinken?«

»Ich brauche unbedingt einen Drink, ja.«

»In dieser Hitze? Warum wartest du nicht, bis es aufklart, und wir trinken etwas an Deck?«

»Ich will aber jetzt einen Drink. Wenn es aufklart, brauche ich ihn nicht mehr.«

Sie schenkte sich einen Whiskey ein und goß Wasser aus der Karaffe über dem Waschbecken hinzu.

»Ich hoffe, du weißt, was du tust.«

Sie warf ihm einen flammenden Blick zu. »Was tue ich?«

Er zuckte die Achseln. »Nichts, außer dich einer vorübergehenden Stimmung hinzugeben. Du könntest lesen oder dich hinlegen und dösen.«

Mit dem Glas in der einen Hand öffnete sie mit der anderen die Tür zum Gang und trat hinaus. Das Knallen der zugeschlagenen Tür erschreckte das Äffchen, das auf einem Koffer saß. Es zögerte einen Augenblick und schoß dann unter die Koje seines Herrchens. Er versuchte es mit ein paar schnalzenden Lauten hervorzulocken und kehrte zu seinem Buch zurück. Doch bald malte er sich aus, wie sie allein und unglücklich auf Deck stand, und die Vorstellung verdarb ihm die Freude am Lesen. Er zwang sich, mit dem aufgeschlagenen Buch auf der Brust einige Minuten still zu liegen. Jetzt bewegte sich das Schiff mit voller Fahrt; das Dröhnen der Maschinen war lauter als das Gewitter am Himmel.

Nach einer Weile stand er auf und begab sich an Deck. Das Land hinter ihnen war bereits hinter einem Regenschleier verschwunden, und die Luft roch nach tiefem Wasser. Sie stand allein an der Reling, das leere Glas in der Hand, und sah hinunter auf die Wellen. Mitleid erfaßte ihn, als er sie beobachtete, doch er brachte es nicht fertig, zu ihr zu gehen und sein Gefühl in tröstende Worte zu kleiden. Als er in die Kajüte zurückkam, fand er das Äffchen damit beschäftigt, in aller Ruhe die Seiten aus seinem Buch zu reißen.

Den nächsten Tag verbrachten sie mit gemächlichen Vorbereitungen für die Landung und den Schiffswechsel: In Villalta würden sie auf ein kleineres Boot umsteigen, das sie zum anderen Ende des Flußdeltas bringen sollte.

Als sie nach dem Abendessen hereinkam, um zu packen, blieb sie einen Moment in der Tür stehen, um die Kajüte zu inspizieren. »Er hat ein ziemliches Durcheinander angestellt«, sagte ihr Mann. »Aber ich habe deine Halskette hinter meinem großen Koffer gefunden, und die Zeitschriften hatten wir ohnehin schon gelesen.«

»Ich nehme an, dies stellt den angeborenen Zerstörungstrieb des Menschen dar«, sagte sie und kickte das zusammengeknüllte Papier, das auf dem Boden lag, quer durch den Raum. »Und das nächste Mal, wenn er versucht, dich zu beißen, wird es das grundlegende menschliche Gefühl der Unsicherheit sein.«

»Du weißt nicht, wie langweilig du bist, wenn du versuchst, sarkastisch zu sein. Wenn du willst, daß ich ihn loswerde, brauchst du es nur zu sagen. Nichts einfacher als das.«

Sie bückte sich, um den Affen zu berühren, doch er verkroch sich ängstlich unter der Koje. Sie richtete sich auf. »Er stört mich nicht. Was mich stört, bist du. Das Äffchen kann nichts daran ändern, daß es ein kleines Ungeheuer ist, aber es erinnert mich daran, daß du es könntest, wenn du nur wolltest.«

Das Gesicht ihres Mannes nahm den Ausdruck von Unbewegtheit an, der typisch für ihn war, wenn er sich Mühe gab, die Fassung zu behalten. Sie wußte, daß er seinen Ärger unterdrücken würde, bis sie nicht auf seinen Angriff vorbereitet war. Er schwieg und klopfte mit den Fingernägeln einen monotonen Rhythmus auf den Deckel seines Koffers.

»Natürlich will ich damit nicht sagen, daß du wirklich ein Ungeheuer bist«, fuhr sie fort.

»Warum es nicht aussprechen?« antwortete er und lächelte liebenswürdig. »Was ist schlecht an Kritik? Wahrscheinlich bin ich eins – für dich. Ich mag Affen, weil ich in ihnen kleine Modellmenschen sehe. Du glaubst, Menschen seien etwas anderes, etwas Spirituelles oder Gott weiß was. Was immer es ist, mir fällt auf, daß immer du diejenige bist, die desillusioniert ist und sich fragt, wieso Menschen so bestialisch sein können. Ich halte die Menschheit für gut.«

»Bitte, hör auf«, sagte sie. »Ich kenne deine Theorien. Aber die vermögen ja nicht einmal dich selbst zu überzeugen.«

Nachdem sie fertig gepackt hatten, gingen sie zu Bett. Als er die kleine Lampe hinter dem Kopfkissen ausknipste, sagte er: »Sei ehrlich. Möchtest du, daß ich ihn dem Steward gebe?«

Sie trat im Dunkeln ihr Laken beiseite. Durch das Bullauge konnte sie dicht über dem Horizont einzelne Sterne sehen, und die ruhige See glitt unmittelbar unter ihr dahin. Ohne nachzudenken sagte sie: »Warum wirfst du ihn nicht einfach über Bord?«

In dem darauf folgenden Schweigen erkannte sie, daß dies ziemlich unüberlegt gewesen war, doch die lauwarme Brise, die träge über ihren Körper strich, hinderte sie immer mehr am Denken oder Sprechen. Während sie einschlief, meinte sie ihren Mann leise sagen zu hören: »Ich glaube, du würdest es tun. Ich glaube, du würdest es tun.«

Am nächsten Morgen schlief sie lange, und als sie zum Frühstück heraufkam, war ihr Mann bereits fertig. Er saß in den Stuhl zurückgelehnt und rauchte.

»Wie geht es dir?« fragte er munter. »Der Steward ist ganz begeistert von dem Äffchen.«

Sie spürte, wie Freude sie durchströmte. »Oh«, sagte sie und setzte sich. »Hast du es ihm geschenkt? Das hättest du nicht zu tun brauchen.« Sie warf einen Blick auf die Speisekarte; es gab dasselbe wie jeden Tag. »Aber ich glaube, es war das beste. Ein Äffchen hat auf einer Hochzeitsreise nichts zu suchen.«

»Da hast du recht«, stimmte er zu.

Villalta war drückend und staubig. Auf dem anderen Schiff hatten sie sich daran gewöhnt, nur wenige Passagiere um sich zu haben; es war eine unangenehme Überraschung, das neue – eine weißgestrichene, zweistöckige Fähre mit einem riesigen Schaufelrad – voller Menschen zu finden. Auf dem unteren Deck, das kaum einen halben Meter über der Flußoberfläche lag, standen Passagiere und Fracht, wahllos zusammengepfercht und warteten auf die Abfahrt. Das obere Deck verfügte über einen Salon und etwa ein Dutzend enger Kabinen. Im Salon breiteten die Passagiere erster Klasse ihre Kissenbündel aus und öffneten die mitgebrachten Papiertüten mit Lebensmitteln. Die untergehende Sonne tauchte den Raum in orangefarbenes Licht. Sie schauten in mehrere Kabinen.

»Sie scheinen alle leer zu sein«, sagte sie.

»Ich weiß, warum. Trotzdem, ein bißchen Privatsphäre wäre nicht schlecht.«

»Das hier ist eine für zwei Personen. Und sie hat ein Fliegengitter am Fenster. Das ist die beste.«

»Ich suche einen Steward oder jemanden, der Bescheid weiß. Geh schon mal rein und besetze sie.« Er schob die Koffer aus dem Gang, wo der *cargador* sie abgeladen hatte, und machte sich auf die Suche nach einem Angestellten. In jedem Winkel des Schiffes schienen sich die Menschen zu vervielfachen. Es waren doppelt so viele wie vor wenigen Augenblicken. Der Salon war überfüllt, auf dem Fußboden lagerten Gruppen von Reisenden mit Kindern und älteren Frauen, die sich bereits auf Decken oder Zeitungspapier ausgestreckt hatten.

»Sieht aus wie das Hauptquartier der Heilsarmee in einer Katastrophennacht«, sagte er, als er in die Kabine zurückkam. »Ich kann niemanden finden. Jedenfalls ist es besser, wenn wir hierbleiben. Die anderen Kabinen werden langsam voll.«

»Ich bin nicht sicher, ob ich nicht lieber an Deck wäre«, erklärte sie. »Es gibt Hunderte von Kakerlaken.«

»Und wahrscheinlich Schlimmeres«, setzte er mit einem Blick auf die Koje hinzu.

»Das beste ist, wir ziehen die schmuddeligen Laken ab und legen uns auf die bloße Matratze.« Sie spähte hinaus in den Korridor. »Glaubst du, es ist sicher?«

»Was meinst du?«

»All die Menschen. Dieser alte Kahn.«

Er zuckte die Achseln. »Es ist nur für eine Nacht. Morgen früh sind wir in Cienaga. Und es ist schon beinahe dunkel.«

Sie schloß die Tür, lehnte sich dagegen und lächelte schwach. »Ich glaube, es wird lustig werden«, sagte sie.

»Das Schiff bewegt sich«, rief er. »Gehen wir an Deck. Wenn wir es bis dahin schaffen.«

Langsam schob sich die alte Fähre über die Bucht auf die dunkle Ostküste zu. Menschen sangen und spielten Gitarre. Auf dem unteren Deck muhte unablässig eine Kuh. Doch lauter als alle anderen Geräusche war das Rauschen des Wassers an dem riesigen Schaufelrad.

Sie saßen an Deck, inmitten der lärmenden Menge, gegen die Reling gelehnt, und beobachteten, wie der Mond über den Mangrovensümpfen vor ihnen aufging. Als sie sich der anderen Seite der Bucht näherten, hatte es den Anschein, als würde sich das Boot geradewegs ins Ufer pflügen, doch dann tauchte plötzlich eine schmale Wasserstraße auf, und es glitt vorsichtig hinein. Sofort verließen die Menschen die Reling und drängten sich an der gegenüberliegenden Wand zusammen. Die Äste der am Ufer wachsenden Bäume schleiften über das Boot, kratzten an den Seitenwänden der Kabinen entlang und peitschten kräftig über das Deck.

Sie zwängten sich durch die Menschenmenge und gingen

durch den Salon zum Deck auf der anderen Seite des Dampfers; dort was es dasselbe.

»Es ist verrückt«, erklärte sie. »Wie in einem Alptraum. Wer hat je davon gehört, daß man einen Kanal befährt, der nicht breiter ist als das Schiff? Es macht mich nervös. Ich gehe hinein und lese!«

Ihr Mann ließ ihren Arm los. »Du kannst dich wohl nie in das Wesen einer Sache hineinversetzen, wie?«

»Sag mir, was das Wesen ist, und ich werde es versuchen«, antwortete sie und drehte sich um.

Er folgte ihr. »Willst du nicht mitkommen zum unteren Deck? Da scheint was los zu sein. Hör mal!« Er hob die Hand. Wiederholtes lautes Gelächter drang von unten herauf.

»Ganz sicher nicht!« antwortete sie, ohne sich umzusehen.

Er ging hinunter. Gruppen von Männern saßen auf prallen Leinensäcken oder Holzkisten und warfen Münzen. Die Frauen standen hinter ihnen, pafften schwarze Zigaretten und kreischten vor Erregung. Er beobachtete sie aufmerksam; mit ein paar Zahnlücken weniger sähen sie ganz gut aus. »Mangel an Mineralien im Boden«, sagte er sich.

Auf der anderen Seite der Gruppe von Spielern, ihm genau gegenüber, stand ein muskulöser junger Einheimischer, dessen Schirmmütze und kaum merkliche Reserviertheit auf irgendeine Art von offizieller Stellung an Bord schließen ließen. Mit Mühe bahnte sich der Reisende einen Weg zu ihm und sprach ihn auf spanisch an.

»Gehören Sie zur Besatzung?«

»Ja, Sir.«

»Ich habe Kabine Nummer acht. Kann ich den Zuschlag bei Ihnen bezahlen?«

»Ja, Sir.«

»Gut.«

Er griff nach seiner Brieftasche, doch im gleichen Augenblick fiel ihm ein, daß er sie oben in einen Koffer eingeschlossen hatte. Der Mann sah ihn erwartungsvoll an. Seine Hand war ausgestreckt.

»Ich habe das Geld in der Kabine gelassen.« Dann setzte er verstimmt hinzu: »Meine Frau hat es. Aber wenn Sie in einer halben Stunde heraufkommen, werde ich Sie bezahlen können.«

»Ja, Sir.« Der Mann ließ die Hand sinken und sah ihn nur an. Auch wenn er den Eindruck animalischer Kraft erweckte, war sein breites, ein wenig affenartiges Gesicht anziehend, überlegte der Ehemann. Er war erstaunt, als dieses Gesicht einen Augenblick später, während der Mann sagte: »Ich werde die Kabine für die Señora aussprühen«, jungenhafte Schüchternheit ausstrahlte.

»Vielen Dank. Gibt es sehr viele Moskitos?«

Der Mann grunzte und schüttelte die Finger einer Hand, als hätte er sie soeben verbrannt.

»Sie werden bald sehen, wie viele!« Er schob sich durch die Menge.

Im selben Augenblick ging ein heftiger Ruck durch das Schiff, und unter den Passagieren breitete sich große Heiterkeit aus. Er bahnte sich einen Weg zum Bug und sah, daß der Steuermann das Boot auf Grund gesetzt hatte. Das Gewirr von Ästen und Wurzeln am Ufer war nur wenige Meter von seinem Gesicht entfernt, der schwache Schein der Schiffslaternen fiel auf die verschlungenen Umrisse. Schwerfällig setzte das Schiff zurück; das aufgewühlte Wasser des Kanals stieg bis zur Höhe des Decks und schwappte über den Rand. Sie manövrierten vorsichtig am Ufer entlang, bis der Bug wieder in die Mitte der Wasserstraße wies und sie ihre Fahrt fortsetzten. Unmittelbar darauf machte der Kanal eine scharfe Kurve, und dasselbe Mißgeschick passierte noch einmal, wobei er zur Seite geschleudert wurde und gegen einen Sack mit etwas unangenehm Weichem und Nassem flog. Unter dem Deck, im Innern des Schiffes, schlug eine Glocke an, das Lachen der Passagiere war lauter.

Schließlich bewegten sie sich wieder vorwärts, doch nun ging es quälend langsam voran, denn die Biegungen des Kanals wurden immer schärfer. Die Stämme unter Wasser ächzten, wenn das Boot sich an ihnen vorbeizwängte. Äste knackten und brachen, stürzten auf das vordere und die oberen Decks. Die Laterne am Bug wurde ins Wasser geschleudert.

»Das ist nicht der richtige Kanal«, murmelte einer der Spieler und blickte auf.

»Was?« riefen mehrere Passagiere fast gleichzeitig.

»Es gibt eine Menge Wasserstraßen hier. Wir nehmen in Corazón Ladung auf.«

Die Spieler zogen sich nach innen in eine quadratische Arena zurück, die andere Fahrgäste durch Umstellen von Kisten gebildet hatten. Der Ehemann folgte ihnen. Hier waren sie relativ sicher vor eindringenden Ästen. Dieses Deck war besser erleuchtet, und das brachte ihn auf die Idee, sein Notizbuch aus der Tasche zu ziehen. Er beugte sich über eine Kiste mit der Aufschrift *Vermifugo Santa Rosalia* und schrieb: »18. November. Wir bewegen uns durch den Blutstrom eines Riesen. Sehr finstere Nacht.« An dieser Stelle brachte eine erneute Kollision mit dem Ufer ihn zu Fall, brachte alle zu Fall, die sich nicht an festen Gegenständen abgestützt hatten.

Einige Babys weinten, doch die meisten schliefen weiter. Er streckte sich ganz auf dem Deck aus. Da seine Position einigermaßen bequem war, fiel er in eine Art Halbschlaf, der in unregelmäßigen Abständen vom Schrei der Spieler und dem Schlingern des Schiffes unterbrochen wurde.

Als er später aufwachte, lag das Schiff fest, die Spiele waren beendet, und die Menschen schliefen. Ein paar Männer unterhielten sich in kleinen Gruppen weiter. Er lag still und lauschte. Ihr Gespräch handelte von Orten; sie verglichen die Unannehmlichkeiten, die in verschiedenen Teilen der Republik anzutreffen waren: Insekten, das Wetter, Reptilien, Krankheiten, Nahrungsmittelmangel, überhöhte Preise.

Er sah auf die Uhr. Es war halb zwei. Mit Mühe rappelte er sich auf und bahnte sich einen Weg zu den Treppen. Oben im Salon fiel das Licht der Kerosinlampen auf ein Durcheinander von ausgestreckten Gestalten. Er betrat den Gang und klopfte an die Tür mit der Nummer acht. Ohne ihre Antwort abzuwarten öffnete er. Im Innern war es dunkel. Er hörte ein unterdrücktes Husten in der Nähe, sie mußte wach sein.

»Was machen die Moskitos? War mein Affenmensch da, um dich zu versorgen?« fragte er.

Sie antwortete nicht, daher zündete er ein Streichholz an. Sie lag nicht in der linken Koje. Das Streichholz verbrannte den Daumen. Mit dem zweiten inspizierte er die rechte Koje. Eine Flitspritze aus Blech lag auf der Matratze; sie war undicht und hatte einen großen Ölfleck auf dem bloßen Matratzenbezug hinterlassen. Wieder hörte er jemanden husten. Es war in der Kajüte nebenan.

»Was nun?« fragte er laut, unangenehm davon berührt, daß er so beunruhigt war. Ein Verdacht keimte in ihm auf.

Ohne die von der Decke hängende Lampe anzuzünden öffnete er hastig ihre Koffer und tastete fieberhaft durch die dünnen Kleidungsstücke und Toilettenartikel. Die Whiskeyflasche war nicht da.

Es war nicht das erste Mal, daß sie ein einsames Trinkgelage abhielt, und es wäre ein leichtes, sie unter den Passagieren zu finden. Da er wütend war, beschloß er jedoch, nicht nach ihr zu suchen. Er zog Hemd und Hose aus und legte sich auf die linke Koje. Seine Hand berührte eine Flasche, die in Höhe des Kopfendes auf dem Boden stand. Er beugte sich so weit vor, daß er daran riechen konnte; es war Bier, und die Flasche war halb voll. In der Kabine war es heiß; mit Genuß trank er die warme, bittere Flüssigkeit aus und stieß die Flasche quer durch den Raum.

Das Schiff bewegte sich nicht, doch dann und wann erklangen Stimmen. Manchmal spürte er einen dumpfen Stoß, wenn ein Sack mit irgendeiner schweren Ladung an Bord gehievt wurde. Er blickte durch das rechteckige kleine Fenster mit dem Fliegengitter. Im Vordergrund, schwach beleuchtet von der Schiffslaterne, standen einige dunkle Männer, nackt bis auf die zerlumpten Unterhosen, auf einem in den Schlamm gebauten Anlegeplatz und starrten zum Schiff hinüber. Durch das endlose Gewirr von Wurzeln und Baumstämmen hinter ihnen sah er ein großes Feuer, aber es war weit weg im Sumpf. Die Luft roch nach fauligem Gewässer und Rauch.

Er beschloß, die Ruhe zu nutzen, streckte sich aus und versuchte zu schlafen, war aber nicht erstaunt, als er merkte, wie schwierig es war, sich zu entspannen. Es fiel ihm nie leicht einzuschlafen, wenn sie nicht im Zimmer war. Er vermißte die Leichtigkeit ihrer Gegenwart, und außerdem war da die Angst, aufzuwachen, wenn sie zurückkam. Wenn er jetzt nicht aufpaßte, würde er in kürzester Zeit anfangen, Phantasien zu entwickeln und sie in Sätze umzuwandeln, die ihm immer wichtiger erschienen, je länger er im Dunkeln lag. Hin und wieder dachte er an sie, doch nur als verwischte Gestalt, deren Charakter eine rasche Folge von Kulissen mit Leben erfüllte. Die meiste Zeit ließ er den gerade beendeten Tag Revue passieren und suchte sich einzureden, daß er ihn etwas weiter von seiner Kindheit weggeführt hatte. Oft überzeugte ihn monatelang die Fremdartigkeit seiner Träume davon, daß er es geschafft, daß er den finsteren Ort endlich hinter sich gelassen hatte, daß er außer Hörweite war. Und dann, eines Abends, wenn er einschlief, ohne daß er Zeit hatte sich zu wehren, starrte er aufmerksam auf ein lange vergessenes Objekt – einen Teller, einen Stuhl, ein Nadelkissen –, und das vertraute Gefühl grenzenloser Nichtigkeit und Trauer war wieder da.

Der Motor sprang an, und das laute Rauschen des Wassers im Schaufelrad setzte von neuem ein. Sie liefen aus Corazón aus. Er war zufrieden. »Nun werde ich nichts hören, wenn sie hereinkommt und Lärm macht«, dachte er und fiel in einen leichten Schlaf.

Er kratzte sich an Armen und Beinen. Das anhaltende vage Gefühl von Unbehagen verwandelte sich schließlich in volles Bewußtsein, und er richtete sich ärgerlich auf. Über den vom Schiff erzeugten Geräuschen konnte er ein anderes wahrnehmen, eines, das durch das Fenster drang: einen unglaublich hohen und dünnen Ton, leise, doch konstant in Höhe und Intensität. Er sprang von der Pritsche und trat zum Fenster. Der Kanal war hier breiter; die überhängende Vegetation streifte nicht länger über die Schiffswände. In der Luft, nah und fern, allgegenwärtig, war das leise Sirren von Moskitoflügeln. Er war verblüfft und vollkommen entzückt; dieses Phänomen war ihm neu. Einen Augenblick beobachtete er, wie die verworrene schwarze Wildnis vorbeiglitt. Dann, als er sich kratzte, erinnerte er sich an die Moskitos in der Kabine. Das Gitter reichte nicht ganz bis zum oberen Rand des Fensters; sie hatten reichlich Platz hereinzuschlüpfen. Trotz der Dunkelheit konnte er sie spüren, als er mit den Fingern über den Rahmen fuhr, um den Griff zu finden; so viele waren es.

Mittlerweile war er hellwach. Er zündete ein Streichholz an und ging zu ihrer Koje. Natürlich war sie nicht da. Er nahm die Flitspritze in die Hand und schüttelte sie. Sie war leer, und als das Streichholz erlosch, sah er, daß der Fleck auf der Matratze sich weiter ausgedehnt hatte.

»Hundesohn!« flüsterte er und zog das Gitter kräftig nach oben, um die Ritze zu schließen. Als er es losließ, fiel es hinaus ins Wasser, und fast gleichzeitig wurde er sich der sachten Liebkosung winziger Flügel überall am Kopf bewußt. In Unterhemd und Hose flüchtete er auf den Gang. Im Salon war alles beim alten. Die meisten Passagiere schliefen. Mit Fliegengittern versehene Türen führten aufs Deck. Er untersuchte sie, offenbar waren sie besser gebaut. Ein paar Moskitos flogen gegen sein Gesicht, aber es war nicht ein ganzer Schwarm. Er zwängte sich zwischen zwei Frauen, die mit dem Rücken an die Wand gelehnt schliefen, und verharrte dort in einer extrem unbequemen Stellung, bis er wieder eindöste. Nicht lange danach schlug er die Augen auf und sah das fahle Licht der Dämmerung am Himmel. Sein Nacken schmerzte. Er stand auf und trat an Deck, auf dem sich bereits die meisten Passagiere aus dem Salon eingefunden hatten.

Das Schiff passierte eine breite Flußmündung, durchsetzt mit dunklen Massen von Pflanzen und Baumstämmen, die aus dem seichten Wasser ragten. An den Ufern der kleinen Inseln standen Reiher, so strahlend weiß im frühen grauen Licht, daß sie von innen heraus zu leuchten schienen.

Es war halb sechs. Zu dieser Zeit sollte das Schiff in Cienaga einlaufen, wo es wie jede Woche vom Zug ins Landesinnere erwartet wurde. Eine schmale Landzunge war von eifrigen Reisenden bereits ausgemacht worden. Schnell wurde es Tag; Himmel und Erde hatten dieselbe Farbe. Das Deck war erfüllt vom öligen Geruch überreifer Mangos, als die Passagiere zu frühstücken begannen.

Und endlich empfand er schmerzliche Angst bei dem Gedanken, wo sie nur stecken mochte. Er beschloß, das Schiff auf der Stelle gründlich zu durchsuchen. Sie würde in jeder Gruppe sofort auffallen. Zuerst erkundete er methodisch den Salon, schöpfte dann die Möglichkeiten auf Deck aus. Schließlich ging er hinunter, wo die Glücksspiele wiederaufgenommen worden waren. Unweit des Hecks, an zwei dünnen eisernen Stangen angebunden, stand die Kuh; sie war still. Daneben gab es einen behelfsmäßigen Aufbau, wahrscheinlich das Quartier der Mannschaft. Als er an der kleinen Tür vorbeikam, warf er einen flüchtigen Blick durch den niedrigen Fensterschlitz und sah sie neben einem Mann auf dem Boden liegen. Automatisch ging er weiter. Dann drehte er sich um und kam zurück. Beide schliefen und waren halbnackt. Die warme Luft, die durch den vergitterten Fensterschlitz nach außen drang, roch nach Whiskey, der getrunken, und Whiskey, der verschüttet worden war.

Er ging nach oben. Sein Herz klopfte heftig. In der Kabine verschloß er ihre beiden Koffer, packte seinen eigenen, stellte alle vor die Tür und legte die Regenmäntel darüber. Er zog sein Hemd an, kämmte sich sorgfältig und begab sich an Deck. Cienaga lag im morgendlichen Schatten der Berge vor ihnen: die Docks, die schmale Linie der Hütten vor dem Dschungel dahinter, und ganz am Ende des Dorfes, auf der rechten Seite, der Bahnhof.

Als sie anlegten, winkte er den zwei Bengeln, die um seine Aufmerksamkeit wetteiferten, und rief: *»Equipajes!«* Sie kämpften miteinander, bis er ihnen zwei erhobene Finger zeigte. Um sie zu beruhigen, zeigte er erst auf den einen, dann auf den anderen, und sie grinsten. Noch immer grinsend, waren sie mit den Koffern und den Mänteln bei ihm, als er als einer der ersten Passagiere vom oberen Deck das Schiff verließ. Sie gingen die Straße zum Bahnhof hinunter, und von jedem strohgedeckten Dachgiebel, an dem sie vorbeikamen, schrien ihnen Papageien nach.

Im überfüllten, wartenden Zug, die Koffer schließlich im Gepäcknetz verstaut, klopfte sein Herz heftiger als je zuvor, und er heftete den Blick angestrengt auf die lange staubige Straße, die zum Dock führte. Als der Zug pfiff, meinte er in weiter Ferne eine weißgekleidete Gestalt zu sehen, die zwischen Hunden und Kindern auf den Bahnhof zulief, doch dann fuhr der Zug an, während er noch schaute, und die Straße entzog sich seinem Blick. Mit dem Notizbuch auf dem Schoß saß er da und lächelte der leuchtendgrünen Landschaft zu, die schneller und schneller am Fenster vorbeiflog.

New York, 1946

Unter dem Himmel

Vom Meer aus landeinwärts, auf trockenem Küstenflachland, lag die Stadt, offen, hingestreckt unter dem riesigen, hohen Himmel. Die Menschen, die draußen auf dem Land lebten, und sogar einige der gebildeteren Stadtbewohner nannten die Stadt »das Inferno«, weil nirgends die Hitze so stark war wie hier. Kein anderer Ort in der Gegend war so schattenlos und staubig; es schien, als flohen die Wolken so hoch wie möglich in den Himmel. Rundherum hingen sie in eindrucksvollen Formen über der Stadt, fern und unbeweglich. Im Frühling zuckten des Nachts die Blitze unablässig von einer Wolke zur anderen und offenbarten unerwartete Entfernungen. Wenn dann jemand zum Himmel aufblickte, sah er mit Verwunderung, wie jeder Blitz einen scheinbar noch ferneren Teil des Himmels erhellte, in den noch mehr Wolken zurückgewichen waren. Doch die Menschen in der Stadt hoben nur selten die Köpfe zum Himmel. Sie wußten, in welcher Jahreszeit der Regen einsetzte, und es war überflüssig, die unendliche Weite über ihnen abzusuchen, um den genauen Tag vorhersagen zu können. Wenn der Wind zwei Wochen stetig geblasen hatte und die breiten, leeren Straßen von Staub erfüllt waren, wenn die Blitze von Nacht zu Nacht heller wurden und schließlich das erste leise Donnergrollen erklang, konnten sie sicher sein, daß bald Wasser kam.

Einmal im Jahr, zur Zeit der Blitze am Himmel, verließ

Jacinto sein Dorf in den Bergen, um zu Fuß und mit allem, was seine Familie seit der letzten Reise hergestellt hatte, in die Stadt zu wandern. Zwei Tage lang ging es durch die Sierra, wo es kühl war. Am dritten Tag führte die Straße durch das heiße Land, und das war der Tag, der ihm am liebsten war, denn die Straße war eben, er kam schneller voran und konnte die anderen hinter sich lassen. Er war größer und stolzer als sie und lehnte es ab, sich vornüberzubeugen, um leichter bergauf oder bergab marschieren zu können, wie sie es taten. In den Bergen strengte er sich an, um mit ihnen Schritt zu halten, doch in der Ebene schritt er kräftig voraus, und manchmal erreichte er den Markt, noch ehe die Sonne untergegangen war.

Jetzt stand er mit einem kleinen in Papier gewickelten Päckchen auf dem öffentlichen Platz. Er war tags zuvor angekommen. Statt in der Nebenstraße unweit des Brunnens zu sitzen und mit den anderen aus seinem Dorf über den Verkauf zu diskutieren, ging er in den Stadtgarten und setzte sich auf eine Steinbank mit der Inschrift »1936«. Er sah die Straße auf und ab. Niemand beachtete ihn. Er war barfuß; die Schuhputzjungen gingen an ihm vorbei.

Er riß das Päckchen auf und schüttelte die trockenen Blätter in die linke Hand. Mit der rechten sammelte er die runden, kleinen schwarzen Beeren heraus und warf sie weg. Dann zerrieb er die Blätter und drehte geduldig fünf dünne Zigaretten daraus. Eine halbe Stunde lang nahm dies seine ganze Aufmerksamkeit in Anspruch.

Eine Stimme hinter ihm sagte: »Das ist hübsch!«

Er sah auf. Es war einer aus der Stadt. Er hatte ihn noch nie gesehen, deshalb antwortete er nicht.

»Alle für dich?« fragte der andere mit der seidenweichen Stimme der Städter, der zu mißtrauen er gelernt hatte.

»Ich habe es gekauft. Ich habe sie gemacht«, antwortete Jacinto.

»Aber ich mag *grifas* auch«, lächelte der Fremde. Er war ärmlich gekleidet und hatte schwarze Zähne.

Jacinto bedeckte die Zigaretten, die neben ihm auf der Bank lagen, mit der hohlen Hand. Der Fremde deutete auf einen Soldaten, der auf einer anderen Bank neben dem Musikpavillon schlief.

»Eine für ihn und eine für mich. Du solltest vorsichtiger sein. Man kriegt jetzt drei Monate für den Besitz von Marihuana. Wußtest du das nicht?«

»Nein«, antwortete Jacinto. »Das wußte ich nicht.« Dann reichte er dem Mann zögernd zwei Zigaretten. Der Mann nahm sie.

»Bis dann«, sagte er.

Wutentbrannt stand Jacinto auf und ging mit den drei übrigen Zigaretten in der Hand zur Plaza und die lange Straße hinunter, die zum Bahnhof führte. Es war fast Zeit für den täglichen Zug aus dem Norden. Manchmal stiegen verrückte Leute aus, die einem dafür, daß man ihnen ein Bündel in die Stadt trug, so viel bezahlten, daß es für zwei gute Mahlzeiten reichte. Hinter dem Lokomotivschuppen lag ein Friedhof, wo ein paar von den Eisenbahnern hingingen, um Gras zu rauchen. Das wußte er noch vom letzten Jahr; er hatte dort einen Aufseher kennengelernt, der ihn zu einem Mädchen führte. Wie sich herausgestellt hatte, war sie häßlich – die eine Seite ihres Gesichts voll blauer und violetter Blutergüsse.

Der Zug war bereits eingefahren. Die Menschen, die zusteigen wollten, kämpften gegen diejenigen, die auszusteigen versuchten. Er fragte sich, warum jeder darauf bestand, die beiden kleinen Türen am Ende der Waggons zu benutzen, obgleich alle Fenster offenstanden. Anders wäre es viel einfacher, doch diese Menschen waren zu dumm, um daran zu denken. Seine Niederlage gegen den Städter machte ihm noch immer zu schaffen; am liebsten hätte er einen Revolver gehabt, um ihn jetzt zu ziehen. »Ich bin der Vater von euch allen!« hätte er dann gerufen. Aber es war nicht wahrscheinlich, daß er je einen Revolver besitzen würde.

Ohne sich dem Bahnsteig zu nähern, auf dem sich so viele Menschen drängten, blieb er stehen und betrachtete gleichgültig das Gewimmel. Plötzlich tauchten drei eigenartig wirkende Menschen in der Menge auf. Alle hatten sehr weiße Haut und gelbes Haar. Natürlich war ihm klar, daß sie von weit her kamen, denn jeder weiß, daß Leute, die so seltsam aussehen, aus der Hauptstadt oder von noch weiter weg kommen. Es waren zwei Frauen und ein Mann, und als sie näher kamen, bemerkte er, daß sie eine Sprache sprachen, die nur sie verstanden. Jeder von ihnen trug einen Lederkoffer, der in unterschiedlichen Zusammenstellungen mit kleinen Streifen bunten Papiers beklebt war. Er trat einen Schritt zurück, ohne das Gesicht der jüngeren Frau aus den Augen zu lassen. Er wußte nicht recht, ob er sie schön oder aufregend fand. Trotzdem fuhr er fort, sie anzustarren, als sie am Arm des Mannes vorüberging. Die andere Frau bemerkte ihn und lächelte unmerklich, als sie an ihm vorbeikam.

Er machte mißmutig kehrt und ging auf die Gleise zu. Ihre Dummheit ärgerte ihn – vielleicht glaubte sie, er hätte genug Geld, um ihr soviel bezahlen zu können, wie sie sicherlich fordern würde. Er ging weiter, bis er den Friedhof erreichte. Er war leer, nur ein paar graue Eidechsen huschten eilig von dem Pfad weg, auf dem er ging. In der hintersten Ecke stand ein kleines quadratisches Gebäude mit einer steinernen Frau auf dem Dach. Er setzte sich in seinen Schatten und nahm die Zigaretten aus der Tasche.

Die Lokomotive pfiff; der Zug brach zu seiner Fahrt an die Küste auf, wo die Menschen nichts anderes essen als Fisch und auf dem Wasser fahren. Anfangs inhalierte er sehr langsam und bewußt, und er behielt den Rauch in den Lungen, bis er das Gefühl hatte, daß er die Ränder seiner Seele versengte. Nach ein paar Minuten nahm das Gefühl Gestalt an. Es bewegte sich vom Hinterkopf bis hinunter zu den Schultern. Es war, als trüge er ein enganliegendes Gewand aus Metall. In diesem Moment blickte er zum Himmel auf und sah in großer Höhe winzige schwarze Punkte; es waren die Geier, die unendlich langsam ihre Kreise zogen und die Ebene im Licht der Nachmittagssonne beobachteten. Über ihnen standen die Wolken, fern und monumental. *»Ay!«* seufzte er und schloß die Augen, und es fiel ihm ein, daß all die Toten, die ringsum lagen, Tag für Tag nur das sahen. Es war alles, was sie erblickten: die Wolken und die Geier, die sie nicht zu fürchten brauchten, denn sie ruhten sicher verborgen tief in geweihter Erde.

Er rauchte weiter, gab sich dem Entzücken hin. Schließlich lehnte er sich zurück und murmelte: »Jetzt bin ich auch tot.« Als er die Augen aufschlug, war derselbe Tag, und die Sonne stand tief am Himmel. Einige Männer unterhielten sich in der Nähe. Er lauschte. Es waren Eisenbahner, die zum Rauchen gekommen waren; sie sprachen über Löhne und Kantinenpreise. Er glaubte nicht an die Zahlen, die sie so beiläufig erwähnten. Sie logen, um Eindruck zu schinden, und glaubten sich nicht einmal untereinander. Er rauchte die Hälfte der anderen Zigarette, stand auf, streckte sich, sprang über die Mauer des Friedhofs und kehrte über einen Umweg zum Bahnhof zurück, denn er wollte nicht mit den Eisenbahnern reden. Diese Menschen brauchten mehr und mehr Gesellschaft, wenn sie rauchten; niemals ließen sie einen Rauchkumpan ruhig seines Weges gehen.

Er ging zur Kantine am Bahnhof, blieb auf der Straße stehen und sah zu, wie die Eisenbahner drinnen Billard spielten. Bei Einbruch der Dämmerung wurde das Wetterleuchten sichtbarer. Er ging die lange Straße zum Zentrum der Stadt hinauf. Männer spielten Marimbas in den Eingängen und vor den Häusern – manchmal drei oder vier zusammen, manchmal einer allein, träge. Die Marimbas und das Marihuana waren die einzig guten Dinge in der Stadt, dachte Jacinto. Die Frauen waren häßlich und schmutzig, die Männer Diebe und Trunkenbolde. Er erinnerte sich an die drei Leute am Bahnhof. Sie würden im Hotel gegenüber der *plaza* sein. Er beschleunigte seinen Schritt, und seine Augen, blutunterlaufen aus Mangel an Schlaf und zuviel von der Droge, öffneten sich weiter.

Nachdem er sich auf dem Markt an den Rand des Brunnens gesetzt und üppig gegessen hatte, fühlte er sich sehr gut. An der Mauer der Kathedrale lagerten die anderen Familien aus den Bergen, manche schliefen schon, andere bereiteten sich auf die Nacht vor. Fast alle Marktbuden waren dunkel; ein paar Gestalten standen noch vor dem Stand mit kaltem Fruchtsaft. Jacinto tastete in seiner Tasche nach dem Stummel und der Zigarette, schloß die Hand darum und ging hinüber zum Park. Das Feuerwerk am Himmel war sehr hell, aber der Donner blieb aus. Überall in der Stadt erklang das Klimpern und Singen der Marimbas, einige aus der Nähe, andere weiter entfernt. Eine leichte Brise bewegte die Zweige der wenigen Zitronenbäume im Park. Er ging nachdenklich weiter, bis er zu einer Bank direkt gegenüber dem Hoteleingang kam; dort setzte er sich hin und rauchte ungeniert seine halbe Zigarette. Nach einigen Minuten fiel es ihm leichter zu glauben, daß eine der beiden gelbhaarigen Frauen herauskommen würde. Er schnippte den Stummel weg, lehnte sich zurück und starrte geradeaus auf das Hotel. Der Verwalter hatte einen viereckigen Lautsprecher über die Tür gehängt, und daraus kam lautes Knistern und Rauschen, das den Klang der Marimbas übertönte. Hin und wieder trieben einige laute Musikfetzen des Orchesters über das Chaos hinweg, und manchmal schien es, als spreche ein Mann hinter dem Lärm. Jacinto war mißmutig: Die Frauen würden es vorziehen, drinnen zu bleiben, wo sie die Musik besser hören konnten.

Eine lange Zeit verging. Das Radio wurde abgestellt. Die wenigen Stimmen im Park verklangen. Die Leute neben der Kathedrale schliefen. Selbst die Marimbas schienen verstummt zu sein, doch manchmal, wenn die Brise auffrischte, brachte sie lange Marimba-Triller aus einem entfernten Teil der Stadt mit sich, die anschwollen und erstarben.

Es wurde sehr spät. Kein Laut war zu hören, nur der Wind, der in den Blättern der Zitronenbäume raschelte, und der Wasserstrahl, der in den Brunnen auf dem Markt plätscherte. Jacinto war es gewohnt zu warten. Und mitten in der Nacht trat eine Frau aus dem Hotel, blickte zum Himmel auf und überquerte die Straße zum Park. Von seiner Bank im Dunkeln aus beobachtete er, wie sie näher kam. Im Schein des Wetterleuchtens erkannte er, daß es nicht die jüngere war. Er war enttäuscht. Wieder sah sie auf, dann trat sie in den Schatten der Zitronenbäume, setzte sich auf die Nachbarbank und zündete eine Zigarette an. Er wartete einige Minuten. Schließlich sagte er: *»Señorita.«*

Sie kam unsicher auf ihn zu, immer noch nichts erkennend. Er wußte, daß es eine List war. Jede Sekunde, immer wenn der Himmel aufleuchtete, konnte sie ihn deutlich sehen. Als sie nah genug an der Bank war, bedeutete er ihr, sich neben ihn zu setzen. Wie er vermutet hatte, sprach sie seine Sprache.

»Was gibt es?« fragte sie. Die Unterhaltung in der seltsamen Sprache am Bahnhof war also nur Theater gewesen.

»Setzen Sie sich, Señorita.«

»Warum?«

»Weil ich es Ihnen sage.«

Sie lachte und warf ihre Zigarette weg. »Das ist kein Grund«, sagte sie und setzte sich ans andere Ende der Bank. »Was machen Sie um diese Zeit hier?« Sie sprach langsam und korrekt, wie ein Priester. Er beantwortete dies, indem er sagte: »Und Sie, was suchen Sie?«

»Nichts.«

»Doch, Sie suchen etwas«, sagte er feierlich.

»Ich konnte nicht schlafen. Es ist sehr heiß.«

»Nein. Es ist nicht heiß«, erwiderte Jacinto. Er fühlte sich zunehmend selbstsicher. Er nahm die letzte Zigarette aus der Tasche und begann zu rauchen. Nach einer Weile fragte er: »Was tun Sie in dieser Stadt?«

»Ich bin auf der Durchreise auf dem Weg zur Grenze im Süden«, sagte sie und erzählte, daß sie mit zwei Freunden reiste, einem Ehepaar, und daß sie oft einen Spaziergang machte, wenn sie sich schon hingelegt hatten.

Jacinto hörte zu, sog an der Zigarette und blies den Rauch aus. Plötzlich sprang er auf. Er berührte ihren Arm und sagte: »Kommen Sie zum Markt.«

Sie erhob sich, fragte: »Warum?« und ging mit ihm durch den Park. Als sie auf der Straße waren, packte er sie heftig am Handgelenk, hielt es fest und stieß zwischen den Zähnen hervor: »Sehen Sie zum Himmel empor.«

Sie blickte auf, verwundert und etwas erschrocken. Mit leiser, eindringlicher Stimme fuhr er fort: »Gott ist mein Zeuge, ich werde in das Hotel gehen und den Mann töten, der mit Ihnen kam.«

Ihre Augen weiteten sich. Sie versuchte sich loszureißen, doch er ließ nicht locker und brachte sein Gesicht dicht vor das ihre. »Ich habe eine Pistole in der Tasche, und ich werde diesen Mann töten.«

»Aber weshalb?« flüsterte sie schwach und sah die Straße auf und ab.

»Ich will seine Frau.«

Sie antwortete: »Unmöglich. Sie würde schreien.«

»Ich kenne den Besitzer«, sagte Jacinto, rollte mit den Augen und grinste. Die Frau schien ihm zu glauben. Jetzt spürte er, daß etwas Großartiges geschehen würde.

»Und Sie«, fuhr er fort und drehte ihr brutal den Arm um. »Sie schreien nicht?«

»Nein.«

Wieder deutete er auf den Himmel.

»Gott ist mein Zeuge. Sie können das Leben Ihres Freundes retten. Kommen Sie mit.«

Sie zitterte am ganzen Körper, doch als sie durch die Straßen stolperten und er sie einen Augenblick losließ, rannte sie. Mit einem Satz hatte er sie eingeholt, und dann zwang er sie, stehenzubleiben und zum Himmel aufzusehen, während er seine Drohungen wiederholte. Sie sah seine aufgerissenen, blutunterlaufenen Augen im hellen Schein eines Blitzes und sein völlig leeres Gesicht. Mechanisch ließ sie sich die Straße entlangstoßen. Diesmal hielt er sie fest.

»Sie retten das Leben Ihres Freundes«, sagte er. »Gott wird es Ihnen vergelten.«

Sie schluchzte beim Gehen. Niemand kam ihnen entgegen, als sie taumelnd auf den Bahnhof zugingen. Kurz bevor sie ankamen, machten sie einen großen Umweg am Stadtrand entlang und gelangten schließlich zum Friedhof.

»Dies ist ein heiliger Ort«, murmelte er und bekreuzigte sich hastig. »Hier werden Sie das Leben Ihres Freundes retten.«

Er zog sein Hemd aus, breitete es über den staubigen Boden und zwang sie hinunter. Da war nichts außer dem beharrlichen, stummen Wetterleuchten am Himmel. Sie öffnete die Augen nicht, zuckte jedoch bei jedem Blitz zusammen, trotz ihrer geschlossenen Lider. Der Wind nahm zu, und der Geruch des Staubes drang ihr in die Nase.

Er brachte sie bis zum Park zurück, dort ließ er sie frei. Dann sagte er: »Gute Nacht, *Señorita*« und ging eilig davon. Er war glücklich, weil sie nicht nach Geld gefragt hatte.

Als er im nächsten Jahr in die Stadt kam, wartete er vier Nachmittage am Bahnhof, bis er den Zug einfahren sah. Am letzten Nachmittag ging er zum Friedhof und setzte sich unweit des quadratischen kleinen Gebäudes mit der steinernen Frau auf den Boden. Staub wehte vorbei. Die riesigen Wolken hingen am Himmel, und die Geier waren da, hoch über ihm. Beim Rauchen rief er sich die gelbhaarige Frau ins Gedächtnis zurück. Nach einer Weile begann er zu weinen, sank zu Boden und umklammerte schluchzend die Kieselsteine. Eine alte Frau, die jeden Tag zum Grab ihres Sohnes kam, ging vorbei. Als sie ihn sah, schüttelte sie den Kopf und murmelte bei sich: »Er hat seine Mutter verloren.«

Southampton, 1946

BLÄTTER AUS COLD POINT

Unsere Zivilisation ist zu einem kurzen Dasein verdammt: ihre einzelnen Elemente sind zu heterogen. Ich persönlich bin zufrieden, daß alles im Untergang begriffen ist. Je größer die Bomben, um so schneller wird alles vorbei sein. Das Leben ist einfach zu schrecklich, als daß der Versuch lohnte, es zu bewahren. Lassen wir es dahingehen. Vielleicht wird eines Tages eine andere Form von Leben entstehen. Wie auch immer, es spielt keine Rolle. Andererseits gehöre ich noch zu diesem Leben und bin daher gezwungen, mich zu schützen, so gut ich kann. Deshalb bin ich hier. Auf diesen Inseln hat die Vegetation noch die Oberhand, und der Mensch muß darum kämpfen, sich überhaupt bemerkbar zu machen. Es ist wunderbar; die Passatwinde wehen das ganze Jahr, und ich halte es für äußerst unwahrscheinlich, daß eine Bombe an diesen abgelegenen Teil der Insel verschwendet wird, oder überhaupt an die Insel.

Ich zögerte, nach Hopes Tod das Haus aufzugeben. Doch es lag nahe. Da meine Karriere an der Universität schon immer eine Farce gewesen war (denn ich bin der Ansicht, daß kein Motiv, das einen Menschen zum »Lehren« verleitet, von Wert ist), war ich von der Aussicht zu kündigen begeistert. Sobald ich ihre Angelegenheiten geregelt und das Geld vernünftig angelegt hatte, setzte ich die Idee in die Tat um.

Ich glaube, in dieser Woche gelang es mir seit meiner

Kindheit zum ersten Mal, das Gefühl wiederzugewinnen, daß es so etwas wie einen Inhalt im Leben gibt. Ich ging von einem behaglichen Heim zum anderen und verabschiedete mich von den Quacksalbern des Englischen Seminars, den Fakiren der Philosophie und so weiter, selbst von Kollegen, die ich sonst kaum grüßte. Ich sah den Neid in ihren Gesichtern, als ich verkündete, daß ich am Samstagmorgen mit der Pan American abfliegen würde; doch die größte Genugtuung war, »Nichts!« antworten zu können, wenn man mich frage, was ich zu tun gedächte.

Als ich klein war, nannten die Leute Charles nur »den großen Bruder C.«, obwohl er kaum älter ist als ich. Für mich ist er heute nur mehr der »fette Bruder C.«, ein erfolgreicher Anwalt. Das rote Gesicht, die dicken Hände, seine plump vertrauliche Jovialität und die bodenlose, scheinheilige Prüderie, all das sind Wesensmerkmale, für die ich ihn wirklich hasse. Da ist auch der Umstand, daß er einmal fast so aussah wie Racky heute. Und doch ist er immer noch mein großer Bruder, der unverhohlen alles ablehnt, was ich tue. Der Abscheu, den ich für ihn empfinde, ist so groß, daß ich jahrelang keinen Bissen oder Tropfen in seiner Gegenwart herunterbekam, ohne mich überwinden zu müssen. Niemand außer mir weiß davon – vor allem nicht Charles, und er wäre sicher der letzte, dem ich es anvertraute. Zwei Tage vor meiner Abreise nahm er den Spätzug und suchte mich zu Hause auf. Er kam schnell zur Sache – kaum daß er es sich mit einem Whiskey in der Hand gemütlich gemacht hatte.

»Du bist also auf dem Weg in die Wildnis«, sagte er und beugte sich auf seinem Sessel vor wie ein Vertreter.

»Wenn man es so nennen kann«, gab ich zurück. »So wild wie Mitichi ist es mit Sicherheit nicht.« (Er hat ein Sommerhaus im Norden von Quebec.) »Ich halte es für äußerst zivilisiert.«

Er nahm einen Schluck und schmatzte fassungslos mit den Lippen, während er das Glas hart auf sein Knie stieß.

»Und Racky? Nimmst du ihn mit?«

»Natürlich.«

»Du nimmst ihn von der Schule. Bringst ihn von hier weg. So daß er niemanden sieht außer dich. Hältst du das für klug?«

Ich sah ihn an. »In der Tat.«

»Bei Gott, wenn ich dich mit rechtlichen Mitteln daran hindern könnte, würde ich es tun!« schrie er, sprang auf und stellte das Glas auf den Kamin. Ich zitterte innerlich vor Erregung, doch ich blieb sitzen und sah ihn nur an. Er fuhr fort. »Du bist nicht in der Lage, für den Jungen zu sorgen!« Er warf mir einen strengen Blick zu.

»Du glaubst nicht?« fragte ich sanft.

Wieder sah er mich finster an. »Meinst du, ich hätte vergessen?«

Man wird verstehen, daß mir daran gelegen war, ihn so schnell wie möglich loszuwerden. Während ich Briefe und Zeitschriften auf dem Tisch stapelte und sortierte, fragte ich: »Bist du nur gekommen, um mir das zu sagen? Ich habe morgen viel zu tun und brauche etwas Schlaf. Wahrscheinlich werde ich nicht mit dir frühstücken. Agnes wird dafür sorgen, daß du rechtzeitig aufstehst, um den Frühzug zu erwischen.«

Alles, was er antwortete, war: »Herrgott! Wach auf! Komm endlich zur Vernunft. Du täuschst niemanden, verstehst du!«

Diese Art von Gerede ist typisch für Charles. Sein Geist ist langsam und dumpf; er glaubt, daß jeder, mit dem er zu tun hat, ihn auf die eine oder andere Art hereinlegen will. Er ist so vollkommen unfähig, den Funktionen eines nur durchschnittlich entwickelten Intellekts zu folgen, daß er überall Heimlichtuerei und Hinterlist wittert.

»Ich habe keine Zeit, mir derartigen Unsinn anzuhören«, sagte ich und wollte den Raum verlassen.

Doch er brüllte: »Du willst nicht zuhören, wie? Nein, natürlich nicht! Du willst immer nur das tun, was dir gerade in den Sinn kommt. Du willst da runterfahren und so leben, wie es dir paßt, und an die Konsequenzen denkst du nicht!« An diesem Punkt hörte ich Racky die Treppe herunterkommen. C. hörte offfensichtlich nichts und wütete weiter: »Aber eines solltest du bedenken – ich weiß, wo ich dich finde, und wenn es auch nur den kleinsten Ärger mit dem Jungen gibt, weiß ich, wen ich dafür verantwortlich zu machen habe!«

Ich durchquerte das Zimmer und riß die Tür auf, damit er sah, daß Racky im Flur war. Das stoppte seine Tirade. Es war schwer zu sagen, ob Racky etwas mitbekommen hatte oder nicht. Er ist zwar nicht gerade ein verschlossener Mensch, aber doch ein Inbegriff von Diskretion, und man erfährt selten mehr darüber, was in ihm vorgeht, als er preiszugeben bereit ist.

Ich war wütend, daß C. mich in meinem eigenen Haus anschrie. Um es klipp und klar zu sagen, er ist der einzige, bei dem ich ein derartiges Verhalten akzeptiere. Andererseits wird sich kein Vater gern ohne Gegenwehr vor seinem Sohn kritisieren und demütigen lassen. Racky stand in seinem Bademantel einfach nur da, und sein engelhaftes Gesicht war vollkommen ausdruckslos, als er bat: »Bitte sag Onkel Charles gute Nacht von mir, ja? Ich habe es vergessen.«

Ich versprach, daß ich es tun würde, und schloß hastig die Tür. Als ich glaubte, daß Racky wieder in seinem Zimmer war, verabschiedete ich mich von Charles. Ich konnte seiner Gegenwart nie schnell genug entkommen. Die Wirkung, die er auf mich hat, datiert aus unserer frühen Kindheit, aus Tagen, an die ich mich nur ungern erinnere.

Racky ist ein wunderbarer Junge. Als wir nach unserer Ankunft kein geeignetes Haus in der Nähe einer Stadt fanden, wo er die Gesellschaft von englischen Jungen und Mädchen in seinem Alter gehabt hätte, zeigte er keinerlei Anzeichen von Verstimmung, obwohl er enttäuscht gewesen sein muß. Statt dessen grinste er, als wir aus dem Maklerbüro ins grelle Licht der Straße traten, und sagte nur: »Wir werden wohl Fahrräder brauchen.«

Die wenigen verfügbaren Häuser in der Nähe dessen, was Charles »Zivilisation« nennen würde, entpuppten sich als derart häßlich und bedrückend, daß wir uns auf der Stelle für Cold Point entschieden, obwohl es am anderen Ende der Insel lag, ziemlich isoliert auf einer dem Meer zugewandten Klippe. Zweifellos war es eins der herrlichsten Anwesen der Insel, und Racky erlag seinem Charme ebenso wie ich.

»Du wirst dich langweilen, wenn du den ganzen Tag nur mit mir zusammen bist«, warnte ich ihn, als wir zum Hotel zurückgingen.

»Ach was, ich komme schon zurecht. Wann besorgen wir uns die Fahrräder?«

Auf sein Drängen hin kauften wir am nächsten Morgen zwei Stück. Ich war sicher, daß ich meines nicht oft benutzen würde, aber ich dachte, ein Fahrrad mehr im Haus könne nicht schaden. Es stellte sich heraus, daß alle Angestellten ihre eigenen Fahrräder besaßen, sonst wären sie nicht imstande gewesen, jeden Tag von ihrem Dorf Orange Walk zum Haus und wieder zurück zu gelangen, acht Meilen die Küste entlang. Also blieb mir eine Zeitlang nichts anderes übrig, als mich jeden Morgen auf dem Fahrrad eine halbe Stunde neben Racky abzustrampeln. Wir fuhren durch die kühle Luft des frühen Morgens, unter den hohen Seidenbaumwollbäumen am Haus entlang und hinaus zu der großen Biegung der Küste, wo die steife Brise, die dort ständig bläst, die Palmen landeinwärts beugt. Dann machten wir einen weiten Bogen und jagten zurück zum Haus, wobei wir laut darüber diskutierten, wie groß unser Appetit auf die diversen Bestandteile des Frühstücks war, das uns, wie wir wußten, auf der Terrasse erwartete. Zu Hause frühstückten wir im Wind, blickten auf die Karibik und unterhielten uns über die Nachrichten in der Lokalzeitung von gestern, die Isiah uns jeden Morgen aus Orange Walk mitbrachte. Dann verschwand Racky den ganzen Vormittag auf seinem Fahrrad. Er raste wie ein Wilder die Straße entlang, entweder in die eine oder in die andere Richtung, bis er einen unbekannten Sandstreifen an der Küste entdeckte, den er als neuen Strand betrachten konnte. Beim Mittagessen beschrieb er ihn mir bis in die kleinste Einzelheit und vergaß auch nicht die physischen Gefahren, die er hatte auf sich nehmen müssen, als er das Fahrrad im Gebüsch versteckte, damit die Einheimischen, die zu Fuß vorbeikamen, es nicht fanden; als er von ein paar unbezwingbaren Felsen herunterkletterte, die dann viel höher waren, als er auf den ersten Blick geglaubt hatte; als er die Tiefe des Wassers abzuschätzen versuchte oder sich fragte, ob das Riff auch wirklich Haie und Barrakudas abhielt, bevor er von einer Klippe hineinsprang. Niemals entdecke ich Aufschneiderei in Rackys Berichten über seine Abenteuer – nur freudige

Erregung, wenn er erzählt, auf welche Weise er seine unerschöpfliche Neugier befriedigt. Und sein wacher Verstand streckt seine Fühler in alle Richtungen zugleich aus. Damit will ich keinen »Intellektuellen« aus ihm machen. Das steht mir nicht zu, und es interessiert mich auch nicht übermäßig, ob er ein Denker wird oder nicht. Ich weiß, daß in seinem Verhalten stets eine gewisse Direktheit und bei der Wertung von Dingen eine besondere Reinheit des Geistes hervorstechen. Erstere wird ihn davor bewahren, das zu werden, was ich als »Opfer« bezeichne: Niemals werden Realitäten ihn zum Tier machen können. Und sein unfehlbarer Sinn für Ausgewogenheit in ethischen Fragen wird ihn vor den lähmenden Wirkungen des heutigen Materialismus schützen.

Für einen Jungen von sechzehn hat Racky eine außergewöhnlich unschuldige Weltsicht. Das sage ich nicht als vernarrter Vater, obwohl ich, Gott weiß es, nie an den Jungen denken kann, ohne ein vertrautes, überwältigendes Gefühl von Freude und Dankbarkeit zu empfinden, weil ich das Privileg genießen darf, sein Leben zu teilen. Was er für völlig selbstverständlich hält, unseren gemeinsamen Alltag hier, ist für mich eine Quelle ewigen Staunens, und einen guten Teil des Tages denke ich darüber nach, während ich einfach dasitze und mir das große Glück vor Augen halte, ihn ganz für mich zu haben, außerhalb der Reichweite neidischer Blicke und böser Zungen. (Ich vermute, daß ich in Wirklichkeit C. meine, wenn ich dies schreibe.) Und ich glaube, ein Teil jenes Zaubers, Rackys Leben zu teilen, liegt gerade in der Selbstverständlichkeit, mit der er seine Umgebung akzeptiert. Ich habe ihn noch nie gefragt, ob er gern hier ist – so offensichtlich ist es, daß er sich wohl fühlt, sehr wohl fühlt. Ich glaube, wenn er eines Tages zu mir käme und mir sagte, wie glücklich er hier ist, wäre der Zauber irgendwie gebrochen. Und gleichzeitig habe ich das Gefühl, wenn er unbesonnen oder rücksichtslos oder sogar unfreundlich zu mir wäre, würde ich ihn nur um so mehr lieben.

Ich habe diesen letzten Satz noch einmal gelesen. Was bedeutet er? Und warum sollte ich auf die Idee kommen, er könnte mehr bedeuten, als er aussagt?

Doch sosehr ich es auch versuche, ich kann nie daran glauben, daß etwas ohne Grund und für sich allein existiert. Was ich wahrscheinlich meine, ist das Gefühl, daß Racky auf irgendeine Art bereits rücksichtslos gewesen ist. Auf welche Art aber? Seine Fahrradausflüge darf ich ihm nicht übelnehmen; ich kann unmöglich erwarten, daß er den ganzen Tag hierbleibt und sich mit mir unterhält. Und Angst, daß ihm etwas zustoßen könnte, ist es auch nicht; ich weiß, daß er besser auf sich aufpassen kann als die meisten Erwachsenen und wahrscheinlich keine größeren Risiken beim Klettern in den Felsen oder Schwimmen in den Buchten eingeht als ein Einheimischer. Trotzdem ist nicht zu übersehen, daß mich etwas an unserem Leben hier verstimmt. Irgendein Detail im Grundmuster, wie immer es aussehen mag, muß mich stören. Vielleicht ist es seine Jugend, vielleicht bin ich nur neidisch auf seinen geschmeidigen Körper, seine glatte Haut, die animalische Kraft und Anmut.

Eine ganze Weile saß ich heute morgen da, sah auf das Meer und versuchte dieses kleine Rätsel zu lösen. Zwei weiße Reiher kamen und ließen sich auf einem abgestorbenen Baumstumpf östlich des Gartens nieder. Dort blieben sie lange Zeit reglos sitzen. Ich wandte den Kopf ab und gewöhnte meine Augen an den hellen Meereshorizont, dann schaute ich plötzlich in ihre Richtung, um zu sehen, ob sie ihre Haltung verändert hatten, doch jedesmal hockten sie genauso da wie zuvor. Ich versuchte mir den schwarzen Stumpf ohne sie vorzustellen – als rein vegetabile Landschaft –, doch vergebens. Die ganze Zeit zwang ich micht halbherzig, eine lächerliche Erklärung für meine Verstimmung über Racky zu akzeptieren. Ich war erst gestern darauf gestoßen, als er, statt zum Mittagessen zu erscheinen, einen dunkelhäutigen Jungen aus Orange Walk geschickt hatte, um mir ausrichten zu lassen, daß er im Dorf essen würde. Ich konnte nicht umhin zu bemerken, daß der Junge auf Rackys Fahrrad fuhr. Ich hatte bereits eine gute halbe Stunde auf ihn gewartet und ließ Gloria servieren, sobald der Junge den Rückweg ins Dorf angetreten hatte. Ich war neugierig, wo und mit wem Racky zu Mittag essen würde, da Orange Walk, soweit ich weiß, ausschließlich von Schwarzen bewohnt wird. Ich war sicher, daß Gloria imstande wäre, Licht in die Angelegenheit zu bringen, aber ich konnte sie unmöglich fragen. Als sie den Nachtisch brachte, fragte ich nur: »Wer war der Bursche, der die Nachricht von Mister Racky überbrachte?«

Sie zuckte mit den Achseln: »Ein Junge aus Orange Walk. Er heißt Wilmot.«

Als Racky in der Abenddämmerung zurückkehrte, das Gesicht vor Anstrengung gerötet (denn er fährt nie gemächlich), beobachtete ich ihn genau. Sein Verhalten verstärkte meinen bereits vorhandenen Verdacht; ich empfand seine Herzlichkeit als falsch und seine gute Laune als gezwungen. Er ging früh in sein Zimmer und las einige Zeit, bevor er das Licht löschte. Ich machte einen langen Spaziergang im beinahe taghellen Mondschein und lauschte dem Gesang der nächtlichen Insekten in den Bäumen. Und eine Weile saß ich auf dem steinernen Brückengeländer über dem Schwarzen Fluß. (In Wirklichkeit ist es nur ein Bach, der aus den Bergen ein paar Meilen landeinwärts über die Felsen hinabplätschert und unweit des Hauses ins Meer mündet.) In der Nacht klingt er stets lauter und bedeutender als bei Tag. Die Melodie des Wassers auf den Steinen beruhigte meine Nerven, obwohl ich kaum verstehe, warum das nötig war, es sei denn, es hätte mich wirklich aus der Fassung gebracht, daß Racky zum Mittagessen nicht nach Hause gekommen war. Sollte das der Fall sein, wäre es völlig absurd, mehr noch – gefährlich; es wäre genau das, wovor die Eltern eines Jugendlichen sich hüten, wogegen sie ankämpfen sollten, es sei denn, die Aussicht, das Vertrauen und die Zuneigung ihres Sprößlings für immer zu verlieren, ließe sie kalt. Racky muß ausgehen können, wann er will, mit wem er will und so lange er will, und ich darf keinen Gedanken darauf verschwenden, geschweige denn, ihm Vorwürfe machen oder gar den Eindruck erwecken zu spionieren. Mangelndes Vertrauen seitens der Eltern ist eine unverzeihliche Sünde.

Zwar nehmen wir unser morgendliches Bad nach dem Aufstehen noch immer gemeinsam, doch ist es drei Wochen her, daß wir das letzte Mal zusammen Fahrrad gefahren sind. Eines Morgens entdeckte ich, daß Racky in seiner nassen Badehose aufs Rad gesprungen und losgefahren war, während ich noch schwamm, und seitdem besteht ein unausgesprochenes Übereinkommen zwischen uns, daß es dabei bleibt; er dreht seine Runde allein. Vielleicht hielt ich ihn zurück; er fährt am liebsten schnell.

Der junge Peter, unser lächelnder Gärtner aus Saint Ives Cove, ist Rackys besonderer Freund. Es ist komisch, sie zusammen im Gebüsch zu sehen, über einen Ameisenhaufen gebeugt oder hinter einer Eidechse herjagend, beide fast gleichaltrig und doch so verschieden: Racky mit seiner sonnengebräunten Haut beinahe weiß im Vergleich zu der schimmernden schwarzen Haut des anderen. Heute weiß ich, daß ich allein zu Mittag essen werde, denn Peter hat seinen freien Tag. Dann fahren sie gewöhnlich auf den Rädern nach Saint Ives Cove, wo Peter ein kleines Ruderboot hat. Dort fischen sie vor der Küste, haben aber bislang noch nie etwas mit nach Hause gebracht.

Unterdessen bin ich hier allein, sitze in der Sonne auf den Felsen und klettere von Zeit zu Zeit hinunter, um mich im Wasser zu erfrischen. Stets bin ich mir des Hauses unter den hohen Palmen bewußt; es war wie ein großes Schiff aus Glas, voller Orchideen und Lilien. Die Hausdiener sind leise und sauber, und die Arbeit scheint sich von selbst zu erledigen. Diese guten schwarzen Diener sind ein weiterer Segen der Insel; die Briten, die in diesem Paradies zur Welt kamen, machen sich keine Vorstellung, welches Glück sie haben. Statt dessen beklagen sie sich unentwegt. Man muß in den Vereinigten Staaten gelebt haben, um den Zauber dieses Ortes zu schätzen. Trotzdem, auch hier ändern sich die Vorstellungen mit jedem Tag. Bald werden die Menschen beschließen, daß sie ihr Land zu einem Teil der heutigen monströsen Welt machen wollen, und wenn dies einmal geschehen ist, wird alles vorbei sein. Sobald dieses Verlangen geweckt ist, hat man sich mit dem tödlichen Virus infiziert und zeigt die ersten Symptome der Krankheit. Man lebt nach den Begriffen von Zeit und Geld, und man denkt in den Begriffen von Gesellschaft und Fortschritt. Dann bleibt einem nichts als die Menschen zu töten, die ebenso denken, und auch eine ganze Reihe von denen, die es nicht tun, denn das ist der endgültige Ausbruch der Krankheit. Hier hat man, jedenfalls für den Augenblick, das Gefühl des Stillstands – die Existenz hält inne wie jene letzten Sekunden in der Sanduhr, wenn alles, was vom Sand übriggeblieben ist, plötzlich auf einmal hinabrutscht. Für einen Augenblick sieht es aus, als sei die Zeit aufgehoben. Und wenn es so aussieht, dann ist es so. Jede Welle zu meinen Füßen, jeder Vogelschrei aus dem Wald hinter mir bringt mich *nicht* einen Schritt näher an die endgültige Katastrophe. Die Katastrophe ist unausweichlich, doch plötzlich wird sie passiert sein, das ist alles. Bis dahin steht die Zeit still.

Ein Brief in der heutigen Post hat meinen Frieden gestört: Die Royal Bank of Canada fordert mich auf, persönlich in ihrer Hauptfiliale vorzusprechen, um Depotscheine und andere Papiere zu unterzeichnen, die von der Bostoner Bank hierher gekabelt wurden. Da die Filiale fünfzig Meilen entfernt auf der anderen Seite der Insel liegt, werde ich dort übernachten müssen und erst am folgenden Tag zurückkehren. Racky mitzunehmen wäre nicht ratsam. Der Anblick der »Zivilisation« könnte entsprechende Sehnsüchte in ihm wecken; man weiß nie. Bei mir wäre es in seinem Alter so gewesen, da bin ich sicher. Und wenn es so käme, würde er nur unglücklich sein, denn es gäbe keine andere Möglichkeit für ihn, als hier bei mir zu bleiben, zumindest die nächsten zwei Jahre. Dann kann ich hoffentlich die Pacht erneuern oder, wenn die Dinge in New York gut laufen, das Haus kaufen. Ich werde Isiah, wenn er heute abend nach Orange Walk zurückkehrt, bitten, McCoigh auszurichten, er möge mich morgen um halb acht mit dem Wagen abholen. Es ist ein riesiger alter offener Packard; Isiah kann sich den Weg hier heraus sparen, indem er das Rad hinten auflädt und bei McCoigh mitfährt.

Die Fahrt über die Insel ist wunderbar und wäre ein reines Vergnügen gewesen, wenn meine Phantasie mir nicht gleich zu Beginn einen üblen Streich gespielt hätte. Wir hielten in Orange Walk, um zu tanken, und während dies besorgt wurde, stieg ich aus, um im Laden an der Ecke Zigaretten zu kaufen. Da es vor acht war, hatte der Laden noch geschlossen, und ich ging eilig die Nebenstraße hinauf zu dem anderen kleinen Kiosk, von dem ich glaubte, er könnte schon geöffnet haben. Er war auf, und ich kaufte meine Zigaretten. Auf dem Rückweg zum Wagen bemerkte ich eine große schwarze Frau, die mit den Armen über das Tor gelehnt vor ihrem winzigen Haus stand und auf die Straße starrte. Als ich an ihr vorbeiging, sah sie mir geradewegs ins Gesicht und sagte etwas in dem seltsamen Dialekt der Inselbewohner. Der Ton war unfreundlich und das Gesagte offensichtlich für mich bestimmt, doch ich hatte keine Ahnung, was es war. Ich stieg in den Wagen, und der Fahrer ließ den Motor an. Doch der Klang der Worte war mir im Gedächtnis geblieben, wie sich eine helle Form vor einem dunklen Hintergrund gelegentlich so ins Bewußtsein einprägt, daß man die exakten Umrisse des Musters vor sich sieht, sobald man die Augen schließt. Der Wagen dröhnte bereits bergauf in Richtung Landstraße, als ich die Worte plötzlich noch einmal hörte. Sie lauteten: »Behalt deinen Jungen zu Hause, *mahn*!« Einen Augenblick saß ich vollkommen reglos, während die Landschaft draußen vorbeirauschte. Wie kam ich darauf, daß sie das gesagt hatte? Es war mir augenblicklich klar, daß ich damit einem Satz, den ich nicht hätte verstehen können, auch wenn ich genau hingehört hätte, einen willkürlichen Sinn verlieh. Und dann fragte ich mich, warum mein Unterbewußtsein diesen Sinn ausgewählt haben sollte, denn jetzt, als ich die Worte vor mich hinflüsterte, vermochten sie keine Verbindung zu irgendeiner Angst herzustellen, der mein Bewußtsein möglicherweise ausgesetzt war. Eigentlich habe ich mir nie Gedanken über Rackys Ausflüge gemacht. Eine derartige Sorge kann ich nicht ausmachen, ganz gleich, von welcher Seite ich die Frage beleuchte. Aber ist es möglich, daß sie diese Worte wirklich sagte? Während des ganzen Weges durch die Berge dachte ich darüber nach, obwohl es offensichtlich reine Energieverschwendung war. Und bald konnte ich den Klang ihrer Stimme in meiner Erinnerung nicht mehr erkennen: Ich hatte die Platte zu oft gespielt und sie abgenutzt.

Hier im Hotel findet heute ein großer Ball statt. Das scheußliche Orchester, bestehend aus zwei Saxophonen und einer mißtönenden Violine, spielt genau unter meinem Fenster im Garten, und lauter ernsthaft aussehende Paare gleiten im Schein der an Schnüren befestigten Papierlaternen über den polierten Steinboden der Terrasse. Ich nehme an, es soll japanisch wirken.

Ich frage mich, was Racky in diesem Augenblick im Haus macht. Nur Peter und Ernest, der Nachtwächter, sind da, um ihm Gesellschaft zu leisten. Ich frage mich, ob er schläft. Das Haus, das ich wegen seiner luftigen Lage immer als lächelnd und wohltuend empfand, könnte nun, da ich hier bin, ebensogut in der finstersten und entlegensten Gegend der Welt stehen. Hier sitze ich, unter mir das gräßlich jaulende Orchester, und stelle es mir vor, und es erscheint mir entsetzlich gefährdet in seiner Abgeschiedenheit. Im Geist sehe ich den mondbeschienenen Fleck vor mir, mit seinen hohen, ruhelos im Wind schwankenden Palmen, den schwarzen Felsen darunter, von Wellen überspült. Plötzlich, und obgleich ich dagegen ankämpfe, bin ich unaussprechlich froh, nicht in dem Haus zu sein, das auf dem hochgelegenen Felsen hilflos der Stille der Nacht preisgegeben ist. Dann fällt mir ein, daß die Nacht nur selten still ist.

Da ist das laute Dröhnen des Meeres um den Fuß der Klippen, das Summen tausender Insekten, gelegentlich der Schrei eines Nachtvogels – all die vertrauten Geräusche, die den Schlaf so erholsam machen. Und Racky ist da, von ihnen umgeben wie immer, ohne sie auch nur zu hören. Trotzdem fühle ich mich zutiefst schuldig, weil ich ihn allein gelassen habe, unaussprechlich traurig und zärtlich bei dem Gedanken an ihn, der allein mit den beiden Schwarzen im Haus schläft, den einzigen Menschen im Umkreis von Meilen. Wenn ich noch weiter an Cold Point denke, werde ich immer unruhiger.

Ich gehe noch nicht zu Bett. Sie schreien vor Lachen da unten, diese Idioten; ich könnte ohnehin nicht schlafen. Die Bar hat noch auf. Glücklicherweise liegt sie zur Straße hin. Diesmal brauche ich ausnahmsweise ein paar Drinks.

Viel später, aber ich fühle mich nicht besser. Vielleicht bin ich ein wenig betrunken. Der Tanz ist vorbei, und es ist still im Garten, aber das Zimmer ist zu heiß.

Als ich letzte Nacht einschlief, voll bekleidet, während das Licht der Leselampe unbarmherzig in mein Gesicht fiel, hörte ich wieder die Stimme der schwarzen Frau, klarer noch als gestern im Wagen. Aus irgendeinem Grund habe ich heute morgen keinerlei Zweifel mehr, daß die Worte, die ich hörte, diejenigen sind, die sie sagte. Ich akzeptiere es und gehe von hier weiter. Nehmen wir an, sie sagte wirklich, ich solle Racky zu Hause behalten. Das könnte nur bedeuten, daß sie oder jemand anders in Orange Walk eine kindische Auseinandersetzung mit ihm hatte, obgleich ich sagen muß, ich kann mir kaum vorstellen, daß Racky einen Streit oder einen Wortwechsel mit diesen Leuten anfangen würde. Um mich zu beruhigen (denn die Sache scheint mir wirklich zu-

zusetzen), werde ich heute nachmittag im Dorf haltmachen, ehe ich nach Hause zurückkehre, und versuchen, die Frau zu sprechen. Ich brenne darauf, zu erfahren, was sie gemeint haben könnte.

Bis zu diesem Abend, an dem ich nach Cold Point zurückkehrte, war ich mir nicht bewußt, wie mächtig sie sind, all diese physischen Elemente, welche die Atmosphäre dort ausmachen: die Geräusche des Windes und des Meeres, die das Haus von der Straße abschotten, der Glanz des Wassers, des Himmels und der Sonne, die leuchtenden Farben und der durchdringende Duft der Blumen, das Gefühl der Weite innerhalb und außerhalb des Hauses. Solange man hier lebt, hält man das alles für selbstverständlich. Bei meiner Rückkehr am späten Nachmittag wurden sie, ihre Existenz und ihre Macht, mir wieder neu bewußt. Zusammengenommen sind sie wie eine starke Droge; die Heimkehr vermittelte mir das Gefühl, entgiftet zu sein und wieder an den Ort der früheren Laster zurückzukommen. Jetzt, um elf, ist es, als wäre ich nicht einmal eine Stunde fort gewesen. Alles ist so wie immer, selbst die vertrocknete Palme vor dem Fenster neben meinem Nachttisch, deren Wedel am Fliegengitter reiben. Und in der Tat sind nur sechsunddreißig Stunden vergangen, seit ich hier war; doch wie immer erwarte ich, daß meine Abwesenheit von einem Ort bestimmte, irreversible Veränderungen mit sich bringt. Eigenartigerweise habe ich jetzt, da ich darüber nachdenke, doch das Gefühl, daß sich etwas verändert hat, seit ich gestern morgen von hier fortging. Es ist die allgemeine Haltung des Personals, seine kollektive Aura genaugenommen. Ich bemerkte diesen Wandel gleich nach meiner Ankunft, doch gelang es mir nicht, ihn zu definieren. Jetzt sehe ich ihn deutlich. Das

Netz harmonischen Einverständnisses, das sich allmählich um einen wohlgeführten Haushalt spinnt, ist zerrissen. Jetzt ist jeder für sich. Wenn es auch keine Unfreundlichkeiten gibt, soweit ich sehe. Alle sind äußerst höflich, mit Ausnahme von Peter vielleicht, der mir ungewöhnlich mürrisch erschien, als ich ihm nach dem Abendessen in der Küche begegnete. Ich wollte Racky fragen, ob es ihm aufgefallen war, aber dann entfiel es mir, und er ging früh zu Bett.

In Orange Walk ließ ich kurz anhalten, unter dem Vorwand, die Schneiderin in der Nebenstraße aufsuchen zu wollen. Ich ging zweimal an dem Haus vorbei, wo ich die Frau gesehen hatte, doch niemand ließ sich blicken.

Was meine Abwesenheit angeht, so scheint Racky gut zurechtgekommen zu sein; die meiste Zeit des Tages hat er damit verbracht, bei den Felsklippen unterhalb der Terrasse zu schwimmen. Die Geräusche der Insekten haben mittlerweile ihren Höhepunkt erreicht; die Brise ist frischer als sonst, und ich werde diese günstigen Bedingungen nützen, um tief zu schlafen.

Heute war einer der schwierigsten Tage in meinem Leben. Ich stand früh auf, wir frühstückten zur gewohnten Zeit, und Racky machte sich auf in Richtung Saint Ives Cove. Ich lag eine Zeitlang auf der Terrasse in der Sonne und horchte auf die Geräusche des Haushalts. Peter streifte überall herum, sammelte abgefallene Blätter und verblühte Blumen in einem großen Korb und trug sie zum Komposthaufen. Er schien noch verdrießlicher als gestern abend. Als er auf dem Weg zu einem anderen Teil des Gartens an mir vorüberging, rief ich ihn zu mir. Er stellte den Korb ab und sah mich an; dann kam er quer über den Rasen auf mich zu – widerwillig, wie mir schien.

»Peter, ist alles in Ordnung mit dir?«

»Ja, Sir.«

»Kein Ärger zu Hause?«

»O nein, Sir.«

»Gut.«

»Ja, Sir.«

Er machte sich wieder an die Arbeit. Doch sein Gesicht strafte seine Worte Lügen. Er schien nicht nur entschieden schlechte Laune zu haben, hier draußen im Sonnenschein wirkte er geradezu krank. Doch wenn er sich weigerte, es zuzugeben, ging es mich nichts an.

Als die sengende Hitze unerträglich wurde, verließ ich meinen Sessel und stieg an der Seite der Klippe ein paar in den Stein gehauene Stufen hinab. Dort unten gibt es eine ebene Felsplatte mit einem Sprungbrett, denn das Wasser ist tief. Zu beiden Seiten ist sie von Felsen umgeben, an denen sich die Wellen brechen, doch die Steinplatte ragt senkrecht aus dem Wasser. Unter dem Sprungbrett schlägt das Wasser nur sacht gegen den Felsen. Die Stelle ist ein kleines Amphitheater, vom Haus ist weder etwas zu sehen noch zu hören. Auch dort liege ich gern in der Sonne; wenn ich aus dem Wasser komme, ziehe ich häufig die Badehose aus und lege mich völlig nackt auf das Sprungbrett. Regelmäßig mache ich mich über Racky lustig, weil er sich schämt, es mir gleichzutun. Manchmal überwindet er sich, aber nie, ohne daß man ihn überreden muß. So lag ich splitternackt da und ließ mich vom Klatschen der Wellen einlullen, als eine unbekannte Stimme aus nächster Nähe fragte: »Mr. Norton?«

Ich zuckte erschrocken zusammen, wobei ich fast vom Sprungbrett gefallen wäre, und setzte mich auf, um, allerdings vergeblich, nach der Badehose zu greifen, die auf dem Felsen lag, praktisch zu Füßen eines farbigen Herrn in mittleren Jahren. Er trug einen weißen Leinenanzug und einen hohen Kragen mit einer schwarzen Krawatte, und ich hatte das Gefühl, daß er mich mit einem gewissen Entsetzen musterte.

Meine nächste Reaktion war Ärger, auf diese Art überrascht worden zu sein. Trotzdem stand ich auf, nahm meine Badehose, zog sie ruhig an und sagte beiläufig: »Ich habe Sie nicht kommen kören.«

»Sollen wir hinaufgehen?« fragte der Eindringling. Er schritt voran, und ich hatte die sichere Ahnung, daß ihn eine unangenehme Aufgabe hierhergeführt hatte. Wir setzten uns auf die Terrasse; er bot mir eine amerikanische Zigarette an, die ich ablehnte.

»Ein herrliches Fleckchen Erde«, sagte er, sah auf das Meer und dann auf seine Zigarette, die nur zum Teil brannte. Er sog daran.

»Ja«, sagte ich und wartete, daß er weitersprach; plötzlich tat er es.

»Ich bin von der Präfektur dieser Gemeinde. Von der Polizei, Sie verstehen.« Und als er mein Gesicht sah: »Dies ist ein freundschaftlicher Besuch. Doch sollten Sie ihn trotzdem als Warnung begreifen, Mister Norton. Die Sache ist sehr ernst. Wenn jemand anderer deswegen zu Ihnen kommt, wird es Ärger geben, großen Ärger. Daher habe ich Sie privat aufgesucht, ich wollte Sie persönlich warnen. Sie verstehen.«

Ich konnte seine Worte nicht fassen. Nach einer Weile fragte ich schwach: »Aber worum geht es?«

»Dies ist kein offizieller Besuch. Sie brauchen sich nicht aufzuregen. Ich habe beschlossen, mit Ihnen zu sprechen, um Sie vor größeren Schwierigkeiten zu bewahren.«

»Aber ich rege mich auf!« rief ich und fand endlich meine

Stimme wieder. »Wie sollte ich mich nicht aufregen, wenn ich nicht einmal weiß, wovon Sie reden?«

Er rückte seinen Stuhl näher an den meinen heran und sprach mit gedämpfter Stimme. »Ich habe gewartet, bis der junge Mann nicht im Haus ist, damit wir uns ungestört unterhalten können. Es geht um ihn, Sie verstehen.«

Irgendwie überraschte es mich nicht. Ich nickte.

»Ich will Ihnen die Sache kurz erläutern. Die Menschen hier sind einfache Leute vom Land. Sie werden schnell böse. Jetzt zerreißen sie sich den Mund über den jungen Mann, der bei Ihnen wohnt. Er ist Ihr Sohn, wie ich hörte.« Sein Tonfall klang skeptisch.

»Natürlich ist er mein Sohn.«

Sein Gesichtsausdruck veränderte sich nicht, doch seine Stimme klang ungehalten. »Wer er auch ist, dieser junge Mann ist schlecht.«

»Was soll das heißen?« rief ich, doch er unterbrach mich hitzig. »Mag sein, daß er Ihr Sohn ist, vielleicht auch nicht. Es geht mich nichts an, wer er ist. Das ist nicht meine Sache. Aber er ist von Grund auf verdorben. Solche Dinge gibt es hier bei uns nicht, Sir. Die Leute in Orange Walk und Saint Ives Cove sind äußerst aufgebracht. Und Sie wissen nicht, wozu diese Menschen fähig sind, wenn sie in Wut geraten.«

Ich hielt es für angebracht, ihn zu unterbrechen. »Bitte sagen Sie mir, warum mein Sohn verdorben sein soll. Was hat er getan?« Vielleicht rührte ihn der Ernst in meiner Stimme, denn sein Gesicht nahm einen freundlicheren Ausdruck an. Er beugte sich ganz nah zu mir herüber und sagte fast flüsternd: »Er kennt keine Scham. Er tut, was ihm gefällt, mit den jungen Burschen und auch mit den Männern, und dann gibt er ihnen einen Shilling, damit sie nicht reden. Aber sie reden. Natürlich reden sie. Jeder Mann im Umkreis von zwanzig Meilen weiß davon. Und auch die Frauen, sie wissen ebenfalls Bescheid.« Er schwieg.

Während der letzten Sekunden hatte ich gespürt, wie ich mich darauf vorbereitete aufzustehen, denn ich wollte in mein Zimmer und allein sein, diesem skandalösen Bühnengeflüster entgehen. Ich glaube, ich murmelte so etwas wie »Guten Tag« oder »Danke«, wandte mich ab und ging auf das Haus zu. Doch noch immer war er neben mir und raunte mir wie ein eifriger Verschwörer ins Ohr: »Behalten Sie ihn zu Hause, Mister Norton. Oder schicken Sie ihn zur Schule, wenn er wirklich Ihr Sohn ist. Aber halten Sie ihn von den Dörfern fern. In seinem eigenen Interesse.«

Ich reichte ihm die Hand und ging hinein, um mich auf mein Bett zu legen. Von dort hörte ich das Geräusch einer Wagentür, hörte ihn wegfahren. Verzweifelt versuchte ich, einen Anfang zu finden, um Racky darauf ansprechen zu können. Ich hatte das Gefühl, der erste Satz würde meinen Standpunkt definieren. Dieser Versuch war nichts weiter als eine Art therapeutischer Ablenkung, um das Nachdenken über die Sache selbst zu unterdrücken. Jede Einstellung dazu erschien gleichermaßen unmöglich. Plötzlich wurde mir klar, daß ich nie imstande wäre, direkt mit ihm darüber zu sprechen. Mit dem Eintreffen dieser Nachricht war er für mich ein anderer Mensch geworden – ein Erwachsener, geheimnisvoll und ungeheuerlich. Gewiß dachte ich daran, daß die Geschichte des Farbigen vielleicht nicht der Wahrheit entsprach, doch automatisch verwarf ich diese Möglichkeit. Es war, als wollte ich es glauben – als hätte ich bereits gewußt, was er lediglich bestätigte.

Racky kam gegen Mittag nach Hause, keuchend und grinsend. Der unvermeidliche Kamm fuhr durch die verschwitzten, widerspenstigen Locken. Als er sich zum Mittagessen setzte, rief er: »Mann, du glaubst nicht, was für einen wunderbaren Strand ich heute morgen gefunden habe! Aber es war auch ein hartes Stück Arbeit, dahin zu gelangen!« Ich versuchte unbeteiligt zu wirken, als ich seinem Blick begegnete; es war, als hätten wir unsere Positionen vertauscht, als hoffte ich, seinem Rüffel standhalten zu können. Er erzählte weiter, von Dornen und Schlingpflanzen und seiner Machete. Immer wieder während der Mahlzeit sagte ich mir: »Das ist der richtige Augenblick. Du mußt etwas sagen.« Doch alles, was ich herausbrachte, war: »Noch etwas Salat? Oder möchtest du jetzt deinen Nachtisch?« So ging das Mittagessen vorbei, und nichts geschah. Nachdem ich den Kaffee getrunken hatte, ging ich in mein Zimmer und betrachtete mich in dem großen Spiegel. Ich sah, wie meine Augen versuchten, ihrem zurückgeworfenen Abbild ein wenig Mut einzuflößen. Während ich noch dastand, hörte ich einen ungewohnten Lärm im anderen Flügel des Hauses: Stimmen, dumpfes Poltern, die Geräusche eines Handgemenges. Und dann plötzlich Glorias scharfe Stimme, gebieterisch und erregt: »Peter, *mahn,* nein!«

Ich rannte zur Küche, dem Schauplatz der Auseinandersetzung, wie es schien, stieß jedoch unterwegs gegen Racky, der mit den Händen vor dem Gesicht durch den Gang torkelte.

»Racky, was ist los?« rief ich.

Er drängte sich an mir vorbei ins Wohnzimmer, ohne die Hände vom Gesicht zu nehmen; ich folgte ihm. Von dort ging er weiter in sein Zimmer und ließ die Tür hinter sich offen. Ich hörte, wie er im Badezimmer Wasser laufen ließ. Ich wußte nicht, was ich tun sollte. Plötzlich tauchte Peter in der Tür zum Gang auf, den Hut in der Hand. Als er den Kopf hob, entdeckte ich erstaunt, daß seine Wange blutete.

In seinen Augen war der seltsame, wirre Ausdruck plötzlicher Angst und abgrundtiefer Feindschaft. Er senkte den Blick.

»Könnte ich bitte mit Ihnen reden, Sir?«

»Was soll dieser Aufruhr? Was ist passiert?«

»Könnte ich draußen mit Ihnen reden, Sir?« Er sagte es verbissen und ohne aufzublicken.

Angesichts der Umstände nickte ich. Langsam gingen wir den Aschenpfad zur Landstraße hinauf, über die Brücke und durch den Wald, und er erzählte mir seine Geschichte. Ich schwieg.

Am Ende sagte er: »Ich wollte es nie, Sir, nicht mal am Anfang, aber danach hatte ich Angst, und Mister Racky war jeden Tag hinter mir her.«

Ich blieb stehen und antwortete: »Wenn du mir das gleich gesagt hättest, wäre es für alle Beteiligten besser gewesen.«

Er drehte seinen Hut in den Händen und studierte ihn eingehend. »Ja, Sir. Aber bis heute hatte ich keine Ahnung, was man in Orange Walk über ihn redet. Sie wissen, ich fahre an meinen freien Tagen mit Mister Racky nach Saint Ives Cove. Wenn ich geahnt hätte, was alle über ihn sagen, hätte ich keine Angst gehabt, Sir. Und ich wollte meine Arbeit hier behalten. Ich brauchte das Geld.« Dann wiederholte er, was er bereits drei Mal gesagt hatte. »Mister Racky sagte, Sie würden dafür sorgen, daß ich ins Gefängnis komme. Ich bin ein Jahr älter als Mister Racky, Sir.«

»Ich weiß, ich weiß«, sagte ich ungeduldig; und da ich den Eindruck hatte, daß Peter Strenge von mir erwartete, setzte ich hinzu: »Besser, du packst deine Sachen und gehst nach Hause. Du kannst nicht weiter hier arbeiten, das ist dir wohl klar.«

Die Feindseligkeit in seinem Gesicht vertiefte sich auf erschreckende Weise. Dann antwortete er: »Und wenn Sie mich umbrächten, ich würde keinen Tag länger auf Cold Point arbeiten, Sir.«

Ich drehte mich um und ging schnellen Schrittes zum Haus zurück, ließ ihn einfach auf der Straße stehen. Anscheinend war er vorhin, im Schutz der Dämmerung, noch einmal da und hat seine Sachen abgeholt.

Racky saß in seinem Zimmer und las. Er hatte Pflaster auf dem Kinn und der Wange.

»Ich habe Peter entlassen«, verkündete ich. »Er hat dich geschlagen, nicht wahr?«

Er sah auf. Sein linkes Auge war geschwollen, aber noch nicht blau.

»Das schon. Aber ich habe ihm auch eins verpaßt. Und außerdem hatte ich es wahrscheinlich verdient.«

Ich lehnte mich gegen den Tisch. »Weshalb?« fragte ich gleichgültig.

»Oh, ich hatte seit langem was gegen ihn in der Hand. Er hatte Angst, ich würde es dir erzählen.«

»Und nun hattest du ihm gedroht, es mir zu sagen?«

»Ach was. Er sagte, er wolle kündigen, und ich nannte ihn einen Waschlappen.«

»Warum wollte er kündigen? Ich dachte, die Arbeit macht ihm Spaß?«

»Nun, die Arbeit gefiel ihm, aber ich glaube, mit mir kam er nicht zurecht.« In Rackys Blick lag ein Hauch von Gereiztheit. Ich lehnte immer noch gegen den Tisch.

»Aber ich hatte den Eindruck, ihr kämet gut miteinander aus«, sagte ich.

»Na ja. Er hatte wahrscheinlich nur Angst, seinen Job zu verlieren. Ich wußte was über ihn. Aber er war trotzdem ein guter Kerl. Ich mochte ihn.« Er hielt inne. »Ist er schon weg?« Ein seltsames Zittern schlich sich in seine Stimme, als er diese Worte sagte, und ich begriff, daß Rackys bislang unfehlbare Schauspielkunst der Situation zum ersten Mal nicht gerecht wurde. Es brachte ihn aus der Fassung, Peter verloren zu haben.

»Ja, er ist fort«, entgegnete ich knapp. »Und er wird nicht wiederkommen.« Als Racky, der den ungewohnten Tonfall in meiner Stimme bemerkte, mit schwacher Verwunderung in den kindlichen Augen aufblickte, wußte ich, daß dies der richtige Augenblick gewesen wäre, weiterzubohren und zu fragen: »Was hattest du gegen ihn in der Hand?« Doch als hätte er diesen Punkt in meinem Denken den Bruchteil einer Sekunde früher entdeckt als ich, beraubte er mich meiner Überlegenheit, indem er aufsprang, ein lautes Lied anstimmte und all seine Kleider auf einmal abstreifte. Dann stand er nackt vor mir, aus vollem Halse singend, und als er in die Badehose schlüpfte, wurde mir klar, daß ich nie imstande wäre, ihm zu sagen, was ich sagen mußte.

Er blieb den ganzen Nachmittag beim Haus: Eine Weile las er in seinem Zimmer, und die meiste Zeit verbrachte er unten auf dem Sprungbrett. Das ist ungewöhnlich für ihn; wenn ich nur wüßte, was in seinem Kopf vorgeht. Je näher der Abend kam, um so besessener wurde ich von dem Gedanken an mein Problem. Ich ging im Zimmer auf und ab, blieb an einem Ende stehen, um aus dem Fenster auf das Meer zu blicken, und am anderen, um im Spiegel mein Gesicht zu betrachten. Als hätte mir das helfen können! Dann genehmigte ich mir einen Drink. Und noch einen. Ich dachte, ich könnte es vielleicht beim Abendessen tun, gestärkt vom Whiskey. Doch nein. Bald wird er schlafen gehen. Es ist nicht so, daß ich vorhätte, ihn mit den Anschuldigungen zu konfrontieren. Ich weiß, daß ich das niemals fertigbrächte. Aber ich muß mir etwas einfallen lassen, um ihn von seinen Ausflügen abzuhalten, und ich muß einen Grund dafür haben, damit er nie auf die Idee kommt, daß ich es weiß.

Wir sorgen uns um die Zukunft unserer Kinder. Es ist zwar lächerlich, aber nur wenig fühlbarer lächerlich als alles andere im Leben. Ein Zeitabschnitt ist zu Ende gegangen; Tage, die mich glücklich machen, auch wenn sie jetzt der Vergangenheit angehören. Ich nehme an, diese Zeit war das, worauf ich mein Leben lang gewartet hatte: der Lohn, den ich unbewußt, doch zuversichtlich erwartete, als Gegenleistung dafür, daß die Existenz mich über all die Jahre hinweg so fest im Griff hatte.

Dieser Abend erscheint nur deshalb so lang her, weil ich mir seine Einzelheiten so oft ins Gedächtnis zurückrief, daß sie die Gestalt einer Legende angenommen haben. In Wirklichkeit war mein Problem, ohne daß ich es ahnte, bereits gelöst. Da ich den roten Faden in dem wirren Muster, das sich mir darbot, nicht sah, bildete ich mir dummerweise ein, ich müßte mir das Hirn zermartern, um die richtigen Worte für das Gespräch mit Racky zu finden. Doch er war derjenige, der zu mir kam. Gerade als ich an jenem Abend zu einem einsamen Spaziergang aufbrechen wollte, von dem ich mir Hilfe bei der Entdeckung der Formel versprach, erschien er an meiner Tür.

»Gehst du spazieren?« fragte er, als er den Gehstock in meiner Hand sah.

Die Aussicht, gleich nachdem ich mit ihm gesprochen hatte, verschwinden zu können, machte die Sache leichter. »Ja«, sagte ich. »Aber zuerst habe ich noch etwas mit dir zu besprechen.«

»Klar. Worum geht's?« Ich blickte ihn nicht an, denn ich

wollte nicht das wachsame Funkeln sehen, das ich in diesem Augenblick in seinen Augen vermutete. Ich zeichnete beim Sprechen mit dem Stock die Muster der Kacheln auf dem Fußboden nach. »Racky, hättest du Lust, wieder in die Schule zu gehen?«

»Machst du Witze? Du weißt, daß ich die Schule hasse!«

Ich warf ihm einen Blick zu. »Nein, ich mache keine Witze. Sieh mich nicht so entgeistert an. Es würde dir wahrscheinlich Spaß machen, unter Jungen deines Alters zu sein.« (Das war nicht das Argument, das ich hatte benutzen wollen.)

»Schon möglich, daß es mir Spaß machen würde, aber dazu muß ich nicht in die Schule. Ich war lange genug in der Schule.«

Ich ging zur Tür und sagte steif: »Ich wollte nur deine Meinung hören.«

Er lachte. »Nein danke!«

»Das heißt nicht, daß du nicht gehst«, sagte ich über die Schulter hinweg, während ich das Haus verließ.

Unterwegs stieß ich den Gehstock heftig auf den Asphalt der Straße, stand dann auf der Brücke und hatte dramatische Visionen von allen möglichen schrecklichen Ereignissen, einschließlich unserer Rückkehr in die Vereinigten Staaten, eines schweren Fahrradunfalls, der Racky für Monate ans Bett fesselte, bis hin zu der Möglichkeit, den Dingen freien Lauf zu lassen, was zweifellos bedeutete, daß ich ihn hin und wieder im Staatsgefängnis würde besuchen müssen, um ihm Essen zu bringen – und es konnte noch schlimmer kommen. »Doch nichts von alledem wird geschehen«, sagte ich mir, und ich wußte, daß ich wertvolle Zeit verschwendete; er durfte morgen nicht nach Orange Walk fahren.

Ich kehrte langsam zurück. Es war Neumond, und es ging

nur eine schwache Brise. Als ich zum Haus kam und versuchte, leise über den Aschenpfad zu schleichen, um den wachsamen Ernest nicht zu wecken und ihm erklären zu müssen, daß nur ich es sei, sah ich, daß in Rackys Zimmer kein Licht brannte. Abgesehen von der kleinen Lampe auf meinem Nachttisch war das Haus dunkel. Statt hineinzugehen, schritt ich um das ganze Gebäude herum, stieß gegen Buschwerk, verklebte mir das Gesicht mit Spinnweben und gelangte schließlich auf die Terrasse, wo ich eine Zeitlang im schwachen Luftzug sitzen blieb. Weit draußen auf dem Meer hörte ich, wie sich die Wellen seufzend am Riff brachen. Hier unten war nur hin und wieder ein träges Glucksen und Gurgeln des Wassers zu hören. Die Ebbe war ungewöhnlich niedrig. Mechanisch rauchte ich drei Zigaretten; jeder Gedanke war aus meinem Kopf verschwunden. Dann, als der Mund bitter war vom Rauch, trat ich ins Haus.

Mein Zimmer war stickig. Ich warf die Kleider auf einen Stuhl und sah zum Nachttisch, um mich zu vergewissern, daß die Karaffe mit dem Wasser da war. Dann stockte mir der Atem. Das obere Laken des Bettes war bis zum Fußende heruntergezogen. Auf der einen Seite, eine dunkle Masse auf dem weißen Laken, lag Racky schlafend auf der Seite – nackt.

Eine lange Zeit verharrte ich reglos und sah ihn an, wahrscheinlich mit angehaltenem Atem, denn ich erinnere mich, daß mir plötzlich schwindlig war. Und flüsterte leise, während mein Blick der Biegung des Armes folgte, Schultern, Rücken, Schenkel, Bein: »Ein Kind. Ein Kind.« Das Schicksal ist, wenn man es aufmerksam von nahem betrachtet, vollkommen wertfrei. Es zu erkennen und sich der Klarheit der Vision bewußt zu sein füllt den geistigen Horizont gänzlich aus. Schließlich löschte ich das Licht und legte mich vorsichtig hin. Die Nacht war vollkommen finster.

Er lag bewegungslos bis zum Morgengrauen. Wahrscheinlich werde ich nie erfahren, ob er wirklich die ganze Zeit schlief oder nicht. Natürlich ist das unmöglich, und doch lag er so ruhig. Warm und fest, aber still wie der Tod. Dunkelheit und Schweigen umhüllten uns wie Blei. Als der Gesang der Vögel begann, versank ich in einen leichten Schlummer; später wachte ich im Sonnenschein auf, und er war verschwunden.

Ich entdeckte ihn unten am Wasser, wo er ganz allein am Sprungbrett herumturnte; zum ersten Mal hatte er auf seine Badehose verzichtet, ohne daß ich es vorgeschlagen hatte. Wir blieben den ganzen Tag zusammen auf der Terrasse und in den Felsen, unterhielten uns, schwammen und lagen faul in der Sonne. Er kehrte auch nicht in sein Zimmer zurück, als die Nacht anbrach. Statt dessen brachten wir, nachdem die Diener das Haus verlassen hatten, drei Flaschen Champagner herein und stellten den Sektkübel auf den Nachttisch. So kam es, daß ich imstande war, das heikle Thema anzuschneiden, das mich noch immer beunruhigte. Das neue Einvernehmen zwischen uns nutzend, brachte ich meine Bitte auf die einfachste, natürlichste Art vor.

»Racky, würdest du mir einen großen Gefallen tun, wenn ich dich darum bäte?«

Er lag auf dem Rücken, die Hände hinter dem Kopf verschränkt. Mir schien es, als sei sein Blick vorsichtig, nicht ganz aufrichtig.

»Ich denke schon«, sagte er. »Was ist es?«

»Würdest du ein paar Tage zu Hause bleiben – sagen wir, eine Woche? Mir zuliebe? Wir könnten zusammen ausfahren, so weit du willst. Würdest du das für mich tun?«

»Klar«, sagte er und lächelte.

Ich spielte auf Zeit, aber ich war verzweifelt.

Etwa eine Woche später – nur wenn man nicht vollkommen glücklich ist, achtet man genau auf die Zeit, es kann also mehr oder weniger gewesen sein – saßen wir beim Frühstück. Isiah wartete mit dem Kaffee im Schatten.

»Ich habe gesehen, daß du neulich einen Brief von Onkel Charley bekommen hast«, sagte Racky. »Meinst du nicht, wir sollten ihn einladen?«

Mein Herz begann heftig zu schlagen. »Hierher? Er fände es schrecklich«, antwortete ich obenhin. »Außerdem haben wir keinen Platz. Wo sollte er schlafen?« Schon als ich meine Worte hörte, wußte ich, daß es die falschen waren, daß ich nicht wirklich an der Unterhaltung beteiligt war. Wieder spürte ich die Faszination der völligen Hilflosigkeit, die sich einstellt, wenn man plötzlich zum bewußten Betrachter der Entwicklung des eigenen Schicksals wird.

»In meinem Zimmer«, sagte Racky. »Es steht leer.«

In diesem Augenblick sah ich mehr von dem roten Faden, als ich mir je hätte vorstellen können. »Unsinn«, sagte ich, »das ist kein Ort für Onkel Charley.«

Racky schien eine glänzende Idee zu haben. »Vielleicht, wenn ich ihm schreibe und ihn einlade«, schlug er vor und machte Isiah ein Zeichen, ihm nachzuschenken.

»Unsinn«, wiederholte ich und sah, wie sich mehr von dem roten Faden offenbarte, so wie ein Abzug im Entwickler stetig an Konturen gewinnt.

Isiah füllte Rackys Tasse und trat wieder zurück in den Schatten. Racky trank langsam, scheinbar genießerisch seinen Kaffee.

»Nun, es käme auf einen Versuch an. Er würde sich freuen«, grübelte er.

Aus irgendeinem Grund wußte ich an dieser Stelle, was ich sagen mußte, und während ich es sagte, wußte ich, was ich tun würde.

»Ich hatte gedacht, wir könnten nächste Woche für ein paar Tage nach Havanna fliegen.«

Er wirkte vorsichtig interessiert, und dann flog ein breites Grinsen über sein Gesicht. »Prima!« rief er. »Warum bis nächste Woche warten?«

Am nächsten Morgen winkten die Diener uns zum Abschied, während wir in McCoighs Wagen über den Aschenpfad glitten. Am selben Abend gegen sechs hoben wir von der Startbahn des Flughafens ab. Racky war in Hochstimmung; er unterhielt sich den ganzen Weg bis Camagüey mit der Stewardeß.

Auch von Havanna war er begeistert. Wir saßen in der Bar des Nacional und diskutierten weiter über die Möglichkeit, C. zu uns auf die Insel einzuladen. Nur mit großer Mühe konnte ich Racky schließlich davon überzeugen, daß es nicht ratsam wäre, ihm zu schreiben.

Wir beschlossen auch, daß er mehr Geld brauchen würde als ich, wenn er in Havanna leben wollte. Ich habe bereits begonnen, den größeren Teil von Hopes Vermögen in Form eines Trustfonds, den ich bis zu seiner Volljährigkeit für ihn verwalten werde, auf ihn zu übertragen. Immerhin war es das Geld seiner Mutter.

Wir kauften ein neues Kabriolett, und er fuhr mich hinaus nach Rancho Boyeros, als ich abfliegen mußte. Ein Kubaner namens Claudio mit sehr weißen Zähnen, den Racky am Morgen im Schwimmbad kennengelernt hatte, saß zwischen uns.

Wir warteten an der Landebahn. Schließlich löste ein Beamter die Kette, um die Passagiere durchzulassen. »Wenn du dich langweilst, komm nach Havanna«, sagte Racky und kniff mich in den Arm.

Die beiden standen zusammen hinter der Absperrung und winkten, und ihre Hemden flatterten im Wind, als das Flugzeug anrollte.

Der Wind weht mir um den Kopf. Zwischen den größeren Wellen gibt es Tausende von leise plätschernden und gurgelnden Lauten, wenn sich das Wasser aus den Löchern und Felsspalten zurückzieht; und das Gefühl, halb schwebend, halb untergetaucht im Wasser zu sein, läßt mich nicht los, obgleich die Sonne auf mein Gesicht brennt. Ich sitze hier, ich lese, ich warte auf das angenehme Gefühl der Sättigung, das einem guten Essen folgt und langsam, während die Stunden vergehen, in die noch köstlichere, kaum wahrnehmbare Empfindung übergeht, die schließlich das Erwachen des Appetits begleitet.

Tatsächlich bin ich vollkommen glücklich hier, denn ich halte es immer noch nicht für sehr wahrscheinlich, daß in naher Zukunft dramatische Ereignisse diese Insel heimsuchen werden.

MS Ferncape *(New York – Casablanca)*, 1947

Wie oft um Mitternacht

Wie oft um Mitternacht, überlegte sie, hatte sie die Jalousien hochgezogen, das große Fenster geöffnet und sich hinausgelehnt, um über die sanft flimmernde Stadt zu den höchsten Türmen zu starren? Dort drüben, hinter einer unverkennbaren Formation von Gebäuden, lag sein Haus und ganz oben, im sechsten Stockwerk, seine Wohnung. Im Sommer sah sie oft lange über die Dächer und seufzte, und während der heißesten Wochen rückte sie ihr Bett direkt unter das Fenster. Dann löschte sie alle Lichter, saß auf dem Bett und kämmte ihr Haar im schimmernden Halbdunkel der nächtlichen Stadt, oder manchmal sogar im Mondschein, was natürlich perfekt war. Im Winter aber mußte sie mit einem raschen Blick und einer kurzen Träumerei vorliebnehmen, bevor sie quer durchs Zimmer ins Bett eilte.

Jetzt war Winter. Sie ging in östlicher Richtung durch die Stadt, eine der oberen Vierziger entlang. Diese Gegend war ihr wegen der eigenartig gebauten Häuser, die nicht ganz das Pflaster berührten, immer irgendwie geheimnisvoll erschienen. Alle Häuser unmittelbar nördlich des Grand Central waren so gebaut, um die Erschütterungen abzufangen, hatte Van ihr erklärt; und es gab lange Gitter in den Bürgersteigen, durch die man, besonders bei Nacht, eine andere Welt sehen konnte: Eisenbahngleise und manchmal einen Zug, der langsam vorüberzog. Wenn es schneite, so wie jetzt, sank der Schnee durch die Gitter und bedeckte die Schwellen; dann kamen sie noch deutlicher zum Vorschein.

Van arbeitete in diesem Viertel. Er war Manager eines großen Buchladens und einer Leihbücherei auf der Madison Avenue. Und er wohnte auch hier, nur etwas weiter östlich, zwischen der Third und der Second Avenue. Seine Wohnung war nicht ideal, weder ihre Ausstattung noch die Lage (denn die unmittelbare Nachbarschaft war zweifellos ein Slum), doch mit ihrer Hilfe hatte er sie bewohnbar gemacht, und sie pflegte zu sagen: »New York und Paris sind so: keine klare Abgrenzung von Vierteln.«

Jedenfalls hatten sie bereits einen Mietvertrag unterschrieben für eine Wohnung unweit von Gramercy Park, die am ersten März frei werden sollte. Dies war von größter Bedeutung, da sie vorhatten, am Valentinstag zu heiraten. Beide waren alles andere als sentimentale Gemüter, und aus diesem Grund fand June es ein wenig gewagt, als sie ihren Freunden beim Cocktail ankündigten: »Es ist der Valentinstag.«

Ihr Vater, der dafür bekannt war, immer das Vernünftige zu tun, hatte ihnen zwei Wochen auf den Bermudas geschenkt. »Weiß Gott, warum«, sagte Van. »Er kann mich nicht ausstehen.«

»Ich begreife nicht, wie du so etwas sagen kannst«, protestierte June. »Dad war immer ausgesucht höflich dir gegenüber.«

»Stimmt«, sagte Van, doch ohne Überzeugung.

Sie überquerte die Lexington Avenue. Der Himmel sah aus, als würde er von grau-violetten Neonlampen in seinem Innern erleuchtet. Die oberen Stockwerke der Häuser verloren sich in der Wolke, die der fallende Schnee bildete. Und die Geräusche des Hafens kamen nicht vom Fluß vor ihr, sondern von oben, als bahnten sich die Schlepper vorsichtig einen Weg um die Spitzen der Türme. »So war New York eigentlich gedacht«, grübelte sie – nicht die Sommer mit blühenden Essigbäumen, überfüllten Feuerleitern und spritzenden Hydranten. Sondern dieses feuchte, neutrale Klima, in dem das Wasser alles einzuhüllen schien. Sie blieb einen Augenblick in der Mitte des Blocks stehen und lauschte den Nebelhörnern; es gab eine ganze Reihe davon. Ganz weit entfernt war ein sehr leises, gedämpftes, das sagte: »Mmmmm! Mmmmm!«

»Das muß im Sund sein«, dachte sie. Dann ging sie weiter.

In ihrer Manteltasche hatte sie die Schlüssel, denn dies würde ein besonderer Abend werden. Nicht, daß es einen offenen Hinweis darauf gegeben hätte, das war nicht nötig. Es war in ihrem Gespräch deutlich geworden, gestern nachmittag, als sie ihn im Buchladen besuchte. Sie hatten einige Augenblicke plaudernd im hinteren Teil des Ladens zwischen den Schreibtischen gestanden, und dann hatte er ihr die Schlüssel zugesteckt. Das war gewiß das Aufregendste, was je zwischen ihnen geschehen war – dieser Übergang der Schlüssel von seiner Hand in die ihre. Mit dieser Geste gab er etwas auf, von dem sie wußte, daß es ihm sehr wichtig war – seine Privatsphäre. Er sollte nicht denken, daß sie sich dessen nicht vollkommen bewußt war, und daher sagte sie mit leiser Stimme: »Du kannst sie mir ruhig anvertrauen, glaube ich« und lachte gleich danach, damit die Bemerkung nicht lächerlich klang. Er hatte sie geküßt, und dann waren sie zehn Minuten Kaffee trinken gegangen.

Als sie an der Theke saßen, hatte er ihr erzählt, wie er am Abend zuvor einen Mann beim Bücherstehlen erwischt hatte. (Der Buchladen hatte bis spät nachts geöffnet; offenbar machte er seiner Lage wegen abends ebensoviel Umsatz wie tagsüber.) Van hatte gerade eins der Schaufenster mit neuen Büchern dekoriert; er stand draußen auf der Straße und blickte hinein. Er hatte einen Mann in einem langen Mantel bemerkt, der vor dem Regal mit technischen Werken stand. »Ich hatte ihn von Anfang an im Auge. Man hat ein Gespür dafür, weißt du. Man erkennt sie. Er sah mich durch das Fenster an. Wahrscheinlich hielt er mich für einen Passanten. Ich hatte ebenfalls meinen Mantel an.« Der Mann schaute sich hastig im Laden um; er wollte sichergehen, daß niemand ihn beobachtete. Dann griff er nach oben ins Regal, nahm ein Buch heraus und ließ es in seiner Manteltasche verschwinden. Van lief schnell zur nächsten Ecke, klopfte dem Verkehrspolizisten auf die Schulter und sagte: »Könnten Sie einen Augenblick in meinen Laden kommen? Ich möchte, daß Sie einen Mann verhaften.« Sie ergriffen ihn, durchsuchten seinen Mantel und stellten fest, daß er bereits drei Bücher gestohlen hatte.

Van sagte immer: »In einem Buchladen bekommt man die komischsten Dinge zu sehen«, und oft waren sie wirklich komisch. Doch diese Geschichte erschien June eher vage bedrohlich als amüsant. Nicht, weil es um einen Diebstahl ging, das gewiß nicht. Es war nicht der erste Fall, von dem er ihr erzählte. Vielleicht lag es daran, daß sie nichts mehr haßte, als hinterrücks beobachtet zu werden, und ohne es eigentlich zu wollen, schlug sie sich auf die Seite des Diebes, denn sie fand, daß Van nicht fair mit ihm umgegangen war. Sie war der Ansicht, er hätte hineingehen und ihm sagen sollen: »Ich habe Sie beobachtet. Ich habe alles gesehen. Nun gebe ich Ihnen eine letzte Chance. Stellen Sie alles, was Sie genommen haben, wieder hin, und dann hauen Sie ab und lassen sich hier nie wieder blicken!« Sich aus dem Dunkel auf den Mann zu stürzen, nachdem man ihn bespitzelt hatte, erschien ihr etwas unsportlich. Aber sie wußte, daß es absurd war. Van war niemals unfair zu jemandem; dies war seine Art, mit der Affäre umzugehen, und sie war typisch für ihn: Er ließ sich auf keine Auseinandersetzung ein. Sie wußte nie, daß er sich über sie geärgert hatte, bis alles vorbei war und er ihr lächelnd gestand: »Junge, war ich letzten Freitag sauer!«

Sie überquerte die Third Avenue. Bisher war der Schnee auf dem Boden geschmolzen, doch die Luft wurde kälter, und die Bürgersteige färbten sich silbrig. Die Schlüssel klimperten in ihrer Manteltasche; sie zog den Handschuh aus und tastete nach ihnen. Auch sie waren kalt. Als sie aus dem Haus ging, hatte sie ihren Eltern gesagt: »Ich gehe mit Van aus. Wahrscheinlich komme ich erst sehr spät nach Hause.« Sie hatten nur »Ja« gesagt. Doch sie glaubte, einen Blick gegenseitigen Einverständnisses zwischen ihnen aufgeschnappt zu haben. Es war in Ordnung: In zehn Tagen würden sie heiraten. Während der letzten zwei Jahre war sie viele Abende die sechs steilen Treppen hinaufgestiegen, um eine Stunde mit ihm zu verbringen, und doch, sagte sie sich mit einem obskuren Stolz, war nie etwas zwischen ihnen geschehen, was in den Augen ihrer Eltern nicht »anständig« gewesen wäre.

Sie war vor seinem Haus angekommen; es hatte eine graue Steinfassade und eine Menge Schmiedeeisen um die Eingangstür. Eine Frau, die wie eine Puertorikanerin aussah, kam heraus. Als sie bemerkte, daß June eine Topfpflanze unter dem Arm trug, hielt sie ihr die Tür auf. June bedankte sich und trat ein. Es war ein Gummibaum, den sie für Vans Wohnung gekauft hatte. Er schien nicht viel Wert auf Pflanzen zu legen, oder auch, wie sie fürchtete, ganz allgemein auf die Einrichtung seiner Wohnung. Sie hatte stets gehofft, einen Sinn für Ästhetik in ihm zu erwecken, und fand, daß sie im vergangenen Jahr bemerkenswerte Fortschritte erzielt hatte. Praktisch waren alle Accessoires in seiner Wohnung Gegenstände, die sie entweder selbst gekauft oder ausgesucht hatte.

Sie wußte genau, wie viele Stufen jede Treppe hatte: neunzehn die erste und fünfzehn jede weitere. Das Treppenhaus war schwarzweiß gekachelt wie ein Badezimmer, und heute abend waren Fußboden und Treppen – gleichsam, um diesen Eindruck zu verstärken – völlig durchnäßt von geschmolzenem Schnee, den die Leute hereingetragen hatten. Es roch nach durchweichten Schuhabstreifern, nassen Gummistiefeln und feuchten Kleidern. Im dritten Stock blockierte ein großer Kinderwagen aus schwarzem Lederimitat den Korridor zwischen den Treppen. Sie runzelte die Stirn und dachte an die feuerpolizeilichen Sicherheitsvorschriften.

Da sie nicht außer Atem geraten wollte, stieg sie die Treppen langsam hinauf. Nicht, weil Van da wäre, wenn sie ankam – dazu war es noch zu früh –, doch Atemlosigkeit erzeugte in ihr stets eine falsche Art von Erregung, die sie besonders heute abend vermeiden wollte. Sie drehte den Schlüssel im Schloß und trat ein. Es war ein seltsames Gefühl, allein die Tür aufzuschließen und allein in der Diele zu stehen, um den besonderen Geruch der Wohnung in sich aufzunehmen: eine Mischung, in der sie Möbelpolitur, Rasiercreme und Holzrauch zu entdecken meinte. Holzrauch mit Sicherheit, denn er besaß einen offenen Kamin. Sie war es gewesen, die ihn überredet hatte, einen Kamin einbauen zu lassen. Und es war nicht halb so teuer gewesen, wie er angenommen hatte: Da er im obersten Stockwerk wohnte, mußte der Abzug nur durch die Decke geführt werden. Viele Male hatte er zu ihr gesagt: »Das war eine vernünftige Idee von dir!« – als seien die anderen nicht so gut gewesen! Sie hatten allen Möbeln im Wohnzimmer die Beine abgesägt, damit sie kleiner erschienen und dem Raum mehr Großzügigkeit verliehen; sie hatten jede Wand in einem anderen Grauton gestrichen und sie durch Konsolen, von denen Efeu rankte, abgesetzt; sie hatten den großen Kaffeetisch aus Glas gekauft. Mit all diesen Dingen war die Wohnung gemütlicher geworden, und sämtliche Ideen dazu stammten von ihr.

Sie schloß die Tür und trat in die Küche. In der Wohnung war es ein wenig kühl; sie zündete den Gasherd an. Dann wickelte sie den Gummibaum aus dem nassen braunen Papier und stellte den Topf aufrecht auf den Tisch. Die Pflanze hing irgendwie zur Seite. Sie versuchte sie aufzurichten, doch vergeblich. Der Motor des Kühlfachs summte. Sie nahm zwei Eisbehälter heraus und kippte die Würfel in eine Schale. Dann griff sie in das oberste Regal des Schranks und nahm eine fast volle Flasche Johnny Walker heraus, die sie zusammen mit zwei hohen Gläsern auf das große Lacktablett stellte. Die Luft im Raum war plötzlich furchtbar stickig; sie schaltete den Gasherd ab. Dann suchte sie überall nach Zeitungen, um ein Feuer anzuzünden. Es gab nur wenige, aber in der Küche fand sie ein paar alte Illustrierte. Sie drehte das Zeitungspapier zu dünnen Rollen zusammen und schichtete sie auf den Kaminbock. Darunter schob sie zusammengeknüllte Seiten aus den Illustrierten und legte die wenigen vorhandenen Holzspäne zum Anzünden obendrauf. Mit den Scheiten würde sie warten, bis die Späne Feuer gefangen hatten. Als das Feuer vorbereitet, doch noch nicht entzündet war, sah sie aus dem Fenster. Der Schnee fiel jetzt dichter als bei ihrer Ankunft. Sie zog die schweren Wollvorhänge zu; sie bedeckten die ganze Wand, und auch sie waren ihre Idee gewesen. Van hatte sich Jalousien machen lassen wollen. Sie hatte versucht ihm klarzumachen, wie häßlich das aussähe, doch obgleich er zugab, daß die schwarzweißen Vorhänge elegant wirkten, würde er nie eingestehen, daß Jalousien häßlich waren. »Vielleicht hast du für diesen Raum recht«, sagte er. »Für jeden Raum auf der Welt«, wollte sie erklären, doch dann besann sie sich eines Besseren; immerhin hatte er nachgegeben.

Es war nicht so, daß Van einen wirklich schlechten Geschmack hatte. Er verfügte über eine natürliche Empfindsamkeit und große Intelligenz; das zeigte sich, sobald er über die Bücher sprach, die er gelesen hatte (und er las eine Menge, wenn im Laden nichts zu tun war). Doch sein Sinn für Ästhetik war nie wirklich geweckt worden. Natürlich brachte sie das nicht zur Sprache – sie machte lediglich diskrete Vorschläge, und es stand ihm frei, sie anzunehmen oder zu verwerfen, ganz nach Belieben. Meistens jedoch, wenn sie ihre kleinen Hinweise in strategisch günstigen Augenblicken fallenließ, griff er sie auf.

Auf dem Kaminsims standen zwei große, mit Engeln verzierte Kandelaber aus Gips; sie hatte sie selbst den ganzen Weg von Matamoros Izúcar, Mexiko, bis hierher geschleppt. Ursprünglich hatte sie sechs davon eingepackt, doch alle waren zerbrochen, bis auf diese beiden, die nicht ganz zusammenpaßten, da der eine etwas größer war als der andere. (Sie gehörten zu den wenigen Dingen, gegen die Van immer noch aufbegehrte; er war nicht sicher, ob sie ihm gefielen, nicht einmal nach so langer Zeit.) In jeden paßten sechs Kerzen. Sie ging zum Tisch und nahm zwölf gelbe Wachskerzen aus der Schublade. Oft brachte sie ihm ein

ganzes Dutzend auf einmal mit. »Wo soll ich die verdammten Dinger bloß unterbringen?« jammerte er. Sie holte ein
Messer aus der Küche und begann, das Ende der Kerzen zu-
rechtzuschneiden, damit sie in die Halterungen paßten.
»Wahrscheinlich wird er mittendrin auftauchen«, dachte sie
bei sich. Sie wollte alles fertig haben, bevor er kam. Nervös
warf sie die Wachsreste in den Kamin. Sie hatte das Gefühl,
daß er nicht einfach so heraufkommen würde; es sähe ihm
ähnlicher, unten aus der Halle anzurufen. Zumindest hoffte
sie, daß er das tun würde. Die Zeit, die er benötigte, um die
Treppen hinaufzusteigen, konnte für die Wirkung des
Raums ungeheuer wichtig sein. Sie steckte die letzte Kerze
in den buntbemalten Ständer und seufzte erleichtert. Es
waren langsam brennende Kerzen; sie beschloß, alle anzuzünden, bevor sie die Kandelaber wieder auf den Kaminsims stellte. Sie sahen wunderbar aus dort oben. Sie trat
zurück, um diese Pracht zu bewundern, und beobachtete
einen Augenblick lang das träge Spiel der Schatten auf der
Wand. Sie schaltete das elektrische Licht im Zimmer aus.
Zusammen mit dem Feuer im Kamin wäre die Wirkung
atemberaubend.

Ungestüm beschloß sie, etwas Gewagtes zu tun. Möglicherweise würde es Van zuerst ärgern, aber sie würde es
trotzdem tun. Sie lief zum anderen Ende des Raums und begann fieberhaft, den Diwan über den Fußboden zum Kamin
zu schieben. Es wäre so gemütlich, vor dem prasselnden
Feuer zu sitzen, besonders bei all dem Schnee draußen. Die
Kissen fielen herunter, und eine Möbelrolle verhedderte
sich im Haar des Läufers aus Ziegenfell, den sie ihm zum
Geburtstag geschenkt hatte. Sie stieß ihn zur Seite und fuhr
fort, den Diwan zu verrücken. Er sah absurd aus, hier mitten im Zimmer, und sie wuchtete ein Ende herum, so daß er

im rechten Winkel zum Kamin vor der Wand stand. Nachdem sie die Kissen wieder draufgelegt hatte, trat sie zurück,um ihr Werk anzusehen; sie beschloß, es so zu lassen. Dann mußten die anderen Möbel arrangiert werden. In diesem Moment war das ganze Zimmer in Unordnung.

»Ich bin sicher, daß er jeden Moment die Tür aufschließen wird«, dachte sie. Sie schaltete die Deckenlampe wieder an und verrückte hastig Stühle, Stehlampen und Tische. Das letzte Möbelstück, das sie umstellen mußte, war eine kleine Kommode; sie hatte ihm dabei geholfen, sie abzuschmirgeln. Sie trug die Kommode gerade durch den Raum, als sich eine Schublade löste und zu Boden fiel. Alle Briefe, die Van in den letzten Monaten erhalten hatte, lagen in einem ziemlich kompakten Haufen zu ihren Füßen. »Verflixt und zugenäht!« sagte sie laut, und noch während sie es sagte, hallte das gräßliche, metallische Geräusch der Klingel in der Küche durch die Wohnung. Sie stellte die Kommode ab und eilte hinaus, um den Türdrücker zu betätigen. Dann lief sie, ohne ihn zu drücken, ins Wohnzimmer zurück und kniete sich auf den Boden, um hastig alle Briefe einzusammeln und sie in die Schublade zu stopfen. Doch vor dem Mißgeschick waren sie sorgfältig in der kleinen Schublade verstaut gewesen und jetzt nicht; das Resultat war, daß die Schublade überfüllt war und sich nicht schließen ließ. Wieder sprach sie laut vor sich hin. »Oh, mein Gott!« Und sie sagte es, weil ihr plötzlich ohne jeden Grund einfiel, daß Van glauben könnte, sie habe seine Briefe gelesen. Jetzt kam es nur noch darauf an, die Kommode in die andere Ecke zu bringen; dann würde sie versuchen, die Schublade zu schließen. Als sie das Möbelstück hochhob, klingelte es erneut, hartnäckig. Sie rannte in die Küche, und diesmal drückte sie mit ganzer Kraft auf den Türöffner. Dann hastete sie zurück und trug die Kommode in die Ecke. Sie versuchte die Schublade zu schließen und merkte, daß es nicht ging. Einem plötzlichen Geistesblitz folgend drehte sie das schmale Möbelstück um, so daß die Schublade zur Wand zeigte. Sie trat zum Kamin und hielt ein Streichholz an das Papier. In der Zwischenzeit konnte er höchstens im dritten Stock angelangt sein; es gab noch drei weitere.

Sie schaltete das Licht wieder aus, trat in die Diele und warf einen Blick in den Spiegel, löschte auch hier das Licht und ging zur Tür. Die Hand auf dem Türgriff stand sie mit angehaltenem Atem da und bemerkte, daß ihr Herz viel zu schnell schlug. Es war genau das, was sie nicht wollte. Sie hatte gehofft, ihn in eine kleine Welt absoluten Friedens eintreten zu lassen. Und jetzt hatte sie sich von dieser idiotischen Schublade aus der Fassung bringen lassen. Sie öffnete die Tür einen Spaltbreit und lauschte. Einen Moment später trat sie in den Hausflur und horchte erneut. Sie ging zur Treppe. »Van?« rief sie und war sogleich zornig über sich.

Zwei Stockwerke tiefer antwortete eine Männerstimme: »Riley?«

»Was?« rief sie.

»Ich bin auf der Suche nach Riley!«

»Sie haben die falsche Klingel gedrückt«, rief sie laut, wobei sie dennoch jedes Wort sehr deutlich artikulierte.

Sie ging hinein und schloß die Tür, hielt den Griff fest und legte einen Moment lang die Stirn gegen die Tür. Jetzt schlug ihr Herz noch heftiger. Sie kehrte zu der Kommode in der Ecke zurück. »Am besten bringe ich es ein für allemal in Ordnung«, dachte sie. Sonst würde sie ständig daran denken müssen. Sie drehte die Kommode um, nahm alle Briefe heraus und legte sie sorgfältig in vier gleich großen Stapeln in die Schublade zurück. Selbst jetzt ließ sie sich nur mit Mühe schließen, aber es ging. Als dies erledigt war, trat sie ans Fenster und hob den Vorhang. Es schien viel kälter zu werden. Der Wind hatte aufgefrischt; er blies von Osten. Der Himmel war nicht mehr violett. Er war schwarz. Sie konnte den Schnee an der Straßenlaterne vorbeiwirbeln sehen. Sie fragte sich, ob ein Blizzard bevorstand. Morgen war Sonntag. Sie würde einfach über Nacht hierbleiben. Natürlich gäbe es am Morgen, wenn ihre Eltern aufstanden und merkten, daß sie nicht heimgekommen war, einen schrecklichen Augenblick, aber sie wäre nicht dabei, und sie konnte es ihnen später erklären. Und welch idealer kleiner Urlaub es wäre: Eine Nacht und einen Tag hier oben im Schnee, von allem und jedem abgeschnitten, außer von Van. Während sie die Straße beobachtete, gewann sie allmählich die Überzeugung, daß der Sturm die ganze Nacht anhalten würde. Sie blickte ins Zimmer zurück. Es war ein unvergleichlicher Genuß, die Wärme hier mit der feindseligen Nacht draußen zu vergleichen. Sie ließ den Vorhang fallen und ging zum Kamin. Die Holzspäne brannten lichterloh, und mehr waren nicht da. Sie legte zwei kleine Holzscheite darauf. Bald prasselten sie mit derartiger Energie, daß sie es für besser hielt, das Gitter davorzustellen. Sie saß auf dem Diwan und schaute im Schein des Feuers und der Kerzen auf ihre Beine. Lächelnd lehnte sie sich in die Kissen zurück. Ihr Herz raste nicht mehr. Sie war beinahe ruhig. Draußen heulte der Wind, ihr erschien der Klang stets melancholisch. Selbst heute nacht.

Plötzlich fand sie es unverzeihlich, ihren Eltern nicht Bescheid zu sagen, daß sie über Nacht blieb. Sie ging ins Schlafzimmer, legte sich aufs Bett und stellte das Telefon auf ihren Bauch. Es machte lächerliche Bewegungen, als sie wählte. Ihre Mutter hob ab, nicht ihr Vater. »Gott sei

Dank«, dachte sie und ließ den Kopf in die Kissen zurückfallen. Ihre Mutter hatte geschlafen; sie klang nicht sehr erfreut über den Anruf. »Ich hoffe, es ist alles in Ordnung mit dir«, sagte sie. Sie sprachen über den Sturm. »Ja, es ist schrecklich draußen«, sagte June. »Oh, nein, ich bin bei Van. Wir haben den Kamin an. Ich bleibe hier. Die ganze Nacht.« Es folgte eine kurze Pause. »Nun, ich finde das ziemlich töricht von dir«, hörte sie ihre Mutter sagen. June ließ sie eine Weile reden. Dann fiel sie ihr mit einem Anflug von Ungeduld ins Wort. »Ich kann das jetzt nicht besprechen. Du verstehst.« Die Stimme ihrer Mutter war schrill. »Nein, ich verstehe *nicht*!« schrie sie. Sie nahm die Sache ernster, als June gedacht hatte. »Ich kann jetzt nicht reden«, sagte June, »wir sehen uns morgen.« Sie sagte gute Nacht, legte auf und lag einen Augenblick ganz still. Dann nahm sie das Telefon und stellte es auf den Nachttisch, blieb aber noch liegen. Als sie sich hatte sagen hören: »Wir haben den Kamin an«, war ein Schrecken durch sie gefahren. Es war, als machte sie sich durch das Aussprechen der Lüge ihre Existenz bewußt. Van war nicht gekommen. Warum hatte sie so sorgfältig vorgegeben, er sei da? Sie konnte nur versucht haben, sich selbst zu beruhigen. Wieder schlug ihr Herz heftig. Und schließlich tat sie das, was sie aus ihrem Denken zu verbannen versucht hatte, seit sie hier war: Sie sah auf die Uhr.

Kurz nach Mitternacht. Es war nicht zu leugnen; er hatte sich bereits sehr verspätet. Eine Erklärung seinerseits war jetzt unumgänglich. Irgend etwas mußte passiert sein, und es konnte nur etwas Schlimmes sein. »Lächerlich!« rief sie wutentbrannt, sprang auf und ging in die Küche. Die Eiswürfel waren zum großen Teil geschmolzen; sie goß das kalte Wasser zwischen ihren gespreizten Fingern in den

Ausguß und schüttelte den Rest mißmutig in die Schüssel, als wollte sie damit den Groll unterdrücken, der sich in ihr ausbreitete. »Mal sehen, was er für eine Ausrede hat«, sagte sie sich. Wenn er kam, konnte sie nur so tun, als hätte sie seine Verspätung nicht bemerkt.

Sie ließ einige Eiswürfel in eines der Gläser fallen, goß etwas Scotch darüber, rührte um und ging ins Wohnzimmer. Das Feuer brannte triumphierend; das ganze Zimmer tanzte im Schein der Flammen. Sie setzte sich auf das Sofa und stürzte ihren Drink hinunter, ein wenig zu hastig für die völlig entspannte junge Frau, die sie darzustellen versuchte.

Nachdem sie das Glas bis auf den letzten Tropfen geleert hatte, zwang sie sich, zehn Minuten still sitzen zu bleiben, den Blick fest auf die Uhr gerichtet. Dann ging sie hinaus und machte sich noch einen Drink, einen etwas stärkeren. Sie trank ihn, während sie nachdenklich in der Mitte des Zimmers im Kreis herum ging. Sie kämpfte gegen den absurden Impuls, ihren Mantel überzuziehen und in den Straßen nach ihm zu suchen. »Alte Frau«, sagte sie sich. Alte Menschen reagierten so – sie erwarteten immer irgendwelche Tragödien. Als sie mit dem zweiten Drink fertig war, gelang es ihr, sich davon zu überzeugen, daß die mathematische Wahrscheinlichkeit, nach der Van an diesem Abend seinen ersten schweren Unfall hatte, außerordentlich gering war. Diese moralische Gewißheit erzeugte ein Gefühl von Fröhlichkeit, das sich in dem Wunsch nach einem weiteren Drink äußerte. Kaum hatte sie ihn fertig, wurde sie von einer noch stärkeren Angst gepackt. Wenn es unwahrscheinlich war, daß er einen Unfall gehabt hatte, so war es völlig undenkbar, daß er sich von einer unvorhergesehenen Arbeit so lange hatte aufhalten lassen; auf alle Fälle hätte er sie angerufen. Noch unvorstellbarer, daß er ihr Rendezvous vergessen hatte. Blieb als letzte Möglichkeit nur, daß er es bewußt ignorierte, was natürlich absurd war. Sie warf ein neues Holzscheit ins Feuer. Wieder trat sie zum Fenster und spähte zwischen den Vorhängen auf die leere Straße hinunter. Der Wind war zum Sturm geworden. Trotz des geschlossenen Fensters fühlte sie jede Bö im Gesicht. Sie horchte auf die Geräusche des Verkehrs und hörte nichts; selbst die Schiffe schienen verstummt. Nur das Rauschen des Windes war geblieben – das und das feine Zischen des Schnees, der gegen die Scheiben trieb. Sie brach in Tränen aus; sie wußte nicht, ob aus Selbstmitleid, Ärger und verletztem Stolz, aus Einsamkeit oder einfach Nervosität.

Während sie am Fenster stand und die Tränen ihren Blick verschleierten, fiel ihr ein, welche Ironie es wäre, wenn er jetzt heimkäme und sie so fände: angetrunken, schluchzend, das Make-up gewiß völlig ruiniert. Ein Geräusch hinter ihr brachte den Tränenfluß abrupt zum Versiegen. Sie ließ den Vorhang los und drehte sich zum Zimmer um; durch ihre Tränen hindurch sah sie nichts als schimmernde Lichtschleier. Heftig kniff sie die Augenlider zusammen: Ein Holzscheit war auseinandergebrochen. Das kleinere Stück lag vor dem Kamin und qualmte. Sie ging hinüber und beförderte es mit einem Fußtritt ins Feuer. Dann schlich sie auf Zehenspitzen zur Tür und legte die Kette vor. Kaum hatte sie das getan, erfaßte sie Panik. Es war nichts weniger als ein Symbol der Angst – sie merkte es, als sie auf die Messingglieder der Kette zwischen Rahmen und Tür hinunterstarrte. Doch einmal vorgelegt, hatte sie nicht den Mut, sie wieder zu lösen.

Noch immer auf Zehenspitzen kehrte sie ins Wohnzimmer zurück, legte sich auf das Sofa und vergrub ihr Gesicht in den Kissen. Sie weinte nicht mehr – sie fühlte sich zu leer und ängstlich, um irgend etwas anderes zu tun, als still dazuliegen. Doch nach einer Weile richtete sie sich auf und sah sich langsam im Zimmer um. Die Kerzen waren halb heruntergebrannt; sie betrachtete sie, den Efeu, der aus kleinen Töpfen an der Wand herabhing, das weiße Ziegenfell zu ihren Füßen, die gestreiften Vorhänge. Alles ihr Werk. »Van, Van«, sagte sie leise. Sie stand unsicher auf und tastete sich ins Badezimmer. Das helle Licht schmerzte in den Augen. Innen an der Tür hing Vans alter Bademantel aus Flanell. Er war ihr zu groß, doch sie zog ihn trotzdem an, krempelte die Ärmel auf, schlug den Kragen hoch und zog den Gürtel eng um die Taille. Im Wohnzimmer legte sie sich wieder aufs Sofa zwischen die Kissen. Von Zeit zu Zeit rieb sie die Wange am Wollstoff des Ärmels unter ihrem Gesicht. Sie starrte ins Feuer.

Van war im Zimmer. Draußen wurde es hell – eine seltsame graue Morgendämmerung. Sie setzte sich auf, fühlte sich benommen. »Van«, sagte sie. Er bewegte sich langsam durch den Raum auf das Fenster zu. Und die Vorhänge waren zurückgezogen. Da war das Rechteck trüben weißen Himmels, und Van ging darauf zu. Sie rief ihn noch einmal. Wenn er sie gehört hatte, schenkte er ihr keine Beachtung. Sie lehnte sich zurück und beobachtete ihn. Hin und wieder drehte er langsam den Kopf von einer Seite zur anderen; die Geste erweckte in ihr aufs neue den Wunsch zu weinen, doch diesmal nicht um sich selbst. Es war ganz natürlich, daß er da war, im fahlen Licht des frühen Morgens langsam durch das Zimmer glitt und seinen Kopf von einer Seite zur anderen bewegte. Plötzlich sagte sie sich, daß er etwas suchte, daß er es finden würde, und sie begann vor Kälte zu zittern. »Er *hat* es gefunden«, dachte sie, »aber er tut, als hätte er es nicht gefunden, weil er weiß, daß ich ihn beobachte.« Und noch während der Gedanke in ihrem Kopf Gestalt annahm, sah sie, wie er nach oben griff und sich aus dem Fenster schwang. Sie schrie, sprang vom Sofa auf und rannte durchs Zimmer. Als sie zum Fenster kam, war nichts zu sehen als das weite blasse Panorama einer Stadt im Morgengrauen, erschreckend deutlich bis ins kleinste Detail. Sie stand da und sah hinaus. Ringsum waren nur leere Straßen. Oder waren es Kanäle? Eine fremde Stadt.

Das leise Knistern einer verlöschenden Kerze weckte sie auf. Mehrere waren bereits niedergebrannt. Die Schatten an der Decke flatterten wie Fledermäuse. Der Raum war kalt, und die Vorhänge vor dem geschlossenen Fenster blähten sich im Wind. Sie lag vollkommen still. Vom Kamin vernahm sie das pulvrige, leicht metallische Geräusch eines abkühlenden Holzscheits, das zerfiel. Lange Zeit rührte sie sich nicht. Dann sprang sie auf, schaltete alle Lampen an, ging ins Schlafzimmer und starrte einen Augenblick auf das Telefon. Der Anblick beruhigte sie ein wenig. Sie zog den Bademantel aus und öffnete die Tür zum Bad, um ihn aufzuhängen. Sie kannte alle seine Gepäckstücke genau; der kleine Handkoffer fehlte. Langsam öffnete sich ihr Mund. Sie dachte nicht daran, ihn mit der Hand zu bedecken.

Sie schlüpfte in den Mantel und löste die Kette von der Haustür. Im Flur zog es von allen Seiten. Sie stürzte die sechs Stockwerke hinunter und kam zur Eingangstür. Der Schnee hatte Verwehungen gebildet, bedeckte die Stufen. Sie trat hinaus.

Es war bitter kalt im Wind, doch nur vereinzelt fiel eine Schneeflocke. Sie stand da. Die Straße verriet nicht, was zu tun war. Sie begann, durch den tiefen Schnee zu stapfen, in östlicher Richtung. Ein Taxi, das mit rhythmisch klappernden Schneeketten vorsichtig die Second Avenue hinunterfuhr, begegnete ihr an der Ecke. Sie hielt es an, stieg ein.

»Zum Fluß«, sagte sie und zeigte geradeaus.

»Welche Straße?«

»Irgendeine, die bis hinunter führt.«

Sie waren im Nu da. Sie stieg aus, bezahlte den Fahrer und ging langsam bis zum Ende des Pflasters. Dort blieb sie stehen und sah hinaus. Die Dämmerung war jetzt richtig angebrochen, doch war sie ganz anders als diejenige, die sie durch das Fenster gesehen hatte. Der Wind raubte ihr den Atem, das Wasser draußen ging hoch. Vor dem Winterhimmel auf der anderen Seite des Flusses standen Fabriken. Weiter flußab schwammen die Lichter eines kleinen Bootes in der Mitte des Stroms. Sie ballte die Fäuste. Eine schreckliche Angst hatte sie überkommen. Sie zitterte, doch sie spürte die Kälte nicht. Abrupt wandte sie sich um. Der Fahrer stand auf der Straße und blies in seine Hände. Und er beobachtete sie aufmerksam.

»Sie warten doch nicht auf mich, oder?« sagte sie. (War das ihre Stimme?)

»Doch, *Ma'am*«, antwortete er fest.

»Ich habe Sie nicht darum gebeten.« (Wenn ihr ganzes Leben in Trümmern vor ihr lag, wie kam es, daß ihre Stimme von derartiger Rauheit, einer solch entschiedenen Selbstsicherheit erfüllt war?)

»Das stimmt.« Er streifte die Handschuhe wieder über. »Lassen Sie sich Zeit«, sagte er.

Sie drehte ihm den Rücken zu und sah auf das stetig sich verändernde Wasser. Plötzlich kam sie sich lächerlich vor. Sie ging zum Taxi, stieg ein und nannte dem Fahrer ihre Adresse.

Der Portier schlief noch, als sie klingelte, und als sie dann endlich im Haus war, mußte sie fast fünf Minuten warten, bis der Liftboy den Aufzug aus dem Keller geholt hatte. Sie schlich auf Zehenspitzen durch die Wohnung in ihr Zimmer und schloß die Tür hinter sich. Als sie sich ausgezogen hatte, öffnete sie ohne hinauszusehen das große Fenster und legte sich ins Bett. Der kalte Wind wehte durchs Zimmer.

Tanger, 1947

Das runde Tal

Das verlassene Kloster stand auf einem sanften Hügel in der Mitte einer großen Lichtung. Auf allen Seiten ging der Abhang allmählich in den verwilderten struppigen Dschungel über, der das runde Tal bedeckte und von steilen schwarzen Felsen umringt wurde. In einigen der Höfe waren Bäume gewachsen, die die Vögel als Treffpunkt benutzten, wenn sie zwischen den Zimmern und Gängen hin und her flitzten, in denen sie ihre Nester gebaut hatten. Schon vor langer Zeit hatten Banditen alles weggeschleppt, was in dem alten Gemäuer nicht niet- und nagelfest war. Später hatten es Soldaten als Hauptquartier benutzt und wie die Banditen auch in den großen zugigen Räumen Feuer gemacht, so daß sie schließlich aussahen wie altertümliche Küchen. Und nun, da aus dem Innern des Klosters alles verschwunden war, schien es, als würde niemals wieder jemand in die Nähe des Klosters kommen. Die Vegetation hatte einen schützenden Wall gebildet; schon war der untere Teil ganz verdeckt, und kleine Bäume warfen Schlingpflanzen um die Mauerbrüstungen der Fenster. Durch die Wiesen, die feucht und üppig ringsum wuchsen, führte schon lange kein Pfad mehr.

Vom höheren Ende des runden Tals stürzte dampfend und donnernd ein Fluß von den Klippen in den tiefer gelegenen großen Talkessel hinunter, dann rauschte er am Fuß der Klippen entlang, bis er am gegenüberliegenden Ende des Tals eine Bresche fand, wo er verstohlen und ohne Wasserfälle oder Kaskaden hindurchschlüpfte wie ein großes, dickes, schwarzes Tau aus Wasser, das sich zwischen den blankpolierten Flanken der Schlucht entlangschlängelte. Unterhalb dieser Bresche öffnete sich das Land und wurde freundlicher, gleich neben ihr hatte sich ein Dorf in den Abhang eingenistet. In den Tagen des Klosters hatten die Brüder von hier ihre Lebensmittel bezogen, denn die Indios wollten das runde Tal nicht betreten. Vor vielen Jahrhunderten, als das Gemäuer errichtet worden war, hatte die Kirche Arbeiter aus anderen Teilen des Landes hierher schicken müssen. Diese waren von jeher Feinde der hier ansässigen Stämme gewesen und hatten eine andere Sprache; es bestand also keine Gefahr, daß die Einwohner ihnen irgend etwas erzählten, solange sie daran arbeiteten, die mächtigen Wälle zu errichten. Tatsächlich hatte der Bau so lange gedauert, daß die Arbeiter einer nach dem anderen gestorben waren, noch che der Ostflügel fertiggestellt war. Und so mußten die Brüder selbst das Ende des Flügels mit unverputzten Mauern abschließen. Sie hatten es so gelassen, unfertig und irgendwie blind, am anderen Ende der schwarzen Felsen.

Generation für Generation kamen die Brüder hierher, Jungen mit frischen rosigen Wangen, die allmählich dünn und grau wurden und schließlich starben, um unterhalb des Hofes, wo der Brunnen stand, im Garten beerdigt zu werden. Eines Tages, vor nicht allzu langer Zeit, hatten sie alle das Kloster verlassen; niemand wußte, wohin sie gegangen waren, und niemand dachte daran, sie zu fragen. Kurz darauf waren dann zuerst die Banditen und später die Soldaten gekommen. Und da sich Indios niemals ändern, ging auch jetzt niemand aus dem Dorf hinauf, um durch die Bresche das Tal zu betreten und das alte Kloster zu besuchen. Das

Atlájala lebte hier; die Brüder hatten es nicht fertiggebracht, es zu töten, hatten schließlich aufgegeben und waren weggegangen. Das überraschte niemanden, im Gegenteil, das Atlájala gewann dadurch nur noch mehr an Ansehen. Während der vielen Jahrhunderte, in denen die Brüder hier im Kloster lebten, hatten sich die Indios ohnehin gewundert, warum es ihnen gestattet hatte, zu bleiben. Nun hatte es sie also endlich vertrieben. Es hatte immer hier gelebt, sagten sie, und würde auch weiter hier leben, denn das Tal war sein Zuhause, und es würde es nie verlassen.

Frühmorgens bewegte sich das ruhelose Atlájala durch die Hallen des Klosters. Die dunklen Räume flogen an ihm vorbei, einer nach dem anderen. In einem kleinen Patio, wo eifrige junge Bäume die Pflastersteine durchbrochen hatten, um ans Tageslicht zu kommen, hielt es an. Die Umgebung war voller kleiner Geräusche: das Flattern von Schmetterlingen, Blätter und Blumen, die raschelnd zur Erde fielen, die Luft selbst fegte in unzähligen Bahnen um die Ecken hinterher, und die Ameisen gingen ihren endlosen Arbeiten im heißen Staub nach. Das Atlájala wartete in der Sonne und verfolgte jede Abstufung von Geräuschen, Licht oder Gerüchen. Es lebte im Bewußtsein des langsamen, ständigen Zerfalls, der den Morgen anfiel und ihn in den Nachmittag verwandelte. Wenn der Abend kam, schlüpfte es oft auf das Dach des Klosters und beobachtete, wie sich der Himmel verdunkelte, während weit in der Ferne der Wasserfall rauschte. Im Lauf der vielen Jahre hatte es Nacht für Nacht hier oben über dem Tal gehockt und war gelegentlich hinabgeschossen, um für ein paar Minuten oder Stunden zu einer Fledermaus, einem Leoparden oder auch einer Motte zu werden. Dann kehrte es zurück und ruhte sich reglos aus, im Mittelpunkt des Raumes, der von den schwarzen Felsen begrenzt wurde. Als das Kloster errichtet wurde, hatte es angefangen, die Räume der Brüder zu besuchen und hier zum ersten Mal die bedeutungslosen Gesten des menschlichen Lebens beobachtet.

Und dann war es eines Abends ziellos einer der jungen Mönche geworden. Das war eine neue Erfahrung, seltsam reich und komplex und gleichzeitig unerträglich bedrückend, so, als ob jede andere Möglichkeit, als für immer in diese windige isolierte Welt eingeschlossen zu sein, auf einmal verschlossen wäre. Wie der Mönch war es aufgestanden und zum Fenster gegangen. Als es zum Himmel emporschaute, sah es zum ersten Mal nicht die Sterne, sondern den Raum zwischen und jenseits von ihnen. Selbst in diesem Moment hatte es den Drang verspürt, diese kleine Schale von Qual und Schmerz zu verlassen, in der es sich im Moment aufhielt, aber eine schwache Neugier hatte es gedrängt, zu bleiben und ein wenig an dieser neuen Empfindung teilzuhaben. Es hielt aus. Der Mönch hob die Arme mit einer beschwörenden Geste zum Himmel. Zum ersten Mal spürte das Atlájala Widerstand, die Erregung eines Kampfes. Es war erschütternd zu spüren, wie sehr der junge Mann sich von seiner Gegenwart befreien wollte, und es war unbeschreiblich süß, trotzdem zu bleiben. Dann war der Mönch plötzlich mit einem Aufschrei zum anderen Ende des Zimmers gestürzt und hatte eine schwere Lederpeitsche von der Wand gezerrt. Er hatte sich die Kleider vom Leib gerissen und sich gegeißelt, als sei der Teufel in ihn gefahren. Beim ersten Peitschenschlag war das Atlájala nahe daran gewesen, loszulassen, aber dann merkte es, daß die Intensität der inneren Qual durch die Wucht der Schläge nur noch verstärkt wurde, und so blieb es fasziniert und spürte, wie der junge Mann schließlich unter seinen Schlägen schwach wurde. Als er fertig war und ein Gebet gesprochen hatte, kroch er zu seinem Strohsack und schlief unter Tränen ein, während das Atlájala unbemerkt aus seinem Körper glitt und in den eines Vogels schlüpfte, der die Nacht auf einem großen Baum am Rande des Dschungels verbrachte, angestrengt den Geräuschen der Nacht lauschte und von Zeit zu Zeit einen Schrei ausstieß.

Danach war es für das Atlájala unmöglich, dem Verlangen zu widerstehen, in die Körper der Mönche zu schlüpfen. So besuchte es einen nach dem anderen und stieß im Verlauf dieses Prozesses auf eine erstaunliche Vielfalt von Empfindungen. In jedem entdeckte es eine eigene kleine Welt, eine neue Erfahrung, und jeder reagierte anders, wenn er sich der fremden Präsenz bewußt wurde. Einer setzte sich hin und las oder betete, ein anderer machte einen langen traurigen Spaziergang durch die Wiesen, immer im Kreis um das Klostergemäuer herum, wieder ein anderer suchte sich einen Kameraden und fing einen absurden, bitteren Streit mit ihm an, und es gab sogar welche, die sich selber geißelten oder einen Freund aufsuchten, der die Peitschte für sie schwang. Immer konnte das Atlájala eine Fülle von Wahrnehmungen spüren, so daß es allmählich aufhörte, die Körper von Insekten, Vögeln oder Pelztieren heimzusuchen. Es verließ nicht einmal mehr das Kloster, um sich in die Lüfte zu erheben. Einmal kam es beinahe in Schwierigkeiten, als ein alter Mann, in den es geschlüpft war, plötzlich tot umfiel. Das war ein Risiko, das es bei Menschen häufig einging: Sie schienen nicht zu wissen, wann sie zum Tode verurteilt waren oder wenn sie es wußten, dann gaben sie sich mit aller Macht den Anschein, es nicht zu wissen, was dann letztlich aufs gleiche herauskam. Die anderen Lebewesen, die es kannte, wußten es immer schon im voraus, es

sei denn, sie wurden unvorbereitet überfallen und ver-
schlungen. Und das konnte das Atlájala verhindern: ein Vogel, in dem es sich aufhielt, wurde von Geiern und Adlern
stets gemieden.

Als die Brüder das Kloster verließen und, den Befehlen
der Regierung gehorchend, ihre Mönchskutten ablegten,
sich zerstreuten und Arbeiter wurden, wußte das Atlájala
plötzlich nicht mehr, wie es die Tage und Nächte verbringen
sollte. Jetzt war alles wieder genauso wie es vor ihrem Kommen gewesen war: Es war niemand mehr da, außer den
Kreaturen, die schon von altersher im runden Tal gelebt hatten. Es versuchte eine Riesenschlange, ein Reh, eine Biene:
Nichts hatte den Geschmack, den es so sehr lieben gelernt
hatte. Alles war genau wie vorher, nur nicht für das Atlájala.
Es hatte die Existenz des Menschen gekannt, und nun gab
es keine Menschen mehr im Tal – bloß das verlassene Gemäuer mit den leeren Räumen, die es die Abwesenheit der
Menschen um so deutlicher spüren ließ.

Und dann tauchten eines Nachmittags die Banditen auf,
mehrere Hundert an einem einzigen stürmischen Tag. Entzückt probierte es einen nach dem anderen, während sie
herumsaßen, ihr Gewehre reinigten und fluchten, und dabei
entdeckte es wieder neue Facetten der Erfahrung: den Haß,
den sie der Welt entgegenbrachten, die Furcht vor den Soldaten, die sie verfolgten, die eigenartigen Stöße von Be-
gierde, die sie durchströmten, wenn sie betrunken zusammen am Feuer lagen, das auf dem Fußboden schwelte, und
die unerträgliche Qual der Eifersucht, die ihre nächtlichen
Orgien in einigen zu entfachen schienen. Aber die Banditen
blieben nicht lange. Als sie weg waren, folgten die Soldaten
in ihrem Kielwasser. Ein Soldat zu sein, fühlte sich genauso
an wie ein Bandit. Es fehlte nur die große Angst und der

Haß, aber sonst war es beinahe dasselbe. Weder die Banditen noch die Soldaten schienen sich seiner Anwesenheit bewußt zu werden, es konnte von einem in den nächsten gleiten, ohne daß das irgendeine Änderung ihres Verhaltens zur Folge gehabt hätte. Das war erstaunlich, da seine Wirkung auf die Mönche so eindeutig gewesen war, aber das Atlájala spürte doch eine gewisse Erleichterung, daß sie von seiner Existenz nichts bemerkten.

Trotzdem genoß es sowohl die Banditen als auch die Soldaten unermeßlich und war noch verzweifelter als vorher, als man es wieder allein ließ. Es verwandelte sich in eine der Schwalben, die ihre Nester in den Felsen und Vorsprüngen am Wasserfall bauten. Im flimmernden Sonnenlicht stürzte es sich immer wieder in den feuchten Dunstvorhang, der von weit unten emporstieg. Manchmal stieß es einen triumphierenden Schrei aus. Es verbrachte den Tag in einer Blattlaus und kroch langsam auf der Unterseite von Blüten entlang, lebte ruhig in der riesigen grünen Welt dort unten, die für immer vom Himmel verborgen ist. Oder es schlüpfte des Nachts in den samtenen Körper eines Panthers und erlebte die Erregung des Tötens. Einmal lebte es ein ganzes Jahr in einem Aal auf dem Grunde des Tümpels unter dem Wasserfall und spürte, wie der Schlamm langsam unter ihm nachgab, wenn es ihn mit seiner flachen Nase aufwühlte. Das war eine friedliche Abwechslung, aber danach war das Verlangen, das geheimnisvolle Leben der Menschen noch einmal zu erleben, nur noch stärker.

Es war zu einer Besessenheit geworden, und es war sinnlos, sie abstreifen zu wollen. Wieder bewegte es sich ruhelos durch die zerfallenen Ruinen, eine stumme Gegenwart, allein und voller Sehnsucht, noch einmal Gestalt anzunehmen, aber menschliche Gestalt. Und nach dem Bau von

Landstraßen, die die Regierung im ganzen Land angeordnet hatte, konnte es nicht ausbleiben, daß eines Tages wieder Menschen das Tal betraten.

Ein Mann und eine Frau kamen mit dem Auto in das Dorf im unteren Tal, und als sie von der Klosterruine und dem Wasserfall hörten, der sich durch die Felsen in eine Art riesiges Amphitheater ergoß, beschlossen sie, beides zu besichtigen. Sie ritten auf *burros* bis zum Dorf, das neben der Bresche im Felsen lag, aber dort weigerten sich die Indios, die sie als Führer angeheuert hatten, weiter mitzukommen, und so ritten sie allein davon, hinauf, durch die Schlucht und in das Reich des Atlájala hinein.

Es war Mittag, als sie das Tal erreichten; die schwarzen Vorsprünge der Felsen glitzerten wie Glas in der stechenden Sonne, die auf sie herunterbrannte. Sie hielten die *burros* an einer Felsengruppe am Rand einer sanft geschwungenen Wiese an. Der Mann saß zuerst ab und half dann der Frau. Sie beugte sich vor und legte ihm die Hände auf das Gesicht. Einen langen Moment küßten sie sich. Dann hob er sie zur Erde, und sie kletterten Hand in Hand über die Felsen. Das Atlájala flatterte in ihrer Nähe herum und schaute sich die Frau genau an: Sie war das erste weibliche Wesen, das je ins Tal gekommen war. Die beiden setzten sich unter einen kleinen Baum ins Gras und schauten sich lächelnd in die Augen. Aus Gewohnheit heraus fuhr das Atlájala zuerst in den Mann. Plötzlich war es sich nur noch der Schönheit der Frau und der von ihr ausgehenden schrecklichen Gefahr bewußt, statt inmitten einer sonnendurchfluteten Landschaft, Vogelschreien und Pflanzendüften zu existieren. Der Wasserfall, die Erde und der Himmel selbst wichen zurück, fielen zurück ins Leere, und alles, was zählte, war das Lächeln der Frau, ihre Arme und der Duft, der von ihr ausging. Es war eine erstickendere und schmerzlichere Welt als alles, was das Atlájala je für möglich gehalten hätte. Trotzdem blieb es, als der Mann jetzt sprach und die Frau antwortete.

»Verlasse ihn doch. Er liebt dich nicht.«

»Er würde mich umbringen.«

»Aber ich liebe dich. Ich brauche dich in meiner Nähe.«

»Ich kann nicht. Ich habe Angst vor ihm.«

Der Mann beugte sich vor und zog die Frau an sich; sie zuckte leicht zurück, aber ihre Augen weiteten sich.

»Wir haben nur heute«, murmelte sie und wandte ihr Gesicht dem gelben Gemäuer des Klosters zu.

Der Mann umarmte sie leidenschaftlich, preßte sie an sich, als könne er damit sein Leben retten.

»Nein, nein, nein! So kann es einfach nicht weitergehen«, sagte er. »Nein!«

Der Schmerz seiner Qual wurde so stark, daß das Atlájala sacht den Körper des Mannes verließ und in den der Frau glitt. Und jetzt hätte es glauben können, im Nichts zu schweben, in seinem eigenen raumlosen Selbst, so heftig war es sich des wandernden Windes, des leisen Raschelns der Blätter und des hellen Lichtes bewußt, von dem es umgeben war. Und doch gab es einen Unterschied: Jedes Element war an Intensität vervielfacht, die ganze Sphäre des Seins war unermeßlich, grenzenlos. Nun verstand es, was der Mann in der Frau suchte, und es wußte, wie sehr er litt, denn dieses Gefühl der Vollkommenheit, der Vollendung, das er in ihr ahnte, würde er nie erreichen. Nur das Atlájala, eins mit dieser Frau, hatte es erreicht, und es zitterte vor Entzücken, als es sich dieses Zustandes gewahr wurde. Die Frau schauderte, und ihre Lippen vereinigten sich mit denen des Mannes. Dort im Gras, im Schatten des Baums, erreichte ihre Erregung neue Höhen, während das Atlájala, das jetzt beide kannte, eine Verbindung zwischen den geheimen Quellen ihres Verlangens bildete. Es blieb in der Frau und überlegte, auf welche Weise es sie am besten hier zurückhalten könnte, wenn schon nicht im Tal selbst, dann doch wenigstens in der Nähe, damit sie wiederkommen konnte.

Am Nachmittag kehrten sie wie im Traum zu den *burros* zurück und saßen auf. Dann ritten sie durch das tiefe Wiesengras hinauf zum Kloster. Im Innenhof hielten sie die Tiere an, schauten zögernd zu den altertümlichen Bogenfenstern hinauf, durch die das Sonnenlicht hereinflutete, und blinzelten in die Dunkelheit hinter den Toreingängen.

»Sollen wir hineingehen?« fragte die Frau.

»Wir müssen zurück.«

»Ich möchte aber hinein«, sagte sie. (Das Atlájala jubelte.) Eine dünne graue Schlange glitt über den Boden ins Gebüsch. Sie bemerkte sie nicht.

Der Mann schaute sie verblüfft an.

»Es ist aber schon spät«, sagte er.

Trotzdem sprang sie ohne seine Hilfe von ihrem *burro* und betrat den langen Gang unter dem hohen Torbogen. (Noch nie waren dem Atlájala die Räume so wirklich vorgekommen wie in diesem Moment, als er sie durch ihre Augen sah.)

Sie erforschten alle Zimmer. Dann wollte die Frau auch noch den Turm besteigen, aber der Mann war entschieden dagegen.

»Wir müssen jetzt zurück«, sagte er fest und legte ihr die Hand auf die Schulter.

»Das ist unser einziger gemeinsamer Tag, und du denkst an nichts anderes als an die Rückkehr«, sagte sie.

»Aber die Zeit...«

»Der Mond scheint. Wir werden schon nicht vom Weg abkommen…«

Er beharrte auf seinem Standpunkt. »Nein.«

»Wie du willst«, sagte sie, »ich gehe hinauf. Du kannst ja alleine zurückreiten, wenn du unbedingt willst.«

Der Mann lachte unsicher.

»Du bist verrückt!« Er versuchte sie zu küssen. Sie drehte sich um und schwieg einen Moment lang. Dann sagte sie:

»Du willst, daß ich deinetwegen meinen Mann verlasse. Du forderst alles von mir, aber was tust du für mich? Du weigerst dich sogar, einen kleinen Turm mit mir zu besteigen und die Aussicht zu betrachten. Geh allein zurück. Geh!«

Sie schluchzte auf und stürzte die schmale Wendeltreppe hinauf. Er rief ihr etwas nach und lief dann hinterher, stolperte und fiel. Sie bewegte sich leichtfüßig, rasch und sicher, so, als wäre sie die vielen Steinstufen schon Tausende von Malen hinaufgeeilt. So stieg sie, immer im Kreis, durch die Dunkelheit hinauf.

Schließlich war sie oben angekommen und spähte durch die schmalen Schlitze in den rissigen Mauern. Die Seile, an denen die Glocke gehangen hatte, waren verfault und zerfallen, und die schwere Glocke selbst lag wie ein totes Tier umgekippt im Schutt. Der Wasserfall klang hier oben viel näher, und das Tal hatte sich mittlerweile fast ganz in graue Schatten gehüllt. Von unten hörte sie den Mann mehrmals nach ihr rufen. Sie gab keine Antwort. Während sie da stand und hinausstarrte, krochen die Schatten allmählich auch in die entferntesten Winkel des Tales und kletterten die nackten Felsen im Osten empor. Langsam nahm eine Idee Gestalt an. Es war keine Idee, die sie von sich selber je erwartet hätte, aber sie war da und wurde immer stärker, ja unausweichlich. Sie wandte sich um und schritt leichtfüßig die Treppe hinunter. Der Mann saß im Dunklen am Fuß der steinernen Wendeltreppe und stöhnte leicht.

»Was ist los?« fragte sie.

»Ich hab mir den Fuß verstaucht. Bist du nun soweit oder nicht?«

»Ja«, sagte sie einfach. »Es tut mir leid, daß du gefallen bist.«

Ohne zu antworten stand er auf und humpelte hinter ihr in den Hof hinaus, wo die *burros* warteten. Allmählich hatte die kalte Bergluft von den Gipfeln ringsum das Tal erreicht. Als sie durchs Gras ritten, überlegte sie, wie sie das Thema anschneiden sollte. (Es mußte geschehen, ehe sie die Bresche im Fels erreichten. Das Atlájala zitterte.)

»Verzeihst du mir?« fragte sie.

»Natürlich«, lachte er.

»Liebst du mich?«

»Mehr als alles auf der Welt.«

»Ist das auch wahr?«

Er warf ihr im verdämmernden letzten Licht des Tages einen Blick zu. Sie saß hoch aufgerichtet auf dem Tier.

»Das weißt du doch«, sagte er sanft.

Sie zögerte.

»Dann gibt es nur eine Lösung«, sagte sie schließlich.

»Welche?«

»Ich habe Angst vor ihm. Ich werde nicht mehr zu ihm zurückkehren. Du fährst zurück, und ich bleibe hier im Dorf.« (Wenn sie so nahe war, würde sie jeden Tag zum Kloster kommen.) »Wenn alles vorbei ist, kommst du her und holst mich. Dann können wir irgendwo anders hingehen. Keiner wird uns je finden.«

Die Stimme des Mannes klang fremd.

»Ich verstehe nicht, was du meinst.«

»Du verstehst sehr gut. Und es ist die einzige Lösung. Entweder du machst es, oder du machst es nicht, ganz wie du willst. Jedenfalls ist es die einzige Lösung.«

Eine Weile trabten sie stumm nebeneinander her. Vor ihnen erhob sich, schwarz vor dem Abendhimmel, die Schlucht.

Dann sagte der Mann deutlich: »Niemals.«

Einen Moment später führte sie der Weg auf ein offenes Plateau hoch über dem rauschenden Wasser. Das hohle Tosen des Flusses erreichte sie wie aus weiter Ferne. Das Tageslicht war fast verschwunden, und in der Dämmerung hatte die Landschaft falsche Konturen angenommen. Alles war grau – die Felsen, die Büsche, der Pfad, und nichts hatte Distanz oder Weite. Sie verlangsamten ihre Gangart.

Seine Worte hallten noch immer in ihren Ohren.

»Ich kehre nicht zu ihm zurück«, rief sie mit plötzlicher Vehemenz. »Du kannst ja zurückgehen und Karten mit ihm spielen wie immer. Sein bester Freund sein, als wenn nie etwas gewesen wäre. Ich bleibe hier. Ich kann nicht mehr, wenn ihr beide in der Stadt seid.« Der Plan funktionierte nicht; das Atlájala sah ein, daß es sie verloren hatte, aber vielleicht konnte es ihr wenigstens helfen.

»Du bist müde«, sagte er sanft.

Er hatte recht. Kaum hatte er es ausgesprochen, da schien die ungewohnte Leichtigkeit und Erregung, die sie seit mittags gespürt hatte, zu verblassen. Erschöpft ließ sie den Kopf sinken und sagte:

»Ja, das ist wahr.«

Im gleichen Augenblick stieß der Mann einen hohen schrecklichen Schrei aus; sie schaute gerade noch rechtzeitig auf, um zu sehen, wie sein *burro* vom Rand des Pfades ins graue Nichts hinabstürzte. Dann war alles still, nur weit unten das Geräusch herunterpolternder Steine. Sie konnte sich weder rühren, noch ihren *burro* zügeln; sie saß wie betäubt und ließ sich davontragen wie ein unbewegliches Gewicht.

Als sie den Paß erreichte, der die Grenze zu seinem Reich bildete, zuckte das Atlájala noch ein letztes Mal in ihr auf. Sie hob den Kopf, erschauerte unter einem winzigen Gefühl des Trimphs, ließ dann den Kopf wieder vornüberfallen.

Das Atlájala schwebte über dem Pfad in der grauen Dämmerung und beobachtete, wie ihre undeutliche Gestalt in der einbrechenden Nacht verschwand. (Zwar hatte es sie nicht zurückhalten können, ihr aber doch wenigstens geholfen.)

Einen Moment später war es oben im Turm und lauschte den Spinnen. Sie besserten ihre Netze aus, die sie am Nachmittag beschädigt hatte. Es würde lange dauern, bis es den Mut haben würde, je wieder in das Bewußtsein eines anderen Wesens einzudringen. Lange, sehr lange, vielleicht nie wieder.

Fez, 1948

In Paso Rojo

Als die alte Señora Sanchez starb, beschlossen ihre beiden Töchter, Lucha und Chalía, ihren Bruder auf seiner Ranch zu besuchen. Aus Rücksicht auf die Mutter waren sie übereingekommen, nie zu heiraten, solange diese lebte, und nun, da sie nicht mehr war und sie beide knapp über vierzig, schien die Möglichkeit einer Hochzeit in der Familie so unwahrscheinlich wie eh und je. Das würden sie jedoch vermutlich nicht einmal vor sich selbst zugeben. Voller Verständnis für seine Schwestern schlug Don Federico vor, daß sie für ein paar Wochen nach Paso Rojo kamen.

Lucha traf in schwarzer Seide ein. Für sie gehörte der Tod zu jenen Phänomenen, die mit einer gewissen Regelmäßigkeit ins Leben treten und daher der äußerlichen Einhaltung gewisser Regeln bedurften. Ansonsten hatte sich ihr Leben nicht im geringsten verändert, bis auf die Tatsache, daß sie sich auf der Ranch an neue Dienstboten gewöhnen mußte.

»Indios, arme Dinger, Tiere, die über die Gabe der Sprache verfügen«, sagte sie am ersten Abend zu Don Federico, als sie beim Kaffee saßen. Ein barfüßiges Mädchen hatte soeben die Dessertteller abgeräumt.

Don Federico lächelte. »Sie sind gute Menschen«, sagte er behutsam. Es hieß, er lebe schon so lange auf der Ranch, daß seine Ansprüche gesunken seien; obgleich er stets einen Monat oder mehr im Jahr in der Hauptstadt verbrachte, bedeutete ihm das gesellschaftliche Leben dort immer weniger.

»Die Ranch frißt langsam seine Seele auf«, pflegte Lucha zu Señora Sanchez zu sagen.

Nur einmal hatte die alte Dame darauf geantwortet: »Wenn seine Seele gefressen werden soll, dann laß die Ranch das tun.«

Sie sah sich in dem primitiven Eßzimmer mit der vertrockneten Dekoration aus Palmzweigen und Blättern um. »Er liebt es, weil alles ihm gehört«, dachte sie, »und einiges davon hätte niemals ihm gehört, wenn er sich nicht bewußt angepaßt hätte.« Das war kein Gedanke, den sie so einfach akzeptieren konnte. Sie wußte, daß die Ranch ihn glücklich, tolerant und weise gemacht hatte; ihr erschien es traurig, daß er dies nicht sein konnte, ohne seine kultivierten Umgangsformen zu verlieren. Und die hatte er zweifellos eingebüßt. Er hatte die Haut eines Bauern – gebräunt und überall runzelig. Er sprach die bedächtige Sprache von Männern, die lange unter freiem Himmel gelebt haben. Und im Tonfall seiner Stimme klang die Geduld mit, die daher rührt, daß man mehr mit Tieren als mit Menschen spricht. Lucha war eine kluge Frau. Trotzdem bereitete es ihr ein gewisses Maß an Kummer, daß ihr kleiner Bruder, der in einem früheren Abschnitt seines Lebens als bester Tänzer des Country Clubs galt, nun zu jenem hageren, ruhigen Mann mit dem traurigen Gesicht geworden war, der ihr gegenübersaß.

»Du hast dich sehr verändert«, sagte sie plötzlich und schüttelte langsam den Kopf.

»Ja, man verändert sich hier. Aber es ist ein guter Ort.«

»Gut, ja. Aber so traurig«, wandte sie ein.

Er lachte. »Traurig? Überhaupt nicht! Man gewöhnt sich an die Ruhe. Und dann entdeckt man, daß es gar nicht ruhig ist. Aber du veränderst dich nie, wie? Chalía ist anders geworden. Ist es dir aufgefallen?«

»Oh, Chalía war schon immer verrückt. Sie verändert sich auch nicht.

»O doch. Sie ist sehr verändert.« Er sah an der rauchenden Öllampe vorbei in die Dunkelheit. »Wo ist sie? Warum trinkt sie keinen Kaffee?«

»Sie kann nicht schlafen. Sie trinkt nie Kaffee.«

»Vielleicht werden unsere Nächte ihr Schlaf bringen«, sagte Don Federico.

Chalía saß in der sanften nächtlichen Brise auf der oberen Veranda. Die Ranch lag in einer großen Lichtung, die den umliegenden Dschungel in gebührendem Abstand hielt, doch die Affen riefen hin und her, als gäbe es weder Lichtung noch Ranch. Sie hatte beschlossen, noch nicht zu Bett zu gehen – auf diese Weise mußte sie weniger Dunkelheit ertragen, falls sie nicht schlafen konnte. Die Zeilen eines Gedichtes, das sie vor zwei Tagen im Zug gelesen hatte, gingen ihr durch den Kopf. »*Aveces la noche...* Manchmal nimmt die Nacht dich mit, umhüllt dich, trägt dich fort und verläßt dich, in Schlaf gebadet, am Saum des Morgens.« Diese Zeilen waren tröstlich. Doch was dann kam, war schrecklich. »Und manchmal zieht die Nacht ohne dich vorbei.« Sie versuchte, vom Bild des frischen, sonnendurchfluteten Morgen zu einer vollkommen anderen Vorstellung zu wechseln, dem Kellner im Strandclub von Puntarenas, aber sie wußte, daß der andere Gedanke da im Dunkeln auf sie lauerte.

Auf der Reise von der Hauptstadt hierher hatte sie Reithosen und ein Khakihemd mit offenem Kragen getragen, und sie hatte Lucha angekündigt, daß sie vorhabe, während des gesamten Aufenthalts in Paso Rojo so herumzulaufen. Sie und Lucha hatten auf dem Bahnhof einen Streit gehabt.

»Jeder weiß, daß Mamá gestorben ist«, sagte Lucha, »und

diejenigen, die nicht empört sind, werden sich über dich lustig machen.«

Mit unterdrückter Wut in der Stimme hatte Chalía zurückgegeben: »Du hast jeden gefragt, nehme ich an.«

Während sich ihr Zug durch die Berge in Richtung *tierra caliente* schlängelte, sagte sie plötzlich und gänzlich unvermittelt: »Schwarz steht mir nicht.« Was Lucha aber am meisten aufbrachte, war die Tatsache, daß sie in Puntarenas karmesinroten Nagellack kaufte, mit dem sie im Hotelzimmer sorgfältig ihre Nägel lackierte.

»Das geht nicht, Chalía!« rief sie entsetzt. »Das hast du noch nie getan! Warum jetzt?«

Chalía lachte leichtfertig. »Ach, nur eine Laune!« antwortete sie und spreizte die verschönten Finger.

Laute Schritte kamen die Treppe herab und die Veranda entlang, die leicht erbebte. Ihre Schwester rief: »Chalía?«

Sie zögerte einen Augenblick und antwortete: »Ja.«

»Du sitzt im Dunkeln! Warte, ich bringe dir eine Lampe aus dem Zimmer. Was für eine Idee!«

»Die Insekten werden uns auffressen«, wandte Chalía ein. Sie hatte keine Lust, sich ihre Stimmung verderben zu lassen, auch wenn diese nicht besonders gut war.

»Federico sagt nein!« rief Lucha von drinnen. »Er sagt, es gäbe keine Insekten. Jedenfalls keine, die stechen.«

Kurz darauf erschien sie mit einer kleinen Lampe, die sie auf den Tisch an der Wand stellte. Sie setzte sich in eine Hängematte und schaukelte leise summend sacht hin und her. Chalía runzelte die Stirn, doch sie schien es nicht zu merken.

»Was für eine Hitze!« sagte Lucha schließlich.

»Streng dich nicht so sehr an«, schlug Chalía vor.

Sie schwiegen. Bald verwandelte sich die Brise in einen starken Wind, der von den fernen Bergen kam, doch auch er war heiß wie der Atem eines großen Tieres. Die Lampe flackerte, drohte zu verlöschen. Lucha stand auf und drehte sie herunter. Als Chalía den Kopf wandte, um ihr zuzusehen, fiel ihr etwas auf, und sie richtete den Blick schnell auf die Wand. Etwas Riesiges, Schwarzes, Flüchtiges hatte sich einen Augenblick vorher dort gezeigt; jetzt war es verschwunden. Die Wand hatte einen Verputz aus kleinen Steinen, die weiß übertüncht waren, so daß die Oberfläche uneben und voller großer Löcher war. Plötzlich erhob sie sich, trat vor die Wand und musterte sie eindringlich. Alle Löcher, die kleinen wie die großen, waren mit weißlichen Trichtern gefüllt. Sie konnte die langen, beweglichen Beine der Spinnen, die darin lebten, aus einigen Trichtern herausragen sehen.

»Lucha, diese Wand ist voller Ungeheuer!« rief sie. Ein Käfer flog in die Nähe der Lampe, besann sich eines Besseren und setzte sich auf die Wand. Eine Spinne kam hervor, packte ihn und verschwand mit ihrer Beute in der Wand.

»Schau nicht hin«, riet Lucha, aber sie warf einen ängstlichen Blick auf den Boden neben ihren Füßen.

Chalía rückte ihr Bett in die Mitte des Zimmers und stellte den kleinen Tisch daneben. Sie löschte die Lampe und streckte sich auf der harten Matratze aus. Der Lärm der nächtlichen Insekten war unerträglich – ein unablässiger wilder Schrei über dem Rauschen des Windes. Die ganze Vegetation draußen war vertrocknet. Unzählige kratzende Geräusche entstanden, wenn der Wind hindurchfegte. Hin und wieder riefen die Affen einander aus verschiedenen Richtungen. Gelegentlich stieß ein Nachtvogel einen Schrei aus, doch er wurde verschluckt vom endlosen Gesang der

Insekten und dem Geräusch des Windes über dem heißen Land. Und es war vollkommen dunkel.

Vielleicht eine Stunde später zündete sie die Lampe neben dem Bett an, stand auf und setzte sich im Nachthemd auf die Veranda. Sie stellte die Lampe dorthin, wo sie zuvor gestanden hatte, neben die Wand, und drehte den Stuhl so, daß sie diese im Blick hatte. Sie saß da und beobachtete die Wand bis tief in die Nacht.

Im Morgengrauen war es kühl; überall, nah und fern, brüllten Rinder. Sobald der Himmel ganz hell war, wurde das Frühstück serviert. Aus der Küche drang das Durcheinander weiblicher Stimmen. Im Eßzimmer hing der Geruch von Kerosin und Orangen. Ein großer Teller mit dicken Scheiben blasser Ananas stand mitten auf dem Tisch. Don Federico saß am Kopfende, mit dem Rücken zur Wand. Hinter ihm war eine kleine von Kerzen erleuchtete Nische, dort stand die Heilige Jungfrau in einem blauen und silbernen Gewand.

»Hast du gut geschlafen?« fragte Don Federico Lucha.

»Ach, wunderbar!«

»Und du?« fragte er, an Chalía gewandt.

»Ich schlafe nie gut«, antwortete sie.

Eine verirrte Henne lief von der Terrasse in den Raum und wurde vom Dienstmädchen verscheucht. Draußen vor der Tür stand eine Gruppe von Indiokindern Wache um ein Viereck aus Wäscheleinen. Ein rotes Sortiment von Fleischstücken war darüber drapiert: in Streifen geschnittenes Muskelfleisch und verschlungene Eingeweide. Wenn ein Geier herabstieß, sprangen die Kinder auf, schrien im Chor und verjagten ihn. Chalía runzelte die Stirn über den Lärm. Don Federico lächelte.

»Alles euch zu Ehren«, sagte er. »Wir haben gestern eine Kuh geschlachtet. Morgen ist alles weg.«

»Doch nicht die Geier!« rief Lucha.

»Nein, nein. Alle Cowboys und auch die Dienstboten nehmen etwas mit nach Hause zu ihren Familien. Und verdrücken selbst eine Menge.«

»Du bist zu großzügig«, sagte Chalía. »Es ist schlecht für sie. Es macht sie unzufrieden und lustlos. Aber wenn du es ihnen nicht gibst, würden sie es stehlen, nehme ich an.«

Don Federico schob den Stuhl zurück. »Niemand hat mir hier je etwas gestohlen.« Er stand auf und ging hinaus.

Gleich nach dem Frühstück, wenn es noch früh war und die Sonne nicht zu hoch am Himmel stand, machte er gewöhnlich einen zweistündigen Inspektionsritt über das Gelände der Ranch. Da er die *vaqueros,* die für die verschiedenen Bezirke verantwortlich waren, am liebsten unerwartet besuchte, nahm er jedesmal einen anderen Weg. Dies erklärte er Lucha, während er sein Pferd außerhalb des hohen Stacheldrahtzaunes, der das Haus umgab, losband. »Nicht, weil ich erwarte, etwas Ungerechtes zu finden. Sondern weil es die beste Möglichkeit ist, stets alles in Ordnung zu halten.«

Wie Chalía beurteilte auch Lucha die Fähigkeit der Indios, irgend etwas richtig zu machen, eher skeptisch. »Eine wirklich gute Idee«, sagte sie. »Ich bin sicher, daß du viel zu nachsichtig mit diesen Jungen bist. Sie brauchen eine starke Hand und kein Mitleid.«

Von den hohen Bäumen, die hinter dem Haus wuchsen, schrien unaufhörlich die roten und blauen Makaos; endlos zogen sie ihre elliptischen Bahnen am Himmel. Lucha blickte zu ihnen auf und sah, wie Chalía auf der Veranda ihr Khakihemd in die Reithose steckte.

»Warte, Rico! Ich will mitkommen«, rief sie und eilte ins Zimmer.

Lucha wandte sich ihrem Bruder zu. »Du wirst sie doch nicht mitnehmen? Das geht nicht! Mamá…«

Don Federico unterbrach sie, um nicht anhören zu müssen, was ihn schmerzte. »Ihr habt frische Luft und Bewegung nötig. Kommt alle beide mit!«

Lucha schwieg einen Augenblick und starrte ihn entgeistert an. Dann sagte sie: »Das könnte ich nicht!« und wandte sich ab, um das Tor zu öffnen. Mehrere Cowboys hoch zu Roß kamen langsam von der Pferdekoppel auf das Haus zu. Chalía erschien auf der Terrasse und lief zum Tor, wo Lucha stand und sie musterte.

»Du reitest also aus«, sagte Lucha. Ihre Stimme war ausdruckslos.

»Ja, kommst du mit? Wahrscheinlich nicht, wie ich dich kenne. Wir sind bald wieder da, nicht wahr, Rico?«

Don Federico schenkte ihr keine Beachtung und sagte zu Lucha: »Es wäre gut, wenn du mitkämst.«

Als sie nicht antwortete, sondern durch das Tor ging und es schloß, befahl er einem der Cowboys, abzusitzen und Chalía in den Sattel zu helfen. Sie saß aufrecht auf dem Pferd und strahlte den jungen Mann an.

»Jetzt kannst du nicht mit. Du hast kein Pferd«, rief sie und zog die Zügel so heftig an, daß das Tier vollkommen still stand.

»Ja, Señora. Ich werde mit den Señores kommen.« Seine Stimme war archaisch und respektvoll, es war die Stimme der einfachen Indios. Ihre sanfte, höfliche Art ärgerte sie jedes Mal, denn sie glaubte irrigerweise, einen Hauch von Spott darin zu entdecken. »Wie Papageien, denen man zwei Zeilen Góngora beigebracht hat!« lachte sie, wenn die Sprache darauf kam. Jetzt ärgerte sie sich noch mehr, weil er sie mit Señora angesprochen hatte. »Dieser Dummkopf«, dachte sie. »Er müßte doch wissen, daß ich nicht verheiratet bin.« Doch als sie wieder auf den Cowboy hinabsah, bemerkte sie seine weißen Zähne und sein sehr junges Gesicht. Sie lächelte, sagte: »Wie heiß es schon ist!« und öffnete den obersten Knopf ihrer Bluse.

Der Junge lief zur Pferdekoppel und kehrte wenige Sekunden später auf einem größeren und nervöseren Tier zurück. Dies belustigte die übrigen Cowboys, die lachten und ihre Pferde in Bewegung setzten. Don Federico und Chalía ritten Seite an Seite, und der Junge folgte ihnen; abwechselnd pfiff er ein Liedchen und redete beschwichtigend auf sein bockiges Pferd ein.

Die Gruppe überquerte etwa eine Meile offenen Geländes, das zwischen dem Haus und dem Dschungel lag. Dann, als die Pferde zum Fluß hinabstiegen, streifte hohes Gras die Beine der Reiter. Der Fluß war bis auf ein dünnes Rinnsal ausgetrocknet. Sie folgten dem Flußbett stromabwärts; die Vegetation an den Ufern gewann immer mehr an Höhe. Chalía hatte sich, ehe sie losgeritten waren, die Nägel frisch lackiert und war in bester Laune. Sie diskutierte mit Don Federico über die Verwaltung der Ranch. Vor allem Ausgaben und Verdienstspannen interessierten sie, obgleich sie von Preisen nicht allzuviel verstand. Sie hatte einen riesigen, weichen Strohhut aufgesetzt, dessen Krempe beim Reiten gegen die Schultern schlug. Alle paar Minuten drehte sie sich um, winkte dem Cowboy, der immer noch hinter ihnen ritt, und rief: »*Muchacho!* Du bist doch nicht verlorengegangen?«

Plötzlich teilte sich der Fluß und führte auf beiden Seiten einer großen Insel vorbei, die sich vor ihnen erhob und deren höhere Stellen eine feste Wand aus Schlingpflanzen und Gebüsch bildeten. Am Fuß der riesigen Bäume, zwischen ein paar Felsbrocken, befand sich etwa ein Dutzend Rinder. Sie wirkten ziemlich klein, wie sie mit untergeschlagenen Beinen im Schlamm lagen oder auf der Suche nach tieferem Schatten umherwanderten. Don Federico galoppierte plötzlich nach vorn und beriet sich laut mit den anderen *vaqueros*. Fast im selben Augenblick zog Chalía die Zügel an und brachte ihr Pferd zum Stehen. Der Junge hatte sie schnell eingeholt. Als er neben ihr war, rief sie: »Heiß, nicht wahr?«

Die Männer zogen weiter. Er ritt um sie herum. »Ja, Señora. Aber das liegt daran, daß wir in der Sonne sind. Da drüben« – er zeigte auf die Insel – »gibt es Schatten. Wir sind bald da.«

Sie sagte nichts, nahm jedoch ihren Hut ab und fächelte sich mit der Krempe Luft zu. Während sie die Hand auf und ab bewegte, beobachtete sie ihre Fingernägel. »Was für eine gräßliche Farbe«, murmelte sie.

»Wie bitte, Señora?«

»Nichts.« Sie hielt inne. »Ah, was für eine Hitze!«

»Kommen Sie, Señora. Sollen wir weiterreiten?«

Verärgert zerknüllte sie die Spitze des Sombreros. »Ich bin keine Señora«, sagte sie bestimmt und sah den Männern nach, die auf die Kühe zuritten und sie aus ihrer Lethargie aufscheuchten. Der Junge lächelte. Sie fuhr fort: »Ich bin eine Señorita. Das ist nicht dasselbe. Oder glaubst du vielleicht, es sei dasselbe?«

Der Junge war verwirrt; er kannte den Grund für ihren plötzlichen Gefühlsausbruch nicht. »Ja, Señorita«, sagte er höflich, ohne Überzeugung. Und setzte dann mit größerer Sicherheit hinzu: »Ich bin Roberto Paz, zu Ihren Diensten.«

Die Sonne brannte von oben auf sie nieder und wurde vom Glimmer in den Steinen zu ihren Füßen reflektiert. Chalía öffnete einen weiteren Knopf ihrer Bluse.

»Es ist heiß. Werden sie bald wiederkommen?«

»Nein, Señorita. Sie kehren über die Straße zurück. Sollen wir weiter?« Er wandte sein Pferd auf die Insel vor ihnen.

»Ich will nicht dahin, wo die Kühe sind«, sagte Chalía mißmutig. »Sie haben *garrapatas. Garrapatas* beißen sich unter der Haut fest.«

Roberto lachte nachsichtig. »Solange Sie auf dem Pferd bleiben, werden die *garrapatas* Sie nicht belästigen, Señorita.«

»Aber ich will absteigen und mich ausruhen. Ich bin so müde!« Der Unmut über die Hitze verwandelte sich in pure Erschöpfung, als sie die Worte aussprach. So kam es, daß die Gereiztheit, die sie ihm gegenüber empfand, zu einem allgemeinen Zustand des Selbstmitleids und der Niedergeschlagenheit wurde, der sie wie ein plötzlicher Schmerz überfiel. »*Ay, madre mía!* Einen Augenblick verharrte sie so, während sie ihr Pferd langsam zu den Bäumen am Ufer des Flußbettes lenkte.

Roberto sah verwirrt in die Richtung, welche die anderen eingeschlagen hatten. Alle waren hinter der Spitze der Insel verschwunden; die Rinder beruhigten sich wieder. »Die Señorita soll nicht weinen.«

Sie antwortete nicht. Da sie die Zügel locker ließ, trabte das Pferd rascher auf den Wald zu. Als es den Schatten am Flußufer erreichte, schloß der Junge schnell auf. »Señorita!« rief er.

Sie seufzte und blickte zu ihm auf, den Hut noch immer in der Hand. »Ich bin sehr müde«, wiederholte sie. »Ich möchte absteigen und mich etwas ausruhen!«

Ein Pfad führte in den Wald hinein. Roberto ritt voran,

um ihr den Weg zu zeigen und mit seiner Machete vereinzelte Schlingpflanzen und Zweige abzuhacken. Chalía folgte ihm, matt im Sattel sitzend, beschwichtigt durch den abrupten Eintritt in die grüne Welt der Stille und relativen Kühle.

Etwa eine Viertelstunde lang ritten sie langsam durch den Wald bergauf und sprachen kein Wort. Als sie an ein Tor gelangten, stieß Roberto es ohne abzusteigen auf und wartete, bis Chalía es passiert hatte. Sie ritt an ihm vorbei, lächelte und sagte: »Wie schön es hier ist.«

Er antwortete, ziemlich schroff, wie sie fand: »Ja, Señorita.«

Weiter vorn lichtete sich die Vegetation, und dahinter erstreckte sich ein weites, offenes, leicht welliges Stück Land, hie und da wie absichtlich von riesigen Ceibas mit weißen Stämmen geschmückt. Ein heißer Wind wehte über diese Hochebene, und der Schrei der Zikaden hing in der Luft. Chalía zügelte ihr Pferd und sprang ab. Die kleinen, distelähnlichen Pflanzen, die den Boden bedeckten, knirschten unter ihren Stiefeln. Sie setzte sich vorsichtig in den Schatten am Rand des offenen Geländes.

Roberto band die Pferde an einen Baum und betrachtete sie mit dem wachsamen, feindseligen Blick des Indios, der vor etwas steht, das er nicht begreift.

»Setz dich. Hier«, sagte sie.

Starr gehorchte er, saß mit ausgestreckten Beinen und kerzengeradem Rücken auf der Erde. Sie legte die Hand auf seine Schulter. »*Qué calor!*« murmelte sie.

Sie erwartete nicht, daß er antwortete, doch er tat es, und seine Stimme klang weit entfernt. »Das ist nicht meine Schuld, Señorita.«

Sie legte einen Arm um seinen Nacken und spürte, wie sich seine Muskeln anspannten. Sie rieb ihr Gesicht an seiner Brust; er bewegte sich nicht, sagte nichts. Mit geschlossenen Augen, den Kopf fest an ihn gepreßt, hatte sie das Gefühl, als hinge sie nur durch den schrillen, unaufhörlichen Schrei der Zikaden am Bewußtsein. Sie blieb so sitzen, lehnte sich immer schwerer gegen ihn. Er stützte sich mit beiden Händen auf den Boden. Sein Gesicht war zu einer undurchdringlichen Maske geworden; er schien an nichts zu denken, schien gar nicht da zu sein.

Schwer atmend hob sie den Kopf, um ihn anzusehen, merkte jedoch, daß sie nicht den Mut hatte, ihm in die Augen zu blicken. Statt dessen starrte sie auf seine Kehle und flüsterte schließlich: »Es ist egal, was du von mir denkst. Ich will dich nur so festhalten.«

Er drehte steif den Kopf von ihrem Gesicht weg, sah über das Land auf die Berge. Schroff sagte er: »Mein Bruder könnte vorbeikommen. Wir müssen zurück zum Fluß.«

Sie versuchte, ihr Gesicht an seiner Brust zu vergraben, sich noch einmal diesem köstlichen Gefühl hinzugeben. Ohne jede Vorwarnung bewegte er sich und sprang auf, so daß sie fiel und mit dem Gesicht auf den Boden schlug.

Dieser überraschende kleine Sturz veränderte ihre Laune schlagartig. Sie sprang auf, stürmte blindlings auf das nächststehende der beiden Pferde zu, saß einen Augenblick später im Sattel, und bevor er rufen konnte: »Es ist das schlechte Pferd!« hatte sie ihm schon die Sporen gegeben. Es warf heftig den Kopf zurück; mit einem mächtigen Satz galoppierte es los. Bei der ersten Bewegung merkte sie dumpf, daß sich etwas verändert hatte, daß es nicht dasselbe Pferd war, doch in ihrer Erregung dachte sie nicht weiter darüber nach. Es machte sie trunken, im heißen Wind über die Ebene zu preschen. Roberto blieb zurück.

»*Idiota!*« schrie sie in die Luft. »*Idiota! Idiota!*«, aus vollem Hals. Vor ihr flackerte, von den stampfenden Hufen zu Tode erschreckt, ein mächtiger Geier unbeholfen in den Himmel auf.

Der Sattel, der für einen weniger forschen Ritt festgezurrt worden war, begann zu verrutschen. Sie griff mit einer Hand nach dem Sattelknopf und mit der anderen nach ihrem Hemd, riß es mit einem kräftigen Ruck von oben bis unten auf. Ein überwältigendes Gefühl des Triumphes packte sie, als sie an sich hinabsah und im Licht der Sonne die weiße Haut erblickte.

Seitlich in der Ferne konnte sie ein paar undeutliche Palmen erkennen, die sich über einer Stelle mit niedriger Vegetation erhoben. Sie schloß die Augen: Die Palmen sahen aus wie schimmernde grüne Spinnen. Die harten Stöße nahmen ihr den Atem. Die Sonne war zu heiß. Der Sattel rutschte immer wieder weg, sie konnte ihn nicht zurechtrücken. Das Pferd schien sich ihrer Gegenwart überhaupt nicht bewußt zu sein. Sie zerrte an den Zügeln, so heftig sie konnte, ohne nach hinten zu kippen, doch es hatte keinerlei Wirkung auf das Tier, das seinen rasenden Galopp fortsetzte, keinem Weg folgte und einige Bäume nur um Haaresbreite verfehlte.

»Wo werde ich in einer Stunde sein?« fragte sie sich. »Tot vielleicht?« Der Gedanke an den Tod schreckte sie nicht wie andere Menschen. Sie fürchtete sich vor der Nacht, weil sie nicht einschlafen konnte, aber sie fürchtete weder Leben noch Tod, weil sie sich keinem von beiden zugehörig fühlte. Nur andere Menschen lebten und starben, hatten ihr Leben und ihren Tod. Sie, die in sich selbst ruhte, existierte nur als sie selbst, nicht als Teil von etwas anderem. Menschen, Tiere, Blumen und Steine waren Objekte; sie alle gehörten der Welt draußen an. Und es war allein ihre jeweilige Kombination, die feindliche oder freundliche Muster erzeugte. Manchmal starrte sie minutenlang auf ihre Hände oder Füße und versuchte, gegen ein unbestimmtes Gefühl anzukämpfen, das sie ihr vermittelten – das Gefühl, ebenfalls der Welt draußen anzugehören. Doch das beunruhigte sie nicht besonders. Sie nahm Eindrücke auf, akzeptierte sie fraglos; sie konnte höchstens dagegen angehen, wenn ihr Wohlbefinden allzusehr gestört wurde.

In der heißen Morgensonne vorwärtsgerissen zu werden vermittelte ihr das Gefühl, daß fast ihr ganzes Ich der inneren Welt entglitten war, daß nur ein kleiner Teil von ihr noch sie selbst war. Dieser letzte Rest war voll von Staunen und Ungläubigkeit; das einzige Unbehagen lag darin, die Realität der großen weißen Baumstämme akzeptieren zu müssen, die noch immer an ihr vorbeistreiften.

Mehrere Male versuchte sie, sich an einen anderen Ort zu versetzen: in ihren Rosengarten zu Hause, in den Speisesaal des Hotels in Puntarenas und – als letzte Zuflucht gar, die sich als durchführbar erweisen konnte, da es dort ebenfalls unangenehm gewesen war – in ihr Bett auf der Ranch und die Dunkelheit ringsum.

Mit einem großen Sprung setzte das Pferd über einen Graben. Der Sattel glitt ab und hing nach unten. Da sie keinen Sattelknopf mehr zum Festhalten hatte, klammerte sie sich, so gut es ging, mit den Beinen an den Flanken fest und riß unablässig an den Zügeln. Plötzlich verlangsamte das Tier seinen Galopp und drang abrupt in ein dichtes Gebüsch ein. Dort verlief ein Fußpfad; sie vermutete, daß es der war, den sie genommen hatten, als sie vom Fluß kamen. Sie saß teilnahmslos auf dem Pferd und fragte sich, wo es hinwollte.

Schließlich kam es, wie sie erwartet hatte, am Flußbett heraus und trottete zurück zur Ranch. Die Sonne stand im

Zenit, als sie die Pferdekoppel erreichten. Das Tier blieb stehen und wartete auf Einlaß, doch anscheinend war niemand da. Erschöpft glitt sie zu Boden und merkte, daß sie kaum stehen konnte, so sehr zitterten ihre Beine. Sie war wütend und schämte sich. Während sie zum Haus humpelte, hoffte sie verzweifelt, daß Lucha sie nicht sah. Offenbar waren nur ein paar Indiomädchen im Haus. Sie schleppte sich nach oben und schloß sich in ihrem Zimmer ein. Jemand hatte das Bett an die Wand gerückt, doch sie hatte nicht die Kraft, es wieder in die Mitte zu schieben, wo sie es haben wollte.

Als Don Federico und die anderen zurückkehrten, ging Lucha, die unten gelesen hatte, zum Tor. »Wo ist Chalía?« rief sie.

»Sie war müde. Einer der Jungen hat sie vor einer Weile zurückgebracht«, antwortete er. »Es war gut so. Wir sind fast bis nach Cañas geritten.«

Chalía nahm ihr Mittagessen im Bett ein und schlief fest bis zum späten Nachmittag. Als sie aus dem Zimmer auf die Veranda trat, wischte eine Frau den Staub von den Schaukelstühlen und stellte sie in einer Reihe gegen die Wand.

»Wo ist meine Schwester?« fragte Chalía.

»Mit dem Señor ins Dorf gefahren«, antwortete die Frau. Sie ging zur Treppe und begann die einzelnen Stufen zu fegen, während sie langsam rückwärts hinabstieg.

Chalía setzte sich in einen Stuhl, legte die Füße auf das Geländer der Veranda und dachte, noch während sie es tat, daß Lucha diese Haltung mißbilligt hätte, wenn sie dagewesen wäre. Genau unter ihr machte der Fluß eine Biegung. Es war der einzige Abschnitt, der vom Haus aus sichtbar war; durch das Blattwerk konnte sie ein Stück vom Ufer erkennen. Ein großer Brotfruchtbaum breitete seine Äste bis fast ans andere Ufer des Stromes aus. In der Biegung hatte sich ein Becken gebildet, genau da, wo der Baumstamm dem schlammigen Ufer entwuchs. Ein Indio erschien aus dem Unterholz und entledigte sich in aller Ruhe seiner Hose, dann seines Hemdes. Einen Augenblick blieb er vollkommen nackt stehen und sah auf das Wasser; dann ging er hinein und begann zu planschen und zu schwimmen. Als er sein Bad beendet hatte, blieb er wieder am Ufer stehen und strich sein blauschwarzes Haar zurück. Chalía war verwirrt, denn sie wußte, daß kaum ein Indio die Unverfrorenheit besaß, im Blickfeld der oberen Veranda nackt zu baden. Während sie ihn mit einer seltsamen, unerwarteten Ahnung beobachtete, erkannte sie ihn – es war Roberto, der sich ihrer Gegenwart durchaus bewußt war.

»Er weiß, daß Rico weggefahren ist und daß ihn von unten niemand sehen kann«, dachte sie und beschloß, ihrem Bruder davon zu erzählen. Der Gedanke, sich an dem Jungen zu rächen, erfüllte sie mit einer köstlichen Erregung. Sie beobachtete seine langsamen Bewegungen beim Anziehen. Nur mit einem Hemd bekleidet setzte er sich auf einen Felsen und kämmte sein Haar. Die späte Nachmittagssonne fiel durch die Blätter und verlieh seiner braunen Haut einen orangefarbenen Schimmer. Als er schließlich fortgegangen war, ohne auch nur einen Blick auf das Haus zu werfen, stand sie auf und trat in ihr Zimmer. Sie schob das Bett in die Mitte und begann es zu umkreisen; je länger sie im Zimmer umherlief, desto unruhiger wurde sie.

Sie hörte die Tür des Lastwagens zufallen und einen Augenblick später Stimmen von unten. Mit den Fingern an den Schläfen, wie immer, wenn ihr Herz heftig schlug, ging sie auf die Veranda und die Treppe hinunter. Don Federico war im Magazin, das er morgens und abends je eine halbe

Stunde lang aufmachte. Chalía trat durch die Tür, ihr Mund öffnete sich, und sie spürte, wie die Worte jeden Moment aus ihr hervorbrechen würden. Zwei Kinder schoben Kupfermünzen über die Theke und zeigten auf die Bonbons, die sie haben wollten. Neben der Lampe sah sich eine Frau einen Stoffballen an. Don Federico stand auf einer Leiter und holte einen zweiten Ballen herunter. Chalías Mund schloß sich langsam. Sie warf einen Blick auf den Tisch ihres Bruders neben der Tür, wo er seine Bücher und das Geld aufbewahrte. In einer offenen Zigarrenkiste, die beinahe ihre Hand berührte, lag ein Bündel schmutziger Banknoten. Ehe sie sich versah, war sie wieder in ihrem Zimmer. Sie schloß die Tür und entdeckte, dass sie vier Zehn-Colon-Scheine in der Hand hielt. Sie stopfte sie in die Tasche ihrer Reithose.

Am Abend lachten alle über sie, weil sie den ganzen Nachmittag geschlafen hatte, und prophezeiten ihr, daß sie nun nachts wach liegen würde.

Sie war mit ihrem Essen beschäftigt. »Um so schlimmer«, sagte sie, ohne aufzusehen.

»Ich habe ein kleines Konzert für heute abend arrangiert«, sagte Don Federico. Lucha war begeistert. Er fuhr fort: »Die Cowboys haben Freunde aus Bagaces zu Gast, und Raul ist mit seiner *marimba* fertig.«

Nach dem Abendessen versammelten sich die Männer und Jungen. Gelächter erklang, und im Dunkeln der Terrasse wurden die Gitarren gestimmt. Die beiden Schwestern setzten sich ganz ans Ende der Terrasse, unweit des Eßzimmers, Don Federico war bei den *vaqueros* in der Mitte, und die Diener standen am anderen Ende aufgereiht, in der Nähe der Küche. Nachdem verschiedene Männer Lieder auf der Gitarre zum besten gegeben hatten, begannen Raul und sein Freund, die *marimba* zu spielen. Roberto saß zwischen den anderen Cowboys, die kein Instrument spielten, auf der Erde.

»Ich schlage vor, wir tanzen!« rief Don Federico, sprang auf und griff nach Lucha. Einen Moment lang bewegten sie sich zusammen am Ende der Terrasse, doch niemand tat es ihnen nach.

»*A bailar!*« rief Don Federico und lachte.

Unter lautem Gekicher begannen mehrere Mädchen schüchtern miteinander zu tanzen. Keiner der Männer rührte sich vom Fleck. Die *marimba*-Spieler wiederholten immer dasselbe Stück. Don Federico tanzte mit Chalía, die steif war von dem morgendlichen Ausritt; nach kurzer Zeit entschuldigte sie sich und verließ die Gesellschaft. Statt oben schlafen zu gehen, lief sie durchs Haus und kam zur vorderen Terrasse. Dort setzte sie sich hin und betrachtete die große, mondbeschienene Lichtung. In der Nacht lauerte die Ewigkeit. Sie konnte sie spüren, gleich hinter dem Tor. Nur das monotone Geklimper der Musik hielt das Haus in den Schranken der Zeit, bewahrte es davor, verschluckt zu werden. Während sie dem fröhlichen Treiben lauschte, hatte sie den Eindruck, daß die Männer sich stärker beteiligten. »Wahrscheinlich hat Rico ihnen eine Flasche Rum spendiert«, dachte sie wütend.

Schließlich klang es, als tanzte jedermann. Ihre Neugier ließ sich kaum noch unterdrücken; sie war im Begriff, aufzustehen und zur hinteren Terrasse zurückzugehen, als am anderen Ende eine Gestalt auftauchte. Niemand brauchte ihr zu sagen, daß es Roberto war. Er kam geräuschlos auf sie zu; als er vor ihr war, schien er zu zögern, dann hockte er sich neben ihren Stuhl und sah zu ihr auf. Sie hatte recht gehabt: Er roch nach Rum.

»Guten Abend, Señorita.«

Am liebsten hätte sie geschwiegen. Trotzdem sagte sie: »Guten Abend.« Sie streckte die Hand in die Tasche, sagte sich, daß sie die Sache schnell und sauber hinter sich bringen müsse.

Als er neben ihr hockte und sein Gesicht im Mondschein glänzte, beugte sie sich vor und strich ihm mit der Hand über das glatte Haar. Sie legte die Finger auf seinen Nacken, beugte sich noch tiefer und küßte ihn auf den Mund. Der Geschmack von Rum war sehr stark. Er rührte sich nicht. Sie flüsterte ihm leise ins Ohr: »Roberto, ich liebe dich. Ich habe ein Geschenk für dich. Vierzig *colones.* Hier.«

Er wandte schnell den Kopf und sagte laut: »Wo?«

Sie steckte ihm die Scheine zu, umfaßte seinen Kopf aufs neue und flüsterte weiter: »Schsch! Zu niemandem ein Wort. Ich muß jetzt gehen. Morgen abend gebe ich dir mehr.« Dann ließ sie ihn los.

Er stand auf und bewegte sich zum Tor. Sie ging sofort nach oben ins Bett, und als sie einschlief, spielte noch immer die Musik.

Viel später wachte sie auf und zündete die Lampe an. Es war halb fünf. Bald würde es hell werden. Sie fühlte sich voll ungewohnter Energie, zog sich an, löschte die Lampe und verließ das Haus. Schnell zog sie das Tor hinter sich zu. In der Koppel bewegten sich die Pferde. Sie ging an ihnen vorbei und bog in die Straße zum Dorf ein. Es war eine sehr ruhige Stunde: Die nächtlichen Insekten waren verstummt, und die Vögel hatten ihr morgendliches Gezwitscher noch nicht begonnen. Der Mond stand tief, so daß er die meiste Zeit hinter den Bäumen verborgen blieb. Vor ihr flackerte die Venus wie ein kleiner Mond. Sie ging schnell, nur hin und wieder spürte sie einen Stich in der Hüfte.

Beim Anblick des dunklen Etwas, das vor ihr auf der Straße lag, blieb sie stehen. Es bewegte sich nicht. Sie beobachtete es aufmerksam, trat vorsichtig näher, bereit in entgegengesetzter Richtung davonzulaufen. Als ihre Augen sich an seine Umrisse gewöhnt hatten, erkannte sie, daß es ein Mann war, der vollkommen reglos dalag. Und als sie näher kam, wußte sie, daß es Roberto war. Sie berührte seinen Arm mit ihrem Fuß. Er regte sich nicht. Sie bückte sich und legte ihre Hand auf seine Brust. Er atmete schwer, und die Ausdünstung des Alkohols war überwältigend. Sie richtete sich auf und trat ihm leicht gegen den Kopf. Tief aus seinem Inneren stieg ein leises Stöhnen auf. Auch dies, sagte sie sich, muß schnell gehen. Sie fühlte sich auf wunderbare Weise leicht und stark, als sie seinen Körper mit den Füßen langsam auf die rechte Straßenseite schob. Dort fiel das Gelände steil ab, etwa zwanzig Fuß tief. Als sie ihn bis zum Rand geschafft hatte, wartete sie eine Weile und betrachtete sein Gesicht im Licht des Mondes. Der Mund war leicht geöffnet, und die weißen Zähne sahen schimmernd unter den Lippen hervor. Sie strich ihm ein paarmal mit der Hand über die Stirn und rollte ihn dann mit einem leichten Schub über den Rand. Er fiel schwer und machte ein seltsames, tierisches Geräusch, als er aufschlug.

Sie lief eilig zur Ranch zurück. Als sie ankam, wurde es gerade hell. Sie trat in die Küche und bestellte ihr Frühstück. »Ich bin früh auf«, sagte sie. Sie verbrachte den ganzen Tag in der Nähe des Hauses, las und unterhielt sich mit Lucha. Sie fand, daß Don Federico beunruhigt wirkte, als er an diesem Morgen das Magazin schloß und zu seinem Inspektionsritt aufbrach. Als er zurückkehrte, fiel es ihr wieder auf; beim Mittagessen sprach sie ihn darauf an.

»Es ist nichts«, sagte er. »Mit meinen Büchern stimmt etwas nicht.«

»Und du bist immer so gut in Mathematik gewesen«, sagte Chalía.

Am Nachmittag brachten einige Cowboys Roberto zur Ranch. Sie hörte die Aufregung in der Küche und das Geschrei der Diener: »*Ay, Dios.*« Sie ging hinaus. Er war bei Bewußtsein, lag auf dem Boden, und alle Indios starrten ihn an.

»Was ist los?« fragte sie.

Einer der Cowboys lachte. »Nichts Schlimmes. Er hat zuviel...« – er machte eine Geste, als trinke er aus einer Flasche – »und ist den Abhang hinuntergestürzt. Nur Prellungen, glaube ich.«

Nach dem Abendessen bat Don Federico Chalía und Lucha in sein kleines Privatbüro. Er wirkte erschöpft und sprach langsamer als gewöhnlich. Als Chalía eintrat, sah sie, daß Roberto im Zimmer stand. Er schaute sie nicht an. Lucha und Chalía nahmen Platz; Don Federico und Roberto blieben stehen.

»Es ist das erste Mal, daß mir jemand so etwas antut«, sagte Don Federico und starrte, die Hände hinter dem Rücken verschränkt, auf den Läufer am Boden. »Roberto hat mich bestohlen. Das Geld ist verschwunden. Einiges davon war in seiner Tasche, mehr als er im Monat verdient. Ich weiß, daß er es gestohlen hat, weil er gestern kein Geld hatte und weil« – damit wandte er sich an Chalía – »er nur eine Lüge als Rechtfertigung hat. Er sagt, er hätte es von dir. Hast du Roberto gestern Geld gegeben?«

Chalía sah verwundert aus. »Nein«, sagte sie. »Ich dachte daran, ihm einen *colón* zu geben, als er mich gestern morgen nach dem Ausritt nach Hause brachte. Doch dann hielt ich es für besser zu warten, bis wir in die Stadt zurückkehren. War es viel? Er ist noch ein Junge.«

Don Federico sagte: »Es waren vierzig *colones.* Aber es ist dasselbe, als wären es vierzig *centavos.* Diebstahl…«

Chalía fiel ihm ins Wort. »Rico!« rief sie. »Vierzig *colones.* Das ist eine Menge. Hat er viel davon ausgegeben? Du könntest es ihm nach und nach vom Gehalt abziehen.« Sie wußte, daß ihr Bruder genauso reagieren würde, wie er es dann einen Augenblick später tat.

»Niemals! Er wird uns noch heute abend verlassen. Und sein Bruder geht mit.«

Im trüben Lampenlicht konnte Chalía den großen violetten Fleck auf Robertos Stirn sehen. Er hielt den Kopf gesenkt und sah nicht auf, nicht einmal, als Lucha und sie sich auf ein Zeichen ihres Bruders erhoben und das Zimmer verließen. Sie gingen nach oben und setzten sich auf die Veranda.

»Was für Barbaren!« sagte Lucha angewidert. »Eines Tages wird der arme Rico vielleicht noch dahinterkommen, wie man sie behandeln muß. Ich fürchte nur, daß ihn vorher einer von ihnen umbringt.«

Chalía schaukelte hin und her und fächelte sich träge Luft zu. »Noch ein paar Lektionen wie diese, und er wird sich ändern«, sagte sie. »Was für eine Hitze!«

Sie hörten Don Federicos Stimme unten beim Tor.

»*Adiós!*« sagte er mit Bestimmtheit. Dann kamen ein paar gedämpfte Antworten, und das Tor wurde geschlossen. Schließlich erschien Don Federico bei seinen Schwestern auf der Veranda. Traurig setzte er sich hin.

»Es gefällt mir nicht, sie bei Nacht und ohne Pferde davonzuschicken«, sagte er und schüttelte den Kopf. »Aber dieser Roberto ist ein übler Bursche. Es war besser, ihn so schnell wie möglich loszuwerden. Juan ist gut, aber natürlich mußte ich auch ihn entlassen.«

»*Claro, claro*«, sagte Lucha abwesend. Plötzlich drehte sie sich besorgt zu ihrem Bruder um. »Ich hoffe, du hast nicht vergessen, ihm das Geld abzunehmen, das er noch in der Tasche hatte.«

»Nein, nein«, versicherte er ihr, doch der Klang seiner Stimme verriet ihr, daß er es dem Jungen gelassen hatte.

Don Federico und Lucha sagten gute Nacht und gingen schlafen. Chalía blieb noch eine Weile sitzen und betrachtete aus dem Augenwinkel die Wand mit den Spinnen. Dann gähnte sie und nahm die Lampe mit ins Zimmer. Wieder hatte das Dienstmädchen das Bett an die Wand geschoben. Chalía zuckte die Achseln, ließ es stehen und legte sich hinein. Sie blies die Lampe aus, horchte eine Weile auf die nächtlichen Geräusche und schlief dann friedlich ein, während sie noch darüber nachdachte, wie erstaunlich schnell sie sich an das Leben in Paso Rojo gewöhnt und sogar – wie sie sich jetzt eingestehen mußte – begonnen hatte, es zu genießen.

Ochos Rios, Jamaica 1947

Pastor Dowe in Tacaté

Seine erste Predigt in Tacaté hielt Pastor Dowe an einem strahlenden Sonntagmorgen kurz nach Beginn der Regenzeit. An die hundert Indios hatten sich versammelt, und einige waren sogar aus Balaché im Tal gekommen. Sie saßen ruhig auf der Erde, während er etwa eine Stunde lang in ihrem Dialekt zu ihnen redete. Nicht einmal die Kinder wurden ungeduldig; solange er sprach, herrschte vollkommene Stille. Doch er konnte sehen, daß ihre Aufmerksamkeit eher Respekt als wirklichem Interesse entsprang. Da er ein gewissenhafter Mann war, stimmte ihn diese Entdeckung traurig.

Als er mit seiner Predigt fertig war, die er unter das Motto »Die Bedeutung Jesu« gestellt hatte, erhoben sie sich langsam und begannen davonzuschlendern, ganz offensichtlich mit anderen Dingen beschäftigt. Pastor Dowe war verwirrt. Dr. Ramos von der Universität hatte ihm versichert, seine Dialektkenntnisse reichten aus, um sicherzustellen, daß die künftigen Pfarrkinder seine Predigten verstehen konnten, und er hatte keine Schwierigkeiten gehabt, sich mit den Indios zu unterhalten, die ihn von San Gerónimo hier herauf begleitet hatten. Bekümmert stand er auf dem kleinen strohgedeckten Podium mitten auf dem offenen Platz vor seinem Haus und sah zu, wie die Frauen und Männer langsam in unterschiedliche Richtungen davongingen. Er hatte den Eindruck, ihnen gar nichts vermittelt zu haben.

Plötzlich überwältigte ihn das Verlangen, die Menschen zurückzuhalten, und er rief ihnen nach. Höflich wandten sie dem Pavillon, wo er stand, die Gesichter zu, blieben stehen und schauten ihn weiter an, ohne sich zu bewegen. Mehrere kleine Kinder spielten bereits ein neues Spiel und flitzten leise im Hintergrund hin und her. Der Pastor warf einen Blick auf seine Armbanduhr und wandte sich an Nicolás, der ihm als einer der intelligentesten und einflußreichsten Männer im Dorf vorgestellt worden war. Er forderte ihn auf, zu ihm auf das Podium zu kommen.

Als Nicolás neben ihm stand, beschloß er, ihn mit einigen Fragen zu prüfen. »Nicolás«, sagte er mit seiner trockenen, leisen Stimme. »Was habe ich euch heute erzählt?«

Nicolás hustete und sah über die Köpfe der Versammelten hinweg auf ein riesiges Schwein, das unter einem Mangobaum im Schlamm wühlte. Dann sagte er: »Don Jesucristo.«

»Ja«, stimmte Pastor Dowe ermutigend zu. »*Bai*, Don Jesucristo und was?«

»Ein guter Mann«, antwortete Nicolás gleichgültig.

»Ja, ja, aber was noch?« Pastor Dowe war ungeduldig; er sprach bereits in einer höheren Stimmlage.

Nicolás schwieg. Schließlich sagte er: »Jetzt gehe ich« und stieg vorsichtig vom Podium herunter. Die anderen hoben ihre Sachen vom Boden auf und gingen langsam davon. Einen Augenblick lang war Pastor Dowe wütend. Dann nahm er sein Notizheft und seine Bibel und ging ins Haus.

Beim Mittagessen stand Mateo, der ihn bediente und den er von Ocosingo mitgebracht hatte, an die Wand gelehnt da und lächelte.

»Señor«, begann er. »Nicolás sagt, sie kommen nicht wieder, um Sie zu hören, ohne Musik.«

»Musik!« rief Pastor Dowe und stieß seinen Teller weg. »Lächerlich! Was für Musik? Wir haben keine Musik!«

»Er sagt, der Pater in Yalacatín hätte immer gesungen.«

»Lächerlich!« wiederholte der Pastor. »Erstens kann ich nicht singen, und zweitens hat man von so etwas noch nie gehört. *Inaudito!*«

»*Sí, verdad?*« stimmte Mateo zu.

In seinem winzigen Schlafzimmer bekam der Pastor kaum Luft, so stickig war es, selbst bei Nacht. Aber es war das einzige Zimmer mit einem kleinen Fenster nach draußen, und er konnte die Tür zu dem lauten Patio schließen, wo sich tagsüber sämtliche Diener versammelten, um ihrer Arbeit nachzugehen und sich zu unterhalten. Er lag unter dem geschlossenen Baldachin seines Moskitonetzes und horchte auf das Bellen der Hunde im Dorf. Er dachte an Nicolás. Offensichtlich hatte Nicolás die Rolle eines Vermittlers zwischen dem Dorf und der Mission übernommen. Die schmalen Lippen des Pastors bewegten sich. »Ein Querulant«, murmelte er bei sich. »Morgen spreche ich mit ihm.«

Am nächsten Morgen stand er in aller Frühe vor Nicolás' Hütte. Jedes Haus in Tacaté hatte seinen eigenen kleinen Tempel: ein paar Baumstämme mit einem Strohdach, das den Gaben aus Früchten und gekochten Speisen als Schutz diente. Der Pastor achtete darauf, dem Tempel nicht zu nahe zu kommen. Er kam sich ohnehin schon wie ein Paria vor, und Dr. Ramos hatte ihn gewarnt, sich in derlei Dinge einzumischen. Er rief.

Ein kleines, etwa siebenjähriges Mädchen erschien in der Tür des Hauses. Sie sah ihn einen Augenblick wild aus riesigen, runden Augen an, dann schrie sie auf und verschwand wieder in der Dunkelheit des Eingangs. Der Pastor wartete und rief dann erneut.

Plötzlich kam von hinten ein Mann um die Hütte herum und sagte, Nicolás sei bald zurück. Kurz darauf tauchte das kleine Mädchen wieder in der Tür auf; diesmal lächelte es schüchtern. Der Pastor sah sie streng an. Sie schien ihm zu alt, um nackt herumzulaufen. Er wandte den Blick ab und inspizierte die dicken roten Blütenblätter einer Bananenstaude in der Nähe. Als er wieder hinsah, war sie herausgekommen und stand jetzt, immer noch lächelnd, neben ihm. Er erhob sich und ging gesenkten Blickes zur Straße, als sei er tief in Gedanken versunken.

In diesem Augenblick kam Nicolás durch das Tor. Der Pastor stieß mit ihm zusammen und entschuldigte sich.

»Gut«, grunzte Nicolás. »Was?«

Sein Gast wußte nicht so recht, wie er beginnen sollte. Er nahm sich vor, freundlich zu sein.

»Ich bin ein guter Mensch«, lächelte er.

»Ja«, sagte Nicolás. »Don Jesucristo ist ein guter Mann.«

»Nein, nein, nein«, rief Pastor Dowe.

Nicolás sah höflich-verwirrt aus, sagte aber nichts.

Da er spürte, daß seine Sprachkenntnisse dieser Situation nicht gewachsen waren, beschloß der Pastor klugerweise, noch einmal von vorn anzufangen. »Hachakyum hat die Welt gemacht. Ist das richtig?«

Nicolás nickte zustimmend und hockte sich vor dem Pastor auf die Erde. Er sah zu ihm auf, die Augen wegen der Sonne zu schmalen Schlitzen verengt.

»Hachakyum hat den Himmel gemacht«, der Pastor zeigte darauf, »die Berge, die Bäume, diese Menschen dort. Richtig?«

Wieder neigte Nicolás zustimmend den Kopf.

»Hachakyum ist gut. Hachakyum hat dich gemacht. Ja?«

Nicolás antwortete: »Alles, was du sagst, ist wahr.«

Der Pastor gestattete sich ein zufriedenes Lächeln und fuhr fort. »Hachakyum hat alle Menschen und Dinge gemacht, weil er mächtig und gut ist.«

Nicolás runzelte die Stirn. »Nein!« sagte er. »Das ist nicht wahr. Hachakyum hat nicht alle Menschen gemacht. Er hat nicht dich gemacht. Er hat keine Waffen und keinen Don Jesucristo gemacht. Viele Dinge hat er nicht gemacht.«

Der Pastor schloß einen Augenblick die Augen, suchte nach Kraft. »Gut«, sagte er schließlich geduldig. »Wer hat die anderen Dinge gemacht? Wer hat mich gemacht? Bitte, sag es mir.«

Nicolás zögerte keinen Augenblick. »Metzabok.«

»Aber wer ist Metzabok?« rief der Pastor, und in seiner Stimme schwang ein Anflug von Verstimmung mit. Als Wort für Gott hatte er nur Hachakyum gekannt.

»Metzabok macht alle Dinge, die nicht hierhergehören«, sagte Nicolás.

Der Pastor stand auf, zog ein Taschentuch hervor und wischte sich über die Stirn. »Du haßt mich«, sagte er und sah auf den Indio hinab. Das Wort war zu hart, doch er wußte nicht, wie er es anders sagen sollte.

Nicolás stand schnell auf und berührte den Arm des Pastors mit seiner Hand. »Nein. Das ist nicht wahr. Du bist ein guter Mann. Alle mögen dich.«

Pastor Dowe zuckte unwillkürlich zurück. Die Berührung der braunen Hand war ihm irgendwie unangenehm. Flehentlich musterte er das Gesicht des Indios und sagte: »Aber Hachakyum hat mich trotzdem nicht gemacht?«

»Nein.« Es folgte ein langes Schweigen.

»Wirst du das nächste Mal zu meinem Haus kommen, um mir zuzuhören?«

»Jeder hat seine Arbeit zu tun«, sagte Nicolás verlegen.

»Mateo sagt, ihr wollt Musik«, begann der Pastor.

Nicolás zuckte die Achseln. »Für mich ist es nicht wichtig. Aber die anderen werden kommen, wenn du Musik hast. Ja, das stimmt. Sie mögen Musik.«

»Aber *welche* Musik«, rief der Pastor verzweifelt.

»Sie sagen, du hast eine *bitrola.*«

Der Pastor wandte den Blick ab und dachte: »Vor diesen Leuten kann man aber auch nichts geheimhalten.« Unter den vielen Haushaltsgegenständen und anderen Dingen, die seine verstorbene Frau hinterlassen hatte, war auch ein kleines tragbares Grammophon gewesen. Er hatte es irgendwo im Abstellraum verstaut, zusammen mit den leeren Koffern und der Winterbekleidung.

»Sag ihnen, ich werde die *bitrola* spielen«, murmelte er und ging durch das Tor.

Das kleine Mädchen lief ihm nach und sah zu, wie er die Straße hinaufging.

Auf dem Weg durch das Dorf dachte der Pastor traurig darüber nach, daß er ganz allein war in diesem entlegenen Ort, vollkommen allein in seinem Kampf, diesen Menschen die Wahrheit zu verkünden. Er tröstete sich mit dem Gedanken, daß Einsamkeit nur im Bewußtsein des einzelnen existiert; objektiv gesehen ist der Mensch stets Teil von etwas.

Als er zu Hause ankam, schickte er Mateo zum Abstellraum, um nach dem tragbaren Grammophon zu suchen. Nach einer Weile trug der Junge es herein, staubte es ab und blieb daneben stehen, als der Pastor die Kiste aufmachte. Darin lag die Kurbel. Er nahm sie heraus und zog die Spiralfeder auf. Im Deckel befanden sich einige Schallplatten. Die ersten, die er inspizierte, waren »Let's Do It«, »Crazy Rhythm« und »Strike up the Band«, die er als Begleitmusik für seine Predigten sämtlich für ungeeignet befand. Er suchte weiter. Es gab eine Aufnahme von Al Jolsons »Sonny Boy« und eine zerkratzte Version von »She's Funny That Way«. Als er die Hüllen betrachtete, fiel ihm ein, wie die Musik jeder dieser Platten geklungen hatte. Leider hatte sich Mrs. Dowe nichts aus Kirchenmusik gemacht; sie pflegte sie als »Trauermusik« zu bezeichnen.

»Jetzt sitzen wir hier, ohne Musik«, seufzte er.

Mateo war überrascht. »Es spielt nicht?«

»Ich kann ihnen doch keine Tanzmusik vorsetzen, Mateo.«

»*Cómo no*, Señor. Sie wird ihnen sehr gefallen.«

»Nein, Mateo!« sagte der Pastor gebieterisch und legte »Crazy Rhythm« auf, um seinen Standpunkt zu verdeutlichen. Als die ersten dünnen, metallischen Klänge aus dem Apparat kamen, nahm Mateos Gesicht einen an Verzückung grenzenden, bewundernden Ausdruck an. »*Qué bonito!*« sagte er ehrfürchtig. Pastor Dowe nahm den Tonarm ab, und der hüpfende Rhythmus verstummte.

»Unmöglich«, sagte er entschieden und klappte den Deckel zu.

Trotzdem erinnerte er sich am Samstag daran, daß er Nicolás versprochen hatte, während des Gottesdienstes Musik zu spielen. Daher beschloß er, Mateo das Grammophon zum Pavillon hinaustragen zu lassen, um es zur Hand zu haben, falls das Verlangen danach zu stark wurde. Das war eine kluge Vorkehrung, denn am nächsten Morgen, als die Dorfbewohner kamen, sprachen sie über nichts anderes als die Musik, die sie hören würden.

Das Thema seiner Predigt lautete: »Die Kraft des Glaubens«. Als er etwa zehn Minuten gesprochen hatte, stand Nicolás, der direkt vor ihm gehockt hatte, ruhig auf und hob die Hand. Pastor Dowe runzelte die Stirn und unterbrach seine Predigt.

Nicolás erklärte: »Jetzt Musik, dann Reden. Dann Musik, dann Reden.« Er drehte sich um und sah die anderen an. »So ist es recht.« Zustimmendes Gemurmel erhob sich, und jeder beugte sich in seiner Hockstellung vor, um die Musik aus dem Pavillon besser hören zu können.

Der Pastor seufzte und stellte den Apparat auf den Tisch, wobei er die Bibel, die darauf lag, hinunterwarf. »Natürlich«, sagte er sich mit einem Anflug von Bitterkeit. Die erste Platte, die ihm in die Hände fiel, war »Crazy Rhythm«. Als die Musik erklang, brach ein Kind in der Nähe seinen eintönigen, papageienhaften Singsang ab, blieb still sitzen und starrte verzückt auf das Podium. Alle verharrten reglos, bis das Stück zu Ende war. Dann gab es laute Zustimmung. »Jetzt mehr Reden«, sagte Nicolás; er schien sehr zufrieden zu sein.

Der Pastor setzte seine Predigt fort. Er sprach etwas unkonzentriert, denn die Musik hatte seinen Gedankenfluß gestört, und nicht einmal ein Blick auf seine Notizen verriet ihm, wie weit er vor der Unterbrechung gekommen war. Während er fortfuhr, sah er auf die Menschen hinunter, die unmittelbar vor ihm saßen. Neben Nicolás bemerkte er das kleine Mädchen, das ihn von der Türschwelle aus beobachtet hatte, und er war dankbar, daß sie ein kurzes Kleid trug, das ihre Blöße bedeckte. Sie starrte ihn mit einem Ausdruck an, den er als faszinierte Bewunderung interpretierte.

Als er das Gefühl bekam, daß seine Zuhörer wieder anfingen, unruhig zu werden (obgleich er einräumen mußte, daß sie es nie offen gezeigt hätten), legte er »Sonny Boy« auf. Es war unschwer zu erkennen, daß diese Wahl weniger Zustimmung fand. Der allgemeine Ausdruck gespannter Erwartung zu Beginn der Musik verwandelte sich rasch in eine routinemäßige Aufmerksamkeit von geringerer Intensität. Als das Stück zu Ende war, erhob sich Nicolás wieder, hob feierlich die Hand und sagte: »Gut. Aber die andere Musik ist schöner.«

Der Pastor trug eine kurze Zusammenfassung vor, spielte noch einmal »Crazy Rhythm« und verkündete, der Gottesdienst sei beendet.

So wurde »Crazy Rhythm« zu einem integralen Bestandteil von Pastor Dowes wöchentlichem Gottesdienst. Nach einigen Monaten war die alte Platte dermaßen abgenutzt, daß er beschloß, sie während jeder Predigt nur noch einmal zu spielen. Seine Gemeinde nahm diesen Akt der Sparsamkeit mit Unwillen auf. Sie benutzte Nicolás als Wortführer, um sich zu beschweren.

»Aber die Musik ist alt. Es wird keine mehr geben, wenn wir sie ganz verbrauchen«, erklärte der Pastor.

Nicolás lächelte ungläubig. »Das sagst du. Aber du willst nicht, daß wir sie haben.«

Am folgenden Tag, als der Pastor im Schatten des Patio saß und las, meldete Mateo ihm Nicolás, der durch die Küche gekommen war und sich dort, wie es schien, mit den Dienstboten unterhalten hatte. Mittlerweile hatte der Pastor gelernt, Nicolás' Gesichtsausdruck zu deuten. Was er jetzt vor sich sah, ließ neue Forderungen erwarten.

Nicolás sah ihn respektvoll an. »Señor«, begann er. »Wir mögen dich, weil du uns Musik gegeben hast, als wir dich darum baten. Jetzt sind wir gute Freunde. Wir wollen, daß du uns Salz gibst.«

»Salz?« rief der Pastor ungläubig. »Wozu?«

Nicolás lachte gutmütig; er ließ erkennen, daß er glaubte, der Pastor mache einen Witz. Dann streckte er die Zunge heraus und tat, als leckte er. »Zum Essen.«

»Ach, ja«, murmelte der Pastor und erinnerte sich, daß Steinsalz für die Indios ein kostbarer Luxus war.

»Aber wir haben kein Salz«, sagte er schnell.

»Oh, doch, Señor. Dort!« Nicolás zeigte auf die Küche.

Der Pastor erhob sich. Er war entschlossen, diesem Feilschen ein Ende zu setzen, da er es als gefährliches Element in seiner offiziellen Beziehung zum Dorf ansah. Er bedeutete Nicolás, ihm zu folgen, trat in die Küche und rief: »Quintina, zeig mir unser Salz.«

Mehrere seiner Dienstboten, unter ihnen Mateo, standen im Raum. Es war Mateo, der einen niedrigen Schrank öffnete und einen großen Haufen gräulicher Kuchen offenbarte, die auf dem Boden gestapelt waren. Der Pastor war erstaunt. »So viele Kilo Salz!« rief er. *»Cómo se hace?«*

Mateo erklärte ihm gelassen, daß sie es den ganzen Weg von Ocosingo mitgebracht hatten. »Für uns«, setzte er hinzu und sah die anderen an.

Pastor Dowe bemerkte es und hoffte, es sei als Hinweis gemeint und würde als solcher erkannt werden. »Natürlich«, sagte er, an Nicolás gewandt. »Das ist für mein Haus.«

Nicolás wirkte unbeeindruckt. »Du hast genug für alle im Dorf«, verkündete er. »In zwei Sonntagen kannst du mehr aus Ocosingo bekommen. Alle werden sehr froh sein. Alle werden kommen, wenn du predigst. Du gibst ihnen Salz und machst Musik.«

Pastor Dowe spürte, wie er leicht zu zittern begann. Er wußte, daß er aufgeregt war, daher gab er sich Mühe, seine Stimme natürlich klingen zu lassen.

»Ich werde es mir überlegen, Nicolás«, sagte er. »Auf Wiedersehen.«

Es war klar, daß Nicolás diese Worte keineswegs als Verabschiedung auffaßte. »Auf Wiedersehen!« antwortete er und lehnte sich gegen die Wand. Dann rief er: »Marta!« Das kleine Mädchen, dessen Anwesenheit im Raum dem Pastor erst jetzt bewußt wurde, löste sich aus dem Schatten einer Ecke. Sie hielt etwas im Arm, das aussah wie eine große Puppe, und ging sehr besorgt damit um. Als der Pastor in den hellen Patio hinaustrat, kam ihm das Bild irgendwie merkwürdig vor, und er kehrte um und warf mit gerunzelter Stirn einen Blick in die Küche. Einen Augenblick blieb er gedankenverloren in der Tür stehen und starrte auf die kleine Marta. Die in ein zerschlissenes Tuch gewickelte Puppe, die das Mädchen zärtlich in den Armen hielt, vollführte krampfartige Bewegungen.

Die schlechte Laune des Pastors war unübersehbar; wahrscheinlich hätte er sie unter keinen Umständen zu verbergen vermocht. »Was ist das?« fragte er ärgerlich. Wie zur Antwort zuckte das Bündel wieder und streifte einen Teil des Tuches ab, mit dem es bedeckt war. Der Pastor sah etwas, das ihm wie eine Karikatur des großen bösen Wolfs erschien, der unter der Nachtmütze der Großmutter hervorblinzelt. Wieder rief der Pastor: »Was ist das?«

Nicolás wandte sich belustigt von seiner Unterhaltung ab und forderte Marta auf, es hochzuhalten, damit der Señor es sehen könne. Sie gehorchte, streifte das Tuch ab und brachte einen lebendigen jungen Alligator zum Vorschein, der, da er mehr oder weniger auf dem Rücken gehalten wurde, sich dieser Behandlung instinktiv durch rhythmisches Strampeln mit den kleinen schwarzen Füßen zu entziehen versuchte. Sein ziemlich langes Maul jedoch schien zu lächeln.

»Um Gottes willen!« rief der Pastor auf englisch. Das Spektakel erschien ihm auf seltsame Weise skandalös. Es lag eine verborgene Obszönität im Anblick des unruhigen kleinen Reptils, dessen Kopf in ein Tuch gewickelt war. Doch

Marta hielt es immer noch hoch, damit er es ansehen konnte. Er berührte die weichen Schuppen auf dem Bauch, zog die Hand zurück und sagte: »Seine Kiefer sollten zusammengebunden werden. Er wird sie sonst beißen.«

Mateo lachte. »Sie ist zu schnell«, und dann wiederholte er seine Worte im Dialekt für Nicolás, der zustimmend nickte und ebenfalls lachte. Der Pastor strich Marta über den Kopf, während sie das Tier wieder an sich drückte und zärtlich wiegte.

Nicolás' Blick ruhte auf ihm. »Gefällt dir Marta?«

Der Pastor dachte an das Salz. »Ja, ja«, sagte er mit dem unechten Enthusiasmus eines Mannes, der mit seinen Gedanken woanders war. Er ging in sein Schlafzimmer und schloß die Tür. Nachmittags auf dem schmalen Bett zu liegen war genauso wie nachts: das gleiche Gebell der Hunde im Dorf. Heute hörte man darüber hinaus, wie der Wind am Fenster entlangstrich. Selbst der Baldachin des Moskitonetzes schaukelte gelegentlich sacht hin und her, wenn ein Lüftchen durchs Zimmer strich. Der Pastor überlegte, ob er Nicolás nachgeben sollte oder nicht. Als er sehr schläfrig wurde, dachte er: »Um welches Prinzips willen sollte ich es ihnen eigentlich vorenthalten? Sie wollen Musik. Sie wollen Salz. Sie werden lernen, Gott zu wollen.« Dieser Gedanke beruhigte ihn, und er schlief über dem Lärm des Hundegebells und dem Heulen des Windes am Fenster ein.

Während der Nacht wälzten sich die Wolken von den Bergen hinab ins Tal, und als die Dämmerung anbrach, blieben sie dort, von den hohen Bäumen aufgespießt. Der Gesang der wenigen Vögel klang, als käme er von der Decke eines großen Saales. Die feuchte Luft war von Holzrauch erfüllt, doch aus dem Dorf drangen keine Geräusche; eine Wolkenwand schnitt es von der Missionsstation ab.

Von seinem Bett aus hörte der Pastor statt des Windes draußen einzelne Wassertropfen aus der Dachrinne ins Gebüsch fallen. Eine Weile blieb er noch liegen, eingelullt von den gedämpften Stimmen der schwatzenden Dienstboten in der Küche. Dann trat er ans Fenster und sah ins Grau. Selbst die nächststehenden Bäume waren unsichtbar, und ein dumpfer Erdgeruch hing in der Luft. Er zog sich an, fröstelte, als die feuchten Kleider seine Haut berührten. Auf dem Tisch lag eine Zeitung:

BARCELONA BOMBARDEADA POR
DOSCIENTOS AVIONES

Als er sich rasierte und versuchte, mit dem lauwarmen, von Holzasche getrübten Wasser, das Quintina ihm hingestellt hatte, Schaum zu schlagen, schoß ihm der Gedanke durch den Kopf, daß er den Menschen von Tacaté und dem erstickenden Gefühl, in uralten Zeiten verloren zu sein, gern entflohen wäre. Es würde gut tun, sich von dieser unendlichen Traurigkeit zu befreien, wenigstens für ein paar Stunden.

Er nahm ein üppigeres Frühstück ein als sonst und ging hinaus zu dem überdachten Podium, wo er sich in die Feuchtigkeit setzte. Er begann, den achtundsiebzigsten Psalm zu lesen, den er als Grundlage für seine Predigt benutzen wollte. Beim Lesen blickte er auf die Leere, die vor ihm lag. Wo sonst der Mangobaum stand, war nur das weiße Nichts, als fiele das Land hinter dem Podium tausend Fuß oder mehr in die Tiefe.

»Er spaltete die Felsen in der Wüste und tränkte sie mit Wasser aus der Tiefe.« Aus dem Haus drang Quintinas Kichern. »Wahrscheinlich jagt Mateo sie im Patio«, dachte der

Pastor; klugerweise hatte er vor langer Zeit aufgehört, von einem Indio das Verhalten eines erwachsenen Menschen zu erwarten. Alle paar Sekunden erklang auf der anderen Seite des Pavillons das hysterische Kollern eines Truthahns. Der Pastor legte die offene Bibel auf den Tisch, hielt sich die Ohren zu und las weiter: »Er ließ wehen den Ostwind unter dem Himmel und erregte durch seine Stärke den Südwind.«

Er ertappte sich bei dem Gedanken, daß solche Stellen im Dialekt sehr heidnisch klingen würden. Er nahm die Hände von den Ohren und dachte nach. »Aber für sie muß alles heidnisch klingen. Alles, was ich sage, wird auf dem Weg zu ihnen zu etwas anderem.« Dies war ein Gedanke, den Pastor Dowe stets zu unterdrücken versucht hatte. Entschlossen starrte er auf den Text und las weiter. Das Kichern im Haus wurde lauter; jetzt hörte er auch Mateo. »Da er Ungeziefer unter sie schickte, das sie fraß, und Frösche, die ihnen Verderben brachten.« Die Tür zum Patio öffnete sich, und der Pastor hörte Mateo husten, als dieser hinaussah. »Bestimmt hat er Tuberkulose«, sagte sich der Pastor, als der Indio wiederholt ausspuckte. Er schloß die Bibel, nahm die Brille ab und tastete auf dem Tisch nach dem Etui. Da er es nicht fand, stand er auf, und als er einen Schritt nach vorne tat, zertrat er es unter dem Absatz. Mitfühlend bückte er sich und hob es auf. Die Scharniere waren zerbrochen und die Metallteile unter dem Kunstlederüberzug verbogen. Mateo hätte es wieder einigermaßen in die alte Form hämmern können, doch Pastor Dowe zog vor zu denken: »Alles hat seinen Tod.« Er hatte das Etui elf Jahre lang besessen, und nun dachte er an die gemeinsame Zeit: an den sonnigen Nachmittag, als er es in einer schmalen Seitenstraße mitten in Havanna gekauft hatte; an die mühsamen Jahre in den Bergen Südbrasiliens; an den Tag damals in Chile, als er das Etui aus dem Busfenster hatte fallen lassen und alle Fahrgäste ausgestiegen waren, um ihm beim Suchen zu helfen; an das deprimierende Jahr in Chicago, als er es aus irgendeinem Grund die meiste Zeit in der Schreibtischschublade gelassen hatte und die Brille lose in der Manteltasche trug. Er erinnerte sich an einige der Zeitungsausschnitte, die er in dem Etui aufbewahrt, und an die vielen kleine Zettel, auf denen er Ideen festgehalten hatte. Zärtlich sah er auf das Etui hinunter und dachte: »Und so sind das der Ort und die Zeit und die Umstände seines Todes.« Irgendwie war er froh, Zeuge seines Endes zu sein; es war beruhigend, es zu kennen. Einen Moment lang betrachtete er das Etui voller Traurigkeit. Dann schleuderte er es hinaus in die weiße Leere, als wäre der Abgrund tatsächlich da. Mit der Bibel unter dem Arm schritt er zur Tür und drängte sich ohne ein Wort an Mateo vorbei. Doch als er in sein Zimmer trat, beschlich ihn das Gefühl, daß Mateo ihn sonderbar angesehen hatte, als wüßte er etwas und wartete, ob der Pastor es auch entdeckte.

In dem stickigen kleinen Zimmer hatte der Pastor ein noch stärkeres Verlangen, eine Zeitlang allein zu sein. Er wechselte die Schuhe, griff nach seinem Gehstock und trat hinaus in den Nebel. Bei diesem Wetter konnte er nur einen Pfad nehmen, und der führte bergab durchs Dorf. Mit äußerster Vorsicht tappte er über die Steine. Zwar konnte er den Boden unter den Füßen erkennen und auch die Stelle, wo er den Gehstock aufsetzte, doch sonst war auf allen Seiten weißes Nichts. So dahinzugehen, dachte er, war, als versuchte man einen Text zu lesen, von dem immer nur ein einziger Buchstabe sichtbar ist. Der Holzrauch hing durchdringend in der unbewegten Luft.

Etwa eine halbe Stunde lang ging Pastor Dowe so weiter, setzte vorsichtig einen Fuß vor den anderen. Die Leere, die ihn umgab, das Fehlen jeglicher visueller Reize war weniger dazu angetan, seine Gedanken zu beflügeln als seine Empfindungen abzustumpfen. Das Gehen über die Steine war mühsam, aber auf seltsame Art entspannend. Eine der wenigen Ideen, die ihm dabei durch den Kopf gingen, war, daß es angenehm wäre, sich ungesehen durch das Dorf bewegen zu können, und er hielt dies für möglich, denn selbst auf zehn Fuß Entfernung war er unsichtbar. Er könnte zwischen den Hütten entlanggehen und die Säuglinge schreien hören, und wenn er das Dorf auf der anderen Seite verließ, würde niemand wissen, daß er dagewesen war. Welchen Weg er danach einschlagen würde, wußte er nicht.

Plötzlich wurde der Pfad unwegsamer und führte im Zickzack den steilen Abhang einer Schlucht hinab. Er war unten angelangt, bevor er auch nur einmal den Kopf gehoben hatte. »Ah«, sagte er und blieb stehen. Der Nebel war jetzt über ihm, eine große graue Steppdecke aus Wolken. Er sah die riesigen Bäume, die um ihn standen, und hörte, wie sie langsam in einem feierlichen, unsteten Chor auf die Blätter der wildwachsenden Cocapflanzen tropften.

»Auf dem Weg ins Dorf gibt es keine solche Stelle«, überlegte der Pastor. Er war ein wenig ärgerlich, aber mehr verwundert, sich neben diesen Bäumen wiederzufinden, die wie Elefanten aussahen und größer waren als alle anderen Bäume, die er in dieser Gegend je gesehen hatte.

Mechanisch wandte er sich um und stieg den Pfad wieder hinauf. Verglichen mit der überwältigenden Schwermut der Landschaft, die jetzt sichtbar vor ihm lag, bot der Nebel dort oben Trost und Schutz. Er hielt einen Moment inne, um zurückzuschauen auf die dicken dornigen Baumstämme und das Wirrwarr der Vegetation dahinter. Bei einem leisen Geräusch hinter seinem Rücken wandte er den Kopf.

Zwei Indios trotteten den Pfad hinunter auf ihn zu. Als sie ihn erreichten, blieben sie stehen und sahen ihn mit einer derartigen Erwartung in den dunklen Gesichtern an, daß Pastor Dowe glaubte, sie würden etwas sagen. Statt dessen stieß der vordere einen grunzenden Laut aus und machte dem anderen ein Zeichen, ihm zu folgen. Es gab keine Möglichkeit, dem Pastor auszuweichen, und sie stießen heftig gegen ihn, als sie vorbeigingen. Ohne sich noch einmal umzusehen, eilten sie weiter und verschwanden zwischen den grünen Cocablättern.

Dieses ungewöhnliche Verhalten der beiden Eingeborenen verwirrte ihn ein wenig; spontan beschloß er, nach einer Erklärung zu suchen. Er ging ihnen nach.

Bald hatte er die Stelle, wo er vor wenigen Minuten umgekehrt war, hinter sich gelassen. Er war im Wald; der Geruch der Pflanzen war fast unerträglich – ein Geruch nach lebender und toter Vegetation in einer Welt, in der sich langsames Werden und langsames Vergehen nebeneinander vollziehen und untrennbar verbunden sind. Einmal blieb er stehen und horchte auf Schritte. Offensichtlich waren die Indios ihm weit voraus; trotzdem setzte er seinen Marsch fort. Da der Pfad ziemlich breit und gut ausgehauen war, kam er nur selten mit einer herabhängenden Ranke oder einem hervorstehenden Ast in Berührung.

Die Posen der Bäume und Schlingpflanzen erweckten den Eindruck, daß sie mitten in einer wütenden Bewegung festgehalten worden waren, und bildeten eine eintönige Folge von gefolterten *tableaux vivants*. Es war, als würde ihr verzweifelter Kampf um Luft unterbrochen, sobald er hinsah, und sogleich wieder aufgenommen, wenn er den Blick abwandte. Während er sie noch betrachtete, kam er zu dem Schluß, daß es genau dieser undefinierbare Zug von

Heimlichkeit war, der die Gegend so gespenstig machte. Hin und wieder schwebte leise ein blutroter Schmetterling durch das Halbdunkel über ihm von einem Baumstamm zum anderen. Sie waren alle gleich; es schien ihm, als müsse es stets dasselbe Insekt sein. Mehrmals kam er am weißen Gitterwerk großer Spinnweben vorbei, die zwischen die Pflanzen gestreut waren wie auf den dunklen Hintergrund gemalte Tore. Doch alle Spinnweben wirkten unbewohnt. Noch immer fielen große, träge Wassertropfen von oben herab; selbst bei starkem Regen hätte der Boden nicht feuchter sein können.

Der Pastor litt an Astigmatismus, und da ihm vom Betrachten so vieler Details ein wenig schwindlig wurde, sah er beim Weitergehen starr geradeaus und wandte den Blick nur ab, wenn er Pflanzen umgehen mußte, die über den Weg wuchsen. Der Waldboden war jetzt eben. Plötzlich merkte er, daß die Luft von schwachen Geräuschen erfüllt war. Er blieb stehen und erkannte das leise Glucksen, das ein tiefer Strom gelegentlich erzeugt, wenn das Wasser die Ufer bespült. Fast genau vor ihm war der Fluß, schwarz, breit, und trotz der Nähe erzeugte die starke Strömung kaum ein Geräusch. Ein paar Schritte weiter lag ein großer abgestorbener Baum quer über dem Pfad, von einem orangefarbenen Pilz bedeckt. Der Blick des Pastors folgte dem Stamm nach links; an dem sich verjüngenden Ende, ihm gegenüber, saßen die beiden Indios. Sie beobachteten ihn interessiert, und er wußte, daß sie auf ihn gewartet hatten. Er ging auf sie zu und grüßte. Feierlich erwiderten sie den Gruß, ohne die glänzenden Augen von seinem Gesicht zu nehmen.

Als hätten sie sich abgesprochen, standen beide im selben Moment auf und traten an den Rand des Wassers, auf das sie hinuntersahen. Der eine wandte sich zu dem Pastor um und sagte einfach: »Komm.« Als er um den Baumstamm herumging, sah er, daß sie vor einem langen Bambusfloß standen, das am schlammigen Ufer festgemacht war. Sie hoben es an und senkten das eine Ende auf den Strom.

»Wo fahrt ihr hin?« fragte der Pastor. Zur Antwort hoben beide ihre kurzen braunen Arme und deuteten langsam flußabwärts. Derjenige, der zuvor gesprochen hatte, wiederholte: »Komm.« Die Neugier des Pastors war geweckt; er betrachtete mißtrauisch das zerbrechliche Floß und dann wieder die beiden Männer. Zugleich hatte er das Gefühl, es wäre angenehmer, mit ihnen zu fahren, als durch den Wald zurückzulaufen. Ungeduldig fragte er erneut: »Wohin fahrt ihr? Tacaté?«

»Tacaté«, sagte der andere, der bisher nicht gesprochen hatte.

»Ist es stark?« fragte der Pastor und bückte sich, um ein Stück Bambus zu berühren. Es war nur eine Formalität; er vertraute darauf, daß die Indios sich mit den Materialien des Dschungels auskannten.

»Stark«, sagte der erste. »Komm.«

Der Pastor warf einen Blick zurück in den tropfenden Wald, bestieg das Floß und kauerte sich am Heck auf den Boden. Schnell sprangen die anderen an Bord und stießen das fragile Floß mit einem Stock vom Ufer ab.

Dann begann eine Reise, die Pastor Dowe fast vom ersten Augenblick an bereute. Schon als das Floß rasch um die erste Biegung des Stromes glitt, wünschte er, er wäre zurückgeblieben und in diesem Moment auf dem Weg durch die Schlucht. Und während sie weiter den stillen Strom hinunterschossen, machte er sich Vorwürfe, daß er, ohne zu wissen, warum, auf das Floß gestiegen war. Mit jeder Biegung des tunnelähnlichen Flusses spürte er, wie er sich weiter von der Welt entfernte. Er ertappte sich bei dem lächerlichen Versuch, das Floß aufzuhalten: viel zu schnell bewegte es sich über die Oberfläche des schwarzen Wassers, entfernte sich von der Welt – oder meinte er: von Gott? Eine Gegend wie diese schien jenseits von Gottes Gerichtsbarkeit zu liegen. Als er bei diesem Gedanken angelangt war, schloß er die Augen. Es war absurd, ganz und gar unmöglich – auf jeden Fall inakzeptabel –, und doch war es ihm eingefallen und ging ihm nicht mehr aus dem Sinn. »Gott ist stets mit mir«, murmelte er leise, doch die Formel zeitigte keine Wirkung. Schnell öffnete er die Augen und sah die beiden Männer an. Sie betrachteten ihn, doch er hatte das Gefühl, daß er für sie unsichtbar war; sie sahen nur die kleinen Wellen auf der Wasseroberfläche hinter ihm, die sich schnell ausbreiteten, und die regelmäßig gewölbte Kuppel der Vegetation, unter der sie dahinfuhren.

Der Pastor zog den Gehstock hervor und gestikulierte damit, während er fragte: »Wohin fahren wir?« Wieder zeigten beide über ihre Schulter vage in die Luft, als sei die Frage ganz belanglos, und ihr Gesichtsausdruck blieb unverändert. Nicht willens, auch nur einen weiteren Baum zu passieren, tauchte der Pastor mechanisch den Gehstock ins Wasser, als könnte er die rasche Fahrt des Floßes damit aufhalten; einen Moment später zog er ihn heraus und legte ihn tropfend auf den Boden. Schon dieser flüchtige Kontakt mit dem dunklen Strom war ihm zuwider. Er versuchte sich einzureden, daß es keinen Grund für seinen unerwarteten spirituellen Zusammenbruch gab, doch zugleich schien ihm, als spürte er, wie sich die innersten Fibern seines Bewußtseins beruhigten. Die Reise flußabwärts war ein ungeheures Loslassen, und er kämpfte mit aller Macht dagegen an. »Vergib mir, o Herr, ich verlasse dich. Vergib mir, daß ich dich verlasse.« Seine Fingernägel gruben sich in die Handflächen, während er betete.

Und so saß er in quälendem Schweigen, während sie durch den Wald und dann auf einen großen See glitten, wo der graue Himmel wieder sichtbar wurde. Hier verlangsamte das Floß seine Fahrt, und die Indios trieben es mit den Händen auf das Ufer zu, wo das Wasser seicht war. Dort stakte der eine es mit dem Bambusstock weiter. Der Pastor bemerkte weder die großen Flächen von Wasserhyazinthen noch das seidene Geräusch, das sie erzeugten, wenn sie am Floß vorbeistrichen. Hier draußen war hin und wieder ein Vogelschrei unter den niedrig hängenden Wolken oder ein plötzliches Rascheln im Gras am Ufer zu hören. Dennoch blieb der Pastor in sich versunken und spürte mehr, als daß er dachte: »Nun ist es vollbracht. Ich bin ins andere Land übergetreten.« Und er war so sehr mit dieser instinktiven Gewißheit beschäftigt, daß er weder wahrnahm, wie sie sich der hohen Felsböschung näherten, die schroff aus dem Wasser ragte, noch wie sich das Floß auf den Strand einer kleinen Bucht daneben schob. Als er aufsah, standen beide Indios im Sand, und der eine sagte wieder: »Komm.« Sie halfen ihm nicht an Land; er schaffte es allein und mit einiger Anstrengung, obwohl er sich dessen nicht bewußt war.

Als er ausgestiegen war, führten sie ihn am Fuß des Felsens entlang vom Wasser weg. Sie folgten einem kurvenreichen Pfad, der durch das Unterholz geschlagen war, und gelangten dann genau an den Fuß der Steilwand.

Es gab dort zwei Höhlen, eine kleine, die sich links von ihnen öffnete, und eine breitere und höhere weiter rechts. Vor der kleineren blieben sie stehen. »Geh hinein«, forderten sie den Pastor auf. Im Inneren war es nicht besonders hell, und er konnte kaum etwas sehen. Die beiden blieben am Eingang stehen. »Hier lebt dein Gott«, sagte der eine. »Sprich mit ihm.«

Der Pastor kniete nieder. »O Vater, erhöre mich. Laß meine Stimme zu dir gelangen. Ich bitte dich in Jesu Namen...« »Sprich in unserer Sprache«, rief der Indio ihm zu. Der Pastor strengte sich an und begann ein stockendes Gebet in ihrem Dialekt. Draußen erklang zufriedenes Grunzen. Die Konzentration, die vonnöten war, um seine Gedanken in die ihm noch immer fremde Sprache zu übertragen, diente dazu, sein Bewußtsein ein wenig zu erhellen. Und die angenehme Parallele zwischen diesem Gebet und jenen, die er für seine Gemeinde sprach, half ihm, seine Ruhe wiederzufinden. Während er zu sprechen fortfuhr, von Satz zu Satz flüssiger, spürte er, wie ihn eine gewaltige Kraft durchströmte. Zuversichtlich hob er den Kopf und setzte sein Gebet fort, den Blick auf die Mauer vor sich gerichtet. Im selben Augenblick hörte er einen Schrei: »Metzabok hört dich. Sag ihm noch mehr.«

Die Lippen des Pastors hörten auf, sich zu bewegen, und zum ersten Mal erblickten seine Augen die auf das Felsgestein gemalte rote Hand und die Holzkohle, die überall verstreute Asche, Blütenblätter und hölzernen Löffel. Doch er verspürte keine Furcht; das war vorbei. Wichtig war nur noch das Gefühl der Stärke und des Glücks. Sein spiritueller Zustand wurde zum physischen Faktum. Daß er Metzabok angebetet hatte, war natürlich ebenfalls eine Tatsache, doch seine Reue blieb ein rein geistiger Akt. Ohne den Gedanken auszusprechen, kam er zu dem Schluß, daß ihm vergeben würde, wenn er Gott später darum bat.

Um seine Zuschauer draußen zufriedenzustellen, hängte er noch einige formelhafte Sprüche an sein Gebet, stand dann auf und trat ins Tageslicht. Zum ersten Mal bemerkte er eine gewisse Lebendigkeit in den Gesichtszügen der beiden Männer. Einer von ihnen sagte: »Metzabok ist sehr glücklich.« Der andere sagte: »Warte.« Dann eilten beide zur größeren der beiden Höhlen und verschwanden darin. Der Pastor setzte sich auf einen Felsbrocken und stützte das Kinn auf die Hand, die den Knauf seines Gehstocks hielt. Er war noch immer erfüllt von dem triumphalen Gefühl, zu sich zurückgefunden zu haben.

Ungefähr eine Viertelstunde lang hörte er sie in der Höhle murmeln. Kurz darauf kamen sie mit noch immer ernsten Gesichtern heraus. Von Neugier geplagt, riskierte der Pastor eine Frage. Er zeigte mit dem Finger auf die größere Höhle und sagte: »Hachakyum lebt hier?« Beide nickten. Er wollte fortfahren und fragen, ob Hachakyum es billigte, daß er mit Metzabok gesprochen hatte, doch er spürte, daß diese Frage unklug wäre; außerdem war er sicher, daß die Antwort positiv ausfiele.

Bei Einbruch der Dämmerung kamen sie im Dorf an, nachdem sie den ganzen Weg zu Fuß zurückgelegt hatten. Die Indios waren viel zu schnell gegangen für Pastor Dowe, und sie hielten nur einmal an, um ein paar Sapotes zu essen, die sie unter den Bäumen gefunden hatten. Er bat sie, ihn zu Nicolás' Haus zu bringen. Als sie die Hütte erreichten, nieselte es. Der Pastor setzte sich vor die Tür unter den Schutz des überhängenden Daches aus Bambus. Er fühlte sich am Ende seiner Kräfte; es war der anstrengendste Tag seines Lebens gewesen, und er war noch nicht zu Hause.

Als Nicolás auftauchte, rannten seine beiden Begleiter davon. Offensichtlich wußte er schon von dem Besuch in der Höhle. Dem Pastor kam es vor, als habe er sein Gesicht noch nie so ausdrucksvoll oder freundlich gesehen. »*Utz, utz*«, sagte Nicolás. »Gut, gut. Du mußt essen und schlafen.«

Nach einem Mahl aus Früchten und Maiskuchen fühlte sich der Pastor besser. Die Hütte war voller Rauch vom Feuer in der Ecke. Er streckte sich auf einer niedrigen Hängematte aus, von der kleinen Marta, die hin und wieder beiläufig an einem Seil zog, in sachter Bewegung gehalten. Ein tiefes Verlangen nach Schlaf hatte ihn erfaßt, doch sein Gastgeber schien in einer gesprächigen Stimmung zu sein, und er wollte davon profitieren. Gerade als er zum Sprechen ansetzte, kam Nicolás mit einer rostigen Keksdose aus Blech zu ihm. Er hockte sich neben die Hängematte und sagte mit leiser Stimme: »Ich werde dir meine Sachen zeigen.« Der Pastor war erfreut; dieses Angebot war ein Zeichen höchster Freundschaft. Nicolás öffnete die Dose und nahm ein paar kleine Fetzen bedruckten Tuches, ein altes Röhrchen Chinintabletten, ein zerrissenes Stück Zeitungspapier und vier Kupfermünzen heraus. Er ließ dem Pastor Zeit, alles sorgfältig in Augenschein zu nehmen. Ganz unten lagen viele blaue und orangefarbene Federn, doch Nicolás machte sich nicht die Mühe, sie herauszunehmen. Der Pastor erkannte, daß er die Schätze des Haushalts zu sehen bekam; diese Gegenstände waren kostbare Kunstobjekte. Er betrachtete jeden einzelnen mit großer Ernsthaftigkeit und reichte sie mit einem Ausdruck der Bewunderung zurück.

Schließlich sagte er »Danke« und lehnte sich in der Hängematte zurück. Nicolás gab die Dose den Frauen, die in der Ecke saßen. Als er zum Pastor zurückkehrte, sagte er: »Jetzt schlafen wir.«

»Nicolás«, sagte der Pastor. »Ist Metzabok schlecht?«

»*Bai*, Señor. Manchmal sehr schlecht. Wie ein kleines Kind. Wenn er nicht sofort bekommt, was er will, macht er Feuer, Fieber, Krieg. Er kann auch sehr gut sein, wenn er glücklich ist. Du solltest jeden Tag mit ihm sprechen. Dann wirst du ihn kennen.«

»Aber ihr sprecht nie mit ihm.«

»*Bai,* das tun wir. Viele tun es, wenn sie krank sind oder unglücklich. Sie bitten ihn, das Böse wegzunehmen. Ich spreche nie mit ihm.« Nicolás wirkte sehr zufrieden. »Hachakyum ist ein guter Freund von mir, deshalb brauche ich Metzabok nicht. Außerdem ist Metzaboks Wohnung zu weit entfernt – drei Stunden zu Fuß. Ich kann hier mit Hachakyum sprechen.« Der Pastor wußte, daß er auf den kleinen Altar draußen anspielte. Er nickte und schlief ein.

Am frühen Morgen war das Dorf ein lärmendes Chaos: Hunde, Papageien und Kakadus, Säuglinge und Truthähne. Der Pastor lag still in seiner Hängematte und horchte, bevor er offiziell von Nicolás geweckt wurde. »Wir müssen jetzt gehen, Señor«, sagte er. »Alle warten auf dich.«

Beunruhigt richtete der Pastor sich halb auf. »Wohin?« rief er.

»Du sprichst und machst Musik.«

»Ja, ja.« Er hatte ganz vergessen, daß heute Sonntag war. Der Pastor schwieg, als er neben Nicolás den Weg zur Missionsstation hinaufstieg. Das Wetter hatte umgeschlagen, und die Morgensonne war sehr hell. »Diese Erfahrung hat mich gestärkt«, dachte er. Sein Kopf war klar; er fühlte sich erstaunlich gesund. Das ungewohnte Gefühl von Energie weckte nostalgische Erinnerungen an die Tage seiner Jugend. »Damals muß ich mich immer so gefühlt haben. Ich kann mich erinnern«, dachte er.

An der Missionsstation hatten sich viele Menschen eingefunden, viel mehr, als er je an einem Gottesdienst in Tacaté hatte teilnehmen sehen. Sie sprachen leise miteinander, doch als Nicolás und er erschienen, waren plötzlich alle still. Mateo stand auf dem Podium und wartete neben dem offenen Grammophon auf ihn. Schmerzlich wurde dem Pastor bewußt, daß er keine Predigt für seine Gemeinde vorbereitet hatte. Er ging einen Augenblick ins Haus, kehrte dann zurück, setzte sich in den Pavillon und griff nach der Bibel. Er hatte seine wenigen Notizen im Buch gelassen, das sich von selbst beim achtundsiebzigsten Psalm öffnete. »Ich werde ihnen den Psalm vorlesen«, beschloß er. Er wandte sich an Mateo. »Spiel die *disco*«, sagte er. Mateo legte »Crazy Rhythm« auf. Der Pastor brachte mit dem Bleistift hastig ein paar Veränderungen im Text an, ersetzte die Namen von Jakob und Ephraim durch die kleinerer lokaler Gottheiten wie Usukan und Sibanaa und veränderte auch die Ortsnamen. Und er schrieb jedes Mal das Wort »Hachakyum« hin, wo »Gott« oder »der Herr« stand. Er war noch nicht fertig, als die Musik zu Ende war. »Spiel sie noch einmal«, wies er Mateo an. Die Zuschauer waren entzückt, obwohl die Platte schrecklich verkratzt war. Als die Musik zum zweiten Mal verstummte, stand er auf und begann mit klarer Stimme den Psalm zu paraphrasieren. »Wie die Kinder Sibanaas, die geharnischt den Bogen führten, in den Wald rannten, um sich zu verstecken, als der Feind kam. Sie hielten den Bund Hachakyums nicht und wollten nicht unter seinem Gesetz wandeln.« Die Zuhörer waren elektrisiert. Während er sprach, bemerkte er, daß die kleine Marta ihn anstarrte. Sie hatte ihren Alligator losgelassen, und er kroch mit erstaunlicher Geschwindigkeit auf den Tisch zu, an dem er stand. Quintina, Mateo und die beiden Dienstmädchen stapelten auf einer Seite die Salzbrocken auf. Immer wieder kehrten sie in die Küche zurück, um noch mehr zu holen. Er sah ein, daß das, was er sagte, in der Religion seiner Zuhörer absolut keinen Sinn ergab, aber es war eine Geschichte über den Ausbruch göttlichen Mißfallens angesichts eines gottlosen Volkes, und sie genossen es sichtlich. Der Alligator, der sein Tuch hinter sich herzog, war wenige Zentimter von den Füßen des Pastors entfernt; dort verharrte er reglos, erleichtert, den Armen Martas entronnen zu sein.

Während er noch sprach, fing Mateo an, das Salz auszuteilen, und bald fuhren alle rhythmisch mit der Zunge über die Salzbrocken, lauschten jedoch weiterhin aufmerksam seinen Worten. Als er fast fertig war, gab er Mateo ein Zeichen, die Platte zu spielen, sobald er zu sprechen aufhörte; mit dem letzten Wort senkte er den Arm, und »Crazy Rhythm« erklang aufs neue. Der Alligator kroch eilig zum anderen Ende des Podiums. Pastor Dowe bückte sich und hob ihn auf. Als er einen Schritt nach vorn machte, um ihn Mateo zu übergeben, erhob Nicolás sich vom Boden, nahm Marta bei der Hand und kam mit ihr zum Pavillon.

»Señor«, sagte er. »Marta wird mit dir leben. Ich gebe sie dir.«

»Was meinst du?« rief der Pastor mit rauher Stimme. Der Alligator wand sich auf seinem Arm.

»Sie ist deine Frau. Sie wird mit dir leben.«

Pastor Dowes Augen weiteten sich. Einen Moment war er nicht in der Lage, etwas zu sagen. Er machte eine abwehrende Geste und sagte schließlich mehrmals hintereinander »Nein«.

Nicolás' Gesicht verfinsterte sich. »Du magst Marta nicht?«

»Doch. Sie ist sehr hübsch.« Der Pastor setzte sich langsam auf einen Stuhl. »Aber sie ist noch ein Kind.«

Nicolás runzelte ungeduldig die Stirn. »Sie ist schon groß.«

»Nein, Nicolás. Nein, nein, nein!«

Nicolás schob seine Tochter nach vorn, trat einige Schritte zurück und ließ sie neben dem Tisch stehen. »Es ist vollbracht«, sagte er streng. »Sie ist deine Frau. Ich habe sie dir gegeben.«

Pastor Dowe warf einen Blick auf die Versammlung und sah unausgesprochene Zustimmung in allen Gesichtern. »Crazy Rhythm« verklang. Alles schwieg. Unter dem Mangobaum entdeckte er eine Frau, die mit einem kleinen, glänzenden Gegenstand spielte. Plötzlich erkannte er sein Brillenetui; die Frau war dabei, den Kunstlederbezug abzureißen. Das blanke Aluminium mit den Dellen schimmerte in der Sonne. Aus irgendeinem Grund ertappte er sich selbst in dieser Situation bei dem Gedanken: »Ich hatte also unrecht. Es ist nicht tot. Sie wird es aufbewahren, so wie Nicolás seine Chinintabletten.«

Er sah auf Marta hinunter. Das Kind starrte ihn vollkommen ausdruckslos an. »Wie eine Katze«, dachte er.

Wieder begann er zu protestieren. »Nicolás«, rief er mit hoher Stimme. »Das ist unmöglich!« Er spürte eine Hand auf seinem Arm, drehte sich um und bemerkte Mateos warnenden Blick.

Nicolás war bereits wieder auf dem Weg zum Pavillon, sein Gesicht glich einer Gewitterwolke. Als er sprechen wollte, kam ihm der Pastor schnell zuvor. Er hatte beschlossen nachzugeben. »Sie darf heute in der Missionsstation bleiben«, sagte er schwach.

»Sie ist deine Frau«, sagte Nicolás eindringlich. »Du kannst sie nicht fortschicken. Du mußt sie behalten.«

»*Diga que sí*«, flüsterte Mateo. »Sagen Sie ja, Señor!«

»Ja«, hörte der Pastor sich antworten. »Ja. Gut.« Er erhob sich und ging langsam zum Haus, in der einen Hand den

Alligator, mit der anderen Marta vor sich her schiebend. Mateo folgte und schloß die Tür hinter ihnen.

»Nimm sie mit in die Küche, Mateo«, sagte der Pastor mürrisch und gab Marta das kleine Reptil zurück. Als Mateo mit dem Kind an der Hand durch den Patio ging, rief er ihm nach: »Bring sie zu Quintina, und komm dann in mein Zimmer!«

Er setzte sich auf die Bettkante und starrte vor sich hin, ohne etwas zu sehen. Mit jedem Augenblick erschien ihm seine mißliche Lage schrecklicher. Erleichtert hörte er Mateo klopfen. Die Menschen draußen zerstreuten sich langsam. Es kostete ihn große Anstrengung, »*Adelante!*« zu rufen. Als Mateo eingetreten war, sagte der Pastor: »Schließ die Tür.«

»Mateo, wußtest du, daß sie das vorhatten? Daß sie das Kind hierherbringen würden?«

»*Si*, Señor.«

»Du wußtest es! Aber warum hast du nichts gesagt? Warum hast du mir nichts gesagt?«

Mateo zuckte die Achseln und schaute zu Boden. »Ich wußte nicht, daß es Sie stören würde«, sagte er. »Außerdem wäre es sowieso zwecklos gewesen.«

»Zwecklos? Weshalb? Du hättest Nicolás daran hindern können«, sagte der Pastor, obgleich er das selbst nicht glaubte.

Mateo lachte auf. »Meinen Sie?«

»Mateo, du mußt mir helfen. Wir müssen Nicolás dazu bringen, sie wieder mitzunehmen.«

Mateo schüttelte den Kopf. »Unmöglich. Die Leute hier sind sehr streng. Sie ändern niemals ihre Gesetze.«

»Vielleicht ein Brief an den Verwalter in Ocosingo…«

»Nein, Señor. Das würde die Sache nur verschlimmern. Sie sind nicht katholisch.« Mateo trat von einem Fuß auf den anderen und lächelte dünn. »Warum behalten Sie die Kleine nicht? Sie ißt nicht viel. Sie kann in der Küche helfen. In zwei Jahren ist sie sehr hübsch.«

Der Pastor sprang auf und machte eine so ausladende und heftige Bewegung, daß das über seinem Kopf aufgerollte Moskitonetz auf ihn herabstürzte. Mateo half ihm, es zu entwirren. Die Luft roch nach Staub aus dem Netz.

»Du verstehst gar nichts«, rief Pastor Dowe außer sich. »Mit dir kann ich nicht reden. Mit dir will ich nicht reden. Geh und laß mich in Frieden!« Gehorsam verließ Mateo das Zimmer.

Der Pastor schlug die rechte Faust in die linke Hand, wieder und wieder, während er am Fenster stand und die Landschaft betrachtete, die im grellen Sonnenschein lag. Einige der Frauen aßen unter dem Mangobaum; alle anderen waren die Hügel wieder hinabgestiegen.

Den ganzen Nachmittag lag er auf seinem Bett. Bei Einbruch der Dämmerung faßte er einen Entschluß. Er verriegelte seine Tür und packte soviel an persönlichen Gegenständen wie möglich in seinen kleinsten Koffer. Die Bibel und die Notizbücher legte er obenauf, zusammen mit der Zahnbürste und den Atebrintabletten. Als Quintina das Abendessen ankündigte, bat er sie, es ihm ans Bett zu bringen, und verstaute den fertiggepackten Koffer im Schrank, bevor er ihr die Tür öffnete. Er wartete, bis überall im Haus die Stimmen verklungen waren und er sicher sein konnte, daß alle schliefen. Mit dem nicht allzu schweren Koffer in der Hand schlich er auf Zehenspitzen in den Patio, trat hinaus in die duftende Nacht, überquerte den offenen Platz vor dem Pavillon, ging unter dem Mangobaum hindurch und dann den Pfad nach Tacaté entlang. Er ging eilig, denn er wollte vor Mondaufgang das Dorf hinter sich haben.

Ein Chor von bellenden Hunden empfing ihn, als er in die Dorfstraße einbog. Er begann zu rennen, geradeaus, bis ans andere Ende. Und er rannte weiter, bis er zu einer Stelle kam, wo der Pfad breiter wurde, sich den Hügel hinabschlängelte und in den Wald mündete. Sein Herz schlug heftig vor Anstrengung. Um sich auszuruhen und um sicherzugehen, daß man ihm nicht folgte, setzte er sich mitten auf den Pfad auf seinen kleinen Koffer. So verharrte er eine lange Zeit und dachte an nichts, während die Nacht fortschritt und der Mond aufging. Er hörte nur den leichten Wind zwischen den Blättern und den Schlingpflanzen. Über ihm taumelten lautlos ein paar Fledermäuse durch die Dunkelheit. Schließlich holte er tief Luft, stand auf und ging weiter.

New York, 1946

DU BIST NICHT ICH

Du bist nicht ich. Niemand außer mir könnte so sein. Das weiß ich, und ich weiß auch, wo ich gewesen bin und was ich getan habe, seit ich gestern nach dem Eisenbahnunglück zum Haupttor hinausgegangen bin. Alle waren so aufgeregt, daß keiner mich bemerkt hat. Sobald man es mit verunglückten Menschen und zerschmetterten entgleisten Eisenbahnwaggons zu tun hatte, die unten auf den Schienen lagen, wurde ich zu einer unbedeutenden Nebensache. Als wir den Krach hörten, liefen wir Mädchen zum Damm hinunter und prallten wie eine Horde Affen gegen den Zaun, der zum Schutz vor Wirbelstürmen diente. Mrs. Werth kaute auf ihrem Kruzifix herum und weinte sich die Augen aus. Ich nehme an, sie hatte sich den Mund verletzt. Oder vielleicht dachte sie auch, daß eine von ihren Töchtern in dem Zug da unten sein könnte. Es war wirklich ein schlimmes Unglück, das konnte jeder sehen. Der Frühlingsregen hatte die Erde gelockert, die die Schwellen trug, deshalb hatten sich die Schienen ein wenig verbreitert, und der Zug war einfach in den Graben gekippt. Aber wie alle Welt sich dermaßen aufregen konnte, verstehe ich trotzdem nicht.

Ich habe Züge schon immer gehaßt. Ich haßte es, sie da unten vorbeifahren zu sehen, und ich haßte es, sie weiter hinten im Tal in Richtung Stadt verschwinden zu sehen. Es machte mich wütend, an all die Leute zu denken, die von einer Stadt in die andere fuhren, ohne ein Recht dazu zu haben. Wer sagte ihnen: »Los, geh und kauf dir ein Ticket und fahr heut morgen nach Reading. Du wirst an dreiundzwanzig Stationen haltmachen, über vierzig Brücken und durch drei Tunnel fahren und immer noch weiterfahren, sogar wenn du Reading schon passiert hast«? Keiner. Ich weiß es. Ich weiß, es gibt keinen Boss, der den Leuten so was sagt. Aber es macht das Ganze ein wenig erträglicher, wenn man sich eine solche Person vorstellen kann. Vielleicht wäre es ja auch nur eine gräßliche Stimme, die durch Lautsprecheranlagen in alle größeren Straßen übertragen wird.

Als ich den Zug da unten hilflos auf der Seite liegen sah wie einen alten Wurm, der von einem Blatt gefegt worden war, fing ich an zu lachen. Aber als dann die ersten Leute blutüberströmt aus den Fenstern der Waggons kletterten, klammerte ich mich fest an den Zaun.

Ich war oben im Hof, und da flog ein Fetzen Einwickelpapier von einer Schachtel Cheese Tid Bits durch die Luft. Dann stand ich am Haupttor, und es war offen. Draußen auf dem Bürgersteig parkte ein schwarzer Wagen. Am Steuer saß ein Mann und rauchte. Ich dachte daran, ihn anzusprechen und ihn zu fragen, ob er wußte, wer ich war, entschied mich aber dann doch lieber dagegen. Es war ein sonniger Morgen, die Luft duftete, die Vögel sangen, und ich folgte der Straße um den Hügel herum und zu den Gleisen hinunter. Ich lief aufgeregt die Schienen entlang. Der Speisewagen sah ziemlich komisch aus, sämtliche Fenster zersplittert, und manche von den Jalousien waren noch heruntergezogen. In dem Baum über mir saß ein Rotkehlchen und pfiff vor sich hin. »Natürlich«, sagte ich mir, »das passiert ja nur in der Menschenwelt. Wenn wirklich etwas passieren würde, würde es aufhören zu pfeifen.« Ich ging auf dem Schotter neben den Schienen auf und ab und schaute mir die

Leute an, die im Gebüsch lagen. Die Männer fingen jetzt an, sie ans vordere Ende des Zuges zu tragen, wo die Straße die Gleise kreuzt. Dort stand eine Frau in einer weißen Uniform. Ich hütete mich, ihr allzu nahe zu kommen.

Ich beschloß, den breiten Weg hinunterzugehen, der durch die Brombeerhecken führt und in eine kleine Lichtung mündet, wo ich auf einem Müllhaufen einen alten Herd mit vielen schmutzigen Verbänden und Taschentüchern fand. Darunter lagen mehrere Häufchen von Steinen. Ich entdeckte ein paar, die rund waren, und ein paar andere. Die Erde war weich und feucht. Als ich zum Zug zurückkam, schienen noch mehr Leute als vorher dort herumzulaufen. Ich ging hinüber zu den Körpern, die Seite an Seite auf dem Schotter lagen, und schaute mir ihre Gesichter an. Eins war ein Mädchen, und ihr Mund stand offen. Ich ließ einen von meinen Steinen hineinfallen und ging weiter, zu einem dicken Mann, dem ebenfalls der Mund aufstand. Ich legte einen spitzen Stein hinein, der aussah wie ein Stück Kohle. Dann fiel mir ein, daß ich vielleicht nicht genug Steine für alle hatte, und der Schotter war zu klein. Ich begegnete einer alten Frau, die unruhig auf und ab lief und sich immer wieder hastig die Hände am Rock abwischte. Sie trug ein langes schwarzes Seidenkleid, das über und über mit einem Muster von blauen Mündern bedruckt war. Vielleicht sollten es Blätter sein, aber sie sahen aus wie Münder. Ich fand, sie machte einen ziemlich verrückten Eindruck, und ging ihr lieber aus dem Weg. Plötzlich entdeckte ich eine Hand mit lauter Ringen an den Fingern, die unter einem Haufen von verbogenen Metallteilen herauslugte. Ich zerrte an den Metallteilen und legte ihr Gesicht frei. Es war eine Frau, und ihr Mund war geschlossen. Ich versuchte, ihn aufzustoßen, damit ich einen Stein hineinlegen konnte. Da packte mich ein Mann an der Schulter und schüttelte mich. Er sah böse aus:

»Was machst du denn da?« schrie er. »Bist du verrückt geworden?« Ich fing an zu weinen und sagte, sie sei meine Schwester. Sie sah ihr tatsächlich ein bißchen ähnlich, und ich schluchzte und sagte immer wieder: »Sie ist tot. Sie ist tot.« Der Mann sah nicht mehr so böse aus und schob mich vor sich her zum Anfang des Zuges, wobei er mich an einem Arm festhielt. Ich versuchte, mich loszureißen. Gleichzeitig beschloß ich, nichts anderes mehr zu sagen als »Sie ist tot«. »Ist ja schon gut«, sagte der Mann. Als wir das vordere Ende des Zuges erreicht hatten, sagte er, ich sollte mich auf die Grasböschung setzen, wo schon eine Menge anderer Leute wartete. Ein paar weinten; ich blieb stehen und schaute sie mir an.

Es kam mir so vor, als wäre das Leben hier draußen genauso wie das da drinnen. Immer gab es irgend jemand, der die Leute davon abhielt, das zu tun, was sie eigentlich wollten. Ich lächelte, als mir klar wurde, daß es genau das Gegenteil war von dem, was ich mir vorgestellt hatte, als ich noch drin war. Vielleicht ist das, was wir machen wollen, verkehrt, aber warum sollen immer nur die anderen entscheiden? Darüber dachte ich nach, als ich da hockte und die zarten jungen Grashälmchen aus der Erde rupfte. Ich dachte, daß ein einziges Mal ich selber entscheiden würde, was nötig war und es auch tun würde.

Nach kurzer Zeit tauchten die ersten Krankenwagen auf. Sie waren für uns bestimmt, die Schlange von Leuten, die auf der Böschung saß, und für die, die auf den Bahren und Mänteln herumlagen. Ich weiß nicht warum, denn diese Leute hatten gar keine Schmerzen. Oder vielleicht doch. Wenn viele Leute gleichzeitig verletzt werden, machen sie nicht so viel Aufhebens davon, wahrscheinlich, weil sowieso keiner darauf achten würde. Natürlich hatte ich keine Schmerzen. Ich hätte das auch jedem gesagt, wenn mich einer gefragt hätte. Aber keiner fragte. Sie wollten nur meine Adresse wissen, und ich gab ihnen die von meiner Schwester, denn sie wohnte ja nur eine halbe Stunde entfernt. Außerdem hatte ich auch lange dort gewohnt, ehe ich wegging, aber das war schon Jahre her, glaube ich. Dann transportierten sie uns alle zusammen ab. Manche legten sich im Innern der Krankenwagen hin, und der Rest verteilte sich auf den unbequemen Bänken in einem Wagen ohne Bett. Die Frau neben mir muß eine Fremde gewesen sein, sie stöhnte die ganze Zeit nur wie ein kleines Kind vor sich hin, und dabei konnte ich keinen Tropfen Blut an ihr erkennen. Ich schaute sie mir unterwegs ganz genau an, aber anscheinend mochte sie das nicht, denn sie drehte ihr Gesicht zur Seite und schluchzte. Als wir am Krankenhaus ankamen, brachten sie uns hinein und untersuchten uns. Als ich an der Reihe war, sagten sie nur »Schock« und fragten mich noch einmal, wo ich wohnte. Ich gab ihnen dieselbe Adresse wie vorher, und etwas später brachten sie mich raus und setzten mich auf den Beifahrersitz eines Kombiwagens, zwischen den Fahrer und einen anderen Mann, einen Krankenwärter, nehme ich an. Sie redeten mit mir über das Wetter, aber ich wußte Bescheid und hatte keine Lust, mich überrumpeln zu lassen. Ich weiß nämlich, daß das harmloseste Thema sich plötzlich verdrehen und sich einem wie eine Schlinge um den Hals legen kann, wenn man sich schon in Sicherheit wiegt.

»Sie ist tot«, sagte ich einmal, als wir etwa die Hälfte des Weges zurückgelegt hatten.

»Vielleicht, vielleicht auch nicht«, sagte der Fahrer, als

hätte er es mit einem kleinen Kind zu tun. Die meiste Zeit saß ich einfach mit gesenktem Kopf da, aber trotzdem schaffte ich es, unterwegs alle Tankstellen zu zählen.

Als wir am Haus meiner Schwester angekommen waren, stieg der Fahrer aus und klingelte. Ich hatte ganz vergessen, wie häßlich die Straße war. Die Häuser standen eins neben dem anderen, alle sahen gleich aus, und nur ein schmaler zementierter Durchgang trennte sie voneinander. Jedes lag ein paar Zentimeter tiefer als das nächste, so daß die ganze lange Reihe aussah wie ein enormes Treppenhaus. Offensichtlich durften die Kinder in allen Vorgärten herumtoben; nirgendwo war Gras zu sehen, überall nur Matsch.

Meine Schwester kam zur Tür. Der Fahrer und sie wechselten ein paar Worte, und ich beobachtete, wie sie plötzlich sehr besorgt aussah. Sie kam zum Auto und beugte sich hinein. Sie hatte eine neue Brille auf, mit dickeren Gläsern als die alte. Es schien, als ob sie mich gar nicht ansah. Statt dessen fragte sie den Fahrer:

»Sind Sie auch ganz *sicher*, daß es ihr gutgeht?«

»Absolut«, antwortete er. »Ich würde es nicht sagen, wenn es nicht so wäre. Sie wurde eben im Krankenhaus genauestens untersucht. Es ist nur ein Schock. Ein bißchen Ruhe, und sie ist wieder völlig okay.« Der Krankenwärter stieg aus, um mir heraus- und die Stufen hinaufzuhelfen, obwohl ich ganz gut allein gehen konnte. Ich merkte, wie meine Schwester mich aus den Augenwinkeln beobachtete, genau wie früher. Auf der Veranda hörte ich, wie sie dem Krankenwärter zuflüsterte:

»Sie sieht mir aber gar nicht gut aus.« Er tätschelte ihren Arm und sagte:

»Sie ist ganz okay. Sorgen Sie nur dafür, daß sie sich nicht aufregt.«

»Das haben sie schon immer gesagt«, jammerte sie, »aber sie tut es nun mal.«

Der Krankenwärter stieg wieder ins Auto.

»Jedenfalls ist sie nicht verletzt, Lady.« Er warf die Tür zu.

»Verletzt!« rief meine Schwester, als sie dem Auto nachschaute. Es fuhr los, und sie verfolgte es mit den Augen, bis es den Gipfel des Hügels erreicht hatte und abbog. Ich starrte immer noch auf den Boden der Veranda, denn ich war nicht ganz sicher, was jetzt passieren würde. Es kommt oft vor, daß ich schon im voraus weiß, daß irgendwas passieren wird, und dann verhalte ich mich jedesmal ganz still und lasse den Dingen einfach ihren Lauf. Es hat keinen Zweck, sich darüber aufzuregen oder zu versuchen, sie zu verhindern. Jetzt hatte ich eigentlich nicht das Gefühl, daß irgend etwas Besonderes herauskommen würde, aber ich merkte, daß es wahrscheinlich besser war, in Ruhe abzuwarten und meine Schwester zuerst reden zu lassen. Sie blieb in ihrer Schürze wie angewurzelt stehen und brach die Spitzen der Kätzchenzweige ab, die aus dem Busch neben ihr wuchsen. Sie brachte es immer noch nicht über sich, mich anzuschauen. Schließlich brummte sie:

»Können genausogut reingehen. Ist viel zu kalt hier draußen.« Ich machte die Tür auf und ging hinein.

Ich sah auf den ersten Blick, daß sie das Ganze umgestellt hatte, alles war seitenverkehrt. Da war immer ein Flur und ein Wohnzimmer gewesen, aber der Flur lag früher auf der linken Seite des Wohnzimmers, und jetzt war er rechts. Ich überlegte, warum ich nicht gemerkt hatte, daß die Eingangstür jetzt auch auf der rechten Seite der Veranda war. Sie hatte sogar die Anordnung von Treppe und Kamin vertauscht. Die Möbel waren zwar noch dieselben, aber jedes Stück stand genau gegenüber von der Stelle, an der es vorher gestanden hatte. Ich beschloß, nichts zu sagen und ihr die Erklärung zu überlassen, wenn sie Lust dazu hatte. Das Ganze mußte sie jeden Cent gekostet haben, den sie auf der Bank hatte, und trotzdem sah es genauso aus wie vorher. Ich hielt den Mund, aber ich konnte es mir nicht verkneifen, mich neugierig umzugucken, um herauszufinden, ob sie auch wirklich keine Kleinigkeit vergessen hatte.

Ich ging ins Wohnzimmer. Die drei großen Stühle, die um den Tisch in der Mitte standen, waren wie immer mit alten Laken abgedeckt, und die Flurlampe am Pianola hatte noch immer denselben zerrissenen Zellophanschirm. Alles sah auf diese Art so komisch aus, daß ich anfing zu lachen. Ich merkte, wie sie sich an den Fransen des Vorhangs festklammerte und mich anstarrte. Ich lachte weiter.

Aus dem Radio nebenan kamen ein paar Orgelstücke. Plötzlich sagte meine Schwester:

»Setz dich, Ethel. Ich habe etwas zu erledigen. Ich bin gleich wieder da.« Sie ging durch den Flur in die Küche, und dann hörte ich, wie sie die Hintertür aufmachte.

Ich wußte schon, wohin sie ging. Sie hatte Angst vor mir und wollte Mrs. Jelinek holen. Und es war genau, wie ich vermutet hatte: Zwei Minuten später kehrten sie zusammen zurück, und diesmal kam meine Schwester sofort ins Wohnzimmer. Sie sah jetzt böse aus, aber sie sagte nichts. Mrs. Jelinek ist dick und schmuddelig. Sie schüttelte mir die Hand und sagte: »Tja, tja, altes Haus.« Ich beschloß, ihr ebenfalls keine Antwort zu geben, denn ich traute ihr nicht. Ich wandte mich ab und öffnete den Deckel des Pianolas. Ich versuchte, ein paar Töne anzuschlagen, aber das Schnappschloß war eingerastet, so daß die Tasten steif blieben und sich nicht bewegen ließen. Ich schloß den Deckel wieder und ging zum Fenster, um hinauszusehen. Ein kleines Mädchen wanderte den Bürgersteig entlang, der den Hügel hinunterführte, und schob dabei einen Puppenwagen vor sich her. Es schaute sich immer wieder nach den Spuren um, die die Räder machten, wenn sie durch eine Pfütze gefahren waren und auf dem trockenen Pflaster weiterrollten. Ich war entschlossen, Mrs. Jelinek keine Chance zu geben, deshalb blieb ich ruhig. Ich setzte mich auf den Schaukelstuhl neben dem Fenster und fing an, leise vor mich hinzusummen.

Es dauerte nicht lange, und die beiden tuschelten miteinander, aber natürlich verstand ich trotzdem jedes Wort. Mrs. Jelinek sagte:

»Ich dachte, sie würden sie behalten.« Und meine Schwester meinte:

»Ich weiß nicht. Das dachte ich auch. Aber der Mann sagte immer wieder, daß sie okay ist. Huh! Dabei ist sie genauso wie früher.«

»Ja sicher«, sagte Mrs. Jelinek, und dann waren sie wieder ein paar Minuten still.

»Na ja, jedenfalls lasse ich mir das nicht bieten!« sagte meine Schwester plötzlich. »Ich werde Dr. Dunn sagen, was ich von ihm halte.«

»Ruf doch das Heim an«, drängelte Mrs. Jelinek.

»Genau das mache ich«, sagte meine Schwester. »Du bleibst hier. Ich schau mal nach, ob Kate zu Hause ist.« Sie meinte Mrs. Schulz, die auf der anderen Straßenseite wohnt und ein Telefon hat. Ich schaute nicht mal auf, als sie das Zimmer verließ. Ich hatte eine große Entscheidung getroffen und zwar, hier im Hause zu bleiben, und mich unter keinen Umständen wieder zurückbringen zu lassen. Ich wußte, daß das nicht leicht sein würde, aber ich hatte einen Plan, und ich war sicher, daß er klappen würde, wenn ich nur meine ganze Willenskraft einsetzte. Ich habe einen ziemlich starken Willen.

Am wichtigsten war es, auch weiter ruhig zu bleiben, kein Wort zu sagen, das den Zauber, mit dem ich jetzt anfing, hätte brechen können. Ich wußte, daß ich mich stark konzentrieren mußte, aber das fiel mir nicht besonders schwer. Es würde einen Kampf zwischen meiner Schwester und mir geben, doch ich hatte keinen Zweifel, daß ich mit meinem starken Charakter und der besseren Erziehung bestens für eine solche Machtprobe ausgestattet war und daß ich gewinnen konnte. Ich mußte mich nur stark genug darauf konzentrieren, und dann würde alles genauso verlaufen, wie ich wollte. Ich machte mir das wieder und wieder klar, als ich vor mich hinschaukelte. Mrs. Jelinek stand mit verschränkten Armen im Eingang zum Flur und schaute fast die ganze Zeit zur Vordertür hinaus. Mittlerweile erschien mir das Leben viel klarer und sinnvoller als seit langem. Auf diese Weise würde ich genau das kriegen, was ich wollte. »Niemand kann dich aufhalten«, dachte ich.

Es dauerte eine Viertelstunde, bis meine Schwester wiederkam. Sie hatte Mrs. Schultz und Mrs. Schultz' Bruder mitgebracht, und alle drei sahen ein bißchen verschreckt aus. Ich wußte, was passiert war, noch ehe sie es Mrs. Jelinek erzählt hatten. Sie hatte das Heim angerufen und sich bei Dr. Dunn beschwert, daß man mich entlassen hatte, und er war sehr aufgeregt gewesen und hatte ihr gesagt, daß sie mich mit allen Mitteln festhalten solle, denn ich war überhaupt nicht entlassen worden, sondern irgendwie *abgehauen*. Ich war ein bißchen schockiert, daß er es so ausdrückte, aber wenn ich darüber nachdachte, mußte ich zugeben, daß es schon irgendwie stimmte.

Als Mrs. Schultz' Bruder hereinkam, stand ich auf und schaute ihm fest in die Augen.

»Immer mit der Ruhe, Miss Ethel«, sagte er, und seine Stimme wirkte nervös. Ich verbeugte mich leicht vor ihm ... wenigstens war er höflich.

»Paß auf, Steve«, sagte Mrs. Jelinek.

Ich beobachtete jede Bewegung im Zimmer. Eher wäre ich gestorben, als daß ich zugelassen hätte, daß sie meinen Zauber brachen. Ich merkte, daß ich ihn nur mit größter Anstrengung aufrechterhalten konnte. Mrs. Schultz' Bruder rieb sich mit einer Hand die Nase, die andere zuckte in seiner Hosentasche. Mrs. Schultz und Mrs. Jelinek würden nicht weitergehen, als meine Schwester es zuließ. Und sie selbst hatte schreckliche Angst vor mir. Obgleich ich ihr nie etwas getan hatte, war sie schon immer fest davon überzeugt gewesen, daß es eines Tages soweit war. Vielleicht ahnte sie schon, was ich ihr antun würde, aber andererseits glaube ich es auch wieder nicht, denn sonst wäre sie wahrscheinlich Hals über Kopf weggelaufen.

»Wann kommen sie?« fragte Mrs. Jelinek.

»Sobald wie möglich«, sagte Mrs. Schultz.

Sie standen alle in der Tür.

»Übrigens hieß es gestern abend im Radio, daß man die Überschwemmungsopfer geborgen hat, habt ihr's gehört«, sagte Mrs. Schultz' Bruder. Er zündete sich eine Zigarette an und lehnte sich gegen das Treppengeländer.

Das Haus war eigentlich nicht richtig häßlich, aber ich machte schon Pläne, wie ich es verändern würde. Ich habe einen ausgezeichneten Geschmack, was Innenarchitektur betrifft. Doch jetzt versuchte ich nicht an so was zu denken und sagte mir immer wieder leise: »Du mußt es schaffen.«

Schließlich setzte Mrs. Jelinek sich auf die Couch neben

der Tür, zog den Rock über die Knie und hustete. Sie hatte immer noch ein rotes Gesicht und sah sehr ernst aus. Ich hätte laut herausplatzen können, wenn ich daran dachte, worauf sie in Wirklichkeit warteten, wenn sie es nur gewußt hätten.

Jetzt hörte man, wie draußen eine Wagentür zuklappte. Ich schaute hinaus. Zwei Männer vom Heim kamen durch den Vorgarten gestapft. Ein dritter blieb am Steuer sitzen und wartete. Meine Schwester lief hastig zur Tür und machte sie auf. Einer der beiden Männer sagte:

»Wo ist sie?« Sie kamen herein und standen ein paar Sekunden grinsend vor mir.

»Soso, hal-lo!« sagte der eine. Der andere drehte sich zu meiner Schwester und sagte:

»Keine Schwierigkeiten?« Sie schüttelte den Kopf.

»Ich frage mich nur, wieso sie nicht besser aufpassen konnten«, schimpfte sie böse. »Wenn sie so leicht herauskommen, was wissen *Sie* denn, was sie alles anstellen können?«

Der Mann grunzte und kam zu mir.

»Willst du jetzt mitkommen? Ich weiß jemand, der schon auf dich wartet.«

Ich stand auf und ging langsam quer durchs Zimmer, die Augen zu Boden gerichtet und an jeder Seite einen der beiden Männer. Als ich an meiner Schwester vorbeikam, die im Türeingang stand, nahm ich die Hand aus der Manteltasche und schaute sie fest an. Ich hielt einen von meinen Steinen in der Hand. Es war ganz leicht. Ehe einer von ihnen es verhindern konnte, holte ich aus und stopfte ihr den Stein in den Mund. Sie schrie schon, noch ehe ich sie berührte. Dann bluteten ihre Lippen. Aber das Ganze dauerte noch ziemlich lange. Alle standen wie angewurzelt. Als nächstes packten mich die beiden Männer am Arm, und ich schaute im Zimmer umher, auf die Wände. Ich merkte, daß meine Schneidezähne gebrochen waren, ich schmeckte Blut auf den Lippen. Ich fürchtete, jeden Moment in Ohnmacht zu fallen. Ich wollte mit der Hand zum Mund, doch sie hielten mir den Arm fest. »Das ist die Wende«, schoß es mir durch den Kopf.

Ich schloß ganz fest die Augen. Als ich sie wieder aufmachte, war alles anders, und ich wußte, daß ich gewonnen hatte. Einen Moment lang war alles noch ein bißchen verschwommen – ich sah mich selbst auf der Couch sitzen, die Hände vor dem Mund. Als ich wieder klar sehen konnte, entdeckte ich, daß die beiden Männer meine Schwester an den Armen festhielten und daß sie sich wie eine Wilde gegen sie zur Wehr setzte. Ich begrub mein Gesicht in den Händen und schaute nicht wieder hin. Während sie sie zur Haustür schafften, warfen sie den Schirmständer um, der dabei kaputtging. Er verletzte sie am Fuß, und sie trat noch ein paar Porzellanscherben in den Hausflur zurück. Ich war entzückt. Sie schleppten sie durch den Vorgarten zum Wagen und setzten sie zwischen sich auf den Rücksitz. Sie brüllte, schrie und fletschte die Zähne, aber als sie aus der Stadt hinausfuhren, fing sie an zu weinen. Trotzdem zählte sie heimlich die Tankstellen auf dem Weg zurück zum Heim und entdeckte, daß es eine mehr war, als sie geglaubt hatte. Als sie zum Bahnübergang in der Nähe der Stelle kamen, wo das Eisenbahnunglück passiert war, schaute sie hinaus, aber der Wagen war schon über die Schienen gerollt, ehe sie mitkriegte, daß sie zur falschen Seite hinausguckte.

Erst als sie durchs Tor fuhren, brach sie richtig zusammen. Sie versprachen ihr Eis zum Abendessen, aber sie wußte es besser und glaubte ihnen kein Wort. Als sie zwischen den beiden Männern durchs Hauptportal ging, blieb sie auf der Schwelle plötzlich stehen, nahm einen Stein aus ihrer Tasche und steckte sich ihn in den Mund. Sie versuchte, ihn hinunterzuschlucken, aber er blieb ihr im Hals stecken. Sie führten sie schnell den Gang entlang zu dem kleinen Wartezimmer und sorgten dafür, daß sie aufgab. Jetzt, wo ich darüber nachdenke, finde ich es doch reichlich merkwürdig, daß keiner merkte, daß sie nicht ich war.

Sie brachten sie zu Bett. Am nächsten Morgen konnte sie nicht mal mehr weinen, so erschöpft war sie.

Es ist jetzt Nachmittag, und es gießt in Strömen. Sie sitzt auf ihrem Bett (demselben, das ich früher hatte) und schreibt all das auf ein Stück Papier. Nie im Leben hätte sie daran gedacht, je so etwas zu tun, bis gestern, aber jetzt glaubt sie, daß sie ich geworden ist und tut alles, was sonst ich immer tat.

Das Haus ist totenstill. Ich sitze im Wohnzimmer auf der Couch. Ich könnte hinaufgehen und in ihr Schlafzimmer gucken, wenn ich wollte. Aber es ist schon so lange her, daß ich da oben war, und ich weiß nicht mehr, in welcher Reihenfolge die Räume liegen. So bleibe ich lieber hier unten. Wenn ich aufschaue, sehe ich das viereckige Buntglasfenster über der Treppe. Dunkelrot und orange, ein Stundenglas-Design, nur kommt nie Licht herein, weil das nächste Haus so nahe dran steht. Und außerdem gießt es hier wirklich in Strömen.

New York, 1948

Die leichte Beute

Es waren einmal drei Filala, die verkauften in Tabelbala Lederwaren – zwei Brüder und der junge Sohn ihrer Schwester. Die zwei älteren Kaufleute waren ernsthafte, bärtige Männer, die sich in ihrem *hanoute* beim Marktplatz gern in komplizierte theologische Diskussionen vertieften, während draußen langsam die heißesten Stunden des Tages verstrichen; der Junge dagegen widmete sich fast ausschließlich den schwarzhäutigen Mädchen im kleinen *quartier réservé* der Stadt. Da gab es eine, die erschien ihm begehrenswerter als alle anderen, und so war es ganz natürlich, daß er ein wenig traurig wurde, als ihm die beiden älteren Männer ankündigten, daß sie in Kürze zusammen nach Tessalit aufbrechen würden. Doch fast jede Stadt hat ihr *quartier*, und Driss war einigermaßen sicher, auch die liebreizendste Bewohnerin eines *quartiers* erobern zu können – egal, wie es um ihre gegenwärtigen emotionalen Beziehungen stand. So war sein Kummer, als er von der bevorstehenden Abreise hörte, nur von kurzer Dauer.

Die drei Filala warteten kühleres Wetter ab, ehe sie nach Tessalit aufbrachen. Weil sie möglichst rasch dorthin gelangen wollten, wählten sie die westlichste Reiseroute, also jene, die durch die abgelegensten Gegenden führt und an das Gebiet der plündernden Reguibatstämme angrenzt. Es war schon lange her, seit die unheimlichen Gebirgsbewohner das letzte Mal aus der *hammada* auf eine Karawane hinuntergestoßen waren. Die meisten Leute glaubten, daß sie seit dem Krieg der Sarrho den größten Teil ihrer Waffen und Munition, und, was noch wichtiger war, ihres Kampfgeistes aufgegeben hatten. Zudem würde eine kleine Gruppe von drei Männern mit ihren Kamelen schwerlich den Neid der Reguibat erwecken, die wegen ihrer großen Beute aus Rio de Oro und Mauretanien seit altersher wohlhabende Leute waren.

In Tabelbala begleiteten ihre Freunde, fast alle auch Lederhändler vom Stamm der Filala, sie traurig zum Stadtrand, wo sie ihnen einen Abschiedsgruß entboten und zuschauten, wie die drei ihre Kamele bestiegen und langsam auf den hellen Horizont zuritten.

»Wenn ihr auf die Reguibat stoßt, treibt sie vor euch her!« riefen sie ihnen noch nach.

Die Gefahr ging hauptsächlich von einem Gebiet aus, das sie erst nach drei oder vier Tagesreisen erreichen würden, und nach einer Woche würde die Gegend, in denen die Reguibat herrschten, schon gänzlich hinter ihnen liegen. Außer um die Mittagzeit war das Wetter angenehm kühl. Des Nachts wechselten sie sich mit den Wachen ab, und wenn Driss an der Reihe war, kramte er eine kleine Flöte hervor, über deren schrille Töne die älteren Onkel ärgerlich die Stirn runzelten. Sie sagten ihm, er solle sich ein Stück entfernt von ihren Matten hinsetzen und dort Wache halten. Dann saß er die ganze Nacht da und spielte alle traurigen Lieder, an die er sich erinnern konnte – die lustigeren gehörten für ihn ins *quartier*, wo man nie einsam war.

Wenn die Onkel Wache hielten, saßen sie ruhig da und starrten vor sich in die Nacht hinaus. Es gab nur sie drei.

Und dann erschien eines Tages eine einsame Gestalt am Horizont, die sich auf der leblosen Ebene aus Richtung Westen auf sie zu bewegte. Ein Mann auf einem Kamel, kein Zeichen von irgendwelchen Gefährten, obgleich sie die Wüste in allen Himmelsrichtungen absuchten. Als sie für eine Weile anhielten, änderte er unmerklich seinen Kurs. Sie ritten weiter, er änderte ihn wieder. Es gab keinen Zweifel, er wollte zu ihnen stoßen.

»Lassen wir ihn herankommen«, brummte der ältere Onkel und überflog noch einmal den leeren Horizont. »Jeder von uns hat ein Gewehr.«

Driss lachte. Es erschien ihm absurd, die Möglichkeit einer Gefahr von einem einzelnen Mann auch nur in Betracht zu ziehen.

Als die Gestalt in Rufweite war, grüßte sie im Tonfall eines Muezzins: »*S'l'm aleikoum!*« Sie zügelten ihre Kamele, stiegen aber nicht ab, sondern warteten, daß der Mann näher kam. Bald rief er ihnen zum zweitenmal einen Gruß zu, diesmal antwortete der ältere Onkel, aber noch war der Abstand zu groß, als daß seine Stimme ihn hätte überbrücken können, und der Mann hörte ihn nicht. Und urplötzlich war er so nah, daß sie erkennen konnten, daß er nicht die Kleidung der Reguibat trug. Sie murmelten sich zu: »Er kommt aus dem Norden, nicht aus dem Westen« und waren erleichtert. Trotzdem blieben sie auf ihren Kamelen sitzen, bis er auf gleicher Höhe mit ihnen war. Sie verbeugten sich feierlich vom Rücken der Kamele herab und suchten dabei nach irgendeiner falschen Note in diesem neuen Gesicht oder in den Falten seiner Kleidung, die die mögliche Wahrheit verraten könnte – daß dieser Mann ein Späher der Reguibat war, die nur ein paar Stunden entfernt oben in der *hammada* warteten, sich vielleicht sogar parallel zu ihrer Route bewegten und nicht in Sichtweite kamen, bis die Dämmerung hereingebrochen war.

Mit Sicherheit war der Fremde selbst kein Reguibat, er war lebhaft und vergnügt, mit heller Haut und spärlichem Bartwuchs. Driss merkte plötzlich, daß er diese kleinen flinken Augen nicht mochte – sie schienen alles in sich aufzunehmen, aber nichts zu verraten, doch dann schrieb er dieses vorübergehende Gefühl dem allgemeinen anfänglichen Mißtrauen zu, das gänzlich verflog, als sie hörten, daß der Mann ein Moungari war. In diesem Teil der Welt ist Moungar ein heiliger Ort, und seine wenigen Bewohner werden von den Pilgern, die den verfallenen Schrein vor der Stadt besuchen, mit größtem Respekt behandelt.

Der Neuankömmling gab sich keine Mühe, die Furcht, allein zu reisen oder die Freude, nun mit drei anderen Männern weiterzureiten, zu verbergen. Sie saßen ab und kochten Tee, um ihre Freundschaft zu besiegeln; der Moungari steuerte die Kohle bei.

Nachdem sie ihre Gläser zum drittenmal geleert hatten, fragte der Fremde, ob er sich ihnen bis Taoudeni anschließen könne, da er mehr oder weniger in dieselbe Richtung reise wie sie. Dabei schossen seine flinken schwarzen Äuglein von einem Filali zum anderen, und er erklärte, daß er ein ausgezeichneter Schütze sei und ihnen unterwegs bestimmt ein gutes Stück Gazellenfleisch oder doch wenigstens ein *aoudad* besorgen könne. Nachdem sich die Filala beraten hatten, sagte der Älteste: »Einverstanden.« Selbst, wenn sich herausstellen sollte, daß es um die Jagdkünste des Moungari nicht so gut bestellt war, wie er von sich behauptet hatte, wären sie von nun an zu viert statt zu dritt unterwegs.

Zwei Tage später deutete der Moungari im mächtigen Schweigen der aufgehenden Sonne auf die flachen Hügel, die östlich von ihnen lagen.

»*Trimma*. Ich kenne die Gegend. Wartet hier. Wenn ihr mich schießen hört, dann kommt, denn das bedeutet, daß Gazellen in der Nähe sind.«

Der Moungari ging zu Fuß los, kletterte zwischen den Felsbrocken aufwärts und verschwand hinter einem Vorsprung.

»Er vertraut uns«, dachten die Filala. »Er hat sein *mehari* zurückgelassen und auch seine Decken und sonstigen Habseligkeiten.« Sie sagten nichts, aber jeder wußte, daß die anderen das gleiche dachten wie er selber, und alle empfanden Wärme für den Fremden. Wartend saßen sie in der Kühle des frühen Morgens, während hinter ihnen die Kamele grunzten.

Es schien unwahrscheinlich, daß es in dieser Gegend tatsächlich Gazellen gab, aber wenn doch und der Moungari wirklich ein so guter Schütze war, wie er gesagt hatte, dann standen die Chancen für ein Gazellen-*mechoui* zum Abendessen nicht schlecht, und das war eine angenehme Aussicht.

Langsam stieg die Sonne am tiefblauen Himmel empor. Eins der Kamele rappelte sich mühsam auf und schleppte sich ein paar Schritte weiter in der Hoffnung auf eine verdorrte Distel oder ein Gebüsch zwischen den Felsen, irgend etwas, was vom vergangenen Jahr übriggeblieben sein mochte, als es vielleicht hier einmal geregnet hatte. Als es in den Felsen verschwand, stand Driss auf und trieb es mit lauten »*Hut!*«-Rufen zu den anderen zurück.

Er setzte sich wieder hin. Plötzlich fiel ein Schuß und nach einem langen, stillen Abstand ein zweiter. Sie schienen von ziemlich weit her zu kommen, waren aber in der vollkommenen Stille deutlich zu hören. Der ältere Bruder sagte:

»Ich gehe. Wer weiß, vielleicht gibt es dort wirklich Gazellen.«

Er kletterte mit seinem Gewehr in der Hand zwischen den Felsblöcken empor und verschwand.

Wieder warteten sie. Als dann Schüsse fielen, kamen sie von zwei Gewehren.

»Vielleicht haben sie eine erlegt!« rief Driss.

»*Yemkin*. Mit Allahs Hilfe«, erwiderte sein Onkel, stand auf und griff nach seinem Gewehr.

»Ich will auch mein Glück versuchen.«

Driss war enttäuscht. Eigentlich hatte er gehofft, selber gehen zu können. Wenn er nur einen Moment eher aufgesprungen wäre, dann hätte er vielleicht eine Chance gehabt, aber selbst dann hätte sein Onkel ihn wahrscheinlich hiergelassen, um auf die *mehara* aufzupassen. Auf jeden Fall war es jetzt zu spät, sein Onkel hatte gesprochen.

»Gut.«

Als sein Onkel sich auf den Weg machte, sang er ein Lied aus Tafilalet, das von Dattelpalmen und einem versteckten Lächeln handelte. Ein paar Minuten lang drangen noch Fetzen des Liedes an Driss' Ohr, während die Melodie die höheren Noten erreichte. Dann verloren auch sie sich in der allumfassenden Stille.

Er wartete. Allmählich brannte die Sonne immer heißer. Er bedeckte seinen Kopf mit dem Burnus. Die Kamele starrten sich blöde an, verrenkten die Hälse und entblößten gelbe und braune Zähne. Er dachte daran, seine Flöte zu holen, aber irgendwie erschien ihm das nicht der richtige Moment dafür: Er war zu unruhig, zu begierig, selber mit seinem Gewehr dort oben zu sein, hinter den Felsen zu lauern und sich an die leichte Beute heranzupirschen. Er dachte an Tessalit und fragte sich, wie es dort wohl sein würde. Voller Schwarzer und Tuareg, und vermutlich belebter als Tabelbala, weil eine Straße durch die Stadt führte. Da fiel ein

Schuß. Er wartete auf den nächsten, aber diesmal fielen keine weiteren. Wieder stellte er sich vor, zwischen den Felsen zu hocken und auf die fliehende Gazelle zu zielen. Er drückte ab, das Tier stolperte und fiel. Andere tauchten auf, er erwischte sie alle. In der Dunkelheit saßen die Reisenden um das Feuer und stopften sich mit frischem, geröstetem Fleisch voll, ihre Gesichter glänzten vor Fett. Alle waren glücklich, und selbst der Moungari mußte zugeben, daß der junge Filali der beste Schütze unter ihnen war.

In der zunehmenden Hitze döste er ein, sein Geist spielte über eine Landschaft von weichen Schenkeln und kleinen festen Brüsten, die sich wie Sanddünen unter ihm erhoben; Fetzen von Liedern segelten vorbei wie Wolken am Himmel, und die Luft war schwer vom Duft fetten Gazellenfleisches.

Plötzlich schnellte er auf und schaute sich hastig um. Die Kamele lagen mit ausgestreckten Hälsen am Boden. Nichts hatte sich verändert. Er stand auf, überflog unbehaglich die steinige Landschaft. Während er schlief, hatte sich eine feindliche Gegenwart in sein Bewußtsein geschlichen. Als er in Gedanken übersetzte, was er schon vorher gespürt hatte, stieß er einen Schrei aus. Seit er zum erstenmal diese kleinen flinken Äuglein gesehen hatte, mißtraute er ihrem Besitzer. Die Tatsache, daß sein Onkel ihn akzeptiert hatte, hatte jedoch seinen Verdacht in die Dunkelheit des Unterbewußtseins verstoßen. Doch vom Schlummer befreit, war er jetzt von neuem aufgebrochen. Driss wandte sich dem heißen Berghang zu und starrte angestrengt zwischen die Felsbrocken, in die schwarzen Schatten. Im Geiste hörte er wieder die Schüsse in den Felsen, und plötzlich ging ihm auf, was sie zu bedeuten hatten. Schluchzend holte er tief Luft und rannte los, um auf sein *mehari* zu springen. Er zwang es aufzustehen, und war schon ein paar hundert Schritte weit geritten, als er sich bewußt wurde, was er da tat. Er hielt das Tier an und saß einen Moment lang reglos da. Dann schaute er ängstlich und unentschlossen zum Lager zurück. Wenn seine Onkel wirklich tot waren, konnte er nichts anderes tun, als so schnell wie möglich aus der offenen Wüste zu verschwinden, weg von den Felsen, die dem Moungari Schutz gewähren könnten, während er auf ihn zielte.

Ohne zu wissen, welcher Weg nach Tessalit führte und ohne ausreichende Nahrung und Wasser brach er auf. Er hob nur ab und zu die Hand, um sich die Tränen abzuwischen.

Zwei oder drei Stunden setzte er seinen Weg fort, ohne darauf zu achten, wohin das *mehari* lief. Plötzlich richtete er sich gerade auf, stieß einen Fluch gegen sich selber aus und zwang das Tier in einem Anfall von Wut, umzukehren. In diesem Moment saßen seine Onkel vielleicht mit dem Moungari am Feuer, bereiteten das *mechoui*, schürten das Feuer und fragten sich traurig, warum ihr Neffe sie verlassen hatte. Vielleicht war auch schon einer von ihnen aufgebrochen, um ihn zu suchen. Es gäbe keine plausible Erklärung für sein Verhalten; es war einfach das Resultat eines absurden Grauens. Als er darüber nachdachte, nahm der Ärger gegen sich selbst zu: Sein Verhalten war unverzeihlich. Der Mittag war vorbei, die Sonne stand im Westen. Es würde spät werden, ehe er wieder zurück war. Bei der Aussicht auf das spöttische Gelächter und die unvermeidlichen Vorwürfe, die ihn zur Begrüßung erwarteten, wurde sein Gesicht heiß vor Scham, und er trat dem *mehari* grimmig in die Flanken.

Lange bevor er das Lager erreichte, hörte er den Gesang. Das überraschte ihn. Er hielt an und lauschte: Die Stimme war noch zu weit entfernt, als daß er sie hätte identifizieren können, aber Driss war sicher, daß es die des Moungari war. Er setzte seinen Weg am Rand des Gebirges fort, bis er an eine Stelle kam, von wo aus er einen guten Blick auf die Kamele hatte. Der Gesang hörte auf, Schweigen breitete sich aus. Einige der Bündel waren – wohl in Vorbereitung des bevorstehenden Aufbruchs – den Tieren wieder aufgeladen worden. Die Sonne stand schon tief, und die Schatten der Felsblöcke fielen lang über den Sand. Es sah nicht so aus, als hätten sie irgendwelches Wild erlegt. Er stieß einen Schrei aus, bereit abzusteigen. Fast im gleichen Augenblick fiel aus nächster Nähe ein Schuß, und er hörte den leisen sirrenden Laut der Kugel, die an seinem Kopf vorbeizischte. Er griff nach seinem Gewehr. Der zweite Schuß, ein stechender Schmerz in seinem Arm, und das Gewehr fiel ihm aus der Hand.

Eine Sekunde saß er benommen da und hielt sich den Arm. Dann sprang er mit einem Satz von seinem Kamel, kauerte sich zwischen die Felsen und griff mit seinem unverletzten Arm nach dem Gewehr. Als er es berührte, fiel der dritte Schuß, und das Gewehr bewegte sich in einer kleinen Staubwolke ein paar Zentimeter auf ihn zu. Er zog die Hand zurück und betrachtete sie: sie war dunkel, Blut tropfte herunter. Im selben Moment stürzte sich der Moungari mit einem Satz über das offene Feld zwischen ihnen. Ehe Driss eine Bewegung machen konnte, war der Mann über ihm und hatte ihn mit dem Lauf des Gewehrs zu Boden gedrückt. Über ihnen wölbte sich ein ungetrübter Himmel, der Moungari schaute trotzig hinauf. Er setzte sich rittlings auf den auf dem Rücken liegenden Jungen, stieß ihm das Gewehr unter dem Kinn in den Hals und flüsterte: »Filali-Hund!«

Driss starrte mit einer gewissen Neugier zu ihm empor. Der Moungari war im Vorteil, Driss konnte nur abwarten. Er betrachtete dieses Gesicht im Schein der untergehenden Sonne und entdeckte eine eigenartige Entschlossenheit darin. Er kannte diesen Ausdruck, er kommt vom Haschisch. Wer sich von seinem heißen Rauch davontragen läßt, kann der Welt der Bedeutung sehr weit entfliehen. Um das heimtückische Gesicht nicht länger anschauen zu müssen, verdrehte er die Augen. Über ihm war nichts als der verblassende Himmel. Das Gewehr drückte ihm ein wenig auf die Kehle. Er flüsterte: »Wo sind meine Onkel?«

Der Moungari rammte ihm das Gewehr fester in den Hals, beugte sich leicht nach vorn und riß ihm mit einer Hand die *serouelles* vom Leib, so daß er jetzt von der Hüfte abwärts nackt dalag. Er krümmte sich, als er die kalten Steine unter sich spürte.

Dann holte der Moungari einen Strick und fesselte ihm die Füße. Er ging zwei Schritte bis zu Driss' Kopf, drehte sich abrupt um und stieß ihm das Gewehr in den Nabel. Immer noch mit einer Hand zog er dem Jungen die restlichen Kleider über den Kopf und schnürte seine Handgelenke zusammen. Mit einem alten Rasiermesser kappte er das überschüssige Stück Strick. Während der ganzen Zeit rief Driss laut die Namen seiner Onkel, zuerst den einen, dann den anderen.

Der Mann stand auf und betrachtete den jungen Körper zwischen den Steinen. Er fuhr mit dem Finger über die scharfe Klinge, eine erwartungsvolle Erregung schien ihn zu packen. Er trat näher, schaute auf ihn herab und betrachtete das Geschlecht, das aus dem unteren Teil des Bauches emporsproß. Ohne sich völlig bewußt zu sein, was er tat, nahm er es in eine Hand und schwang den anderen Arm mit der

Bewegung eines Schnitters, der seine Sichel schwingt, darüber hinweg. Es war auf der Stelle abgetrennt. Ein rundes, dunkles Loch blieb übrig, rotgefärbte Hautfetzen, er starrte einen Moment geistesabwesend darauf. Driss schrie. Alle Muskeln seines Körpers empörten sich, spannten sich.

Langsam fing der Moungari an zu lächeln, fletschte die Zähne. Er legte seine Hand auf den verkrampften Bauch und strich über die Haut. Dann machte er einen vertikalen Einschnitt und stopfte das lose Organ sorgfältig mit beiden Händen hinein, bis es verschwand.

Als er seine Hände im Sand abwischte, stieß eins der Kamele einen grunzenden gurgelnden Schrei aus. Der Moungari sprang auf und wirbelte mit erhobener Klinge in der Hand ungestüm herum. Dann, beschämt über seine Nervosität und mit dem Gefühl, daß Driss ihn beobachtete und sich über ihn lustig machte (dabei waren die Augen des Jungen blind vor Schmerz), wälzte er ihn mit dem Fuß auf den Bauch, wo er zuckend liegenblieb. Als der Moungari seine Bewegungen betrachtete, kam ihm eine neue Idee. Es wäre nicht übel, dem jungen Filali eine letzte, entscheidende Demütigung zu verpassen. Er stürzte sich auf ihn, und diesmal genoß er es, laut und ohne Hast. Am Ende schlief er ein.

Bei Anbruch der Dämmerung erwachte er und griff nach seinem Rasiermesser, das neben ihm auf der Erde lag. Driss stöhnte schwach. Der Moungari rollte ihn auf den Rücken und stieß die Klinge wie eine Säge durch seinen Hals, bis er sicher war, daß er die Luftröhre durchgetrennt hatte. Dann stand er auf, ging weg und belud die Kamele mit den letzten Lasten, die er am Abend vorher vergessen hatte. Als er damit fertig war, verbrachte er geraume Zeit damit, die Leiche zum Fuß des Berges zu schleppen, wo er sie zwischen den Felsbrocken versteckte.

Wenn er die Waren der Filala nach Tessalit transportieren wollte (denn in Taoudeni würde er keine Käufer finden), mußte er ihre *mehara* mitnehmen. Es dauerte fast fünfzig Tage, bis er die Stadt erreichte. Tessalit ist klein. Als der Moungari anfing, die Lederwaren anzubieten, kam das einem alten Filala zu Ohren, der dort wohnte und von den Leuten Ech Chibani genannt wurde. Als potentieller Kunde getarnt kam er vorbei, um sich die Häute anzusehen, und der Moungari war so dumm, sie ihm zu zeigen. Filali-Leder ist unverwechselbar; nur Filala kaufen und verkaufen es in größeren Mengen. Ech Chibani wußte, daß der Moungari auf unrechte Weise an die Ware gekommen war, aber er ließ sich nichts anmerken. Als ein paar Tage später eine andere Karawane aus Tabelbala mit Freunden der drei Filala in Tessalit eintraf, die sich nach ihnen erkundigten und sehr betrübt waren, als sie hörten, daß sie nie angekommen waren, ging der alte Mann zum Tribunal. Nach anfänglichen Schwierigkeiten fand er einen Franzosen, der gewillt war, ihn anzuhören. Am nächsten Tag statteten der Kommandant und zwei seiner Untergebenen dem Moungari einen Besuch ab. Sie fragten ihn, wie es kam, daß er drei überzählige *mehara* hatte, die noch immer einiges vom Zaumzeug der Filala trugen. Er antwortete verschlagen. Die Franzosen hörten aufmerksam zu, dankten ihm und verließen das Haus. Er bemerkte nicht, wie der Kommandant den beiden anderen zublinzelte, als sie auf die Straße hinaustraten. Und so blieb er in seinem Hof sitzen, ohne zu ahnen, daß er geprüft und für schuldig befunden worden war.

Die drei Franzosen kehrten zum Tribunal zurück, wo die kürzlich eingetroffenen Filala mit Ech Chibani auf sie warteten. Die Geschichte war nicht neu, es gab keinen Zweifel an der Schuld des Moungari.

»Er gehört euch«, sagte der Kommandant. »Ihr könnt mit ihm machen, was ihr wollt.«

Die Filala dankten ihm ausgiebig, besprachen sich kurz mit dem alten Chibani und brachen in einer kleinen Gruppe auf. Als sie beim Haus des Moungari ankamen, kochte er gerade Tee. Er schaute auf, ein Schauer lief ihm über den Rücken. Er fing an, laut zu zetern und seine Unschuld zu beteuern; sie sagten nichts, sondern fesselten ihn mit vorgehaltenem Gewehr und warfen ihn in eine Ecke, wo er weiterjammerte und schluchzte. Ruhig tranken sie den Tee, den er gekocht hatte, machten noch etwas mehr und brachen bei Anbruch der Abenddämmerung auf. Sie banden ihn auf eins der *mehara*, bestiegen ihre eigenen und bewegten sich in einer stummen Prozession (stumm bis auf den Moungari) aus dem Stadttor hinaus in die unendliche Wüste, die vor der Stadt lag.

Die halbe Nacht ritten sie so fort, bis sie eine Gegend der Wüste erreichten, die von Menschen völlig unberührt war. Während er auf sein Kamel geschnürt vornüberhing und wimmerte, hoben sie eine brunnenähnliche Grube aus, und als sie damit fertig waren, holten sie ihn herunter und stellten ihn, noch immer straff gefesselt, hinein. Dann schütteten sie Sand und Steine nach, bis sein ganzer Körper verschwunden war und nur noch der Kopf über dem Erdboden sichtbar blieb. Im schwachen Schein des Neumondes wirkte sein rasierter Schädel ohne den Turban wie ein Stück Felsen. Immer noch flehte er sie an, beschwor Allah und Sidi Ahmed Ben Moussa, seine Unschuld zu bezeugen. Aber genausogut hätte er ein Lied singen können, denn sie schenkten seinen Worten keinerlei Aufmerksamkeit. Urplötzlich brachen sie dann auf, um nach Tessalit zurückzureiten und waren im Handumdrehen aus seiner Hörweite verschwunden.

Als sie weg waren, verstummte der Moungari, um die kalten Stunden hindurch auf die Sonne zu warten, die erst
Wärme, dann Hitze, Durst, Feuer und Visionen bringen
würde. In der nächsten Nacht wußte er nicht mehr, wo er
war, spürte auch die Kälte nicht länger. Der Wind wirbelte
den Staub vom Boden auf und blies ihn in seinen Mund, als
er sang.

S. S. Saturnia
(New York – Gibraltar), 1948

Señor Ong und Señor Ha

Am Ende der langen Straße, die durch die kleine Stadt führte, ragte in einem Winkel von 45 Grad ein kahler grüner Berg in den Himmel auf. Ein mächtiger Abhang fiel schroff von dem wolkenverhangenen Gipfel ins Flußtal hinab. In diesem Tal gab es weder Höfe noch Gärten. Das Land war zwar fruchtbar, aber die Leute aus der Stadt waren faul und machten sich nicht mal die Mühe, die auf der Erde verstreuten Felsen wegzuräumen. Außerdem war es sowieso viel zu heiß für solche Arbeit, und fast jeder in der Stadt hatte Malaria. So war man schon vor langer Zeit in die Gewohnheit verfallen, von den Indios zu leben, die mit Nahrungsmitteln aus den Bergen herunterkamen und mit Stoffen, Macheten und Spiegeln oder leeren Flaschen wieder dorthin zurückkehrten. Das Leben war immer einfach gewesen. Zwar war niemand richtig reich in der Stadt, aber es mußte auch niemand Hunger leiden. Zu jedem Haus gehörten ein paar Papaya- oder Mangobäume, und auf dem Markt gab es spottbillig Avocados und Ananas in Hülle und Fülle.

Einiges davon hatte sich geändert, als die Regierung anfing, den großen Damm oberhalb der Stadt zu bauen. Niemand schien genau zu wissen, wo dieser Damm war – irgendwo oben in den Bergen mußte er sein. Schon hatte das Wasser mehrere Dörfer überschwemmt und heute, nach sechs Jahren, war er noch immer nicht fertiggestellt. Das war das Wichtigste an dem Projekt, denn wenn die Indios jetzt aus den Bergen in die Stadt herunterkamen, brachten sie nicht nur Nahrungsmittel, sondern auch Geld mit. Und so kam es, daß einige Leute in der Stadt plötzlich wohlhabend waren. Sie konnten es selbst kaum glauben, aber da war das Geld, und die Indios kamen noch immer und ließen mehr und mehr davon in den Kassen ihrer Geschäfte zurück. Sie wußten gar nicht, was sie mit diesem unerwarteten Reichtum anfangen sollten. Die meisten kauften sich große Transistorradios, die sie von morgens bis abends laufen ließen. Wenn man die Hauptstraße entlangging, hörte man sie aus jedem Haus und konnte das Programm ohne Unterbrechung verfolgen. Aber es blieb immer noch Geld übrig. Pepe Jimenez hatte sich in der Hauptstadt ein brandneues Automobil zugelegt, aber als er damit in der Stadt ankam, nach über sechzig Meilen Schotterstraße von Mapastenango, konnte er wirklich keine Bewunderung mehr erregen, und er merkte, daß er einen unklugen Kauf gemacht hatte. Selbst die Hauptstraße war viel zu holprig und matschig, als daß er darauf hätte spazierenfahren können, und so stand der Wagen schon seit langem vor *Mi Esperanza*, der Bar an der Brücke, und rostete vor sich hin. Wenn Nicho und seine Freunde aus der Schule kamen, spielten sie darin und taten so, als sei er ein Fort. Aber dann kam eines Tages eine Gruppe von größeren Jungs aus dem oberen Teil der Stadt und belegte den Wagen mit Beschlag, so daß die Kleinen, die am Fluß wohnten, sich nicht länger trauten, in seine Nähe zu kommen.

Nicho bewohnte mit seiner Tante ein kleines Haus, dessen Garten in eine Wildnis von Schlingpflanzen und Unkraut überging. Genau unter ihnen rauschte der Fluß zwischen den großen Felsbrocken am Ufer durch seinen flachen, dunstverhangenen Canyon. Das Haus war einfach und sauber, und die beiden führten ein ruhiges Leben. Nichos Tante war eine von den Frauen, die das Leben ein bißchen zu leicht nahmen. Sie war sich dessen aber durchaus bewußt und glaubte, daß sie das Kind ihrer toten Schwester nur richtig erziehen konnte, wenn sie versuchte, ihm Disziplin beizubringen. Die Disziplin beschränkte sich darauf, ihn bei seinem richtigen Namen, also Dionisio, zu rufen.

Was ihr eigenes Leben anging, war Disziplin ebenfalls ein Wort ohne Bedeutung. Der Junge war also nicht besonders überrascht, als sie ihn eines Tages zu sich rief und sagte:

»Dionisio, du kannst nicht mehr in die Schule gehen. Wir haben kein Geld mehr. Don Anastasio zahlt dir zehn Pesos im Monat, wenn du in seinem Laden arbeitest, und mittagessen kannst du dort auch. *Lástima*, aber es ist einfach nicht genug Geld da.«

Eine Woche ging Nicho jeden Morgen in Don Anastasios Laden und lernte die Preise für die Waren, die er verkaufte. Als er dann eines Abends nach Hause kam, fand er einen fremdartig wirkenden Mann im Haus, der seiner Tante in dem zweiten Schaukelstuhl gegenübersaß. Der Mann sah ein bißchen so aus wie einige der Indios, die aus den fernsten und höchsten Bergen kamen, aber seine Haut war heller. Er war untersetzter und schien sanfter, und seine Augen waren zusammengekniffen. Er lächelte dem Jungen zu, aber in einer Art, die Nicho nicht gerade freundlich fand, und gab ihm die Hand, ohne von seinem Stuhl aufzustehen. An diesem Abend machte seine Tante einen sehr glücklichen Eindruck und sagte kurz vor dem Schlafengehen zu ihm:

»Señor Ong wird bei uns wohnen. Du brauchst nicht mehr arbeiten zu gehen. Gott ist uns gnädig gewesen.«

Aber Nicho wäre lieber weiter bei Don Anastasio geblieben, wenn Señor Ong wirklich bei ihnen einzog, denn dann wäre er nicht die ganze Zeit im Haus und brauchte ihn nicht dauernd zu sehen. Taktvoll sagte er:

»Ich mag Don Anastasio aber.« Seine Tante warf ihm einen prüfenden Blick zu.

»Señor Ong will nicht, daß du arbeitest. Er ist ein stolzer Mann und reich genug, um uns beide zu ernähren. Für ihn bedeutet das nichts. Er hat mir sein Geld gezeigt.«

Nicho war ganz und gar nicht begeistert. Der Kopf schwirrte ihm so sehr, daß er kaum einschlafen konnte. Er hatte Angst, daß er eines Tages mit Señor Ong kämpfen mußte. Und außerdem, was würden seine Freunde sagen? Señor Ong sah so komisch aus. Aber schon am nächsten Morgen kam Señor Ong mit drei Burschen, die Nicho kannte, vom Hotel Paraiso herüber. Jeder der drei trug ein großes Bündel auf dem Kopf. Er stand im Garten und beobachtete, wie sie die großzügigen Trinkgelder einsteckten, die Señor Ong verteilte, und dann in die Schule rannten, ohne sich darum zu kümmern, ob Nicho mit ihnen reden wollte oder nicht. »Übel, übel«, sagte er laut und kickte einen Stein über den bloßen Sandboden. Kurze Zeit später lief er zum Fluß hinunter, setzte sich auf den größten Felsbrocken und schaute auf das milchige Wasser, das unter ihm entlangsprudelte. Im Gewirr der Blätter am Ufer krähte eins von seinen fünf kleinen Hähnchen.

»*Cállate!*« rief er hinüber; seine eigene schlechte Laune ärgerte ihn mindestens genauso wie Señor Ongs Ankunft.

Und alles kam genauso, wie er befürchtet hatte – nur schlimmer. Zwei Tage später sagte einer der Jungs, als er am oberen Ende der Straße an ihm vorbeiging:

»*Hola, Chale!*« Er grüßte automatisch zurück und ging

weiter, aber im nächsten Moment fiel ihm ein: »*Chale?* Aber das heißt doch Chinese! Chinamann!« Natürlich. Señor Ong mußte Chinese sein. Er drehte sich nach dem Jungen um und dachte daran, ihm einen Stein in den Rücken zu werfen. Aber dann ließ er den Kopf hängen und ging langsam weiter. Es hatte einfach keinen Zweck.

Langsam, aber sicher machte der Witz die Runde, und bald nannten ihn sogar seine eigenen Freunde *Chale*, wenn sie ihm begegneten. Obgleich eigentlich er derjenige war, der unfreundlicher geworden war, bildete er sich ein, daß sie ihm aus dem Weg gingen, daß keiner mehr etwas mit ihm zu tun haben wollte, und so verbrachte er fast seine ganze Zeit allein am Fluß. Das Getöse dort unten war ohrenbetäubend, aber er fühlte sich dort immerhin besser als irgendwo anders.

Weder Señor Ong noch seine Tante kümmerten sich groß um ihn, außer, daß sie ihn bei den Mahlzeiten pausenlos ermahnten, mehr zu essen.

»Jetzt, wo wir genug zu essen haben, mehr, als wir brauchen, willst du nicht essen«, sagte seine Tante böse.

»Iß doch, Dionisio«, ermunterte ihn Señor Ong lächelnd.

»*Bien*«, sagte Nicho unwillig, aber mit einem Unterton von gespielter Resignation, nahm sich noch ein kleines Stück Tortilla und kaute widerstrebend.

Die Frage, ob er wieder in die Schule zurückgehen sollte, schien sich von selbst erledigt zu haben, wenigstens wurde das Thema nie wieder erwähnt, und er war auch sehr dankbar dafür, denn er hatte nicht die geringste Lust, seine Freunde wiederzusehen und sich von ihnen *Chale* nennen zu lassen. Das Wort selbst wäre ja noch zu ertragen gewesen, wenn es nur nicht so sehr auf die Lächerlichkeit seines häuslichen Lebens angespielt hätte. Seine Unfähigkeit, diesen Zustand zu ändern, erschien ihm viel schmählicher als jede Lage, in die er sich selbst hineinmanövriert haben könnte. Und so verbrachte er den Tag unten am Fluß, hüpfte wie eine Ziege über die Felsbrocken, warf mit Steinen nach den Aasgeiern, um sie von den Kadavern wegzuscheuchen, die das Wasser für sie übrigließ, suchte nach tieferen Stellen zum Schwimmen oder folgte dem Fluß abwärts, um nackt und faul auf einem Felsen in der Sonne zu liegen. Egal, wie freundlich Señor Ong zu ihm war – er hatte ihm schon ein paarmal Süßigkeiten und einmal sogar einen roten Bleistift mit Metallfassung mitgebracht –, er konnte sich einfach nicht dazu überwinden, ihn als Teil des Haushalts zu akzeptieren. Und dann diese gelegentlichen Besuche von fremden, wohlhabenden Leuten aus der Stadt. Es waren Personen, die seine Tante noch nie zuvor gesehen hatte, aber sie fanden es scheinbar ganz in Ordnung, ins Haus zu kommen, fünf bis zehn Minuten mit Señor Ong zu plaudern und dann wieder zu gehen, ohne sich auch nur nach seiner Tante erkundigt zu haben, die immer darauf achtete, daß sie sich im hinteren Teil des Hauses oder im Garten aufhielt, wenn sie kamen. Schließlich war es ihr Haus. Oder vielleicht doch nicht? Vielleicht hatte sie es Señor Ong geschenkt. Frauen konnten ganz schön verrückt sein. Er traute sich nicht, sie danach zu fragen. Nur einmal hatte er es über sich gebracht, sie auf die Leute anzusprechen, die in immer größerer Zahl ins Haus kamen. Sie hatte geantwortet: »Es sind Freunde von Señor Ong« und ihn mit einem Gesichtsausdruck angeschaut, der zu sagen schien: »Na, reicht dir das, du neugierige Nase?« Mehr als je zuvor war er davon überzeugt gewesen, daß es mit den Besuchern mehr auf sich hatte. Aber dann begegnete er Luz, und weil er jetzt nicht mehr allein war, hörte er eine Zeitlang auf, über die Besucher nachzudenken.

266

An einem ziemlich windigen Tag hatte er sie zum erstenmal gesehen. Sie stand auf der Brücke, und ihre hellen Haare hoben sich schimmernd vom Hintergrund der schwarzen Berge ab. Er blieb ganz still stehen, um sie sich ein wenig genauer anzuschauen: Täuschten ihn seine Augen? Nie hätte er geglaubt, daß irgend jemand auf der Welt so aussehen konnte. Ihr Haar lag wie ein seidiger weicher Helm um den Kopf, ihr Gesicht war völlig weiß, fast, als hätte sie es mit Farbe angemalt, und ihre Augenbrauen und Wimpern waren so hell, daß man sie kaum erkennen konnte. Nur ihre blaßrosa Lippen schienen wirklich. Mit einem Ausdruck äußerster Konzentration klammerte sie sich am Brückengeländer fest – oder war es vielleicht ein schwacher Schmerz? Dabei lugte sie unter den unvollständigen weißen Augenbrauen hervor. Und ihr Kopf bewegte sich langsam auf und ab, als versuchte sie, einen Blickwinkel zu finden, der für diese schwächlichen Augen, die unter den weißen Wimpern brannten, erträglich war.

Ein paar Wochen zuvor hätte er einfach dagestanden und die Erscheinung betrachtet, aber jetzt schaute er angestrengt hinüber. Das Mädchen, das etwa in seinem Alter sein mußte, war nahe daran, sich auf die Straße hinunterzustürzen. Er sprang hinzu und packte sie fest am Arm. Im selben Moment schnellte sie zurück und blinzelte zu ihm auf.

»Wer?« fragte sie verwirrt.

»Ich. Was ist los?«

Sie entspannte sich, ließ sich von ihm führen.

»Nichts«, sagte sie nach einem Moment. Nicho ging mit ihr den Weg zum Fluß hinunter. Als sie den Schatten erreichten, verschwanden auch die tiefen Furchen auf ihrer Stirn.

»Tut die Sonne deinen Augen weh?« fragte er, und sie

sagte ja. Unter einem riesigen alten Brotfruchtbaum stießen sie auf ein paar saubere graue Felsen. Dort setzten sie sich hin, und dann feuerte er eine ganze Salve von Fragen auf sie ab. Sie antwortete ruhig, ihr Name war Luz, sie war erst vor zwei Tagen mit ihrer Schwester aus San Lucas gekommen; sie würde eine Weile hier bei ihrem Großvater bleiben, weil ihre Eltern zu Hause Streit hatten. Bei all ihren Antworten starrte sie in die Landschaft hinaus, doch Nicho war sicher, daß sie die federigen Bäume jenseits des Flusses oder drüben in den Bergen gar nicht sah. Er fragte sie:

»Warum guckst du mich nicht an, wenn du mit mir sprichst?«

Sie hielt sich die Hand vors Gesicht.

»Meine Augen sind so häßlich.«

»Ist gar nicht wahr«, erklärte er entrüstet. Und fügte dann hinzu: »Sie sind wunderschön«, nachdem er sie einen Augenblick lang aufmerksam betrachtet hatte.

Sie merkte, daß er sich nicht über sie lustig machte und entschied auf der Stelle, daß sie ihn mehr mochte als alle anderen Jungs, die sie kannte.

An diesem Abend erzählte er seiner Tante von Luz. Als er die Farben in ihrem Gesicht und ihren Augen beschrieb, sah er, wie seine Tante immer erleichterter dreinschaute.

»*Una hija del sol!*« rief sie aus. »Sie bringen Glück. Du mußt sie für morgen zu uns einladen. Ich werde ihr eine gute *refresco de tamarinda* machen.«

Nicho sagte zwar ja, hatte aber keineswegs die Absicht, seine Freundin der aufdringlichen Neugier seiner Tante auszusetzen. Er war nicht erstaunt, zu hören, daß Albinos über besondere Kräfte verfügen, aber er fand es sehr selbstsüchtig von seiner Tante, gleich von denen profitieren zu wollen, die Luz möglicherweise besaß.

Als er am nächsten Tag zur Brücke ging, um sich mit Luz zu treffen, achtete er sorgfältig darauf, sie einen versteckten Pfad zum Wasser hinunterzuführen, damit man sie vom Haus aus nicht beobachten konnte. Das Flußbett lag zum größten Teil im Schatten der großen Bäume, die entlang der Ufer wuchsen. Langsam schlenderten die beiden Kinder flußabwärts und hüpften von Felsbrocken zu Felsbrocken. Ab und zu scheuchten sie einen Aasgeier auf, der sich bei ihrem Herannahen wie ein riesiger Schlackehaufen erhob und unsicher in der Luft schwankte, solange sie vorbeigingen, um sich einen Moment später am selben Ort wieder niederzulassen. Er kannte einen besonderen Platz, den er ihr zeigen wollte, dort wo sich der Fluß verbreiterte und das Ufer sandig wurde, aber er lag ziemlich weit flußabwärts, so daß sie eine Weile brauchten, um dort hinzukommen. Als sie ankamen, war alles in goldenes Sonnenlicht getaucht, und die Insekten hatten ihr Abendkonzert begonnen. Drüben auf dem Hügel, hinter einem dicken Wall von Bäumen verborgen, hielten Soldaten eine Schießübung ab: In unregelmäßigen Abständen hörte man kurze Salven von dumpfen Schüssen. Nicho rollte seine Hosenbeine bis übers Knie hinauf und watete ein gutes Stück in den flachen Strom hinaus.

»Warte!« rief er ihr zu. Dann bückte er sich und schöpfte eine Handvoll Flußsand aus dem Wasser. Als er zurückkam, um es ihr zu zeigen, war seine Haltung so triumphierend, daß ihr der Atem stockte und sie sich den Hals verrenkte, um es zu erkennen, noch ehe er vor ihr stand.

»Was ist denn?« fragte sie.

»Schau! Silber!« sagte er und ließ den Sand ehrfürchtig in ihre ausgestreckte Hand rieseln. Die feinen Glimmerkörnchen glänzten im späten Abendlicht.

»*Qué precioso*«, rief sie begeistert. Sie setzten sich auf eine Baumwurzel am Wasser.

Als der Sand ein bißchen getrocknet war, schüttete sie ihn vorsichtig in eine Tasche ihres Kleides.

»Was wirst du damit machen?« fragte er sie.

»Meinem Großvater geben.«

»Nein, nein«, rief er. »Silber gibt man nicht weg. Du mußt es verstecken. Hast du keinen Platz, wo du deine Sachen versteckst?«

Luz schwieg; sie hatte noch nie im Leben daran gedacht, irgend etwas zu verstecken.

»Nein«, sagte sie plötzlich und schaute ihn bewundernd an.

Er nahm ihre Hand.

»Ich zeige dir einen geheimen Platz in meinem Garten, wo du alles verstecken kannst, was du willst. Aber du darfst es nie an jemand verraten.«

»Natürlich nicht.« Sie ärgerte sich, daß er sie für so dumm halten konnte. Eine Zeitlang war sie ganz zufrieden gewesen, einfach mit Nicho hier zu sitzen, aber jetzt hatte sie es plötzlich eilig, zurückzugehen und ihren Schatz zu verstecken. Er versuchte, sie zum Bleiben zu bewegen, indem er ihr vorrechnete, daß sie noch Zeit genug hatten, auch wenn sie erst etwas später aufbrachen, aber sie war schon aufgestanden und wollte sich partout nicht mehr hinsetzen. So kletterten sie wieder über die Felsen flußaufwärts, bis sie auf einmal auf eine Bucht stießen, in der zwei junge Frauen bis zu den Oberschenkeln im Wasser standen und Wäsche wuschen. Bis auf die Röcke, die sie sich um die Hüften gewickelt hatten, lange, weite Röcke, die sanft in der Strömung wogten, waren sie nackt. Die beiden Frauen lachten und grüßten sie. Luz war schockiert.

»Sie sollten sich schämen«, rief sie. »Wenn eine Frau so etwas in San Lucas wagte, würde man sie so lange mit Steinen bewerfen, bis sie darunter begraben wäre.«

»Warum?« fragte Nicho und dachte, daß San Lucas eine sehr schlechte Stadt sein mußte.

»Darum«, sagte sie. Sie hatte immer noch mit dem Schock und der Scham zu kämpfen, die sie beim Anblick der goldenen Brüste empfunden hatte.

Als sie in die Stadt zurückkamen, bogen sie in den Pfad ein, der zu Nichos Haus führte. Sie liefen durch den vom Dschungel überwucherten hinteren Teil des Gartens, als Nicho plötzlich stehenblieb und auf einen abgestorbenen Baum deutete, dessen Stamm teilweise schon verfallen war. Mit der Geste eines Verschwörers zog er den ausgefransten Vorhang von Schlingpflanzen beiseite, der ihn fast völlig bedeckte. Dahinter sah man mehrere dunkle Löcher. Er steckte seine Hand in eines, zog eine funkelnde Blechdose heraus, schnippte die kriegslüsternen Ameisen weg, die wild um sie herumrannten, und hielt sie ihr unter die Nase.

»Tu's hier rein«, flüsterte er.

Es dauerte eine Weile, bis sie den ganzen Sand aus ihrer Tasche in die Dose befördert hatten. Als sie fertig waren, schob er die Dose wieder in den dunklen Baumstumpf zurück und ließ die Schlingpflanzen darüberfallen, um den Platz unkenntlich zu machen. Dann führte er Luz rasch den Garten hinauf, am Haus vorbei und auf die Straße. Schon hatte seine Tante ihn entdeckt. Sie rief: »Dionisio!« Aber er tat, als hätte er sie nicht gehört und schob Luz nervös vor sich her. Auf einmal hatte er eine Riesenangst, daß Luz Señor Ong sehen könnte; das war eine Sache, die er um jeden Preis verhindern mußte.

»Dionisio!« Sie rief immer noch, sie war sogar herausge-

kommen und stand jetzt vor der Vordertür, um ihnen nach-
zuschauen, aber er drehte sich nicht um. Sie erreichten die
Brücke. Sie lag nicht mehr in Sichtweite des Hauses.

»*Adiós*«, sagte er.

»*Hasta mañana*«, antwortete sie und blinzelte in ihrer ei-
gentümlichen Art zu ihm auf, so als kostete sie das eine
große Anstrengung. Er schaute ihr nach, wie sie die Straße
entlanglief und dabei ihren Kopf von einer Seite auf die
andere bewegte, als ob es dort tausend Dinge zu sehen gäbe,
wo sich doch in Wirklichkeit nur ein paar Schweine und
Hühner herumtrieben.

Beim Abendessen warf seine Tante ihm vorwurfsvolle
Blicke zu. Er mied ihre Augen, und sie kam nicht mehr auf
sein Versprechen zurück, Luz zu einer *refresco* ins Haus
zu bringen. In dieser Nacht lag er auf seiner Matte und sah
den Glühwürmchen zu. Sein Zimmer führte auf den Patio
hinaus, es hatte insgesamt nur drei Wände. Die vierte Seite
war offen. Die Zweige des Zitronenbaums ragten herein
und scheuerten oberhalb von seinem Kopf gegen die Wand.
Daneben war ein riesiges Bananenblatt, das sich gerade ent-
faltete und sich jeden Tag ein kleines Stückchen weiter in
sein Zimmer hineinwagte. Im Moment wimmelte es draußen auf dem Patio von den hellen Lichtern der Glühwürmchen. Sie krabbelten auf den Pflanzen entlang oder flogen
eilig zwischen ihnen hin und her, wobei ihre Lichter mit
aufreizender Beharrlichkeit aufblitzten und wieder ver-
löschten. Im Zimmer nebenan beanspruchten seine Tante
und Señor Ong das einzige Bett im Haus und genossen die
Zurückgezogenheit eines Raumes, der nach allen vier Seiten
abgeschlossen war. Er horchte: Der Wind wurde jetzt stärker. Nacht für Nacht spielte er in den Blättern der Bäume,
um sich erst kurz vor Sonnenaufgang wieder zu legen. Mor-

gen würde er mit Luz den Fluß hinuntergehen und noch mehr Silber holen. Er hoffte, daß Señor Ong ihn nicht beobachtet hatte, als er ihr die Löcher im Baumstumpf gezeigt hatte. Der bloße Gedanke an diese Möglichkeit bedrückte ihn, und er wälzte sich auf seiner Matte von einer Seite auf die andere.

Am Ende beschloß er, aufzustehen und nachzusehen, ob sein Silber noch da war. Wenn er sich vergewissert hatte, daß es entweder noch da oder gestohlen war, würde es ihm bestimmt bessergehen. Er setzte sich auf, schlüpfte in seine Hose und trat hinaus auf den Patio. Die Nacht war voller Leben und Bewegung; Blätter und Zweige rieben sich aneinander und gaben leise Seufzer von sich. Die Insekten surrten durch die Bäume über ihm, und überall funkelten die hellen Lichter der Glühwürmchen. Als er stehenblieb und den leichten Wind auf seiner Haut spürte, fiel ihm plötzlich ein anderes Geräusch aus der Richtung der *sala* auf. Es brannte noch Licht, und einen Augenblick glaubte er, daß Señor Ong noch einen späten Besuch hatte, denn dies war das Zimmer, in dem er gewöhnlich seine Freunde empfing. Aber er hörte keine Stimmen. Er vermied die spitzen Zweige des Zitronenbaums, schlich sich geräuschlos an die geschlossene Tür heran und spähte hinein.

In der einen Wand der *sala* gab es eine viereckige Nische, die Señor Ong bei seinem Einzug mit einem großen Kalender verdeckt hatte. Vom obersten Blatt lächelte ein chinesisches Mädchen herunter. Es hatte einen blauen Badeanzug und weiße, pelzbesetzte Stiefel an und saß am Rand eines Swimmingpools, auf rosaglänzenden Kacheln. Am leuchtenden Himmel senkte sich ein gigantisches viermotoriges Flugzeug über sie herab, und weiter oben, an einem noch helleren Stück Himmel, erkannte man das gütige Gesicht von Generalissimo Chiang. Unter dem Bild standen die Worte ABBAROTES FINOS, Sun Man Ngai, Huixtla, Chis. Der Kalender war das einzige Objekt, das Señor Ong mitgebracht hatte, das Nicho von ganzem Herzen bewunderte; er kannte jedes Detail des Bildes auswendig. Seine Gegenwart hatte aus der langweiligen *sala* mit den zwei alten Schaukelstühlen und einem Tisch einen Ort gemacht, an dem alles mögliche passieren konnte, wenn man nur lang genug darauf wartete. Und als er nun durch die Ritze in der Tür spähte, sah er mit Schrecken, daß Señor Ong den Kalender von seinem Platz an der Wand entfernt und auf den Tisch gelegt hatte. Er hielt einen Meißel und einen Hammer in der Hand und klopfte und schürfte damit am unteren Teil der Nische herum. Ab und zu klaubte er mit seinen fetten kleinen Händen den lockeren Putz und Staub zusammen und schichtete ihn zu einem sauberen kleinen Haufen auf dem Tisch auf. Nicho wartete lange, ohne sich zu rühren. Selbst als der Wind ein wenig stärker blies und kühl über seinen nackten Rücken strich, wagte er keine Bewegung. Er hatte Angst, daß Señor Ong sich umdrehen und mit seinen zusammengekniffenen Augen zur Tür schauen könnte, den Hammer in der einen, den Meißel in der anderen Hand. Außerdem war es wichtig zu wissen, was er machte. Aber Señor Ong schien es nicht besonders eilig zu haben. Fast eine ganze Stunde verging, und noch immer arbeitete er methodisch vor sich hin, machte in regelmäßigen Abständen eine Pause und häufte den Abfall auf dem Tisch auf. Schließlich hatte Nicho das Gefühl, als müsse er jeden Moment niesen. Gespannt bis zum letzten drehte er sich um und rannte durch den Patio in sein Zimmer zurück, wobei ihm die Zweige über den Oberkörper schrammten. Die Furcht, die durch seine Flucht entfacht worden war, hatte den Drang zu niesen vertrieben, aber er legte sich trotzdem hin. Am Ende kam er wieder, wenn er zur Tür zurückschlich. Mitten in seinen Grübeleien über Señor Ong schlief er ein.

Als er am nächsten Morgen in die *sala* kam, lächelte das hübsche chinesische Mädchen vor der Nische wie gewöhnlich. Er blieb stehen und lauschte: Im Zimmer nebenan sprachen Señor Ong und seine Tante leise miteinander. Schnell löste er die Reißzwecke in der linken unteren Ecke des Kalenders und faßte hinein. Aber er fühlte nichts. Enttäuscht befestigte er den Kalender wieder und ging hinaus in den Garten. Der Schatz im Baum war unangetastet, aber jetzt, wo er Señor Ong im Verdacht hatte, auch einen Schatz zu besitzen, schien die kleine Büchse mit Sand seiner Aufmerksamkeit kaum noch wert.

Er ging zur Brücke und wartete auf Luz. Als sie kam, gingen sie unten am Garten vorbei zum Fluß und setzten sich ans Wasser. In Nichos Kopf spukte noch immer das Bild Señor Ongs herum, wie er sich mit seinen Werkzeugen über die Nische beugte. Seine Phantasie gaukelte ihm alle möglichen Spekulationen darüber vor, was er dort gemacht hatte. Er war sich nicht sicher, ob er sein Geheimnis mit Luz teilen sollte oder nicht. Er hoffte nur, daß sie heute morgen nicht über ihr Silber sprach. Um allen Befragungen vorzubeugen, erwähnte er nur kurz, daß er den Baumstumpf erst vor einer halben Stunde inspiziert hatte und daß ihr Schatz unberührt war. Luz saß da und schaute ihn verdutzt an, er erschien ihr vollkommen verändert. Als er eine Weile die schwarzen Kiesel unter seinen Füßen angestarrt hatte, fragte sie:

»Was ist denn heute mit dir los?«

»Nichts.« Er packte sie am Arm, wie um sich selbst Lügen zu strafen; die Geste verriet, daß er ihr doch sein Vertrauen schenken wollte.

»Hör zu. In meinem Haus ist eine große Menge Gold versteckt.« Er erzählte ihr alles. Señor Ongs Ankunft, seine Abneigung gegen ihn, die Besuche der reichen Kaufleute aus der Stadt und schließlich das verdächtige Verhalten Señor Ongs in der *sala* letzte Nacht. Sie hörte zu und blinzelte dabei die ganze Zeit heftig mit den Augen. Und als er fertig war, stimmte sie mit ihm überein, daß er wahrscheinlich Gold in der Nische versteckt hatte, nur neigte sie eher zu der Möglichkeit, daß es seiner Tante gehörte und Señor Ong es ihr gestohlen hatte. Auf eine solche Idee war Nicho noch gar nicht gekommen, und er glaubte es auch nicht wirklich. Trotzdem gefiel sie ihm.

»Ich hole es raus und gebe es ihr wieder zurück«, erklärte er.

»Natürlich«, antwortete Luz feierlich, als gäbe es gar keine Alternative. Sie saßen eine Weile nebeneinander, ohne zu sprechen. Oben im Garten krähten alle Hähnchen gleichzeitig. Die Vorstellung, das Gold zurückzuerobern, um es seiner Tante wiederzugeben, erregte ihn. Aber der Plan war auch gefährlich. Er beschrieb Luz, wie widerwärtig er Persönlichkeit und Charakter von Señor Ong fand und flocht dabei auch ein paar improvisierte Einzelheiten ein. Luz fröstelte und schaute furchtsam zum schattigen Pfad hinüber.

»*Hay que tener mucho cuidado*«, murmelte sie. Und dann wollte sie plötzlich nach Hause.

Nun gab es nur noch eine Sache, auf die Nicho wartete: daß Señor Ong einmal das Haus verließ. In Tlaltepec wohnte ein Chinese, den er normalerweise einmal in der Woche besuchte. Dann nahm er den frühen Morgenbus und kehrte gerade rechtzeitig zum Mittagessen wieder zurück. Drei Tage verstrichen. Leute kamen ins Haus und gingen wieder weg, aber Señor Ong saß seelenruhig in der *sala*, ohne auch nur ein einziges Mal auf die Straße zu gehen. Nicho traf sich jetzt jeden Tag mit Luz auf der Brücke. Dann setzten sie sich ans Flußufer und diskutierten mit ständig wachsender Erregung über den Schatz.

»*Ay, qué maravilla!*« rief sie aus und hielt die Hände weit auseinander. »So viel Gold!« Nicho nickte zustimmend, und doch hatte er das Gefühl, daß er bestimmt sehr enttäuscht sein würde, wenn er den Schatz erst mal gesehen hätte.

Schließlich kam der Morgen, an dem Señor Ong Nichos Tante auf die Wange küßte und mit einer Zeitung unterm Arm aus dem Haus ging.

»Wo geht er hin?« fragte Nicho unschuldig.

»Tlaltepec.« Seine Tante schrubbte den Fußboden in der *sala*.

Er ging auf den Patio hinaus und beobachtete, wie ein Kolibri von einer weißen *huele-de-noche*-Blüte zur nächsten schwirrte. Als seine Tante mit der *sala* fertig war, schloß sie die Tür und fing mit dem Boden im Schlafzimmer an. Aufgeregt schlich er auf Zehenspitzen in das Zimmer und löste die zwei unteren Reißzwecken des Kalenders aus der Wand. Wieder war die Nische leer. Ihr Boden bestand aus vier großen Kacheln mit Blumenmuster. Ohne sie auch nur zu berühren, wußte er, welche locker war. Er hob sie an und tastete herum. Es war ein Papierpäckchen, nicht besonders groß und was schlimmer war, weich, wenn man es befühlte. Er zog einen dicken Umschlag heraus, brachte die Kachel und den Kalender wieder an ihre Plätze und schlich leise durch den Patio in den Garten und zu seinem Baum.

In dem großen Umschlag steckten viele kleine Umschläge und in einigen davon eine geringe Menge weißen geruchlosen Pulvers. Die anderen kleinen Umschläge waren leer und mit einem Gummiband zusammengehalten. Das war alles. Nicho hatte zwar mit einer Enttäuschung gerechnet, diese hier aber war niederschmetternd. Er war wütend: Señor Ong hatte sich einen Witz mit ihm erlaubt, er hatte das Gold durch diesen wertlosen Staub ersetzt, aus reiner Schlechtigkeit. Aber wenn er recht darüber nachdachte, konnte Señor Ong eigentlich gar nicht gemerkt haben, daß er von der Nische wußte, so daß dieses Pulver hier wohl letzten Endes doch der Schatz sein mußte. Er hielt es auch für unwahrscheinlich, daß es seiner Tante gehörte. Er nahm zwei von den kleinen Umschlägen heraus und schüttete aus jedem der anderen eine kleine Menge des Pulvers hinein, bis die beiden ungefähr wieder die gleiche Menge enthielten. Dann steckte er die leeren und die vollen Umschläge in den größeren zurück, und als er sah, daß seine Tante in der Küche beschäftigt war, brachte er sie rasch wieder in die *sala*. Señor Ong würde die beiden fehlenden Umschläge nie bemerken und auch nicht das Pulver, das Nicho weggenommen hatte. Er schlich zurück in den Garten und versteckte die zwei kleinen Päckchen unter der Dose mit dem Sand. Dann spazierte er hinunter zur Brücke.

Es war noch zu früh für Luz. Ein dünner grauer Regenvorhang hing über dem Tal. In ein paar Minuten würde er bis hierhin vorgedrungen sein. Der grüne Abhang des Berges am Ende der Straße leuchtete im Zwielicht. Don Anastasio kam eilig die Hauptstraße heruntermarschiert und bog in die Seitenstraße ein, die zu Nichos Haus führte. Einem blinden Impuls gehorchend, rief Nicho ihn an:

»*Muy buenos, Don Anastasio!*« Der alte Mann wirbelte herum; er schien nicht gerade erfreut, Nicho zu sehen.

»Guten Tag«, erwiderte er und eilte weiter. Nicho rannte

von der Brücke herunter und schaute ihm von der Straßenkreuzung aus nach. Tatsächlich, er wollte zu Nichos Haus.

»Don Anastasio!« rief er und rannte ihm nach.

Don Anastasio blieb stehen und drehte sich um. Sein Gesicht war mürrisch. Nicho kam atemlos auf ihn zu.

»Sie wollen Señor Ong besuchen? Er ist weggegangen.«

Aber das machte Don Anastasio auch nicht gerade fröh-
licher.

»Wohin?« fragte er düster.

»Ich glaube nach Mapastenango. Vielleicht«, sagte Nicho.
Er versuchte, sich möglichst vage auszudrücken, fragte sich
aber gleichzeitig, ob man ihm das als Lüge anrechnen
konnte.

»*Qué malo!*« grunzte Don Anastasio. »Dann kommt er
ja wohl heute nicht mehr zurück.«

»Weiß ich auch nicht.«

Eine Pause entstand.

»Kann ich irgend etwas für Sie tun?« stammelte Nicho.

»Nein, nein«, sagte Don Anastasio hastig, aber dann
starrte er auf ihn herunter. In der Woche, in der Nicho in seinem Laden gearbeitet hatte, hatte er Gelegenheit gehabt, zu
beobachten, daß der Junge ungewöhnlich flink war. »Das
heißt«, fügte er langsam hinzu, »ich glaube nicht – oder hat
Señor Ong…?«

»Einen Augenblick«, sagte Nicho. Er spürte, daß er kurz
davor war, das Geheimnis zu lüften und damit der Situation
Herr zu werden. »Warten Sie hier«, sagte er fest. In diesem
Moment schien Don Anastasio nicht die geringste Absicht
zu haben, irgend etwas anderes zu tun. Er schaute Nicho
nach, wie er um die Hausecke verschwand.

Nach kurzer Zeit kam der Junge außer Atem zurück und
lächelte Don Anastasio zu.

»Sollen wir zur Brücke gehen«, schlug er vor.

Wieder willigte Don Anastasio ein. Als sie auf die lange Hauptstraße kamen, schaute er sich verstohlen um. Sie standen auf der Brücke, und Nicho zog einen der beiden kleinen Umschläge aus der Tasche. Gleichzeitig beobachtete er Don Anastasios Gesicht. Ja! Er hatte recht gehabt. Er sah, wie sich seine Züge erleichtert entspannten und auch einen Ausdruck von Freude und gieriger Erwartung. Aber nur für einen Moment. Als er Don Anastasio das Päckchen hinüberschob, sah das Gesicht des alten Mannes genauso aus wie immer.

»*Muy bien, muy bien*«, brummte er. Die ersten kleinen Regentropfen fielen sacht auf ihre Köpfe, aber keiner von beiden schien sie zu bemerken. »Bezahle ich dich oder Señor Ong?« fragte Don Anastasio und steckte den Umschlag in die Tasche.

Ein paar Sekunden lang schlug Nichos Herz wie rasend. Señor Ong durfte nichts davon erfahren. Aber er konnte Don Anastasio auch nicht gut bitten, ihm nichts zu erzählen. Er räusperte sich und sagte: »Mich.« Aber seine Stimme klang kraftlos.

»Aha.« Don Anastasio lächelte schwach und fuhr Nicho väterlich durch die Haare. Als er die Feuchtigkeit spürte, schaute er geistesabwesend zum Himmel hinauf.

»Es regnet«, bemerkte er dann. Seine Stimme klang überrascht.

»*Sí, señor*«, stimmte Nicho zu.

»Wieviel?« fragte Don Anastasio und warf ihm einen durchdringenden Blick zu. Aus dem Tal grollte ein ferner Donner herüber.

Nicho wußte, daß er sofort antworten mußte, aber er hatte keine Ahnung, was er sagen sollte.

»Ist ein Peso okay?«

Don Anastasio starrte ihn noch durchdringender an. Es kam ihm vor, als würden ihn die Augen des alten Mannes jeden Moment durchbohren. Dann wechselte Don Anastasios Gesichtsausdruck plötzlich, und er sagte:

»Ein Peso. Gut.« Und er gab ihm eine silberne Münze. »Nächste Woche kommst du mit einem neuen Umschlag zu meinem Laden. Ich bezahle dir zwanzig Centavos extra für den Weg. Und – pssst!« Er legte einen Finger auf den Mund und verdrehte die Augen zum Himmel. »Pssst!« Dann klopfte er Nicho auf die Schulter. Als er die Straße hinaufging, sah er äußerst zufrieden mit sich aus.

An diesem Tag kam Señor Ong früher als gewöhnlich nach Hause. Er war naß bis auf die Knochen und hatte schlechte Laune. Nicho hatte nie groß auf die Gespräche zwischen Señor Ong und seiner Tante geachtet. Aber jetzt lauschte er in der Küche und hörte ihn sagen:

»Ich habe kein Vertrauen mehr zu Ha. Sie haben mir erzählt, daß er vor zwei Tagen auch in der Stadt war. Aber er schwört natürlich Stein und Bein, daß er die ganze Zeit in Tlaltepec war.«

»Dreitausend Pesos zum Fenster hinaus«, schimpfte seine Tante verbittert. »Ich hab's dir gesagt. Ich hab dir gesagt, daß er herkommt und hier seine Sachen genauso absetzt wie in Tlaltepec. *Yo te lo dije, hombre.*«

»Ich bin noch nicht sicher«, sagte Señor Ong, und Nicho konnte sich sein sanftes Lächeln bei diesen Worten vorstellen. Jetzt, wo er ihn bestohlen hatte, mochte er ihn noch weniger als vorher; irgendwie wünschte er sich beinah, daß Señor Ong den Diebstahl entdeckte und ihn beschuldigte. Dann hätte er wenigstens die Gelegenheit zu sagen: »Ja, ich habe dich bestohlen… und ich hasse dich!« Aber er wußte auch, daß er selber nichts unternehmen würde, um diesen Augenblick zu beschleunigen. Er ging durch den Regen zu seinem Baum. Überall stieg der dunkle Atem der Erde auf und hing reglos in der dunstigen Luft. Er nahm die Büchse mit dem Sand heraus und warf den Peso hinein.

Es regnete den ganzen Tag und auch die folgende Nacht hindurch. Nicho sah Luz erst am nächsten Tag wieder. Er gab sich sehr geheimnisvoll und von oben herab und führte sie zum Baum.

»Schau!« rief er und zeigte ihr die Blechdose. »Das Silber hat einen Peso gemacht!«

Luz war erfreut und überzeugt, aber sie schien nicht wirklich überrascht.

»*Qué bueno!*« murmelte sie.

»Willst du ihn haben?« Er hielt die Münze in die Luft. Aber gleichzeitig achtete er darauf, daß er seine andere Hand immer über dem Umschlag in der Baumhöhle behielt.

»Nein, nein. Laß ihn drin. Vielleicht macht er noch mehr. Tu ihn zurück! Tu ihn zurück!«

Er war ein bißchen enttäuscht, daß sie sein Wunder für so selbstverständlich hielt. Sie stampften mit den Füßen, um die Ameisen abzuschütteln, die anfingen, an ihren Beinen emporzukrabbeln.

»Und das Gold?« flüsterte sie. »Hast du es deiner Tante wiedergegeben? War es schwer? Was hat Señor Ong gesagt?«

»Es war keins da«, sagte Nicho. Er fühlte sich unbehaglich, ohne zu wissen, warum.

»Oh.« Sie war enttäuscht.

Sie machten einen langen Spaziergang am Fluß entlang und stießen auf einen enormen Leguan, der auf einem Felsen über der Bucht lag und sich sonnte. Nicho warf einen

Stein nach ihm, und das Monster schleppte sich schwerfällig ins Gebüsch. Luz klammerte sich an seinen Arm. Dann verloren sie es aus den Augen und hörten nur noch das schwere Geräusch seines Körpers, der sich unbeholfen durchs Unterholz bewegte. Plötzlich schüttelte Nicho sie ab, riß sich Hemd und Hose vom Leib und sprang mit einem Satz ins Wasser. Er planschte herum, schlug übermütig mit Armen und Beinen aufs Wasser und schrie die ganze Zeit aus vollem Hals. Unsicher schwankend näherte sich Luz der Felskante, wo sie sich hinsetzte und ihm zuschaute. Sie rief ihm zu:

»Such doch noch etwas Silber.« Seine Nacktheit schien sie ganz und gar nicht zu schockieren. Er tauchte zum Grund und tastete herum, stieß aber nur auf Felsen. Als er wieder auftauchte, rief er ihr zu:

»Es gibt hier keins!«

Ihr weißer Kopf folgte seinen Bewegungen, während er in der Bucht herumtollte. Dann kam er heraus, setzte sich auf die gegenüberliegende Seite und ließ sich von der Sonne trocknen. Hinter ihm waren wieder die Soldaten mit ihren Maschinengewehren zugange.

»Glaubst du, daß man mich in San Lucas mit Steinen bewerfen würde?« rief er.

»Warum denn?« rief sie zurück. »Nein, nein, *claro que no*. Für Jungs ist das okay.«

Die nächsten paar Tage schien die Sonne, so daß sie jeden Nachmittag zu ihrer Bucht kommen konnten. Eines Morgens ging Nicho mit dem zweiten kleinen Umschlag in der Tasche zu Don Anastasios Laden, der im Zentrum der Stadt lag. Der alte Mann schien hocherfreut, ihn zu sehen. Hinter der Theke öffnete er den Umschlag und inspizierte sorgfältig den Inhalt. Dann händigte er Nicho anderthalb Pesos aus.

»Ich kann nicht herausgeben«, sagte Nicho.

»Der *tostón* ist für dich«, sagte Don Anastasio barsch. »Heute abend läuft ein Film im Kino. Komm nächste Woche wieder. Aber vergiß es nicht.«

Nicho rannte die Straße entlang und fragte sich, wann er wohl die Gelegenheit haben würde, einen neuen Umschlag für Don Anastasio zu organisieren. Es war ungefähr Zeit für Señor Ongs nächsten Ausflug nach Tlaltepec.

In dem Augenblick, als er die Brücke erreichte, trat eine hochgewachsene Frau aus dem Laden und stellte sich ihm entgegen. Sie hatte ungewöhnlich große Augen und ein furchteinflößendes Gesicht.

»*Hola, chico.*«

»*Si, señora.*« Er blieb stehen, und sie starrte ihn an.

»Hast du etwas für mich?«

»Etwas für Sie?« wiederholte er verwirrt.

»Einen kleinen Umschlag?« Sie hielt ihm zwei Pesos hin. Nicho schaute sie an und sagte:

»*No, señora.*«

Ihr Gesicht verfinsterte sich noch mehr.

»Doch, doch, du hast«, beharrte sie und schob sich näher an ihn heran. Er schaute die Straße hinunter, aber es war niemand zu sehen. Der Laden schien leer zu sein. Es war die heißeste Stunde des Tages. Plötzlich jagte ihm ihr Gesicht eine Heidenangst ein.

»Morgen!« rief er und duckte sich zur Seite, um an ihr vorbeizukommen. Aber sie packte ihn am Nacken.

»Heute«, sagte sie rauh und bohrte ihre langen Fingernägel in seine Haut.

»*Si, señora.*« Er wagte nicht, sie anzuschauen.

»Auf der Brücke«, zischte sie. »Heute nachmittag.«

»*Si, señora.*«

Sie ließ ihn los, und er ging weiter. Er schluchzte vor Wut und Scham, daß er Angst gehabt hatte.

In der *sala* hörte er seine Tante und Señor Ong aufgeregt miteinander reden. Er ging nicht hinein, sondern kletterte in eine Hängematte auf dem Patio und lauschte. Don Anastasios Name fiel. Nichos Herz machte einen Satz: Irgendwas war passiert.

»Jetzt bin ich fast sicher«, sagte Señor Ong langsam. »Vor zwei Wochen war er das letzte Mal hier, und Saenz hat mir erzählt, daß es ihm sehr gut geht. Das kann nur eins bedeuten: Ha muß ihn direkt beliefern.«

»Natürlich«, sagte seine Tante bitter. »Du hättest keine zwei Wochen zu warten brauchen, um das zu merken. Dreitausend Pesos den Bach hinunter. Was für eine Verschwendung! *Qué idiota tú!*« Señor Ong hörte gar nicht auf sie.

»Und die Frau von Fernandez«, überlegte er. »Sie hätte längst hier sein müssen. Ich weiß, daß sie kein Geld hat, aber bisher konnte sie es immer irgendwie zusammenkratzen.«

»Diese alte Schlampe!« sagte seine Tante verächtlich. »Bei dem Gesicht, das sie hat, kann sie froh sein, wenn sie zwanzig zusammenbringt, ganz zu schweigen von fünfzig.«

»Sie kann es«, sagte Señor Ong überzeugt. »Die Frage ist nur: hat Ha sie aufgetrieben und gibt ihr was für weniger?«

»Frag *mich* doch nicht!«, rief seine Tante ungeduldig. »Geh nach Tlaltepec und frag den Alten selber.«

In diesem Moment klopfte es an der Haustür. Sofort verließ seine Tante den Raum, schloß die Tür hinter sich und ging durch den Patio in die Küche. Nach ein paar Minuten vernahm Nicho nur noch das konfuse Murmeln von leisen Stimmen in der *sala*. Dann schloß jemand die Vordertür. Der Besucher war gegangen.

Vor dem Mittagessen ging Nicho in den Garten und warf

die beiden Silbermünzen, die Don Anastasio ihm gegeben hatte, in die Büchse mit dem Sand. In Gedanken freute er sich schon darauf, sie Luz zu zeigen; ihre Leichtgläubigkeit gab ihm das Gefühl, klug und überlegen zu sein. Er beschloß, ihr nie etwas von dem Pulver zu erzählen. Während des ganzen Mittagessens dachte er an die hochgewachsene Frau, die er nachmittags auf der Brücke treffen sollte. Als die Mahlzeit beendet war, tat Señor Ong etwas sehr Ungewöhnliches: Er nahm seinen Hut und sagte:

»Ich geh mal rüber zu Saenz und rede mit ihm.« Dann ging er hinaus. Nicho schaute ihm nach, als er auf der Hauptstraße verschwand, ging ins Haus zurück und sah, wie seine Tante sich zur Siesta ins Schlafzimmer zurückzog. Ohne zu zögern, ging er zur Nische in der *sala* und holte den großen gelben Umschlag heraus. Er wußte, daß er ein gefährliches Spiel spielte, aber er war entschlossen, es trotzdem zu tun. Schnell ließ er zwei kleine Umschläge in seine Tasche gleiten. Einen brachte er zu seinem Baum, und mit dem anderen lief er zur Brücke, um auf die Frau zu warten. Sie brauchte nicht lange, um ihn aus ihrem Laden zu entdecken. Als sie auf ihn zukam, schien ihr abgezehrtes Gesicht den Nachmittag zu verdunkeln. Schon von weitem hielt er ihr den weißen Umschlag entgegen, wie um sie auf Abstand zu halten. Sie runzelte heftig die Stirn, streckte die Hand aus, schnappte ihn aus seinen Fingern wie ein wütender Vogel und stopfte ihn ungestüm in ihren Ausschnitt. Mit der anderen Hand legte sie zwei Pesos in seine immer noch ausgestreckte Handfläche und trollte sich davon, ohne ein Wort zu sagen. In der Hoffnung, daß Luz jeden Moment auftauchen würde, beschloß er, hier auf der Brücke auf sie zu warten.

Als sie dann kam, hatte er auf einmal gar keine Lust mehr,

mit ihr zum Baum oder gar zum Fluß zu gehen. Statt dessen nahm er sie bei der Hand und sagte:

»Ich habe eine Idee.« Das war nicht wahr; bis jetzt hatte er noch keine Idee, aber er spürte ein unbändiges Verlangen etwas Neues, Bedeutendes zu tun.

»Was für eine Idee?«

»Laß uns einen Ausflug machen!«

»Einen Ausflug? Aber wohin?«

Sie gingen Hand in Hand die Straße entlang.

»Wir könnten einen Bus nehmen«, schlug er vor.

»Aber wohin?«

»*No importa adónde.*«

Luz war nicht überzeugt, daß das eine gute Idee war. In ihrem Kopf spukten Visionen vom strengen Gesicht ihrer Schwester, wenn sie nach Hause kam. Trotzdem sah er, daß sie mitkommen würde. Als sie dahin kamen, wo die Häuser und Läden begannen, ließ er ihre Hand los. Er hatte Angst, daß seine Freunde ihn so sehen könnten. Er war noch nie mit ihr über die Hauptstraße gegangen. Das Licht der Sonne brannte in den Augen, aber hinter den Bergen vor ihnen schob sich langsam eine gigantische Wolke empor. Er drehte sich um, um ihren leuchtend hellen Kopf zu betrachten. Ihre Augen waren zwei stechende blinzelnde Schlitze. Sicher gab es niemanden sonst auf der Welt, der so schönes Haar hatte wie sie. Er sah die Wolke und flüsterte ihr zu:

»Die Sonne wird bald weg sein.«

Auf dem Marktplatz stand ein Bus, schon halb besetzt. Von Zeit zu Zeit rief der Fahrer, der gegen die rote Blechkarosserie lehnte: »Tlaltepec! Tlaltepec!« Kaum waren sie hineingeklettert und hatten hinten im Fond zwei Fensterplätze gefunden, da wollte Luz in einem Anfall von Angst auch schon wieder aussteigen. Aber er hielt sie am Arm fest und sagte aus einem plötzlichen Einfall heraus:

»*Oye*, ich wollte nach Tlaltepec, weil wir dort etwas sehr Wichtiges zu erledigen haben. Wir müssen jemandem das Leben retten.« Sie hörte seiner Geschichte aufmerksam zu: Der schreckliche Señor Ong wollte den alten Señor Ha töten, weil er sein Versprechen, in Tlaltepec zu bleiben, nicht gehalten hatte. Während er erzählte und sich den Wortlaut von Señor Ongs Drohung ins Gedächtnis zurückrief, fing er an, schon selber an seine Geschichte zu glauben.

»Wenn ich dorthin gehe, dann bestimmt nicht, um ihn etwas zu fragen.« Der alte Mann würde keine Gelegenheit mehr haben, noch irgend etwas zu erklären, keine Chance, sich zu verteidigen. Als der Bus den Marktplatz jetzt hinter sich ließ, war er genauso überzeugt wie Luz, daß sie auf einer heroischen Mission unterwegs nach Tlaltepec waren.

Tlaltepec lag tiefer als ihre Stadt, in einem von Bergen eingeschlossenen Tal. Die große weiße Wolke, deren leuchtende Ränder sich nach außen türmten, kletterte immer höher. Jetzt fuhr der Bus in ihren Schatten hinein wie in eine Gruft. Plötzlich war alles grün. Abgerissenes Vogelgezwitscher drang durch die offenen Fenster, übertönte schrill das Rattern des alten Vehikels.

»*Ay, el pobrecito!*« seufzte Luz von Zeit zu Zeit.

Sie erreichten Tlaltepec und kamen auf der Plaza zum Stehen. Die Passagiere stiegen aus und eilten in verschiedene Richtungen davon. Das Dorf war sehr ruhig. Helles grünes Gras wuchs mitten auf der Straße. Ein paar schweigende Indios saßen auf der Plaza, gegen Häuserwände gelehnt. Nicho und Luz gingen eingeschüchtert von der Stille, die über dem ganzen Dorf lag, die Hauptstraße entlang. Mittlerweile hatte die Wolke sich über den ganzen Himmel ausgebreitet, nun schob sie sich langsam wie ein Vorhang über die andere Seite des Tals. Eine traurige kleine Kirchenglocke schlug hinter ihnen auf der Plaza an. Sie betraten einen kleinen Laden mit der Aufschrift *Farmacia Moderna*. Der Mann, der hinter der Theke saß, kannte Señor Ha: Er war der einzige Chinese im Dorf.

»Er wohnt gleich gegenüber vom Kloster, im letzten Haus.« In Tlaltepec war alles in der Nähe. Die Glocke läutete noch immer von der Plaza herüber. Vor der zerfallenen Klosterruine lag ein offener Rasenplatz, der an beiden Seiten von kaputten Basketballpfosten gesäumt war. Vor dem letzten Haus stand ein großer Baum, mit Tausenden von lavendelfarbenen Blüten geschmückt. In der Windstille fielen sie ohne Unterlaß wie leise Tränen auf die feuchte Erde herunter.

Nicho klopfte an die Tür. Ein Dienstmädchen öffnete, schaute die beiden Kinder gleichgültig an und ging wieder weg. Einen Augenblick später erschien Señor Ha. Er war nicht ganz so alt, wie sie erwartet hatten, aber er betrachtete die beiden aufmerksam. Nicho hatte gehofft, daß er sie ins Haus bitten würde – er wollte wissen, ob Señor Ha auch so einen Kalender hatte wie der, der bei ihm zu Hause in der *sala* hing, aber er machte keine Anstalten, ihnen seine Gastfreundschaft anzubieten. Luz setzte sich auf die steinerne Treppenstufe und sammelte ein paar von den Blüten ein, die vom Baum gefallen waren, während Nicho Señor Ha eröffnete, wer er war und warum er gekommen war. Señor Ha stand ganz still; selbst als Nicho sagte: »Und er wird Sie töten«, blieben seine stechenden kleinen Augen in genau der gleichen Position wie vorher. Nichts in seinem Gesicht rührte sich; er schaute Nicho an, als hätte er kein Wort gehört. Einen Moment lang fürchtete Nicho, daß er vielleicht nur chinesisch verstand, aber dann sagte Señor Ha plötzlich sehr deutlich: »Was für ein Unsinn!« und schloß die Tür.

Sie gingen zurück zur Plaza, ohne miteinander zu sprechen und setzten sich auf die Eisenbank, um auf ihren Bus zu warten. Ein warmer Sprühregen hing in der Luft; er fiel so leise, daß man ihn nicht mal in der Stille der verlassenen Plaza hörte. Irgendwann stand Nicho auf und ging die Hauptstraße entlang auf der Suche nach ein paar Süßigkeiten. Als er aus dem Laden heraus trat, kam ein kleiner Mann mit einer Aktentasche unter dem Arm an ihm vorbei und überquerte die Straße. Es war Señor Ha.

Während sie noch auf den Bus warteten und ihre Süßigkeiten aßen, kam eine ramponierte alte Limousine aus der Hauptstraße und rumpelte über die Plaza. Auf der Kante des Rücksitzes saß Señor Ha und beugte sich gerade nach vorne, um mit dem Fahrer zu sprechen. Sie starrten ihm nach. Das Auto bog in die Straße ein, die den Berg hinauf zur Stadt führte, und tauchte im Zwielicht unter.

»Er wird Señor Ong alles erzählen!« rief Nicho plötzlich. Er saß mit offenem Mund da und starrte auf den Boden.

Luz drückte seinen Arm.

»Das kann dir doch egal sein«, beruhigte sie ihn. »Es sind doch nur Chinesen. Vor denen brauchst du keine Angst zu haben.«

Er sah sie gedankenverloren an. Dann sagte er wütend:

»Nein!« Auf der Fahrt durch den Regen redeten sie nur wenig. Es war schon Abend, als sie in der Stadt ankamen. Durchnäßt und hungrig liefen sie die Straße hinauf in Richtung Brücke, immer noch ohne ein Wort. Als sie den Fluß überquerten, drehte Nicho sich zu ihr um und sagte:

»Komm doch zum Abendessen zu uns.«

»Meine Schwester…«

Aber er zog sie heftig mit sich fort. Schon als er die Vordertür aufmachte und seine Tante mit Señor Ong drinnen sitzen sah, wußte er, daß Señor Ha noch nicht dagewesen war.

»Warum kommst du denn so spät?« sagte seine Tante. »Du bist ja ganz naß.« Dann sah sie Luz. »Mach die Tür zu, *niña*«, sagte sie freudig überrascht.

Sie setzten sich hin und fingen an zu essen. Señor Ong nahm seinen Faden wieder auf.

»… sie sah mich einfach nur an, ohne ein Wort zu sagen.«

»Wer?« fragte seine Tante und lächelte Luz zu.

»Die Frau von Fernandez. Heute nachmittag.« Señor Ongs Stimme klang scharf und ungeduldig. »Für mich ist das Beweis genug. Sie kriegt es irgendwo anders her.«

Seine Tante schnaubte verächtlich.

»Du suchst wohl immer noch nach Beweisen! *Niña*, nimm noch ein Stück Fleisch.« Sie legte ihr noch etwas auf den Teller.

»Ja, aber jetzt gibt es keinen Zweifel mehr«, fuhr Señor Ong fort.

»Was für wundervolles Haar! *Ay, Dios!*« Sie strich über den Kopf des Mädchens. Nicho war beschämt: Er wußte, daß er sie nur deshalb zum Essen eingeladen hatte, weil er Angst gehabt hatte, allein nach Hause zu kommen. Und er wußte auch, daß seine Tante ihr nur deshalb übers Haar strich, weil das Glück bringen sollte. Er seufzte verzweifelt und warf ihr einen Blick zu. Sie saß über ihren Teller gebeugt und schien ganz zufrieden zu sein.

Plötzlich klopfte es ein paarmal laut an die Vordertür. Señor Ong stand auf und ging in die *sala*. Zuerst war nichts zu hören, dann fragte eine Männerstimme:

»*Usted se llama Narciso Ong?*« Plötzlich erhob sich ein schrecklicher Lärm, Füße schlurften, und Möbelstücke scharrten über den gekachelten Fußboden. Nichos Tante sprang auf und rannte in die Küche, wo sie anfing, laut zu beten. In der *sala* hörte man es keuchen und stöhnen. Dann ließ das Durcheinander ein wenig nach, und die Männerstimme sagte:

»*Bueno.* Ich hab's. Hundert Gramm mindestens, in seiner Hosentasche. Das ist alles, was wir brauchen, Freundchen. *Vámonos!*«

Nicho glitt von seinem Stuhl und schlich zum Eingang. Zwei Männer in feuchten braunen Ponchos schoben Señor Ong zur Vordertür hinaus. Aber anscheinend wollte er nicht gehen. Er verrenkte sich den Hals, sah Nicho und öffnete den Mund, um etwas zu sagen. Da schlug ihm einer der Männer mit der Faust ins Gesicht.

»Nicht vor dem Jungen«, keuchte Señor Ong und rieb sich das Kinn, als wollte er prüfen, ob noch alles heil war. Der andere Mann knallte die Tür hinter ihnen zu. Die *sala* war leer. Außer dem Jammern seiner Tante war kein Laut zu hören, sie betete laut zu Gott. Er drehte sich um und schaute Luz an, die ganz still dahockte.

»Möchtest du nach Hause?« fragte er.

»Ja.« Sie stand auf. Seine Tante kam händeringend aus der Küche. Sie ging zu Luz und legte ihr kurz die Hand auf das weiße Haar. Sie murmelte ein Gebet.

»*Adios, niña.* Komm morgen wieder«, sagte sie.

Es fiel immer noch ein leichter Regen. Ein paar Insekten sirrten durch die nassen Blätter, als die beiden schweigenden Kinder an ihnen vorbei zu dem Haus gingen, wo Luz wohnte. Sie klopfte an die Tür, und im selben Moment ging sie auf. Ein großes dünnes Mädchen stand vor ihnen. Ohne ein Wort zu sagen, packte sie Luz und zerrte sie brutal ins Haus, während sie mit der anderen Hand die Tür hinter ihnen zuschlug.

Nicho ging nach Hause. Als er die *sala* betrat, glaubte er zuerst, Señor Ong sei zurückgekommen, aber eine Sekunde später merkte er, daß er sich mitten in einem Alptraum befand. Da saß Señor Ha und unterhielt sich mit seiner Tante. Sie schaute tränenüberströmt auf.

»Geh schlafen«, befahl sie ihm.

Als Nicho an seinem Stuhl vorbeiging, streckte Señor Ha die Hand aus und packte ihn am Arm – packte sehr fest zu.

»*Ay!*« sagte Nicho unwillkürlich.

»Einen Moment«, sagte Señor Ha. Er schaute seine Tante an und lockerte seinen Griff nicht eine Sekunde. »Vielleicht weiß er etwas«, und ohne sich Nicho zuzuwenden, meinte er: »Die Polizei hat Señor Ong ins Gefängnis gebracht. Er kommt nicht wieder zurück. Aber er hat in diesem Haus etwas versteckt. Wo ist es?«

Die knochigen Finger bohrten sich in sein Fleisch. Seine Tante sah ihn hoffnungsvoll an. Plötzlich kam er sich ziemlich wichtig vor.

»Da«, sagte er und zeigte auf den Kalender.

Señor Ha stand auf und riß den Kalender von der Wand. Ein paar Augenblicke später hielt er den gelben Umschlag in der Hand. Er inspizierte den Inhalt und sagte:

»Gibt es noch irgendwo was?«

»Nein«, sagte Nicho. Er dachte an den kleinen Umschlag, der trotz der regnerischen Nacht sicher in seinem Baumstumpf versteckt war. Señor Ha verdrehte ihm den Arm, aber der Gedanke an sein Geheimnis gab ihm Kraft, bis sein Schmerz und sein Haß in dieses Gefühl von Kraft übergingen. Steif stand er da und ließ sich von Señor Ha mißhandeln. Einen Moment später ließ Señor Ha los und versetzte ihm einen so gewaltigen Stoß, daß er durch das halbe Zimmer stürzte.

»Geh jetzt schlafen«, sagte er.

Als Nicho hinausgegangen war und die Tür hinter sich zugemacht hatte, sagte Señor Ha zu seiner Tante gewandt:

»Morgen komme ich wieder und bringe meine Sachen mit. Es ist nicht gut, einen Jungen im Haus zu haben, der nichts zu tun hat. Er kommt nur in Schwierigkeiten. Von nun an wird er ausliefern, keiner kommt mehr hier ins Haus.«

»Aber wenn die Polizei ihn erwischt...«, protestierte sie.

»Sie wird keine Schwierigkeiten machen. Es ist alles geregelt, glücklicherweise hatte ich fast dreitausend Pesos zur Hand.« Er nahm seine Aktentasche und ging zur Tür. Sie schaute ihn bewundernd an und seufzte tief.

»Wollen Sie nicht heute nacht hierbleiben?« fragte sie eingeschüchtert. Irgendwie klang sie eigenartig kokett.

»Nein. Der Wagen steht draußen und wartet. Morgen.« Er öffnete die Tür. Sie stand auf, ergriff seine Hand und umklammerte sie liebevoll. »Morgen«, wiederholte er.

Als der Wagen weg war und sie sein Rattern nicht länger hören konnte, schloß sie die Tür, löschte das Licht und ging hinaus auf den Patio, wo sie sich in eine Hängematte legte und sanft schaukelte.

»Ein intelligenter Mann«, sagte sie halblaut. »Was für ein Glück!« Einen Moment lang hörte das Schaukeln auf. »Glück! Natürlich! Dionisio muß sie bald wieder mit nach Hause bringen.«

Die Stadt wurde immer reicher. Immer mehr Indios kamen aus den Bergen und brachten Geld in die Stadt, der dichte Dschungel, der den Weg nach Mapastenango säumte, wurde abgeholzt, die Fahrspur erweitert und verbessert. Nicho kaufte ein Päckchen mit kleinen Umschlägen. Weit unten am Fluß fand er einen anderen hohlen Baum. Hier versteckte er seinen immer größer werdenden Vorrat an Schätzen. Schon während des ersten Monats hatte er so viel Geld eingenommen, daß er Luz einen Lippenstift und eine dunkle Sonnenbrille mit roten und grünen Edelsteinen kaufen konnte.

Fez, 1947

Tausend Tage für Mokhtar

Mokhtar lebte unweit seines Landes in einem Zimmer, das aufs Meer hinaussah. Es gab ein winziges Fenster in der Wand über seiner Matratze, durch das er, auf Zehenspitzen stehend, betrachten konnte, wie die Wellen weit unten gegen die Felsbrocken der Wellenbrecher anrannten. Auch das Geräusch drang herauf, besonders in Nächten, in denen die Kasbah in Regen gehüllt war und durch ihre schmalen Gassen nur plötzliche Windböen zogen. In solchen Nächten war das Geräusch der Brandung allgegenwärtig, obgleich er die Fenster geschlossen hielt. Es gab viele solcher Nächte im Jahr, und immer dann wollte er nicht nach Hause in die Einsamkeit seines kleinen Zimmers. Seit zehn Jahren lebte er allein, seit dem Tod seiner Frau, und niemals machte ihm die Einsamkeit zu schaffen, wenn das Wetter klar war und die Sterne am Himmel leuchteten. Doch eine regnerische Nacht erinnerte ihn an die glücklichen Stunden seines Lebens, als er und seine sanftäugige Braut die schweren Läden zugezogen und die Stunden bis zur Dämmerung schweigend beieinander verbracht hatten. An so etwas konnte er nicht denken; dann ging er ins Café Ghazel und spielte lieber eine Partie Domino nach der anderen mit jedem, der vorüberkam, als in sein Zimmer zurückzukehren.

Nach und nach wußten die anderen Männer, die regelmäßig im Café saßen, wann sie mit Mokhtars Erscheinen rechnen konnten. »Es fängt an zu regnen: Si Mokhtar wird bald hier sein. Halte ihm die Matte neben dir frei.« Und er enttäuschte sie nie. Er war freundlich und ruhig; letzteres machte ihn zur willkommenen Bereicherung eines Spiels, denn die Stammkunden des Cafés hielten sich gegenseitig für viel zu geschwätzig.

Als er in dieser Nacht im Café Ghazel saß, fühlte Mokhtar sich unwohl, ohne zu wissen, warum. Der knöcherne Klang der Dominosteine, die auf dem Tisch gemischt wurden, störte ihn. Das metallische Kratzen des alten Grammophons im Hinterzimmer regte ihn auf, und bei jedem Neuankömmling, der, von nassen Windböen angekündigt, durch die Tür trat, sah er in unerklärlicher Gereiztheit auf. Immer wieder blickte er aus dem Fenster an seiner Seite auf die dunkle Weite des Meeres, das sich am Fuß der Stadt erstreckte. Hinter der Scheibe, fast am Rand der Klippe, standen einige hohe Bambusstauden, die vom Licht aus dem Innern erfaßt wurden; sie hoben sich vor der Dunkelheit dahinter ab und bogen sich gequält im Sturm.

»Sie werden zerbrechen«, murmelte Mokhtar.

»Was?« sagte Mohammed Slaoui.

Mokhtar lachte, sagte jedoch nichts. Im Verlauf des Abends wuchs sein Unbehagen. Sie hatten das Grammophon im Hinterzimmer abgestellt und sangen jetzt ein schrilles Lied. Einige der Männer an seinem Tisch stimmten in den Lärm ein. Als die Partie zu Ende war, stand er abrupt auf und sagte: »Gute Nacht!«, ohne sich darum zu kümmern, wie seltsam sein plötzlicher Aufbruch den anderen erscheinen mochte.

Draußen auf der Straße regnete es kaum, doch der Wind fegte vom Strand herauf und brachte den blutähnlichen Geruch des Meeres mit sich; die tosenden Wellen schienen sehr nah, fast zu seinen Füßen. Er sah beim Gehen nach unten.

An jedem Müllhaufen gab es Katzen; sie rannten ständig vor ihm her, von einem Haufen zum nächsten. Als Mokhtar vor seiner Tür stand und den Schlüssel herauszog, hatte er das Gefühl, daß er jeden Moment eine unwiderrufliche Handlung begehen, daß das Eintreten sein Schicksal besiegeln würde. »Was ist los?« fragte er sich. »Werde ich sterben?« Er würde keine Angst haben; trotzdem hätte er es, wenn möglich, gern ein paar Stunden vorher gewußt. Er spannte Arme und Beine an, ehe er aufschloß; alles schien in Ordnung. »Es ist der Kopf«, entschied er. Doch sein Kopf fühlte sich klar, die Gedanken bewegten sich in geordneten Bahnen. Diese Feststellung verschaffte ihm keine Sicherheit; er wußte, daß irgend etwas nicht stimmte. Er verriegelte die Tür hinter sich und stieg im Dunkeln die Treppe hinauf. Deutlicher als alles andere spürte er in diesem Augenblick, daß die Überzeugung, einen neuen Bereich seines Lebens betreten zu haben, nur aus einer Warnung bestand. »Nicht weiter!« hörte er. »Womit?« fragte er sich beim Entkleiden. Er hatte keine Geheimnisse, keine Verpflichtungen, keine Pläne für die Zukunft, keine Verantwortung. Er lebte nur. Er konnte die Warnung nicht beherzigen, denn er konnte sie nicht begreifen. Und doch gab es keinen Zweifel, daß sie im Zimmer war, und am stärksten machte sie sich bemerkbar, als er sich hinlegte. Der Wind rüttelte an den Fensterläden. Der Regen hatte wieder eingesetzt; er schlug heftig gegen die Fensterscheiben im Flur und rauschte durch die Regenrinne vom Dach. Und das unerbittliche Krachen der Wellen dort unten am Fuß der Befestigungsmauer hielt an. Er spürte die Traurigkeit, die Kälte der klammen Decke; er berührte mit dem Finger die strohbedeckte Wand. Im Dunkel der Nacht stöhnte er »Al lah!« und schlief ein.

Doch selbst im Schlaf fand er keine Ruhe; seine Träume

waren die chaotische, unbarmherzige Fortsetzung seines Wachzustands. In den Folgen von Straßen und Läden, die sich vor seinen Augen abspulten, war dieselbe Eindringlichkeit einer verborgenen Warnung zu spüren. Er stand vor dem Eingang zum Markt. Eine große Menschenmenge hatte dort Schutz vor dem Regen gesucht. Obgleich es mitten am Vormittag sein mußte, war der Tag so dunkel, daß alle Marktstände in elektrischem Licht strahlten. »Wenn sie das hätte sehen können«, sagte er sich und dachte, wieviel Freude es seiner Frau gemacht hätte. »Armes Ding, zu ihrer Zeit war es hier immer dunkel.« Und Mokhtar fragte sich, ob er wirklich das Recht hatte, weiterzuleben und zu sehen, wie sich die Welt veränderte, ohne sie. Jeden Monat hatte die Welt sich ein bißchen verändert, war etwas weiter von dem abgerückt, was gewesen war, als sie noch lebte.

»Wenn sie nicht da ist, um es zu essen, warum kaufe ich Fleisch?« Er stand vor dem Laden seines Freundes Abdallah ben Bouchta und betrachtete die Fleischstücke, die auf der weißen Marmorplatte vor ihm auslagen. Und im nächsten Augenblick war er in einen Streit mit Bouchta verwickelt. Er spürte, wie er den alten Mann am Hals packte; er merkte, wie seine Finger den Druck verstärkten; er erwürgte Bouchta und empfand Freude dabei. Die Brutalität seiner Handlung war eine Erfüllung und eine Erleichterung. Bouchtas Gesicht wurde schwarz, er stürzte, und seine glasigen Augen starrten wie die Augen eines Schafkopfs, angerichtet auf einem Tablett für den Aïd el Kébir.

Mokhtar fuhr entsetzt aus dem Schlaf. Der Wind blies noch immer und trug, hoch über der Stadt, Fetzen der Stimme des Muezzins mit sich, der von der Jaamâa es Seghira rief. Doch die Warnung war verstummt, und das war so angenehm, daß es ihm gelang, noch einmal einzuschlafen.

Der Morgen war grau und freudlos. Mokhtar stand zur gewohnten Stunde auf, besuchte wie jeden Tag die große Moschee, um einige Augenblicke zu beten und sich gründlich zu waschen, und ging durch den Regen weiter zu seinem Laden. Es waren nur wenige Menschen in den Straßen. Die Erinnerung an seinen Traum lastete auf ihm, machte ihn noch trauriger als die Aussicht auf einen Tag mit schwachen Geschäften. Je weiter der Vormittag voranschritt, um so häufiger dachte er an seinen alten Freund; immer stärker überkam ihn das Verlangen, am Markt vorbeizugehen, um sich zu vergewissern, daß Bouchta wie immer dort war. Es gab keinen Grund, warum er es nicht sein sollte, doch Mokhtar würde erst zufrieden sein, wenn er ihn mit eigenen Augen gesehen hatte.

Kurz vor Mittag schloß er seinen Laden und machte sich auf den Weg zum Markt. Als seine Augen sich an das trübe Licht im Inneren gewöhnt hatten, sah er als erstes Bouchta hinter der Theke seines Standes, wo er das Fleisch zerhackte und in Scheiben schnitt wie jeden Tag. Unendlich erleichtert ging Mokhtar zu seiner Theke und sprach ihn an. Vielleicht überraschte Bouchta die übertriebene Herzlichkeit in seiner Stimme, denn er blickte mit erstauntem Ausdruck auf und sagte, als er Mokhtar gewahrte, nur knapp »*Sbahalkheir.*« Dann fuhr er fort, das Stück Fleisch für einen Kunden zu zerlegen. Sein eher abweisender Blick erreichte Mokhtar nicht, der so erfreut war, ihn zu sehen, daß er im Augenblick nichts anderes wahrnehmen konnte. Als jedoch Bouchta den Verkauf beendet hatte, drehte er sich zu ihm um und sagte barsch: »Ich habe heute morgen zu tun.« Mokhtar starrte ihn an und spürte erneut, wie die Furcht sich in ihm regte.

»Ja, Sidi?« sagte er freundlich.

»Zweiundzwanzig *douro* wären mir lieber als dein dummes Grinsen«, fuhr Bouchta ihn an.

Mokhtar sah verwirrt aus. »Zweiundzwanzig *douro*, Sidi?«

»Jawohl. Zweiundzwanzig *douro* für einen Schafskopf vom letzten Aïd el Kébir, den du mir noch nicht bezahlt hast.«

Mokhtar spürte, daß ihm das Blut ins Gesicht schoß wie Feuer. »Ich habe ihn einen Monat später bezahlt!«

»*Abaden!* Niemals!« rief Bouchta erregt. »Ich habe Augen und auch einen Kopf! Ich weiß genau, was geschieht. Mich kannst du nicht ausnehmen wie den armen Tahiri. So alt bin ich noch nicht.« Dazu stieß er eine Reihe wüster Beschimpfungen aus und schwang sein Hackmesser.

Passanten waren stehengeblieben und verfolgten neugierig das Gespräch. Während Mokhtars Ärger wuchs, vernahm er unter den Beleidigungen, mit denen Bouchta ihn überschüttete, plötzlich eine, die ihn mehr kränkte als die anderen. Er beugte sich über die Theke, griff mit beiden Händen nach Bouchtas Dschellaba und zog an dem wollenen Stoff, bis er sie dem alten Mann vom Rücken zu reißen drohte.

»Laß mich los!« schrie Bouchta. Die Leute drängten sich dichter, um zu sehen, wie der Streit ausgehen würde. »Laß mich los!« schrie Bouchta immer wieder, und sein Gesicht lief rot an.

Mittlerweile glich die Szene so sehr seinem Traum, daß Mokhtar, obwohl ihm sein eigener Ärger und der Anblick Bouchtas, der von einer derart sinnlosen Wut übermannt wurde, gefielen, plötzlich große Angst verspürte. Er ließ die Dschellaba mit einer Hand los, wandte sich an die Umstehenden und sagte laut: »Letzte Nacht habe ich geträumt, daß ich herkam und diesen Mann tötete, der mein Freund ist. Ich will ihn nicht töten. Ich werde ihn nicht töten. Paßt genau auf. Ich tue ihm nichts zuleide.«

Bouchtas Zorn erreichte groteske Ausmaße. Mit einer Hand versuchte er Mokhtars Finger von seiner Dschellaba zu lösen, in der anderen hielt er das Hackmesser und fuchtelte damit in der Luft herum. Die ganze Zeit sprang er auf und nieder und schrie: »Laß los! Laß los! *Khlass!*«

»Jeden Moment wird er mit seinem Hackmesser auf mich losgehen«, dachte Mokhtar, griff nach Bouchtas Handgelenk und zog ihn gegen die Ladentheke. Einen Augenblick lang kämpften sie keuchend, während die Fleischstücke unter ihren Armen verrutschten und schwer auf den nassen Boden klatschten.

Bouchta war kräftig, aber er war auch alt. Plötzlich lockerte sich der Griff, mit dem er das Hackmesser umklammerte, und Mokhtar spürte, wie seine Muskeln nachgaben. Die Menge murmelte. Mokhtar ließ Handgelenk und Dschellaba los und sah auf. Bouchtas Gesicht hatte eine unglaubliche Farbe, wie die Fleischteile, die hinter ihm hingen. Sein Mund öffnete sich, und sein Kopf hob sich langsam, um an die Decke des Marktes zu starren. Als hätte ihm jemand einen Schubs versetzt, fiel er dann plötzlich nach vorn auf die Marmorplatte und blieb reglos liegen, die Nase in einer seichten Lache rosafarbenen Wassers. Mokhtar wußte, daß er tot war, und spürte so etwas wie Triumph, als er den anderen zurief: »Ich habe es geträumt! Ich habe es geträumt! Ich habe es euch gesagt! Habe ich ihn getötet? Habe ich ihn angefaßt? Ihr habt es gesehen!« Die Menge nickte zustimmend.

»Holt die Polizei!« rief Mokhtar. »Ich will, daß ihr alle meine Zeugen seid.« Einige Leute verdrückten sich unauffällig, sie wollten nicht in die Sache hineingezogen werden. Die meisten aber blieben und waren durchaus bereit, den Behörden ihre Version des seltsamen Phänomens zu erzählen.

Der Cadí im Gerichtssaal entpuppte sich als unbarmherzig. Mokhtar war verwirrt von seiner Unfreundlichkeit. Die Zeugen hatten die Geschichte genauso erzählt, wie sie geschehen war; offenbar waren alle von seiner Unschuld überzeugt.

»Ich habe von den Zeugen vernommen, was sich im Markt zugetragen hat«, sagte der Cadí ungeduldig. »Und von denselben Zeugen erfuhr ich, daß du ein schlechter Mensch bist: Für den Geist eines guten ist es unmöglich, einen schlechten Traum hervorzubringen. Bouchta starb infolge deines Traumes.« Und als Mokhtar etwas einwenden wollte: »Ich weiß, was du sagen willst, aber du bist ein Narr, Mokhtar. Du machst den Wind, die Nacht, deine lange Einsamkeit verantwortlich. Gut. Tausend Tage lang wirst du in unserem Gefängnis den Wind nicht hören, wirst nicht wissen, ob es Tag oder Nacht ist, und es wird dir niemals an der Gesellschaft deiner Mitgefangenen mangeln.«

Das Urteil des Cadí schockierte die Bewohner der Stadt, die es für beispiellos hart hielten. Mokhtar jedoch überzeugte sich von seiner Weisheit, nachdem man ihn eingekerkert hatte. Denn zum einen war er nicht traurig, im Gefängnis zu sein, wo er jedesmal, wenn er träumte, daß er wieder in seinem einsamen Zimmer war, aufwachen und um sich herum das tröstliche Schnarchen der anderen Gefangenen hören konnte. Seine Gedanken kreisten nicht länger um die früheren glücklichen Stunden seines Lebens, denn auch die gegenwärtigen waren glücklich.

Und darüber hinaus hatte er sich am ersten Tag plötzlich

ganz deutlich erinnert, daß er Bouchta die zweiundzwanzig *douro* für den Schafskopf, obwohl er es wollte, nie bezahlt hatte.

Tanger, 1948

Ramón musterte in Cádiz an. Der erste Hafen, den das Schiff anlief, war Santa Cruz de Tenerife, anderthalb Tagereisen entfernt. Sie erreichten ihn abends, kurz nach Einbruch der Dunkelheit. Die Scheinwerfer am Hafen tauchten die schroffen, kahlen Berge in helles Licht, so daß sie sich grasgrün vor dem schwarzen Himmel abhoben. Ramón stand an der Reling. »Es muß geregnet haben«, sagte er zu einem von der Mannschaft, der neben ihm stand. Der Mann grunzte; er sah nicht auf die grünen Berghänge, die im grellen Licht der Scheinwerfer unnatürlich leuchteten, sondern auf die Lichter der Stadt vor ihnen. »Ziemlich grün«, fuhr Ramón ein wenig unsicher fort; der Mann grunzte nicht einmal als Antwort.

Sobald das Schiff vor Anker gegangen war, kam ein Schwarm von indischen Händlern mit Spitzen und Stickereiwaren an Bord, um sie Passagieren anzubieten, die nicht an Land gingen. Sie beschränkten sich auf das Erste-Klasse-Deck und machten sich nicht die Mühe, zur dritten hinabzuklettern, wo Ramón als Schiffsjunge in der Passagier-*Cocina* arbeitete. Bisher kam er mit der Arbeit gut zurecht; in Cádiz hatte er schwierigere und anstrengendere Jobs gehabt. Es gab genug zu essen, und wenn es auch nicht besonders gut war, so doch besser als das, was man den Passagieren der dritten Klasse vorsetzte. Da ihm der Wunsch nach Alleinsein nie in den Sinn gekommen war, machte ihm die Notwendigkeit, seine Kabine mit einem Dutzend Schiffskameraden zu teilen, wenig aus. Trotzdem war er seit der Abfahrt von Cádiz todunglücklich. Abgesehen von den Anweisungen in der Küche benahmen sich die Matrosen so, als wäre er nicht vorhanden. Sie warfen ihre schmutzige Wäsche in seine Koje und lagen rauchend auf seiner Pritsche, wenn er am Abend schlafen gehen wollte. Niemals zogen sie ihn in ein Gespräch, und bisher hatte noch keiner, wie abschätzig auch immer, auf seine Anwesenheit reagiert. Er schien Luft für sie zu sein. Selbst für einen nicht besonders egozentrischen Menschen kann ein solcher Zustand unerträglich werden. Ramón hatte in seinem sechzehnjährigen Leben noch keine derartige Situation erlebt; man hatte ihn schlecht behandelt, aber nie völlig übersehen.

Die meisten Männer standen rauchend auf dem Vorschiff, musterten die Hafengegend und deuteten auf diese oder jene Kneipe. Teils aus Trotz, der seinem Kummer entsprang, teils weil er eine Weile allein sein wollte, ging Ramón zum Heck, beugte sich tief über die Reling und starrte in die Dunkelheit hinunter. Er konnte das ununterbrochene Hupen eines am Kai entlangfahrenden Autos hören. Der Ton prallte an den Bergen dahinter ab, die ihn verstärkten und über das Wasser zurückwarfen. Von der anderen Seite kam das gedämpfte Rauschen der Brandung, die gegen den Wellenbrecher anrannte. Er hatte ein wenig Heimweh, und während er so dastand, wurde er obendrein wütend. So konnte es nicht weitergehen, dieser Zustand war unerträglich. Anderthalb Tage waren zuviel, er war entschlossen, auf der Stelle für eine Änderung zu sorgen, und in seinem ungestümen jungen Kopf tauchte immer wieder das verschwommene Bild eines Kampfes auf – einer regelrechten

Schlägerei mit der gesamten Mannschaft, aus der er schließlich als alleiniger Sieger hervorgehen würde.

Es ist angenehm, mit einem leichten Herbstwind im Rücken des Nachts am Kai eines fremden Hafens entlangzuschlendern. Ramón hatte es nicht eilig; vor jedem Café blieb er stehen, um den Gitarren und dem Gejohle zu lauschen, ohne jedoch auf die Frauen zu achten, die in den dunkleren Toreingängen standen und ihn ansprachen. Nach einer Extramahlzeit für sechzig Arbeiter, die hier in Santa Cruz an Bord gekommen waren und nach Südamerika wollten, hatte er die Kombüse aufräumen müssen und war daher der letzte gewesen, der von Bord gegangen war. Jetzt suchte er nach seinen Kameraden. Im Café del Teide entdeckte er mehrere, die bei einer Flasche Rum um einen Tisch saßen. Sie sahen ihn hereinkommen, gaben jedoch kein Zeichen des Erkennens. Alle Stühle waren besetzt. Er steuerte auf ihren Tisch zu, zögerte, als er daran vorbeikam, und ging dann weiter in den rückwärtigen Teil des Cafés. Der Mann hinter der Theke rief ihm zu: »Suchst du was?« Ramón wandte sich ab und setzte sich plötzlich an einen kleinen Tisch. Der Kellner kam und brachte ihm etwas, doch er merkte kaum, was er trank. Er beobachtete den Tisch mit den sechs Männern von seinem Schiff. Wie gebannt folgte sein Blick jeder ihrer Bewegungen: wie sie die kleinen Gläser füllten, den Schnaps hinunterstürzten, sich mit dem Handrücken über den Mund fuhren. Und er lauschte ihren Worten, die von lautem Gelächter unterbrochen wurden. Langsam wuchs sein Groll; er hatte das Gefühl, jeden Augenblick platzen zu müssen, wenn er noch länger hier säße. Er stieß den Stuhl zurück, sprang auf und eilte hinaus auf die Straße. Niemand nahm Notiz von seinem dramatischen Abgang.

Schnell, ohne auf den Weg zu achten, lief er durch die Stadt. Den Blick auf einen imaginären Horizont gerichtet, überquerte er die *plaza*, ging den breiten Paseo de Ronda entlang und gelangte zu den kleinen Gassen hinter der Kathedrale. Je weiter er sich von der Stadtmitte entfernte, um so dichter wurde das Gedränge in den Straßen, bis er schließlich im Strom der dahintreibenden Menge einen Bezirk erreichte, der am Rand der Stadt zu liegen schien und in dem es keine Ladengeschäfte, sondern nur noch Verkaufsbuden gab. Er verlangsamte seinen Schritt und spürte, wie die Nervosität von ihm abfiel. Allmählich nahm er die feilgebotenen Waren und die Menschen ringsum wahr. Schließlich kam er auf die Idee, ein großes Taschentuch zu kaufen. Vor bestimmten Verkaufsbuden waren Drähte gespannt, an denen viele solcher Stofftücher, an den Zipfeln festgeklammert, flatterten; ihre hellen Farben leuchteten im Schein der Karbidlampen. Als Ramón vor der nächsten Bude stehenblieb, um sich eins auszusuchen, fiel ihm am Nachbarstand ein lächelndes Mädchen auf, das ebenfalls ein Tuch kaufte. Er wartete, bis sie eins gefunden hatte, das ihr gefiel, trat hastig zu dem Verkäufer, der es einpackte und sagte: »Haben Sie genau dasselbe noch mal?« Das Mädchen beachtete ihn nicht und steckte ihr Wechselgeld ein. »Ja«, sagte der Verkäufer und langte über den Ladentisch, um zwischen den Tüchern zu suchen. Das Mädchen griff nach dem kleinen, in Zeitungspapier gewickelten Päckchen, wandte sich ab und ging die Straße hinab. »Nein, Sie haben es doch nicht!« rief Ramón und rannte hinter ihr her, um sie im Gewühl nicht aus den Augen zu verlieren. Eine Zeitlang folgte er ihr die Hauptverkehrsstraße entlang, bis sie in eine Seitenstraße einbog, die bergauf führte. Hier roch es nach Abwässern, und die Beleuchtung war spärlich. Er beschleunigte seinen Schritt, aus Furcht, sie könnte in einem der Häuser verschwinden, bevor er Gelegenheit gefunden hätte, mit ihr zu sprechen. In einem fernen Winkel seines Bewußtseins hoffte er, sie irgendwie mit ins Café del Teide nehmen zu können. Als er auf gleicher Höhe mit ihr war, sagte er leise, ohne den Kopf zu wenden: »Señorita!« Zu seiner Überraschung blieb sie mitten auf der Straße stehen. Obgleich sie sehr nahe vor ihm stand, konnte er ihr Gesicht nicht deutlich erkennen.

»Was wollen Sie?«

»Mit Ihnen sprechen.«

»Warum?«

Er konnte nicht antworten. »Ich dachte...«, stammelte er.

»Was?«

Keiner von beiden sagte etwas, und als sie dann lachte, erinnerte Ramón sich wieder an ihr Gesicht: offen und fröhlich war es, aber kein Kindergesicht. Trotz des Vertrauens, das dieses Bild in ihm erweckte, fragte er: »Warum lachen Sie?«

»Weil ich glaube, daß Sie verrückt sind.«

Er berührte ihren Arm und sagte kühn: »Das werden wir noch sehen.«

»Ich sehe gar nichts. Sie sind ein Seemann. Da drüben wohne ich.« Sie deutete auf die gegenüberliegende Straßenseite. »Wenn mein Vater Sie sieht, werden Sie den ganzen Weg zu Ihrem Schiff rennen müssen.« Wieder lachte sie. Ramón erschien ihr Lachen wie Musik, leicht beunruhigend.

»Ich wollte Sie nicht belästigen. Nur mit Ihnen reden«, sagte er wieder eingeschüchtert.

»Gut. Nun haben wir geredet. *Adiós.*« Sie setzte ihren Weg fort. Ramón folgte ihr. Sie sagte nichts. Wenig später bemerkte er triumphierend: »Sie haben doch gesagt, Sie wohnen dort hinten!«

»Das war eine Lüge«, sagte sie obenhin. »Ich lüge immerzu.«

»Ah. Sie lügen immerzu«, wiederholte Ramón mit großem Ernst.

Sie gelangten zu einer Straßenlaterne am Fuß einer steilen Treppe. Hier verengte sich die Seitenstraße zu einer Reihe von Steinstufen, die zwischen den Häusern bergauf führten. Während sie langsam hinaufstiegen, änderte sich die Luft. Es roch nach Wein, Küchendünsten und verbrannten Eukalyptusblättern. Hier oben über der Stadt war das Leben gemächlicher. Die Menschen beugten sich über Balkonbrüstungen, saßen plaudernd in dunklen Toreingängen und standen in den Straßen wie Inseln zwischen hin- und herlaufenden Hunden und Kindern.

Das Mädchen blieb stehen und lehnte sich gegen eine Hauswand. Sie war ein wenig außer Atem vom Steigen.

»Müde?« fragte er.

Statt zu antworten, wandte sie sich schnell um und verschwand in einem dunklen Hauseingang. Ein paar Sekunden lang konnte Ramón sich nicht entscheiden, ob er ihr folgen sollte. Als er endlich auf Zehenspitzen in den trübe beleuchteten Flur schlich, war sie fort. Er ging weiter zum Hinterhof. Ein paar zerlumpte Jungen, die dort herumrannten, blieben stehen und starrten ihn an. Aus einem Radio im Obergeschoß kam Gitarrenmusik. Er blickte hinauf. Es war ein vierstöckiges Haus; fast alle Fenster waren erleuchtet.

Als er zum Hafen zurückkehrte, tauchte eine Frau aus dem Schatten des kleinen Parks an der Kathedrale auf und nahm seinen Arm. Er sah sie an; sie neigte schamlos kokett den Kopf gegen die Schulter und wiederholte unablässig: »Ich mag Seeleute!« Er nahm sie mit zum Café del Teide. Als er sah, daß seine Kameraden gegangen waren, war er enttäuscht. Er spendierte der Frau eine *manzanilla* und verließ die Kneipe, als sie zu trinken begann. Er hatte kein Wort mit ihr gesprochen. Die Nacht erschien ihm plötzlich sehr warm. Er kam zum Blanco y Negro; im Innern spielte eine Band. Zwei oder drei Männer von seinem Schiff waren auf der dunklen Tanzfläche und versuchten, den Mädchen, die müde an ihnen hingen, etwas Leben einzuflößen. Er bestellte nicht einmal einen Drink, sondern eilte zum Schiff zurück. Seine Koje war voller Zeitungen und Kleiderbündel, doch die Kabine war leer, und er hatte ein paar Stunden zum Grübeln und Dösen, ehe die anderen wiederkamen. Im Morgengrauen legte das Schiff ab.

Am nächsten Tag umfuhren sie die Insel – nicht nah genug, um die Küste zu sehen, doch in Sichtweite des großen Bergkegels, der den ganzen Tag neben ihnen als klare Silhouette in der Luft stand. Zwei Tage lang behielt das Schiff seinen südwestlichen Kurs bei. Die See wurde ruhig und tiefblau, und die Sonne brannte grell vom Himmel. Die Mannschaft versammelte sich nicht mehr auf dem Achterdeck; nur am frühen Abend und bei Nacht breiteten sie sich dort aus und sangen mit rauhen Stimmen, während die Sterne über ihnen am Himmel tanzten.

Für Ramón ging das Leben weiter wie bisher. Er konnte keinen Unterschied im Verhalten der Mannschaft erkennen. Immer noch kam es ihm vor, als sei er Luft für sie. Die Zeitschriften, die sie in Santa Cruz gekauft hatten, wurden nie in der Kabine herumgegeben. An den Nachmittagen, wenn die Männer um einen Tisch des Dritte-Klasse-*comedors* saßen und sich Geschichten erzählten, deutete keine Geste darauf hin, daß er da war. Und er hütete sich wohlweislich, selbst etwas zum besten geben zu wollen. Er wartete auf den Glücksfall, der sie zur Anerkennung seiner Existenz zwingen würde.

Am vierten Morgen nach dem Auslaufen von Santa Cruz steckte er den Kopf aus der Kombüse und sah, daß sich mehrere Männer seiner Kabine an der Reling am Heck versammelt hatten. Die Sonne brannte und blendete, und er wußte, daß sie irgend etwas entdeckt hatten. Er sah einen Mann nach achtern deuten. Lässig spazierte er über das Deck, bis er wenige Fuß von der Gruppe entfernt war, und suchte Meer und Horizont nach einem Gegenstand ab – nach irgend etwas anderem als der Masse von rotem Seetang, die ständig auf dem dunklen Wasser vorübertrieb.

»Er kommt näher!«

»*Qué fuerza!*«

»Er kann nicht mehr!«

»*Claro!*«

Ramón versuchte über ihren Köpfen oder zwischen ihnen etwas zu erkennen, wenn sie von Zeit zu Zeit ihre Stellung änderten. Er sah nichts. Er war beinahe überzeugt, daß die Männer ihm eine Falle stellten, in der Hoffnung, sich über ihn lustig machen zu können, wenn er es vor Neugier nicht mehr aushielte und fragte: »Was ist denn los?« Daher beschloß er, nichts zu sagen und abzuwarten.

Plötzlich sah er ihn. Es war ein kleiner gelbbrauner Vogel, der unsicher hinter dem Schiff herflog, aber nach jeder verzweifelten Kraftanstrengung, es zu erreichen, wieder zurückfiel und ins Wasser zu stürzen drohte.

»Tausend Meilen vom Land entfernt!«

»Er schafft's. Paß auf! Da kommt er!«

»Nein.«

»Nächstes Mal.«

Bei jedem mühsamen Versuch, das Deck zu erreichen, kam der Vogel den Männern näher, und jedesmal flatterte er, vielleicht aus Furcht vor ihnen, zur schäumenden See hinab und entging dem Mahlstrom des Kielwassers immer knapper. Und wenn es schien, als würde das weiße Chaos aus Gischt und Wasser ihn verschlingen, schwang er sich noch einmal schwächlich auf, den Kopf entschlossen dem hellen Schiffskörper zugewandt, der unentwegt vor ihm herzog.

Ramón war fasziniert. Sein erster Gedanke war, den Männern zu sagen, sie sollten ein wenig von der Reling zurücktreten, damit der Vogel den Mut zum Landen aufbrächte. Doch als er den Mund aufmachte, besann er sich eines Besseren, und im selben Augenblick dankte er seinem Schöpfer, daß er geschwiegen hatte. Er konnte sich das Gespött ausmalen, das ihn nachher verfolgt hätte: in der Kabine, bei den Mahlzeiten, während der Nächte an Deck... Irgendwer hätte bestimmt ein schmutziges kleines Spottlied auf Ramón und seinen Vogel gedichtet. Er stand da und schaute, und seine Spannung wuchs ins Unerträgliche.

»Fünf Peseten, daß er untergeht!«

»Zehn, daß er's schafft.«

Plötzlich machte Ramón auf dem Absatz kehrt, rannte leichtfüßig zur Kombüse und kam sogleich wieder heraus. Auf dem Arm trug er das Schiffsmaskottchen, einen massigen Kater, der verwirrt in die unerwartete Helligkeit der Sonne blinzelte. Diesmal ging Ramón schnurstracks zu der Reling, wo die anderen standen. Er setzte das Tier zu ihren Füßen ab.

»Was machst du?« fragte einer.

»Paß auf«, antwortete Ramón.

Einen Augenblick sagte niemand etwas. Ramón hielt den

Kater an Kopf und Flanken fest und wartete, daß er den flatternden Vogel entdeckte. Doch das war schwierig. Wohin er den Kopf auch dirigierte, der Kater zeigte nicht das geringste Interesse. Sie warteten weiter. Als der Vogel auf Deckhöhe nur noch wenige Fuß vom Schiff entfernt war, zuckte der Kopf des Katers plötzlich, und Ramón wußte, daß der Kontakt hergestellt war. Er ließ ihn los. Der Kater stand vollkommen reglos, nur die Schwanzspitze zuckte leise. Dann machte er einen Schritt auf die Bordkante zu, jede Bewegung des verzweifelt kämpfenden Vogels beobachtend.

»Guckt euch das an!«

»Er sieht ihn!«

»Aber der Vogel sieht ihn nicht!«

»Trotzdem, wenn er das Schiff berührt – meine zehn Peseten gelten!«

Der Vogel schwang sich auf und flog einen Augenblick schneller, bis er direkt über ihren Köpfen war. Sie schauten in die grelle Sonne und versuchten, ihre Augen abzuschirmen. Er flog noch weiter; wenn er jetzt fiele, würde er ein paar Fuß vor ihnen auf Deck landen. Der Kater, der in die Luft starrte, rannte schnell über das Deck, so daß er genau unter dem Vogel war, der sich nun langsam herabsenkte, bis es schien, als könnten sie ihn mit den Händen ergreifen. Der Kater machte einen vergeblichen Satz in die Luft. Alle schrien auf, doch der Vogel war zu hoch. Plötzlich schwang er sich noch höher; dann hörte er auf, mit den Flügeln zu schlagen. Während er einen Augenblick in der Luft schwebte, glitten sie rasch unter ihm hinweg. Als sie ihre Köpfe wandten, war er nur noch ein winziges gelbes Etwas, das langsam niedersank, und schon hatten sie es aus den Augen verloren.

Beim Mittagessen redeten sie darüber. Nach einigem Hin

und Her wurden die Wetten ausbezahlt. Einer der Maschi-
nisten ging in seine Kabine, holte eine Flasche Cognac und
ein paar kleine Schnapsgläser, die er vor sich auf den Tisch
stellte und nacheinander füllte.

»Willst du einen?« sagte er zu Ramón.

Ramón nahm ein Glas, und der Maschinist verteilte die
übrigen.

Tanger, 1949

Doña Faustina

Keiner konnte verstehen, warum Doña Faustina das Gasthaus gekauft hatte. Es lag im Schutz einer Haarnadelkurve am Rande der alten Landstraße, die vom Fluß herauf zur Stadt führte; aber diese Route war durch den Bau der neuen gepflasterten Straße überflüssig geworden. Nun war es unmöglich, das Gasthaus zu erreichen, es sei denn, man kletterte einen steinigen Pfad über die Flußböschung hinauf und ging ein paar hundert Meter die alte Straße entlang, die schon seit langem nicht mehr ausgebessert, von Regenfluten abgetragen und von der üppigen Vegetation der Flachlandregion überwuchert worden war.

An den Sonntagen pflegten die Leute aus der Stadt ins Grüne zu spazieren, die Frauen mit Sonnenschirmen und die Männer mit Gitarren (denn das war noch vor der Ära des Radios, jedermann konnte wenigstens leidlich ein Instrument spielen). Sie wanderten bis zu dem großen Brotfruchtbaum und schauten die Straße hinauf auf die verblaßte Fassade des Gebäudes, die mehr als zur Hälfte hinter jungen Bambuspflanzen und Bananenstauden verborgen lag. Sie betrachteten es eine Weile und wandten sich dann ab, um wieder nach Hause zurückzugehen.

»Warum läßt sie bloß das Schild hängen?« fragten sie sich. »Ob sie wirklich glaubt, daß irgend jemand hier die Nacht verbringen will?« Und damit hatten sie ganz recht, schließlich verirrte sich schon lange keiner mehr in die Nähe des alten Gasthauses. Nur die Leute aus der Stadt wußten, daß es existierte, und die brauchten es nicht.

Was blieb, war die Frage, warum sie es gekauft hatte. Wie immer, wenn die Leute aus der Stadt etwas nicht verstehen, dachten sie sich jede Menge von widerwärtigen Erklärungen für Doña Faustinas Verhalten aus. Die wichtigste und am weitesten verbreitete war die, daß sie beschlossen hatte, den Ort in ein Freudenhaus zu verwandeln. Aber die löste sich bald in Luft auf, denn es ereignete sich absolut nichts, was eine solche Theorie hätte untermauern können. Seit Wochen war niemand in der Nähe des Hauses gesehen worden, außer Doña Faustinas jüngerer Schwester Carlota, die aus Jalapa anreiste, und den beiden alten Dienstboten José und Elena, die jeden Morgen zum Markt kamen und sich ansonsten um ihre eigenen Angelegenheiten kümmerten. Nicht mal die böswilligsten Klatschbasen der Stadt kamen auf ihre Kosten. Carlota erschien gelegentlich ganz in Schwarz zur Messe. Es hieß, daß sie sich den Tod ihres Vaters sehr zu Herzen genommen habe und die Trauerkleidung wahrscheinlich nie wieder ablegen werde.

Die übrigen Vermutungen, die die Leute aus der Stadt erfanden, um Licht in die Sache zu bringen, waren genauso unwahrscheinlich wie die erste. Gerüchten zufolge sollte Doña Faustina Chato Morales bei sich verstecken, einen Banditen, hinter dem die Polizei aus der Gegend schon seit Monaten her war – aber er wurde kurz darauf in einem weit entfernten Teil der Provinz geschnappt. Dann hieß es, daß das Gasthaus als Lager für einen Drogenring diente, aber auch das entpuppte sich als Reinfall. Die Anführer des Rings wurden gefaßt und gaben ihr Geheimnis preis: Ihr Lager befand sich in einer Halle über der *Farmacia Ideal*. Es gab auch finstere Verdächtigungen: Angeblich lockte Carlota einsame Reisende ins Haus, wo sie dann das Schicksal ereilte, das allein reisenden Besuchern abgelegener Gasthäuser seit altersher beschieden ist. Aber solche Anspielungen nahmen die Leute nicht ernst. Man war immer mehr der Ansicht, daß Doña Faustina nur ein bißchen verrückt geworden war, was dazu führte, daß sie sich immer mehr zurückzog und sich von jeder Gesellschaft abkapselte. So lebte sie eben draußen vor der Stadt, wo sie kaum jemals einer Menschenseele begegnete. Dieser Theorie widersprachen allerdings wiederum einige jüngere Mitglieder der Gemeinde, die behaupteten, daß Doña Faustina nicht verrückter war als sie selber, sondern ganz im Gegenteil ziemlich schlau. Da sie viel Geld besaß, hatte sie sich nämlich das Haus gekauft, weil es von riesigen Landflächen umgeben war, wo sie ihre Reichtümer in der Abgeschiedenheit der pflanzenüberwucherten Gärten und Haine verstecken konnte. Die älteren Bürger der Stadt achteten jedoch nicht darauf, denn sie konnten sich noch gut an ihren Mann und an ihren Vater erinnern, von denen keiner sich beim Geldmachen besonders hervorgetan hatte. Und den Gasthof hatte sie praktisch für nichts gekauft: »Wo soll sie die Pesos denn her haben?« fragten sie. »Meint ihr, sie sind von den Bäumen gefallen?«

2

Als eines Tages ein Kind aus der Stadt spurlos verschwand (in jener Zeit kam es oft vor, daß man kleine Kinder verschleppte und sie an ferne Orte brachte, wo sie verkauft

wurden und schwere Arbeit leisten mußten), bestanden die
Eltern darauf, daß die Polizei auch das Haus von Doña Faustina durchsuchte. Doña Faustina, eine hochgewachsene
Erscheinung in der Blüte ihres Lebens, öffnete dem Polizisten die Tür, weigerte sich jedoch, ihn hereinzulassen. Sie
war so abweisend und starrte ihn so feindselig an, daß er
sich gezwungen sah, zur *Comisaría* zurückzugehen und
Verstärkung zu holen. Als er mit drei weiteren Männern
zum Haus zurückkam, machten sie eine gründliche Haus-
durchsuchung. Doña Faustina folgte ihnen auf Schritt und
Tritt und überhäufte sie mit Beschimpfungen, bis sie das
Grundstück wieder verlassen hatten. Wenn sie auch nichts
gefunden hatten, so brachten sie doch wenigstens eine Geschichte mit in die Stadt zurück. Die Zimmer waren ein einziger Saustall, berichteten sie, die Möbel zerbrochen, in den
Gängen und Fluren lagen Berge von Müll und Abfall, und
im zweiten Stock war das Geländer des Balkons eingestürzt
und mit Stacheldraht notdürftig ausgebessert worden.
Überhaupt sah das ganze Haus so aus, als hätte man hier vor
Jahren Unmengen von Festen gefeiert und dann nie wieder
aufgeräumt. Dieser Bericht bestärkte die Leute in ihrer Ansicht, daß Doña Faustina mehr oder weniger den Verstand
verloren hatte, und eine Weile vergaß die Stadt sie einfach
und dachte nicht weiter über sie nach.

Doch es dauerte nicht lange und die Leute kamen dahinter, daß sie angefangen hatte, mit ihrer Schwester Ausflüge
in die benachbarten Städte zu unternehmen. Man hatte sie
in weit auseinanderliegenden Orten wie Flacotalpam und
Zempoala gesehen. Doch selbst diese Wallfahrten lösten kein
echtes Interesse mehr aus. Die Leute schüttelten mehr oder
weniger verständnislos den Kopf und sagten, daß Doña Faustina immer unberechenbarer wurde, aber das war alles.

Wenn die beiden Damen des Hauses auf Reisen gingen, blieben sie meist drei bis vier Tage fort und ließen José und Elena zurück, um das Grundstück zu bewachen. Sie kamen noch nicht mal in die Stadt, um ihre Einkäufe zu machen, bis die beiden wieder da waren. Bei ihrer Ankunft nahmen die beiden Schwestern immer den alten, überdachten Zweispänner, der täglich zum Bahnhof fuhr, um den Zug abzuwarten. Sie luden ihre zahllosen Bündel und Körbe hinein und ließen sich bis zur Biegung der Landstraße bringen, wo sie ausstiegen. Der Kutscher half ihnen mit ihren Habseligkeiten die Böschung hinauf und überließ sie dann sich selbst. Carlota ging los und holte José, der ihnen beim Tragen half, doch Doña Faustina bestand darauf, die schwersten Körbe immer selbst zu tragen. Nachdem sie ein paarmal durch das dichte Gestrüpp hin- und hergegangen waren, lag die verlassene Straße wieder ruhig und still da, bis die beiden alten Dienstboten am nächsten Morgen zum Markt aufbrachen.

Nach etwa zwei Wochen fuhren sie wieder los, diesmal zu einem anderen Ort, und diese Art zu reisen führte sie notwendigerweise immer weiter von zu Hause fort. Einmal wurde sogar behauptet, daß man sie in Vera Cruz gesehen habe – wenn man jedoch daran dachte, wie viele falsche Gerüchte über die beiden Frauen kursierten, gab es eigentlich keinen besonderen Grund, ausgerechnet das zu glauben.

Ehe das Haus in einen Gasthof umgewandelt wurde, war es eine blühende *finca* gewesen, deren terrassenförmig angelegte Gärten voller Obstbäume etwa eine Meile steil abfielen, bis sie auf einen schroffen Felsabhang direkt über dem Fluß stießen. Seit etwa fünfzig Jahren hatte man nun das Land völlig vernachlässigt. Es wurde allmählich immer schwieriger, die Avocado- und Mandelbäume im Gewirr der fleißigen neuen Parasiten zu finden, die überall in die Höhe geschossen waren und nicht selten auch die höchsten alten Bäume schon bedeckten. Da hingen Lianen von den Ästen herab, und Kletterpflanzen reckten sich hoch, um sich an ihnen festzuklammern. Man konnte keine zwanzig Meter mehr von einem der Pfade abweichen, die vom Haus zu den Obstgärten führten, ohne auf einen undurchdringlichen Blätterwald zu stoßen. Und mittlerweile wußte auch keiner mehr, wie weit es vom Haus zum Fluß war, denn die Grenzen des Grundstücks verliefen im üppigen Dschungel.

3

Nicht einmal José hätte gewußt, daß der Teich existierte, wenn er nicht eines Nachmittags etwas weiter als sonst umhergestreift wäre, um zu schauen, ob er irgendwo ein paar *zapotes* auftreiben könnte. In der tiefen Stille des Unterholzes, weitab von den Teilen, die das Sonnenlicht noch erreichte, hörte er plötzlich ein heftiges Platschen, so als wenn man einen dicken Felsbrocken ins Wasser geworfen hätte. Er lauschte angestrengt, hörte aber nichts mehr. Am nächsten Nachmittag kam er während der Siesta-Zeit mit einer Machete bewaffnet zurück und hackte sich mühsam einen Weg durch die widerspenstige Vegetation. Es dämmerte schon leicht, als er plötzlich das Wasser vor sich sah. Und dann stand er am Ufer des Weihers. Das stehende Wasser strömte einen dumpfen, fauligen Geruch aus, und in der stillen Luft über ihm schwirrten die Insekten zu Tausenden herum. Während José so da stand und ihn betrachtete, kam es ihm vor, als wäre in der braunen Tiefe eine Bewegung zu erkennen; er wußte nicht warum, aber das Wasser war einfach nicht ganz ruhig. Eine Weile blieb er unbeweglich stehen und starrte in seine Betrachtungen versunken hinab, aber als dann das Licht immer schwächer wurde, machte er kehrt und ging zurück. Ohne sich zu überlegen warum, beschloß er, Elena nichts von dem Weiher zu erzählen.

Im Laufe der nächsten Monate kam José immer wieder an den Ort zurück in der Hoffnung, einmal herauszufinden, was das Platschen beim ersten Mal verursacht hatte. Nicht mal ein Mensch, der in den Weiher springt, hätte einen solchen Lärm machen können. Auf der gegenüberliegenden Seite führte eine steingepflasterte Böschung zum Ufer hinauf (zweifellos war der Weiher angelegt worden, um darin Vieh zu baden), die er schon zweimal voller Wasserspritzer vorgefunden hatte, was nur noch mehr zu seiner Verwirrung beitrug. Beim zweitenmal hackte er sich einen Weg durch die Schlingpflanzen am Ufer, um die Böschung näher zu untersuchen. Und auf halbem Weg stieß er auf den Pfad. Irgend jemand hatte einen schmalen, aber begehbaren Tunnel vom Wasser zu irgendwo in der Nähe des Hauses angelegt. Er vergaß, was er eigentlich wollte, und folgte dem Pfad, der in einer Ecke des ehemaligen Rosengartens auslief, bis er eine der tiefer gelegenen Terrassen zwischen Waschküchentür und den zerfallenen Ställen erreichte. Als er blinzelnd im hellen Sonnenlicht stand, erschien plötzlich Doña Faustina vor der Waschküche und kam die kleine Treppe herunter auf ihn zu. In der Hand hatte sie einen Korb, der oben mit Zeitungspapier bedeckt war. Automatisch ging der alte José ihr entgegen, um ihn ihr abzunehmen. Doch sie hatte offensichtlich nicht damit gerechnet, ihm hier zu begegnen, denn als sie aufschaute und merkte, wie dicht er schon vor ihr stand, verfinsterte sich ihr Gesicht ganz merkwürdig. Doch dann sagte sie nur: »Was hast du hier zu suchen? Geh in die Küche!«, ging zu einer steinernen Bank unter einem Baum in der Nähe, setzte sich hin und stellte den Korb neben sich.

Auf dem Weg zum Haus fiel José ein, daß er seine *patrona* noch nie so finster gesehen hatte. Sie war immer streng, oft auch abweisend, aber nicht so sehr, daß sie ihn durch ihr Verhalten erschreckte, wie heute. Es kam ihm fast so vor, als hätte ihn unter ihren schweren Lidern hindurch ein Dämon angeschaut.

»Es muß wohl stimmen«, dachte er, »Doña Faustina wird verrückt. Was soll denn bloß aus Elena und mir werden?«

Als er diesmal in die Küche kam, zog er Elena beiseite und erzählte ihr im Flüsterton von seinen Befürchtungen und wie seltsam die Señora ihn im Garten angesehen hatte.

»O Gott«, murmelte sie. Aber er sagte nichts von dem Teich, weder jetzt noch später. Am liebsten wollte er überhaupt nicht daran denken, denn er vermutete, daß er in irgendeinem Zusammenhang mit Doña Faustinas verrücktem Verhalten stand, und die Tatsache, daß er der einzige war, der ihr Geheimnis kannte, gab ihm ein gewisses Gefühl der Sicherheit, das er verloren hätte, wenn er Elena davon erzählt hätte.

4

An einem kühlen Abend voller *llovizna,* als der mehlige Nebel langsam in Regen überging und das Land durchtränkte, klopfte es an der Haustür. Doña Faustina, die viel im Keller herumhantierte, wo Bäder und Waschküchen waren, hörte es von unten und kam die Treppe heraufgestürzt. Ihr Gesicht war finster vor Wut. Carlota stand im *comedor* und konnte sich nicht entscheiden, ob sie aufmachen sollte oder nicht. Im selben Moment, als Doña Faustina hereinkam, klopfte es zum zweitenmal.

»Schon wieder die Polizei?« meinte Carlota ängstlich.

»*Ya veremos*«, murmelte Doña Faustina. Sie ging hinaus, stellte sich vor die Tür und rief mit lauter Stimme:

»Wer?«

Keine Antwort.

»Mach nicht auf«, flüsterte Carlota, die hinter ihr stand.

Doña Faustina machte eine ungeduldige Bewegung, um ihre Schwester zum Schweigen zu bringen. Sie warteten mehrere Minuten, aber es klopfte nicht wieder. Alles, was von draußen durch die Tür drang, war das unregelmäßige Tröpfeln von Wasser vom Balkon im ersten Stock zur Erde.

»Bleib hier«, sagte Doña Faustina und ging durch den *comedor,* die Treppe hinunter, wieder zurück in die Waschküche. Dort sammelte sie den Abfall, der auf dem Boden verstreut herumlag, und packte damit zwei große Körbe voll. Dann trat sie aus dem Seiteneingang leise in den Obstgarten hinaus, stieg vorsichtig die steinerne Treppe hinab und verschwand in der Dunkelheit des Rosengartens.

Schon nach einer halben Stunde stand sie wieder in der Eingangshalle, wo Carlota noch immer lauschend Wache hielt.

»Nichts«, meinte Carlota, als Doña Faustina eine fragende Geste machte. Doña Faustina winkte sie zu sich. Sie zogen sich in den *comedor* zurück und tuschelten eine Weile miteinander. Hinter dem Krug, der auf einem mit Zeitungen überhäuften Regal stand, duckte sich eine Kerzenflamme.

»Es war nicht die Polizei«, sagte Doña Faustina. »Dein Zimmer hat einen Schlüssel. Am besten gehst du nach oben, schließt die Tür ab und legst dich schlafen.«

»Und du?«

»Ich habe keine Angst.«

Nachdem Carlota gegangen war, goß Doña Faustina sich ein Glas Wasser ein und trank es nachdenklich aus. Dann nahm sie die Kerze und stieg die lange Treppe zu ihrem Zimmer hinauf. Sie zog die Tür hinter sich zu und stellte die Kerze ab. Neben ihrem durchgelegenen Bett, das Elena mit einem geflickten Moskitonetz verhängt hatte, stand ein Mann. Schnell trat er auf sie zu, legte einen Arm hart um ihren Hals und stopfte ihr ein zerknülltes Stück Stoff in den Mund. Sie fuchtelte verzweifelt mit den Armen herum und schlug ihn einmal sogar ins Gesicht, aber fast augenblicklich schnürte er ihr die Handgelenke zusammen. Der Kampf war vorbei. Er stieß sie unsanft zum Bett, zerrte das Netz beiseite und warf sie darauf. Sie schaute zu ihm auf: Er war ein hochgewachsener junger Mann, wahrscheinlich ein *mestizo,* ärmlich gekleidet. Als er im Zimmer herumstöberte und in den Kisten und Kästen herumwühlte, die in wilder Unordnung auf dem Boden verstreut lagen, schnaubte er verächtlich. Schließlich warf er voller Wut einen Stuhl um und fegte hämisch sämtliche Flaschen und die Stapel alter Zeitungen vom Tisch herunter. Dann kam er wieder zum Bett und schaute im flackernden Licht der Kerze auf Doña Faustina hinunter. Zu ihrer Überraschung (wenn auch nicht zu ihrem Ärger) legte er sich hin und machte sie sich zu Willen, stumm und unpersönlich. Ein paar Minuten später setzte er sich auf und nahm ihr den Stoffetzen aus dem Mund. Sie lag ruhig da und schaute zu ihm auf. Schließlich fragte sie:

»Was suchst du hier? Ich habe kein Geld.«

»Wer weiß, ob du nicht doch welches hast?«

»Ich sage dir, es ist keins da.«

»Wir werden sehen.«

Er stand auf. Wieder verbrachte er eine Viertelstunde damit, das Zimmer zu durchwühlen. Er stöberte in den Abfallhaufen unter den Tischen herum, warf die Möbel um, damit er auch an die unteren Teile herankam, und kippte Berge von Staub und Krimskrams aus den Schubladen. Dann zündete er sich eine kleine Zigarre an und kam zum Bett zurück. Seine nicht zueinander passenden Augen sahen im Licht der flackernden Kerze fast so aus, als seien sie geschlossen.

»Wo ist es?« fragte er.

»Es ist keins da. Aber ich habe etwas viel Wertvolleres.«

»Was?« Er schaute sie mit ungläubiger Verachtung an. Was konnte wertvoller sein als Geld?

»Mach meine Hände los.«

Er ließ eine Hand frei, behielt den anderen Arm jedoch in seiner Hand, während sie in ihren Kleidern herumfummelte. Eine Sekunde später brachte sie ein kleines Päckchen zum Vorschein, das in Zeitungspapier eingewickelt war, und reichte es ihm. Er legte es aufs Bett und fesselte ihre Hände von neuem. Dann nahm er das Päckchen übertrieben vorsichtig in die Hand und roch daran. Es war weich und fühlte sich ein wenig feucht an.

»Was ist das?«

»Mach es auf, *hombre*. Iß es. Du weißt genau, was es ist.«

Mißtrauisch wickelte er die äußere Umhüllung von Zeitungspapier auf und hielt den Inhalt dicht an die Kerze.

»Was ist das?« rief er.

»*Ya sabes, hombre*«, sagte sie ruhig. »*Cómelo.*«

»Was ist das?« fragte er zum dritten Mal. Er versuchte streng zu sein, aber sie erkannte in seiner Stimme Angst.

»Iß es, Sohn. Eine solche Chance hast du nicht jeden Tag.«

»Wo hast du es her?«

»Ah!« Doña Faustina machte ein geheimnisvolles und weises Gesicht und gab keine Antwort.

»Was soll ich damit?« fragte der junge Mann plötzlich, während er das Ding in seiner Hand betrachtete.

»Iß es! Iß es, und du hast Kraft für zwei«, sagte sie einschmeichelnd.

»*Brujerías!*« rief er, legte es aber nicht weg.

Dann setzte er langsam hinzu: »Ich mag keine Hexerei. Ich mag sie einfach nicht.«

»Bah!« schnaubte Doña Faustina. »Sei nicht so dumm, Sohn. Stell keine Fragen. Iß es, und geh mit der Kraft für zwei deines Wegs. Wer wird es je erfahren? Sag es mir. Wer?«

Dieses Argument schien den jungen Mann zu überzeugen. Plötzlich hob er die Hand zum Mund und biß in das weiche Etwas, als wäre es eine Pflaume. Beim Essen streifte er Doña Faustina mit einem düsteren Blick. Als er fertig war, lief er erst unentschlossen im Zimmer hin und her und legte dabei den Kopf leicht zur Seite. Doña Faustina ließ ihn nicht aus den Augen.

»Wie fühlst du dich?« wollte sie wissen.

»*Bien.*«

»Zwei«, erinnerte sie. »Du hast nun Macht für zwei.«

Als ob ihn dieser verheißungsvolle Ansporn ermuntert hätte, kam er zum Bett und ließ sich noch einmal bei ihr nieder. Diesmal küßte er sie auf die Stirn. Als es vorbei war, stand er auf, ging zur Tür hinaus und die Treppe hinunter, ohne den Strick zu lösen, der ihre Hände fesselte und ohne ein Wort. Dann hörte sie, wie die Vordertür ins Schloß fiel. Im selben Moment flackerte die Kerze, die fast abgebrannt war, noch einmal auf und verlosch. Das Zimmer lag im Dunkeln.

5

Die ganze Nacht lag Doña Faustina reglos auf ihrem Bett. Dann und wann schlief sie ein, aber wenn sie wach war, lauschte sie dem sanften Rauschen des Regens vor dem Fenster. Als Carlota am nächsten Morgen vorsichtig ihre Tür einen Spaltbreit aufschob und sah, daß im Flur offenbar alles so aussah wie immer, ging sie hinauf in Doña Faustinas Zimmer.

»*Dios!*« rief sie, als sie Doña Faustina auf dem Bett liegen sah. Ihre Kleider waren teilweise zerfetzt, die Hände gefesselt. »O Gott, o Gott.«

Doña Faustina war ganz gelassen. Während Carlota den Strick aufmachte, erzählte sie ihr: »Er hat mir nichts getan. Aber ich mußte ihm das Herz geben.«

Schreckensbleich hielt Carlota inne und sah ihre Schwester an.

»Bist du verrückt?« rief sie. »Jeden Moment wird die Polizei hier sein.«

»Nein, nein«, beruhigte Doña Faustina sie, und sie behielt recht: Die Polizei kam nicht wieder, um das Haus noch einmal zu durchsuchen. Nichts geschah. Nach zwei Wochen machten sie ihre nächste kleine Reise und wenig später wieder eine. Zwei Tage, nachdem sie zurück waren, rief Doña Faustina Carlota in ihr Zimmer und sagte: »Es wird ein Kind kommen.«

Carlota setzte sich ungläubig aufs Bett.

»Wie schrecklich!«

Doña Faustina lächelte. »Aber nein. Es ist vollkommen. Denk doch nur: Es wird Macht von siebenunddreißig haben.«

Aber Carlota schien nicht überzeugt. »Wir wissen nichts über diese Dinge«, sagte sie. »Es könnte auch eine Vergeltung sein.«

»Nein, nein, nein«, sagte Doña Faustina und schüttelte den Kopf. »Aber wir müssen uns jetzt mehr in acht nehmen als je zuvor.«

»Keine Reisen mehr?« fragte Carlota hoffnungsvoll.

»Ich muß darüber nachdenken.«

Ein paar Tage später saßen sie nebeneinander auf der Bank im Rosengarten.

»Ich habe nachgedacht«, sagte Doña Faustina. »Es wird keine Reisen mehr geben.«

»Gut«, meinte Carlota.

Gegen Ende des Jahres lag Doña Faustina fast nur noch auf dem Bett und erwartete die Geburt des Kindes. Eines Tages setzte sie sich bequem auf dem durchgelegenen Bett zurecht und ließ zum erstenmal seit Monaten Elena kommen, um das Zimmer auszufegen. Doch auch als das Zimmer sauber war, strömte es noch den Gestank nach altem Müll aus, der so lange darin gelegen hatte. In der Stadt hatte Carlota eine kleine Wiege gekauft, was das Interesse der Stadtleute natürlich aufs neue geweckt hatte.

Als die Zeit gekommen war, rief Doña Faustina Elena und Carlota ins Zimmer, damit sie ihr bei der Geburt halfen. Doña Faustina stieß keinen einzigen Schrei aus. Das Baby wurde gewaschen und neben ihr ins Bett gelegt.

»Ein Junge«, sagte Elena und lächelte auf sie herab.

»Natürlich«, antwortete Doña Faustina und gab ihm die Brust.

Elena stieg wieder in die Küche hinunter und erzählte José die guten Neuigkeiten. Er schüttelte düster den Kopf.

»Irgend etwas ist faul an der Sache«, grunzte er.

»An welcher Sache?« fragte Elena scharf.

»Wer ist der Vater? meinte José und schaute zu ihr auf.

»Das ist Doña Faustinas Geheimnis«, sagte Elena überheblich, fast als wäre es ihr eigenes.

»Ja, das glaube ich auch«, erwiderte José bedeutungsvoll. »Wenn du mich fragst, ich glaube, es gibt gar keinen Vater. Ich glaube, der Teufel hat ihr das Kind gemacht.«

Elena war empört. »Schämst du dich nicht«, rief sie. »Wie kannst du so was sagen?«

»Ich habe meine Gründe«, sagte José finster. Aber mehr war nicht aus ihm herauszuholen.

Alles ging gut. Mehrere Monate verstrichen. Das Baby, das sie Jesus genannt hatten, erfreute sich bester Gesundheit – »*un torito*«, sagte Elena, »ein echter kleiner Bulle.«

»Kein Wunder«, hatte Doña Faustina einmal geantwortet, »er hat ja auch Macht von siebenunddreißig…« Genau in diesem Moment bekam Carlota einen heftigen Hustenanfall, in dem der Rest des Satzes unterging. Elena hatte nichts bemerkt.

Die Regenzeit war vorbei, jetzt kehrten die hellen Tage voller Sonnenschein und grüner Blätter zurück. Wieder einmal ging José auf die Suche nach Früchten. Langsam schlenderte er den Garten hinunter, manchmal kroch er auf allen vieren, um unter den hängenden Mauern von Schlingpflanzen und Ranken hindurchzuschlüpfen. Eines Tages hackte er sich wieder einen Weg zum Weiher frei. Dort blieb er an dem einen Ufer stehen, um die Rampe auf der anderen Seite zu betrachten, und da sah er es – ein Monster, das an ihm vorbeiglitt und unter der Wasseroberfläche verschwand. Er stand mit offenem Mund da. Nur ein Wort brachte er gerade noch heraus: »*Caimán.*«

Ein paar Minuten stand er reglos da und starrte ins dunkle

Wasser hinab. Dann schlich er am Ufer des Weihers entlang, da, wo letztes Jahr der Pfad gewesen war. Er war wie vom Erdboden verschluckt. Offensichtlich war viele Monate lang niemand mehr am Weiher gewesen; es gab nicht mal mehr Anzeichen dafür, daß ein solcher Gang mitten in der üppigen Vegetation je existiert hatte. Er ging denselben Weg zurück, den er gekommen war.

Es ist ein Skandal, dachte José, daß eine solche Bestie auf Doña Faustinas Anwesen lebt, und er beschloß, sie auf der Stelle davon in Kenntnis zu setzen. Er fand sie in der Küche, wo sie sich mit Elena unterhielt. An seinem Gesicht erkannte sie, daß irgend etwas nicht stimmte, und vielleicht aus Angst, daß er genau das sagen würde, was er tatsächlich einen Augenblick später sagte, versuchte sie, ihn aus der Küche zu lotsen.

»Komm mal mit nach oben. Ich möchte, daß du etwas für mich erledigst«, sagte sie, trat neben ihn und zupfte ihn am Ärmel.

Aber José war viel zu aufgeregt, um darauf zu achten. Er merkte nicht einmal, daß sie ihn berührte.

»Señora!« rief er. »Wir haben ein Krokodil im Garten.«

Doña Faustina sah ihn mit unverhohlenem Haß an. »Was sagst du da?« meinte sie sanft. Ihre Stimme klang besorgt, so, als müsse man den alten Mann mit besonderer Nachsicht behandeln.

»Ein riesiger *caimán...* ich hab ihn gesehen!«

Elena schaute ihn ängstlich an.

»Er ist krank«, flüsterte sie Doña Faustina zu. José hörte, was sie sagte.

»Krank!« lachte er verächtlich. »Komm mit und warte ab. Ich werde dir schon zeigen, wer hier krank ist. Komm nur.«

»Du meinst im Garten?« wiederholte Doña Faustina ungläubig. »Aber wo denn?«

»In dem großen Weiher, Señora.«

»Weiher? Was denn für ein Weiher?«

»Die Señora weiß nichts von dem Weiher? Dort unten, unterhalb des Obstgartens gibt es einen Tümpel. *Si, si, si*«, beharrte er, als er Elenas Gesicht sah. »Ich bin dort gewesen. Es ist nicht weit. Kommt –«

Als Elena entschlossen schien, ihre Schürze abzulegen und seiner Aufforderung zu folgen, änderte Doña Faustina ihre Taktik.

»Hört auf mit dem Unsinn!« rief sie. »Wenn du krank bist, José, leg dich ins Bett. Oder bist du etwa betrunken?« Sie trat an ihn heran und schnüffelte mißtrauisch. »Nein? *Bueno.* Elena, mach ihm einen starken Kaffee, und in einer Stunde sagst du mir Bescheid, wie es ihm geht.«

Aber als sie wieder in ihrem Zimmer war, fing Doña Faustina doch an, sich Sorgen zu machen.

6

Sie kamen gerade noch rechtzeitig raus. Carlota war nicht sicher, daß sie wirklich weggehen sollten.

»Aber wo sollen wir denn hin?« fragte sie kläglich.

»Mach dir darüber keine Sorgen«, sagte Doña Faustina. »Denk lieber an die Polizei. Wir müssen hier weg. Ich weiß es. Was nützt uns Macht von siebenunddreißig, wenn ich nicht darauf höre, was sie mir raten? Sie sagen, daß wir hier weg müssen. Heute noch.«

Als sie von ihren vielen Körben umgeben im Zug saßen und auf die Abfahrt warteten, hielt Doña Faustina Jesus

Maria ans Fenster, nahm seinen winzigen Arm und winkte der Stadt zum Abschied zu. »Auf jeden Fall ist die Hauptstadt ein viel besserer Ort für ihn«, flüsterte sie.

Sie gingen in eine kleine *fonda* in der Hauptstadt, wo Doña Faustina am zweiten Tag auf die Idee kam, sich bei der nächsten *comisaría* für einen Posten als weibliche Hilfskraft bei der Polizei zu bewerben. Ihre körperliche Erscheinung und die Tatsache, daß sie vor nichts auf der Welt Angst zu haben schien, wie sie auch dem zuständigen Kommissar versicherte, beeindruckten die ansässigen Polizeibeamten, und so wurde sie schließlich nach diversen Prüfungen in die Truppe aufgenommen.

»Du wirst sehen«, sagte sie zu Carlota, als sie an diesem Abend hochgestimmt nach Hause kam. »Von jetzt an haben wir nichts mehr zu befürchten. Jetzt kann uns nichts mehr passieren. Wir haben neue Namen. Wir sind neue Menschen. Jetzt zählt nur noch Jesus Maria.«

Zur gleichen Zeit wimmelte es auf ihrem Anwesen von Polizei. Die Neuigkeit von dem *caimán,* auf dem José mit seinem Dickkopf bestand, erst bei Elena, und dann auch bei den anderen auf dem Markt, war bis zu den Beamten vorgedrungen und hatte ihre Neugier von neuem geweckt. Als sich herausstellte, daß es nicht eins war, sondern gleich ein Pärchen von den Biestern in dem versteckten Weiher lebte, stellte die Polizei genauere Nachforschungen an. Nicht einmal jetzt glaubte irgend jemand im Umkreis ernstlich, daß Doña Faustina und ihre Schwester für das Verschwinden von Dutzenden kleiner Kinder verantwortlich gemacht werden könnten, die in den letzten zwei, drei Jahren verschleppt worden waren, doch war man im allgemeinen der Ansicht, daß es ja nichts schaden könnte, der Sache einmal nachzugehen.

Unter einem der Waschkessel in einer dunklen Ecke der Waschküche fanden die Polizisten ein Bündel blutverschmierter Kleiderfetzen, die sich bei näherer Untersuchung ohne jeden Zweifel als die eines der verschwundenen Kinder entpuppten. Dann entdeckten sie noch mehr von solchen Kleiderresten. Sie waren in die Fenster gestopft worden, um die Lücken zu füllen, die durch zerbrochene Scheiben entstanden waren.

»Die müssen Jesus Maria gehören«, sagte die treue Elena, »in ein oder zwei Tagen kommt die Señora zurück und wird euch alles erklären.« Die Polizisten lachten verächtlich.

Sogar der *jefe* kam und schaute sich in der Waschküche um.

»Sie war nicht dumm«, sagte er anerkennend. »Sie machte ihre Arbeit hier, und die da –« er deutete hinaus Richtung Obstgarten, »erledigten dann den Rest.«

Stück für Stück fügten sich die Bruchstücke zu einem Ganzen zusammen und ergaben ein unheimliches Bild: Es konnte einfach nicht länger an Doña Faustinas Schuld gezweifelt werden. Aber sie zu finden war eine andere Sache. Eine Weile berichteten alle Zeitungen ausführlich über den Fall. Sie verbreiteten die widerlichsten Geschichten und forderten ihre Leser immer wieder auf, nach den zwei Monsterfrauen Ausschau zu halten. Aber es stellte sich heraus, daß kein Bild von den beiden aufzutreiben war.

Doña Faustina sah die Zeitungen, las die Berichte und zuckte mit den Achseln. »All das ist schon lange her«, sagte sie. »Es hat heute keine Bedeutung mehr. Und selbst wenn, könnten sie mich nicht kriegen. Ich habe viel zuviel Macht für sie.« Und es dauerte auch nicht lange, bis die Zeitungen sich wieder mit anderen Dingen beschäftigten.

Fünfzehn Jahre gingen ins Land. Jesus Maria, der für sein

Alter ungewöhnlich klug und kräftig war, bekam eine Position als Dienstbote im Hause des Polizeichefs angeboten. Er kannte den Jungen und seine Mutter seit Jahren und mochte ihn gern. Das war ein großer Triumph für Doña Faustina.

»Ich weiß, daß du ein großer Mann bist«, sagte sie zu Jesus Maria, »und uns nie Schande machen wirst.«

Doch genau das tat er schließlich doch, und Doña Faustina war untröstlich.

Nach drei Jahren wurde ihm die eintönige Arbeit langweilig, und er trat in die Armee ein. Er hatte eine Empfehlung seines Arbeitgebers an einen guten Freund bei sich, einen gewissen Colonel, der dafür sorgte, daß Jesus Maria in der Kaserne gut behandelt wurde. Er hatte Glück und wurde so oft befördert, daß er schon im Alter von fünfundzwanzig Jahren selber Colonel war. Es soll nicht unerwähnt bleiben, daß der Rang eines Colonels in der mexikanischen Armee keine besonders hohe Errungenschaft ist oder notwendigerweise als Zeichen besonderer Verdienste gilt. Es besteht jedoch kaum Zweifel, daß Jesus Marias Karriere auch weiterhin steil nach oben gegangen wäre, wenn er zur Zeit der Überfälle auf die Dörfer um Zacateas, die ein gewisser Fermin Figuero anzettelte, nicht zufällig in der Nähe gewesen wäre. Seine Vorgesetzten wollten ihm wieder einmal einen Gefallen erweisen und verschafften ihm das Privileg, Anführer einer Strafexpedition auf der Suche nach Figuero zu werden. Jesus Maria war sicher nicht unfähig, denn innerhalb von drei Tagen hatte er den Anführer der Gruppe zusammen mit sechsunddreißig Männern gefangengenommen.

Niemand weiß genau, was sich in dem kleinen Bergdorf, in dem die Verhaftung erfolgt war, abspielte, außer daß Figuero und seine Kumpane auf einer Schafweide eingesperrt wurden, um erschossen zu werden. Als jedoch ein paar Stunden später ein Korporal mit sechs Soldaten erschien, um die Exekution durchzuführen, war der Corral leer. Nachdem man Jesus Maria seinen Rang als Colonel aberkannt hatte, wurde sogar behauptet, daß der Schäfer beobachtet hatte, wie er im Sonnenschein des hellen Nachmittags, als jedermann sich zur Siesta zurückgezogen hatte, den Corral betreten und die Stricke, mit denen Figuero gefesselt war, durchgeschnitten hatte. Dann hatte er ihm sein eigenes Messer gegeben, hatte sich umgedreht und war weggegangen. Nur wenige glaubten an die Geschichte: Solche Dinge tut ein Colonel nicht. Trotzdem war man sich darüber einig, daß er unverantwortlich leichtsinnig gewesen war und daß es nur ihm zu verdanken war, daß die siebenunddreißig Banditen entwischt waren, um weitere Greueltaten zu begehen.

Am Abend, als Jesus Maria in die Kaserne der Hauptstadt zurückkam, ging er in die Latrine und stellte sich vor den fliegenverdreckten Spiegel. Langsam fing er an zu lächeln und beobachtete, wie sich sein Gesicht dabei verzog. »Nein«, sagte er und versuchte es noch einmal. Das Gesicht des Mannes hatte ähnlich ausgesehen; er würde es nie ganz genau hinkriegen, aber er konnte es weiter versuchen, denn es machte ihn einfach glücklich, sich an diesen Augenblick zu erinnern – das einzige Mal, daß er gespürt hatte, wie es ist, Macht zu haben.

Tanger, 1949

Die Stunden nach Mittag

Wie unzusammenhängend eine Existenz auch sei, die menschliche Einheit wird dadurch nicht getrübt. Könnte man alle Echos des Gedächtnisses gleichzeitig aufwecken, sie bildeten ein Konzert, ob nun angenehm oder schmerzlich, so doch jedenfalls logisch und ohne Dissonanzen.

Baudelaire

I

»Ach, du bist ein *Mann!* Was weiß ein Mann schon von solchen Dingen? Ich sage dir: nichts, gar nichts!« Wenn sie sich während der Mahlzeiten mit ihrem Mann stritt, suchte Mrs. Callender häufig die Unterstützung der anderen Gäste im Raum. In diesem Fall jedoch war ihre Bitte rein formaler Natur, denn im Augenblick war sie die einzige Frau im Raum und folgerte daraus, daß sie die Aufmerksamkeit der anderen ohnehin genoß. Ihre hellen Augen flammten empört von einem männlichen Gast zum anderen, und sie drehte sich sogar halb auf ihrem Stuhl, um den alten Mr. Richmond, Kassierer der Bank of British West Africa, einzubeziehen. Er sah von seinem Teller auf und sagte: »Äh? Oh, ja. Gewiß.«

Die Pension Callender war in diesen Tagen erstaunlich leer – leer sogar für die heiße Jahreszeit. Außer dem alten Mr. Richmond, der bei ihnen wohnte, seit sie vor elf Jahren aufgemacht hatten, war da nur noch Mr. Burton aus London, der an einem Buch schrieb; er war im letzten Herbst gekommen und hatte bisher noch nicht die Absicht erkennen lassen, wieder abreisen zu wollen. Mr. Richmond und Mr. Burton waren die einzigen Dauergäste der Pension. Die anderen kamen und gingen unregelmäßig, wie Mr. van Siclen, der Archäologe, oder Clyde Brown, der ein Geschäft in Casablanca betrieb, oder sie blieben nur ein paar Tage, um auf Geld oder Visa zu warten, ehe sie in den Süden oder Norden aufbrachen, wie die beiden Belgier, die heute morgen abgereist waren.

»Ein junges Mädchen – jedes junge Mädchen – ist unglaublich sensibel. Wie ein Barometer registriert sie alles, was sich in ihrer Umgebung tut. Das ist wahr, ich sage es dir!« Mrs. Callender sah sich herausfordernd um; ihre schwarzen Augen funkelten.

Mr. Callender war in guter Stimmung. »Mag sein«, antwortete er nachsichtig. »Aber um Charlotte würde ich mir keine Sorgen machen. Und im übrigen wissen wir nicht einmal mit Bestimmtheit, ob Monsieur Royer kommt oder nicht. Du weißt, wie er ist: er ändert ständig seine Pläne. Wahrscheinlich ist er schon auf dem Weg nach Marrakesch.«

»Oh, er *kommt.* Du weißt es, du willst es nur nicht wahrhaben.« (Zuweilen traf dies auf Mr. Callender zu. Wenn es offensichtlich war, daß einer der moslemischen Bediensteten systematisch Lebensmittel aus seiner Vorratskammer stahl, unternahm er nichts, um herauszufinden, wer der Schuldige war, sondern zog es vor, zu warten, bis er ihn auf frischer Tat ertappte.) »Du hoffst, daß er aus irgend einem Grund nicht kommt. Aber er wird kommen, und er ist ein gräßlicher, schmutziger Kerl, der bei jeder Mahlzeit deiner

Tochter gegenübersitzen wird. Ich glaube, das sollte dir zu denken geben.«

Ihr Mann musterte die Gäste mit einem Ausdruck von Belustigung. »Ich glaube kaum, daß sie großen Schaden nehmen wird, wenn sie ihm bei den Mahlzeiten gegenübersitzt; du?«

»Abdallah! *Otra taza de café!*« Der Junge, der am Kamin stand, kam und füllte ihre Tasse. »Dummer Kerl!« rief sie, an ihrem Kaffee nippend. »Er ist kalt.« Er begriff und nahm die Tasse, um sie wegzubringen. »Nein, nein«, sagte sie seufzend und griff danach. »*Déjalo, déjalo.*« Und ohne innezuhalten: »Er hat einen finsteren Charakter. Er strahlt etwas aus. Frauen haben ein Gespür für diese Dinge. Ich habe es selbst gemerkt.«

Ihr Mann zog die Augenbrauen hoch. »Aha, jetzt kommen wir der Sache auf den Grund. Meine Herren, würden Sie nicht auch sagen, daß meine Frau diejenige ist, auf die man aufpassen muß? Meinen Sie nicht, daß man *sie* von Monsieur Royer fernhalten muß?«

Mrs. Callender lächelte einfältig. »Bob! Du bist einfach schrecklich!« Im selben Augenblick blickte Mr. Richmond erstaunt auf und sagte: »Monsieur Royer? Oh?«

Clyde Brown war der einzige unter den vier Gästen, der der Unterhaltung von Anfang an gefolgt war. Seine wäßrigen blauen Augen nahmen einen interessierten Ausdruck an. »Wer ist dieser Monsieur Royer? Ein Don Juan aus dem Quartier Latin?«

Es folgte ein kurzes Schweigen. Der Wind klappte einen der Fensterläden vor dem Speisesaal auf und zu; das entfernte Tosen schwerer Wellen, die sich an den Klippen brachen, drang von unten herauf. »Ein Don Juan?« wiederholte Mrs. Callender und lachte mit schwacher Stimme. »Mein

Lieber, ich wünschte, Sie könnten ihn sehen! Er gleicht einem wütenden Hummer, den man gerade aus dem Kochtopf geholt hat! Ganz und gar abscheulich. Und er ist mindestens fünfzig!«

»Du begibst dich auf unsicheres Terrain«, sagte Mr. Callender in seinen Teller.

»Ich weiß, Darling, aber man belästigt nun mal keine jungen Mädchen und steckt ständig in entsetzlichen Schwierigkeiten. Er taumelt von einer furchtbaren Klemme in die nächste. Oder hast du vergessen, wie er letztes Jahr Señora Coelhos Nichte…«

Mr. Callender schob seinen Stuhl zurück; das scharrende Geräusch, das er auf dem Kachelboden erzeugte, hallte durch den ganzen Raum. »Mag sein, und wahrscheinlich verdiente er den Ärger, den er sich damit einhandelte«, verkündete er. Dann ungeduldiger, schnell, zu seiner Frau: »Ich kenne ihn. Aber was soll ich deiner Meinung nach tun? Ihm kabeln, wir seien ausgebucht?« Er wußte, daß sie nein sagen würde, und so war es. In einem der Geschäfte der Stadt gab es immer etwas, auf das sie gerade ein Auge geworfen hatte: einen seidenen Schal, ein Paar Schuhe oder eine Handtasche, und ihre einzigen Einnahmen stammten von den Gästen in der Pension. »Aber ich hätte doch gedacht, daß du mehr Interesse zeigen würdest, wenn es um deine eigene Tochter geht«, setzte sie hinzu.

Mr. Burton, der soeben bemerkt hatte, daß ein Gespräch im Gange war, hob den Kopf von dem Buch, in dem er las, und lächelte Mrs. Callender liebenswürdig zu. Der alte Mr. Richmond faltete seine Serviette zusammen, steckte sie in den Aluminiumring und sagte: »Ich glaube, es wird Zeit, in die Stadt zurückzukehren.« Mr. Callender verkündete, daß er sich in seinen Bungalow zurückziehen werde, um Siesta zu halten. So blieb nur Mr. van Siclen am Tisch sitzen, schlürfte seinen Kaffee und blickte zerstreut aus dem Fenster. Er war ein junger Mann, der sich während des Krieges, in dem er auf einer abgelegenen Insel im Pazifik stationiert gewesen war, einen Bart hatte stehen lassen; später, nachdem er entdeckt hatte, daß er damit mehr Eindruck machte (er wirkte viel zu jung, um Archäologe zu sein, sagten die Leute), hatte er ihn behalten. Mrs. Callender ertappte sich, wie sie ihn musterte und sich fragte, ob er ohne seine schwarze Verzierung besser aussähe oder nicht: jedenfalls würde er weniger romantisch, vielleicht sogar ein bißchen kraftlos im Gesicht wirken, entschied sie. Als er sich umwandte, um sie anzusehen, spürte sie einen winzigen Schauer der Erregung, doch sein Gesichtsausdruck erstickte ihn sofort. Er erweckte stets den Eindruck eines angenehm zerstreuten Menschen; das zynische Lächeln, das um seine Lippen spielte, ließ ihn distanzierter erscheinen, als er ohne es gewirkt hätte. Seine Art von Anteilnahme bestand darin, von einem Buch aufzusehen und mit fester Stimme zu fragen: »Guten Morgen. Wie geht es Ihnen heute?« Bis man geantwortet hatte, war er schon wieder in sein Buch vertieft. Sie fand sein Benehmen unerträglich schroff, aber sie war ohnehin noch nie einem Amerikaner begegnet, der ihr nicht durch mangelnde Höflichkeit aufgefallen wäre. Es lag eher an ihrer Einstellung als daran, was sie taten oder nicht taten. Sie selbst war in Gibraltar als Tochter eines Engländers und einer Spanierin zur Welt gekommen; sie hatte ihre Schulzeit in Kent verbracht, und obgleich Mr. Callender Amerikaner war, fühlte sie sich durch und durch als Engländerin. Und Charlotte würde ein typisches englisches Mädchen werden, ein umkompliziertes Kind ohne die lächerlichen Attitüden oder dummen Flausen, die amerikanische Mädchen im

Kopf hatten. Und sie würde auch nicht die Freiheiten haben, die so viele amerikanische Mütter ihren Töchtern gewähren. Mrs. Callender hatte genügend mediterranes Blut mitbekommen, daß sie die Ansicht vertrat, ein Junge solle vollkommene Freiheit genießen, ein Mädchen dagegen überhaupt keine. Der Wind rüttelte noch immer an den Fensterläden.

»Ich verstehe. Sie versuchen, den alten Royer loszuwerden«, sagte Mr. van Siclen träge und schüttelte den Kopf in gespielter Mißbilligung. »Armer alter Royer! Was hat er schon verbrochen, außer hin und wieder das Leben eines jungen Mädchens zu ruinieren.«

»Ach, ich bin ja so froh!« rief sie. Die Heftigkeit ihres Gefühlsausbruchs erstaunte ihn. Er warf ihr einen mißtrauischen Blick zu.

»Froh über was?«

»Froh, daß Sie bezüglich Monsieur Royer mit mir einer Meinung sind.«

»Daß er ein schlimmer alter Wüstling ist, der bis zu seinem Tod ein Nichtsnutz bleiben wird? Sicher bin ich da Ihrer Meinung.«

»Natürlich sind Sie das«, beteuerte sie und merkte nicht, daß sie ihm auf den Leim ging.

»Aber ich glaube nicht, daß man ihn von irgend jemandem fernhalten müßte. Warum auch? *Sauve qui peut*, sage ich immer. Den letzten beißen die Hunde!«

Sie war tief entrüstet. »Wie können Sie nur so etwas sagen? Ich meine es wirklich ernst – im Gegensatz zu Ihnen.«

»Ich meine es auch ernst. Irgendwo muß die Erziehung eines jungen Mädchens schließlich anfangen.«

»Ich finde Sie ziemlich empörend. Erziehung, in der Tat!«

Ihr Blick glitt über ihn hinweg durch das Fenster, auf die verkrüppelten Zypressen am Rande der Klippen. Sie erinnerte sich an so manche Erfahrung, die sie lieber nicht gemacht oder zumindest auf später verschoben hätte, um bereit dafür zu sein. Ihre Tante in Málaga war viel zu nachsichtig gewesen, sonst wäre es gar nicht möglich gewesen, den Matrosen von der *Jaime II* kennenzulernen, geschweige denn, für den folgenden Tag eine Verabredung auf der *Alameda* mit ihm zu treffen. Und dann die beiden Studenten, mit denen sie zu einem Picknick nach Antequera gefahren war und die geglaubt hatten, leichtes Spiel mit ihr zu haben, weil sie keine Spanierin war. »Ich muß einen Akzent gehabt haben«, dachte sie. Mit Sicherheit lag es an solchen Erinnerungen, daß sie heute manchmal »traurige Tage« durchmachte, an denen sie spürte, daß ihr Leben nie wieder in Ordnung sein würde. Es gab viele Dinge, die ein Mädchen nicht zu wissen brauchte, bis sie verheiratet war, und es waren gerade diese Dinge, die anscheinend alle Männer ihr beibringen wollten. Und wenn man erst verheiratet war und alles an Bedeutung verlor, wurden die Möglichkeiten, etwas zu lernen, auf ein Minimum beschränkt. Aber sicher war es besser so.

Allmählich verwandelte sich ihre Empörung in Wehmut. Leidenschaftliche Vorstellungen brannten in ihren Erinnerungen wie Feuer in einem Baumstumpf; es war unmöglich, sie zu verdrängen, und sie verzehrten einen von innen, bis plötzlich nichts mehr da war. Wenn sie viele Erinnerungen hätte statt nur ein paar, dachte sie, wäre sie verloren.

»Sie würden nicht so leichtsinnig daherreden, wenn Sie wüßten, was es heißt, an einem solchen Ort ein junges Mädchen aufzuziehen«, sagte sie müde. »Mit all den Mohammedanern und den immer neuen, fremden Gesichtern der Gäste, die Tag für Tag in die Pension kommen. Natürlich versuchen wir, die anständigen Mohammedaner zu bekommen, aber Sie wissen ja, wie sie sind – schrecklich unzuverlässig und völlig übergeschnappt, einer wie der andere. Man weiß nie, was sie gerade im Schilde führen. Gott sei Dank können wir es uns leisten, Charlotte nach England auf die Schule zu schicken.«

»Mir ist ein wenig kalt«, sagte Mr. van Siclen. Er stand auf und rieb sich die Hände.

»Ja, es ist kühl. Es ist der Wind. Verstehen Sie, ich persönlich habe nichts gegen Monsieur Royer. Mir gegenüber hat er sich stets tadellos benommen. Das ist es nicht. Wenn er ein jüngerer Mann wäre« (beinahe hätte sie hinzugefügt: »so wie Sie«), »würde ich es vielleicht amüsant finden. Ich habe nichts dagegen, daß ein junger Mann sich die Hörner abstößt. Das ist normal. Aber Monsieur Royer ist mindestens fünfzig. Und er stellt kleinen Mädchen nach. Ein junger Mann ist wahrscheinlich eher an erwachsenen Frauen interessiert, was meinen Sie? Und das ist nur halb so gefährlich.« Sie folgte ihm mit dem Blick und wandte den Kopf, während er zur Tür ging: »Nicht halb so gefährlich.«

Auf der Türschwelle hielt er inne, dasselbe ausdruckslose Lächeln auf den Lippen. »Schicken Sie ihn nach El Menar.« Er besaß ein kleines marokkanisches Haus in El Menar, wo er sich durch die römischen und karthagischen Geröllschichten grub und auf noch ältere Funde zu stoßen hoffte. »Wenn er dort den Mädchen nachstellt, wird man ihn ein paar Tage später mit einer Drahtschlinge um den Hals hinter einem Felsen finden.«

»Diese Bestien!« rief sie. »Wie können Sie nur ganz allein mit diesen Wilden leben?«

344

»Sie sind gute Leute«, sagte er beim Hinausgehen.

Sie sah sich im leeren Raum um, fröstelte und trat auf die Terrasse; sie fühlte sich unangenehm nervös. Der Wind war fast stürmisch, doch die Wolken, die bislang den Himmel bedeckt hatten, trieben auseinander und ließen hie und da das kräftige Blau des Himmels durchscheinen. In den Zypressen pfiff und heulte der Wind, und wenn er ihr Gesicht traf, raubte er ihr den Atem. Die Luft war vom durchdringenden Aroma des Eukalyptus gewürzt und feucht von der feinen Gischt der Wellen, die sich an den Felsen brachen. Dann, als die ganze Landschaft am wenigsten darauf vorbereitet zu sein schien, trat die Sonne hervor. In all den Jahren, die sie in Marokko lebte, hatte sie niemals aufgehört, sich über die erstaunliche Veränderung zu wundern, welche die Sonne bewirkte. Sofort spürte sie, wie die Hitze durch ihre Poren drang, der Wind war warm, nicht mehr rauh; die Landschaft wurde grüner, lächelte, und ganz allmählich nahm das Wasser ein leuchtendes Blau an. Sie atmete tief und sagte sich zaghaft, daß sie glücklich sei. Sie war nicht sicher, ob es stimmte, denn es kam selten vor, aber manchmal gelang es ihr. Es schien, als habe sie vor langer Zeit gewußt, was Glücklichsein heißt, und als seien die kurzen Glücksmomente, die sie jetzt empfand, nur ein schwacher Abglanz des ursprünglichen Zustands. Jetzt fühlte sie sich stets von der Niedertracht der Menschheit bedroht; der intrigierende kleinliche Menschenverstand war allgegenwärtig. Eine gewisse Unkenntnis dessen, was um sie herum geschah, war notwendig, wenn sie auch nur einigermaßen zufrieden leben wollte.

Sie sah einen Marokkaner von der Einfahrt auf sie zukommen. Sie hatte das vage Gefühl, daß sein Auftauchen etwas Unerfreuliches zu bedeuten hatte, doch im Augenblick wollte sie nicht daran denken. Sie strich mit der Hand über ihr vom Wind zerzaustes Haar und versuchte sich wieder auf die Pension zu konzentrieren. Da war Mr. Richmonds zerbrochener Spiegel, Brahim brauchte eine neue Glühbirne in der Vorratskammer; sie mußte in der Wäscherei nach einem fehlenden Unterhemd von Bob fragen und Pedro abfangen, ehe er mit dem Kombi in die Stadt fuhr, um ihn daran zu erinnern, daß er am Konsulat vorbeifuhr und Miss Peters abholte, die sie zum Tee eingeladen hatte.

Der Marokkaner, dessen zerlumpte Dschellaba im Wind flatterte, löste sich aus dem Schatten des nächsten Eukalyptusbaumes. Sie schrie ärgerlich auf und drehte sich zu ihm um. Er war alt und trug einen Korb. Plötzlich erinnerte sie sich vom letzten Jahr an ihn; sie hatte ihm Pilze abgekauft. Und noch während es ihr einfiel, warf sie, ohne es zu wollen, einen Blick auf die verkrüppelte Hand, die den Korb hielt, und sah die sechs dunklen Finger, die sie erwartet hatte. »Geh weg!« rief sie heftig. »*Cir f'halak!*« Sie machte kehrt und lief den Pfad hinunter, der zu ihrem Bungalow im tiefer gelegenen Garten führte. Ohne sich noch einmal umzudrehen, trat sie ein und schlug die Tür hinter sich zu. Der Raum roch nach feuchtem Gips und Insektiziden. Einen Augenblick blickte sie unruhig aus dem Fenster, den Pfad hinter den Büschen hinauf. Dann kam sie sich selbst lächerlich vor; sie zog die Vorhänge zu und begann ihr Make-up zu entfernen. Einem ungeschriebenen Gesetz zufolge erledigten sich die Vormittage von selbst; die Stunden nach Mittag waren es, vor denen sie auf der Hut sein mußte – wenn der Tag sich anschickte, auf die Nacht zuzugehen, und sie sich nicht länger zutraute, ganz sicher zu sein, was sie als nächstes tun würde oder welche unmögliche Idee ihr in den

Kopf käme. Noch einmal spähte sie zwischen den Vorhängen auf den sonnenbeschienenen Pfad, doch es war niemand da.

2

Die Monate in Spanien waren alles andere als erholsam gewesen; er hatte genug von den scheuen Versprechungen der Augen hinter vorgehaltenen Fächern, mehr als genug von Mantillas, Kruzifixen und Gekicher. Hier in Marokko war die Liebe wenigstens aufrichtig, wenn es ihr auch an Raffinesse mangelte. Die Schleier vor den Gesichtern störten ihn nicht; er hatte schon vor langer Zeit gelernt, die Züge darunter zu enträtseln. Nur die Zähne blieben ein Risiko. Und in den Augen las er wie in einem Buch. Wenn sie überhaupt Interesse hatten, zeigten sie es deutlich, ohne eine Spur jener Prüderie, die er so verabscheute.

Über einer dicken Wolkenbank brannte der dämmernde Himmel in kräftigem Blau. Er betrat das belebte Viertel der Einheimischen. Sein Gepäck hatte er mit einem Taxi zur Pension Callender vorausgeschickt und verabredet, später mit Mr. Callenders Kombi nachzukommen, der kurz vor dem Abendessen vom Markt abfuhr. Dies gab ihm Gelegenheit zu einem halbstündigen Spaziergang durch die Medina, planlos und mit leeren Händen. Er betrat die Rue Abdessadek. Die Kapuzenmänner in den Straßen bewegten sich von Stand zu Stand, ihre Hände vollführten die eindrucksvollen orientalischen Gesten, Stimmen gellten im Streit um die Preise. Monsieur Royer war all dies vertraut und sehr willkommen. Er hatte das Gefühl, wieder leichter atmen zu können. Langsam stieg er den Hügel hinan und versuchte sich an eine Stelle zu erinnern, die er einmal gelesen und die ihm gefallen hatte: *»Le temps qui coule ici n'a plus d'heures, mais —«* Über diesen Punkt jedoch kam er nicht hinaus. Als er in eine kleinere Straße einbog, umfing ihn plötzlich ein überwältigender Jasminduft; er kam von der anderen Seite der Mauer neben ihm. Einen Augenblick blieb er unter dem über die Mauer hängenden Ast eines Feigenbaumes stehen und sog den Duft ein, langsam, bewußt, in der Hoffnung, über jenen Teil des Gedankens hinauszukommen, der mit der Zeit zu tun hatte. Der Jasmin würde helfen. Da war es: *»Mais, tant le loisir —«* Nein.

Ein Kind rempelte ihn an, und er hatte den Eindruck, daß es absichtlich geschehen war. Er sah hinunter: Richtig, es bettelte. Mit einschmeichelndem, unnatürlich dünnem Stimmchen, das ihm auf die Nerven ging, bat es um ein Almosen und streckte ihm die winzige, hohle Hand entgegen. Er begann schnell zu gehen, noch immer den Jasminduft einatmend, spürte, wie die schwer faßbare Stelle, die er suchte, sich ihm immer wieder entzog. Das Kind lief neben ihm her und setzte seinen gräßlichen Singsang fort. »Nein!« herrschte er es an, ohne noch einmal hinunterzusehen, und zwang seine Beine zu großen Schritten, in der Hoffnung, damit der monotonen Stimme zu entkommen.

»Le temps qui coule ici n'a plus d'heures, mais tant« murmelte er mit lauter Stimme, um das Geräusch neben sich zu übertönen. Es war unmöglich. Jetzt war seine gute Laune unwiderruflich dahin. Das Kind wurde aufdringlicher und berührte mit einem zaghaften Finger sein Bein. *»Dame una gorda«*, wimmerte es. Aus heiterem Himmel und mit einer Heftigkeit, die ihn selbst überraschte, versetzte er dem Kind eine schallende Ohrfeige und hörte es im selben Augenblick aufstöhnen. Dann sah er, wie es sich duckte und an den

Straßenrand lief, wo es sich, gegen den Wind gelehnt, das Gesicht hielt und ihn vorwurfsvoll und mit einem Ausdruck fassungsloser Ungläubigkeit anstarrte.

Schon empfand er schmerzhaftes Bedauern über sein Verhalten. Er trat auf das Kind zu, ohne zu wissen, was er sagen oder tun sollte. Es blickte auf; das geschlagene Gesicht war bleich im Schein der Bogenlampe, die über ihm pendelte. Er hörte sich sagen: *»Porqué me molestas así?«* Das Kind antwortete nicht, und er spürte, wie sein Schweigen einen unüberwindlichen Graben zwischen ihnen zog. Er packte es an seinem dünnen Arm. Wieder gab es, ohne sich zu bewegen, dieses übertriebene, tierische Stöhnen von sich. Außer sich vor Wut schlug er es erneut, heftiger als zuvor. Dieses Mal hörte er keinen Ton, es stand einfach nur da. Vollkommen außer sich und in erbärmlicher Stimmung wandte Monsieur Royer sich ab und ging in die Richtung, aus der er gekommen war. Unterwegs stieß er gegen eine verschleierte Frau, die gerade dabei war, mitten auf der Straße einen Mülleimer auszuleeren. Sie rief ärgerlich etwas hinter ihm her, aber er schenkte ihr keine Beachtung. Die Vorstellung, daß das marokkanische Kind ihn mit derselben Furcht und Verachtung angesehen hatte wie jeden anderen ungläubigen Eindringling, war ihm unerträglich, denn er hielt sich für einen besonders verständnisvollen Freund der Moslems. Er eilte zurück zum Markt, fand den Kombi und stieg ein. Im Schein der Lichter an den Gemüseständen auf der anderen Straßenseite erkannte er den alten Mr. Richmond von der Bank of British West Africa, der ihm gegenübersaß.

»Guten Abend«, grüßte Monsieur Royer. Er hatte das Gefühl, jede Art von Konversation würde ihm helfen, die durch den Spaziergang hervorgerufene schlechte Laune zu überwinden.

Mr. Richmond brummte nur und sagte nach einer Weile: »Sie sind Royer, nehme ich an?«

»Ah, Sie erinnern sich an mich«, lächelte Monsieur Royer. Doch Mr. Richmond sagte nichts weiter.

Kurz darauf erschien Pedro, die Arme voller Bündel, die er zwischen ihnen verstaute. Er begrüßte Monsieur Royer feierlich und erklärte dann, sie würden nicht direkt zur Pension fahren; sie müßten am Flughafen vorbei, um Miss Charlotte abzuholen, die aus London erwartet wurde. Während sie im Schrittempo durch den belebten Markt fuhren, bemerkte Monsieur Royer, wie Mr. Richmond ihn beobachtete, mit einer Verstohlenheit, die ans Lächerliche grenzte. »*Pauvre vieux*«, dachte er. »Er verliert allmählich den Verstand.«

3

Es war ein nervenaufreibender Flug gewesen, die meiste Zeit durch Wolken, mit plötzlichen und erschreckenden Momenten erbarmungslos sengender Sonne dazwischen, vor der die weichen Wolken wie ein Schutz erschienen. Sie hatte keine Angst vor dem Fliegen; das Unbehagen hatte schon begonnen, lange bevor sie die Schule verließ. Jeden Morgen beim Aufwachen hatte sie das frisch gemähte Gras gerochen, dem vertrauten Zwitschern der Vögel in den Büschen gelauscht und sich gesagt, daß sie nicht wegfahren wollte.

Natürlich war kein Gedanke daran, den Besuch bei der Familie abzusagen. Zwar war ihre Mutter im vergangenen Jahr nach England gekommen, um die Ferienmonate mit ihr zu verbringen, doch hatte sie ihren Vater seit zwei Jahren nicht gesehen, und sie machte sich eigentlich mehr aus ihm als aus ihrer Mutter. Er war ruhig, er sah sie auf eine seltsame, liebevolle Art an, die ihr ungemein schmeichelte, vor allem aber ließ er sie in Ruhe und enthielt sich jeglicher Vorschläge zur Verbesserung ihres Äußeren oder ihres Charakters, was offensichtlich bedeutete, daß er sie für ein gänzlich entwickeltes Individuum hielt. Und obwohl sie eingestehen mußte, daß ihre Mutter lieb war, konnte sie nicht umhin, sie albern und irgendwie lästig zu finden: Sie quoll über von allen möglichen Ratschlägen und war stets darauf aus, diese loszuwerden. Und je mehr man annahm, um so mehr versuchte sie einem aufzubürden. Die ewigen Hinweise und Belehrungen wollten einfach kein Ende nehmen. Sie sagte sich, daß diese ständige Aufpasserei ein sehr typischer Ausdruck falschverstandener Mutterliebe sei, aber das machte es nicht erträglicher.

Die letzten beiden Schultage hatte sie mit langsamem, mechanischem Packen verbracht; sie waren erfüllt von einer gewissen Qual, die sie schließlich widerstrebend diagnostiziert hatte. Es war instinktiver Unmut angesichts der Aussicht, ihre Mutter wiederzusehen. In anderen Jahren hatte sie sich auf die Heimreise vorbereitet, ohne diese schreckliche Verstörtheit zu empfinden. Erst als sie vom Londoner Flughafen abhoben und sie sich gegen die Kurve, die das Flugzeug beschrieb, lehnte, fiel ihr der Grund ein; ohne es zu merken, hatte sie bereits beschlossen, sich ihr zu widersetzen. Die Entdeckung war ein Schock. Einen Moment lang kam sie sich vor wie ein Ungeheuer. »Mit so einem Gefühl kann ich unmöglich nach Hause«, dachte sie. Doch als das Flugzeug wieder gerade flog und, an Höhe gewinnend, durch die Nebelbank in die darüberliegende klare Helligkeit stieß, seufzte sie und lehnte sich zurück, um zu lesen.

Immerhin war es eine persönliche Entscheidung, die man ihr kaum vom Gesicht würde ablesen können. Doch während das Flugzeug aus der Sonne in den Schatten tauchte und wieder zurück, plagte sie noch immer das Gefühl, daß sie treulos geworden war; und mit diesem Verdacht ging die Furcht einher, ihre Mutter verletzen zu können.

Es war ein kleiner Flughafen. Bevor das Flugzeug landete, entdeckte Charlotte den Kombi; er parkte im Schein der Flutlichter unweit der Baracke, die als Warteraum und zur Zollabfertigung diente. Sie war nicht überrascht, daß ihr Vater sie nicht abholte; er verließ die Pension nur, wenn es nicht anders ging. Pedro verstaute ihr Gepäck auf dem Wagendach und half ihr, hinten einzusteigen.

»Angenehme Reise?« fragte Mr. Richmond, nachdem sie einander begrüßt hatten und sie neben ihm saß.

»Danke ja«, antwortete sie und wartete, daß er sie dem anderen Herrn vorstellte. Er kam offensichtlich vom Kontinent und war von ziemlich vornehmer Erscheinung, fand sie. Doch Mr. Richmond sah gleichgültig auf die Lichter des Flughafens, und so sprach sie mit dem Herrn, ohne mit ihm bekannt gemacht worden zu sein.

Sie plauderten über das Wetter und die Marokkaner. Der Wagen kletterte die steile Straße hinauf; in jeder Kurve wischten die Scheinwerfer über die von Kletterpflanzen und Weinreben überwucherten weißen Mauern zu beiden Seiten. In den dunklen Bäumen über ihnen zirpten ein paar Zikaden weiter ihr Tageslied. Sie und der Herr unterhielten sich noch, als der Kombi in die Garage einbog. Mr. Richmond aber hatte kein einziges Wort mehr gesagt.

4

Seit ihrem letzten Besuch hatte sich in der Pension nichts verändert. Ihre Mutter wirkte jünger und hübscher denn je und schien, wenn möglich, noch zerstreuter und verwirrter – so zerstreut, daß auch sie vergaß, ihr den französischen Herrn vorzustellen. Da man ihn jedoch in die entlegenste Ecke des Speisesaals ans Fenster gesetzt hatte, und er so gut wie fertig war, als die Familie zum Essen kam, war es nicht von Belang.

Ihr Vater sah sie über den Tisch hinweg an und lächelte.

»Da bist du also«, sagte er zufrieden. Er machte eine Pause und wandte sich an seine Frau: »Am besten läßt du ihr von Señorita Marchena ein Kleid anfertigen.« Und zu Charlotte: »Am Sonntag findet im Country Club ein großer Tanzabend statt.«

»Oh, aber ich habe doch jede Menge zum Anziehen!« wandte sie ein.

»Trotzdem, dies ist etwas Besonderes. Und es verlangt nach etwas Besonderem. Señorita Marchena ist genau die Richtige dafür.« Er betrachtete sie aufmerksam. »Ich kann nur sagen, die Ramirez-Mädchen müssen sich vorsehen!«

Sie merkte, daß sie rot wurde. Die Ramirez-Mädchen waren drei Schwestern, die den Ruf genossen, die Schönheit im Ort gepachtet zu haben.

»Die Ramirez-Mädchen!« rief Mrs. Callender mit einem Funken von Verachtung in der Stimme.

»Was ist mit ihnen?« sagte ihr Mann. »Es sind nette Mädchen.«

»O ja, sie sind hübsch, Bob, aber wohl kaum das, was man unter netten Mädchen versteht.« (Mrs. Callender zufolge tendierten alle Spanier per definitionem zu einer zweifelhaften Moral.)

»Mutter! Wie kannst du so etwas sagen!« rief Charlotte.

Mrs. Callender sah sich nervös um; ihr schien, als lausche Monsieur Royer ihrem Gespräch. Sie war absichtlich spät zu Tisch gegangen, weil sie glaubte, daß er bis dahin mit dem Essen fertig sei, doch er spielte noch immer mit seinem Obst herum. »Ich erzähle es dir später«, sagte sie *sotto voce* zu Charlotte und wechselte das Thema, inbrünstig hoffend, daß er im nächsten Moment aufstehen und sich in seinen Bungalow zurückziehen würde.

Während sie noch saßen, öffnete sich die Terrassentür, und Mr. van Siclen polterte herein, direkt aus El Menar, in einem erdverschmierten Overall. Er hatte die Angewohnheit, zu jeder Tages- und Nachtzeit unangemeldet aufzutauchen. Das Personal hatte dadurch manchmal Unannehmlichkeiten, da er jedoch für Vollpension bezahlte und nur wenige Mahlzeiten hier einnahm, hatten die Callenders zu seinen überraschenden Auftritten nie etwas gesagt. Vorsichtig schloß er die Tür, damit die Zugluft, die aus der Küche durch den Raum blies, sie nicht zuwarf. »Guten Abend allerseits!« sagte er und strich sich mit der Hand durchs Haar. Mrs. Callender schaute zum Fenster, wo Monsieur Royer damit beschäftigt war, einen Apfel in papierdünne Schnitzel zu zerschneiden. »Oh, wie schrecklich! Monsieur Royer hat Ihren Tisch. Setzen Sie sich hierher zu uns. Abdallah! *Trae otra silla!*« Sie rückte ihren Stuhl ein wenig zur Seite und deutete auf den Platz neben sich. »Doch ehe Sie Platz nehmen – das ist meine Tochter Charlotte.« Er nahm die Vorstellung trocken, mit einem Minimum an Höflichkeit hin, setzte sich dann und seufzte tief.

»Was für eine Nacht!« erklärte er, als die Suppe serviert

wurde. »Eine Brise vom Meer, Vollmond und dichte Wolken. Ich bin gerade im Jeep von Menar gekommen«, fuhr er, an Charlotte gewandt fort. (Sie hatte entschieden, daß er ein aufgeblasener Kerl war – mit diesem Bart.)

»Wie entzückend!« rief Mrs. Callender. »Nun, verraten Sie uns doch, sind Sie schon auf etwas Phantastisches gestoßen da draußen? Goldmünzen? Lapislazuli-Becher?«

Während er sprach, studierte Charlotte sein selbstgefälliges, leicht spöttisches Gesicht. Er vereinte all das, was sie an Männern am meisten verabscheute: Eitelkeit, Anmaßung, Gefühllosigkeit. Trotzdem konnte er nicht so schlimm sein, wie er aussah, dachte sie, es mußte teilweise am Bart liegen. Niemand in seinem Alter hatte das Recht auf eine derartige Verzierung.

Hin und wieder warf sie einen verstohlenen Blick auf ihre Mutter, die dem Gerede lauschte, als sei es von größtem Interesse, und es zuweilen mit girrendem Lachen und Ausrufen des Entzückens unterbrach. Irgendwie hatte sie erwartet, sie diesmal weniger albern zu finden (vielleicht aufgrund ihrer Entschlossenheit sich zu widersetzen), doch nun kam sie ihr schlimmer vor denn je. »Es muß an ihrem Alter liegen«, dachte Charlotte. Irgendwann würde sie sich wahrscheinlich ganz plötzlich, über Nacht, verändern. Und nun, da ihr bewußt wurde, daß es genau diese Oberflächlichkeit war, die sie am meisten haßte, spürte sie keinen Funken Schuld mehr wegen ihrer Aufmüpfigkeit. Der Versuch, das Leben anderer Menschen in die Hand zu nehmen, war eine ernste Angelegenheit. Er hatte seine Grenzen. Doch die Unentschiedenheit, die sie an ihrer Mutter bemerkte, kam einer Ablehnung aller Werte gleich. Es gab keinen Anfang und kein Ende; alles glich dem anderen.

Zwei Krankenschwestern, die auf Urlaub vom Hospital

auf Gibraltar waren, schoben ihre Stühle zurück und gingen durch den Saal zur Tür: »Gute Nacht«, sagten sie mit ihrem seltsamen englischen Akzent. Beide trugen Brillen; ihre Kleidung verriet einen schrecklichen Geschmack. Charlotte sah ihnen nach und dachte: »Dreißig zu sein und so auszusehen…«

Jemand legte ihr leicht eine Hand auf die Schulter. Sie wandte den Kopf. Der Herr aus Frankreich stand hinter ihrem Stuhl und lächelte ihrer Mutter zu.

»Mein Kompliment, Madame! Ein so reizendes Mädchen konnte nur die Tochter einer so charmanten Mutter sein wie Sie!«

Hinter Charlotte stehend, verbeugte er sich tief, so daß sein Kopf eine Sekunde lang auf gleicher Höhe war wie der ihre; die Hand verharrte auf ihrer Schulter. Ein kurzes Schweigen fiel über den Tisch. An Mr. van Siclen gerichtet fuhr Monsieur Royer fort: »Guten Abend, lieber Freund! Wie geht es Ihnen? Sind Sie in letzter Zeit auf irgendwelche bemerkenswerten Funde gestoßen?«

»Hallo, Royer. Ich habe den Callenders gerade von einer neuen Mauer erzählt, die ich gestern entdeckt habe.«

»Wie aufregend! Gestern erst! Ich bin gespannt.«

»Setzen Sie sich«, sagte Mr. van Siclen. Mrs. Callender warf ihm einen bösen Blick zu.

»Ich fürchte, das wird etwas eng«, sagte sie und rückte ihren Stuhl so laut wie möglich auf dem gekachelten Boden hin und her, ohne ihn auch nur einen Zentimeter zu verschieben.

»O nein, es geht schon«, entgegnete Charlotte. »Hier neben mir.«

Doch Monsieur Royer lachte.

»Nein, nein, lassen Sie nur! Aber es ist sehr freundlich

von Ihnen, und ich brenne darauf, mehr über die neuesten Entwicklungen dieser großartigen Ausgrabung zu erfahren. Vielleicht morgen, Mister van Siclen?« Er küßte Mrs. Callender und Charlotte förmlich die Hand und ging hinaus.

Mrs. Callender sah ihren Mann an und verdrehte die Augen. »Man braucht eine Engelsgeduld«, sagte sie. »Was für ein unausstehlicher Narr!«

Charlotte zögerte einen Augenblick und wandte dann ein: »Wieso! Ich finde ihn bezaubernd.«

Ihre Mutter stieß einen kleinen Schrei aus, der in ratlosem Kichern verklang, und warf Mr. Callender einen hilfesuchenden Blick zu. Dann sagte sie sehr ernst: »Ich bin betrübt, so etwas zu hören, Liebes, denn es beweist, daß du keinerlei Menschenkenntnis besitzt. Der Mann ist ein Nichtsnutz, ein gewöhnlicher Abenteurer! Schlimmer geht es nicht!«

Charlotte sah zu ihrem Vater: »Ist das wahr?« fragte sie. »Er taugt nichts, das ist richtig«, stimmte er zu.

Eine Weile saßen sie beim Kaffee und erzählten sich die letzten Neuigkeiten. Der Speisesaal war jetzt leer, bis auf ihren Tisch. Abdallah lehnte, mehr schlafend als wachend, am Kamin. Mr. van Siclen hatte aufgehört, sich an dem Gespräch zu beteiligen; er kippte seinen Stuhl nach hinten und zog an einer Pfeife. Von Zeit zu Zeit ließ der Wind das Haus erbeben. Langsam konzentrierte sich die Unterhaltung auf Charlotte. Sie erzählte ihren Eltern von der Schule, dem Unterricht und ihren Freunden; sie hatte Mr. van Siclens Anwesenheit beinahe vergessen. Plötzlich unterbrach sie sich.

»Das alles muß Mr. van Siclen doch schrecklich langweilen«, sagte sie entschuldigend.

»Unsinn, mach weiter«, erwiderte ihr Vater. »Wenn er nicht zuhören möchte, kann er ja gehen.«

Mr. van Siclen lächelte schläfrig durch den Rauch. »Es langweilt mich keineswegs«, sagte er. »Im Gegenteil, es ist sehr aufschlußreich.«

Sie war überzeugt daß er sich über sie lustig machte; sie kochte vor Wut.

»Ich bin schrecklich müde; ich glaube, ich gehe lieber schlafen.« Es war die einzige Möglichkeit, dem Ganzen zu entkommen; nun, da sie sich seines belustigten Blicks bewußt war, konnte sie ihren Bericht unmöglich fortsetzen.

Ihre Mutter sprang auf. »Natürlich bist du müde, armes Ding. Komm mit mir. Du mußt sofort ins Bett.« Sie wollte nach ihrem Arm greifen, um sie zur Tür zu ziehen, doch das konnte Charlotte nicht zulassen. Sie machte sich sanft los und ging zu ihrem Vater, um ihm einen Gutenachtkuß zu geben; sie verabschiedete sich von Mr. van Siclen höflicher, als sie es meinte, nahm dann an der Tür ihre Mutter am Arm und führte sie die Treppe hinunter durch den Garten zu den Bungalows. Mrs. Callender trat ein, setzte sich auf das Bett und tratschte über die Bediensteten, während Charlotte den Koffer auspackte. Hassans elfjähriger Bruder saß im Gefängnis, weil er durch das offene Fenster von Mr. Burtons Zimmer gelangt und einen Hundert-Peseten-Schein vom Tisch genommen hatte.

»Aber Mutter! Er ist doch noch viel zu jung für das Gefängnis!«

»Ich habe schon vor Jahren gesagt, daß der Bengel ein Dieb ist, Darling. Ich habe Hassan gewarnt, er solle besser auf ihn aufpassen, oder wir beide würden noch Ärger bekommen. Ist das nicht der Bademantel, den Mrs. Grey dir geschenkt hat? Er ist hübsch, aber er scheint ein wenig zu lang.« Schließlich ging sie und ließ Charlotte hellwach im Dunkeln und dem rhythmischen Rauschen der Wellen lauschend zurück. Das Meer war nicht besonders laut; sie konnte sich an Nächte erinnern, in denen es das Zimmer zu erfüllen schien. Doch heute nacht kam der Wind von Westen.

5

Es dauerte nicht lange, bis sie merkte, wie töricht es gewesen war, nach dem Abendessen Kaffee zu trinken; sie würde stundenlang wach liegen. Und da ihre Mutter gewöhnlich vor dem Einschlafen noch eine Stunde las und ihren Bungalow im Blickfeld hatte, konnte sie auch kaum aufstehen. Sobald sie Licht machte, würde ihre Mutter vor der Tür stehen, um zu sehen, was los war. Sie wollte spazierengehen – vielleicht hinunter zum Strand. Aber das hieß, sich im Dunkeln anzuziehen und leise davonzustehlen, der Gefahr ausgesetzt, ihrem Vater über den Weg zu laufen. Sie hatte ihn noch nicht in seinen Bungalow kommen hören. Wenn sie wartete, wäre es sicherer, aber sie hatte keine Lust zu warten. Als sie vorsichtig nach ihrem Rock tastete, hörte sie seine Tür zuschlagen. Sie seufzte erleichtert. Nun, da jedermann zu Bett gegangen war, würde es viel leichter sein.

Alles ging glatt; sie machte kein Geräusch. Den weinumrankten Laubengang entlang, durch den Gemüsegarten, hinunter über das offene Feld und zu dem Felsplateau, wo Zypressen und Klippen über das Wasser blickten. Die niedrigen Wolken am Himmel warfen Wellen von Schatten, die langsam über das in Mondlicht getauchte Land glitten. Sie summte beim Gehen fröhlich vor sich hin. Rechts ab, unter den hohen verkrüppelten Zypressen durch die kleine Schlucht und wieder hinauf; sie kannte den Weg ganz genau. Womit sie nicht gerechnet hatte, war Mr. van Siclen, der auf einem Felsen direkt in ihrem Weg saß, als sie den Rand der Klippe erreichte. Er saß da und sah auf das Meer hinaus; auf ihr unfreiwilliges »Oh!« hin drehte er sich um und lächelte ihr im Schein des Mondes zu.

Sein Anblick hatte sie dermaßen verwirrt, daß sie nur stehenblieb und ihn anstarrte.

»Dachte ich mir, daß Sie noch auf sind«, erklärte er zufrieden.

Sie konnte nur dumm fragen: »Wieso?«

»Weil ich nicht geglaubt habe, daß Sie wirklich müde waren.«

Sie sagte nichts. Ihr erster Impuls war, unfreundlich zu sein, aber dann fand sie das kindisch. »Ich dachte, ich mache noch einen kleinen Spaziergang am Strand.«

Er lachte. »Ich habe Sie hinausschleichen sehen.« Warum mußte er nur so widerwärtig sein? »Hätten Sie Lust zu einer kleinen Spazierfahrt?«

»Ich glaube nicht, nein danke«, sagte sie höflich, war sich jedoch zugleich bewußt, daß es ihrer Stimme an Entschiedenheit mangelte.

»Natürlich haben Sie Lust. Kommen Sie!«

Er sprang auf, nahm ihre Hand und zog sie mit sich, den Pfad zurück. »Nein, wirklich! Nein! Hören Sie!« Sie wollte sich zur Wehr setzen, fürchtete jedoch, als Jammerlappen zu wirken – ein Spielverderber. Bald mußte sie einen Augenblick stehenbleiben. »Bitte«, keuchte sie. »Nicht so schnell!« Dies schien er als stillschweigende Zustimmung zu seinem Vorschlag zu verstehen; er lachte, lockerte seinen Griff und sagte: »Der Jeep steht in der oberen Einfahrt!«

Und als sie erst im Wagen saß und der Nachtwind über ihr Gesicht strich, während sie den Berg hinauffuhren, dachte sie, daß sie die Einladung vielleicht von Anfang an hatte annehmen wollen. Ein durchdringender, würziger Duft hing in der Luft: der Eukalyptuswald. Wie eine Fahrt durch einen hohen dunklen Tunnel. Das Dröhnen des Motors hallte über ihnen wider. Wenig später tauchten die Mauern von Sultan Moulay Hafids Schloß vor ihnen auf; sie ragten immer höher, je näher sie dem Eingang kamen. Und plötzlich gab es überhaupt keine Mauern mehr; der Wagen befand sich jetzt auf jener hochgelegenen, ebenen Straße, die durch den Olivenhain nach Bou Amar führte. Die sanften Hügel bildeten nach Süden zu ein weites, dunstiges Panorama, das weiß im Mondlicht schimmerte. Hie und da glitt der schemenhafte Schatten einer Wolke über einen Berg; er nahm eine neue Gestalt an, wenn er den Gipfel erreichte und sich über das jenseitige Tal breitete. Die Wolken trieben tief und schnell dahin. Sie wollte sagen: »Es ist wunderbar!«, aber er hatte die Windschutzscheibe umgeklappt, und der Fahrtwind nahm ihr den Atem. Die kleinen Lehmhäuser von Bu Amar glitten an ihnen vorbei, und wieder waren sie im offenen Land, unter Pinien diesmal. Noch immer verlief die Straße schnurgerade, doch das Auf und Ab der Hügel erzeugte ein Gefühl wie in einer Achterbahn. Er klappte die Windschutzscheibe hoch.

»Soll ich ihn auf Touren bringen?« fragte er.

»Fahren Sie nicht schneller, wenn es das ist, was Sie meinen!«

»Das meine ich.«

»Nein!«

»Die Kiste bringt sowieso nicht mehr!« schrie er.

Doch es kam ihr vor, als hätte er die Geschwindigkeit erhöht.

Nun gab es keine Bäume mehr; es war eine hochgelegene, offene, felsige Gegend, mit vereinzelten Büscheln von Heidekraut und Stechpalmen, die der Mond mit milchigem Weiß übergoß. Weit voraus in der Ferne sandte der Leuchtturm auf der Klippe seine immer wiederkehrende Botschaft aus. Im nächsten Moment brachte Mr. van Siclen den Jeep zum Stehen. Es war vollkommen still hier oben, bis auf den Wind: Es gab keine Insekten, und das Meer war zu weit entfernt, als daß man es hätte hören können. Er zündete eine Zigarette an, ohne ihr eine anzubieten, und musterte sie von der Seite.

»Sind Sie das, was man unter diesem komischen Begriff ›tugendhafte junge Dame‹ versteht?« Ihr Herz sank.

»Was?« (Und in dem Fall war es einfach idiotisch.) Sie wartete, sagte dann: »Ich denke ja. Wieso?«

»*Sehr* tugendhaft?«

»Haben Sie mich hierhergebracht, um sich nach meiner Moral zu erkundigen?«

»Ihre Moral ist mir ziemlich gleichgültig, wenn Sie es genau wissen wollen. Ich frage nur der Höflichkeit halber. Sie wissen schon: Was macht Ihr Hexenschuß? Wie geht es Ihrem wunden Zahn?«

Ohne es wirklich zu wollen, sagte sie: »Ich finde Sie ziemlich abscheulich, wissen Sie.«

Er blies ihr den Rauch ins Gesicht. »Der Abscheu, meine liebe junge Dame, ist nichts weiter als mangelnder Appetit – das Verlangen, etwas nicht mit dem Mund zu berühren.«

»Wie bitte?«

»Etwas zu essen. Jemanden zu küssen. Alles dasselbe.«

»Ich weiß nicht, wovon Sie sprechen.« Allmählich wurde sie nervös; es war, als unterhielte sie sich mit einem Wahnsinnigen.

»Ich versuche nur, Ihnen zu sagen, daß ich Sie eigentlich nicht besonders verabscheue.«

Der Leuchtturm blinkte. »Wie bringe ich ihn dazu, zurückzufahren?« dachte sie.

»Ich glaube, das kann ich besser beurteilen«, sagte sie ein wenig zittrig.

»Und doch wollen Sie, daß ich Sie küsse.«

»Was?« rief sie schrill. Dann sagte sie mit leiser Stimme: »Warum sollte ich wollen, daß Sie mich küssen?«

»Ich will verflucht sein, wenn ich es weiß. Aber Sie wollen es.«

»Das stimmt nicht. Ich will es nicht.«

Er warf seine Zigarette weg. »Ich glaube, wir haben jetzt genug über diese Lappalie geredet«, sagte er und wandte sich zu ihr um.

So hatte sie noch nie jemand behandelt. Als er sie packte, konnte sie nichts tun. Als sie mit aller Kraft versuchte, ihren Kopf wegzuziehen, biß er sie so heftig in die Lippe, daß sie vor Schmerz aufschrie. Nach längerem Kampf ließ er sie los und grinste sie an. Sie versuchte etwas zu sagen, doch alles, was sie herausbrachte, war Schluchzen und Würgen.

»Hier, ein Taschentuch«, sagte er. Automatisch nahm sie es und putzte sich die Nase. Dann betupfte sie ihre Lippen und entdeckte das dunkle Blut auf dem weißen Leinen. Aus irgendeinem Grund gab ihr das die Kraft, den Kopf zu heben und ihn anzusehen.

»Ich –«

»Versuch nicht zu sprechen«, sagte er kurz.

Sie starrte ihn an, von ihrem Haß gegen ihn übermannt, öffnete den Mund, um etwas zu sagen, und würgte erneut. Als sie sich so weit beruhigt hatte, um »Das war ekelhaft« denken zu können, statt »Das ist ekelhaft«, gab sie ihm das

Taschentuch zurück und sagte ruhig: »Meine Mutter hatte unrecht. Sie sagte, schlimmer als Monsieur Royer ginge es nicht.«

Er lachte entzückt. »Oh, er ist viel schlimmer. *Vi-i-iel* schlimmer!«

»Ich möchte nicht weiter darüber sprechen, wenn es Ihnen nichts ausmacht.«

»So schlimm war es nun auch wieder nicht«, sagte er.

Sie antwortete nicht.

»Im Gegenteil«, fuhr er fort, »die Fahrt hat Ihnen sogar gutgetan.«

»Ich glaube nicht, daß mein Vater derselben Meinung wäre«, sagte sie steif.

»Wahrscheinlich nicht. Aber es wird ihn keiner nach seiner Meinung fragen, oder?«

Beim Gedanken an den Seufzer der Erleichterung, den sie ausgestoßen hatte, als sie ihren Vater die Tür seines Bungalows hatte zuschlagen hören, schwieg sie. Er ließ den Motor an, wendete den Jeep, und sie fuhren ebenso schnell zurück, wie sie gekommen waren. Als sie an der Garage ankamen, sprang sie heraus, ohne ein Wort zu sagen, und lief zu ihrem Bungalow. Alle Lichter in den anderen Bungalows waren erloschen. Sie zog sich im Dunkeln aus und knipste die Lampe über dem Waschbecken gerade lange genug an, um einen Tropfen Jod auf ihre Lippe zu pinseln. Als sie sich hinlegte, merkte sie, daß sie zitterte. Trotzdem dauerte es nicht lange, bis das Rauschen der Wellen sie eingeschläfert hatte.

6

Am Morgen erwachte sie schlecht gelaunt. Vielleicht waren es die Nachwirkungen der Reise, oder vielleicht hatte das unangenehme Erlebnis der letzten Nacht ihre Nerven gereizt. Halima, die jüngere der beiden Frauen des Kochs, brachte ihr das Frühstück. Als sie fertig war, stand sie auf und sah in den Spiegel. Ihre Unterlippe war noch geschwollen. »Vielleicht ist es bis zum Mittagessen nicht mehr zu sehen«, hoffte sie; dann zog sie ihren Badeanzug an und lief zum Strand, wo sie den ganzen Morgen badete und sich sonnte. Gegen Mittag sah sie Monsieur Royer um eine Felsnase am Fuß der Klippen biegen. Er trug einen weißen Flanellanzug und schwenkte einen Spazierstock. Sie beobachtete ihn, als er näher kam, froh, daß es nicht Mr. van Siclen war.

»Aha! Heute als Meerjungfrau!« rief er. »Ist das Wasser angenehm?«

»O ja. Herrlich.«

Er stand über ihr, zeichnete mit der Spitze seines Stocks Muster in den Sand, und sie unterhielten sich. Schließlich sagte er: »Darf ich mich setzen?«

»Aber natürlich, ich bitte darum!« Sie kam sich unhöflich vor, weil sie es ihm nicht angeboten hatte.

Als er neben ihr saß, setzte er die Unterhaltung fort und stocherte mit seinem Stock im Sand. Nach einigen Minuten wandte er sich halb um und musterte ihr Gesicht, lächelte, wodurch seine Augen heller zu glänzen schienen, und sagte: »Ein Mann hat nicht allzuoft im Leben das Privileg, neben einer richtigen Meerjungfrau zu sitzen, wissen Sie. Sie müssen mir daher verzeihen, wenn ich dieses Privileg auskoste.«

Sie wußte nicht, was sie sagen sollte, doch seine Art belustigte sie. Sie lachte und antwortete: »Danke sehr.«

Er schien nicht ganz zufrieden. »Ich will Sie nicht in Verlegenheit bringen, meine Liebe. Sie müssen wissen, daß alles, was ich sage, durchaus ernst gemeint ist. Es ist keine Schmeichelei. Wenn es komisch klingt, so nur wegen meines mangelhaften englischen Wortschatzes.«

»Aber es ist ganz und gar nicht komisch«, entgegnete sie. »Es ist sehr charmant, wirklich. Und Sie sprechen wunderbar Englisch.«

Seine Konversation ging nicht über jene weitschweifigen Komplimente hinaus, doch sie fand sie harmlos, ein bißchen rührend und insgesamt angenehm. Im Verlauf des Gesprächs wuchs ihre Sympathie für ihn, und sie ertappte sich bei dem Wunsch, ihm etwas anvertrauen zu können – »nichts Besonderes oder Ernstes«, dachte sie – nur was ihr gerade in den Sinn kam. Er war freundlich, distanziert, unkompliziert und, dessen war sie ganz sicher, sehr erfahren. Als ein kleines Fischerboot hinter den Klippen auftauchte und auf der rauhen See auf und ab tanzte, sagte sie plötzlich: »Monsieur Royer, sagen Sie mir Ihre ehrliche Meinung. Glauben Sie, es ist ehrlos, wenn ein Mann ein Mädchen gegen ihren Willen küßt?« Sie war schockiert, als sie ihre eigenen Worte vernahm; sie hatte nicht gewußt, daß es diese sein würden, doch offensichtlich mußten sie heraus, und es war niemand anders da, zu dem sie hätte sprechen können.

Eine Wolke schien Monsieur Royers sonnengebräuntes Gesicht zu überschatten. Langsam sagte er: »Ah. Ich verstehe, man hat Ihnen von mir erzählt.«

»Nein, nein!« rief sie erstaunt und dann erschrocken.

»Aber natürlich«, sagte er ruhig. »Wir sind einander nicht einmal vorgestellt worden. Haben Sie das nicht bemerkt? Ja.

Man hat Ihnen von mir erzählt. Und warum auch nicht? Die Leute haben recht.« Er hielt inne. »Das Mittagessen wird bald fertig sein. Doch ich will Ihre Frage beantworten. Ja, ich glaube schon, daß ein solches Verhalten ehrlos ist. Sie gebrauchten den Ausdruck ›gegen ihren Willen‹. Doch es gibt viele Mädchen, die keinen Willen besitzen, wie die Einheimischen hier oder sogar die spanischen Mädchen der unteren Schichten. Ihnen ist alles gleichgültig, solange sie ein Geschenk bekommen. Sie haben keine bestimmten Wünsche. Und wenn sie keinen Willen haben, kann man kaum gegen ihn handeln, nicht wahr?«

Sie schwieg. »Ich meine nicht Sie«, sagte sie schließlich.

Er betrachtete sie sehr ernst; er schien sie nicht gehört zu haben. »Verstehen Sie, was ich damit sagen will?«

»Ich bin nicht ganz sicher«, antwortete sie und ließ Sand zwischen ihren Fingern hindurchrieseln. »Aber ich wollte wirklich nicht –« Er war aufgestanden.

»Guten Morgen, Madame.«

Sie sah sich um: da stand ihre Mutter. Sie begrüßte Monsieur Royer kühl. Dann sah sie hinunter.

»Charlotte, es ist Zeit zum Mittagessen. Komm und zieh dich um.« In ihrer Stimme schwang ein Zorn, der an längst vergessene Tage kindlicher Ungezogenheit und Vorhaltungen erinnerte.

Der Rückweg war steil. Charlotte ging voraus, ihre Mutter keuchte hinterher. »Charlotte, ich bin entsetzt über dich. Du bist kein Kind mehr, verstehst du –« Nach jedem Satz machte sie eine Pause und schnappte nach Luft. »Dein Vater und ich haben dir gesagt, du sollst dich nicht mit Monsieur Royer abgeben. Wie deutlich müssen wir denn noch werden? Ich wollte dir heute morgen alles über ihn erzählen. Aber du warst natürlich verschwunden. Ich weiß nicht, warum – und ich bin sehr wütend. Du bist ein durch und durch rücksichtsloses und egoistisches Geschöpf –«

Charlotte ließ die Tirade apathisch über sich ergehen und lief so schnell, daß ihre Mutter wegen der Anstrengung, mit ihr Schritt zu halten, größte Schwierigkeiten hatte weiterzusprechen. Einmal hätte Charlotte beinahe eingewandt, daß Monsieur Royer erst kurz zuvor aufgetaucht war und sie nur einige Minuten mit ihm zusammengesessen hatte, doch sie spürte, daß sie dies ins Unrecht setzen könnte; es klänge wie eine Entschuldigung, und sie war entschlossen, jegliche Schuld von sich zu weisen. Als sie überhaupt nicht antwortete, wurde die Stimme ihrer Mutter vorübergehend weicher, und sie sagte: »Meinst du nicht, es ist an der Zeit, dich zu ändern und auch einmal an andere zu denken?«

»Wahrscheinlich«, antwortete sie unbestimmt und fügte mit lauterer Stimme hinzu: »Aber ich weiß wirklich nicht, was du gegen den armen Monsieur Royer hast, daß du derart schlecht von ihm redest.«

Mrs. Callender schnaubte ungeduldig.

»Mein Gott, Charlotte! Ich weiß alles über diesen Mann. Bitte glaub mir, er hat einen höchst widerwärtigen Ruf. Schon aus diesem Grunde solltest du ihm aus dem Weg gehen. Aber zufällig weiß ich auch, daß dieser Ruf vollkommen gerechtfertigt ist. Es steht außer Frage, daß er ein Wüstling ist, ein Schuft. Jedenfalls lasse ich mich nicht mit dir auf eine Diskussion darüber ein. Es ist eine unbestreitbare Tatsache. Was ich will, ist ein Versprechen – dein Versprechen, daß du nicht mehr mit ihm reden wirst, solange dein Vater oder ich nicht dabei sind.«

Sie waren oben auf der Klippe angelangt. Mrs. Callender wäre gern stehengeblieben, um sich etwas auszuruhen, doch Charlotte eilte weiter. Hier war der Pfad weniger steil, und ihre Mutter holte sie schnell ein. Sie atmete schwer. Offenbar war sie noch wütender als zuvor.

»Ich weigere mich, ruhig mit anzusehen, wie ein alter Lüstling versucht, dein Leben zu ruinieren. Ich will nicht, daß du ihn wiedersiehst. Hast du mich verstanden?«

Charlotte antwortete, ohne sich umzusehen. »Ja. Natürlich verstehe ich. Aber ich bin nicht deiner Ansicht.«

»Mir ist es höchst gleichgültig, ob du meiner Ansicht bist oder nicht«, schrie Mrs. Callender mit überschlagender Stimme. »Ich nehme an, du findest es brillant und passend, solchen Mut zu zeigen –«

Sie hatten den Gemüsegarten erreicht. Eine der Krankenschwestern aus Gibraltar saß auf der Veranda vor ihrem Bungalow und sonnte sich. Mrs. Callender senkte die Stimme und schmeichelte: »Darling, bitte, verdirb mir doch durch Starrsinn und Widerspenstigkeit nicht die Freude an deinem Besuch.«

»Soll ich unhöflich zu ihm sein?«

»Das ist nicht notwendig. Aber wenn du mir nicht gehorchst, werde ich diejenige sein, die unhöflich ist. Ich werde ihn einfach bitten, uns zu verlassen. Und so etwas habe ich noch nie getan.«

»Dann bleibt mir nichts anderes übrig, als ihm in deiner Gegenwart zu erklären, daß du mir verboten hast, mit ihm zu sprechen.«

Sie standen im Garten zwischen ihren Bungalows.

»Wenn dir nichts Besseres einfällt, bitte, laß dich nicht abhalten«, sagte ihre Mutter eisig. »Ich habe bestimmt nichts dagegen.« Sie trat in ihr Zimmer und schloß die Tür. Charlotte blieb einen Augenblick stehen und sah ihr nach.

In ihrem Spiegel begutachtete sie die Lippe; das Salzwasser hatte die Schwellung gemildert. Sie zog sich rasch um und ging in den Speisesaal, wo sie zu ihrer großen Erleichterung bemerkte, daß Mr. van Siclen nicht da war. Während des Mittagessens blickte sie aus dem Fenster und sah, daß Monsieur Royer seine Mahlzeit auf der Terrasse in der Sonne serviert wurde; sie fragte sich, ob er draußen aß, weil es ihm Spaß machte, oder nur aus Rücksicht ihr gegenüber. Ihre Eltern waren noch nicht mit dem Nachtisch fertig, da entschuldigte sie sich und ging hinaus. Einen Augenblick blieb sie an der Treppe stehen, trat dann jedoch ungezwungen auf den Tisch zu, an dem Monsieur Royer seinen Kaffee trank. Er stand auf und schob einen Stuhl vom Nebentisch für sie heran. Obwohl sie wußte, daß sie durchs Fenster beobachtet wurde, setzte sie sich zu ihm. Hassan brachte ihr einen Kaffee, und sie plauderten angeregt eine Viertelstunde miteinander. Sie rechnete fest damit, daß ihre Mutter auftauchen und eine Szene machen würde, doch nichts geschah. Als sie aufstand und zu ihrem Bungalow ging, dachte sie: »Jetzt wird sie kommen«, und sie lag lange wach, auf die Schritte ihrer Mutter horchend, doch nichts geschah. Schließlich fiel sie in tiefen Schlaf.

7

Im Rosengarten hinter der Bar spazierten Mr. und Mrs. Callender auf und ab und unterhielten sich leise.

»Du hast es gesehen!« erklärte Mrs. Callender in eindringlichem Flüsterton. »Reine Verblendung, nichts anderes. Es ist gar nicht typisch für Charlotte, sich so zu benehmen. Sie hat mir noch nie so getrotzt. Zugegeben, es war nur eine Provokation, das kleine Schauspiel dort draußen, ja. Aber so ist sie früher nie gewesen. Der Mann hat sie verhext, das steht fest. Wir müssen etwas unternehmen, und zwar sofort.«

Immer wieder gingen sie den kurzen, sorgfältig gepflegten Pfad auf und ab. »Wir müssen ihn fortschicken«, sagte sie.

»Unmöglich«, erwiderte Mr. Callender.

»Dann werde ich Charlotte nehmen und mit ihr in ein Hotel ziehen, bis er abreist«, erklärte sie. Mr. Callender brummte.

»Was sie braucht, sind ein paar Jungen in ihrem Alter«, sagte er schließlich. »Die wenigen, die sie hier kannte, sind fast alle weggezogen. Schade, daß das Fest im Club nicht schon heute oder morgen abend stattfindet. Dann hätte sie Monsieur Royer im Handumdrehen vergessen.«

Mrs. Callender seufzte. »Wenn man ihn nur bis zu dem Fest auf Eis legen könnte«, überlegte sie laut. Dann straffte sie sich energisch und versuchte es noch einmal: »O Bob, wir *müssen* ihn loswerden.«

Ihr Mann blieb stehen. »Daran hätten wir vorher denken sollen. Du hattest es in der Hand. Ich habe dich gefragt, ob ich ihm kabeln sollte, daß wir ausgebucht seien, und du hast nein gesagt. Es ist eine Sache, jemandem zu sagen, wir hätten kein Zimmer frei, und eine andere, ihn ohne Grund vor die Tür zu setzen. Das kann man nicht tun.«

»Ohne Grund, also wirklich!« schnaubte sie.

Und nun saß sie auf der Bettkante in ihrem Zimmer und war nervös. Der lange, windgepeitschte Nachmittag deprimierte sie. Es bestand eine intime und geheimnisvolle Beziehung zwischen dem, was sie fühlte, und dem Anblick der Landschaft, erst leuchtend unter der sengenden Sonne, dann wieder düster im Schatten der endlosen Prozession einzelner Wolken, die rasch vorbeizogen. Es war leicht zu sagen:

»Es ist ein trauriger Tag« und alles dem unglücklichen Zufall zuzuschreiben, der Charlotte und Monsieur Royer zur
selben Zeit hier zusammengeführt hatte. Doch in Wirklichkeit erklärte das gar nichts. Die quälende Sehnsucht nach
ihrer eigenen Jugend blieb – nach den hellen andalusischen
Tagen, als jede Stunde zum Bersten angefüllt war mit Verheißungen des Wunderbaren, als das Leben noch vor ihr lag,
unerschöpflich, unberührt. Es stimmte, daß sie damals nicht
immer glücklich gewesen war, doch es hatte die unmittelbare Möglichkeit zum Glücklichsein gegeben, in jeder einzelnen Sekunde. Und die Menschen um sie hatten nicht wie
jetzt die Fähigkeit besessen, ihr plötzlich unheimlich zu
werden. Selbst ihr Mann schien manchmal, wenn sie ihn unvermutet ansah, hastig von irgendwo außerhalb des Lichtkreises zurückzukehren. Es verstörte sie, und wenn sie je
lange genug darüber nachgedacht hätte, wäre sie entsetzt gewesen.

Ziemlich weit entfernt auf dem Berg erklang eine *rhaïta*,
sie kündigte eine Hochzeit an. Wahrscheinlich würde die
Feier mehrere Tage und Nächte dauern. Sie hielt sich die
Ohren zu. Als ob das helfen könnte! Sobald sie die Hände
herunternahm, würde der leise, schlüpfrige Ton wieder da
sein, sich um sich selbst windend wie eine dünne Baumschlange. Sie preßte die Handflächen stärker gegen den
Kopf, bis das Vakuum am Trommelfell schmerzte. Doch die
Bilder waren zum Leben erwacht: Esel, beladen mit Decken
und bemalten Holzkisten, die Prozession von Lampions,
die einheimischen Frauen in weißen Gewändern mit ihren
Trommeln… Sie sprang auf, sah auf die Uhr, trat an den
Spiegel und puderte sich das Gesicht. Dann ging sie hinunter zu Mr. van Siclens Bungalow. Er hatte mit dem amerikanischen Vizekonsul in der Stadt gegessen und gesagt, er

komme bald zurück, da er noch vor Einbruch der Dämmerung nach El Menar aufbrechen wolle. Sie klopfte; er gab keine Antwort. Sie ging weiter zur Bar, wo er oft saß und mit einem Finger alte Melodien klimperte. Er unterhielt sich mit dem Barkeeper.

»Mr. van Siclen, ich muß mit Ihnen sprechen.«

»Klar.« Er folgte ihr nach draußen.

»Ich weiß, daß Sie all das nicht im geringsten interessiert, aber es ist das einzige, um das ich Sie je bitten werde. Monsieur Royer hat ein Auge auf Charlotte geworfen. Nein, lachen Sie nicht. Es ist äußerst ernst. Ich zähle auf Sie. Sie *müssen* mir helfen.«

»Gut, gut«, sagte er. Und gleich darauf: »Also, was soll ich für Sie tun?«

»Ich dachte, wenn Sie ihn nach El Menar einladen könnten… Nur für ein paar Tage«, setzte sie hastig hinzu, als er die Stirn runzelte. »Nur für zwei, drei Tage. Zumindest, bis ich Gelegenheit hatte, mir ihr zu reden. Aus irgendeinem dummen Grund scheint *sie* auch ziemlich angetan von *ihm*, verstehen Sie? Es gibt keine Erklärung für diese Dinge. Aber man muß etwas tun. Ich wäre Ihnen unendlich dankbar.«

»Na schön«, sagte er langsam und fuhr sich mit der Hand durchs Haar. »Ich bin bereit, ihn einzuladen, aber woher weiß ich, ob er annimmt?«

»Ich glaube schon, daß er anbeißen wird, wenn Sie sich ein wenig Mühe geben«, sagte sie und lächelte bedeutsam. »Malen Sie ihm das Leben der Einheimischen aus… Sie kennen ihn ja. Sie wissen, was ihm Spaß macht.«

»Verflucht!« rief er plötzlich verärgert. »Ich will nicht, daß er mir die ganze Zeit im Weg ist, während ich zu tun habe.«

Und fügte, als er ihr Gesicht sah, resignierend hinzu: »Aber ich frage ihn, ich frage ihn.«

»Sie sind ein Schatz!« sagte sie.

Es war vollbracht. Irgendwie hatte sie keinen Zweifel, daß Monsieur Royer annehmen würde. Passend dazu schien die Sonne, als sie durch den Garten zu ihrem Bungalow ging. Es war fast keine Überraschung mehr, als zur Teezeit Monsieur Royer kam, um seinen Aufbruch anzukündigen.

»Wir werden Sie vermissen«, lächelte sie. »Ich nehme an, daß Sie Ihren Bungalow behalten wollen?« Und als er bejahte, schlug sie großzügig vor: »Dann berechnen wir Ihnen für diese Zeit nur Halbpension. So zahlen Sie kaum mehr als den Preis für das Zimmer.«

»Nein, nein«, protestierte er höflich, doch sie sah, daß er erfreut war.

Wenig später beobachtete sie, wie ihre beiden Gäste in der Dämmerung im offenen Jeep davonfuhren.

Beim Abendessen schaute Mr. Callender sich im Speisesaal um. »Wo sind sie denn alle?« fragte er.

»Oh, Mr. van Siclen ist wieder nach El Menar zurückgekehrt und hat Monsieur Royer mitgenommen.«

»*Was?*« fragte er ungläubig. Charlotte schwieg. Während des Essens sah Mrs. Callender mehrmals verstohlen zu ihr hinüber, doch wenn sie etwas fühlte, ließ sie es sich nicht anmerken.

»Was für ein verstocktes kleines Biest«, sagte sich Mrs. Callender enttäuscht; sie hatte doch eine stärkere Reaktion erwartet.

Charlotte dachte: »Er ist weg, Gott sei Dank!« Doch sie meinte Mr. van Siclen. Gleich nach dem Abendessen ging sie zu Bett, schlief tief und erwachte am nächsten Morgen mit dem Wunsch, Gloria Gallegos, eine Freundin aus ihrer Zeit am Lycée, zu besuchen. Sie frühstückte, zog sich an und machte sich in der kühlen Morgenluft zu Fuß auf den Weg in die Stadt. Es war nicht weit; in einer Stunde konnte sie es schaffen. Die morgendliche Brise war eine Wohltat. Noch hatte die Sonne sich nicht mit ihrer Hitze auf sie gesenkt, und auch nicht auf die Blumen mit ihrem mittäglichen Duft oder auf die summenden Insekten. Als sie am Marktplatz ankam, erschrak sie beim Anblick von Mr. van Siclens Jeep, der am Ciné Régis parkte. Sie wandte ihr Gesicht ab, als sie vorbeiging, für den Fall, daß er darin sein sollte. Doch an der nächsten Ecke stieß sie mit ihm zusammen.

»Hallo!« sagte er und nahm sie am Arm, ganz, so dachte sie, als sei nie etwas zwischen ihnen vorgefallen.

Ihre Begrüßung fiel nicht überschwenglich aus. Die vorbeidrängenden Berber stießen sie hin und her.

»Wohin wollen Sie so früh?« fragte er.

»Nur bis zum Boulevard«, sagte sie kühl.

»Das ist ein weiter Weg. Ich bringe Sie hin.«

»Ich gehe lieber zu Fuß.«

»Kommen Sie, seien Sie kein Spielverderber. Sie werden mir doch nichts nachtragen? Auf diese Art altern Sie nur vorzeitig!«

Er ließ ihren Arm nicht los; die einfachste Lösung bestand darin, nachzugeben. Sie ließ zu, daß er sie zum Jeep zurückbrachte und ihr hineinhalf. Als sie am nördlichen Ende in den Markt einbogen, begegneten sie dem Kombi der Pension, der gerade Mr. Richmond an der Bank abgesetzt hatte. Sie winkte Pedro, der ihren Gruß erwiderte.

»Haben Sie mir verziehen?« fragte Mr. van Siclen.

»Nur wenn Sie nicht mehr darüber sprechen«, erwiderte sie.

»Das ist die richtige Einstellung«, stimmte er zu. »Ich brauchte Kerosin. Wir hatten nicht mal genug für die Lampen gestern abend. Der arme alte Royer mußte sich im Mondschein ausziehen, schätze ich. Ich habe nicht gehört, wie er hereinkam.«

Am Boulevard ließ er sie aussteigen. Mittags versuchte sie ihre Mutter anzurufen, um ihr zu sagen, daß sie bei den Gallegos aß. Doch die Leitung war, wie so oft, gestört, und sie bekam keine Verbindung mit der Pension.

»Bob, ich mache mir Sorgen um Charlotte«, sagte Mrs. Callender beim Mittagessen. (Wenn das Telefon nicht defekt gewesen wäre, hätte es in diesem Augenblick geklingelt.) »Als ich um acht zu ihr ging, war sie schon weg. Es paßt gar nicht zu ihr, so früh auszugehen. Wo kann sie nur stecken?«

»Reg dich nicht auf«, sagte Mr. Callender beruhigend. »Du behandelst sie immer noch wie ein Kind. Sie ist irgendwo in der Stadt und bekommt keine Verbindung, das ist alles.«

Mrs. Callender sagte schmollend: »Sie ist unausstehlich, schon seit ihrer Ankunft. Rücksichtslos und sadistisch. Ich habe mir den ganzen Morgen Sorgen um sie gemacht.«

»Ich weiß.«

»Und die Folge ist, daß ich eine fürchterliche Migräne habe. Es ist dieser widerliche Monsieur Royer«, setzte sie heftig hinzu. Am Nebentisch legte Mr. Burton sein Buch beiseite und fragte mit kaum hörbarer Stimme: »Ihre Tochter ist bestimmt froh, wieder zu Hause zu sein?«

Mrs. Callender drehte sich zu ihm um. »O ja! Sie fühlt sich wunderbar hier! Natürlich ist es ideal für junge Leute.«

»O ja, gewiß.«

Nach dem Mittagessen nahm sie noch ein Aspirin. Jetzt

war ihr auch ein wenig übel. Sie lag auf dem Bett, die Vorhänge zugezogen, und dachte mit schwacher Genugtuung, so würde Charlotte zumindest wissen, daß sie ihretwegen nun krank war. Der Wind blies noch immer, die Bäume schwankten und rauschten, und durch ihr Lärmen wand sich von Zeit zu Zeit der dünne, schrille Klang der *rhaïta*. Sie döste, erwachte, döste. Zur Teestunde klopfte Halima, um zu fragen, ob sie ihr den Tee im Zimmer servieren solle. Mrs. Callender fragte, ob Señorita Charlotte zurück sei. Halima hatte sie nicht gesehen.

Obgleich sie wollte, daß Charlotte sie krank im Bett fand, wenn sie zurückkam, hatte sie keine Lust, allein in ihrem Bungalow Tee zu trinken. Sie beschloß, das Risiko des Aufstehens in Kauf zu nehmen und begab sich in den Salon im Hauptgebäude. Es waren nur die Krankenschwestern da, aber sie nahm trotzdem Platz. Kurz darauf hörte sie Pedros Stimme im Flur und entschuldigte sich.

»*Oiga*, Pedro«, rief sie und lief hinaus. »Sie haben heute nachmittag nicht zufällig Señorita Charlotte gesehen?«

»*Esta tarde? No, Señora.* Nicht seit heute morgen auf dem Markt, in Mr. van Siclens Wagen.«

»*Cómo?*« rief sie; das Wort war wie eine Explosion. Ihre Augen weiteten sich. Pedro sah sie an und dachte, daß Señora Callender jeden Moment in Ohnmacht fallen würde.

»Hol die *camioneta*«, sagte sie mit schwacher Stimme. »*Vamos a El Menar.*«

»Jetzt gleich?« fragte er überrascht.

»Sofort.«

8

Sie saß vorn neben Pedro; ihr Kopf hämmerte so stark, daß er nur ein gewaltiger, amorpher Schmerz war, den sie mit sich herumtrug. Die vertrauten Orte, an denen sie vorbeifuhren, ergaben keinen Sinn. Sie hätte keinen einzigen identifizieren können. Und ebensowenig wußte sie, was sie mehr aufbrachte: Charlotte mit ihrer Unverschämtheit und ihrem Ungehorsam, Mr. van Siclen mit seinem Verrat oder Monsieur Royer durch seine bloße Existenz.

Solange sie im Wagen saß und sie fuhren, kochte sie vor Wut. Doch als Pedro plötzlich mitten in der Wildnis anhielt, auf einer Straße, die von großen Steinen bedeckt war, und verkündete, daß sie zu Fuß weitergehen müßten, wenn sie zum Dorf wollten, flaute ihr Zorn angesichts dieses unerwarteten Hindernisses ein wenig ab. Mittlerweile war es ziemlich dunkel, und das schwache Licht von Pedros Taschenlampe schwankte unsicher. Hier draußen kam der Wind direkt vom Atlantik; er war stürmisch und feucht.

Die Straße führte im Zickzack durch riesige Felsblöcke aufwärts. Von Minute zu Minute wurde das Rauschen des Meeres lauter. Hier war sie noch nie gewesen; der Gedanke an dieses gottverlassene Dorf, das in den Klippen über dem Ozean nistete, erfüllte sie mit Schrecken. Sie begegneten einem Berber auf dem Weg nach unten; im trüben Schein der Taschenlampe sah sie ihn, untersetzt und dunkelhäutig, mit einem Schäferstock in der Hand. »*Msalkheir*«, sagte er, als er an ihnen vorüberging. Er verschwand hinter ihnen in der Dunkelheit, ehe sie ihn fragen konnten, wie weit es noch bis zum Dorf war. Plötzlich standen sie vor einer Hütte. In ihrem Innern flackerte ein Licht, und die Geräusche vieler

Schafe und Ziegen drangen heraus. Etwas weiter weg entdeckte Pedro den Jeep. Sie ertappte sich bei dem Gedanken: »Wie schafft er es bloß diesen Weg hinauf?«, besann sich jedoch schnell darauf, wie ernst ihr Anliegen war.

»*Pregúnteles*«, flüsterte sie Pedro zu und deutete auf eine Gruppe dunkler Gestalten zu ihrer Rechten. Der Geruch nach Scheune war überwältigend. Als Pedro von ihrer Seite wich, um sich den Männern zu nähern, hob sie den Kopf und erblickte den Himmel, gleichförmig schwarz. Nicht ein Stern sah durch den dichten Wolkenvorhang. Doch, in weiter Ferne über dem unsichtbaren Meer meinte sie einen funkeln zu sehen, aber es hätte ebensogut ein Boot sein können. Sie hatte vergessen, einen Schal mitzubringen, und sie fror.

Das Haus lag weiter oben, am äußersten Ende des Dorfes. Durch die offene Tür konnte sie die Lampe sehen, es war das hellste Licht weit und breit. Mehrere Hunde schlichen davon, als sie sich dem Haus näherten. Pedro rief: »*Señor!*«, und Mr. van Siclen tauchte auf.

»Um Himmels willen!« rief er, als er sie in der Tür stehen sah. »Was machen Sie denn hier?«

Sie zwängte sich an ihm vorbei in das winzige Zimmer. Es gab einen Stuhl, einen von Papieren bedeckten Tisch und in der Ecke, auf dem Boden, eine Matratze. Und überall große marokkanische Körbe voller Steinbrocken. Das Licht blendete ihre Augen.

»Wo ist meine Tochter?« fragte sie, ging zur Tür des Nebenzimmers und spähte hinein.

»Wie bitte?«

Sie sah ihn an; zum ersten Mal, seit sie ihn kannte, wirkte er tatsächlich verwirrt – sogar erschrocken.

»Charlotte. Wo ist sie?«

Sein Gesichtsausdruck blieb unverändert. Ihre Frage

schien ihn nicht erreicht zu haben. »Keine Ahnung. Ich habe sie heute morgen beim Französischen Konsulat am Boulevard abgesetzt.«

Mrs. Callender zögerte; sie wußte nicht, ob er die Wahrheit sagte. Dann ergriff er die Initiative: »Es wäre zweckmäßiger zu fragen, wo Monsieur Royer ist. *Ihn* haben Sie wohl nicht zufällig irgendwo gesehen? Ich bin ernstlich besorgt, müssen Sie wissen.«

»Monsieur Royer? Bestimmt nicht! Ist er denn nicht hier bei Ihnen?«

Er zuckte hilflos die Achseln. »Ich fürchte nein. Ich weiß nicht, was passiert ist, aber mir schwant nichts Gutes.«

Sie setzte sich seitlich auf einen Stuhl mit aufrechter Lehne. Einen Augenblick lang hörte sie das Rauschen des Meeres viel näher, als es sein konnte.

»Er ist gestern abend gleich nach dem Essen weggegangen. Irgendwo schlugen Trommeln.«

Ihre Hand fuhr zum Kopf. Wie es oft in Momenten äußerster Erschöpfung der Fall ist, hatte sie das Gefühl, den Ausgang dieser Szene auswendig zu kennen. Obwohl sie selbst ein Teil davon war, würde die Szene andauern und sich zu Ende spielen, ohne daß sie Einfluß darauf hatte. Mr. van Siclen würde in seine Hosentasche greifen, eine Schachtel Zigaretten herausholen, eine herausnehmen, sie anzünden und das Streichholz einen Augenblick lang in der Hand halten, ehe er es ausblies – so wie er alles tat, den Bruchteil einer Sekunde nachdem sie wußte, was er tun würde. Und er würde weitersprechen.

»– aber ich weiß nicht, was zum Teufel soll ich machen? Das Schlimmste ist, daß alle Einheimischen behaupten, sie hätten ihn nie gesehen. Sie wüßten nichts von einer solchen Person. Dabei weiß ich verdammt genau, daß sie lügen. Es ist zu einmütig. Ich glaube, daß er überhaupt nicht zurückgekommen ist. Die Decken auf seiner Matratze dort drüben«, er zeigte auf das andere Zimmer, »sind unberührt. Ich habe es erst gemerkt, als ich heute morgen aus der Stadt zurückkam. Ich glaubte, er schlafe noch.«

Sie sagte nichts, denn sie spürte, wie sie ihm jetzt viel zu weit voraus war. Im Augenblick war dieser leere Raum mit dem Wind draußen die undeutlichere von zwei Realitäten. Die andere war ein gesprochener Satz, ein furchtbares Bild, doch sie konnte sich weder an den Satz erinnern noch an das Bild, das er heraufbeschworen hatte – nur an den kurzen Schrecken, den sie dabei gespürt hatte.

Sie stand auf und ging zur Tür.

»Mir ist ein wenig übel.« Die Worte herauszubringen kostete eine ungeheure Anstrengung.

Draußen schlug ihr der Meerwind ins Gesicht. Sie atmete mehrmals tief durch. Von der Tür kam Mr. van Siclens besorgte Stimme: »Geht es?«

»Ja«, antwortete sie.

»Seien Sie vorsichtig da draußen. An der Kante, da wo Sie stehen, ist Stacheldraht gezogen.«

Jetzt war es zu Ende. Alles war gesagt. Sie mußte nur noch tief einatmen, das Gesicht dem Meer zugewandt. Natürlich. Eine Drahtschlinge um den Hals. Hinter einem Felsen. Wenig später ging sie wieder hinein.

»Besser?«

»Wenn ich einen Drink haben könnte«, sagte sie matt. (Sie konnte unmöglich zu ihm sagen: »Es ist nicht meine Schuld. Sie selbst haben mir diesen Gedanken eingegeben«, denn soviel einzugestehen, würde ihre Schuld auf ewig festschreiben.)

»Whisky meinen Sie? Oder Wasser?«

»Ich glaube Whisky.«

Während sie trank, sagte er: »Wir werden einen Suchtrupp zusammenstellen, sobald es hell wird. Das heißt, wenn er nicht heute nacht noch auftaucht. Ich fahre Sie zurück, dann brauchen Sie den Hügel nicht zu Fuß hinunterzusteigen. Und ich denke, es wäre keine schlechte Idee, noch heute abend die *comisaría* zu verständigen.«

Sie lächelte kraftlos. »Die Polizei wird keine große Hilfe sein, oder?«

»Das kann man nie wissen«, sagte er, seine Jacke überstreifend. »Vielleicht liegt er nur eine halbe Meile von hier entfernt, mit einem gebrochenen Bein.«

Wieder lächelte sie: Sie war sicher, daß es nicht so war. Und er auch, aber nun, da auch sie besorgt war, konnte er so tun, als ob.

»Also schön, wollen wir los?« fragte er.

Der Wind blies; die große schwarze Wolke vom Meer hatte alles verschluckt. Er legte ihr den Arm um die Taille, als sie hinunterstolperten. Sie dachte an nichts und ließ zu, daß sie gegen ihn stieß, wenn sie Steine umgingen.

Sie saßen im Jeep. Am Fuß des Hügels stieg Pedro aus. »Wollen Sie in Ihrem eigenen Wagen fahren?« fragte Mr. van Siclen. »Ich schätze, es wäre bequemer.«

»Nein, diese Luft ist genau das, was ich brauche.«

Schnell ließen sie El Menar in der Dunkelheit zurück.

Von der Stelle, wo er lag, hätte er hören können, wie das Geräusch der beiden Motoren langsam verklang und im lauteren Rauschen des Meeres ertrank; er hätte die beiden kleinen roten Rücklichter durch die leere Landschaft sich entfernen sehen können. Hätte er, wenn all das nicht einundzwanzig Stunden zuvor für ihn entschieden worden wäre. Er hatte mit dem Kind auf den Knien (und sie war kaum mehr als ein Kind) im hellen Mondschein gesessen und sie seine Uhr betrachten lassen. Aus irgendeinem Grund – möglicherweise provoziert durch den Anblick dieses unschuldigen Tieres mit dem dünnen goldenen Spielzeug in ihren tätowierten Händen – fiel ihm der Satz wieder ein, an den er sich am Tag seiner Ankunft nicht hatte erinnern können. Er murmelte ihn vor sich hin, während im selben Moment ihr Gesicht einen Ausdruck des Schreckens annahm, als sie über seine Schultern aufblickte und sah, was geschehen würde.

»*Le temps qui coule ici n'a plus h'heures, mais, tant l'inoccupation de chacun est parfaite –*«

Diesmal hätte er ihn vielleicht beenden können.

Paris – Tanger, 1950

Der Nachfolger

Am späten Nachmittag lag Ali auf seiner Matte und mußte plötzlich niesen. Die Henne, die neben ihm gedöst hatte, kreischte und flatterte aus dem Zimmer hinaus zu einem kahlen staubigen Platz unter dem Feigenbaum. Eine Weile lauschte er dem fernen vereinzelten Donnergrollen in den Bergen südlich der Stadt. Als er merkte, daß er doch nicht mehr einschlafen konnte, setzte er sich auf.

Auf der anderen Seite der Trennwand aus hohem Schilfrohr unterhielt sich sein Bruder mit El Mehdi, einem der Kutscher, die die Leute aus der Stadt heraufbrachten. Wenn man auf der Terrasse des Cafés stand, schweifte der Blick über die durstige rote Erde mit den alten Olivenbäumen bis zu den dunklen Höhlen, die unterhalb der Stadtmauer lagen.

Diesen Blick hielten die Besucher normalerweise für sehenswert. Sie nahmen einen der alten Pferdewagen, die unten in der Stadt warteten, und ließen sich die kurvige Straße hinaufkutschieren, die den ganzen Tag in sengender Sonne lag. Es dauerte weniger als eine Stunde, bis sie hier oben ankamen. Dann saßen sie unter dem weinbewachsenen Spalier im Schatten und tranken Tee oder Bier. Der Kutscher gab den Pferden Wasser, und ehe es dämmerte, brachen sie wieder auf.

An den Sonnentagen kamen immer viele Wagen, und dann war das Café den ganzen Tag voll besetzt. Sein Bruder, der das Café besaß und die Konten und das Geld verwaltete, behauptete, daß er an den Sonntagen mehr verdiente als während der ganzen restlichen Woche. Ali hatte da seine Zweifel, nicht weil die Behauptung unglaubwürdig war, sondern einfach deshalb, weil sie von seinem Bruder stammte. Da war die nicht aus der Welt zu schaffende Tatsache, daß sein Bruder älter war als er und deshalb das Café von ihrem Vater geerbt hatte. Angesichts solch niederschmetternder Ungerechtigkeit konnte man einfach nichts machen. Es interessierte ihn auch gar nicht, was sein Bruder sagte. Sein Bruder war wie das Wetter: Man beobachtete es und war im übrigen das Opfer seiner Launen. Es stand geschrieben, aber das bedeutete nicht, daß sich nicht doch einmal etwas ändern konnte.

Er lehnte sich an die geflochtene Wand und reckte sich. Sein Bruder trank mit El Mehdi Bier; er war ganz sicher, denn bei jedem Geräusch außerhalb des Zimmers erstarben ihre Stimmen. Sie wollten schnell ihre Gläser verstecken können, wenn jemand in die Nähe der Tür kommen sollte, deshalb spitzten sie beim Reden die Ohren. Die Vorstellung dieser kindischen Geheimniskrämerei widerte ihn an; er spuckte auf den Boden und verrieb die kleine weiße Masse von Spucke mit dem großen Zeh im Staub.

Aus den Bergen im Süden rollte der Donner heran, nicht lauter, aber länger als vorher. Eigentlich war es für Regen noch ein bißchen zu früh im Jahr, aber man konnte nie wissen. Er griff nach seinem Wasserkrug und trank gierig. Dann saß er eine Zeitlang still, die Augen auf das gerahmte Porträt des Sultans gerichtet, das an der gegenüberliegenden Wand hing.

Wieder grollte der Donner, immer noch nicht lauter, aber ohne jeden Zweifel näher, irgendwie erschien ihm der Klang

vertrauter als vorher. Wie jemand, der bemüht ist, seine Ankunft zu verbergen. Jetzt klatschte draußen auf der Terrasse
ein Gast in die Hände und rief »*Garçon!*« Er hörte, wie sein
Bruder hinausging und El Mehdi schnell sein Bier austrank
und ihm dann folgte. Dann meinte eine weibliche Stimme,
es werde bald anfangen zu regnen. Schließlich rief El Mehdi
seinen Pferden »*Eeeeeeee!*« zu, und der Wagen holperte die
Straße hinunter.

Als die Gäste gegangen waren, blieb sein Bruder draußen
auf der Terrasse. Ali ging leise zur Tür und sah, wie er vor
der Brüstung stand, die Arme auf dem Rücken verschränkt,
und über die Stadt schaute. Am anderen Ende der Terrasse
hockte der Junge, der die Gläser spülte und den Boden
fegte. Seine Augen waren geschlossen. Von der Stadt war
kaum etwas zu hören. Gelegentlich flog ein Vogel aus den
Hügeln vorbei und stürzte sich in das tiefer gelegene Tal.
Der Himmel hatte sich verdunkelt. Sein Bruder wandte sich
um und sah ihn in der Tür stehen.

»Du hast geschlafen?«

»Ja.«

»Es wird regnen.«

»*Incha' Allah.*«

»Horch!« Sein Bruder hob die Hand und neigte den Kopf
zur Seite. Aus weiter Ferne drang der Klang von Stimmen
der kleinen Jungen empor, die durch die Stadt rannten und
Sidi Bon Chta sangen, das Lied, das sie immer kurz vor
einem Regenguß anstimmten.

»Ja.«

Nun rollte der Donner schon über den nächstgelegenen
Bergen. Sein Bruder kam zur Tür, und Ali trat beiseite, um
ihn hereinzulassen.

»Wir schließen für heute«, sagte sein Bruder. Er rief den

Jungen, und der fing an, die Tische und Stühle ins Zimmer zu tragen und übereinander zu stapeln. Ali und sein Bruder setzten sich auf eine Matte und gähnten. Als der Junge fertig war, machte er die Tür zu, ließ das Schloß einschnappen und kam in den vorderen Teil des Zimmers, wo er sich daran machte, mit dem Blasebalg ein Feuer anzufachen. Dann brachte er jedem der beiden ein Glas Tee.

»Geh nach Hause. Wir essen früh«, sagte sein Bruder. Der Junge ging hinaus.

Beim nächsten Donnerschlag, der direkt unter ihnen zu sein schien, schauten sie sich an. Ali sagte:

»Ich schließe das Haus ab. Der Junge ist ein Idiot.«

Das kleine Haus stand hinter dem Café. Es war in die niedrige Felswand gebaut, gleich unterhalb der Straße. Als er zum Feigenbaum kam, hörte er, daß sein Bruder mit jemandem sprach. Überrascht blieb er stehen und lauschte. Hier und da platschten große Tropfen in den Sand. Es war kaum zu verstehen, was sein Bruder sagte. Er ging weiter zum Haus.

Außer ihnen beiden wohnte dort nur der Junge, aber der schlief sowieso draußen. Es war auch nie besonders sauber. Wenn sein Bruder doch nur endlich beschlossen hätte zu heiraten, dann hätte Ali wenigstens einen Grund gehabt, wegzugehen. Bis dahin wäre das unmöglich, denn sein Vater hatte ihm aufgetragen, hierzubleiben und seinem Bruder mit dem Café zu helfen. Sein einziger Lohn dafür waren ein schmutziges Zimmer und das schlechte Essen, das ihnen der Junge kochte.

Andererseits wurde sein Bruder von allen Frauen gegrüßt, wenn er durch die Straßen des Moulay Abdallah *quartier* spazierte. Das Geld ging für Halsketten für sie und Bier und Wein für seine Freunde drauf. Außer diesen Frauen, mit denen er die meisten Nächte verbrachte, gab es immer auch noch ein junges Mädchen von gutem Ruf, das er zu verführen hoffte. Gewöhnlich hatte er keinen Erfolg dabei, aber die Rückschläge steigerten sein Interesse nur noch.

Im Moment war es Kinza, die Tochter eines Geschäftsmannes aus Taza, deren Gunst er zu erlangen suchte. Sie hatte ihm kurze Gespräche in wenig belebten Gassen gewährt, bei denen eine Dienerin in einiger Entfernung wachte; eines Abends hatte er sich mit ihr in der Dämmerung vor Bab Segna getroffen und (nachdem er die Dienerin überredet hatte, ihnen den Rücken zuzudrehen) einen Arm um sie gelegt; einmal hatte er sogar ein einsames Tête-à-tête mit ihr gehabt – und zwar in dem Zimmer hinter dem Café, wo er ihren Schleier gelüftet und sie geküßt hatte. Aber alle weiteren Intimitäten hatte sie abgewehrt und gedroht, daß sie die Dienerin, die draußen vor der Tür wartete, rufen würde, falls er versuchen sollte, Gewalt anzuwenden. Nachdem sie schon eine stattliche Anzahl von Geschenken angenommen hatte, versprach sie ihm ein weiteres Rendez-vous, so daß er sich auch weiterhin Hoffnungen machte.

Ali wußte alles über das Leben seines Bruders und Kinza, da es völlig selbstverständlich ist, derartige Dinge überall und mit jedermann zu besprechen, außer mit seinem eigenen Bruder. Er wußte alles über Kinza, und er hoffte sehr, daß er kein Glück bei ihr haben würde.

Der Regen fiel jetzt stärker. Er schloß die Fenster, damit kein Wasser eindrang. Aus lauter Langeweile, und weil er neugierig war, wer noch im Café angekommen war, schlich er mit langen Schritten über den offenen Platz zwischen den beiden Gebäuden und betrat leise das Hinterzimmer. Hinter der Trennwand wurde das Feuer von neuem entfacht, diesmal von seinem Bruder.

»Ich mag euren Tee hier in Marokko ganz besonders gerne«, sagte eine Männerstimme. Sie sprachen Französisch miteinander.

Sein Bruder antwortete: »Ich mag am liebsten Bier.«

»Trink noch eine Flasche«, sagte der andere großzügig. »Trink auf das Ende dieses verdammten Regens. Wenn er anhält, komme ich nicht wieder hinunter in die Stadt, bis es dunkel ist.«

Ali versuchte durch die Ritzen zu spähen, um zu erkennen, was das für ein Mensch war, der den ganzen Weg bis hier herauf zu Fuß machte, aber der Mann saß im Türeingang und schaute in den Regen hinaus, so daß man nur seinen Rücken sehen konnte.

»Wir sind froh, daß es regnet«, sagte sein Bruder. »Jeder Tropfen ist hier Gold wert. Die *fellahin* sind sehr dankbar dafür.«

»*Oui, bien sûr*«, sagte der Fremde gleichgültig.

Der Donner war weitergezogen, aber der Regen prasselte herab, und bald brach ein wahrer Sturzbach durch ein Loch in der Decke und pladderte auf den Lehmboden hinunter. Das war ein zusätzlicher Lärm, und jetzt wurde es fast unmöglich, ihr Gespräch zu verfolgen. Er legte sein Ohr dicht an das Schilfrohr.

»Ist Belgien nicht ganz nahe bei Frankreich?« fragte sein Bruder.

»Gleich nebenan.«

»Ist es ein gutes Land?«

»O ja.«

Sein Bruder brachte dem Fremden ein Glas Tee.

»Trink noch eine Flasche Bier«, schlug der Fremde vor.

Ali hörte, wie sein Bruder die Flasche aufmachte und der Verschluß auf die steinerne Türschwelle fiel.

»Was ist das?« fragte sein Bruder plötzlich, und seine Stimme hellte sich vor Neugier auf.

»Nur eine Pille. Wenn ich nervös bin, nehme ich eine. Danach fühle ich mich besser. Wenn ich nicht schlafen kann, nehme ich zwei.«

»Und dann schläfst du?«

»Wie ein Murmeltier.«

Es folgte eine Pause.

Dann fragte sein Bruder:

»Und machen sie das bei jedem?«

Der Fremde lachte.

»Natürlich«, sagte er. »Manche Leute müssen drei nehmen, manche nur eine.«

»Und wie lange schläft man?«

»Die ganze Nacht.«

»Und wenn jemand einen anfassen würde – würde man davon wach?«

»Aber natürlich, ja.«

»Aber wenn man vier oder fünf nehmen würde?«

»O là là – dann könntest du ein Pferd über mich hinwegreiten, und ich würde nichts merken. Das ist zuviel.«

Diesmal entstand eine lange Pause, und Ali hörte nichts als das Geräusch des prasselnden Regens von überallher. Das Wasser tropfte durchs Dach und bildete im Schlamm einen Graben, der zur Hintertür führte. Ab und zu kam noch ein leises Donnergrollen aus den Bergen im Norden. Die Luft, die durch die Tür hereindrang, war kalt und roch nach Erde.

Plötzlich sagte sein Bruder:

»Es wird dunkel.«

»Ich nehme an, du willst schließen.«

»*Oh, ne t'en fais pas!*« sagte sein Bruder impulsiv. »Bleib, bis es aufhört zu regnen.«

Der Fremde lachte.

»Das ist sehr nett von dir, aber ich werde sowieso naß, denn es hört bestimmt nicht mehr auf.«

»Nein, nein!« rief sein Bruder mit einem ängstlichen Unterton in der Stimme.

»Warte noch ein paar Minuten. Es wird bald aufhören. Außerdem unterhalte ich mich gern mit dir. Du bist nicht wie die Franzosen.«

Der Mann lachte wieder, es hörte sich geschmeichelt und erfreut an.

Dann hörte Ali, wie sein Bruder zaghaft fragte:

»Diese Pillen. Wo könnte ich mir welche davon kaufen?«

»Mein Arzt in Belgien hat sie mir verschrieben, aber ich kann mir vorstellen, daß du auch hier einen Doktor findest, der sie hat.«

»Nein«, sagte sein Bruder hoffnungslos.

»Wozu brauchst du sie? Du siehst mir nicht so aus, als hättest du Schwierigkeiten beim Einschlafen.«

Sein Bruder hockte sich neben den Fremden.

»Das ist es nicht«, sagte er fast flüsternd.

Ali spähte angestrengt durch die Ritzen im Schilfrohr und versuchte, die Lippenbewegungen seines Bruders zu erkennen.

»*C'est une fille.* Ich habe ihr alles gegeben. Sie sagt immer nein. Ich dachte daran, ob ich nicht…«

Der Mann unterbrach ihn.

»Du gibst ihr eine von diesen hier, und sie sagt keinen Mucks mehr.« Er gluckste hinterhältig. »Hier, halt deine Hand auf.«

Mit ein paar unverständlichen Dankesbezeugungen erhob sich sein Bruder, wahrscheinlich, um eine Schachtel oder einen Umschlag für die Pillen zu holen.

Schnell ging Ali hinaus und durch den Regen zum Haus, wo er ein frisches Hemd anzog und das feuchte über sein Kissen breitete. Dann zündete er die Lampe an. Er setzte sich hin und las mit einiger Mühe eine Zeitung, die ein Gast tags zuvor vergessen hatte. Ein paar Minuten später kam sein Bruder mit einem zufriedenen, ein wenig geheimnisvollen Gesichtsausdruck herein.

Es regnete fast die ganze Nacht. Beim Morgengrauen jedoch, als sie aufstanden, war der Himmel wieder klar. Sein Bruder trank in aller Eile Kaffee und ging weg. Er sagte, er wäre um die Mittagszeit zurück.

Am Vormittag kamen zwei Paare ins Café, aber da sie nur Bier tranken, brauchte der Junge kein Feuer anzumachen.

Kurz nach zwölf kehrte sein Bruder zurück. Ali beobachtete sein Gesicht, als er hereinkam, und dachte bei sich: »Es ist etwas passiert.« Aber er tat, als habe er nichts bemerkt, und wandte sich nach der Begrüßung gleichgültig ab. Was immer es war, sein Bruder würde es ihm doch nicht erzählen, das wußte er.

Der Nachmittag war außergewöhnlich schön. Viele Besucher kamen, wie immer, wenn das Wetter gut und die Sicht klar war. Im Gesicht seines Bruders regte sich nichts. Wie ein Schlafwandler trug er die Tabletts mit Teegläsern zwischen den Tischen hin und her und schaute seinen Gästen nicht in die Augen. Jedesmal, wenn jemand ankam und unter der Laube hindurch zur Terrasse ging, sah Alis Bruder aus, als wollte er sich im nächsten Moment von der Brüstung in die Tiefe stürzen. Einmal, als Ali ihn rauchen sah, merkte er, daß seine Hände heftig zitterten und daß er Schwierigkeiten hatte, die Zigarette zu den Lippen zu führen. Er schaute schnell zur Seite, damit sein Bruder nicht bemerkte, daß er ihn beobachtete.

Als der Ruf zum Abendgebet verklungen und der letzte Wagen die holprige Straße hinuntergerattert war, brachte der Junge Stühle und Tische herein und fegte den Boden der Terrasse. Ali stand in der Tür. Sein Bruder saß auf der Brüstung und betrachtete die Olivenbäume in der zunehmenden Dämmerung, während unter ihnen die Stadt tiefer in der schattigen Schlucht zwischen den Bergen versank. Ein Automobil kam die Straße heraufgefahren und bremste. Vor dem Himmel sah Ali den Kopf seines Bruders emporschnellen. Man hörte zweimal die Autotür zuklappen. Sein Bruder stand auf, machte zögernd zwei Schritte und setzte sich wieder.

Ali zog sich ins Zimmer zurück, weg von der Tür. Es war noch nicht ganz dunkel, und so konnte er erkennen, daß die beiden Männer, die jetzt über die Terrasse kamen, Polizisten waren. Ohne in seine Babouches zu schlüpfen, lief er barfuß durch den Innenraum des Cafés, über den offenen Platz ins Haus. Heftig atmend ließ er sich auf seine Matte fallen. Der Junge war in der Küche und bereitete das Abendessen vor.

Eine Weile lag Ali da, dachte an nichts und beobachtete die Spinnweben, die von der Decke hingen und sich im Windzug leise bewegten. Es schien so lange zu dauern, daß er schon dachte, die beiden seien wieder gegangen, ohne daß er es gehört hatte. Er schlich auf Zehenspitzen zur Tür. Der Junge hantierte noch immer in der Küche herum. Überall zirpten die Grillen, und das Mondlicht schimmerte bläulich. Auf der Terrasse hörte er Stimmen. Ohne einen Laut stahl er sich ins Hinterzimmer und legte sich auf die Matte.

Die zwei Polizisten machten sich über seinen Bruder lustig, aber sie waren nicht freundlich. Ihre Stimmen klangen rauh, und ihr Lachen war zu laut.

»Ein Belgier, soso!« schrie der eine mit gespielter Überraschung. »Er fiel wohl geradewegs vom Himmel herunter, wie ein Engel, was, *bien sûr,* und mit dem Veronal in der Hand. Aber keiner hat ihn gesehen. Außer dir.«

Ali hielt den Atem an und sprang auf. Dann legte er sich ganz langsam wieder hin und lauschte mit angehaltenem Atem.

»Keiner«, sagte sein Bruder mit sehr leiser Stimme. Es klang, als hätte er sein Gesicht in den Händen vergraben. »Er sagte, sie würde einfach einschlafen.«

Das fanden sie sehr lustig.

»Das ist sie, kann man wohl sagen«, meinte der andere schließlich. Dann wurden ihre Stimmen plötzlich scharf, der Tonfall brutal.

»*Allez, assez. On se débine!*« Sie standen auf und stießen ihn vor sich her.

Auf dem Weg zum Auto sagte sein Bruder immer noch:
»Ich wußte es nicht. Er hat es mir nicht gesagt.«

Der Motor sprang an, sie wendeten das Auto und fuhren die Straße hinunter. Bald wurde das ferne Geräusch des Motors vom Gesang der Grillen verschluckt.

Eine Zeitlang lag Ali reglos da. Doch weil er hungrig war, stand er schließlich auf, ging zum Haus und aß sein Abendessen.

Kandy, Sri Lanka, 1950

Wenn ich
den Mund aufmachte

Montag, 26. Habe endlich die richtige Mischung aus Gummi, Zucker und Pfefferminzlösung hingekriegt. Hatte große Schwierigkeiten, Mrs. Crawford aus dem Haus zu komplimentieren und so lange zu beschäftigen, daß ich die Küche wieder in Ordnung bringen konnte, ehe sie zurück war. Aber ich halte den Plan nach wie vor für höchst interessant und habe vor, ihn trotz aller Schwierigkeiten durchzuziehen. Die U-Bahn-Stationen habe ich im Kopf, und außerdem ist alles bestens durchdacht. Im Grunde ist das Projekt so simpel, daß man schon Angst kriegen kann. Es kommt mir vor, als würde ich die ganze Zeit von einer Person beruhigt, deren Gesicht durchaus einen ziemlich gütigen Ausdruck haben könnte, wenn man es sehen könnte. Aber an so was denke ich immer nur nachts. Ein oder zwei Seconal werden schon helfen, wenigstens heute, damit ich auch alles möglichst von allen Seiten abgesichert habe. Merkwürdig, wie störend ein Motorrad auf der stillen Straße sein kann. Vor circa zehn Minuten fuhr weiter oben eins herum, und es stotterte und keuchte, daß man noch wahnsinnig werden kann. Als es dann endlich in der Ferne verschwand, kam es mir vor wie die Erlösung von einem ständigen Schmerz. Warum wurden Maschinen eigentlich erfunden? Und wie kommt dieses merkwürdige, gelassene Vertrauen zustande, das die Menschheit in diese sinnlosen Spielzeuge steckt, die sie sich selbst gebastelt hat? Ich glaube nicht, daß ich auf die Frage je eine Antwort weiß. Ich kann nur sagen, ich weiß, es ist verkehrt.

Mittwoch, 28.

Wieder Komplikationen; mußte Mrs. Crawford loswerden, während ich die Täfelchen präparierte. Den Rest, die Schachteln zusammenkleben usw., kann ich hier oben in meinem Zimmer erledigen. Lächerlich an der ganzen Sache ist, daß ich mir der tadelnswerten Aspekte meines dummen kleinen Projekts zwar durchaus bewußt bin, mir aus irgendeinem unerklärlichen Grund aber trotzdem wirklich ungeheuer rechtschaffen dabei vorkomme – viel zufriedener und anständiger als seit langem. Das Verschrobene der menschlichen Natur, nehme ich an.

Samstag, 1.

Ich weiß nicht, warum ich immer dann Ideen habe, wenn ich keine Zeit habe, sie aufzuschreiben, oder wenn es buchstäblich unmöglich ist, zum Beispiel, wenn ich beim Zahnarzt sitze oder von jeder Menge Leuten umgeben bin, wie auf der Dinnerparty neulich, manchmal sogar, wenn ich schlafe. Dann kommen einem oft die besten Ideen. Ein kritischer Teil in meinem Gehirn erkennt sie auch als solche – er beobachtet und ist durchaus in der Lage, sie zu beurteilen, nur völlig unfähig, mich aufzuwecken, damit ich sie notieren kann. Krankheit oder Fieber fördern ja bekanntlich die erstaunlichsten Einfälle zutage, ich frage mich nur, wozu. Ein weniger geistreicher Mensch als ich würde sich wahrscheinlich fragen, warum mir das überhaupt wichtig ist, was in meinem Kopf vorgeht, und warum ich es unbedingt aufschreiben will. Ich bin kein literarischer Mensch und erwarte nicht, je einer zu werden. Ich habe auch nicht die Absicht, meinen Freunden etwa diese Notizbücher je zu zeigen. Aber das ist ein Punkt, der sowieso nicht zur Debatte steht. Ich habe vor langer Zeit beschlossen, sämtliche Nebenprodukte, die mein Verstand produziert, zu extrahieren. Das habe ich dann auch getan, tue es immer noch und erwarte, daß es auch in Zukunft so bleibt. Die einzige Schwierigkeit bei der Sache ist die, daß ich mich erst auf die unmöglichsten Machenschaften meines Verstandes einlassen muß, ehe ich irgend etwas festhalten kann. Ich muß Katz und Maus mit den verschiedenen Abteilungen spielen, muß immer wieder neue Verkleidungen erfinden, in denen ich ihn überraschen kann – alles in allem ziemlich unangenehm. Genau wie in diesem Moment, gerade hier auf dieser Seite. Das typische Beispiel eines Tages, an dem keine einzige Idee auf dem großen inneren Bildschirm erscheint. Ich beschäftige mich mit den Seiten meines Notizbuches, verschwende Minuten, in denen ich vielleicht am Strand entlangschlendern und die frische Meeresluft atmen könnte, um diese absurden Erklärungsversuche hinzukritzeln, Alibis für mein nicht vorhandenes Leben zu erfinden in der Hoffnung, doch noch einen Grund zu fühlen, warum ich Jahr für Jahr dieses sinnlose Tagebuch führe – Jahr für Jahr, und das Leben dauert schließlich nicht ewig, nicht mal ein so unbefriedigendes wie meines. Vielleicht ist das genau der Punkt, der mein Leben so unbefriedigend macht. Wenn ich es schaffen könnte, damit aufzuhören, die Notizbücher vielleicht sogar zu zerstören – ob es dann besser wäre? Ja. Jede Minute wäre in sich vollendet, wie ein Zimmer mit vier Wänden, in dem man stehen, sitzen, sich bewegen kann. Jeder Tag wäre wie eine vollkommene Stadt, die in der Sonne schimmert, mit all ihren Straßen, Parks und Menschenmengen. Und die Jahre wären ganze Länder, die man durchstreifen könnte. So viel ist sicher. Aber das Ganze? Das heißt, die Ritzen in der Zeit, die winzigen Risse im Bewußtsein, wenn es da ist, einen einhüllt und man weiß, daß das Leben genausowenig aus Zeit besteht wie die Welt aus Raum. Sie kämen zwar immer noch vor, aber sie wären unzuverlässig, denn man hätte keine Vorkehrungen für sie getroffen. Was ein Mensch aus seinem Gehirn herausfiltern und ausscheiden kann, wird notwendigerweise einen Wert für ihn haben (und wenn auch nur, wie in meinem Fall, für ihn selbst), denn seine Essenz hat mit den Ritzen in der Zeit zu tun. Schon wieder eine Rechtfertigung für das Bedürfnis, ein unbefriedigendes Leben zu führen, genauso idiotisch wie alle anderen.

Manchmal glaube ich, wenn man die Existenz so akzeptieren könnte, wie sie ist, und voll an ihr teilhaben könnte, wäre die Welt voller Magie. Die Grille, die in diesem Moment auf meinem Balkon sitzt und die Nacht immer wieder mit ihrem schnellen Zirpen durchsticht, wäre willkommen, nur weil sie da ist, statt mich zu ärgern, weil sie mich von dem ablenkt, was ich gerade machen will. Und da hocke ich nun, ein Mann von fünfundvierzig Jahren, von seinen Freunden respektiert, und verfluche ein kleines schwarzes Insekt vor dem Fenster. Aber ich wage zu behaupten, all das ist bloß eine Verzögerungstaktik. Wahrscheinlich versuche ich festzuhalten, was wirklich in meinem Kopf vorgeht. Es muß untergehen, natürlich, weil alles untergehen muß, und zwar mit Recht. (Ich dachte, die Grille hätte aufgehört, aber dann fing sie doch wieder an, fast genauso schlimm wie vorher.) Habe heute die ersten zwanzig Schachteln ausgeliefert.

Sonntag, 2.

Die Grille letzte Nacht war einfach zuviel. Sie schien immer schneller zu zirpen, wenn ich auch nicht weiß, wie sie es hätte schaffen sollen, noch schneller zu sein als am Anfang. Jedenfalls, als ich die große Neuigkeit niedergeschrieben hatte, hielt ich inne und versuchte, mir darüber klarzuwerden, wie ich die Verteilung beschreiben sollte. Nichts war passiert, während ich die Auslieferungen machte, das ist richtig, aber dennoch kam es mir letzte Nacht in meinem überdrehten Zustand so vor, als wäre eine besondere Anstrengung nötig, um in die Einzelheiten zu gehen. Und als ich so da saß und wartete, zirpte die Grille immer weiter, schneller und schneller, jedenfalls schien es mir so, bis es mir völlig unmöglich gewesen wäre, auch nur noch ein Wort niederzuschreiben. Heute morgen jedoch fühle ich mich ausgezeichnet.

Es regnete leicht, als ich aufbrach; ein warmer, feiner Sommernieselregen fiel vom Himmel. Seit Anna und ich uns getrennt haben, fällt mir auf, daß ich eine heimliche Schwäche dafür habe, ohne Überschuhe oder Hut im Regen spazierenzugehen. Zweifellos ist das eine Vorliebe, die ich schon immer hatte, ohne es zu wissen, denn zuerst war es Mutter und später Anna, die mich pausenlos daran hinderten, ihr nachzugeben. Ganz zu Recht, denn wahrscheinlich hätte ich mir schon längst eine Lungenentzündung geholt und wäre daran gestorben, wenn sie nicht gewesen wären. Aber seit Anna mich verlassen hat und ich hier allein auf Manor Heights lebe, laufe ich gelegentlich ohne Hut und Überschuhe hinaus, wenn der Regen nicht allzu stark ist. Wie jede gute Haushälterin hat Mrs. Crawford mich manchmal dabei erwischt. Dann ist sie losgerannt, um die fehlenden Accessoires zu holen, und hat mich gezwungen, sie zu tragen. Gestern morgen aber konnte ich aus der Vordertür schlüpfen, während sie in der Küche mit dem Lieferanten von Macy's beschäftigt war. Ich wußte, daß er kommen würde, und hatte alles vorbereitet, die zwanzig kleinen Schachteln in der einen Tasche meines Jacketts und die Pennies in der rechten Hosentasche. Man kann so etwas nur wirklich durchstehen, wenn man es im Geist so oft durchgespielt hat, daß man im richtigen Moment automatisch reagiert, so als sei es schon das hundertste Mal. Dann ist es ganz natürlich, und die Wahrscheinlichkeit, daß etwas schiefgeht, bleibt ziemlich gering. Auf dem ganzen Weg ging dann auch nirgendwo etwas schief. Es war ein schwüler Tag, aber auch nicht zu heiß, wegen des Regens, der stetig fiel, als ich die Straße zum Bahnhof hinunterging. Im Zug war ich nicht das kleinste bißchen durcheinander; ich wußte, daß es keine Schwierigkeiten geben würde. Die ganze Zeit staunte ich über das merkwürdige Vergnügen, das mir aus der Gewißheit erwuchs, daß ich diese Sache so perfekt geplant hatte, daß es einfach keinen Platz mehr für die Möglichkeit des Scheiterns gab. Und trotzdem war mir auch klar, daß sowohl dieses Vergnügen wie auch die Idee selbst völlig kindisch waren und meine Überzeugung von ihrem Erfolg zumindest unbegründet. Aber bestimmte Situationen rufen bestimmte Emotionen hervor, und der Verstand ist eine Sache, die damit nichts zu tun hat. Zum Beispiel habe ich ein paar Seifenstücke, die ich vor fünfundzwanzig Jahren gekauft und noch nie ausgepackt habe, in meinem Schrank liegen. Ich hebe sie auf, weil ich die sichere Gewißheit habe, daß irgendwann der Tag kommt, an dem ich jedes einzelne aus dem Papier auswickeln und benutzen werde. Unten in der Bibliothek gibt es mindestens hundert Bücher, die ich gerne lesen würde, die ich schon seit Jahren gerne lesen würde, doch ich weigere mich, es zu tun, bis der richtige Tag gekommen ist, der Tag, an dem ich weiß: Das ist der Morgen, um mit Villiers de l'Ile Adam oder George

Borrow oder Psichari oder sonstwem anzufangen. Mein logischer Verstand kann sich zwar ausrechnen, daß diese verheißenen Tage nie kommen werden: Wahrscheinlich werde ich die alten Seifenstücke, die im Schrank liegen, nie aufbrauchen, und ich bin auch verhältnismäßig sicher, daß ich *Roman Rye* nie lesen werde, denn es interessiert *mich* gar nicht. Aber da ist noch dieses zweite Ich, diese ideale Figur, die ich gern sein würde, und die interessiert es, und es verschafft mir immerhin einen gewissen Trost, zu wissen, daß diese Dinge noch auf sie warten. Aber ganz sicher ist die Vernunft eine Sache, die damit absolut nichts mehr zu tun hat.

Vom Grand Central nahm ich die U-Bahn rüber zum Times Square und ging dann unterirdisch weiter zur Eighth Avenue U-Bahn. Ich hatte mir die Independent zu meinem Territorium gemacht, weil die Stationen hier besonders lang sind. Die Luft da unten dampfte beinahe und roch nach feuchtem Zement, heißem Metall und Abwasserkanälen. Ich nahm den Expreß bis rauf nach Fort Tyson, arbeitete mich langsam durch Harlem durch und dann wieder zurück bis runter zur Canal Street. Es gab keinerlei Störung, keine echten Probleme unterwegs. Das einzige Mal, wo es zu einer Art Kontakt kam, war an der 23rd Street, wo eine farbige Frau, die in der Nähe der Automaten stand, plötzlich hinter mir auftauchte, gerade als ich hineingriff, um das richtige Päckchen herauszunehmen. Deshalb war es natürlich unmöglich, das andere, das ich in der linken Hand hielt, hineinzulegen. Ich zögerte keinen Bruchteil einer Sekunde. Ich war entschlossen, alles so perfekt wie möglich zu erledigen. Ich trat zur Seite, steckte meine linke Hand wieder in die Manteltasche, machte die kleine Schachtel auf, schüttelte die zwei kandierten Kügelchen in die Hand und warf sie dann in den Mund. Wenn ich irgend jemand erklären wollte, was für eine ausgezeichnete Strategie das war, würde es lächerlich klingen, und doch erforderte es schnelle Reaktion, Entscheidungskraft und einen gewissen Mut. Erstens habe ich noch nie Kaugummi gekaut, und schon die Vorstellung widert mich an. (Dabei fällt mir ein, daß diese Abneigung vielleicht mit der Wahl der Methode, die ich für mein Projekt gewählt habe, in Zusammenhang stehen könnte –.) Aber viel schwerer als diese eigentlich zweitrangige Überlegung wiegt die Tatsache, daß meine Reaktionsschnelligkeit nicht immer die beste ist. Bei Gelegenheit fällt es mir ziemlich schwer, rechts von links zu unterscheiden. Und eine Sekunde vorher hatte ich in der linken Hand die *andere* Schachtel, eine von *meinen* gehabt. Was, wenn mein Unterbewußtsein mir einen Streich gespielt und ich aus irgendeinem Grund die falsche Schachtel erwischt hätte? Und als ich in den glasierten Pfefferminzüberzug biß, fragte ich mich, ob das, was ich da schmeckte, wirklich der normale Geschmack war, oder ob es nicht vielleicht doch mein Aroma, meine Spezialmischung war. Ich wartete nicht, bis der Automat wieder frei war, sondern setzte meinen Weg fort. Die West Fourth Street überschlug ich, weil sie zentrale Bahnsteige hat und die Automaten an ungeeigneten Stellen stehen.

An der Canal Street dann hatte ich das Vergnügen, mit eigenen Augen zu beobachten, wie ein Fisch ins Netz ging. Kaum hatte ich meinen Penny eingeworfen, die unberührte Schachtel weggenommen und dafür eine von meinen in das kleine Regal gelegt, als ein junges Mädchen (ich glaube, eine Italienerin) sich an mir vorbeidrängte und den Automaten bediente. Ein Ausdruck von Belustigung lag auf ihrem Gesicht, als sie zu ihren Freunden am Rand der Plattform zurückging. »Hey, ich mache Fortschritte«, sagte sie, »ich hab zwei rausgeholt.«

Die acht restlichen Schachteln plazierte ich in Brooklyn, fuhr dann nach Manhattan zurück, bestellte mir in einem Longchamps auf der Madison Avenue einen Happen zu essen und kam mit dem Gefühl nach Hause, daß dieser Tag jedenfalls mit Sicherheit nicht vertan war. Ich wage zu behaupten, daß ich die größte Komödie in Gang gesetzt habe, die die New Yorker U-Bahn je erlebt hat, jedenfalls bis zu dem Tag, an dem Rußlands Superbomben sie in Schutt und Asche legen werden. Es ist zwar ein kindischer Zeitvertreib, den ich mir da ausgedacht habe, aber er ist zumindest originell und muß von daher eine gewisse Bedeutung haben. Den Spaß bezahlte ich dann allerdings mit einer grenzenlosen Müdigkeit, hauptsächlich nervösen Ursprungs, nehme ich an. Natürlich war es auch kein Kinderspiel. An einem normalen Abend wäre eine Grille nie und nimmer in der Lage gewesen, mich aus der Ruhe zu bringen. Mrs. Crawford war empört wegen Hut und Überschuhen, und meine Kleider waren natürlich alle feucht. Sie ist wirklich eine gute alte Seele. Heute habe ich den ganzen Tag im Garten gesessen und die *Times* gelesen. Ab und zu kam die Sonne heraus und verschwand dann wieder hinter den Wolken; so ging es den ganzen Tag, aber besonders warm war es nicht.

Heute morgen haben die Stewarts mich freundlicherweise zu einem Picknick auf Rye Beach eingeladen. Ich finde aber trotzdem absolut keinen Gefallen an dieser Idee. Es ist schon schlimm genug, sie als Nachbarn zu haben, zu jeder Tages- und Nachtzeit ihr Radiogedudel ertragen zu müssen und mit den Verwüstungen fertig zu werden, die ihr ungezogenes Gör im Garten anrichtet. Ich muß mich bestimmt nicht überschlagen und sie auch noch auf einen Ausflug begleiten. Es war aber doch ganz nett von ihnen, und deshalb habe ich mir vorgenommen, morgen früh als erstes in die Stadt zu fahren und der kleinen Dorothy ein hübsches Spielzeug zu kaufen. Vielleicht ein Dreirad oder irgendwas anderes, Hauptsache, sie bleibt damit auf dem Bürgersteig. Überall, überall, bloß nicht in meinem Garten!

Montag, 3.

Heute morgen wagte ich kaum, die Zeitung aufzuschlagen, aus lauter Angst, etwas zu finden. Trotzdem, die Konsequenzen zu erfahren ist sicher Teil der Prozedur, also fing ich an. Aber aus irgendeinem Grund hielt die Polizei sich zurück. Keine Zeile, nirgendwo. Dieses Schweigen gab mir ein unbehagliches Gefühl; irgendwie komme ich mir vor, als ob man mich beobachtete.

Die Stewards haben sich sehr gefreut über das Velociped, oder wie auch immer diese chromblitzende Erfindung heißen mag. Die kleine Dorothy war anscheinend von seiner Pracht völlig überwältigt. Bis jetzt habe ich sie es allerdings noch nicht benutzen sehen. Ich nehme an, sie ist noch zu klein, um es selbst herauszuholen und die beiden Treppenstufen zwischen Haustür und Gehweg hin und her zu schleppen. Wahrscheinlich müssen ihr fürs erste die Eltern noch dabei helfen.

Donnerstag, 6.

Die Zeitungen bewahren ihr dickköpfiges Schweigen und lassen sich statt dessen seitenlang über die blöde Wahlkampagne aus. Als könnte es wirklich den Gang der Geschichte verändern, welcher von den beiden Sündenböcken an die Macht kommt. Dafür war es schon vor hundertfünfundsiebzig Jahren zu spät. Zu spät, um dieses obszöne vollkommene Grauen zu verhindern, das sich seit dieser Zeit auf dem Vormarsch befindet und jetzt bei uns angelangt ist. Voltaire, Marx, Roosevelt, Stalin – was waren sie mehr als Knospen am Zweig, so ähnlich wie Wunden, die immer dort durch die Haut platzen, wo sie am dünnsten ist? Wer pflanzte denn den Baum des Gifts, wer infiltrierte das Blut? Ich bin bestimmt der letzte, der darüber ein Urteil fällen könnte; die Komplexität dieser Frage ist grenzenlos, aber ich glaube, daß einer der Schuldigen unser Freund Rousseau war. Dieser unverzeihliche Mechanismus Intellekt hat verschiedene verabscheuungswürdige Facetten. Das schlimmste ist vielleicht die Durchdringung des Verstands, der Einfluß, auch wenn er unbewußt sein sollte, den ein Verstand über Millionen von anderen haben kann, denn er kann nicht eingeschätzt werden, ist unberechenbar. Man weiß nie, welche Form er annehmen wird, wenn er sich manifestiert.

Samstag, 8.

Offensichtlich spielt die Polizei ein seltsames Spiel. Es muß mindestens fünfzehn Tote gegeben haben, und doch ist kein Wort erschienen. Das ist natürlich ihre Angelegenheit, aber es amüsiert und wundert mich auch ein bißchen, zu beobachten, wie sie eine derartige Sache handhaben. Mrs. C. hat eine schwere Erkältung. Ich habe mein Bestes versucht, um sie zu überreden, im Bett zu bleiben, aber sie ist das Verantwortungsbewußtsein in Person und besteht darauf, ihre Arbeit zu tun wie sonst auch.

Sonntag, 9.

Es ist schon eine komische Sache, dieser Teil des Gehirns, der die Träume erfindet und aufbewahrt, manchmal einen Traum gewissermaßen zu einem farbigen Filter macht, der zwischen dem Bewußtsein und der Vision eines Individuums steht, und zwar der Vision dessen, was er für Realität hält. Seit mehreren Tagen verfolgt mich eine merkwürdige Atmosphäre, Geschmack, Empfindung oder wie man es sonst nennen will. Es kann nur der Fetzen eines Traumes sein, und er ist außergewöhnlich intensiv, obwohl ich den Traum selbst vergessen habe. Und da er verschwunden ist, bleibt er in der Zeit unauffindbar. Ich könnte ihn diese Woche oder vor vielen Jahren geträumt haben. Wenn man es überhaupt in Worte fassen kann, ist es ein Gefühl wie Sehnsucht, Vergeßlichkeit, Verlorensein, Leere, Endlosigkeit – ein Begriff, der alle diese Emotionen umfassen würde. Mein Leben durch diesen Filter zu leben und meine Gedanken durch ihn zu denken, schafft eine gewisse Melancholie. Ich habe verzweifelt versucht, irgendeine Tür zu diesem Traum zu finden. Wenn ich mich erinnern, zurückfinden könnte, würde ich vielleicht auch seine Macht vernichten können. Oft ist das eine Möglichkeit. Aber es scheint fast so, als ruhte er vollkommen in sich selbst, sei sich meiner Anstrengungen, ihn zu finden, bewußt und fest entschlossen, sich nicht zu zeigen. Sobald ich spüre, wie ich ihm näher komme, scheint er mir zu entgleiten, sich entschlossen in irgendwelche luftleeren, unerreichbaren Regionen in seinem Innern zu verflüchtigen. Ich mag das nicht, es quält mich.

Montag, 10.

Wenn die Dinge wirklich unglaublich werden, kann man nur noch lachen. Es gibt einfach nichts auf der Welt, worauf man sich verlassen kann, außer vielleicht die bloße Tatsache der eigenen Existenz, und so bleibt einem wohl nichts anderes übrig, als die Logik gegen die Magie einzutauschen.

Weil es heute morgen regnete (ein Morgen wie der, an dem ich meinen Ausflug in die Stadt unternahm) und ich einen kurzen Spaziergang machen wollte, ging ich zum Kleiderschrank und nahm meinen grauen Flanellanzug heraus. Ich war schon fertig angezogen, als mir plötzlich einfiel, daß ich ein großes Loch in der rechten Hosentasche hatte. Ein merkwürdiges Gefühl von Verwirrung überkam mich, noch ehe ich richtig anfing, nachzudenken. Aber dann setzte der Denkprozeß ein. Wie waren denn an jenem Tag die Pennies in meiner Tasche geblieben? Es war ganz einfach. Ich hatte den Anzug gewechselt; jetzt erinnere ich mich deutlich daran, wie ich den grauen Flanellanzug ausgezogen und dafür den Tweedanzug mit dem Fischgrätmuster angezogen hatte. Wenn ich in diesem Moment bewußt hätte handeln können, hätte ich vielleicht keinen weiteren Gedanken daran verschwendet, und die unerfreuliche Entdeckung wäre nie gemacht worden. Aber offensichtlich konnte ich mich mit einer so banalen Erklärung nicht zufriedengeben. Einem weiteren Reflex folgend, steckte ich meine linke Hand in die Jackentasche, und das war mein Ruin.

Später nahm ich sie dann alle heraus, setzte mich aufs Bett und zählte sie durch, aber im Moment stand ich nur einfach mit der Hand in der Tasche da und betastete das Durcheinander der kleinen Pappschachteln. Dabei stand mir der Mund offen wie einem Trottel. Es war nicht zu leugnen – da waren sie. Eine Sekunde später sagte ich laut »Oh!« und sprang mit einem Satz zur Wäschekommode. Ich zog die Schublade heraus, denn ich wollte sichergehen, daß dies nicht die unberührten Schachteln waren, die ich selber eingesammelt hatte. Aber die lagen auch noch da, wild zwischen Stapeln von sauberen Taschentüchern verstreut.

Aber... die anderen? Es gibt keinen Zweifel. Ich *weiß*, daß ich sie verteilt habe.

Wenigstens glaube ich es zu wissen. Wenn ich schon an meinen Augen und Ohren zweifeln muß, dann ist es wohl an der Zeit, aufzugeben. Aber da fällt mir ein gräßlicher kleiner Gedanke ein: Zweifle ich denn an meinen Augen und Ohren? Offensichtlich nicht. Ich zweifle an meinem Gedächtnis. Das Gedächtnis ist bei weitem der raffinierteste Schwindler von allen. In diesem Fall aber wäre ich völlig wahnsinnig, denn ich erinnere mich an jede Einzelheit, an jede Minute dieses Tages, den ich in der U-Bahn verbracht habe. Andererseits... hier sind die Schachteln vor mir aufgestapelt, alle zwanzig Stück. Ich kenne sie ganz genau. Jede kleine Lasche habe ich eigenhändig mit peinlichster Genauigkeit zusammengeklebt. Eine Verwechslung ist unmöglich. Es ist eine erschütternde Erfahrung, jede Faser meines Seins schmerzt. Eine Stimme in mir sagt: »Akzeptiere das Unmögliche. Hör auf zu versuchen, es mit deinen vorgefaßten Theorien von Logik und Wahrscheinlichkeit in Übereinstimmung zu bringen. Das Leben wäre eine traurige Sache, wenn es überhaupt keine Überraschungen enthielte.«

»Aber nicht solche!« antwortete ich. »Nicht etwas, das mein Verständnis von der Welt so grundsätzlich in Frage stellt.« Ich gehe zu Bett. Alles ist verdreht.

3 Uhr 15 früh

Endlich hat sich der Traum aus seinen Nebelschwaden befreit. Nicht der ganze, aber das ist jetzt nicht mehr so wichtig. Ich erkannte ihn sofort, als das erste Stück auftauchte. Ich lag im Halbschlaf im Dunkeln. Ich entspannte mich und ließ mich treiben. Ein sinnloser Traum, möchte man meinen, und doch so mächtig, daß er die vergangenen Tage mit seiner Traurigkeit durchtränken konnte. Es ist beinah unmöglich, ihn festzuhalten, weil gar nichts *passiert:* Ich habe nur eine vage Erinnerung daran, daß ich mich einsam im Park einer riesigen Stadt befinde. Einsam, und zwar in dem Sinn, daß das Leben um mich herum zwar weitergeht, die Bedingungen jedoch, die mich auf irgendeine Art mit diesem Leben verbinden, durchtrennt worden sind. Ich bin so allein wie ein Geist, der von den Toten zurückgekehrt ist. In einiger Entfernung von der Stelle, an der ich unter einem Baum sitze, brandet der Verkehr vorbei. Die Zeit – zeitlos. Ich weiß, daß die Straßen hinter den Bäumen voller Menschen sind, aber ich werde nie fähig sein, sie zu berühren. Wenn ich den Mund aufmachte, um zu schreien, wäre kein Laut zu hören. Und wenn ich einer der Gestalten, die gelegentlich auf dem Pfad an mir vorbeispazieren, die Hände entgegenstrecken würde, hätte das absolut keine Auswirkungen, denn ich bin unsichtbar. Es ist der schreckliche Widerspruch, der das Ganze so unerträglich macht: da zu sein und doch zu wissen, daß man nicht da ist, denn um zu *sein,* muß man nicht nur für sich sein: es ist unumgänglich, für andere da zu sein. Man muß eine Möglichkeit haben, das Sein auf die Gewißheit anderer zu gründen, daß man tatsächlich da ist. Ich sage mir, daß vielleicht irgendwo in dieser Stadt Mrs. Crawford an mich denkt. Wenn ich sie finden könnte, würde sie mich erkennen und mir ein Zeichen geben, um mir zu sagen, alles ist gut. Aber sie wird nie hierher kommen. Ich bin versteckt. Ich kann mich nicht bewegen, ich wurde hier geboren, habe mein ganzes Leben unter diesen Bäumen, in diesem feuchten Gras verbracht. Und wenn ich hier geboren wurde, kann ich vielleicht auch sterben, und die Stadt mit all ihrem Lärm außerhalb des

Parks wird aufhören, zu sein. Das ist meine einzige Hoffnung. Aber es wird ewig dauern. Und das ist so ungefähr das, was ich von dem Traum behalten habe. Nur dieses stille Bild: Traurigkeit und Verlorenheit.

Die Schachteln liegen immer noch vor mir auf dem Schreibtisch. Wenigstens sie sind kein Traum.

Die kleine Dorothy ist wirklich eine schreckliche Plage. Heute abend kam ich in der Dämmerung von einem kurzen Spaziergang zurück. Es war schon fast dunkel, aber aus irgendeinem Grund waren die Straßenlaternen noch nicht an. Ich bog in die Einfahrt ein, stieg die Stufen hinauf und war schon fast an der Haustür, als ich mit voller Wucht gegen das Dreirad prallte. Ich fürchte, ich habe mich von meinem Ärger hinreißen lassen, jedenfalls verpaßte ich ihm einen solchen Fußtritt, daß es beide Treppen hinunterpurzelte und bis zur Straßenmitte rollte. Ein Laster, der zufällig gerade den Hügel herunterkam, hat es dann endgültig erledigt, auf etwas spektakuläre Weise allerdings. Als ich in die Küche kam, saß das Kind auf der Erde und unterhielt sich mit Mrs. C. Ich erwähnte den Vorfall nicht weiter, sondern stieg gleich die Treppe hinauf.

Es ist ein wunderschöner Abend. Nach dem Abendessen bringe ich alle vierzig Schachteln in den Wald hinter der Schule und werfe sie dort auf den Müllhaufen. Für einen Mann in meinem Alter ist es wirklich ein zu kindisches Spiel. Sollen die Kinder sie haben.

Tanger, 1952

EISFELDER

Der Zug hatte Verspätung, weil die heißgelaufene Lager-
buchse unter einem der Waggons mitten auf einem großen,
flachen, von Schnee bedecktem Feld Feuer fing. Sie hatten
etwa eine Stunde dort gestanden. Nach dem Rattern und
Kreischen des Zuges lösten die plötzliche Stille und das ver-
legene Hin- und Herrutschen der Leute auf den Sitzen allgemeine Unruhe aus. Einmal war auf dem Gleis nebenan ein
anderer Zug vorbeigebraust, dessen Dröhnen schlimmer als
Donner war; danach wuchs die Nervosität unter den Passagieren, und sie begannen, sich mit leisen Stimmen gereizt zu
unterhalten.

Donald hatte mit den Fingernägeln Bilder in das Eis ge-
ritzt, das die untere Hälfte des Fensters neben seinem Sitz
bedeckte. Sein Vater sagte: »Laß das!« Er wagte nicht zu fragen: »Warum?«, aber er dachte es; er sah nicht ein, was daran
schlecht sein sollte, und er nahm es seiner Mutter ein wenig
übel, daß sie nicht eingegriffen hatte. Er hätte es so hinbie-
gen können, daß sie gegen das sinnlose Verbot protestierte,
doch die Erfahrung hatte ihn gelehrt, daß er nur eine be-
grenzte Zahl von Malen am Tag auf ihre Hilfe bauen konnte
und es unklug war, ihren Vorrat an gutem Willen überzu-
strapazieren.

Man hatte den Schnee von den Bahnsteigen geräumt, als
sie ausstiegen. Es war bitter kalt; eine dicke Dampfwolke
schwebte von der Lokomotive herab und hüllte einen Teil

des ersten Waggons ein. Donalds Füße schmerzten vor Kälte.

»Da sind Onkel Greg und Onkel Willis!« rief er und hüpfte mehrmals von einem Bein aufs andere.

»Du brauchst nicht zu schreien«, sagte sein Vater. »Wir sehen sie. Zappel nicht so herum. Und nimm deinen Koffer.«

Onkel Willis trug einen schwarzen Bärenfellmantel, der fast bis zum Boden reichte. Er packte ihn unter den Armen und hob ihn in die Luft, bis Donalds Kopf auf gleicher Höhe mit seinem war. Dann küßte er ihn fest auf den Mund und warf ihn hinüber in Onkel Gregs Arme, und Onkel Greg machte dasselbe. »Na, wie geht's unserem kleinen Mann?« rief Onkel Greg, als er ihn wieder absetzte.

»Gut!« antwortete Donald im Bewußtsein seines Triumphes. Sein Vater mochte nicht, wenn man Jungen küßte. »Männer geben sich die Hand«, pflegte er zu sagen. »Sie küssen sich nicht.«

Der Himmel war kristallklar, und obwohl er sich wegen des bevorstehenden Einbruchs der Dämmerung bereits lavendelblau färbte, strahlte er noch eine intensive Helligkeit aus, so wie der Himmel in einer Szene beim Russischen Ballett. Seine Mutter hatte ihn vor ein paar Wochen mitgenommen, als die Pavlova aufgetreten war; es war weniger der Tanz, der ihn erregt hatte, als der unerwartete direkte Kontakt mit der Welt der Magie. Dies hier war ein magischer Himmel, ganz anders als der, den er über den Straßen von New York gewohnt war. Alles, was mit der Farm zu tun hatte, war von Magie erfüllt. Das Haus war der Mittelpunkt einer verzauberten Welt, die realer war als die Welt, die andere Menschen kannten. In den langen grünen Sommern, die er mit seiner Mutter und anderen Mitgliedern ihrer

Familie hier verbrachte, hatte er diese Welt entdeckt und erforscht, und keiner von ihnen hatte jemals bemerkt, daß er darin lebte. Die Anwesenheit seines Vaters jedoch bedeutete ernsthafte Gefahr, denn es war so gut wie unmöglich, irgend etwas vor ihm geheimzuhalten. Sobald er von der Existenz der anderen Welt erfuhr, würde er alles tun, um sie zu zerstören. Und Donald war noch nicht sicher, daß alle Zugänge sicher bewacht oder wirksam getarnt waren.

Sie saßen hinten im Schlitten, bedeckt mit einem braunen Büffelfell. Die beiden schweren grauen Pferde stießen Dampf aus ihren großen Nüstern. Schweigend glitt die weiße Landschaft an ihnen vorbei; die gefrorenen Bäume leuchteten rosa im Licht des späten Nachmittags. Onkel Greg hielt die Zügel, und Onkel Willis, der neben ihm saß, drehte sich zur Seite, um mit Donalds Mutter zu sprechen.

»Meine Füße tun weh!« sagte Donald.

»Um Gottes willen, mein Junge!« rief Onkel Willis. »Hast du sie denn nicht auf den Backsteinen? Da unten liegen fünf heiße Backsteine. Dazu sind sie da.« Er beugte sich hinunter und hob die schwere Decke an. Die Backsteine waren in Zeitungspapier gewickelt.

»*Meine* Füße sind die reinsten Eisblöcke«, sagte Donalds Mutter. »Hier, zieh deine Schuhe aus und stell die Füße drauf.« Sie schob zwei Backsteine in Donalds Richtung.

»Er will sich nur wichtig machen«, sagte Donalds Vater. Aber er verbot ihm nicht, die Backsteine zu nehmen.

»Besser so?« fragte Onkel Willis nach einer Weile.

»Fühlt sich gut an. Wie viele Meilen sind es noch bis zur Farm?«

»Sieben Meilen bis The Corner, und von da aus noch anderthalb.«

»Oh, ich weiß, daß es von The Corner noch anderthalb

413

Meilen sind«, sagte Donald. Er war das Stück im Sommer oft zu Fuß gegangen und kannte die Namen der Farmen an der Straße. »Zuerst kommen die Elders, dann die Landons, dann die Madisons –«

Sein Vater stieß ihn mit dem Ellbogen unsanft in die Rippen. »Sei mal eine Weile still.«

Onkel Willis tat, als habe er nichts gehört. »Ja, ja, du hast wirklich ein gutes Gedächtnis. Wie alt bist du jetzt?«

Donalds Kehle schnürte sich zusammen; er kannte das, es bedeutete nicht, daß er weinen würde – nur daß ihm zum Weinen zumute war. Er hustete und sagte mit erstickter Stimme: »Sechs.« Er hustete noch einmal; dann, beschämt und ängstlich, daß Onkel Willis etwas bemerkt haben könnte, setzte er hinzu: »Aber einen Tag nach Neujahr werde ich sieben.«

Danach sagte keiner mehr etwas; man hörte nur den gedämpften Rhythmus der Pferdehufe und das leise Knirschen der Kufen auf der festen Schneedecke. Der Himmel war jetzt eine Schattierung dunkler als die weißen Wiesen, und die Wälder dahinter wirkten allmählich unheimlich. Donald war froh, in der Mitte zu sitzen. Er wußte, daß es da draußen keine Wölfe gab, und doch – war das sicher? Früher hatte es Wölfe gegeben und auch Bären, und nur weil seit Jahren niemand mehr einen gesehen hatte, sagte man jetzt, es gäbe keine mehr. Aber das war kein Beweis.

Sie erreichten The Corner, wo die Straße, die zur Farm führte, von der Hauptstraße abbog. Sieben verrostete Briefkästen standen in einer schiefen Reihe, für jede Farm einer.

»R.F.D. Nummer eins«, sagte Onkel Willis und lachte. Das war immer ein Scherz zwischen ihnen gewesen, seit sie die Farm gekauft hatten, denn sie waren Städter und hielten die echten Farmer für sehr komische Leute.

Jetzt hatte Donald das Gefühl, auf heimischem Boden zu sein, und das flößte ihm genug Selbstvertrauen ein, um zu sagen: »*Rural Free Delivery.*« Er sprach die Worte vorsichtig aus, weil das erste ihm manchmal Schwierigkeiten bereitete. Aber er sprach sie richtig aus, und Onkel Greg rief, ohne sich umzudrehen: »Genau! Gehst du schon zur Schule?«

»Ja.« Er hatte keine Lust, mehr zu sagen, denn er folgte den Biegungen der Straße, die er auswendig kannte. Aber alles wirkte so anders, als er es in Erinnerung hatte; er konnte kaum glauben, daß es derselbe Ort war. Das Land hatte seine Vertrautheit verloren, lag nackt und schutzlos da. Selbst jetzt in der anbrechenden Dämmerung konnte er durch die unbelaubten Büsche hindurchsehen, hinter denen sich die leeren Felder hätten verstecken sollen. Seine Füße wurden langsam warm, aber die Hände in den wollenen Handschuhen unter dem Büffelfell waren taub vor Kälte.

Die Farm kam in Sicht; hinter jedem Fenster des Erdgeschosses stand eine brennende Kerze in einem Kranz aus Stechpalmenzweigen. Er bückte sich und zog die Schuhe an. Das war schwierig, denn seine Finger taten weh. Als er sich aufrichtete, hatte der Schlitten angehalten. Die Küchentür ging auf; jemand kam heraus. Alle riefen »Hallo!« und »Fröhliche Weihnachten!«. Zwischen Schlitten und Küche war er sich nur der Tatsache bewußt, daß alle ihn küßten und ihm über den Kopf strichen, ihn hochhoben und wieder absetzten und ihm sagten, er sei gewachsen. Sein Großvater half ihm, die Schuhe wieder auszuziehen, und nahm eine Abdeckung vom Herd, damit er sich über den Flammen die Hände wärmen konnte. Die Küche roch genau wie im Sommer nach Holzrauch, saurer Milch und Kerosin.

Es war immer sehr aufregend, unter vielen Menschen zu sein. Jeder einzelne war ein zusätzliches Bollwerk gegen die ständige Wachsamkeit seiner Eltern. Zu Hause gab es nur ihn und sie, so daß die Mahlzeiten fürchterliche Torturen waren. Heute abend saßen sie zu acht am Tisch. Sie legten ein riesiges altes, in Leder gebundenes Wörterbuch auf seinen Stuhl, damit er hoch genug saß, und plazierten ihn zwischen seiner Großmutter und Tante Emilie. Sie hatte dunkelbraune Augen und war sehr hübsch. Onkel Greg hatte sie vor einem Jahr geheiratet, und Donald wußte aus vielen Gesprächen, die er mit angehört hatte, daß keiner von den anderen sie wirklich mochte.

Großmutter sagte: »Louisa und Ivor können nicht vor morgen hier sein. Mr. Gordon fährt sie im Wagen bis Portersville. Heute werden sie alle drei im Hotel übernachten, und morgen früh müssen wir als erstes hinfahren und sie abholen.«

»Und Mr. Gordon auch, nehme ich an«, sagte seine Mutter.

»Oh, ich denke schon«, sagte Onkel Greg. »Er wird doch Weihnachten nicht allein verbringen wollen.«

Seine Mutter sah verstimmt aus. »Das scheint mir etwas übertrieben«, wandte sie ein. »Immerhin ist Weihnachten ein *Familienfest*.«

»Nun, eigentlich gehört er ja jetzt zur Familie«, sagte Onkel Willis und lächelte schief.

Seine Mutter antwortete heftig: »Ich finde es schrecklich!«

»Es geht ihm ziemlich schlecht in letzter Zeit«, mischte sich Großpapa ein und schüttelte den Kopf.

»Immer noch Feuerwasser?« fragte sein Vater.

Onkel Greg hob die Augenbrauen. »Das und Schlimmeres. Du weißt schon ... Und Ivor auch.«

Donald wußte, daß sie nur seinetwegen so geheimnisvoll taten. Er gab vor, nicht hinzuhören und sich darauf zu konzentrieren, mit dem Serviettenring Muster in die Tischdecke zu drücken.

Sein Vater schien ziemlich verwundert. »Wie kommen sie daran?« fragte er.

»Sie kriegen es auf Rezept«, sagte Onkel Willis leichthin. »Irgendein Quacksalber aus Polen verschreibt es ihnen.«

»Also wirklich«, rief seine Mutter. »Ich verstehe nicht, wie Louisa das *aushält.*«

Tante Emilie, die bisher geschwiegen hatte, mischte sich plötzlich ein. »Oh, ich weiß nicht«, sagte sie nachdenklich. »Sie sind beide sehr nett zu ihr. Ich glaube, Mr. Gordon ist überaus großzügig. Immerhin zahlt *er* die Miete für ihre Wohnung, verstehst du, und er überläßt ihr fast jeden Nachmittag den Wagen und den Chauffeur.«

»Du hast ja überhaupt keine Ahnung«, fuhr Onkel Greg mit rauher, unfreundlicher Stimme dazwischen, als wolle er sie damit zum Schweigen bringen. Doch sie fuhr fort, ein bißchen lauter, und selbst Donald merkte, daß sie es offenbar gewohnt waren zu streiten.

»*Zufällig* weiß ich, daß Ivor jederzeit in eine Scheidung einwilligen würde, wenn sie es wollte, das hat sie mir selbst erzählt.«

Schweigen senkte sich über den Tisch; Donald war sicher, daß sie alle durcheinander gesprochen hätten, wenn er nicht dabei gewesen wäre. Tante Emilie hatte etwas gesagt, das er nicht hören sollte.

»Nun«, brach Onkel Willis schließlich das Schweigen, »wie wär's mit noch einem Stück Kuchen, mein Junge?«

»Wie wär's mit Schlafengehen, meinst du wohl?« sagte sein Vater. »Höchste Zeit, daß er ins Bett kommt.«

Seine Mutter sagte nichts, half ihm vom Stuhl herunter und brachte ihn nach oben.

Die kleinen Scheiben seines Fensters waren vollkommen mit Eis bedeckt. Er öffnete den Mund und hauchte gegen das Fenster, bis ein rundes Loch darin geschmolzen war und er die Dunkelheit draußen sehen konnte. »Mach das nicht, Liebling«, sagte seine Mutter. »Großmama muß sonst die Fenster putzen. Ab ins Bett mit dir. Unter der Bettdecke liegt ein schöner warmer Backstein, damit deine Füße nicht frieren.« Sie steckte die Decke um ihn fest, gab ihm einen Kuß und nahm die Lampe vom Tisch. Die ärgerliche Stimme seines Vaters erklang vom Fuß der Treppe. »Laura! Was ist denn los da oben? Kommst du endlich?«

»Gibt es überhaupt kein Licht im Zimmer?« fragte Donald.

»Ich komme!« rief sie. Sie sah Donald an. »Zu Hause hast du auch kein Licht.«

»Ich weiß, aber zu Hause kann ich es anmachen, wenn ich es brauche.«

»Nun, heute nacht wirst du es nicht brauchen. Dein Vater würde einen Wutanfall kriegen, wenn ich die Lampe hier ließe. Das weißt du doch. Schlaf also ein.«

»Aber ich werde nicht schlafen können«, sagte er unglücklich.

»Laura!« schrie sein Vater.

»Ja, *gleich!*« rief sie wütend zurück.

»Bitte, Mutter…«

Ihre Stimme war unnachgiebig. »Die kalte Luft wird dich im Handumdrehen einschlafen lassen. Also mach die Augen zu.« Mit der Lampe in der Hand trat sie zur Tür, ging hinaus und zog sie hinter sich zu.

Auf dem Nachttisch stand eine kleine Porzellanuhr, die

sehr laut und schnell tickte. In unregelmäßigen Abständen drang ein Schwall von Gelächter von unten herauf, das sofort wieder erstarb. Seine Mutter hatte gesagt: »Ich mache das Fenster einen Spalt auf, das wird genügen.« Von Minute zu Minute wurde es kälter im Zimmer. Er schob eine Fußsohle gegen den heißen Backstein und hörte das Knistern der Zeitung, in die er eingewickelt war. Es blieb ihm nichts anders übrig als einzuschlafen. Auf seinem Weg zu den Grenzen des Bewußtseins hatte er eine Vision. Aus den Bergen hinter der Farm, über Felsen und Büsche springend, rannte lautlos ein Wolf auf der eisigen Schneekruste entlang. Er kam auf das Haus zu. Als er es erreichte, spähte er durch die Fenster, bis er das Eßzimmer entdeckte, wo die Erwachsenen um den großen Tisch herumsaßen. Donald fröstelte, als er durch das Glas seine Augen im Dunkeln sah. Und nun, jede Bewegung genau berechnend, setzte der Wolf zum Sprung an, zertrümmerte die Fensterscheibe und packte Donalds Vater am Hals. Im nächsten Augenblick, noch bevor jemand sich bewegen oder aufschreien konnte, war er mit seiner Beute zwischen den Kiefern wieder verschwunden; den Kopf zur Seite gedreht, schleifte er die schlaffe Gestalt schnell über die Schneedecke.

Als er die Augen aufschlug, hing das weiße Licht des Morgengrauens im Zimmer. Schon hörte man Geräusche im Innern des Hauses: Menschen regten sich. Er hörte, wie ein Fenster zugeklappt wurde, und dann die regelmäßigen Schläge eines Mannes, der Holz hackte. Kurz darauf entstanden auch in seiner Nähe Geräusche, und er wußte, daß seine Eltern im Zimmer nebenan aufgestanden waren. Die Tür flog auf, und seine Mutter kam in einem dicken braunen Bademantel aus Flanell herein; das Haar fiel ihr lose über den Rücken. »Fröhliche Weihnachten!« rief sie und hielt einen gewaltigen roten Strumpf in die Höhe, der mit Früchten und kleinen Päckchen vollgestopft war. »Schau, was ich am Kamin gefunden habe!« Er war enttäuscht, denn er hatte gehofft, seinen Strumpf selbst holen zu können. »Ich habe ihn dir heraufgebracht, weil das Haus so kalt wie ein Eisschrank ist«, erzählte sie. »Du bleibst schön im Bett liegen, bis es etwas aufgewärmt ist.«

»Wann zünden wir den Baum an?« Das wichtigste Ritual war der Baum, denn unter ihm lagen die interessantesten Geschenke.

»Immer hübsch der Reihe nach«, sagte sie. »Du hast jetzt deinen Socken. Wir können den Baum nicht anzünden, bis Tante Louisa da ist. Du willst doch nicht, daß sie das verpaßt, oder?«

»Wo sind meine Geschenke für Tante Louisa und Onkel Ivor? Onkel Ivor kommt doch auch, nicht?«

»Natürlich kommt er«, antwortete sie in dem leicht veränderten Tonfall, den sie benutzte, wenn sie von Onkel Ivor sprach. »Ich habe sie bereits unter den Baum gelegt, zu den anderen Geschenken. Du bleibst da, wo du bist, schön zugedeckt, und schaust dir deinen Socken an. Ich ziehe mich in der Zwischenzeit an.« Sie fröstelte und eilte zurück in ihr Zimmer.

Der einzige, bei dem er sich während des Frühstücks bedanken mußte, war sein Großvater, für eine Schachtel Buntstifte, die er ihm ganz unten in den Socken gestopft hatte. Die anderen Geschenke trugen Kärtchen mit der Inschrift: »Für Donald vom Weihnachtsmann.« Onkel Willis und Onkel Greg hatten sehr zeitig gefrühstückt und waren mit dem Schlitten zum Hotel in Portersville gefahren, um Tante Louisa und Onkel Ivor abzuholen. Als sie wiederkamen, lief Donald ans Fenster und sah, daß Mr. Gordon bei ihnen

war. Alle hatten so geheimnisvoll von Mr. Gordon gesprochen, daß er sehr gespannt war, ihn zu sehen. Doch genau in
diesem Augenblick rief seine Mutter ihn nach oben, damit
er ihr half, die Betten zu machen. »Wir alle müssen Großmama helfen, so gut wir können«, sagte sie. »Sie hat weiß
Gott genug in der Küche zu tun.«

Doch schließlich hörte er Tante Louisa an der Treppe rufen. Sie gingen hinunter. Er wurde mit Küssen überschüttet,
und Tante Louisa fragte ihn: »Wie geht es meinem Kleinen?
Du bist doch mein Kleiner, nicht wahr?« Dann küßte ihn
Onkel Ivor, und er gab Mr. Gordon, der bereits in Großpapas Schaukelstuhl saß, wo sich sonst nie jemand hinsetzte,
die Hand. Mr. Gordon war untersetzt und bleich, und er trug
an einer Hand zwei Diamantringe und an der anderen einen
noch größeren Saphir. Sein Atem ging pfeifend; hin und wieder nahm er ein großes gelbes Taschentuch aus der Brustta-
sche und wischte sich die Stirn. Donald setzte sich ans andere
Ende des Zimmers und schlug die Seiten einer Zeitschrift um;
zuweilen blickte er auf, um ihn zu beobachten. Mr. Gordon
hatte Donald »Bursche« genannt, was sehr merkwürdig
klang. Einmal merkte er, daß Donald ihn betrachtete, und
winkte ihn zu sich. Donald ging zu ihm und stellte sich neben
den Schaukelstuhl, während Mr. Gordon in seine Tasche griff
und eine dicke Uhr mit einem kleinen Knopf herauszog; ein
winziges Glockenspiel erklang im Gehäuse der Uhr. Ein paar
Minuten später winkte er ihm erneut; Donald sprang auf und
drückte wieder auf den Knopf. Beim nächsten Mal sagte
seine Mutter, er solle Mr. Gordon nicht belästigen.

»Aber er hat mich *gerufen*«, protestierte Donald.

»Setz dich hierher. Gleich gehen wir alle hinein, und dann
gibt es die Bescherung. Onkel Ivor wird der Weihnachtsmann sein.«

Plötzlich kam Onkel Willis herein. »Alle mal herhören!« sagte er und rieb sich die Hände. »Ich glaube, das Wohnzimmer ist jetzt warm genug. Wie wäre es, wenn wir den Baum anzünden würden?«

»Na endlich«, sagte Tante Emilie. Sie trug ein rotes Taftkleid, über das Donald seine Mutter zu seinem Vater hatte sagen hören: »*Äußerst* unpassend. Das Mädchen scheint nicht mitbekommen zu haben, daß sie auf einer Farm lebt.« Tante Emilie beugte sich hinunter und nahm Donalds Arm. »Würden Sie mich begleiten, Sir?« fragte sie. Hand in Hand betraten sie das Wohnzimmer. Im Kamin prasselte das Feuer.

»Wo ist Ivor?« fragte Onkel Greg. »Hat jeder einen Platz?«

»Hier ist er«, sagte Onkel Ivor, der aus dem Flur hereinkam. Er trug einen alten roten Strickhut, einen roten Morgenmantel und um den Hals einen Kranz aus grünem Kreppapier. »Das ist alles, was der Weihnachtsmann auftreiben konnte«, verkündete er.

Tante Louisa begann zu lachen. »Sieh dir Onkel Ivor an«, sagte sie zu Donald. »Das tue ich«, antwortete Donald, doch in Wirklichkeit betrachtete er den Baum. Es war eine hohe Schierlingstanne, die bis zur Decke reichte. Darunter türmte sich der größte Stapel von Geschenken, den er je gesehen hatte. »Seht euch das an!« riefen alle.

»Was glaubst du, was da alles drin ist?« fragte Tante Louisa.

»Ich weiß nicht«, antwortete er.

Onkel Ivor setzte sich, so dicht er konnte, neben die Tanne auf den Fußboden, nahm ein großes Paket und reichte es Onkel Greg, der mitten im Zimmer stand. »Fangen wir damit an«, sagte er. Dann verkündete Onkel Greg feierlich: »Für Donald von allen aus Rutland.«

Während Onkel Ivor fortfuhr, die Geschenke zu vertei-
len, kämpfte Donald mit seinem Paket. Er nahm die leisen
Schreie der anderen »Wie reizend! Das ist viel zu viel!«,
»Oh, das war aber nicht nötig!« oder »Wie seid ihr darauf
gekommen?«, als die Geschenke ausgepackt wurden, kaum
wahr, denn er war zu beschäftigt, um zu merken, daß die
meisten dieser Ausrufe Mr. Gordon galten, der am Fenster
saß und höchst zufrieden nickte.

Es war zu schön, um wahr zu sein: ein Feuerwehrauto,
drei Fuß lang, mit Gummireifen und einer Glocke und einer
Sirene und drei Leitern, die automatisch ausfuhren, wenn
der Wagen stand. Donald sah es an und war einen Augenblick fast erschrocken über die Kraft, die – das spürte er –
seine Welt verändern konnte.

»Oh... ist... das... eine... Überraschung!« sagte seine
Mutter; ihre Verstimmung verlieh jedem Wort einen scharfen Unterton. »Louisa, warum habt ihr das getan?« Donald
blickte schnell auf und sah, wie Tante Louisa eine Kopfbe-
wegung in Richtung von Mr. Gordon machte, als wollte sie
sagen: »Alles seine Schuld!«

Seine Mutter stieg über das am Boden verstreute Papier
und zog die Grußkarte aus dem Paket. »Ich möchte, daß du
jedes Kärtchen bei dem dazugehörigen Geschenk läßt«,
sagte sie zu Donald, »denn morgen wirst du eine Menge
Dankesbriefe schreiben müssen, und du willst ja nicht, daß
sie alle durcheinandergeraten. Aber hierfür kannst du dich
schon mal bei Tante Louisa und Onkel Ivor bedanken.«

Er haßte es, wenn man ihn in Anwesenheit der betreffen-
den Person aufforderte, sich bei ihr zu bedanken, als sei er
ein kleines Kind. Doch tapfer sagte er und sah dabei Mr.
Gordon an: »Vielen Dank für das wunderschöne Feuerwehrauto.«

»Es gibt noch mehr, mein Junge«, strahlte Mr. Gordon; die Diamanten funkelten in der Sonne.

Tante Emilie hielt den Arm ausgestreckt vor sich und betrachtete ihre neue Armbanduhr. Großpapa trug einen seidenen schwarzen Hausmantel und rauchte eine Zigarre. Er sah rundum zufrieden aus, als er sich Mr. Gordon zuwandte und sagte: »Nun, da haben Sie uns aber alle verwöhnt.« Doch Donalds Mutter faßte diesen Satz als Vorwurf auf und setzte erklärend hinzu: »Wir sind es nicht gewohnt, derart großzügige Geschenke zu bekommen, Mr. Gordon.«

Mr. Gordon lachte, wandte sich an Donald und sagte: »Das ist erst der Anfang, Bursche. Sag deinem Onkel Ivor, er soll weitermachen.«

Von nun an schien es, als seien alle Pakete für Donald bestimmt. Er öffnete sie, so schnell er konnte, und staunte über jedes dieser Wunderdinge. Natürlich gab es die üblichen Taschenbücher und Bücher und Schals von der Familie, aber auch eine Schweizer Spieluhr mit kleinen auswechselbaren Walzen aus Metall, Rollschuhe, einen großen Satz Bleisoldaten, ein echtes Akkordeon und ein Spielzeugdorf, durch das eine batteriebetriebene Straßenbahn fuhr. Je mehr Päckchen Donald auspackte, um so mehr ähnelten die bewundernden Ausrufe seiner Eltern einem Stöhnen. Schließlich sagte sein Vater so laut, daß Mr. Gordon ihn über die allgemeine Unterhaltung hinweg verstehen konnte: »Es ist nicht gut, wenn ein Kind so viele Geschenke bekommt.«

Mr. Gordon hatte ihn gehört. »Sie waren doch selbst einmal jung«, sagte er leichthin.

Tante Emilie probierte eine Pelzjacke an, die Onkel Greg ihr geschenkt hatte. Ihr Gesicht war vor Aufregung gerötet; sie hatte Onkel Greg gerade einen dicken Kuß auf die Wange gegeben.

»Der kleine Astorjunge hat an seinem letzten Geburtstag Spielzeug für über fünftausend Dollar bekommen«, sagte sie zu Donalds Vater und strich an ihrem Pelz auf und ab.

Donalds Vater musterte sie mit zusammengekniffenen Augen. »Das ist genau das, was ich unter einer ausgesprochen *stupiden* Bemerkung verstehen würde«, sagte er.

Bis auf das Prasseln des Kaminfeuers war es einen Augenblick vollkommen still im Raum. Auch jene, die es nicht verstanden hatten, wußten, daß etwas vorgefallen war. Onkel Greg warf einen schnellen Blick auf Donalds Vater und dann auf Tante Emilie. Vielleicht würde es Streit geben, dachte Donald, und jeder wäre gegen seinen Vater. Die Vorstellung entzückte ihn; zugleich aber fühlte er sich schuldig, als sei er dafür verantwortlich.

Onkel Ivor überreichte ihm ein Päckchen. Mechanisch löste er die Schleife und zog einen dunkelbraunen Kaschmirpullover heraus. »Das ist das Geschenk deiner Eltern«, sagte seine Mutter leise. »Es ist dir noch ein bißchen zu groß, aber ich habe ihn extra so gekauft, damit du hineinwachsen kannst.« Die kleine Krise war überwunden; alle sprachen wieder durcheinander. Donald war erleichtert und enttäuscht. »Wie wär's, wenn wir die Brandyflasche köpften?« rief Onkel Willis.

»Ihr Männer bleibt sitzen«, sagte Großmama. »Wir anderen müssen jetzt in die Küche.«

»Ich bringe dir einen hinaus«, sagte Onkel Ivor zu Tante Louisa, als diese aufstand.

Auf dem Weg aus dem Zimmer beugte sich Donalds Mutter zu ihm herab und berührte ihn an der Schulter. »Ich möchte, daß du jedes Geschenk wieder so einpackst, wie es war. Dann trägst du alles in dein Zimmer und stapelst es ordentlich in die Ecke unter deinem Fenster. Hörst du?«

Sie ging hinaus. Donald blieb einen Augenblick sitzen, dann sprang er auf und lief ihr nach, um zu fragen, ob er ein Geschenk behalten dürfe – das Feuerwehrauto vielleicht. Sie sagte gerade zu Großmama: »...ziemlich unnötig. Außerdem weiß ich nicht, wie wir das alles nach New York schaffen sollen. Owen kann morgen wenigstens die großen Sachen mitnehmen, hoffe ich.«

Er hielt im Laufen inne und spürte, wie Frieden in ihn einkehrte. Sein Vater würde die Farm verlassen. Sollte er ruhig alles mitnehmen, das Feuerwehrauto und alles übrige, es machte ihm nichts aus. Er drehte sich um und ging ins Wohnzimmer zurück, wo er die Spielsachen sorgfältig wieder in die Schachteln packte und mit Schleifen und Kordeln verschnürte.

»Was ist denn das?« rief Mr. Gordon plötzlich, als er ihn bemerkte. »Was tust du da?«

»Ich muß alles nach oben bringen«, erklärte Donald.

Sein Vater fuhr dazwischen. »Ich will die Pakete da oben nicht überall herumliegen haben. Sieh zu, daß du sie sorgfältig stapelst. Hast du verstanden?«

Donald machte weiter, ohne aufzusehen.

Nach einer Weile sagte Mr. Gordon leise: »Verflucht noch mal!« Und dann, an Donalds Vater gewandt: »Ich habe schon viele wohlerzogene Kinder gesehen, aber eins will ich Ihnen sagen, *so etwas* ist mir noch nie begegnet. Noch nie!«

»Disziplin beginnt in der Wiege«, sagte Donalds Vater knapp.

»Es ist unheimlich«, murmelte Mr. Gordon vor sich hin. Donald blickte auf und sah, wie sein Vater Mr. Gordon haßerfüllt anstarrte.

In der Küche waren seine Großmutter, seine Mutter und die Tanten mit den Essensvorbereitungen beschäftigt. Donald saß am Fenster und zerstampfte Kartoffeln. Das Blau des Himmels war hinter einer gleichmäßig weißen Wolkenwand verschwunden. »Es wird noch mehr schneien, bevor es dämmert«, sagte Großmama, als sie über die Spüle nach draußen sah.

»Willst du mal was Gutes riechen?« fragte Donalds Mutter. Er rannte durch die Küche zum Herd, und sie öffnete die Ofentür. Das Aroma der Zwiebeln mischte sich mit dem des brutzelnden Truthahns. »Er wird wunderbar«, verkündete sie. Sie schlug die Ofentür zu und hängte die Topflappen an ihre Haken. Dann ging sie in die Vorratskammer. Donald folgte ihr. Hier drin war es sehr kalt, und es roch nach sauren Gurken und Gewürzen. Seine Mutter suchte etwas in den Regalen, zwischen den Einmachgläsern und Blechdosen.

»Mutter«, sagte er.

»Hm?« antwortete sie abwesend, ohne ihn anzusehen.

»Warum wohnt Mr. Gordon in Onkel Ivors Haus?«

Jetzt sah sie ihn an, mit einer Eindringlichkeit, die ihn erschreckte. »Wie war das?« fragte sie scharf. Aber noch ehe er seine Frage wiederholen konnte, fuhr sie in völlig selbstverständlichem Ton fort: »Liebling, weißt du nicht, daß Onkel Ivor so etwas wie eine männliche Krankenschwester ist? Wie Miss Oliver, erinnerst du dich – die auf dich aufgepaßt hat, als du Grippe hattest? Nur eben ein Mann. Ein Krankenpfleger.«

»Ist Mr. Gordon krank?«

»Ja, das ist er«, sagte sie und senkte die Stimme, bis sie kaum mehr als ein Flüstern war. »Er ist ein sehr kranker Mann, aber wir sprechen nicht darüber.«

»Was hat er denn?« Es war ihm klar, daß er sich im Moment absichtlich dumm stellte, in der Hoffnung, mehr aus ihr herauszuholen. Doch seine Mutter sagte bereits: »Ich weiß es nicht, Liebling. Geh jetzt wieder in die Küche. Es ist hier zu kalt für dich. Los! Raus mit dir.« Er kicherte, rannte in die Küche zurück und war zufrieden, auf die Existenz eines Geheimnisses gestoßen zu sein.

Während des Essens musterte sein Vater ihn mit jener typischen Strenge, die er sich für Bemerkungen vorbehielt, von denen er genau wußte, daß sie unerwünscht waren, und sagte: »Du bist heute noch nicht draußen gewesen, junger Mann. Wir machen später einen Spaziergang.«

Tante Louisa hatte ein großes Glas Brandy mit an den Tisch gebracht und nippte daran, während sie aß. »Es ist zu kalt, Owen«, wandte sie ein. »Er wird sich eine Lungenentzündung holen.« Donald wußte, daß sie versuchte, ihm zu helfen, doch er wünschte, sie hätte nichts gesagt. Wenn eine Diskussion darüber entbrannte, würde sein Vater den Spaziergang bestimmt nicht vergessen.

»Zu kalt!« schnaubte sein Vater verächtlich. »In *unserer* kleinen Familie gibt es ein paar feste Grundregeln, und eine davon ist, daß er jeden Tag an die frische Luft kommt.«

»Könntest du Weihnachten nicht eine Ausnahme machen? Nur ein einziges Mal?« fragte Tante Louisa.

Donald traute sich nicht, aufzublicken, denn er hatte Angst, den Gesichtsausdruck seines Vaters zu sehen.

»Hör zu, Louisa«, sagte dieser eisig. »Ich schlage vor, du kümmerst dich um deine Angelegenheiten und ich mich um meine. So kommen wir uns nicht ins Gehege.« Und fauchte, als wäre es ihm gerade eingefallen: »Wenn es dir recht ist!«

Tante Louisa lehnte sich über Großpapas Teller in Richtung von Donalds Vater und sprach sehr laut, so daß jeder zu essen aufhörte. »Nein, es ist mir nicht recht! Du hackst von morgens bis abends auf dem Kind herum. Es ist eine

Schande! Ich kann nicht tatenlos zusehen, wie mein eigenes Fleisch und Blut derartig mißhandelt wird.«

Großmama und Donalds Vater begannen gleichzeitig zu sprechen. Großmama sagte: »Louisa« und versuchte sie zu beruhigen. Donalds Vater schrie: »Du hast *nie* ein Kind gehabt! Du hast *keine Ahnung* von Kindererziehung!«

»Ich weiß aber, wann jemand egoistisch und gemein ist«, erklärte Tante Louisa.

»Louisa!« rief Großmama verwundert und mit leicht tadelndem Unterton. Donald sah nicht von seinem Teller auf.

»Bin ich jemals nach Rutland gekommen, um meine Nase in deine Angelegenheiten zu stecken und dich zu kritisieren? Ja oder nein?« fragte Donalds Vater.

»Also«, sagte Onkel Willis schnell, »verderben wir uns nicht das schöne Weihnachtsfest!«

»Stimmt«, sagte Großpapa. »Wir sind alle fröhlich. Sagen wir also nichts, das wir später bereuen könnten.«

Doch Tante Louisa wollte sich damit nicht zufriedengeben. Hastig griff sie nach ihrem Glas und hätte sich um ein Haar verschluckt. Dann, noch immer an Donalds Vater gewandt, fragte sie: »Was willst du damit sagen, nach Rutland gekommen, um mich zu kritisieren? Was hast du in Rutland zu kritisieren? Ist dort etwas nicht in Ordnung?«

Einen Moment lang gab Donalds Vater keine Antwort. Während dieser Sekunde schien jeder das Bedürfnis zu haben, etwas zu sagen, ohne dazu imstande zu sein. Derjenige, der das Schweigen schließlich brach, war Donalds Vater. Mit sanfter Stimme, die Donald sofort als eine bösartige Imitation von Onkel Ivor erkannte, sagte er: »O *nein!* Alles in Ordnung in *Rut*land!«

Fast gleichzeitig warf Donalds Mutter plötzlich ihre Serviette auf den Tisch und schob heftig ihren Stuhl zurück. Sie sprang auf, stürzte aus dem Zimmer und schlug die Tür hinter sich zu. Niemand sagte etwas. Donald saß wie versteinert, unfähig aufzublicken, unfähig, auch nur zu atmen. Dann merkte er, daß auch sein Vater aufgestanden und im Begriff war, das Zimmer zu verlassen.

»Laß sie in Ruhe, Owen«, sagte Großmama.

»Du hältst dich da heraus«, erwiderte sein Vater. Als er hinaufging, knarrte die Treppe unter seinen Schritten. Niemand sagte etwas, bis Großmama eine Bewegung machte, als wollte sie aufstehen. »Ich gehe nach oben«, erklärte sie.

»Um Gottes willen, Abbie, bleib hier«, sagte Großpapa. Großmama räusperte sich, blieb jedoch sitzen.

Tante Louisa war rot angelaufen, und die Muskeln in ihrem Gesicht zuckten. »Unerträglich«, sagte sie mit erstickter Stimme. »Einfach unerträglich!«

»Ich hatte Lust, ihn zu ohrfeigen«, gestand Tante Emilie. »Habt ihr gehört, was er zu mir gesagt hat, als wir die Geschenke auspackten?«

Auf einen Blick von Onkel Greg hin hielt Tante Emilie inne. »Nun, Donald«, sagte sie aufmunternd. »Du hast dein Essen ja kaum angerührt. Hast du keinen Hunger?«

Im Geist sah er das Schlafzimmer vor sich, wo sein Vater seiner Mutter den Arm umdrehte und sie schüttelte, um sie zu zwingen, ihn anzusehen. Und als sie es nicht tat, schlug er sie, warf sie zu Boden, trat von allen Seiten auf sie ein. Donald blickte auf. »Nein, nicht viel«, antwortete er.

Ohne Vorwarnung begann Mr. Gordon zu sprechen. Er hob sein Glas in Augenhöhe und betrachtete es, während er es hin und her drehte. »Familienstreit«, seufzte er. »Immer dasselbe. Erinnert mich an meine Kindheit. Wenn ich so zurückdenke, kommt es mir vor, als hätten wir keine Mahlzeit ohne Krach beendet, aber ich nehme an, daß es nicht ganz so gewesen sein kann.« Er stellte das Glas ab. »Na ja, mittlerweile sind sie alle tot, Gott sei Dank.«

Donald warf einen schnellen Blick zu Mr. Gordon hinüber, als sähe er ihn gerade zum ersten Mal.

»Es schneit!« rief Großmama triumphierend. »Seht ihr, es hat wieder angefangen zu schneien. Ich wußte, daß es noch vor Einbruch der Dämmerung soweit sein würde!«

Tante Louisa schluchzte auf, erhob sich und ging in die Küche. Onkel Ivor folgte ihr.

»Schau, Donald, du hast den Glücksknochen!« rief Tante Emilie. »Knabber das Fleisch ab, und dann hängen wir ihn über den Herd zum Trocknen, und morgen können wir uns etwas wünschen. Wäre das nicht lustig?«

Er nahm ihn in die Hand und begann, die Fetzen weißen Fleisches, die daran hingen, abzunagen. Nachdem er ihn sorgfältig gesäubert hatte, kletterte er von seinem Stuhl und lief damit in die Küche.

Der Raum war sehr still; auf dem Herd summte der Teekessel. Die Schneeflocken draußen vor dem Fenster hoben sich dunkel vor dem Weiß des Hintergrunds ab. Tante Louisa saß zusammengesunken auf einem Küchenstuhl, ein zerknülltes Taschentuch in der Hand, und Onkel Ivor war über sie gebeugt und sprach mit sehr leiser Stimme auf sie ein. Donald legte den Glücksknochen auf den Rand der Spüle und wollte sich gerade auf Zehenspitzen hinausschleichen, als Onkel Ivor ihn entdeckte. »Hast du Lust, mit in den Hühnerstall zu kommen, Donald?« fragte er. »Ich muß ein Dutzend Eier sammeln, die wir nach Rutland mitnehmen wollen.«

»Ich hole meinen Mantel«, sagte Donald, eifrig darauf bedacht, fort zu sein, bevor sein Vater herunterkam.

Der Pfad den Hügel hinauf zum Hühnerstall war nicht

vom Schnee geräumt, man hatte ihn nur festgetreten. Der neue Schnee trieb über den Pfad; an einigen Stellen hatte er ihn bereits zugeweht. Als Onkel Ivor in den Hühnerstall trat, blieb Donald stehen und legte den Kopf in den Nacken, um ein paar Schneeflocken mit dem Mund aufzufangen. »Komm rein und mach die Tür zu. Du läßt ja die ganze Wärme heraus!« sagte Onkel Ivor.

»Ich komme«, antwortete Donald. Er ging hinein und schloß die Tür. Der Geruch hier drinnen war sehr stark. Als Onkel Ivor sich den Hennen näherte, gaben sie ein leises, mißtrauisches Glucksen von sich.

»Hör mal, Donald«, sagte Onkel Ivor, während er mit den Händen das Stroh durchwühlte.

»Was?« fragte Donald.

»Läuft deine Mutter oft in ihr Zimmer und schließt sich ein, so wie eben?«

»Manchmal.«

»Weshalb? Ist dein Vater böse zu ihr?«

»Oh«, sagte Donald vage, »sie streiten sich.« Er fühlte sich unbehaglich.

»Nun ja. Es ist eine Schande, daß dein Vater je geheiratet hat. Es wäre für alle besser, wenn er allein geblieben wäre.«

»Aber dann wäre ich nicht da!« rief Donald. Er war nicht sicher, ob Onkel Ivor es ernst meinte oder nicht.

»Das wollen wir zumindest *hoffen!*« antwortete Onkel Ivor, rollte mit den Augen und machte ein lustiges Gesicht. Jetzt wußte Donald, daß es eine Art Witz war, und er lachte. Die Tür wurde aufgerissen. »Donald!« brüllte sein Vater.

»Was ist?« fragte er mit schwacher Stimme.

»Komm her!«

Er stolperte zur Tür, sein Vater spähte unsicher herein. »Was machst du da drin?« fragte er.

»Ich helfe Onkel Ivor Eier suchen.«

»Hmmmpf!« Donald trat hinaus, und sein Vater schloß die Tür.

Sie gingen die Straße hinunter in Richtung Smithson Farm. Plötzlich blieb sein Vater ein wenig zurück, stieß ihn in den Rücken und sagte: »Kopf hoch! Brust raus! Oder willst du einen Buckel kriegen? Ehe du dich versiehst, hast du eine Rückgratverkrümmung.«

Als sie außer Sichtweite des Hauses waren, an einer Stelle, wo das Gewirr kleiner Bäume zu beiden Seiten bis an den Wegesrand reichte, blieb sein Vater stehen. Er sah sich um, bückte sich, nahm eine Handvoll Neuschnee und formte ihn zu einem harten Ball. Dann warf er ihn nach einem ziemlich großen Baum in einiger Entfernung von der Straße. Er zerplatzte und hinterließ eine weiße Stelle auf dem dunklen Baumstamm. »Mal sehen, ob du ihn triffst«, sagte er zu Donald.

Irgendwo hier im stillen Zwielicht der Wälder konnte ein Wolf lauern. Es war sehr wichtig, ihn nicht zu reizen. Wenn sein Vater es riskieren wollte, Schneebälle in den Wald zu werfen, dann sollte er es tun, aber ohne ihn. So würde der Wolf vielleicht verstehen, daß zumindest er sein Freund war.

»Na los!« sagte sein Vater.

»Nein, ich will nicht.«

Mit gespieltem Erstaunen sagte sein Vater: »Ah, du willst nicht?« Dann nahm sein Gesicht einen gefährlichen Ausdruck an, und seine Stimme knallte durch die Luft wie eine Peitsche. »Wirst du wohl tun, was ich dir sage?«

»Nein.« Es war das erste Mal, daß er ihm offen widersprach. Sein Vater lief dunkelrot an.

»Hör zu, du kleiner Wichtigtuer!« schrie er, und seine

Stimme überschlug sich vor Wut. »Glaubst du, damit kommst du bei mir durch?« Bevor Donald wußte, wie ihm geschah, hatte sein Vater ihn mit einer Hand gepackt, gleichzeitig bückte er sich und schaufelte mit der anderen soviel Schnee zusammen, wie er nur konnte. »Das werden wir doch mal sehen«, stieß er zwischen zusammengepreßten Zähnen hervor. Im nächsten Moment rieb er den Schnee heftig in Donalds Gesicht, und während Donald nach Luft schnappte und sich dem Griff seines Vaters zu entziehen versuchte, steckte dieser ihm den Rest hinten in den Kragen.

Als er die nasse, eisige Masse spürte, die über seinen Rücken herunterlief, fiel er vornüber. Seine Augen waren fest zusammengekniffen; er war sicher, daß sein Vater versuchte ihn umzubringen. Mit einem verzweifelten Satz befreite er sich und stürzte mit dem Gesicht in den Schnee.

»Steh auf!« befahl sein Vater angewidert. Donald rührte sich nicht. Wenn er den Atem lange genug anhielt, würde er vielleicht sterben.

Sein Vater stellte ihn auf die Füße. »Ich habe genug von deinen Mätzchen«, sagte er. Er packte ihn mit beiden Händen an den Schultern und zwang ihn durch die Dämmerung zum Haus zurück.

Donald stolperte vorwärts, den Blick auf die weiße Straße vor ihm gerichtet, bar jeden Gedankens. Ein ungewohntes Gefühl hatte sich seiner bemächtigt: Er verspürte kein Selbstmitleid, weil er durchnäßt und halb erfroren war, nicht einmal Wut über die Mißhandlung. Er war losgelöst von allem; es war ein angenehmes, fast wollüstiges Gefühl, das er, ohne es zu verstehen oder zu hinterfragen, akzeptierte.

Als sie im Halbdunkel die lange Ahornallee entlanggingen, sagte sein Vater: »Jetzt kannst du zu deiner Mutter flüchten und dich bei ihr ausweinen.«

»Ich weine nicht«, sagte Donald ausdruckslos. Sein Vater gab keine Antwort.

Glücklicherweise war die Küche leer. Am Klang der Stimmen im Wohnzimmer erkannte er, daß Tante Louisa, Onkel Ivor und Mr. Gordon gerade aufbrechen wollten. Er lief hinauf in sein Zimmer und zog sich völlig um. Das Loch, das er in das Eis auf der Fensterscheibe gehaucht hatte, war wieder dick zugefroren, doch die runde Markierung war noch zu sehen. Als er fertig angezogen war, rief seine Mutter nach ihm. Draußen war es jetzt ganz dunkel. Er ging hinunter. Sie stand in der Diele.

»Oh, du hast dich umgezogen«, sagte sie. »Komm mit und sag Tante Louisa und Onkel Ivor auf Wiedersehen. Sie sind in der Küche.« Er sah schnell in ihr Gesicht und forschte nach Spuren von Tränen: ihre Augen waren ein wenig gerötet.

Sie traten zusammen in die Küche. »Donald will sich verabschieden«, sagte sie an Mr. Gordon gewandt und führte Donald auf Tante Louisa zu. »Ihr habt ihm ein herrliches Weihnachtsfest beschert« – ihre Stimme klang vorwurfsvoll –, »aber es war *viel* zuviel.«

Der dicke Biberkragen von Mr. Gordons Mantel war über seine Ohren geschlagen, und er trug riesige Fellhandschuhe. Er lächelte und klatschte erwartungsvoll in die Hände; es verursachte ein gedämpftes Geräusch. »Oh, es hat mir sehr viel Spaß gemacht«, sagte er. »Er erinnert mich an mich selbst, wissen Sie, als ich so alt war wie er. Ich war genauso, ein bißchen schüchtern und still.« Donald spürte, wie der Griff seiner Mutter auf den Schultern fester wurde, als sie ihn zu Tante Louisa schob. »Mhmm«, sagte sie. »Nun, Tante Louisa, hier will sich noch jemand von dir verabschieden.«

Selbst als er aufgeregt zusah, wie Onkel Willis und Onkel Greg mit den anderen im Schlitten davonfuhren, entging Donald nicht, daß sein Vater sich nicht in der Küche hatte blicken lassen. Als der Schlitten am Ende der dunklen Straße verschwand, gingen alle ins Wohnzimmer zurück, und Großpapa legte ein neues Holzscheit ins Feuer.

»Wo ist Owen?« fragte Großmama Donalds Mutter leise.

»Er muß oben sein. Offen gestanden ist es mir ziemlich egal, wo er ist.«

»Armes Kind«, sagte Großmama. »Sind die Kopfschmerzen besser?«

»Ein bißchen«, sagte sie. »Jedenfalls hat er es geschafft, mir Weihnachten völlig zu verderben.«

»Es ist schrecklich«, sagte Großmama.

»Es war alles, was ich tun konnte, um Ivor noch ins Gesicht sehen zu können. Ich meinte es ehrlich.«

»Ich bin sicher, daß alle es verstanden haben«, sagte Großmama beschwichtigend. »Denk nicht mehr darüber nach. Owen reist ohnehin morgen ab, und dann kannst du dich erholen.«

Kurz nachdem Onkel Willis und Onkel Greg zurück waren, kam Donalds Vater herunter. Das Abendessen wurde fast schweigend eingenommen; nicht ein einziges Mal richtete sein Vater das Wort an ihn oder schenkte ihm die geringste Aufmerksamkeit. Gleich nachdem die Mahlzeit beendet war, brachte seine Mutter ihn nach oben ins Bett.

Als sie hinausgegangen war, lag er im Dunkeln und lauschte dem feinen Schnee, den der Wind gegen die Fensterscheibe warf. Der Wolf war da draußen in der Nacht, lief Pfade entlang, die kein Mensch je zu Gesicht bekommen hatte, den Hügel hinunter und über die Wiese; er blieb stehen und trank an einer tiefen Stelle im Bach, wo sich noch kein Eis gebildet hatte. Im steifen Haar seines Fells hatte sich Schnee verfangen; er schüttelte sich und kletterte die Böschung hinauf, wo Donald saß und auf ihn wartete. Dann streckte er sich neben ihm aus und legte seinen schweren Kopf in Donalds Schoß. Donald beugte sich vor und vergrub das Gesicht im zottigen Fell seines Nackens. Nach einer Weile standen beide auf und liefen zusammen los, schneller, immer schneller, über die Felder.

MS Chakdara (London–Colombo), Januar 1957

Gleich hinter dem Hotel war der Fluß. Wäre er von sehr weit aus dem Landesinneren gekommen, hätte er breit und still sein müssen, da er jedoch in Wirklichkeit nur ein vom Regen angeschwollener Bach und sein Bett voller Felsen war, verursachte er einen tosenden Lärm, den der Photograph eine Zeitlang für Regen hielt. Die Hitze und die Reise hatten ihn erschöpft; er hatte den kalten gebratenen Fisch, das lederartige, fetttriefende Omelett und die Paste aus braunen Bohnen mit Reis und verbrannten Bananen gegessen und wurde dann plötzlich von unwiderstehlicher Schläfrigkeit übermannt – fast als hätte er ein Schlafmittel genommen. Er war zu seinem Bett getaumelt, hatte sich Hemd und Hose vom Körper gerissen, das steife, verstaubte Moskitonetz angehoben und war wie ein Stein auf die Matratze gefallen, deren Härte er kaum wahrnahm, ehe er in Schlaf versank.

Doch als er mitten in der Nacht erwachte, erkannte er, daß es der trügerische Schlaf eines verdorbenen Magens gewesen war, er starrte in die Dunkelheit über seinem Kopf und sagte sich, daß es schwierig sein würde, den Weg ins Vergessen wiederzufinden. Im gleichen Augenblick bemerkte er den stetigen Schwall nächtlicher Geräusche im Hintergrund und hielt ihn für Regen. Hin und wieder blinkte hoch über seinem Kopf (wie konnte die Decke so hoch sein?) das schwache, fahrige Licht eines Glühwürm-

chens ein, zwei Sekunden lang seinen nicht entschlüssel-
baren Kode. Er lag auf dem Rücken; irgend etwas Kleines
kroch über seine Brust. Er legte seine Hand darauf; es war
ein langsam rollender Schweißtropfen. Das rauhe Laken
unter ihm war naß. Er wollte sich bewegen, doch finge er
erst damit an, würde er sich stundenlang herumwälzen, und
jede neue Stellung wäre ungemütlicher als die vorherge-
hende. Im anonymen Dunkel eines Nebenzimmers hustete
von Zeit zu Zeit jemand; er hätte nicht sagen können, ob es
ein Mann oder eine Frau war. Das Mahl, das er gegessen
hatte, lag ihm wie zehn Mahlzeiten im Magen. Allmählich
durchsetzte sich die Erinnerung daran – vor allem an das
schwere kalte Omelett, auf dem das Fett glänzte – mit einem
nebulösen Grauen.

Dazuliegen mit dem Staub des Netzes in der Nase war
wie in einem Leinensack verpackt zu sein. Hinaus auf die
Straße und gehen – das war es, was er wollte, aber es gab
Schwierigkeiten. Um Mitternacht wurde der Strom abgestellt; der alte Mann, der das Hotel verwaltete, hatte es ihm
gesagt. Statt die Streichhölzer unter das Kopfkissen zu legen, hatte er sie in der Hosentasche gelassen, und die Vorstellung, barfuß und ohne Licht auf den Boden zu treten,
gefiel ihm nicht. Außerdem, erinnerte er sich, als er dem allumfassenden, seltsam fernen Dröhnen draußen lauschte,
regnete es. Doch die leblosen Straßen entlangzugehen wäre
ein Vergnügen, selbst in dem unsichtbaren Regen... Wenn
er vollkommen reglos lag, würde der Schlaf vielleicht wiederkommen. Schließlich schwang er verzweifelt das Netz
zur Seite und sprang aus dem Bett, lief durch das Zimmer
auf den Stuhl zu, wo er seine Kleider hingeworfen hatte.

Es gelang ihm, innerhalb von drei Streichholzlängen
Hemd und Hose anzuziehen; seine Schuhe klopfte er im

Dunkeln vorsichtshalber auf dem Steinboden aus, um Tausendfüßler oder Skorpione hinauszuwerfen. Dann zündete er ein viertes Streichholz an und öffnete die Tür zum Patio. Hier war es nicht länger stockdunkel. Man konnte die riesigen Topfpflanzen im bleiernen Licht der Nacht erkennen, doch der Himmel, erstickt von einer Wolke, die kein Sternenfunkeln zu durchdringen vermochte, schien gar nicht dazusein. Es regnete nicht. »Der Fluß muß sehr nah sein«, dachte er.

Er ging den überdachten *corredor* entlang, streifte die Tentakel der Orchideen, die in Körben und Töpfen von der Dachrinne hingen, stieß gegen die Korbmöbel und fand die Eingangstür verschlossen und zweifach versperrt. Vorsichtig schob er die Metallriegel zurück, öffnete die Tür und ließ sie hinter sich zuschnappen. Die Straße war so dunkel wie der Patio und die Luft so unbewegt wie unter dem Moskitonetz. Doch sie trug einen unbestimmten Pflanzengeruch – den süßen Duft von Erfüllung und Erschöpfung.

Er bog nach links ab; die lange Hauptstraße führte, von einstöckigen Gebäuden gesäumt, geradewegs zum *paseo* am Meer. Beim Gehen mischte sich der frischere Geruch nach Seetang am Strand in die reglose Treibhausluft. An jeder Kreuzung mußte er sechs Treppenstufen zur Straße hinuntersteigen und auf der anderen Seite wieder sechs Stufen zum Gehsteig hinauf. In der Regenzeit, so hatte ihm der *propietario* des Hotels erzählt, gab es an jeder Ecke Ruderboote, um die Passanten überzusetzen. Wie die Mischung aus dem Geruch des Landes und dem der See, die er einsog, ergriffen zwei gegensätzliche, doch miteinander verwandte Gefühle Besitz von ihm: Erleichterung, die fast an Vergnügen grenzte, und ein Anflug von Schwindel, den er zu bekämpfen beschloß, weil er es für mangelnde Stärke hielt, nicht jedes Anzeichen einer Krankheit abzuschütteln. Er versuchte, seinem Gang mehr Schwung zu verleihen, mußte jedoch sofort einsehen, daß es zu heiß war, um mehr Anstrengung auf sich zu nehmen als unbedingt nötig. Jetzt schwitzte er noch stärker als vorhin im Bett. Er zündete eine Ovalado an. Der Geschmack des süßen Tabaks war Teil der Nacht.

Der *paseo* führte etwa eine halbe Meile am Meer entlang. Er hatte geglaubt, es gebe hier möglicherweise eine leichte Brise, doch er bemerkte keinen Unterschied. Trotzdem machte er hin und wieder das leise, vertraute Geräusch einer kleinen Welle aus, die unterhalb des *paseo* sanft auf den Sand schlug. Er setzte sich auf die Balustrade und ruhte aus, in der Hoffnung, ein wenig abzukühlen. Das Meer war unsichtbar. Er hätte auf dem Gipfel eines von Wolken bedeckten Berges sitzen können – die Finsternis vor ihm wäre ebenso gestaltlos und allumfassend gewesen. Doch enthielten die unregelmäßigen Geräusche der Brandung keine Elemente von Weite, wie es bei Meeresrauschen sonst der Fall ist, sondern klangen wie in einem großen, geschlossenen Hof. Die Betonplatten, auf denen er saß, waren feucht und etwas kühler als seine Haut. Er rauchte zwei Zigaretten und horchte auf irgendein Geräusch, das, selbst indirekt, von Menschen verursacht sein könnte. Doch da war nur das eintönige Plätschern des trägen Wassers unten, das über den Strand leckte. Er sah den *paseo* hinauf und hinunter. In weiter Ferne am westlichen Strand gab es ein Licht. Es war orange und flackerte. Ein Feuer? Er ging weiter, langsamer als zuvor, vor sich den undeutlichen Schein, die einzige Lichtquelle in der Landschaft.

Breite Treppenstufen führten hinunter zum Strand. Gleich dahinter erkannte er das zerbrechliche Gerüst eines

Piers, der ins Wasser hineingebaut worden war. Er blieb stehen und horchte. Das unregelmäßige Gurgeln der kleinen Wellen an den Pfeilern klang wie in einer Hallkammer.

Er lief leicht die Treppe hinunter und ging unter dem Pier durch. Hier war es ungleich kühler als auf dem *paseo*. Er war jetzt hellwach und beschloß auszukundschaften, um wieviel ihn ein fünfzehnminütiger Marsch am Strand näher an das Licht bringen würde. Nachtfarbene Krabben eilten direkt vor seinen Füßen über den Strand, vollkommen lautlos und fast unsichtbar. Kurz nach dem Ende des *paseo* wich der Sand einer harten Korallenoberfläche, auf der es sich leichter gehen ließ. Aus Vorsicht hielt er sich so nah wie möglich am Wasser.

Es gab einen Unterschied zwischen diesem Spaziergang und den unzähligen anderen Mitternachtsausflügen, die er unternommen hatte, und er fragte sich, was diesen so angenehm machte. Vielleicht genoß er ihn nur deshalb, weil die ganze Situation so vollkommen offen, so voller Freiheit war. Er suchte nach nichts; alle Kameras waren im Hotelzimmer.

Hin und wieder hob er den Blick von den undeutlichen gehirnförmigen Korallen unter seinen Füßen und sah landeinwärts auf der Suche nach irgendwelchen Zeichen von Zivilisation. Es kam ihm vor, als erhöben sich einige hundert Fuß weiter Sanddünen, doch ohne Licht war man nicht einmal dessen sicher. Der Schweiß lief ihm den Rücken hinab, über das Steißbein, zwischen die Gesäßbacken. Wahrscheinlich wäre es das beste, sich ganz auszuziehen. Doch dann würde er seine Sachen tragen müssen, und er wollte die Hände frei haben, selbst auf die Gefahr hin, sich wund zu scheuern.

Die Freiheit wurde vom Zwang zur Rückkehr eingeschränkt, sagte er sich und beschleunigte seinen Schritt.

Wenn man, in dem Wunsch, diese zu erlangen, einen bestimmten Punkt von Intensität überschritt, stand so gut wie fest, daß man sie nicht erreichen würde. Was jedenfalls war Freiheit letzten Endes anderes, als sich ganz, nicht nur teilweise, der Tyrannei des Zufalls auszuliefern?

Es bestand kein Zweifel, daß dieser Spaziergang ihn von seiner Verdauungsstörung erlöste. Noch drei Minuten, sagte der leuchtende Minutenzeiger seiner Armbanduhr; das orangefarbene Licht vor ihm wirkte kleiner als von der Stadt aus. Warum willkürliche fünfzehn Minuten? Er lächelte über die präzisen, großstädtischen Bahnen, in denen sein Bewußtsein sich automatisch bewegte. Wenn er den Arm hob, könnte er den Himmel berühren, und er wäre feucht, lauwarm und wollüstig weich.

Und nun hörte er in einiger Entfernung landeinwärts Geräusche, die er schnell als Stimmen unzähliger junger Frösche identifizierte. Jetzt, da er es genauer beobachtete, bewegte sich das Licht merkwürdigerweise leicht auf und ab und auch seitwärts, doch ohne seine Lage zu verändern. Plötzlich verwandelte es sich in eine riesige, lodernde Flamme, einen Augenblick später in sprühende Kaskaden roter Funken, und er erkannte, daß er angekommen war. Das Feuer brannte auf dem Boden eines leicht schwankenden Bootes, keine hundert Fuß vor ihm. Ein nackter Mann stand daneben und warf Palmwedel hinein. Der Photograph blieb stehen und horchte auf menschliche Stimmen, doch der muntere Chor der Frösche übertönte jedes Geräusch.

Er ging ein paar Schritte weiter und beschloß, sich bemerkbar zu machen. *»Hola!«* Der Mann wandte sich um, sprang über den Bootsrand (das Wasser war ziemlich seicht) und kam auf ihn zugelaufen.

Ohne ihn zu grüßen – möglicherweise verwechselte er

ihn mit jemand anderem –, sagte der Mann: »*Tapiama? Vas a Tapiama?*« Der Photograph, der noch nie von Tapiama gehört hatte, zögerte einen Augenblick und sagte schließlich »*Sí*«, worauf der andere ihn am Arm nahm und zum Wasser zog. »Die Flut ist weit zurückgegangen. Wir legen in einer Minute ab.«

Er konnte zwei weitere Personen sehen, die flach auf dem Boden des Bootes lagen, zu beiden Seiten des Feuers und so weit wie möglich von seiner Glut entfernt. Der Photograph hockte sich hin und zog Schuhe und Socken aus; dann watete er zum Boot. Als er in seiner Mitte stand (das Feuer prasselte noch immer hell), wandte er sich um und sah, wie der nackte Mann das Seil löste, mit dem der Punt vertäut war.

»Das Ganze ist absurd!« Er konnte der Selbstverständlichkeit, mit der all das vor sich ging, der Gleichgültigkeit, mit der die beiden Passagiere auf seine unerwartete Ankunft reagierten, und mehr noch der verdächtigen Bereitschaft des Steuermanns, in dem Moment abzulegen, in dem er auftauchte, nur mißtrauen. Er sagte sich: »Die Dinge passieren nicht auf diese Weise«, doch da sie es ohne Zweifel taten, würde jegliches Hinterfragen dieses Prozesses nur zu einer Paranoia führen. Er ließ sich auf den Boden des Bootes fallen und zog seine Schachtel Ovalados aus der Tasche. Der nackte Bootsmann, das tropfende Tau um seinen dunklen Unterarm gewickelt wie einen Armreif, sprang an Bord und stieß mit seinem großen Zeh einen der ausgestreckt daliegenden Passagiere an, der zusammenzuckte, sich halb aufrichtete und ärgerlich um sich blickte. »Was ist?« fragte er. Ohne zu antworten, reichte ihm der Bootsmann den kürzeren der beiden Stöcke, die auf dem Schanzdeck gelegen hatten. Gemeinsam begannen sie, den Punt über die unsichtbare Oberfläche des Wasser zu staken. Der Gesang der Frösche und das Lodern der Flammen erfüllten die Nacht.

Da er »*Sí*« geantwortet hatte auf die Frage nach Tapiama, hatte der Photograph das Gefühl, jetzt unmöglich einen Schritt zurückmachen zu können und zu fragen: »Was ist Tapiama?« oder »Wo ist Tapiama?«. Daher beschloß er zu warten, so gerne er es auch erfahren hätte. Dieses seichte Wasser unter ihnen – Meeresbucht, Lagune? Eher ein Fluß, da der Bootsmann gesagt hatte, es sei Ebbe. Aber nicht der Strom, dessen ruhelosen Lauf er vom Bett aus gehört hatte.

Sie schoben sich vorwärts, hin und wieder unter Massen von hoher Vegetation hindurchsteuernd, wo das Geschrei der Frösche vorübergehend von einem anderen Geräusch überdeckt wurde, unerklärlich und brutal, wie das plötzliche Zerreißen eines großen Leintuchs. Von Zeit zu Zeit klatschte etwas Schweres, Festes in der Nähe auf, als sei ein Mann ins Wasser gefallen. Und gelegentlich stützte sich der andere Passagier auf einen Ellbogen und schaffte es ohne große Mühe, das ersterbende Feuer mit einem trockenen Palmwedel wiederzubeleben.

Wahrscheinlich war noch keine Stunde vergangen, als sie zu einem schlammigen Anlegeplatz gelangten. Die beiden Passagiere sprangen heraus und verschwanden eilig in der Dunkelheit. Der Bootsmann streifte sorgfältig eine Unterhose über, klopfte dann dem Photographen auf den Arm und bat um sechzig *centavos*. Er gab ihm fünfundsiebzig und trat mit den Schuhen in der Hand in den weichen Schlamm.

»Warte einen Augenblick«, sagte der Mann. »Ich komme mit dir.« Der Photograph war zufrieden. Als der Bootsmann, der mit seiner weißen Hose noch dunkler erschien, den Punt an einen in den Schlamm gepflockten Baumstamm gebunden hatte, ging er durch das Gewirr von Unterholz voraus. Einmal fragte er beiläufig: »Fährst du morgen rüber?«

»Rüber? Nein.«

»Bist du nicht für die Gesellschaft hier?« Die Stimme schien anzudeuten, daß nicht für die Gesellschaft zu arbeiten ihn einem unaussprechlichen Verdacht aussetzte.

Die Zeit war gekommen, die Wahrheit zu sagen, fürchtete er, obwohl er an der Lage, in die ihn das bringen würde, keinen Gefallen fand. »Ich habe noch nie von der Gesellschaft gehört«, sagte er. »Ich bin erst heute abend in Rio Martillo angekommen. Was für eine Gesellschaft?«

»Zucker«, antwortete der andere. Dann blieb er in der Dunkelheit stehen und sagte leise: »*Entonces* – warum bist du nach Tapiama gekommen? Sie mögen keine *millonarios* hier, verstehst du?« Da er begriff, daß dies an der Küste eine verächtliche Bezeichnung für Amerikaner war, log der Photograph. »Ich bin Däne«, sagte er hastig, doch als er merkte, daß es seiner Stimme an Überzeugungskraft mangelte, setzte er schnell hinzu: »Müssen wir durch noch mehr Schlamm, oder kann ich meine Schuhe anziehen?«

Der Mann war weitergegangen. »Wasch deine Füße in der *cantina*, wenn du willst«, gab er über die Schulter zurück. Nach einer Minute waren sie da. Mitten im Dunkeln ein offener Platz mit einem runden Dutzend palmengedeckter Hütten an einer Seite; an der anderen eine Plattform, die eine Art Laderampe sein mußte, dahinter die leere Nacht und offenes Wasser, und auf halbem Weg zwischen Dock und der Ansammlung von Hütten die *cantina*, die nichts anderes war als eine sehr lange Hütte, der die vordere Wand fehlte.

Ein trübes Licht drang aus dem Innern; es war nichts zu

hören als Frösche von allen Seiten und das gelegentliche trockene Reißen in den Zweigen hoch über ihnen. »Wieso ist die Kneipe um diese Zeit geöffnet?« fragte der Photograph. Der Bootsmann blieb mitten auf der Lichtung stehen und rückte seine Hose zurecht. »Don Octavio führt den Laden von sechs Uhr morgens bis sechs Uhr abends. Und sein Bruder führt ihn von sechs Uhr abends bis sechs Uhr morgens. Die Arbeit bei der Gesellschaft endet zu verschiedenen Zeiten. Dann kommen sie mit ihrem *pago* hierher und geben ihn aus. Hier gefällt es ihnen besser als zu Hause. Es gibt weniger Moskitos.« Vielleicht war es die Phantasie des Photographen, welche die Stimme des Mannes bei den letzten Worten bitter klingen ließ. Sie gingen weiter über die Lichtung und betraten die *cantina*.

Es gab keinen Fußboden; die bloße Erde war mit weißem Sand bedeckt. Eine Theke aus Holzbrettern verlief diagonal über die hintere Ecke. Hier qualmte eine Ölfunzel; zwei Männer standen da und tranken. Ein paar Holzkisten standen herum, manche auf dem Kopf, mit leeren Bierflaschen darauf, andere auf der Seite, um als Sitzplätze zu dienen. »*Muy triste*«, äußerte der Bootsmann und sah sich um. Dann trat er hinter die Theke und verschwand durch eine kleine Tür in der Wand. Außer den beiden an der Bar, die ihre Unterhaltung unterbrochen hatten und den Photographen anstarrten, war niemand anwesend. »Im Zweifelsfalle reden«, sagte er sich und trat auf sie zu, obgleich ihm, schon als er den Mund aufmachte, um »*Buenas noches*« zu wünschen, aufging, daß er ebensogut »Im Zweifelsfalle schweigen« daraus hätte machen können, denn ihr Gesichtsausdruck blieb unverändert, soweit er das beurteilen konnte. Volle drei Sekunden starrten sie ihn unverwandt an, ehe sie ihm antworteten, was mehr oder weniger gleichzeitig geschah. »Die beiden haben nichts gemeinsam«, dachte er. Der eine war ein Soldat in Uniform, ein Indiojunge von vielleicht achtzehn Jahren, und der andere ein müde wirkender Mulatte undefinierbaren Alters. Oder vielleicht – die Idee kam ihm, als er mit einem Anflug von Lässigkeit den Ellbogen auf die Theke stützte – hatten sie doch, seit er die *cantina* betreten hatte, etwas gemeinsam: eine gewisse Feindseligkeit. »Nun ja, ich bin barfuß, und meine Füße sind voller Schlamm«, dachte er.

»*Hay alguien?*« sagte er laut zu der mit Palmwedeln verkleideten Wand hinter der Bar. Die anderen beiden nahmen weder ihre Unterhaltung wieder auf, noch sprachen sie mit ihm, und er drehte sich nicht zu ihnen um. Schließlich öffnete sich die kleine Tür, und ein fetter Mann zwängte sich hindurch. Er stand mit ausgebreiteten, auf die Theke gestützten Armen da, die Augenbrauen erwartungsvoll hochgezogen. »Ich nehme einen *cumbiamba*«, sagte der Photograph und erinnerte sich wieder an den Namen des Lieblingsgetränks der Küstenregion, ein Kräutergebräu, das berühmt war für seine tückische Wirkung.

Es schmeckte widerlich, war aber stark. Der zweite war schon weniger ekelhaft. Er ging zur offenen Seite der *cantina,* setzte sich auf eine Kiste und blickte hinaus in die gestaltlose Nacht. Die zwei an der Bar unterhielten sich leise weiter. Es dauerte nicht lange, und fünf Männer erschienen von der Plattform auf der anderen Seite der Lichtung; sie schlenderten herein, blieben an der Bar stehen und lachten, während sie auf ihre Drinks warteten. Es waren Schwarze, und alle trugen nur Unterhosen wie der Bootsmann. Ein Mulattenmädchen mit Goldzähnen tauchte in der kleinen Tür hinter der Bar auf und stellte sich zu ihnen. Fast im selben Augenblick bemerkte sie den Photographen, der allein saß, und kam, mit den Händen auf den Hüften, halb tanzend durch den leeren Raum auf ihn zu. Als sie bei ihm war, hockte sie sich grinsend neben ihn und machte sich mit einer dünnen gelben Hand an seinem Hosenschlitz zu schaffen. Seine Reaktion kam sofort und automatisch: Er zog ein Bein an und trat sie voll gegen die Brust, so daß sie lautlos nach hinten in den Sand fiel. Der Lärm des darauffolgenden Gelächters an der Bar war nicht groß genug, um ihre schrille, vor Wut überschnappende Stimme zu übertönen: *»Qué bruto, tú! Pendejo!«* Die Hände erneut auf den Hüften, zog sie sich wieder an die Bar zurück, wo einer der Arbeiter ihr einen Drink spendierte. Obgleich der Photograph sie nicht hatte treten wollen, bereute er den Ausgang, den der Zwischenfall genommen hatte, nicht. Die *cumbiambas* schienen ihre Wirkung zu tun; er fühlte sich allmählich sehr wohl. Eine Weile saß er ruhig da und klopfte im Takt gegen sein leeres Glas. Immer mehr schwarze Arbeiter kamen herein und gesellten sich zu den anderen an der Bar. Einer hatte eine Gitarre dabei und begann, ein paar synkopierte Begleitakkorde für eine Melodie zu klimpern, ohne daß diese jedoch erkennbar wurde. Aber es war Musik, und jeder war damit zufrieden. Vielleicht von ihr geweckt, hatten die Hunde des Dorfes einen wütenden Chor angestimmt; vor allem der Photograph, der am Eingang saß, konnte sie hören, und ihr Bellen störte ihn. Er stand auf und ging hinüber zu einer freien Lattenkiste an der gegenüberliegenden Wand; dort lehnte er den Kopf an einen grobbehauenen Pfahl, der als Dachstütze diente. Ein paar Zentimeter über ihm baumelte ein seltsamer Gegenstand an einem Nagel. Hin und wieder legte er den Kopf in den Nacken und studierte ihn.

Plötzlich sprang er auf und klopfte heftig seinen Hinterkopf und seinen Nacken ab. Der Pfahl hinter ihm war von Tausenden und Abertausenden winziger Ameisen übersät: Irgendwer hatte eine tote kleine Korallenotterschlange an den Nagel gehängt, und sie waren gekommen, um ihr Fleisch zu fressen. Es dauerte eine ganze Weile, bis er keins der Tiere mehr im Nacken spürte. In der Zwischenzeit waren zwei neue Gestalten in die *cantina* gekommen (ob von draußen oder durch die Tür hinter der Theke, hatte er nicht mitbekommen), die jetzt, beide ihm zugewandt, zwischen seiner Kiste und der Bar saßen. Der alte Mann sah nordisch aus, während der unschuldig wirkende einbeinige Junge, der bei ihm war, ein Spanier sein mochte. Der Alte erzählte dem Jungen eine lustige Geschichte, beugte sich lebhaft zu ihm hinüber und stieß ihm gelegentlich den Zeigefinger in den Arm, um etwas besonders zu betonen, doch der Junge malte mit der Spitze seiner Krücke gedankenverloren Muster in den Sand.

Der Photograph erhob sich; er hatte noch nie eine derartige Wirkung von zwei Drinks verspürt. »Ein sehr seltsames Gefühl«, murmelte er bei sich und dann noch einmal: »Sehr seltsam«, während er auf die Bar zuging, um einen weiteren zu bestellen. Nicht, daß er sich betrunken fühlte; eher war er zu jemand geworden, der er nicht war, jemand, für den der Akt des Lebens so anders war als jede Vorstellung, die er davon gehabt hatte, daß es ihm vorkam, als sei er in einem Raum von Empfindungen gestrandet, der nichts mit seinem bisherigen Dasein zu tun hatte. Es war nicht unangenehm, nur undefinierbar. »*Dispénseme*«, sagte er zu einem hochgewachsenen Schwarzen in rosa-weiß gestreifter Unterhose und reichte sein leeres Glas dem fetten Mann. Er wollte sehen, was in einen *cumbiamba* gehörte, doch der Barmann mixte ihn schnell unter der Theke und gab ihm dann das bis zum Rand mit einem leicht schäumenden Gebräu gefüllte Glas zurück. Er nahm einen großen Schluck und stellte es auf die Theke, wobei er sich leicht nach rechts wandte. Neben ihm stand der Indio-Soldat, die Mütze schief über einem präkolumbianischen Gesicht. »Wieso macht die Armee derart große Schirme daran?« fragte er sich.

Er sah, daß der Soldat etwas sagen wollte. »Was immer es ist, es wird eine Beleidigung sein«, dachte er, in der Hoffnung, daß es ihm später möglichen Ärger ersparen würde.

»Gefällt es dir hier?« fragte der Soldat; seine Stimme war seidenweich.

»*Es simpático*. Ja, es gefällt mir.«

»Weshalb?« Die Hunde draußen waren näher gekommen; er konnte jetzt hören, wie ihr Gekläff das Lachen übertönte.

»Kannst du mir verraten, warum man die tote Schlange dort an der Wand aufgehängt hat?« hörte er sich plötzlich fragen, in der Annahme, damit das Thema zu wechseln.

Doch der Soldat war offenbar noch langweiliger, als er befürchtet hatte. »Ich habe dich gefragt, warum es dir hier in der *cantina* gefällt«, beharrte er.

»Und ich sagte, daß es *simpático* ist. Genügt das nicht?«

Der Soldat warf den Kopf in den Nacken und sah auf seine Nasenspitze. »Durchaus nicht«, antwortete er. Seine Art war pedantisch, der Tonfall machte einen wütend.

Der Photograph wandte sich wieder seinem Drink zu, hob das Glas und trank es langsam aus. Dann zog er seine Zigaretten aus der Tasche und bot dem anderen eine an. Mit übertriebener Umständlichkeit nahm der Soldat eine Zigarette und fing an, sie auf der Theke auszuklopfen. Der Gitarrenspieler hatte mittlerweile begonnen, mit hoher Falsettstimme zu singen, doch die meisten Worte entstammten einem Dialekt, den der Photograph nicht verstand. Als die Zigaretten glühten, fragte er sich, wer sie angezündet hatte – er oder der Soldat.

»Von wo kommst du?« fragte der Soldat.

Er machte sich nicht die Mühe zu antworten, aber auch das mißverstand der Soldat. »Ich sehe, daß du etwas erfindest«, sagte er, »und ich will es nicht hören.«

Der Photograph rief angewidert: »Aaah!« und bestellte einen weiteren *cumbiamba*. Der letzte hatte etwas höchst Erstaunliches bewirkt: Er hatte das Gefühl, sehr fest geworden zu sein, dünn und hart, ein Objekt aus Emaille oder einem ähnlichen Material, etwas anderes als ein lebendiges Wesen und trotzdem unglaublich bewußt. »Aller guten Dinge sind vier«, dachte er.

Das leere Glas war in seiner Hand, der fette Barmann starrte ihn an, und in diesem Moment hatte er nicht die geringste Ahnung, ob er den vierten bereits getrunken oder gerade erst bestellt hatte. Er spürte, wie er lachte, doch er wußte nicht, ob ein Ton herauskam oder nicht. Die verstümmelte, von Ameisen wimmelnde Schlange hatte ihn aus der Fassung gebracht; als er sie entdeckte, war ihm ihr Gestank aufgefallen, und er war nicht sicher, ihm jetzt entronnen zu sein. Hier an der Bar qualmte die Ölfunzel; der schwere Rauch nahm ihm fast den Atem. »*Gracias a Dios*«, vertraute er dem Barmann an und reichte ihm das Glas.

Der alte Mann, der hinter ihnen auf der Lattenkiste gesessen hatte, stand auf und kam langsam auf die Bar zu. »Wo kommt denn das her?« fragte der Photograph, lachte entschuldigend und blickte auf das volle Glas in seiner Hand. Die wütenden Hunde draußen auf der Lichtung kläfften und jaulten, es war nervenzerfetzend. »*Qué tienen esos perros?*« fragte er den Soldaten.

Der alte Mann war vor ihm stehengeblieben. »Hör mal, Jack, ich will mich ja nicht einmischen…«, begann er. Er war kahl, braungebrannt; er trug ein Netzhemd. Die Vertiefungen zwischen seinen Rippen waren wie parallele Schatten, und struppige graue Haarbüschel auf der Brust traten zwischen den Maschen des Hemdes hervor. Er verzog die Lippen zu einem Lächeln und zeigte das nackte weiße Zahnfleisch. Der Soldat nahm eine betont lässige Haltung ein; er starrte den Neuankömmling mit offenem Haß in den Augen an und blies dem Alten ruhig den Rauch seiner Zigarette ins Gesicht.

»Du kommst aus Milwaukee? Setz dich.«

»Später, danke«, sagte der Photograph.

»Später?« wiederholte der Alte ungläubig und fuhr sich mit der Hand über den Schädel. Dann rief er dem einbeinigen Jungen auf spanisch etwas zu. Der Photograph dachte: »Das wird nicht gut ausgehen. Es wird nicht gutgehen.« Er wünschte, der Schwarze würde aufhören zu singen und die Hunde würden aufhören zu kläffen. Er betrachtete das Glas in seiner Hand, gefüllt mit etwas, das aussah wie Seifenlauge. Jemand klopfte ihm auf die Schulter. »He, mein Freund, ich gebe dir einen guten Rat.« Wieder der alte Mann. »In diesem Land gibt es was zu holen, wenn man weiß, wo man suchen muß. Aber nur derjenige wird fündig, der unter seinesgleichen bleibt – wenn du verstehst, was ich meine.« Sein Gesicht kam näher, er dämpfte die Stimme. Drei skelettartige Finger berührten den Arm des Photographen. »Hör auf mich, von einem Weißen zum anderen! Ich meine es ernst.« Die drei vom Tabak verfärbten Finger hoben sich, zitterten und fielen zurück. »Diese Burschen machen nur Ärger!«

Als der Junge es geschafft hatte, seine Krücke aufzuheben

und von seinem Platz aufzustehen, kam er an die Bar. »Sieh dir das an, Jack«, sagte der Alte, und an den spanischen Jungen gewandt: »Zeig es ihm!« Der Junge stützte sich auf seine Krücke und rollte das rechte Bein seiner Khakihose auf, bis er den Stumpf seines amputierten Beins freigelegt hatte, nicht weit unterhalb der Leistengegend. Das narbige Gewebe war von unzähligen winzigen Falten und Runzeln durchsetzt. »Siehst du?« rief der Alte. »Da sind zweihundertsechzig Tonnen Bananen drübergefahren! Fühl mal!«

»Fühl doch selbst«, sagte der Photograph und fragte sich, wie es möglich war, daß er mit jemandem dastehen und reden konnte, als sei er ein Mensch wie jeder andere. (Konnte es sein, daß man ihm das, was passiert war, nicht anmerkte?) Er wandte den Kopf ab und sah zum Eingang. Draußen stand das Mulattenmädchen und übergab sich. Schreiend lief der Barmann hinüber und stieß sie weiter weg, hinaus in die Lichtung. Als er wiederkam, hielt er sich theatralisch die Nase zu. »Dieses Hurenäffchen!« brüllte er. »Im Handumdrehen haben wir die ganze Hundemeute hier!«

Der Junge blickte den alten Mann noch immer erwartungsvoll an, um zu sehen, ob er sein Hosenbein herunterlassen konnte. »Meinst du, er hätte auch nur einen *centavo* von ihnen erhalten?« sagte der Alte traurig. »Ha!«

Der Photograph hatte mittlerweile den Verdacht, daß irgend etwas in ihm vollkommen schiefgelaufen war. Er fühlte sich krank, doch da er kein lebendes Wesen mehr war, konnte er es nicht ausdrücken. Er hatte die Augen geschlossen und die Hand über das Gesicht gelegt. »Es dreht sich rückwärts im Kreis«, sagte er. Das halbvolle *cumbiamba*-Glas war in seiner anderen Hand.

Das Aussprechen des Satzes hatte seine Wahrheit noch bekräftigt. Es drehte sich definitiv rückwärts im Kreis. Das wichtigste war, sich daran zu erinnern, daß er hier allein und daß dies ein wirklicher Ort mit wirklichen Menschen war. Er spürte, wie gefährlich leicht es wäre, der Botschaft zu folgen, die seine Sinne ihm vermittelten, und das Ganze als einen Alptraum abzutun, insgeheim hoffend, daß er, wenn seine Kräfte schwänden, es irgendwie schaffen würde zu fliehen, indem er sich aufweckte. Ein wenig unsicher stellte er seinen Drink auf die Theke. Ein Streit, der vor einiger Zeit zwischen dem Indio-Soldaten und seinem traurigen Kumpan entbrannt war, erreichte jetzt seinen lauten Höhepunkt. Der Kumpan versuchte, den Soldaten gegen dessen Willen von der Bar wegzudrängen, doch der stemmte beide Stiefel fest in den Boden und wehrte sich keuchend. Plötzlich blitzte ein kleines Messer in seiner rechten Hand auf, und er nahm den Gesichtsausdruck eines kleinen Jungen an, der jeden Moment in Tränen ausbricht. Der Alte bewegte sich blitzschnell auf die andere Seite des Photographen. »Der Kerl taugt einfach nichts«, murmelte er und machte dem Jungen mit der Krücke nervös ein Zeichen, aus dem Weg zu gehen.

Der Photograph sagte bei sich: »Wenn ich durchhalte, wenn ich nur durchhalte.« Die ganze Umgebung entglitt ihm, nach unten und nach draußen; die Gitarre klimperte, und die Hunde bellten, der Soldat fuchtelte mit dem Messer herum und spitzte die Lippen, der alte Amerikaner erzählte von Höhlen mit vergrabenen Smaragden nur sechs Tagesreisen den Tupurú hinauf, die Lampe wurde röter und stieß immer mehr Qualm aus. Er verstand nichts mehr, nur daß er hierbleiben und es aushalten mußte; jeder Fluchtversuch wäre tödlich. Das Gesicht des Soldaten war jetzt ganz nahe, stieß schwarzen Tabakrauch in seine Richtung. Schmachtend, mit einer wahnwitzigen, angeborenen Koketterie ließ er seine langen Wimpern erbeben und fragte: »Warum hast du mir keine *copita* angeboten? Ich habe die ganze Nacht gewartet, daß du mich einlädst.« Die Hand mit dem Messer hing schlaff herunter; der Photograph dachte an ein schlafendes Baby, das seine Rassel umklammert.

»*Si quieres... Qué tomas?*« murmelte er, und dann fiel ihm ein, daß seine Schuhe in seiner Hand sein müßten, was nicht der Fall war, wo waren sie also? Irgend jemand hatte einen ausgewachsenen Klammeraffen in die *cantina* gebracht und zwang ihn, zu den Synkopen der Gitarre zu tanzen. Er hielt ihn an den Vorderpfoten fest, damit er aufrecht stand. Der Affe bewegte sich mit geistesabwesender Würde, sah sich nach allen Seiten um und zog nervöse Grimassen, wenn die Männer, die an der Bar standen und seine Possen beobachteten, in wüstes Gelächter ausbrachen. Die Hunde, denen seine Ankunft nicht entgangen war, standen jetzt direkt am Eingang der *cantina,* wo sie wütend bellten und nach ihm schnappten.

Der Drink für den Soldaten war gebracht und auch bezahlt worden, doch er trank ihn nicht. Er lehnte sich rückwärts gegen die Bar, stützte sich mit den Ellbogen auf, als säße er im Bett, verengte die Augen zu schmalen schwarzen Schlitzen und flüsterte: »Es gefällt dir hier nicht. Du möchtest gehen, *verdad?* Aber du hast Angst.«

Obwohl es ihm immer wieder entschlüpfte, war alles so geblieben, wie es war. Es wäre besser gewesen, wenn er sich hätte setzen können. »O Gott«, sagte er sich, »wie soll ich das durchhalten?«

»Warum hast du Angst zu gehen?« fuhr der andere zärtlich fort und lächelte, so daß der Photograph seine kleinen, vollkommenen Zähne bewundern konnte. Der Photograph lachte leise, ohne zu antworten.

Das eiförmige, honigfarbene Gesicht des Soldaten direkt vor ihm ging nun mit vollendeter Wandlungsfähigkeit in ein anderes Gesicht über, das eines Generals. (»*Sí, mi general!*«, mit steifen *bigotes*, die unterhalb der Nasenlöcher entsprangen, mandelförmigen Augen, schwarz, mörderisch vor zärtlicher Lust, in schneidiger Uniform, die Reitpeitsche mit Stahlgriff in der Hand, scharfen, glänzenden Sporen an den Knöcheln. »*Bien, mi general.*« Auf seiner stickigen Matratze liegend hatte der Soldat *tarde tras tarde* geträumt, ein General zu sein. Aus welchem Bergdorf stammte er noch? Wie lange sprach er schon?)

»...und allein an diesem Tag haben sie einundvierzig Schweine vor meinen Augen getötet. Dort im Stall. *Me hizo algo; no sé...*« Sein Lächeln war entschuldigend, vertraulich; er schlug kaum merklich die Augen nieder, gab sich dann einen Ruck und sah den Photographen so an, daß sie schimmerten, da sie größer waren als zuvor. »Ich konnte es nie vergessen, ich weiß nicht, warum.«

Zwischen sie schob sich das Goldzahn-Mädchen, mit wiegenden Hüften und über dem Kopf wirbelnden Händen, und sie sang mit dünner Stimme: »*Ahií! Ahií! El fandango de la Guajira.*« Der Soldat mußte sie gestoßen haben, denn plötzlich versetzte sie ihm eine Ohrfeige. Aber es geschah sehr langsam. Wie konnte der Soldat so lange brauchen, um sein Messer zu zücken, und als er die Hand hob, wie konnte das dumme Mädchen so lange warten, bis sie schrie und sich zur Seite duckte? Trotzdem erwischte die Klinge sie nur am Arm; sie war mitten im Raum, kniete im Sand und stöhnte: »Er hat mich erwischt. O Gott, er hat mich erwischt.« Und weil der Mann, der mit dem Klammeraffen tanzte, ihn losließ, um sich so schnell wie die anderen an die Bar zurückzuziehen, hopste das Tier zu dem

Mädchen hinüber und legte abwesend einen langen haarigen Arm um ihren Hals. Doch dann rempelte einer den Photographen an, und ein anderer trat auf seine nackten Füße, als alle versuchten, zu dem Soldaten zu gelangen, um ihn zu entwaffnen. (Eine Dämonenmaske, giftglänzend, ein Gesicht wie Stacheldraht, das krächzte: *»Os mato a todos! A todos!«*).

Es waren genau neunzehn Schritte von der Stelle, wo er gestanden hatte, bis zu einem kleinen Papayabaum vor dem Eingang. Der Baum war nicht allzu kräftig; er gab ein wenig nach, als er sich gegen ihn lehnte. Die Hunde kläfften nun aus dem Innern der *cantina.* Hier war die Luft süß und beinahe kühl; der schwache Glanz des Morgens hing am Himmel und auf dem Wasser hinter dem Anlegeplatz. »Ich muß los«, sagte er bei sich; es schien wichtig, daran zu glauben. Das Geschrei und Gejohle in der *cantina* wurde lauter, und die Menschen riefen sich aus den Eingängen ihrer Hütten etwas zu. Der Anlegeplatz war leer – nur Bretter, keine Balustrade. Sehr vorsichtig, da er es nicht gewohnt war, barfuß zu gehen, folgte er dem Pfad, über den er, wie er meinte, zuvor gekommen war, durch das Unterholz zurück zum Flußufer, und dort lag der Punt, im Schlamm zwischen den Mangroven vergraben.

Es war leicht, einzusteigen, leicht, das Seil zu lösen, und leicht (denn der Wasserspiegel war beträchtlich gestiegen, seit sie das Boot verlassen hatten), den Punt aus dem Schlamm, in dem er eingesackt war, zu schieben. Doch kaum trieb er zwischen den nun fast sichtbaren Stämmen und Ästen entlang, stieß gegen sie und wurde herumgewirbelt, so daß er zuerst das dunkle Gewirr des Flußufers sah und dann die leere, sich aufhellende Weite des Himmels, begriff er vage, daß es unmöglich sein würde, den Weg zum

Strand, von wo er aufgebrochen war, zurückzustaken, denn die Flut stieg noch immer. Er entschied, daß dies ein tröstlicher Gedanke war, denn es bedeutete, daß alles vorwärtsging, nicht rückwärts. Einen Augenblick später trieb er ruhig in der Nähe des Anlegeplatzes: Menschen liefen auf der Lichtung durcheinander. Hastig streckte er sich flach auf dem Boden des Punts aus, und so blieb er liegen, sah in den grauen Himmel und hoffte, auf diese Weise unsichtbar zu sein, bis die Strömung ihn außer Sichtweite, über Tapiama hinaus getragen hätte.

Es würde einer dieser leblosen, tropischen Tage werden, an denen es weder Sonne noch Wind noch Wolken gab – weil der gesamte Himmel unter einer riesigen, erstickenden Wolkendecke lag. Nichts würde geschehen, es würde nur von Stunde zu Stunde heißer, bis sich so etwas wie Dämmerung über alles breitete. Schon war der östliche Teil des Himmels die heißere Seite, die sich über die flachen Sümpfe wölbte. Der Punt kam jetzt kaum noch von der Stelle; der Kanal hatte sich in einen weiten, morastigen See verwandelt. Der Photograph lag still und stöhnte. Allmählich wich die Angst, entdeckt zu werden, der Hoffnung, daß die Strömung das Boot in Richtung Küste treiben würde statt hinaus in die Öde des Wassers und winziger Inseln; manchmal, auch wenn es schmerzlich sein kann, ist der Kontakt mit anderen dem Terror der Einsamkeit und des Unbekannten vorzuziehen. Er legte den Arm über die Augen, um sie vor dem beißenden grauen Licht zu schützen, das aus der Höhe auf ihn niederschlug. Der andere Arm lag in der Asche des gestrigen Feuers. So trieb er in völliger Stille über die ruhige Oberfläche der Lagune, während die Morgenstunden langsam verstrichen. Er rührte sich nicht, und doch war er sich immer deutlicher des infernalischen Brodelns der *cum-*

biambas in seinem Hirn bewußt, ein Brodeln, das sich als sinnloser, von außen aufgezwungener Alptraum äußerte, angesichts dessen er sich nur vollkommen passiv verhalten konnte. Es war ein unsichtbares Spektakel, dessen quälender Logik er mit jeder Faser seines Wesens folgte, ohne daß ihm auch nur ein einziges Mal eröffnet wurde, um welch qualvolle Schicksale es ging.

Irgendwann rammte der Punt eine unter dem Wasser liegende Wurzel und glitt in eine stille, von üppiger Vegetation geschützte Bucht unweit der Küste. Hier stachen ihn wütende Insekten, und aus dem Blattwerk hoch über ihm hörte er einen sprechenden Vogel, der gleichgültig wieder und wieder krächzte: »*Idigaraga. Idigaraga. Idigaraga.*«

Es war ihm kein wirklicher Trost, so sehr war er in das finstere Drama verstrickt, das sich in seinem Innern abspielte, als er plötzlich menschliche Stimmen vernahm oder spürte, wie fremde Hände das Boot packten und jemand neben ihm durchs Wasser watete. Erst als mehrere Menschen an Bord kamen und sich aufgeregt schwatzend um ihn herumhockten, bewegte er den Arm und blinzelte zu ihnen auf. Fünf junge Männer, die sich erstaunlich ähnlich sahen, waren bei ihm. Das Wasser tropfte von ihren nackten Körpern auf ihn herab. Er schloß die Augen: die Szene war zu unwirklich. In diesem Moment sprang einer von ihnen über Bord, blieb eine Zeitlang fort und kam dann mit einer grünen Kokosnuß zurück, deren obere Hälfte er abgehackt hatte. Er ließ die Milch auf das Gesicht des Photographen rinnen, worauf dieser sich halbwegs aufrichtete und den Rest trank. Minutenlang sah er sie der Reihe nach an und fragte dann: »Seid ihr Brüder?«

»*Sí, sí*«, antworteten sie im Chor. Irgendwie war dies ein Trost. »*Hermanos*«, seufzte er und sank in die Asche zurück. Dann setzte er in der verzweifelten Hoffnung, daß sie ihn noch hörten, hinzu: »Bitte bringt mich nach Rio Martillo.«

Es war nur ein kurzes Zwischenspiel geistiger Klarheit gewesen. Jetzt schoben sie den Punt wieder hinaus unter den heißen Himmel und ließen ihn da liegen und leise stöhnen. Einmal meinte er, ihnen erklären zu müssen, daß er jedem fünfundsiebzig *centavos* für ihre Mühe geben würde, doch sie kicherten und drückten ihn wieder zu Boden.

»Meine Schuhe!« rief er. »Es sind keine Schuhe da«, sagten sie zu ihm. »Bleib liegen.«

»Und wenn wir am Strand sind«, keuchte er und griff nach einem braunen Knöchel neben seinem Gesicht, »wie werdet ihr mich nach Rio Martillo schaffen?«

»Wir kommen an keinen Strand«, erwiderten sie. »Wir fahren durch den Sumpf und den Kanal.«

Er lag eine Zeitlang still und versuchte, die irrationalen Gedanken, die durch seinen Kopf brandeten, zu verscheuchen. »Geht es hier nach Rio Martillo?« fragte er, richtete sich schwer atmend halb auf und versuchte, durch das Durcheinander von braunen Armen und Beinen zu spähen. Er empfand eine tiefe, unbegründete Scham, wieder einmal eine Niederlage eingesteckt zu haben. Sie lachten, drückten ihn sanft nieder und stakten das Boot im Takt weiter nach Osten. »Der Fabrikschornstein«, sagten sie zueinander und deuteten in die Ferne. Im Geiste war er wieder in der ruhigen Bucht am Flußufer, wo der kleine Vogel hoch oben im Baum gesprochen hatte, und er hörte wieder sein gleichgültiges Krächzen. »*Idigaraga*«, sagte er laut, Stimme und Tonfall perfekt imitierend. Alle brachen in Gelächter aus. Einer der Jungen nahm seinen Arm und schüttelte ihn leicht. »Kennst du ihn?« fragte er. »Es ist ein seltsamer Vogel. Er fliegt in die Nester anderer Vögel und läßt sich dort nieder, und wenn die anderen Vögel mit ihm kämpfen und ihn vertreiben, bleibt er auf demselben Baum sitzen und ruft *Idigaraga*. Das bedeutet *Iri garagua, nadie me quiere*, niemand mag mich. Und er ruft es so lange, bis sie ihn noch weiter wegjagen, damit sie ihn nicht mehr hören.«

»*Sí, sí*«, fielen die anderen ein, »*otra vez.*«

Der Photograph hatte nicht die Absicht, es noch einmal zu sagen. Die Scham über seine Niederlage plagte ihn schon weniger. Es war nicht einfach, den Vogel in seinem gegenwärtigen Zustand richtig in das Muster einzupassen, aber er wußte, daß er es schaffen mußte.

Als die Sirene der Compañía Azucarera Riomartillense ertönte und die Mittagsstunde verkündete, hing der Ton einen Augenblick über dem leeren Sumpf wie eine unsichtbare Rauchschwade. »*Las doce*«, sagte einer der Brüder. Eine große schwarzgoldene Libelle kam über das Wasser geflogen und setzte sich auf den nackten Fuß des Photographen. Als sie zweimal die Flügel gehoben und wieder gesenkt hatte, setzte sie ihren Zickzackkurs fort und flog tief über der Wasseroberfläche Richtung Tapiama. »Sag es noch einmal«, baten ihn die Brüder.

London, Oktober 1957

Die Hyäne

Auf seiner Reise nach Norden überflog ein Storch eine Wüstenlandschaft. Er war durstig und hielt Ausschau nach Wasser. Als er zu den Bergen von Khang el Ghar kam, entdeckte er auf dem Grund einer Schlucht einen See. Er ließ sich zwischen den felsigen Abhängen nieder und landete am Ufer des Sees. Dann ging er hinein und trank.

In diesem Moment hinkte eine Hyäne vorbei, und als sie den Storch im Wasser stehen sah, fragte sie: »Kommst du von weither?« Der Storch hatte noch nie zuvor eine Hyäne gesehen. »So sieht also eine Hyäne aus«, dachte er bei sich. Und er stand da und betrachtete die Hyäne aufmerksam, denn man hatte ihm erzählt, daß jeder, auf den die Hyäne ein wenig von ihrem Urin spritzen kann, ihr folgen muß, wohin sie immer möchte.

»Es wird bald Sommer«, sagte der Storch. »Ich bin auf dem Weg nach Norden.« Gleichzeitig ging er ein paar Schritte weiter in den See hinein, um nicht allzu nah bei der Hyäne zu stehen. Aber das Wasser war hier auch tiefer, und um ein Haar hätte er das Gleichgewicht verloren. Er mußte mit den Flügeln flattern, um sich aufrecht zu halten. Die Hyäne schlich zum anderen Ufer des Sees und beobachtete ihn von dort aus.

»Ich weiß, was in deinem Kopf vorgeht«, sagte die Hyäne. »Du glaubst diese Geschichte, die man dir über mich erzählt hat. Meinst du wirklich, daß ich soviel Macht habe? Vor langer Zeit gab es vielleicht Hyänen, die so was konnten. Aber jetzt sind sie genauso wie alle anderen. Ich könnte dich von hier aus mit Urin bespritzen, wenn ich wollte, aber wozu? Wenn du weiter so unfreundlich sein willst, dann geh zur Mitte des Sees und bleib dort.«

Der Storch schaute sich um und merkte, daß es im ganzen See keinen Fleck gab, wo er außerhalb der Reichweite der Hyäne war.

»Ich habe genug getrunken«, sagte der Storch. Er breitete seine Schwingen aus und flog aus dem Teich heraus. Am Ufer rannte er los und erhob sich schnell in die Luft. Er kreiste eine Weile über dem See und schaute auf die Hyäne hinunter.

»Du bist also der, den man immer das Ungeheuer nennt«, sagte er. »Die Welt steckt doch voll der merkwürdigsten Dinge.«

Die Hyäne schaute auf. Ihre Augen waren schmal und tückisch. »Allah hat jeden einzelnen von uns geschaffen«, sagte sie. »Das weißt du. Wenn einer über Allah Bescheid weiß, dann du.«

Der Storch flog ein wenig tiefer. »Das ist wahr«, sagte er. »Aber ich bin überrascht, daß gerade du das sagst. Du hast einen sehr schlechten Ruf, wie du selbst zugegeben hast. Magie ist gegen Allahs Willen.«

Die Hyäne verrenkte sich den Hals. »Du glaubst diese Lügen also doch!« rief sie.

»Ich habe das Innere deiner Blase nicht gesehen«, sagte der Storch. »Aber warum behauptet denn alle Welt, daß du damit zaubern kannst?«

»Wozu hat Allah dir einen Kopf gegeben, frage ich mich. Du hast ja noch nicht mal gelernt, wie man ihn benutzt.« Aber die Hyäne sprach so leise, daß der Storch sie nicht verstehen konnte.

»Deine Worte sind verlorengegangen«, sagte der Storch und flog noch ein wenig tiefer.

Die Hyäne schaute wieder auf. »Ich sagte: Komm mir nicht zu nahe. Sonst könnte ich mein Bein heben und dich verzaubern.« Sie lachte, und der Storch war so nahe, daß er ihre braunen Zähne sehen konnte.

»Trotzdem, einen Grund werden sie ja wohl haben«, fing der Storch wieder an. Dann entdeckte er einen Felsvorsprung hoch über der Hyäne, auf dem er sich niederließ. Die Hyäne setzte sich und starrte zu ihm hinauf. »Warum nennt man dich Ungeheuer? Was hast du denn getan?«

Die Hyäne blinzelte. »Du hast Glück«, erzählte sie dem Storch. »Bei dir versuchen die Menschen nicht, dich zu töten, denn sie halten dich für heilig. Sie nennen dich einen Heiligen und einen Weisen. Und doch machst du weder den Eindruck eines Heiligen noch eines Weisen.«

»Was meinst du damit?« fragte der Storch schnell.

»Wenn du wirklich etwas davon verstehen würdest, wüßtest du, daß Magie nur ein Staubkörnchen im Wind ist und Allah Macht über alles hat. Dann hättest du auch keine Angst.«

Der Storch stand lange Zeit da und dachte nach. Er hob ein Bein und zog es an seinen Körper. Die Schlucht verfärbte sich rot, als die Sonne langsam tiefer sank. Und die Hyäne hockte ruhig da, schaute zum Storch hinauf und wartete, daß er das Schweigen brach.

Schließlich ließ der Storch sein Bein sinken, öffnete den Schnabel und sagte: »Du meinst, wenn es keine Magie gibt, sündigt derjenige, der an sie glaubt.«

Die Hyäne lachte. »Von Sünde habe ich nicht gesprochen. Aber du – und du bist der Weise. Ich bin nicht auf der Welt, um irgend jemandem zu erzählen, was richtig und was falsch ist. Von einer Nacht zur anderen leben reicht mir. Nur zu viele möchten mich am liebsten tot sehen.«

Wieder hob der Storch ein Bein und dachte nach. Das letzte Tageslicht verfärbte den Himmel und verschwand. Die Klippen auf der anderen Seite der Schlucht verloren sich in der Dunkelheit.

Nach einer Weile sagte der Storch: »Du hast mir etwas zum Nachdenken gegeben. Das ist gut. Aber nun ist die Nacht angebrochen. Ich muß mich wieder auf den Weg machen.« Er breitete die Flügel aus und flog von dem Felsbrocken, auf dem er gestanden hatte, weg. Die Hyäne lauschte. Sie hörte, wie die Schwingen des Storchs langsam durch die Luft schlugen, und dann das Geräusch, das der Körper des Storchs machte, als er gegen die Felswand auf der anderen Seite der Schlucht prallte. Sie kletterte über die Felsbrocken und fand den Storch. »Dein Flügel ist gebrochen«, sagte sie. »Es wäre besser für dich gewesen, loszufliegen, solange es noch hell war.«

»Ja«, sagte der Storch. Er war unglücklich und hatte Angst.

»Komm zu mir nach Hause«, sagte die Hyäne. »Kannst du denn laufen?«

»Ja«, sagte der Storch. Sie gingen nebeneinander das Tal hinunter. Bald kamen sie zu einer Höhle, die in einem Abhang des Berges versteckt lag. Die Hyäne ging zuerst hinein und rief: »Zieh den Kopf ein.« Als sie beide drinnen waren, sagte sie: »Jetzt kannst du den Kopf wieder ausstrecken. Hier drin ist die Höhle ziemlich hoch.«

Es war so dunkel, daß man die Hand nicht vor Augen sah. Der Storch stand still. »Wo bist du?« fragte er.

»Ich bin hier«, sagte die Hyäne und lachte.

»Warum lachst du?« fragte der Storch.

»Ich dachte gerade daran, wie verrückt die Welt doch ist«, meinte die Hyäne. »Der Heilige ist in meine Höhle gekommen, weil er an die Magie glaubte.«

»Das verstehe ich nicht«, sagte der Storch.

»Du bist verwirrt. Aber wenigstens wirst du jetzt wohl glauben, daß ich nicht zaubern kann. Ich bin genauso wie jeder andere auf der Welt.«

Der Storch gab nicht sofort eine Antwort. Er roch den Gestank der Hyäne ganz nah neben sich. Dann sagte er mit einem Seufzer: »Natürlich hast du recht. Es gibt keine Macht außer Allahs Macht.«

»Ich bin glücklich«, sagte die Hyäne und blies ihm ihren Atem ins Gesicht. »Endlich verstehst du.« Schnell packte sie den Storch am Hals und riß ihm die Kehle auf. Der Storch flatterte mit den Flügeln und fiel zu Boden.

»Allah hat mir etwas Besseres als Zauberkraft geschenkt«, flüsterte die Hyäne leise. »Er gab mir Verstand.«

Der Storch lag reglos. Noch einmal versuchte er etwas zu sagen: »Es gibt keine Macht außer Allahs Macht.« Aber sein Schnabel öffnete sich nur ganz weit in der Dunkelheit.

Die Hyäne wandte sich ab. »In einer Minute bist du tot«, sagte sie über die Schulter. »In zehn Tagen komme ich zurück. Bis dahin bist du soweit.«

Zehn Tage später kehrte die Hyäne in ihre Höhle zurück und fand den Storch, wie sie ihn verlassen hatte. Die Ameisen waren noch nicht da gewesen. »Gut«, sagte sie. Sie verschlang, was sie wollte, und ging hinaus zu einem großen, flachen Felsen vor dem Eingang ihrer Höhle. Dort stand sie eine Weile im Mondlicht und erbrach sich.

Dann aß sie ein wenig davon, wälzte sich in dem, was übriggeblieben war und rieb es sich tief ins Fell hinein. Schließlich dankte sie Allah für ihre Augen, die das Tal auch im Mondlicht sahen, und die Nase, die jedes Aas im Wind wittern konnte. Sie wälzte sich noch ein wenig und leckte an dem Felsen, auf dem sie stand. Eine Weile lag sie keuchend da. Doch dann stand sie auf und hinkte davon.

Tanger, 1960

EIN FREUND DER WELT

Salam bewohnte zwei Zimmer und eine Küche im ersten Stock eines jüdischen Hauses am Rand der Stadt. Er hatte sich entschlossen, unter Juden zu leben, weil er bereits mit Christen gelebt und sie für gut befunden hatte. Er vertraute ihnen ein wenig mehr als anderen Moslems, die wie er waren und sagten: »Einem Moslem kann man nicht trauen.« Moslems sind die einzig aufrechten Menschen, die einzigen, die man verstehen kann. Aber gerade weil man sie versteht, traut man ihnen nicht über den Weg. Salam traute auch den Juden nicht ganz, doch er lebte gerne unter ihnen, weil sie ihn in Ruhe ließen. Was sie untereinander über ihn sagten, hatte keine Bedeutung, und mit anderen Moslems würden sie nicht über ihn reden. Wenn er eine Schwester hatte, die mal hier, mal dort lebte und Geld von jedem Mann, den sie auftat, annahm, weil sie essen mußte, so war das in Ordnung, und die Juden zeigten nicht mit dem Finger auf sie, wenn sie ihn besuchen kam. Wenn er nicht heiratete, sondern mit seinem Bruder zusammenlebte und seine Zeit damit verbrachte, Kif zu rauchen und zu lachen, oder wenn er zu Geld kam, indem er einmal im Monat nach Tanger fuhr und eine Woche mit alten englischen und amerikanischen Damen schlief, die zuviel Whisky tranken, war ihnen das gleichgültig. Wäre er reich gewesen, hätte er im spanischen Viertel der Stadt gelebt, in einer Villa mit steinernen Bänken im Garten und einer großen runden Lampe an der Decke der *sala*, von der viele Glasstücke herabhingen. Er war arm, und er lebte bei den Juden. Um zu seinem Haus zu gelangen, mußte er bis zum Ende der Medina gehen, einen offenen Platz überqueren, wo man alle Bäume gefällt hatte, eine Straße entlang, deren Lagerhäuser von den Spaniern aufgegeben worden waren, als sie weggingen, und dann in eine neuere, schmutzigere Straße einbiegen, die zur Landstraße führte. Auf halbem Weg befand sich der Eingang zu der Gasse, in der er und sein Bruder und vierzehn jüdische Familien wohnten. Neben dem breiten Rinnstein, der voller verfaulter Wassermelonenschalen und Stapel zerbrochener Ziegelsteine war, gab es noch die Überreste schmaler Bürgersteige. Kleine Kinder spielten hier den ganzen Tag. Wenn er es eilig hatte, mußte er aufpassen, nicht auf sie zu treten; sie patschten durch die seichten Pfützen von Spülwasser und Urin, die sich vor jeder Tür sammelten. Wären es moslemische Kinder gewesen, hätte er mit ihnen geschwatzt, da sie jedoch Juden waren, betrachtete er sie nicht als Kinder, sondern als Hindernisse auf seinem Weg, wie Kakteen, über die man vorsichtig hinwegsteigen mußte, denn es gab keine Möglichkeit, sie zu umgehen. Obwohl er schon zwei Jahre hier wohnte, kannte er keinen der Juden mit Namen. Für ihn hatten sie keine Namen. Wenn er nach Hause kam und die Tür verschlossen fand, weil sein Bruder ausgegangen war und beide Schlüssel mitgenommen hatte, ging er in irgendein Haus, dessen Tür offenstand, legte sein Bündel auf den Boden und sagte: »Ich bin gleich wieder da.« Er wußte, daß man seine Habe nicht anrühren würde. Die Juden waren weder freundlich noch unfreundlich. Auch sie wären, wenn sie Geld gehabt hätten, ins spanische Viertel gezogen. Daß zwei Moslems unter ihnen lebten, ließ die Gasse weniger als Mellah erscheinen, in der nur Juden wohnten.

Salam hatte das beste Haus in der Gasse. Es lag ganz am Ende, und seine Fenster gingen auf eine Wildnis von Feigenbäumen und Buschwerk hinaus, wo Siedler Hütten aus Stroh und gehämmerten Wellblechstücken errichtet hatten. In heißen Nächten (denn die Stadt lag in einer Ebene, und die Hitze hielt sich noch lange, nachdem die Sonne untergegangen war) wehte eine Brise aus dem Süden durch seine Zimmer und hinaus auf die Terrasse. Er war mit seinem Haus und dem Leben, das er und sein Bruder darin führten, zufrieden. »Ich bin ein Freund der Welt«, pflegte er zu sagen. »Ein reines Herz ist mehr wert als alles andere.«

Eines Tages kam er heim und fand auf der Terrasse ein kleines Kätzchen sitzen. Als es ihn sah, kam es zu ihm und schnurrte. Er schloß die Tür zur Küche auf, und das Kätzchen lief hinein. Nachdem er in der Küche Hände und Füße gewaschen hatte, ging er in sein Zimmer. Das Kätzchen lag auf der Matratze und schnurrte. »Mimí!« rief er. Er gab ihm etwas Brot. Während es das Brot fraß, hörte es nicht auf zu schnurren. Bou Ralem kam nach Hause. Er hatte mit Freunden im Café Granada Bier getrunken. Zuerst verstand er nicht, warum Salam das Tier hereingelassen hatte. »Es ist zu jung, um nützlich zu sein«, sagte er. »Wenn es eine Ratte sieht, wird es weglaufen und sich verstecken.« Doch als das Kätzchen auf seinem Schoß lag und mit ihm spielte, mochte er es. »Es heißt Mimí«, sagte Salem. Nachts schlief es auf der Matratze zu Salems Füßen. Es lernte, zur Gasse hinunterzulaufen und sein Geschäft dort im Schmutz zu verrichten. Manchmal versuchten die Kinder, das Kätzchen zu fangen, aber es war schneller und gelangte vor ihnen zur Treppe, und sie trauten sich nicht, ihm nach oben zu folgen.

Während Ramadan, wenn sie die ganze Nacht aufblieben,

brachten sie Matten, Kissen und Matratzen auf die Terrasse und wohnten dort draußen; sie unterhielten sich und lachten, bis der Morgen graute. Sie rauchten mehr Kif als gewöhnlich und luden nachts um zwei ihre Freunde zum Essen ein. Da sie draußen lebten und das Kätzchen sie von der Gasse aus hören konnte, wurde es mutiger und wagte sich bis zum Buschwerk hinter dem Haus vor. Es konnte sehr schnell laufen, und selbst wenn ein Hund es jagte, schaffte das Kätzchen es jedesmal rechtzeitig bis zur Treppe. Wenn Salam es vermißte, stand er auf und rief von der Brüstung nach ihm, von der einen Seite des Hauses in die Gasse hinunter, von der anderen über die Bäume und Dächer der Hütten. Manchmal, wenn er in die Gasse rief, kam eine jüdische Frau aus einer der Türen und sah zu ihm hinauf. Er merkte, daß es stets dieselbe Frau war. Sie legte eine Hand über die Augen und starrte hinauf, und dann stemmte sie beide Hände in die Hüften und runzelte die Stirn. »Eine Verrückte«, dachte er und schenkte ihr keine Beachtung. Eines Tages, als er das Kätzchen rief, kreischte die Frau etwas auf spanisch zu ihm hinauf. Ihre Stimme klang ziemlich böse. »*Oye!*« schrie sie und schüttelte die Faust. »Warum rufst du den Namen meiner Tochter?«

Salam ließ sich nicht abhalten: »*Mimí! Agi! Agiagi! Mimí!*«

Die Frau näherte sich der Treppe. Sie legte beide Hände über die Augen, doch da die Sonne in Salams Rücken stand, konnte sie ihn kaum erkennen. »Willst du die Leute beleidigen?« rief sie. »Ich durchschaue dein übles Spiel! Du machst dich lustig über mich und meine Tochter!«

Salam lachte und tippte sich mit dem Zeigefinger an die Stirn. »Ich rufe meine Katze. Wer ist schon deine Tochter?«

»Und deine Katze heißt Mimí, weil du wußtest, daß

meine Kleine so heißt. Warum benimmst du dich nicht wie ein zivilisierter Mensch?«

Salam lachte noch einmal und ging hinein. Er dachte nicht weiter über die Frau nach. Kurz darauf verschwand das Kätzchen, und wie sehr er es auch rief, es tauchte nicht wieder auf. In dieser Nacht ging er mit Bou Ralem hinaus und suchte im Buschwerk nach dem Kätzchen. Der Mond schien hell. Sie fanden es tot und brachten es ins Haus, um es zu untersuchen. Jemand hatte ihm ein Stück Brot mit einer Nadel darin gegeben. Langsam setzte sich Salam auf die Matratze. »Die *Yehoudía*«, sagte er.

»Du weißt nicht, wer es war«, antwortete Bou Ralem.

»Es war die *Yehoudía*. Wirf mir den *mottoui* rüber.« Und er fing an, Kif zu rauchen, eine Pfeife nach der anderen. Bou Ralem begriff, daß Salam nach einer Antwort suchte, und er schwieg. Nach einer Weile merkte er, daß es Zeit war, das elektrische Licht auszuschalten, und er zündete eine Kerze an. Als er dies getan hatte, streckte sich Salam ruhig auf der Matratze aus und lauschte dem Bellen der Hunde. Hin und wieder setzte er sich auf und stopfte seine *sebsi*. Einmal reichte er sie Bou Ralem und lehnte sich lächelnd in die Kissen zurück. Er hatte eine Idee, was er tun würde. Als sie zu Bett gingen, sagte er zu Bou Ralem: »Diese Mutter wird sich vor Angst in die Hosen machen.«

Am nächsten Morgen stand er zeitig auf und begab sich zum Markt. An einem Stand kaufte er verschiedene Sachen: den Flügel eines Raben, hundert Gramm *jduq jmel*-Samen, zerstoßene Wildschweinborsten, etwas Honig, eine getrocknete Eidechse und ein halbes Pfund *fasoukh*. Als er alles bezahlt hatte, drehte er sich um, als wollte er den Stand verlassen, doch dann sagte er: »*Khaï*, gib mir noch fünfzig Gramm *jduq jmel*.« Als der Mann die Samen abgewogen, in

473

eine Tüte geschüttet und diese gefaltet hatte, bezahlte Salam und ging mit der Tüte in der linken Hand nach Hause. In der Gasse bewarfen die Kinder sich gegenseitig mit Schlammklumpen. Als er vorbeikam, hörten sie auf. Die Frauen saßen auf den Türschwellen, den Schal über den Kopf gezogen. Als er am Haus der Frau vorbeikam, die Mimí getötet hatte, ließ er die Tüte mit den *jduq-jmel*-Samen fallen. Dann stieg er zu seiner Terrasse hinauf, ging zur Tür und hämmerte dagegen. Niemand machte auf. Er stand mitten auf der Terrasse, wo jeder ihn sehen konnte, und rieb sich mit der Hand das Kinn. Kurz darauf kletterte er zu der Terrasse nebenan und klopfte an die Tür. Der Frau, die ihm öffnete, reichte er seine Päckchen. »Ich habe meine Schlüssel auf dem Markt vergessen«, sagte er. »Ich bin gleich wieder da.« Er lief die Treppe hinunter, durch die Gasse und die Straße hinauf.

Bou Ralem stand hinter der Gailan Garage. Als Salam an ihm vorbeikam, nickte er einmal knapp mit dem Kopf und ging ohne stehenzubleiben weiter. Bou Ralem ging in die andere Richtung, zurück zum Haus. Als er das Tor zur Terrasse öffnete, rief die Frau von nebenan: »Hast du nicht deinen Bruder gesehen? Er hat auf dem Markt seine Schlüssel vergessen.«

»Nein«, antwortete Bou Ralem und ging hinein; die Tür ließ er offen. Er setzte sich hin und rauchte eine Zigarette, während er wartete. Nach kurzer Zeit wurden die Stimmen in der Gasse lauter. Er stand auf und trat in die Tür, um zu horchen. Eine Frau schrie: »Es ist *jduq jmel!* Mimí hatte es in der Hand!« Bald wurden es immer mehr Stimmen, und die Frau von nebenan lief im Bademantel und mit den Päckchen in der Hand die Treppe hinab. »Das ist es«, dachte Bou Ralem. Als sie unten ankam, wurde das Geschrei noch lauter. Eine Zeitlang lauschte er lächelnd. Dann ging er hinaus und eilte die Treppe hinunter. Alle standen in der Gasse vor der Tür der Frau, und das kleine Mädchen war im Innern des Hauses und schrie. Ohne sie zu beachten, rannte er auf der anderen Seite der Gasse an ihnen vorbei.

Salam war in einem Café und trank ein Glas Tee. »Setz dich«, sagte er zu Bou Ralem. »ich hole Fatma Daifa nicht vor elf Uhr ab.« Er bestellte einen Tee für seinen Bruder. »Haben sie ein großes Geschrei veranstaltet?« fragte er ihn. Bou Ralem nickte. Salam lächelte. »Ich würde sie gern hören«, sagte er. »Du wirst sie hören«, erwiderte Bou Ralem. »Sie werden keine Ruhe geben.«

Um elf verließen sie das Café und gingen durch die kleinen Gassen der Medina zu Fatma Daifas Haus. Sie war die Schwester der Mutter ihrer Mutter, und da sie nicht zur Familie gehörte, empfanden sie auch keine Scham, sie für ihren Streich zu benutzen. Sie erwartete sie an der Tür; zusammen begaben sie sich zu Salams Haus.

Die alte Frau bog vor Salam und Bou Ralem in die Gasse ein und ging direkt auf den Eingang zu, vor dem sich alle Frauen versammelt hatten. Sie hatte den *haïk* eng um den Kopf gezogen, so daß nichts von ihrem Gesicht zu sehen war, bis auf ein Auge. Sie schob sich zwischen den jüdischen Frauen durch und streckte die Hand aus: »Gebt mir meine Sachen«, sagte sie. Sie machte sich nicht die Mühe, Spanisch zu sprechen, denn sie wußte, daß sie Arabisch verstanden. »Ihr habt meine Sachen.« Sie hatten sie tatsächlich, und sie untersuchten sie noch, doch nun richteten sich ihre Blicke auf die Alte. Sie nahm die Päckchen und steckte sie hastig in ihre *kouffa.* »Schämt ihr euch nicht?« schrie sie die Frauen an. »Geht und paßt auf eure Kinder auf!« Damit drehte sie sich um und zwängte sich zurück in die Gasse, wo Salam und Bou Ralem auf sie warteten. Die drei stiegen die Treppe hinauf und traten in Salams Wohnung, dann schlossen sie die Tür ab. Sie aßen dort zu Mittag und blieben den ganzen Tag im Haus, redend und lachend. Als alle zu Bett gegangen waren, brachte Salam Fatma Daifa nach Hause.

Als sie am nächsten Tag herauskamen, starrten die Juden sie an, doch keiner sagte etwas zu ihnen. Die Frau, die Salam hatte erschrecken wollen, setzte keinen Fuß vor die Tür, und das kleine Mädchen spielte nicht mit den anderen Kindern in der Gasse. Es war offensichtlich, daß die Juden glaubten, Fatma Daifa habe das Kind verhext. Sie hätten nicht geglaubt, daß Salam und Bou Ralem so etwas allein fertigbrächten, doch sie wußten, daß eine moslemische Frau die Macht dazu besaß. Die beiden Brüder waren mit ihrem Streich höchst zufrieden. Es ist verboten, Magie zu praktizieren, doch die alte Frau war ihr Zeuge, daß sie nichts dergleichen getan hatten. Sie hatte alle Päckchen mit zu sich nach Hause genommen, so, wie sie ihr von den jüdischen Frauen übergeben worden waren, und hatte versprochen, sie nicht anzurühren, damit man notfalls beweisen konnte, daß sie nicht gebraucht worden waren.

Die jüdische Frau ging zur *comisaría,* um sich zu beschweren. Sie traf auf einen jungen Polizisten, der an seinem Schreibtisch saß, in der Hand ein kleines Radio, dem er lauschte. Sie fing an, ihm zu erzählen, daß die Moslems in ihrer *haouma* einen Zauber gekauft hätten, um ihn gegen ihr kleines Mädchen einzusetzen. Der Polizist mochte die Frau nicht, zum einen, weil sie Jüdin war und Spanisch sprach statt Arabisch, zum anderen, weil er nichts von Leuten hielt, die an Zauberei glaubten. Trotzdem hörte er höflich zu, bis sie sagte: »Dieser Moslem ist ein *sinvergüenza.*« Sie wollte noch hinzufügen, daß es auch viele gute Moslems gäbe, doch ihm mißfielen ihre Worte. Er runzelte die Stirn und sagte: »Warum erzählst du mir das? Was veranlaßt dich zu glauben, sie hätten deine kleine Tochter verhext?« Sie erzählte ihm, wie sich die drei den ganzen Tag über mit den Päckchen vom Markt in der Wohnung eingeschlossen hatten. Der Polizist sah sie erstaunt an: »Und wegen einer toten Eidechse bist du den weiten Weg hierhergekommen?« Er lachte. Dann schickte er sie fort und wandte sich wieder seinem Radio zu.

Die Bewohner der Gasse redeten noch immer nicht mit Salam oder Bou Ralem, und das kleine Mädchen kam nicht heraus, um mit den anderen Kindern zu spielen. Wenn die Frau zum Markt ging, nahm sie es mit. »Halte dich an meinem Rock fest«, sagte sie zu ihr. Doch eines Tages, vor der Tankstelle, ließ das Kind den Rock einen Augenblick los. Als es hinter seiner Mutter herlief, um sie einzuholen, stolperte es und verletzte sich das Knie an einer zerbrochenen Flasche. Die Frau sah das Blut und fing an zu schreien. Die Menschen blieben stehen. Nach wenigen Minuten kam ein Jude vorbei und half der Mutter, das Kind zur Apotheke zu tragen. Dort verband man dem kleinen Mädchen das Knie, und die Frau brachte es nach Hause. Dann ging sie zur Apotheke zurück, um ihre Körbe zu holen, doch unterwegs machte sie auf der Polizeiwache halt. Sie traf denselben Polizisten hinter seinem Schreibtisch sitzend an.

»Wenn du den Beweis dafür sehen willst, was ich dir erzählt habe, komm und sieh dir meine Kleine jetzt an«, sagte sie. »Schon wieder?« antwortete der Polizist. Er war nicht freundlich zu ihr, nahm aber ihren Namen und ihre Adresse auf, und als er später nach Hause ging, klopfte er an ihrer Tür. Er begutachtete das Knie des kleinen Mädchens und kitzelte ihr die Rippen, bis sie lachte. »Alle Kinder fallen

hin«, sagte er. »Aber wer ist dieser Moslem? Wo wohnt er?«
Die Mutter zeigte ihm die Treppe am Ende der Gasse. Er
hatte nicht vor, mit Salam zu reden, doch er wollte die Sache
mit der Frau ein für allemal erledigen. Er trat auf die Gasse
und sah, wie die Frau ihm von der Tür aus nachschaute, daher ging er langsam bis zum Fuß der Treppe. Als er sicher
war, daß sie ihn nicht länger beobachtete, machte er kehrt.
Im selben Augenblick hörte er hinter sich eine Stimme. Er
drehte sich um und sah Salam auf der Terrasse stehen. Er
mochte sein Gesicht nicht und nahm sich vor, ein ernstes
Wort mit ihm zu reden, wenn er ihm je auf der Straße begegnete.

Eines Morgens ging Salam sehr früh zum Markt, um frischen Kif zu kaufen. Er fand welchen und kaufte für drei-
hundert Francs. Als er durch das Tor auf die Straße hinausging, hielt ihn der Polizist an; er hatte auf ihn gewartet. »Ich
will mit dir reden«, sagte er. Salams Finger umklammerten
das Päckchen Kif in seiner Tasche. »Ist alles in Ordnung?«
fragte der Polizist. »Alles bestens«, antwortete Salam.
»Keine Schwierigkeiten?« bohrte der Polizist und sah ihn an,
als wüßte er, was Salam gerade gekauft hatte. »Keine Schwierigkeiten«, gab Salam zur Antwort. Der Polizist sagte: »Sieh
zu, daß es so bleibt.« Salam war wütend, daß der andere ohne
Grund auf diese Art mit ihm sprach, aber mit dem Kif in der
Tasche konnte er froh sein, wenn er nicht durchsucht wurde.
»Ich bin ein Freund der Welt«, sagte er und versuchte zu
lächeln. Der Polizist gab keine Antwort und wandte sich ab.

»Ein schlechtes Zeichen«, dachte Salam, während er mit
dem Kif nach Hause eilte. Kein Polizist hatte ihn je zuvor
belästigt. Als er in seinem Zimmer angelangt war, fragte er
sich, ob er das Päckchen unter einer Kachel des Fußbodens
verstecken sollte, doch sofort dachte er, daß er dann selbst

wie ein Jude leben würde, der bei jedem Klopfen an der Tür den Kopf einzieht und zittert. Trotzig breitete er den Kif auf dem Tisch aus und ließ ihn dort liegen. Am Nachmittag schnitt er ihn mit Bou Ralem. Er erwähnte den Polizisten nicht, doch er mußte während der Arbeit immerzu an ihn denken. Als die Sonne hinter der Ebene untergegangen war und die sanfte Brise durch die Fenster hereinwehte, zog er das Hemd aus und lehnte sich in die Kissen, um zu rauchen. Bou Ralem füllte seinen *mottoui* mit frischem Kif und ging in ein Café. »Ich bleibe hier«, sagte Salam.

Er rauchte eine Stunde, vielleicht auch länger. Es war eine heiße Nacht. Im Buschwerk bellten die Hunde. Ein Mann und eine Frau in einer der Hütten unten stritten miteinander. Manchmal hörte die Frau auf zu schimpfen und schrie nur noch. Der Lärm störte Salam. Kein Glücksgefühl stellte sich ein. Er stand auf, zog sich an, steckte seine *sebsi* und seinen *mottoui* ein und trat hinaus. Statt beim Verlassen der Gasse in Richtung Stadt abzubiegen, ging er auf die Landstraße zu. Er wollte sich an einem ruhigen Plätzchen hinsetzen und überlegen, was er tun sollte. Wenn der Polizist ihn nicht verdächtigte, hätte er ihn nicht angehalten. Da er ihn einmal angehalten hatte, konnte er es wieder tun, und das nächste Mal würde er ihn vielleicht durchsuchen. »Das ist keine Freiheit«, sagte er sich. Ein paar Autos fuhren vorbei. Ihre Scheinwerfer tauchten die Baumstämme kurz in gelbes Licht. Als die Autos verschwunden waren, blieb nur noch das blaue Licht des Mondes und der Himmel. Er kam zur Flußbrücke, kletterte unter den Pfeilern die Böschung hinunter und folgte einem Pfad bis zu einem Felsen, der ein Stück über das Wasser herausragte. Dort setzte er sich hin und blickte über den Rand auf den tiefen, schlammigen Fluß, der im Mondschein unter ihm dahinfloß. Er spürte den Kif in seinem Kopf und wußte, daß er ihm die Lösung bringen würde.

Langsam nahm der Plan Gestalt an. Es würde ihn tausend Francs kosten, aber die hatte er, und er war gewillt, sie auszugeben. Nach sechs Pfeifen, als er alles fertig ausgeklügelt hatte, steckte er die *sebsi* in die Tasche, sprang auf und stieg den Pfad zur Straße hinauf. Eiligen Schrittes ging er zur Stadt und erreichte die Medina über einen Feldweg, an Häusern mit Gärten vorbei, hinter deren Mauern unablässig Hunde bellten. Nicht viele Menschen verirrten sich des Nachts in diesen Stadtteil. Er begab sich zum Haus seines Cousins Abdallah, der mit einer Frau aus Sidi Kacem verheiratet war. Das Haus war niemals leer. Stets weilten zwei oder drei ihrer Brüder mit ihren Familien zu Besuch. Salam sprach auf der Straße vor dem Haus unter vier Augen mit Abdallah und fragte nach einem der Brüder, dessen Gesicht in der Stadt nicht bekannt war. Abdallah ging hinein und kam nach kurzer Zeit mit jemandem heraus. Der Mann hatte einen Bart, trug eine Dschellaba vom Land und hielt seine Schuhe in der Hand. Sie sprachen ein paar Minuten miteinander. »Geh mit ihm«, sagte Abdallah, als sie fertig waren. Salam und der bärtige Mann sagten gute Nacht und machten sich auf den Weg.

An diesem Abend schlief der Mann auf einer Matte in der Küche von Salams Haus. Am Morgen wuschen sie sich und frühstückten mit Kaffee und Gebäck. Während sie noch aßen, nahm Salam seine Tausend-Francs-Note und steckte sie in einen Umschlag. Bou Ralem hatte mit Bleistift das Wort GRACIAS darauf geschrieben. Nach einer Weile standen Salam und der Mann auf und gingen durch die Stadt in eine Seitenstraße gegenüber dem Hintereingang der Polizeiwache. Dort lehnten sie sich an einer Mauer und unterhielten sich. »Du weißt nicht, wie er heißt«, sagte der Mann. »Das ist nicht nötig«, entgegnete Salam. »Wenn er herauskommt und in einen dieser Wagen steigt, läufst du zu dem diensthabenden Beamten, gibst ihm den Umschlag und sagst, du hättest versucht, den anderen noch zu erwischen, ehe er losfuhr.« Er wedelte mit dem Umschlag. »Bitte ihn, ihm das zu geben, wenn er zurückkommt. Er wird es annehmen.«

»Vielleicht geht er zu Fuß«, gab der Mann zu bedenken. »Was mache ich dann?«

»Die Polizei geht nie zu Fuß«, antwortete Salam. »Du wirst sehen. Danach verschwindest du. Diese Straße hier ist die beste. Lauf immer weiter, das ist alles. Ich werde nicht hier sein. Ich sehe dich bei Abdallah.«

Sie warteten lange. Die Sonne brannte stärker, und sie suchten Schutz im Schatten eines Feigenbaums, ließen jedoch die Tür der *comisaría* nicht aus den Augen. Mehrere Polizisten kamen aus dem Gebäude, und jedesmal wollte der Mann vom Land losrennen, doch Salam hielt ihn zurück und sagte: »Nein, nein, nein!« Als der Polizist, auf den sie gewartet hatten, endlich in der Tür erschien, hielt Salam den Atem an und flüsterte: »Das ist er. Warte, bis er wegfährt, und dann läufst du los.« Er drehte sich um und ging schnell die Straße hinunter in die Medina.

Als der Mann vom Land genau erklärt hatte, für wen der Umschlag war, reichte er ihn dem Polizisten über die Theke, sagte: »Danke« und lief schnell hinaus. Der Polizist musterte den Umschlag und versuchte den Mann zurückzurufen, doch er war schon verschwunden. Da alle Nachrichten an die Polizisten zuerst den Schreibtisch des Kommandanten passieren mußten, schickte er den Umschlag in dessen Büro. Der Kommandant hielt ihn gegen das Licht. Als der

Polizist zurückkam, ließ er ihn holen und befahl ihm, den Umschlag in seiner Gegenwart zu öffnen. »Von wem stammt es?« wollte der Kommandant wissen. Der Polizist kratzte sich am Kopf. Er konnte nicht antworten. »Ich verstehe«, sagte der Kommandant. Eine Woche später ließ er den Mann versetzen. Aus der Hauptstadt kam die Anweisung, ihn nach Rissani zu schicken. »Sieh zu, wie viele Freunde du in der Wüste findest«, sagte ihm sein Vorgesetzter. Als der Polizist versuchte, ihm etwas zu erklären, hörte er nicht hin.

Salam fuhr nach Tanger. Als er zurückkehrte, erfuhr er, daß der Polizist in die Sahara versetzt worden war. Er lachte und lachte. Er ging zum Markt und kaufte eine junge Ziege. Dann lud er Fatma Daifa und Abdallah und seine Frau und deren beide Brüder mit ihren Frauen und Kindern ein, und sie schlachteten die Ziege und aßen sie. Es war schon fast hell, als alle sich auf den Heimweg machten. Fatma Daifa wollte nicht allein durch die Straßen gehen, und da Salam und Bou Ralem zu betrunken waren, um sie zu begleiten, schlief sie auf dem Boden in der Küche. Als sie aufwachte, war es spät, doch Salam und Bou Ralem schliefen noch. Sie packte ihre Sachen, streifte den *haïk* über und ging hinaus. Als sie am Haus der Frau mit der kleinen Tochter vorüberkam, blieb sie stehen und warf einen Blick hinein. Die Frau erblickte sie und bekam Angst. »Was willst du?« schrie sie. Fatma Daifa wußte, daß sie sich in fremde Angelegenheiten mischte, doch sie glaubte, Salam einen Dienst zu erweisen. Sie tat, als bemerkte sie das erschrockene Gesicht der Frau nicht, ballte die Faust gegen die Terrasse und rief hinauf: »Jetzt weiß ich, was für ein Mann du bist! Du glaubst, du könntest mich täuschen? Paß nur auf! Nichts von alledem wird dir gelingen, hörst du?« Sie ging die Gasse hinunter und rief: »Nichts von alledem!« Die jüdischen Frauen kamen heraus, versammelten sich vor dem Eingang und setzten sich auf den Bordstein vor dem Haus der Frau. Alle stimmten überein, daß keine Gefahr mehr von dem Zauber ausging, wenn die alte Frau sich mit den Männern zerstritten hatte, da nur sie die Macht hatte, den Zauber auszuüben. Die Mutter des kleinen Mädchens war sehr froh, und am nächsten Morgen spielte das Kind wieder mit den anderen im Schlamm.

Salam ging in der Gasse ein und aus wie immer, und er bemerkte weder die Kinder noch die Leute. Es vergingen zwei Wochen, bis er eines Tages zu Bou Ralem sagte: »Ich glaube, die Juden haben sich beruhigt. Heute morgen habe ich die falsche Mimí draußen spielen sehen.« Jetzt, da der Polizist verschwunden war, fühlte er sich wieder frei, und er konnte seinen Kif in der Tasche tragen, ohne sich Sorgen machen zu müssen, wenn er durch die Straßen in ein Café ging. Als er das nächste Mal Fatma Daifa traf, fragte sie nach den Juden in seiner Gasse. »Es ist vorbei. Sie haben es vergessen«, erzählte er. »Gut«, antwortete sie. Dann ging sie nach Hause und holte das Wildschweinborstenpulver, den Flügel des Raben, die Samen und die restlichen Dinge aus ihrem Versteck. Sie legte alles in einen Korb, trug es zum Markt und verkaufte es dort; von dem Geld kaufte sie Brot, Öl und Eier. Sie ging nach Hause und bereitete daraus ihr Abendessen.

Tanger, 1960

DIE GESCHICHTE VON LAHCEN
UND IDIR

Zwei Freunde, Lahcen und Idir, gingen am Strand von Merkala spazieren. An den Klippen stand ein Mädchen, und ihre Dschellaba flatterte im Wind. Lahcen und Idir blieben stehen, als sie das Mädchen sahen. Sie standen da und betrachteten sie. Lahcen sagte: »Kennst du sie?« – »Nein, ich habe sie noch nie gesehen.« – »Komm, wir gehen hin«, sagte Lahcen. Sie sahen sich am Strand um, auf der Suche nach einem Mann, der zu dem Mädchen gehören könnte, aber da war niemand. »Eine Hure«, sagte Lahcen. Als sie auf das Mädchen zugingen, merkten sie, daß sie sehr jung war. Lahcen lachte. »Das ist einfach.« – »Wieviel hast du bei dir?« fragte Idir. »Glaubst du, ich werde sie bezahlen?« rief Lahcen.

Idir schloß daraus, daß Lahcen sie schlagen wollte (»wenn du eine Hure nicht bezahlst, mußt du sie schlagen«), und diese Vorstellung gefiel ihm nicht, denn sie hatten es früher schon zusammen getan, und fast immer hatte es dann später Ärger gegeben. Eine Schwester oder sonst jemand aus der Familie ging zur Polizei und beschwerte sich, und am Ende waren alle im Gefängnis. Im Gefängnis eingesperrt zu sein machte Idir nervös. Er versuchte sich herauszuhalten, und im allgemeinen gelang es ihm. Der Unterschied zwischen Lahcen und Idir bestand darin, daß Lahcen trank und Idir Kif rauchte. Kifraucher suchen die Ruhe im Kopf, aber Trinker sind anders. Sie wollen alles zerstören.

Lahcen kratzte sich zwischen den Beinen und spuckte in den Sand. Idir wußte, daß Lahcen im Geist die Züge des Spiels durchging, welches er mit dem Mädchen spielen wollte, und daß er gerade überlegte, wann und wo er sie niederschlagen sollte. Er war besorgt. Das Mädchen sah woanders hin. Sie hielt den unteren Teil der Dschellaba fest, damit der Wind nicht hineinfuhr. Lahcen sagte: »Warte hier.« Er ging auf sie zu, und Idir beobachtete, wie sich ihre Lippen bewegten, als sie mit ihm sprach, denn sie trug keinen Schleier. Alle ihre Zähne waren aus Gold. Idir haßte Frauen mit Goldzähnen, seit er mit vierzehn in eine Hure namens Zohra verliebt gewesen war, die Goldzähne hatte und ihn nie beachtete. »Soll er sie haben«, dachte er. Außerdem wollte er nicht dabei sein, wenn der Ärger begann. Er rührte sich nicht von der Stelle, bis Lahcen nach ihm pfiff. Dann ging er zu ihnen hinüber. »Fertig?« fragte Lahcen. Er nahm das Mädchen am Arm und ging an den Felsklippen entlang. »Es ist spät. Ich muß gehen«, sagte Idir. Lahcen sah überrascht aus, doch er sagte nichts. »Heute nicht«, sagte Idir und warf Lahcen einen warnenden Blick zu. Das Mädchen lachte verächtlich, als glaubte sie, er schämte sich mitzukommen.

Er war froh über seine Entscheidung, nach Hause zu gehen. Als er an Mendoubs Feigenhain vorbeikam, bellte ihn ein Hund an. Er warf einen Stein nach ihm und traf ihn.

Am nächsten Morgen kam Lahcen zu Idirs Zimmer. Seine Augen waren gerötet von dem Wein, den er getrunken hatte. Er setzte sich auf den Boden und zog ein Taschentuch hervor, das an einem Ende verknotet war. Er löste den Knoten und ließ einen goldenen Ring in seinen Schoß fallen. Er hob ihn auf und gab ihn Idir. »Für dich. Ich habe ihn billig bekommen.« Als Idir sah, wie sehr Lahcen wollte, daß er den Ring annahm, steckte er ihn an den Finger und sagte: »Möge

Allah dir Gesundheit schenken.« Lahcen rieb sich das Kinn und gähnte. Dann sagte er: »Ich habe deinen Blick gesehen. Später, als wir in den Steinbruch kamen, glaubte ich, dies wäre der geeignete Ort. Doch plötzlich fiel mir die Nacht ein, in der uns die Polizei bei Bou Khach Khach schnappte, und ich erinnerte mich, wie du mich damals angesehen hast. Ich machte kehrt und ließ sie stehen. Abschaum!«

»So bist du nicht im Gefängnis und hast dich betrunken«, sagte Idir und lachte.

»Das stimmt«, sagte Lahcen. »Und deshalb gebe ich dir den Ring.«

Idir wußte, daß der Ring mindestens fünfzig Dirham wert war und er ihn verkaufen konnte, wenn er einmal dringend Geld brauchte. Dies würde seiner Freundschaft mit Lahcen ein Ende bereiten, aber das ließe sich nicht ändern.

Manchmal kam Lahcen abends mit einer Flasche Wein vorbei. Er trank die ganze Flasche aus, und während Idir seine Kifpfeife rauchte, hörten sie bis zum Programmschluß um zwölf Uhr Radio. Nachher, wenn es schon sehr spät war, gingen sie durch die Straßen von Dradeb zu einer Garage, wo ein Freund von Lahcen Nachtwächter war. Bei Vollmond war das Mondlicht heller als die Straßenlaternen. Bei Neumond war niemand auf der Straße, und in einigen Cafés, die noch spät in der Nacht geöffnet waren, erzählten sich die Männer, was die Diebe angestellt hatten, und daß ihre Zahl von Tag zu Tag zunahm. Der Grund war, daß es fast nirgendwo Arbeit gab und die Bauern ihre Kühe und Schafe verkaufen mußten, um die Steuern zu bezahlen, und dann in die Stadt kamen. Lahcen und Idir arbeiteten hin und wieder, wenn sie etwas fanden. Sie hatten ein bißchen Geld, sie hatten stets zu essen, und Lahcen konnte sich manchmal eine Flasche seines spanischen Weins leisten. Idirs Kif war ein großes Problem, denn jedesmal, wenn die Polizei strenger über das Gesetz wachte, das sie gegen den Kif erlassen hatte, wurde der Nachschub knapp, und die Preise kletterten in die Höhe. Wenn dann wieder genug zu haben war, weil die Polizei damit beschäftigt war, nach Waffen und Aufständischen zu suchen, blieben die Preise oben. Idir rauchte nicht weniger, doch er rauchte allein in seinem Zimmer. Wenn man in einem Café raucht, gibt es immer jemanden, der seinen Kif zu Hause vergessen hat und mitrauchen will. Er erzählte seinen Freunden im Café Nadjah, er habe das Kifrauchen aufgegeben, und nahm niemals eine Pfeife an, die ihm angeboten wurde.

Am frühen Abend, wenn die schläfrigen Geräusche der Stadt durch das offene Fenster drangen – denn es war Sommer, und das Stimmengewirr der Menschen erfüllte die Gassen –, saß Idir in dem Sessel, den er gekauft hatte, und legte die Füße auf das Fensterbrett. So konnte er den Himmel sehen, während er rauchte. Lahcen kam und redete. Ab und zu fuhren sie nach Emsallah zu einer *barraca* neben dem Schlachthof, wo zwei Schwestern mit ihrer schwachsinnigen Mutter lebten. Sie machten die Mutter betrunken und brachten sie im Nebenzimmer zu Bett. Dann gaben sie den Mädchen zu trinken und verbrachten die Nacht mit ihnen, ohne zu bezahlen. Der Cognac war teuer, aber er kostete nicht so viel wie die Huren.

Im Hochsommer, zur Zeit des Sidi Kacem, wurde es plötzlich sehr heiß. Die Menschen bauten Zelte aus Laken auf ihren Dachterrassen und kochten und schliefen darin. Des Nachts konnte Idir alle Dächer im Licht des Mondes sehen, jedes mit seinem Gestell aus Laken, die im Wind flatterten, und dahinter das rote Licht, das vom Kochfeuer ausging. Bei Tag schien die Sonne auf das Meer von weißen La ken und stach ihm in die Augen, und er achtete darauf, nicht hinauszusehen, wenn er sich im Zimmer bewegte und am Fenster vorbeikam. Er hätte gern ein besseres Zimmer bewohnt, eins mit Fensterläden, um die Sonne abzuhalten. Es gab keine Möglichkeit, sich vor dem hellen Sommertag zu schützen, und er wartete sehnsüchtig auf die Dämmerung. Er hatte die Angewohnheit, erst Kif zu rauchen, wenn die Sonne unterging. Bei Tag mochte er es nicht, vor allem im Sommer, wenn die Luft heiß war und das Licht überwältigend. Als es von Tag zu Tag heißer wurde, beschloß er, Lebensmittel und Kif für mehrere Tage zu kaufen und sich in sein Zimmer einzuschließen, bis es kühler wurde. Er hatte in dieser Woche zwei Tage im Hafen gearbeitet und besaß etwas Geld. Er stellte die Sachen auf den Tisch und schloß die Tür ab. Dann zog er den Schlüssel aus dem Schloß und warf ihn in die Schublade. Zwischen den Päckchen und Dosen in seinem Einkaufskorb lag auch ein großes, in Zeitungspapier eingewickeltes Bündel Kif. Er packte es aus, rupfte ein Blatt ab und roch daran. Die nächsten beiden Stunden verbrachte er auf dem Boden hockend damit, die Blätter von den Stengeln zu zupfen und auf einem Küchenbrett zu zerkleinern; er sortierte und zerschnitt sie immer feiner. Als die Sonne ihn erreichte, mußte er zur Seite rücken, um der Hitze zu entgehen. Bei Sonnenuntergang hatte er einen Vorrat für drei oder vier Tage. Er stand auf, setzte sich mit dem Kif-Beutel und der Pfeife auf dem Schoß in den Sessel und rauchte, während er der Chleuh-Musik im Radio lauschte, die immer um diese Tageszeit für die Ladenbesitzer aus dem Süden gesendet wurde. In den Cafés standen die Männer häufig auf und stellten sie ab. Idir gefiel sie. Die meisten Kifraucher mögen diese Musik wegen des *naqous*, der immer denselben Rhythmus schlägt.

Die Musik lief eine ganze Weile, und Idir dachte an den Markt von Tiznit und an die Moschee, aus deren Lehmwänden Baumstrünke herausragen. Er sah zu Boden. Im Raum hing noch ein letzter Hauch von Tageslicht. Er riß die Augen auf. Ein kleiner Vogel hüpfte langsam über den Boden. Er sprang auf. Die Kif-Pfeife fiel herunter, doch ihr Kopf zerbrach nicht. Ehe der Vogel Gelegenheit fand zu fliehen, hatte Idir ihn bereits mit einer hohlen Hand bedeckt. Selbst als er ihn mit beiden Händen packte, kämpfte der Vogel nicht. Er sah ihn an und meinte, das sei der kleinste Vogel, den er je gesehen hatte. Der Kopf war grau, die Flügel weiß und schwarz. Der Vogel blickte ihn an und schien keine Angst zu haben. Er setzte sich mit dem Tier auf dem Schoß in den Sessel. Als er die Hand hob, blieb es still. »Es ist ein junger Vogel, der kann nicht fliegen«, sagte er sich. Er rauchte mehrere Pfeifen. Der Vogel rührte sich nicht. Die Sonne war untergegangen, und die Häuser färbten sich im Abendlicht langsam blau. Mit dem Daumen strich er über den Kopf des Vogels. Dann nahm er den Ring von seinem kleinen Finger und schob ihn über den weichen Flaum des Vogelkopfes. Das Tier beachtete ihn nicht. »Ein goldenes Halsband für den Sultan der Vögel«, sagte er. Er rauchte noch ein paar Pfeifen und betrachtete den Himmel. Dann verspürte er Hunger und dachte, der Vogel würde vielleicht ein paar Brotkrümel mögen. Er legte die Pfeife auf den Tisch und versuchte, ihm den Ring wieder abzustreifen. Doch er bekam ihn nicht über die Federn. Er zog daran, und der Vogel flatterte mit den Flügeln und kämpfte. Eine Sekunde lang ließ er ihn los, und in diesem Augenblick flog er von seinem Schoß geradewegs in den Himmel. Idir sprang auf und sah ihm nach. Als er verschwunden war, lächelte er. »Dieser Hurensohn!« flüsterte er.

Er bereitete seine Mahlzeit und aß. Danach setzte er sich wieder in den Sessel, rauchte und dachte an den Vogel. Als Lahcen kam, erzählte er ihm die Geschichte. »Er hat nur darauf gewartet, etwas zu stehlen«, sagte er. Lahcen war angetrunken, und er war böse. »Er hat also meinen Ring gestohlen«, murrte er. »Ah«, entgegnete Idir. »Deinen Ring? Ich dachte, du hättest ihn mir geschenkt.«

»So verrückt bin ich auch wieder nicht«, sagte Lahcen. Er ging weg, noch immer böse, und er kam über eine Woche lang nicht wieder. Als er eines Morgens vor der Tür stand, war Idir sicher, daß er erneut von dem Ring anfangen würde und reichte ihm schnell ein Paar Schuhe, das er tags zuvor von einem Freund gekauft hatte. »Passen sie dir?« fragte er. Lahcen setzte sich in den Sessel, probierte sie an und sah, daß sie paßten. »Sie brauchen neue Sohlen, aber oben sind sie wie neu«, sagte Idir. »Oben sind sie gut«, stimmte Lahcen zu. Er befühlte das Leder und preßte es zwischen Daumen und Zeigefinger. »Nimm sie«, sagte Idir. Lahcen war zufrieden, und an diesem Tag kam er nicht auf den Ring zu sprechen. Als er mit den Schuhen in seinem Zimmer war, inspizierte er sie sorgfältig und beschloß, das Geld, das für neue Sohlen nötig war, auszugeben.

Am nächsten Tag ging er zu einem spanischen Schuster, der sich bereit erklärte, die Schuhe für fünfzehn Dirham zu reparieren. »Zehn«, sagte Lahcen. Nach langer Diskussion setzte der Schuster seinen Preis auf dreizehn herunter, und Lahcen ließ die Schuhe da und sagte, er käme sie in einer Woche abholen. Am selben Nachmittag schlenderte er durch Sidi Bouknadel und sah ein Mädchen. Zwei Stunden oder länger unterhielten sie sich, in gebührender Entfernung voneinander an einer Mauer lehnend und auf die Erde starrend, damit niemand merkte, daß sie miteinander sprachen. Das Mädchen kam aus Meknes, deshalb hatte er sie noch nie zuvor gesehen. Sie besuchte ihre Tante, die in diesem Viertel lebte, und bald würde auch ihre Schwester aus Meknes nachkommen. Sie erschien ihm schöner als alles, was er in diesem Jahr gesehen hatte, doch natürlich konnte er sich ihrer Nase und ihres Mundes nicht sicher sein, da sie unter dem Schleier verborgen waren. Er überredete sie, sich am folgenden Tag an derselben Stelle mit ihm zu treffen. Diesmal machten sie einen Spaziergang die Hafa entlang, und er spürte, daß sie willig sein würde. Aber sie wollte ihm nicht verraten, wo ihre Tante wohnte.

Schon zwei Tage später hatte er sie in seinem Zimmer. Wie erwartet, war sie wunderschön. In dieser Nacht war er sehr glücklich, doch am Morgen, als sie verschwunden war, merkte er, daß er immer mit ihr zusammensein wollte. Er begehrte zu wissen, wie das Haus ihrer Tante aussah und was sie den ganzen Tag tat. So begann eine schlechte Zeit für Lahcen. Er war nur glücklich, wenn sie bei ihm war und er zu Bett gehen konnte und sie auf der einen Seite liegen sah, während auf der anderen eine Flasche Cognac stand, auf dem Boden gleich neben seinem Kopfkissen, wo er sie ohne Mühe erreichen konnte. Jeden Tag, wenn sie fort war, dachte er an all die Männer, die sie vielleicht besuchte, ehe sie wieder zu ihm kam. Wenn er ihr davon erzählte, lachte sie und sagte, sie verbringe ihre ganze Zeit mit der Tante und mit ihrer Schwester, die mittlerweile aus Meknes gekommen war. Doch er konnte nicht aufhören zu grübeln.

Zwei Wochen verstrichen, ehe er daran dachte, seine Schuhe abzuholen. Auf dem Weg zum Schuster überlegte er, wie sein Problem zu lösen war. Da fiel ihm ein, daß Idir vielleicht helfen könnte. Wenn er Idir und das Mädchen zusammenbrächte und die beiden allein ließ, würde Idir ihm später erzählen, was geschehen war. Wenn sie sich von Idir verführen ließ, war sie eine Hure und konnte wie eine Hure behandelt werden. Er würde ihr eine anständige Tracht Prügel verpassen und sich anschließend mit ihr versöhnen, denn sie war zu gut, als daß er sie verlieren wollte. Doch zuvor mußte er herausfinden, ob sie wirklich nur ihm gehörte oder auch mit anderen anbändelte.

Als der Schuster ihm die Schuhe zurückgab, sahen sie wie neu aus, und er war zufrieden. Er bezahlte die dreizehn Dirham und ging mit den Schuhen nach Hause. Als er sie an diesem Abend anziehen wollte, um ins Café zu gehen, stellte sich heraus, daß sie nicht mehr paßten. Die Schuhe waren viel zu klein. Der Schuster hatte das Leder beschnitten, um die neuen Sohlen anzunähen. Er zog seine alten Schuhe an, ging hinaus und warf die Tür hinter sich zu. In dieser Nacht stritt er sich mit dem Mädchen. Es dauerte fast bis zum Morgen, ehe er erreichte, daß sie zu weinen aufhörte. Als die Sonne aufging und sie eingeschlafen war, lag er mit hinter dem Kopf verschränkten Armen da und starrte an die Decke. Er dachte daran, daß die Schuhe ihn dreizehn Dirham gekostet hatten und er nun den ganzen Tag damit verbringen mußte, sie zu verkaufen. Er schickte das Mädchen früh fort und machte sich mitsamt den Schuhen auf den Weg zum Bou Araquia. Keiner wollte ihm mehr als acht Dirham für sie geben. Am Nachmittag ging er zur Joteya, setzte sich in den Schatten eines Weinstocks und wartete auf das Eintreffen der Käufer und Verkäufer. Schließlich bot ihm ein Mann aus den Bergen zehn Dirham, und er verkaufte die Schuhe.

»Drei Dirham verloren für nichts«, dachte er, als er das Geld in die Tasche steckte. Er war böse, doch statt den Schuster verantwortlich zu machen, meinte er, es sei Idirs Schuld.

492

Am selben Nachmittag traf er Idir und sagte ihm, er würde nach dem Abendessen mit jemandem bei ihm vorbeikommen. Danach ging er nach Hause und trank Cognac. Als das Mädchen kam, hatte er die Flasche geleert, und er war betrunkener und unglücklicher als je zuvor. »Laß«, sagte er, als sie den Schleier ablegen wollte. »Wir gehen aus.« Sie sagte nichts. Durch Nebenstraßen gelangten sie zu Idirs Zimmer.

Idir saß in seinem Sessel und hörte Radio. Mit einem Mädchen hatte er nicht gerechnet, und als er sah, wie sie den Schleier abnahm, bekam er Kopfschmerzen, so rasend klopfte sein Herz. Er sagte, sie solle im Sessel Platz nehmen, und schenkte ihr keine weitere Beachtung; er saß auf dem Bett und sprach nur mit Lahcen, der sie ebenfalls nicht ansah. Nach einer Weile stand Lahcen auf. »Ich gehe Zigaretten besorgen«, erklärte er. »Ich bin gleich wieder da.« Er zog die Tür zu, und Idir ging schnell hin und schloß ab. Er lächelte das Mädchen an, setzte sich auf den Tisch neben ihr und betrachtete sie von oben. Hin und wieder rauchte er eine Kifpfeife. Er fragte sich, warum Lahcen so lange brauchte. Schließlich sagte er: »Weißt du, er kommt nicht mehr.« Das Mädchen lachte und zuckte die Achseln. Er sprang auf, nahm sie bei der Hand und zog sie zum Bett.

Am Morgen, als sie sich ankleideten, erzählte sie ihm, sie wohne im Hotel Sevilla. Es war ein kleines moslemisches Hotel mitten in der Medina. Er brachte sie dorthin und verabschiedete sich. »Wirst du heute nacht kommen?« fragte sie. Idir runzelte die Stirn. Er dachte an Lahcen. »Nach Mitternacht brauchst du nicht mehr auf mich zu warten«, sagte er. Auf dem Heimweg machte er im Café Nadjah halt. Lahcen war da. Seine Augen waren gerötet, und er sah aus, als hätte er überhaupt nicht geschlafen. Idir hatte das Gefühl, daß er auf ihn gewartet hatte, denn sobald er das Café betrat, sprang Lahcen hastig auf und bezahlte den *qahouaji.* Sie gingen die Hauptstraße von Dradeb hinunter, ohne ein Wort zu sprechen, und als sie an die Straße gelangten, die zum Strand von Merkala führte, folgten sie ihr, noch immer wortlos.

Es war Ebbe. Sie gingen über den nassen Sand, kleine Wellen umspülten ihre Füße. Lahcen rauchte eine Zigarette und warf Steine ins Wasser. Schließlich ergriff er das Wort: »Wie war es?«

Idir zuckte die Achseln und versuchte, seiner Stimme nichts anmerken zu lassen. »Nicht schlecht für eine Nacht.« Lahcen hätte beinahe obenhin gesagt: »Oder für zwei.« Doch dann merkte er, daß Idir nicht über die Nacht sprechen wollte, was bedeutete, daß es eine große Sache für ihn gewesen war. Und als er ihm ins Gesicht sah, war er sicher, daß Idir das Mädchen für sich wollte. Er war überzeugt, sie bereits an ihn verloren zu haben, doch er wußte nicht, warum er nicht von Anfang an daran gedacht hatte. Nun vergaß er den eigentlichen Grund, weshalb er sie mit zu Idir genommen hatte.

»Du glaubst wohl, ich hätte sie dir gebracht, um dir etwas Gutes zu tun!« rief er. »Nein, Sidi! Ich habe sie bei dir gelassen, um zu sehen, ob du ein wahrer Freund bist. Und nun sehe ich, zu welcher Sorte Freund du gehörst! Skorpion!« Er packte Idir an den Kleidern und schlug ihm ins Gesicht. Idir trat ein paar Schritte zurück und machte sich zum Kampf bereit. Er begriff, daß Lahcen die Wahrheit erkannt hatte, und daß es jetzt nichts mehr zu sagen gab, und daß es zu einem Kampf kam. Als beide blutverschmiert und keuchend voreinander standen, sah er für den Bruchteil einer Sekunde in Lahcens Gesicht und merkte, daß er taumelte und nicht gut sehen konnte. Er trat zurück, senkte den Kopf und rannte mit voller Kraft gegen Lahcen, der das Gleichgewicht verlor und in den Sand stürzte. Dann trat er schnell mit dem Absatz seines Schuhs gegen Lahcens Kopf. So ließ er ihn liegen und ging nach Hause.

Nach einer Weile bemerkte Lahcen die Wellen, die sich neben ihm auf dem Sand brachen. »Ich muß ihn töten«, dachte er. »Er hat meinen Ring verkauft. Jetzt muß ich gehen und ihn töten.«

Statt dessen zog er sich aus und badete im Meer, und als er fertig war, legte er sich in die Sonne auf den Strand und schlief den ganzen Tag. Am Abend brach er auf und betrank sich.

Um elf Uhr ging Idir zum Hotel Sevilla. Das Mädchen saß in einem Korbsessel beim Eingang und wartete auf ihn. Sorgsam betrachtete sie die Schnitte in seinem Gesicht. Unter ihrem Schleier sah er sie lächeln.

»Ihr habt euch gestritten?« Idir nickte. »Wie geht es ihm?« Er zog die Schultern hoch. Sie mußte lachen. »Er war sowieso immer betrunken«, sagte sie. Idir nahm sie am Arm, und sie traten hinaus auf die Straße.

Tanger, 1961

JENER AUS DER VERSAMMLUNG

Er grüßt alle Teile des Himmels und die Erde, dort, wo sie hell ist. Er glaubt, die Farbe der Amethyste in Aguelmous verdunkelt sich, wenn es im Tal von Zerekten geregnet hat. Das Auge will schlafen, sagt er, doch der Kopf ist kein Kissen. Als es drei Tage lang regnete und das Wasser die Ebene außerhalb der Stadtmauern überflutete, schlief er beim Bambuszaun im Café der Zwei Brücken.

Es scheint, als sei ein Mann namens Ben Tajah nach Fez gereist, um seinen Cousin zu besuchen. Am Tag seiner Rückkehr ging er zum Djemaa al Fna und sah dort einen Brief auf dem Pflaster liegen. Er hob ihn auf und entdeckte seinen Namen auf dem Umschlag. Mit dem Brief in der Hand ging er ins Café der Zwei Brücken, nahm auf einer der Matten Platz und öffnete den Umschlag. Er enthielt ein Stück Papier mit folgender Botschaft: »Der Himmel erbebt, und die Erde fürchtet sich, und die beiden Augen sind nicht Brüder.« Ben Tajah begriff nicht, und er war unglücklich, denn sein Name stand auf dem Umschlag. Es mußte bedeuten, daß Satan in der Nähe war. Jener aus der Versammlung saß im selben Teil des Cafés. Er lauschte dem Wind in den Telefondrähten. Die letzten Spuren des Tageslichts zeigten sich am Himmel. »Das Auge will schlafen«, dachte er, »doch der Kopf ist kein Kissen. Ich weiß, was es bedeutet, aber ich habe es vergessen.« Drei Tage stetigen Regens auf ebener, nackter Erde ist eine lange Zeit. »Wenn ich aufstünde und die Straße hinunterliefe«, dachte er, »würde mich ein Polizist verfolgen und zum Stehenbleiben auffordern. Ich liefe schneller, und er käme hinter mir her. Wenn er auf mich schösse, würde ich rasch um eine Ecke biegen.« Er fühlte den rauhen, trockenen Lehm der Mauer unter den Fingerspitzen. »Und ich liefe durch die Straßen und suchte ein Versteck, doch keine Tür wäre offen, bis ich endlich auf eine stieße, die offen stünde, und ich ginge hinein und durch Zimmer und Innenhöfe, bis ich schließlich in die Küche käme. Die alte Frau wäre da.« Er unterbrach sich und fragte sich einen Moment, warum die alte Frau um diese Uhrzeit allein in der Küche sein sollte. Sie rührte in einem großen Suppentopf, der auf dem Herd stand. »Und ich sähe mich nach einem Versteck in der Küche um, aber da wäre keins. Und ich horchte auf die Schritte des Polizisten, denn die offene Tür wäre ihm nicht entgangen. Und ich spähte in die dunkle Ecke des Raumes, wo sie die Holzkohle aufbewahrte, aber sie wäre nicht dunkel genug. Und die alte Frau sähe mich an und sagte: ›Wenn du auf der Flucht bist, mein Junge, kann ich dir helfen. Spring in den Kochtopf.‹« Der Wind seufzte in den Telefondrähten. Männer mit flatternden Gewändern betraten das Café der Zwei Brücken. Ben Tajah saß auf seiner Matte. Er hatte den Brief weggesteckt, doch nicht ohne ihn zuvor lange anzustarren. Jener aus der Versammlung lehnte sich zurück und betrachtete den Himmel. »Die alte Frau«, sagte er zu sich selbst, »was hat sie vor? Die Suppe ist heiß. Es könnte eine Falle sein. Ich könnte feststellen, daß ich nicht mehr herauskomme, wenn ich erst einmal drin bin.« Er hatte Lust auf eine Pfeife, aber er befürchtete, daß der Polizist in die Küche stürmte, bevor er fertig war. Er fragte die alte Frau: »Wie soll ich da hineinkommen? Sag es mir!« Und es schien ihm, als hörte er Schritte auf der

Straße oder vielleicht sogar in einem der Räume des Hauses. Er beugte sich über den Herd und spähte in den Kochtopf. Da unten war es dunkel und sehr heiß. Schwaden von Dampf wirbelten auf, und in der Luft hing ein dumpfer Geruch, der das Atmen erschwerte. »Schnell!« sagte die alte Frau und rollte eine Strickleiter aus und warf sie über den Rand des Kochtopfs. Er kletterte hinunter, und sie beugte sich über den Topf und sah ihm nach. »Bis dann, in der anderen Welt!« rief er. Und kletterte ganz hinab. Unten wartete ein Ruderboot. Als er drin war, zog er an der Leiter, und die Alte begann sie einzuholen. Und in diesem Moment stürzte der Polizist herein und noch zwei weitere hinter ihm, und die alte Frau hatte gerade noch Zeit, die Strickleiter in die Suppe zu werfen. »Jetzt werden sie die arme alte Frau auf die Wache bringen«, dachte er, »und sie hat mir nur einen Gefallen getan.« Ein paar Minuten ruderte er in der Dunkelheit umher, und es war sehr heiß. Bald entledigte er sich seiner Kleidung. Eine Zeitlang konnte er die runde Öffnung des Kochtopfs sehen, wie ein Bullauge im Rumpf eines Schiffes, und die Köpfe der Polizisten, die hinunterschauten, doch dann, während er weiterruderte, wurde es immer kleiner, bis da nur noch ein Licht war. Manchmal sah er es, dann wieder verlor er es aus den Augen, und schließlich war es ganz verschwunden. Er machte sich Sorgen um die alte Frau; er überlegte, wie er ihr helfen konnte. Ein Polizist darf das Café der Zwei Brücken betreten, denn es gehört der Schwester des Sultans. Deshalb gibt es hier so viele Kifraucher, daß eine *berrada* nicht umfällt, nicht einmal, wenn man sie anstößt, und deshalb sitzen die meisten Gäste lieber draußen, und selbst da behalten sie immer eine Hand an ihrem Geldbeutel. Solange die Diebe drinnen bleiben und ihre Freunde ihnen Kif und etwas zu essen bringen, sind sie harmlos.

Eines Tages wird das Polizeihauptquartier vergessen, einen Beamten zu schicken, der das Café beobachten soll, oder ein Polizist wird seinen Posten verlassen, fünf Minuten ehe ein anderer auftaucht, um ihn abzulösen. Auch draußen raucht jedermann Kif, aber nur ein bis zwei Stunden, nicht Tag und Nacht wie diejenigen im Café. Jener aus der Versammlung hatte vergessen, seine *sebsi* anzuzünden. Er saß in einem Café, das kein Polizist betreten durfte, und er wollte fortgehen, in eine Welt aus Kif, wo die Polizei ihn jagte. »So sind wir jetzt also«, dachte er. »Wir gehen rückwärts. Wenn wir etwas Gutes haben, suchen wir nach etwas Schlechtem dafür.« Er zündete die *sebsi* an und rauchte. Dann blies er die harte Aschekugel aus dem *chqaf*. Sie landete im Bach neben der zweiten Brücke. »Die Welt ist zu gut. Wir können nur vorwärtskommen, wenn wir sie zuerst wieder schlecht machen.« Das stimmte ihn traurig, daher hörte er auf zu denken und stopfte seine *sebsi*. Als er daran zog, sah Ben Tajah in seine Richtung, und obgleich sie sich gegenübersaßen, bemerkte jener aus der Versammlung Ben Tajah nicht, bis dieser aufstand und seinen Tee bezahlte. Dann betrachtete er ihn, weil er so lange brauchte, um auf die Beine zu kommen. Er sah sein Gesicht und dachte: »Dieser Mann hat niemanden auf der Welt.« Der Gedanke ließ ihn frösteln. Wieder stopfte er seine *sebsi* und zündete sie an. Er blickte dem Mann nach, als dieser das Café verließ und sich anschickte, allein die lange Straße vor der Stadtmauer hinunterzugehen. Bald mußte auch er aufbrechen und versuchen, sich in den *souks* Geld für das Abendessen zu leihen. Wenn er zu viel Kif geraucht hatte, mochte er seiner Tante nicht unter die Augen treten und wollte auch sie nicht sehen. »Suppe und Brot. Was kann man mehr verlangen? Ob dreißig Francs beim vierten Mal genug sind? Gestern abend war der *qah-*

ouaaji nicht zufrieden. Aber er hat sie genommen. Und er ging fort und ließ mich schlafen. Ein Moslem darf seinem Bruder ein Obdach nicht verwehren, nicht einmal in der Stadt.« Er war nicht ganz überzeugt, denn er stammte aus den Bergen, und deshalb kreisten seine Gedanken immer wieder darum. Er rauchte viele *chqofa*, und als er aufstand, um auf die Straße hinauszutreten, stellte er fest, daß die Welt sich verändert hatte.

Ben Tajah war kein reicher Mann. Er lebte allein in einem Zimmer unweit von Bab Doukkala, und er besaß einen Laden im Basar, wo er Kleiderbügel und Truhen verkaufte. Häufig blieb der Laden geschlossen, weil seine Leber ihm zu schaffen machte und er das Bett hüten mußte. An solchen Tagen klopfte er mit einem Stößel aus Messing vom Bett aus auf den Boden, und der Briefträger, der unter ihm wohnte, brachte ihm etwas zu essen. Manchmal blieb er eine ganze Woche im Bett. Jeden Morgen und jeden Abend kam der Briefträger mit einem Tablett. Das Essen war nicht gut, da die Frau des Briefträgers vom Kochen nicht viel verstand. Aber er war froh, es zu haben. Zweimal hatte er dem Briefträger eine neue Truhe geschenkt, in der er Kleider und Decken aufbewahren konnte. Eine der Frauen des Briefträgers hatte vor ein paar Jahren eine Truhe mitgenommen, als sie ihren Mann verließ und zu ihrer Familie nach Kasba Tadla zurückkehrte. Ben Tajah hatte es eine Zeitlang selbst mit einer Frau versucht, denn er brauchte jemanden, der regelmäßig für ihn kochte und seine Wäsche wusch, doch das Mädchen kam aus den Bergen und war unbändig. Wie sehr er sie auch schlug, sie wollte sich nicht zähmen lassen. Alles im Zimmer ging zu Bruch, und schließlich mußte er sie auf die Straße setzen. »Mir kommt keine Frau mehr ins

Haus«, verkündete er seinen Freunden im Basar, und sie lachten. Er brachte viele Frauen mit nach Hause, und eines Tages entdeckte er, daß er *en noua* hatte. Er wußte, das war eine schlimme Krankheit, denn sie bleibt im Blut und frißt einem von innen die Nase weg. »Ein Mann verliert die Nase erst, nachdem er den Kopf verloren hat.« Er bat den Arzt um eine Medizin. Der Arzt gab ihm einen Zettel und sagte, er solle damit zur Pharmacie de l'Etoile gehen. Dort kaufte er eine Packung mit sechs Ampullen Penicillin. Er trug sie nach Hause und band die Fläschchen mit einem seidenen Faden zu einer Kette zusammen. Diese trug er stets um den Hals und achtete darauf, daß die Ampullen seine Haut berührten. Er glaubte, in der Zwischenzeit wahrscheinlich geheilt zu sein, doch sein Cousin in Fez hatte ihm gerade gesagt, daß er die Medizin noch weitere drei Monate tragen mußte oder wenigstens bis zum Beginn des Mondes Chouwal. Auf dem zweitägigen Heimweg im Bus hatte er gelegentlich darüber nachgedacht und war zu dem Schluß gekommen, daß sein Cousin übervorsichtig war. Er blieb kurz am Djemaa el Fna stehen und beobachtete die abgerichteten Affen, doch die Menge drängte so sehr, daß er weiterging. Zu Hause angekommen, verschloß er die Tür und fuhr mit der Hand in die Tasche, um den Umschlag herauszuziehen, denn er wollte ihn in seinen eigenen vier Wänden noch einmal ansehen und sich vergewissern, daß der Name, der darauf geschrieben stand, ohne jeden Zweifel der seine war. Doch der Brief war verschwunden. Er erinnerte sich an das Gedränge am Djemaa el Fna. Jemand hatte ihm in die Tasche gegriffen, den Umschlag für Geld gehalten und ihn gestohlen. Doch so recht mochte Ben Tajah nicht daran glauben. Er war überzeugt, daß er einen solchen Diebstahl bemerkt hätte. Da war ein Brief in seiner Tasche gewesen. Nicht einmal dessen war er sicher. Er setzte sich auf das Kissen. »Zwei Tage im Bus«, dachte er. »Wahrscheinlich bin ich müde. Ich habe gar keinen Brief gefunden.« Wieder durchsuchte er seine Taschen, und es kam ihm vor, als wüßte er noch genau, wie sich der gefaltete Umschlag angefühlt hatte. »Warum hätte mein Name darauf stehen sollen? Ich habe nie einen Brief gefunden.« Dann fragte er sich, ob ihn im Café jemand beobachtet hatte, mit dem Umschlag in der einen und dem Papier in der anderen Hand, wie er beides so lange angestarrt hatte. Er stand auf. Er wollte ins Café der Zwei Brücken zurückgehen und den *qahouaji* fragen: »Hast du mich vor einer Stunde gesehen? Hatte ich einen Brief in der Hand?« Wenn der *qahouaji* antwortete: »Ja!«, dann war der Brief echt. Er wiederholte die Worte laut: »Der Himmel erbebt, und die Erde fürchtet sich, und die beiden Augen sind nicht Brüder.« In der anschließenden Stille erschrak er bei der Erinnerung an den Klang der Worte. »Wenn es keinen Brief gab, woher stammen dann diese Worte?« Gerade wollte er die Tür öffnen, als eine neue Angst ihn innehalten ließ. Was, wenn der *qahouaji* »Nein« sagte? Das wäre noch schlimmer, denn es bedeutete, daß ihm die Worte von Satan direkt in den Kopf gesetzt worden waren und daß Satan gerade ihn auserwählt hatte, um sich zu offenbaren. In diesem Fall konnte er ihm jeden Augenblick erscheinen. »*Ach haddou laillaha ill' Allah…*«, betete er und hielt beide Zeigefinger hoch, auf jeder Seite des Körpers einen. Er setzte sich wieder hin und verharrte regungslos. Auf der Straße schrien Kinder. Er wollte nicht hören, wie der *qahouaji* sagte: »Nein, du hattest keinen Brief.« Wenn er wüßte, daß Satan käme, um ihn in Versuchung zu führen, hätte er viel weniger Kraft, um ihn mit seinen Gebeten fernzuhalten, denn seine Furcht wäre viel größer.

Jener aus der Versammlung erhob sich. Hinter ihm war eine Wand. In seiner Hand war die *sebsi*. Über seinem Kopf war der Himmel, der, wie er fühlte, jeden Moment in hellstem Licht erstrahlen würde. Er lehnte sich zurück, um ihn zu betrachten. Auf der Erde war es dunkel, doch dort oben, hinter den Sternen, war noch Licht. Vor ihm war der Souk der Zimmerleute und das Pissoir, das die Franzosen dort aufgestellt hatten. Es hieß, nur die Juden benutzten es. Es bestand aus Blech, und in der Pfütze davor spiegelten sich der Himmel und der obere Teil des Pissoirs. Es sah aus wie ein Boot im Wasser. Oder ein Pier, an dem Boote festmachen. Ohne sich vom Fleck zu rühren, beobachtete Jener aus der Versammlung, wie es langsam näher kam. Er trieb darauf zu. Und er erinnerte sich, daß er nackt war, und bedeckte sein Geschlecht mit der Hand. Jeden Moment würde das Boot gegen den Pier stoßen. Er stemmte die Beine fester in den Boden und wartete. Doch im selben Augenblick löste sich eine große Katze aus dem Schatten der Mauer und blieb mitten auf der Straße stehen, dort wandte sie sich um und starrte ihn mit bösem Gesicht an. Er sah ihre beiden Augen, und eine Zeitlang konnte er den Blick nicht abwenden. Dann rannte die Katze über die Straße und verschwand. Er wußte nicht genau, was geschehen war, er stand ganz still und sah zu Boden. Er drehte sich zum Pissoir um, das sich in der Pfütze spiegelte, und dachte: »Es war eine Katze am Ufer, sonst nichts.« Doch die Augen der Katze hatten ihn erschreckt. Statt wie Katzenaugen zu sein, hatten sie den Augen eines Menschen geähnelt, der sich für ihn interessierte. Er zwang sich zu vergessen, daß er diesen Gedanken gehabt hatte. Er wartete noch immer darauf, daß das Ruderboot den Pier streifte, doch nichts war geschehen. Es würde da bleiben, wo es war, ganz nah am Ufer, aber nicht nah genug, um es zu berühren. Lange Zeit stand er still da und wartete, daß etwas geschah. Dann ging er plötzlich sehr schnell die Straße hinunter auf den Bazar zu. Eben war ihm eingefallen, daß die alte Frau auf der Polizeiwache war. Er wollte ihr helfen, doch zuerst mußte er herausfinden, wohin man sie gebracht hatte. »Ich werde zu jeder Polizeistation in der Medina gehen müssen«, dachte er, und er war nicht länger hungrig. Weit von der Küste war es leicht, sich vorzunehmen, ihr zu helfen; ganz anders verhielt es sich jedoch, wenn man nur ein paar Schritte vom Kommissariat entfernt war. Er kam zum Eingang. Zwei Polizisten standen in der Tür. Er ging weiter. Die Straße machte eine Kurve, und er war allein. »Diese Nacht wird ein Juwel in meiner Krone sein«, sagte er, bog rasch nach links ab und lief durch eine dunkle Passage. An ihrem Ende sah er Flammen; er wußte, daß Mustapha dort war und das Feuer der Bäckerei hütete. Er kroch in die Lehmhütte, in der der Ofen stand. »Aha, der Schakal ist aus dem Wald zurück!« sagte Mustapha. Jener aus der Versammlung schüttelte den Kopf. »Das ist eine schlechte Welt«, sagte er zu Mustapha. »Ich habe kein Geld«, sagte Mustapha. Jener aus der Versammlung begriff nicht. »Alles geht rückwärts«, sagte er. »Sie ist schlecht, und wir müssen sie noch schlechter machen, um vorwärtszukommen.« Mustapha erkannte, daß jener aus der Versammlung *mkiyif ma rassou* war und nicht an Geld dachte. Er sah ihn etwas freundlicher an und sagte: »Zwischen Freunden gibt es keine Geheimnisse. Sprich.« Jener aus der Versammlung erzählte, daß eine alte Frau ihm einen großen Gefallen getan habe und drei Polizisten sie deshalb verhaftet und auf die Polizeiwache gebracht hätten. »Du mußt für mich zum Kommissariat gehen und fragen, ob sie eine alte Frau dort haben.« Er zog seine *sebsi* heraus und brauchte eine lange

Zeit, um sie zu stopfen. Als er fertig war, rauchte er und bot sie Mustapha nicht an, weil dieser ihn ebenfalls nie von seinem Kif rauchen ließ. »Du siehst, daß mein Kopf voller Kif ist«, sagte er und lachte. »Ich kann nicht hingehen.« Mustapha lachte auch und sagte, das sei keine gute Idee, und er würde gehen.

»Ich war da, und ich hörte ihn lange Zeit weggehen, so lange, daß er fort sein mußte, und dennoch war er noch da, und seine Schritte entfernten sich weiter. Er ging fort, und es war niemand da. Da war das Feuer, ich rückte ein wenig davon ab. Ich wollte etwas hören, das wie der Ruf eines *muezzins* klang, *Allah akbar!*, oder ein Flugzeug vom französischen Stützpunkt, das über die Medina flog, oder Radionachrichten. Da war nichts. Und als der Wind durch die Tür kam, bestand er aus Staub, mannshoch. Eine Nacht, um von Hunden in der Mellah gejagt zu werden. Ich sah das Feuer, und ich erkannte ein Auge darin, wie das Auge, das übrigbleibt, wenn man *chibb* verbrennt und weiß, daß es einen *djinn* im Haus gab. Ich stand auf. Das Feuer knackte wie eine Stimme. Ich glaube, es sprach. Ich ging hinaus und die Straße entlang. Ich ging lange Zeit, ich kam zum Bab el Khemiss. Es war dunkel dort, und der Wind war kalt. Ich ging zur Mauer, wo die Kamele lagen, und blieb dort stehen. Manchmal zünden die Männer Feuer an und spielen auf ihren *aouadas.* Doch sie schliefen. Alle schnarchten. Ich ging weiter bis zum Tor und schaute hinaus. Die großen Lastwagen fuhren vorbei, beladen mit Gemüse, und ich dachte, ich wäre gern auf einem Laster und führe die ganze Nacht lang. Und in einer anderen Stadt würde ich dann Soldat und ginge nach Algerien. Alles wäre gut, wenn wir einen Krieg hätten. Ich dachte lange nach. Dann wurde mir so kalt, daß ich mich umdrehte und wieder zu gehen begann.

Es war so kalt wie im Magen der ältesten Ziege von Ijoukak. Ich glaubte, einen *muezzin* zu hören, ich blieb stehen und lauschte. Das einzige, was ich gehört hatte, war das Wasser, das durch die *seguia* hinaus zu den Gärten fließt. Es war unweit des *mçid* von Moulay Boujemaa. Ich hörte das Wasser vorbeifließen, und mir war kalt. Dann merkte ich, daß mir kalt war, weil ich Angst hatte. Ich dachte bei mir: ›Wenn etwas geschähe, was noch nie zuvor geschehen ist – was würde ich tun?‹ Du lachst? Haschisch in einem Herzen und Wind in deinem Kopf. Du glaubst, es ist wie der Gebetsteppich deiner Großmutter. Das ist die Wahrheit. Es ist kein Traum aus einer anderen Welt, am Zoll vorbeigeschmuggelt wie eine Teekanne aus Mekka. Ich hörte das Wasser, und ich erschrak. Weiter vorn am Pfad standen ein paar Bäume. Du weißt, manchmal ist es gut, nachts die *sebsi* herauszuholen und zu rauchen. Ich rauchte und machte mich auf den Weg. Und dann hörte ich etwas. Keinen *muezzin.* Etwas, das wie mein Name klang. Aber es kam von unten, aus der *seguia, Allah istir!* Und ich ging mit gesenktem Haupt. Wieder hörte ich es meinen Namen aussprechen, eine Stimme wie Wasser, wie der Wind, der die Blätter in den Bäumen bewegt, eine Frau. Es war eine Frau, die mich rief. Der Wind war in den Bäumen, und das Wasser rann, aber da war auch eine Frau. Du glaubst, es ist der Kif. Nein, sie rief meinen Namen. Von Zeit zu Zeit, nicht sehr laut. Als ich unter den Bäumen war, klang sie lauter, und ich hörte, daß es die Stimme meiner Mutter war. Ich hörte sie so, wie ich dich höre. Da wußte ich, daß die Katze keine Katze war und daß Aïcha Qandicha nach mir verlangte. Ich dachte an andere Nächte, in denen sie mich vielleicht aus den Augen einer Katze oder eines Esels beobachtet hatte. Ich wußte, sie würde mich nicht kriegen. Nichts in den sieben Himmeln konnte mich dazu bewegen zurückzuschauen. Doch ich fror und hatte Angst, und wenn ich mit der Zunge über die Lippen fuhr, hatte sie keinen Speichel. Ich stand unter den *safsaf*-Bäumen und dachte: ›Sie wird heruntergreifen und versuchen, mich zu berühren. Aber von vorn kann sie mich nicht berühren, und ich werde mich nicht umdrehen, nicht einmal, wenn ich eine Pistole höre.‹ Ich dachte daran, wie der Polizist auf mich geschossen hatte und ich die offene Tür fand. Ich fing an zu schreien: ›Du hast mir die Leiter zugeworfen und gesagt, ich soll hinunterklettern. Du hast mich hierher gebracht! Die dreckigste, vor Eiter stinkende Hure der Mellah ist tausendmal reiner als du, Tochter aller Padronas und Hunde in sieben Welten.‹ Ich ließ die Bäume hinter mir und fing an zu laufen. Ich rief mit zum Himmel erhobenem Kopf, damit sie meine Stimme hören konnte: ›Ich hoffe, die Polizei steckt dir einen Schlauch in den Mund und pumpt dich so lange voll Salzwasser, bis du platzt!‹ Ich dachte: ›Morgen werde ich *fasoukh* und *tib* und *nidd* und *hasalouba* und *mska* und alles *bakhour* am Djemaa aufkaufen, und ich werde es in den *mijmah* legen und verbrennen und zehn Mal langsam über den *mijmah* steigen, damit der Rauch meine Gewänder reinigt. Dann werde ich nachsehen, ob ich ein Auge in der Asche finde. Wenn ja, werde ich die ganze Prozedur sofort wiederholen. Und jeden Donnerstag werde ich *bakhour* kaufen und es jeden Freitag verbrennen. Das wird stark genug sein, um sie fernzuhalten.‹ Wenn ich nur ein Fenster finden und hineinblicken könnte, um zu sehen, was sie mit der Frau anstellen. Wenn sie die Alte doch töten könnten! Ich lief weiter. Nur wenige Menschen waren auf der Straße. Ich achtete nicht darauf, wohin ich lief, doch ich kam in die Straße unweit von Mustaphas Ofen, wo die Polizeiwache war. Noch bevor ich den Eingang erreichte, hörte ich auf zu laufen. Derjenige, der da stand, hatte mich schon gesehen. Er trat auf die Straße und hob den Arm. Er sagte: ›Komm her.‹«

Jener aus der Versammlung rannte. Er hatte das Gefühl, auf einem Pferd zu sitzen. Er merkte nicht, wie sich seine Beine bewegten. Er sah, wie die Straße auf ihn zukam und die Türen vorbeiflogen. Der Polizist hatte noch nicht auf ihn geschossen, aber es war schlimmer als das Mal davor, denn er war dicht hinter ihm und blies auf seiner Trillerpfeife. »Der Polizist ist alt. Mindestens fünfunddreißig. Ich kann schneller laufen.« Doch aus jeder Straße konnten andere kommen. Es war gefährlich, und er wollte nicht an Gefahren denken. Jener aus der Versammlung füllte seinen Kopf mit Liedern. Wenn es im Tal von Zerekten regnet, verdunkeln sich die Amethyste in Aguelmous. Das Auge will schlafen, doch der Kopf ist kein Kissen. Es war ein Lied. Ah, mein Bruder, Tinte auf Papier ist wie Rauch in der Luft. Mit welchen Worten ließe sich beschreiben, wie lang eine Nacht sein kann? Trunken vor Liebe wandere ich durchs Dunkel. Er lief durch das Färberviertel, und er platschte in eine Pfütze. Wieder erklang hinter ihm die Trillerpfeife, wie der Schrei eines wahnsinnig gewordenen Vogels. Der Pfiff brachte ihn zum Lachen, doch das bedeutete nicht, daß er keine Angst hatte. Er dachte: »Wenn ich siebzehn bin, kann ich schneller laufen. Das muß stimmen.« Vor ihm war es sehr dunkel. Er mußte immer langsamer laufen. Seine Augen hatten keine Zeit, sich an die Dunkelheit zu gewöhnen. Fast wäre er gegen die Mauer des Ladens am Ende der Straße geprallt. Er bog rechts ab und sah die schmale Gasse vor sich. Die Polizei hatte die alte Frau auf einen Tisch gebunden, nackt, mit gespreizten Beinen, und führte Elektroden in sie ein. Er lief weiter. Jetzt konnte er den Verlauf der

Gasse sogar im Dunkeln erkennen. Plötzlich hörte er auf zu laufen, ging zur Mauer und blieb dort reglos stehen. Er hörte, wie sich die Schritte verlangsamten. »Er wird nach links abbiegen.« Und er flüsterte laut: »So endet es.« Die Schritte erstarben, es war still. Der Polizist spähte in die Stille und horchte in die Dunkelheit links und rechts. Jener aus der Versammlung konnte ihn weder sehen noch hören, doch er wußte, was er tat. Er rührte sich nicht. Wenn es im Tal von Zerekten regnet. Eine Hand packte ihn an der Schulter. Er öffnete den Mund und wandte sich hastig um, doch der Mann hatte sich bewegt und stieß ihn in die Seite. Er spürte die Wolle seiner Dschellaba auf dem Handrücken. Er war durch eine Tür gegangen, und der Mann hatte sie geräuschlos geschlossen. Jetzt standen beide im Dunkeln; sie hörten, wie draußen der Polizist vorbeieilte. Dann zündete der Mann ein Streichholz an. Er blickte in die andere Richtung, und da war eine Treppe vor ihm. Der Mann drehte sich nicht um, sondern sagte: »Komm mit«, und beide gingen die Treppe hinauf. Oben holte der Mann einen Schlüssel aus der Tasche und schloß auf. Jener aus der Versammlung blieb im Türrahmen stehen, während der Mann eine Kerze anzündete. Der Raum gefiel ihm; es gab viele Polster und Kissen und ein weißes Schafsfell unter dem Tee-tablett in einer Ecke des Zimmers. Der Mann wandte sich um und sagte: »Nimm Platz.« Sein Gesicht war ernst und freundlich und etwas unglücklich. Jener aus der Versamm-lung hatte ihn noch nie gesehen, doch er wußte, daß es nicht das Gesicht eines Polizisten war. Jener aus der Versamm-lung zog seine *sebsi* hervor.

Ben Tajah sah den Jungen an und fragte: »Was hast du ge-meint, als du sagtest: ›So endet es‹? Ich hörte, wie du es sag-test.« Der Junge war verlegen. Er lächelte und schaute zu

Boden. Ben Tajah war froh, daß er da war. Er hatte lange Zeit im Dunkeln draußen vor der Tür gestanden und mit aller Macht versucht, ins Café der Zwei Brücken zu gehen, um mit dem *qahouaji* zu sprechen. Im Geiste war es fast so, als wäre er dagewesen und hätte mit ihm gesprochen. Er hatte den *qahouaji* sagen hören, daß er keinen Brief gesehen hatte, und Enttäuschung verspürt. Er hatte es nicht glauben wollen, doch er wäre bereit zu sagen, ja, ich habe mich geirrt, es hat gar keinen Brief gegeben, wenn er nur herausfinden könnte, woher die Worte stammten. Denn die Worte waren zweifellos in seinem Kopf: »… und die beiden Augen sind nicht Brüder.« Das war wie eine Spur, die man am Morgen nach einem Alptraum im Garten findet, der Beweis, daß es einen Grund für den Traum gab, daß tatsächlich etwas dagewesen war. Ben Tajah war außerstande gewesen, zu gehen oder zu bleiben. Er war so oft losgegangen und dann wieder stehengeblieben, daß er nun, ohne es zu wissen, sehr müde war. Wenn ein Mann müde ist, verwechselt er die Hoffnungen der Kinder mit dem Wissen erwachsener Männer. Ihm war, als hätten die Worte des anderen eine Bedeutung gehabt, die nur ihm galt. Auch wenn der Junge es vielleicht nicht wußte, könnte er von Allah gesandt worden sein, um ihm in diesem Augenblick zu helfen. In einer nahe gelegenen Straße hörte man die Trillerpfeife des Polizisten. Der Junge sah ihn an. Ben Tajah war es nicht besonders wichtig, wie die Antwort ausfallen würde, trotzdem fragte er: »Warum suchen sie dich?« Der Junge hob die brennende *sebsi* und seinen mit Kif prall gefüllten *mottoui*. Er wollte nicht sprechen, denn er lauschte. Ben Tajah rauchte nur Kif, wenn ein Freund ihm welchen anbot, doch er begriff, daß die Polizei wieder einmal versuchte, ihr Gesetz gegen Kif durchzusetzen. Jedes Jahr verhaftete sie ein paar Wochen lang Leute und hörte dann plötzlich wieder damit auf. Er sah den Jungen an und kam zu dem Schluß, daß er wahrscheinlich zu viel rauchte. Mit der *sebsi* in der Hand saß er sehr still da und horchte auf die Stimmen einiger Passanten unten auf der Straße. »Ich weiß, wer er ist«, sagte einer. »Mustapha hat mir seinen Namen verraten.« – »Der Bäcker?« – »Genau der.« Sie gingen weiter. Der Ausdruck des Jungen war so angespannt, daß Ben Tajah zu ihm sagte: »Es ist niemand. Nur irgendwelche Leute.« Er war froh, denn er hatte die Gewißheit, daß Satan ihm nicht erscheinen würde, solange der Junge bei ihm war. Ruhig sagte er: »Du hast mir immer noch nicht erzählt, warum du sagtest: ›So endet es.‹« Der Junge stopfte langsam seine *sebsi* und rauchte sie. »Ich meinte«, sagte er, »Allah sei Dank. Preiset den Himmel und die Erde, wo sie hell ist. Was sonst kann man meinen, wenn etwas endet?« Ben Tajah nickte. Fromme Gedanken können ebenso helfen, Satan auf Distanz zu halten, wie Kampfer oder *bakhour*, das man auf heiße Kohlen streut. Jedes heilige Wort ist soviel wert wie eine hohe Rauchsäule, und die Augenlider brennen danach nicht. »Er hat ein gutes Herz«, dachte Ben Tajah, »auch wenn er wahrscheinlich als Führer für die Ungläubigen arbeitet.« Und er fragte sich, warum es nicht möglich sein sollte, daß der Junge geschickt worden war, um ihn vor Satan zu beschützen. Der Junge reichte ihm die *sebsi*. Er nahm sie und rauchte. Dann dachte Ben Tajah, daß er gern zum Café der Zwei Brücken gehen würde, um mit dem *qahouaji* über den Brief zu sprechen. Er hatte das Gefühl, wenn der Junge ihn begleitete, würde der *qahouaji* vielleicht sagen, daß es einen Brief gegeben hatte, und selbst wenn der Mann sich nicht erinnern könnte, würde es ihm nicht so viel ausmachen, denn er hätte weniger Angst. Er wartete, bis er glaubte, der Junge habe seine Scheu vor der Straße überwunden, und sagte dann: »Gehen wir hinaus und trinken einen Tee.« – »Gut«, sagte der Junge. Wenn Ben Tajah bei ihm war, hatte er keine Angst vor der Polizei. Sie gingen durch die leeren Straßen und durchquerten den Djemaa el Fna und den Garten dahinter. Als sie in der Nähe des Cafés waren, sagte Ben Tajah zu dem Jungen: »Kennst du das Café der Zwei Brücken?« Der Junge sagte, er sei immer dort, und Ben Tajah war nicht überrascht. Ihm war, als hätte er ihn dort schon einmal gesehen. Er nahm den Jungen am Arm. »Warst du heute dort?« fragte er. »Ja«, antwortete der Junge und sah ihn an. Ben Tajah ließ seinen Arm los. »Nichts«, sagte er. »Hast du mich je dort gesehen?« Sie hatten das Tor des Cafés erreicht, und Ben Tajah blieb stehen. »Nein«, sagte der Junge. Sie gingen über die erste, dann über die zweite Brücke und setzten sich in eine Ecke. Nur wenige Gäste saßen noch draußen. Diejenigen im Inneren veranstalteten einen Riesenlärm. Der *qahouaji* brachte den Tee und ging wieder fort. Ben Tajah sprach ihn nicht auf den Brief an. Er wollte in Ruhe Tee trinken und die Probleme auf später verschieben.

Als der *muezzin* vom Minarett der Koutoubia rief, meinte Jener aus der Versammlung, im Agdal zu sein. Die großen Berge erhoben sich vor ihm, und rechts und links von ihm standen Reihen von Olivenbäumen. Dann hörte er Wasser plätschern, und er erinnerte sich an die *seguia*, die es im Agdal gibt. Hastig kehrte er ins Café der Zwei Brücken zurück. Aïcha Qandicha darf sich nur an Orten aufhalten, wo es Bäume und fließendes Wasser gibt. »Sie erscheint alleinstehenden Männern an Bäumen bei frischem, fließendem Wasser. Ihre Arme sind aus Gold, und sie ruft mit der Stimme desjenigen, den man am meisten liebt.« Ben Tajah reichte ihm die *sebsi*. Er stopfte sie neu und rauchte. »Wenn ein Mann ihr Gesicht sieht, wird er nie wieder ein anderes Frauengesicht ansehen. Er wird sie die ganze Nacht lieben, jede Nacht, und bei Tage an den Mauern, vor den Augen der Kinder. Bald wird er einer hohlen Schale gleichen, und er wird diese Welt verlassen und heimkehren nach Jehennem.« Der letzte Wagen kam vorbei; er brachte die letzten Touristen über die Straße an der Stadtmauer zu ihren Zimmern im Mamounia. Jener aus der Versammlung dachte: »Das Auge will schlafen. Aber dieser Mann ist allein auf der Welt. Er will die ganze Nacht reden. Er will mir von seiner Frau erzählen und wie er sie geschlagen und sie alles im Zimmer zerbrochen hat. Wozu will ich das wissen? Er ist ein guter Mensch, aber er hat keinen Verstand.« Ben Tajah war traurig. Er sagte: »Was habe ich getan? Warum hat Satan mich auserwählt?« Schließlich erzählte er dem Jungen von dem Brief; wie er sich gewundert hatte, daß sein Name auf dem Umschlag stand, und wie er nicht einmal sicher war, ob es überhaupt einen Brief gegeben hat. Als er fertig war, sah er den Jungen traurig an. »Und du hast mich nicht gesehen.« Jener aus der Versammlung schloß die Augen und blieb eine Zeitlang so sitzen. Als er die Augen aufschlug, sagte er: »Bist du allein auf der Welt?« Ben Tajah starrte ihn an und sagte nichts. Der Junge lachte: »Ich habe dich gesehen«, sagte er, »aber du hattest keinen Brief. Ich sah dich, als du aufstandest, und ich dachte, du wärest alt. Dann erkannte ich, daß du nicht alt bist. Das ist alles, was ich sah.« – »Nein, das stimmt nicht«, erwiderte Ben Tajah. »Du hast gesehen, daß ich allein war.« Jener aus der Versammlung zuckte die Achseln. »Wer weiß?« Er stopfte dabei die *sebsi* und reichte sie Ben Tajah. Der Kif war in Ben Tajahs Kopf. Seine Augen waren klein. Jener aus der Versammlung lauschte dem Wind in den Telefondrähten, nahm die *sebsi* zurück und stopfte sie erneut. Dann sagte er: »Du glaubst, Satan kommt, um dir Ärger zu machen, weil du allein auf der Welt bist. Das sehe ich. Nimm dir eine Frau oder irgend jemanden, der immer bei dir ist, und du wirst nicht mehr daran denken. Das ist wahr. Denn Satan erscheint Männern wie dir nicht.« Jener aus der Versammlung glaubte dies selbst nicht. Er wußte, daß Vater Satan jedem auf der Welt erscheinen kann, aber er hoffte, bei Ben Tajah leben zu können, so daß er nicht länger in den *souks* Geld leihen mußte, um etwas zu essen zu kaufen. Ben Tajah trank von seinem Tee. Er wollte nicht, daß der Junge sein glückliches Gesicht sah. Er spürte, daß der Junge recht hatte und daß es nie einen Brief gegeben hatte. »Zwei Tage in einem Bus sind eine lange Zeit. Ein Mann kann sehr müde werden«, sagte er. Dann rief er den *qahouaji* und wies ihn an, noch zwei Gläser Tee zu bringen. Jener aus der Versammlung reichte ihm die *sebsi*. Er wußte, daß Ben Tajah so lange wie möglich im Café der Zwei Brücken bleiben wollte. Er steckte einen Finger in den *mouttoui*. Der Kif war fast alle. »Wir können reden«, sagte er. »Es ist kaum noch Kif im *mouttoui*.« Der *qahouaji* brachte den Tee. Sie unterhielten sich eine Stunde oder länger. Der *qahouaji* schlief und schnarchte. Sie sprachen über Satan und wie schlimm es ist, allein zu leben, im Dunkeln aufzuwachen und zu wissen, daß niemand in der Nähe ist. Mehrmals sagte Jener aus der Versammlung, Ben Tajah solle sich keine Sorgen machen. Der Kif war zu Ende. Er hielt den leeren *mouttoui* in der Hand. Er verstand nicht, wie er wieder in die Stadt gelangt war, ohne aus dem Suppentopf geklettert zu sein. Einmal sagte er zu Ben Tajah: »Ich bin nie herausgeklettert.« Ben Tajah sah ihn an und sagte, er verstehe nicht. Jener aus der Versammlung erzählte ihm die Geschichte. Ben Tajah lachte. Er sagte: »Du rauchst zuviel Kif, Bruder.« Jener aus der Versammlung steckte seine *sebsi* in die Tasche. »Und du rauchst nicht und hast Angst vor Satan«, erwiderte er. »Nein!« rief Ben Tajah aus. »Bei Allah! Jetzt nicht mehr! Aber eins will mir nicht aus dem Kopf: Der Himmel erbebt, und die Erde fürchtet sich, und die beiden Augen sind nicht Brüder. Hast du jemals diese Worte gehört? Woher stammen sie?« Ben Tajah sah den Jungen eindringlich an. Jener aus der Versammlung begriff, daß dies die Worte in dem Brief gewesen waren, und er spürte, wie ihm ein kalter Schauer über den Rücken lief, weil er sie noch nie zuvor gehört hatte und sie Böses zu verheißen schienen. Er wußte aber auch, daß er Ben Tajah das nicht zeigen durfte. Er fing an zu lachen. Ben Tajah packte sein Knie und schüttelte es. Sein Gesicht war bekümmert. »Hast du sie jemals gehört?« Jener aus der Versammlung lachte weiter. Ben Tajah schüttelte sein Bein so stark, daß der andere innehielt und sagte: »Ja!« Als Ben Tajah wartete und er nichts sagte, merkte er, daß das Gesicht des Mannes ärgerlich wurde, und deshalb sagte er: »Ja, ich habe sie schon einmal gehört. Doch willst du mir verraten, was mit mir geschah und wie ich aus dem Suppentopf gelangte, wenn ich dir von diesen Worten erzähle?« Ben Tajah begriff, daß der Kif den Kopf des Jungen verließ. Doch er sah, daß er noch nicht ganz verschwunden war, sonst hätte er diese Frage nicht gestellt. Und er sagte: »Warte eine Weile auf die Antwort.« Jener aus der Versammlung weckte den *qahouaji*, und Ben Tajah bezahlte, dann verließen sie das Café. Sie sprachen nicht beim Gehen. Als sie zur Mouassine-Moschee kamen, streckte Ben Tajah die Hand aus, um sich zu verabschieden, doch Jener aus der Versammlung sagte: »Ich suche im Geiste nach dem Ort, an dem ich deine Worte gehört habe. Ich begleite dich noch bis zu deiner Tür. Vielleicht fällt er mir unterwegs ein.« Ben Tajah antwortete: »Möge Allah dir helfen, ihn zu finden.« Er nahm ihn beim Arm, und sie gingen zu Ben Tajahs Haus, während Jener aus der Versammlung schwieg. Sie standen im Dunkeln vor der Tür. »Ist er dir eingefallen?« fragte Ben Tajah. »Beinahe«, antwortete Jener aus der Versammlung. Ben Tajah dachte, daß der Junge ihm mehr über die Worte erzählen könnte, wenn der Kif aus seinem Kopf verschwunden war. Er wollte wissen, in welchem Zustand sein Kopf war, und deshalb sagte er: »Interessiert dich noch, wie du aus dem Suppentopf herausgekommen bist?« Jener aus der Versammlung lachte. »Du hast gesagt, du würdest es mir später erzählen.« – »Das werde ich«, antwortete Ben Tajah. »Komm mit nach oben. Da wir ohnehin warten müssen, können wir uns setzen.« Ben Tajah schloß die Tür auf, und sie gingen hinauf. Diesmal setzte sich Jener aus der Versammlung auf Tajahs Bett. Er gähnte und streckte sich. Es war ein gutes Bett. Er war froh, daß es nicht die Matte am Bambuszaun beim Café der Zwei Brücken war. »Also, erzähl mir, wie ich aus dem Suppentopf herausgekommen bin«, sagte er lachend. Ben Tajah entgegnete: »Du fragst mich immer noch? Hast du an die Worte gedacht?« – »Ich kenne die Worte«, sagte der Junge. »Der Himmel erbebt...« Ben Tajah wollte nicht, daß er sie wiederholte. »Wo hast du sie gehört? Was bedeuten sie? Das will ich wissen.« Der Junge schüttelte den Kopf. Dann setzte er sich sehr gerade hin und sah an Ben Tajah vorbei, durch die Wände des Zimmers, über die Straßen der Medina und die Gärten hinaus auf die Berge, wo die Menschen Tachelhait sprechen. Er erinnerte sich, wie er ein kleiner Junge gewesen war. »Diese Nacht ist ein Juwel in meiner Krone«, dachte er. »Es ging so.« Und er stimmte ein Lied an und dachte sich eine Melodie zu den Worten aus, die Ben Tajah ihm genannt hatte. Als er zu der Stelle »… und die beiden Augen sind nicht Brüder« kam, erfand er noch ein paar eigene Worte hinzu und hörte dann auf zu singen. »Das ist alles, was ich von dem Lied behalten habe«, sagte er. Ben Tajah klatschte laut in die Hände. »Ein Lied!« rief er. »Ich muß es im Radio gehört haben.« Jener aus der Versammlung zuckte die Achseln. »Sie spielen es ab und zu«, sagte er. Und dachte: »Ich habe ihn glücklich gemacht. Aber ich werde ihn nie wieder belügen. Das war das einzige Mal. Was ich jetzt tue, ist nicht dasselbe wie lügen.« Er stand auf und ging zum Fenster. Die *muezzins* riefen den *fjer*. »Es ist beinahe hell«, sagte er zu Ben Tajah. »Ich habe noch Kif im Kopf.« Ben Tajah antwortete: »Setz dich.« Er war jetzt sicher, daß es keinen Brief gegeben hatte. Jener aus der Versammlung legte seine Dschellaba ab und streckte sich auf dem Bett aus. Ben Tajah sah ihn erstaunt an. Dann zog er sich aus und legte sich neben ihn. Die Kerze, die vor dem Bett auf dem Boden stand, ließ er brennen. Er wollte wach bleiben, doch dann schlief er ein, denn er war das Kifrauchen nicht gewohnt, und der Kif war in seinem Kopf. Jener aus der Versammlung glaubte nicht, daß er schlief. Lange Zeit lag er regungslos wach. Er horchte auf die Stimmen der *muezzins,* und erwartete, daß der Mann neben ihm etwas sagen oder sich bewegen würde. Als er sah, daß Ben Tajah fest eingeschlafen war, wurde er böse. »So behandelt er einen Freund, der ihn glücklich gemacht hat. Er vergißt seinen Kummer und den Freund dazu.« Je mehr er darüber nachdachte, um so wütender wurde er. Die *muezzins* riefen noch immer den *fjer.* »Bevor sie verstummen, oder er wird etwas hören.« Sehr langsam stand er auf. Er schlüpfte in seine Dschellaba und öffnete die Tür. Dann kam er zurück und nahm Ben Tajah alles Geld aus den Taschen. Zwischen den Banknoten fand er einen gefalteten Umschlag. Ben Tajahs Name stand darauf. Er zog das Blatt Papier heraus und hielt es ins Licht der Kerze, und dann starrte er es an, als hätte er eine Schlange vor sich. Da standen die Worte. Ben Tajah lag mit dem Gesicht zur Wand und schnarchte. Jener aus der Versammlung hielt den Zettel über die Flamme und verbrannte ihn, und dann verbrannte er den Umschlag. Die schwarze Asche blies er über den Boden. Geräuschlos lief er die Treppe hinunter und trat hinaus auf die Straße. Er zog die Tür zu. Das Geld steckte in seiner Tasche, und er ging raschen Schritts zum Haus seiner Tante. Seine Tante wachte auf und war eine Weile böse. Schließlich sagte er: »Es hat geregnet. Wie hätte ich nach Hause kommen sollen? Laß mich schlafen.« Er hatte ein wenig Kif unter seinem Kopfkissen versteckt. Er rauchte eine Pfeife. Dann sah er durch seinen Schlaf hindurch auf den Morgen und dachte: »Eine Pfeife Kif vor dem Frühstück verleiht einem Mann die Macht von hundert Kamelen im Hof.«

Tanger, 1961

DER WIND VON BENI MIDAR

In Beni Midar gibt es eine Kaserne. Sie besteht aus vielen Reihen von kleinen, weißgekalkten Gebäuden und liegt, umgeben von großen Felsen, am Hang eines Berges hinter der Stadt. Ein friedlicher Ort, wenn der Wind nicht bläst. Ein paar Spanier leben noch in den Häusern an der Straße. Ihnen gehören die Läden. Doch die Menschen in der Stadt sind nur Moslems, Bergbewohner mit Ziegen und Schafen oder Soldaten aus dem *cuartel* auf der Suche nach Wein. Die Spanier verkaufen Wein an die Männer, die sie kennen. Ein Jude dort verkauft ihn beinahe an jedermann. Aber nie gibt es in der Stadt genug Wein für alle, die danach fragen. Beni Midar besitzt nur eine Straße: Sie kommt aus den Bergen herunter, windet sich eine Zeitlang wie eine Schlange zwischen den Häusern hindurch und führt dann wieder in die Berge hinauf. Sonntag ist ein schlechter Tag. Es ist die einzige Zeit, in der die Soldaten Ausgang haben und den ganzen Tag zwischen den Geschäften und Häusern auf und ab spazieren können. Einige Spanier in schwarzen Kleidern gehen zur Kirche, während die Rhmara zur selben Stunde auf ihren Eseln aus dem *souk* reiten. Später kommen die Spanier aus der Kirche und gehen nach Hause. Weiter tut sich nichts, denn alle Geschäfte sind geschlossen. Für die Soldaten gibt es nichts zu kaufen.

Driss war seit acht Monaten in Beni Midar stationiert. Da der Cabran seiner Einheit in Tetuan sein Nachbar gewesen war, ging es ihm nicht schlecht. Der Cabran hatte einen Freund mit einem Motorrad. Einmal im Monat fuhren sie zusammen nach Tetuan. Dort besuchte der Cabran die Schwester von Driss, die ein großes Bündel mit Lebensmitteln zusammenpackte, das sie ihm mitgab. Sie schickte Driss Hühner und Kuchen, Zigaretten und Wein und stets viele hartgekochte Eier. Er teilte die Eier mit zwei oder drei Freunden und hatte nichts dagegen, in Beni Midar zu sein.

Nicht einmal die Bordelle waren am Sonntag geöffnet. Es war der Tag, an dem jedermann von einem Ende der Stadt zum anderen und wieder zurück promenierte, unzählige Male hintereinander. Manchmal begleitete Driss seine Freunde. Meist aber nahm er sein Gewehr und ging hinunter ins Tal, um Hasen zu jagen. Wenn er bei Einbruch der Dämmerung zurückkehrte, machte er in einem kleinen Café am Rand der Stadt halt, trank ein Glas Tee und rauchte ein paar Pfeifen Kif. Wenn es nicht das einzige Café der Stadt gewesen wäre, hätte er es niemals betreten. Schändliche Dinge geschahen dort. Mehrmals hatte er beobachtet, wie Männer aus den Bergen von ihren Matten aufstanden und Tänze veranstalteten, nach denen Blut auf dem Boden zurückblieb. Diese Männer waren Jilala, und niemand dachte daran, sie zu hindern, nicht einmal Driss. Sie tanzten nicht, weil sie tanzen wollten, und das war es, was ihn ärgerte und beschämte. Ihm schwebte eine Welt vor, in der es einem Mann freisteht zu tanzen oder nicht zu tanzen, ganz wie es ihm gefällt. Ein Jilali aber kann nur tun, was die Musik von ihm verlangt. Wenn die Musiker, andere Jilala, eine Musik spielen, welche die Macht dazu besitzt, fallen ihm die Augen zu, und er stürzt zu Boden. Und die Musiker stimmen nicht eher jene Klänge an, die ihn in die Welt zurückbringen, bis der Mann die Prüfung bestanden und sein eigenes Blut getrunken hat. Man sollte etwas dagegen tun, sagte Driss zu den anderen Soldaten, die mit ihm in das Café gingen, und alle stimmten zu.

Er hatte darüber mit seinem Cabran im Park gesprochen. Der Cabran sagte, wenn alle Kinder vom Land Tag für Tag zur Schule gingen, gäbe es keine *djenoun*. Die Frauen könnten ihre Männer nicht mehr verhexen. Und die Jilala und die Hamatcha und alle anderen verstümmelten sich nicht länger Arme, Beine und Brust. Driss dachte lange darüber nach. Er war froh zu hören, daß die Regierung von diesen üblen Zuständen wußte. »Wenn sie es aber wissen«, dachte er, »warum tun sie nicht jetzt etwas dagegen? Bis sie es geschafft haben, daß alle Kinder zur Schule gehen, liege ich längst neben Sidi Ali el Mandri.« Er dachte an den Friedhof beim Bab Sebta in Tetuan. Als er den Cabran wieder traf, sagte er: »Wenn sie etwas dagegen tun können, sollten sie es jetzt tun.« Der Cabran schien nicht interessiert. »Ja«, antwortete er.

Als Driss Ausgang bekam, fuhr er nach Hause und erzählte seinem Vater, was der Cabran gesagt hatte. »Willst du damit sagen, daß die Regierung glaubt, alle bösen Geister vernichten zu können?« rief sein Vater.

»So ist es. Das kann sie«, sagte Driss. »Und sie wird es tun.«

Sein Vater war alt und brachte den jungen Männern, die jetzt die Regierung bildeten, kein Vertrauen entgegen. »Das ist unmöglich«, entgegnete er. »Man sollte sie in Ruhe lassen. Man darf sie nicht stören unter ihren Steinen. Auch früher sind die Kinder zur Schule gegangen, und wie oft haben die *djenoun* ihnen Schaden zugefügt? Aber wenn die Regierung sich mit ihnen anlegt, wirst du sehen, was passiert. Sie werden als erstes auf die Kinder losgehen.«

Driss hatte erwartet, daß sein Vater so sprechen würde, doch als er die Worte hörte, schämte er sich. Er antwortete nicht. Einige seiner Freunde hatten keine Ehrfurcht vor Gott. Sie aßen am Ramadan und widersprachen ihren Vätern. Er war froh, nicht wie sie zu sein. Trotzdem hatte er das Gefühl, daß sein Vater unrecht hatte.

An einem heißen Sonntag im Sommer, der Himmel war tiefblau, lag Driss noch spät im Bett. Die Männer, die im selben Raum schliefen wie er, waren ausgegangen. Er hörte Radio. »An einem solchen Tag wäre es sehr schön im Tal«, überlegte er. Er sah sich in einem der großen Tümpel schwimmen, und er dachte an die heiße Sonne auf dem Rücken danach. Er stand auf, um nach seinem Gewehr zu sehen. Noch ehe er es herausholte, sagte er: »*Yah latif!*«, denn er erinnerte sich, daß er nur noch eine Patrone übrig hatte, und es war Sonntag. Er warf die Spindtür zu und legte sich wieder aufs Bett. Das Radio brachte Nachrichten. Er setzte sich auf, spuckte so weit er konnte und stellte es ab. In der Stille hörte er viele Vögel, die im *safsaf*-Baum vor dem Fenster sangen. Er kratzte sich am Kopf. Schließlich stand er auf und kleidete sich an. Im Hof sah er Medhi, der auf die Treppe zuging. Mehdi war auf dem Weg zum Wachtposten im Schilderhaus vor dem Haupttor.

»*Khaï!* Was sagst du zu vier Rial?«

Mehdi sah ihn an. »Ist das die Nummer sechzig, drei, einundfünfzig?« Das war der Name eines ägyptischen Songs, der fast jeden Tag im Radio gespielt wurde. Der Song endete mit dem Wort »nichts«. Nichts, nichts, unablässig wiederholt.

Warum nicht? Als sie nebeneinander hergingen, drängte sich Driss so nahe an Medhi heran, daß sich ihre Schenkel berührten.

»Es kostet zehn, *khoya.*«

»Mit allen Patronen?«

»Soll ich es etwa aufmachen und dir hier zeigen?« Medhis Stimme klang ärgerlich. Er stieß die Worte aus dem Mundwinkel hervor.

Driss sagte nichts. Sie stiegen die Treppe hinauf. Mehdi ging schnell. »Um sieben Uhr brauche ich es zurück«, sagte er. »Willst du es?«

Driss sah im Geist den langen Tag in der leeren Stadt vor sich. »Ja«, sagte er. »Warte.« Er lief ins Zimmer zurück, schloß den Spind auf und holte sein Gewehr heraus. Von dem Regalbrett nahm er die Pfeife, den Kif und einen Brotlaib herunter. Er steckte den Kopf durch die Tür. Im Hof war niemand außer Medhi, der am anderen Ende auf der Mauer saß. Mit dem alten Gewehr in der Hand rannte er zu Mehdi hinüber. Mehdi nahm es und stieg die Treppe hinunter; sein eigenes Gewehr ließ er auf der Mauer liegen. Driss griff danach, wartete einen Augenblick und folgte ihm. Als er am Schilderhaus vorbeikam, hörte er Mehdis Stimme leise sagen: »Ich brauche die zehn um sieben, *khoya!*«

Driss grunzte. Er wußte, wie dunkel es dort drinnen war. Kein Offizier würde an einem Sonntag seine Nase hineinstecken. Zehn Rial, dachte er, und ohne jedes Risiko. Er sah sich nach den Ziegen zwischen den Felsen um. Die Sonne war heiß, doch die Luft duftete süß, und er war glücklich, als er den Berghang hinunterging. Er zog den Schirm seiner Mütze tiefer über die Augen und fing an, vor sich hinzupfeifen. Bald kam er unterhalb der Stadt, auf der anderen Seite des Tals heraus. Er konnte die Menschen erkennen, die im Park oberhalb der Klippen auf den Bänken saßen, klein, aber deutlich und schwarz. Es waren Spanier, und sie warteten darauf, daß die Kirchenglocken läuteten.

Er erreichte das höchstgelegene Becken etwa um die Zeit, als die Sonne im Zenit stand. Als er später auf den Felsen lag und sein Brot aß, brannte die Sonne auf ihn herab. Vor drei wird sich kein Tier blicken lassen, dachte er. Er zog seine Hose an und verkroch sich in den Schatten eines Oleanders, um etwas zu schlafen. Als er aufwachte, war es kühler. Er rauchte allen Kif, den er hatte, und durchstreifte das Tal. Manchmal sang er vor sich hin. Da er keine Hasen fand, legte er kleine Steine auf die Felsen und schoß darauf. Dann stieg er auf der anderen Seite des Tals wieder hinauf und folgte der Straße in die Stadt.

Er kam zu dem Café und trat ein. Die Musiker spielten und sangen. Die Teetrinker klatschten rhythmisch in die Hände. Ein Soldat rief ihm zu: »Driss, setz dich zu uns!« Er nahm bei seinen Freunden Platz und rauchte von ihrem Kif. Dann kaufte er dem Händler, der mit den Musikern auf der Bühne saß, für vier Rial etwas ab und rauchte weiter. »Im Tal hat sich heute nichts geregt«, erzählte er. »Da unten war alles tot.«

Ein Mann mit einem gelben Turban auf dem Kopf, der nicht weit von ihnen entfernt saß, schloß die Augen und fiel gegen seinen Nachbarn. Die Gäste in seiner Nähe rückten etwas ab. Der Mann kippte nach vorn und lag auf dem Boden.

»Noch einer?« rief Driss. »Sie sollten in Djebel Habib bleiben. Ich kann mir das nicht ansehen!«

Der Mann brauchte lange Zeit, um hochzukommen. Seine Arme und Beine waren von den Trommeln gefangen, doch der Körper kämpfte, und er stöhnte. Driss versuchte, ihn nicht zu beachten. Er rauchte seine Pfeife und sah seine Freunde an, als gäbe es keinen Jilali vor ihm. Doch als der Mann sein Messer zog, konnte er ihn nicht länger ignorieren. Er sah das Blut in die Augen des Mannes rinnen. Es bildete einen glatten roten Schleier über den Augenhöhlen. Der Mann riß die Augen weit auf, als wollte er durch das Blut hindurchsehen. Die Trommeln waren laut.

Driss stand auf und bezahlte beim *qahouaji* für seinen Tee. Er verabschiedete sich von den anderen und verließ das Café. Bald würde die Sonne hinter den Bergen verschwinden. Ihr Licht weckte in ihm den Wunsch, die Augen zu schließen, denn sein Kopf war voller Kif. Er ging zum anderen, höhergelegenen Ende der Stadt und folgte einem Pfad, der in ein anderes Tal führte. Hier war niemand, Kakteen wuchsen zu beiden Seiten des Pfades, und die Spinnen hatten zwischen ihren Stacheln eine Welt aus Fäden gesponnen. Da er sehr schnell ging, fing der Kif in seinem Kopf zu brodeln an. Bald hatte er großen Hunger, doch die Kakteen am Wegesrand waren bereits leergepflückt. Er kam zu einem kleinen, strohgedeckten Bauernhof. Dahinter, auf dem unbebauten Berghang, standen noch mehr Kakteen, übersät mit Hunderten von rosafarbenen *hindiyats*. In einem Schuppen neben dem Haus begann ein Hund zu bellen. Kein Mensch war zu sehen. Er blieb eine Weile stehen und horchte auf den Hund. Dann ging er auf das Kaktusfeld zu. Er war sicher, daß niemand im Haus war. Vor vielen Jahren hatte seine Schwester ihm beigebracht, wie man *hindiyats* pflückte, ohne sich an den Stacheln die Hände zu verletzen. Er legte das Gewehr hinter einer niedrigen Steinmauer auf die Erde und begann, Früchte zu sammeln. Während er pflückte, sah er im Geist die beiden blinden roten Augenhöhlen des Jilali vor sich und verfluchte leise alle Jilala. Als er einen großen Haufen Früchte beisammen hatte, setzte er sich auf die Erde und aß, wobei er die Schalen über die Schulter warf. Dabei wurde er immer hungriger, und so pflückte er noch mehr. In seinem Kopf verblaßte allmählich das Bild des Mannes mit dem vor Blut glänzenden Gesicht. Er dachte nur noch an die *hindiyats,* die er aß. Es war fast dunkel hier am Berghang. Er sah auf die Uhr und sprang auf, denn ihm war eingefallen, daß Mehdi sein Gewehr um sieben Uhr zurückhaben wollte. Im Licht der Dämmerung konnte er das Gewehr nirgendwo entdecken. Er suchte hinter der Mauer, wo er es abgelegt zu haben glaubte, doch er fand nur Gebüsch und Steine.

»Es ist weg, *Annah istir*«, sagte er. Sein Herz klopfte. Er lief zum Pfad zurück und blieb dort eine Zeitlang stehen. Der Hund bellte ununterbrochen.

Es war dunkel, noch ehe er das Tor der Kaserne erreichte. Im Schilderhaus stand ein Mann Wache. Der Cabran erwartete ihn im Zimmer. Das alte Gewehr, das Driss von seinem Vater hatte, lag auf dem Bett.

»Weißt du, wo Mehdi ist?« fragte der Cabran.

»Nein«, antwortete Driss.

»Im Bau, der Hundesohn! Und weißt du, warum?«

Driss setzte sich aufs Bett. Der Cabran ist mein Freund, dachte er. »Es ist verschwunden«, sagte er und erzählte, wie er das Gewehr auf die Erde gelegt und wie der Hund gebellt hatte, wie niemand vorbeigekommen und das Gewehr trotzdem verschwunden war. »Vielleicht war der Hund ein *djinn*«, sagte er, als er mit seiner Geschichte fertig war. Er glaubte nicht wirklich, daß der Hund etwas damit zu tun hatte, aber in diesem Moment fiel ihm nichts Besseres ein.

Der Cabran musterte ihn lange und sagte nichts. Er schüttelte den Kopf. »Ich hätte dich für klüger gehalten«, sagte er schließlich. Dann wurde sein Gesicht sehr böse, und er zerrte Driss nach draußen in den Hof, wo er ihn von einem Soldaten einsperren ließ.

Am selben Abend gegen zehn Uhr suchte er Driss in seiner Zelle auf. Er fand ihn, *sebsi* rauchend, im Dunkeln. Die Zelle war voller Kifrauch. »Mistzeug!« rief der Cabran und nahm ihm Pfeife und Kif weg. »Sag die Wahrheit«, befahl er. »Du hast das Gewehr verkauft, stimmt's?«

»Beim Haupt meiner Mutter, es war so, wie ich erzählt habe. Da war nur der Hund!«

Der Cabran konnte ihn nicht dazu bewegen, etwas anderes zu sagen. Er schlug die Tür hinter sich zu und ging zum Café in der Stadt, um ein Glas Tee zu trinken. Er setzte sich, lauschte der Musik und begann den Kif zu rauchen, den er Driss abgenommen hatte. Wenn Driss die Wahrheit sagte, war es nur dem Kif in seinem Kopf zu verdanken, daß er das Gewehr verloren hatte; in diesem Fall gab es die Chance, es wiederzufinden. Der Cabran hatte lange nicht mehr geraucht. Während der Kif sich in seinem Kopf ausbreitete, bekam er Hunger, und er erinnerte sich an die Zeiten, als er jung war und mit seinen Freunden geraucht hatte. Stets hatten sie sich anschließend auf die Suche nach *hindiyats* gemacht, denn sie schmeckten besser als alles andere und kosteten nichts. Sie hatten immer gewußt, wo welche wuchsen. »Ein *kouffa* voller guter *hindiyats*«, dachte er. Er schloß die Augen und hing weiter seinen Gedanken nach.

Früh am nächsten Morgen ging der Cabran hinaus und kletterte auf einen hohen Felsen hinter der Kaserne, um sorgfältig das Tal und den kahlen Berg abzusuchen. In einiger Entfernung entdeckte er einen Pfad, der von Kakteen gesäumt war, und weiter oben gab es einen ganzen Kakteenwald. »Dort«, sagte er sich.

Er ging durch die Felsen, bis er den Pfad erreichte, und folgte ihm zu dem Bauernhaus. Der Hund fing an zu bellen. Eine Frau kam an die Tür und beobachtete ihn. Er schenkte ihr keine Beachtung, sondern ging geradewegs zu den hohen Kakteen weiter, die hinter dem Haus am Berghang wuchsen. Es gab noch viele reife *hindiyats*, doch der Cabran aß sie nicht. Er hatte keinen Kif mehr im Kopf und dachte nur an das Gewehr. Neben der Steinmauer lag ein großer Haufen von *hindiyat*-Schalen. Hier hatte sich jemand satt gegessen. Dann sah er, wie ein Stück des Gewehrlaufs zwischen den Schalen in der Sonne blinkte. »Ha!« rief er, hob das Gewehr auf und wischte es sorgfältig mit seinem Taschentuch ab. Auf dem Rückweg zur Kaserne war er so gut gelaunt, daß er beschloß, Driss einen Streich zu spielen.

Er versteckte das Gewehr unter seinem Bett. Mit einem Glas Tee und einem Stück Brot in der Hand stattete er Driss einen Besuch ab. Dieser lag im Dunkeln auf dem Boden der Zelle und schlief.

»Der Tag ist angebrochen!« rief der Cabran. Er lachte und stieß Driss gegen den Fuß, um ihn zu wecken. Driss saß auf dem Boden und trank den Tee; der Cabran stand in der Tür und kratzte sich das Kinn. Er starrte auf den Boden, ohne jedoch Driss anzusehen. Nach einer Weile sagte er: »Hast du mir nicht letzte Nacht von einem bellenden Hund erzählt?«

Driss dachte, daß der Cabran sich über ihn lustig machen wollte. Es tat ihm leid, den Hund erwähnt zu haben. »Ja«, sagte er unschlüssig.

»Wenn es der Hund war«, fuhr der Cabran fort, »weiß ich, wie wir das Gewehr zurückbekommen. Du wirst mir helfen müssen.«

Driss sah zu ihm auf. Er konnte nicht glauben, daß der Cabran es ernst meinte. Schließlich sagte er leise: »Ich habe nur Spaß gemacht, als ich das erzählte. Ich hatte Kif im Kopf.«

Der Cabran war ärgerlich. »Du hältst es für einen Spaß,

ein Gewehr zu verlieren, das dem Sultan gehört? Du hast es doch verkauft! Jetzt hast du keinen Kif mehr im Kopf. Vielleicht kannst du nun die Wahrheit sagen!« Er trat einen Schritt auf Driss zu, und dieser glaubte, er würde ihn schlagen. Hastig sprang er auf. »Ich habe die Wahrheit gesagt«, sagte er. »Es war verschwunden.«

Der Cabran rieb sich das Kinn und sah nochmals einen Augenblick zu Boden. »Wenn das nächste Mal ein Jilali im Café anfängt zu tanzen, werden wir zuschlagen«, sagte er. Damit schloß er die Tür und ließ Driss allein.

Zwei Tage später erschien der Cabran wieder in der Zelle. Er hatte einen Soldaten dabei. »Los!« sagte er zu Driss. »Gerade tanzt einer.«

Sie traten in den Hof, und Driss blinzelte. »Paß auf!« sagte der Cabran. »Wenn der Jilali sein eigenes Blut trinkt, hat er die Macht. Du mußt ihn bitten, den *djinn* zu veranlassen, das Gewehr zurückzugeben. Ich werde im Zimmer bleiben und *djaoui* verbrennen. Vielleicht hilft es.«

»Ich werde es tun«, sagte Driss. »Aber es wird nichts nützen.«

Der Soldat begleitete Driss ins Café. Der Jilali war ein hochgewachsener Mann aus den Bergen. Er hatte bereits sein Messer gezogen und schwenkte es in der Luft. Der Soldat bedeutete Driss, sich zu den Musikern zu setzen, dann wartete er, bis der Mann anfing, das Blut von den Armen zu lecken. Da er befürchtete, ihm könne übel werden, wenn er noch länger zusähe, hob Driss den rechten Arm und sagte mit leiser Stimme: »Im Namen Allahs, *khoya*, bring den *djinn*, der Mehdis Gewehr gestohlen hat, dazu, es dem Cabran Aziz wiederzugeben.« Der Jilali schien ihn anzustarren, doch Driss war nicht sicher, ob er seine Worte gehört hatte oder nicht.

Der Soldat brachte ihn in die Kaserne zurück. Der Cabran saß unter dem Pflaumenbaum bei der Küchentür. Er befahl dem Soldaten wegzutreten und sprang auf. »Komm«, sagte er und ging mit Driss ins Zimmer. Die Luft darin war blau vom Rauch des *djaoui,* das er verbrannt hatte. Er zeigte in die Mitte des Zimmers auf den Boden. »Schau!« rief er. Dort lag ein Gewehr. Driss lief hin und hob es auf. Nachdem er es sorgfältig inspiziert hatte, sagte er: »Es ist das Gewehr.« Und seine Stimme war voller Furcht. Der Cabran konnte sehen, daß Driss nicht sicher gewesen war, ob so etwas wirklich geschehen könnte, daß er jetzt jedoch nicht länger zweifelte.

Der Cabran war froh, ihn so leicht hinters Licht geführt zu haben. Er lachte. »Siehst du, es hat funktioniert«, sagte er. »Du hast Glück, Mehdi muß noch eine Woche absitzen.«

Driss antwortete nicht. Er fühlte sich noch schlechter als in dem Augenblick, als er zusah, wie sich der Jilali das Messer in den Arm stieß.

In jener Nacht lag er auf dem Bett und grübelte. Es war das erste Mal, daß er mit einem *djinn* oder *affrit* zu tun hatte. Er war in ihre Welt eingedrungen. Das war eine gefährliche Welt, und er vertraute dem Cabran nicht mehr. »Was soll ich tun?« überlegte er. Die Männer um ihn herum schliefen, er aber bekam kein Auge zu. Nach einer Weile stand er auf und ging hinaus. Die Blätter des *safsaf*-Baumes seufzten im Wind. In einem der Fenster auf der anderen Seite des Hofs brannte Licht. Einige der Offiziere unterhielten sich dort. Er ging langsam um den Garten in die Mitte, und als er zum Himmel aufsah, dachte er daran, wie anders sein Leben jetzt sein würde. Er kam in die Nähe des hellen Fensters und hörte lautes Gelächter. Der Cabran erzählte eine Geschichte. Driss blieb stehen und horchte.

»Und dann sagte er zu dem Jilali: Bitte Sidi, mach, daß der Hund, der mein Gewehr gestohlen hat – «

Wieder lachten die Männer, und der Lärm übertönte die Stimme des Cabran.

Er ging eilig zurück und legte sich zu Bett. Wenn sie wüßten, daß er die Geschichte des Cabran gehört hatte, würden sie noch mehr lachen. Er lag im Bett und grübelte, und er spürte, wie Gift in sein Herz eindrang. Es war die Schuld des Cabran, daß er den *djinn* beschworen hatte, und jetzt, vor seinen Vorgesetzten, behauptete er, nichts damit zu tun zu haben. Später kam der Cabran und legte sich schlafen, und im Hof war alles still, doch Driss lag noch lange wach und zerbrach sich den Kopf, bis er einschlief.

In den darauffolgenden Tagen war der Cabran wieder freundlich, aber Driss wollte sein Lächeln nicht sehen. Voller Haß dachte er: »Er glaubt, ich habe jetzt Angst vor ihm, weil er weiß, wie man einen *djinn* ruft. Er spielt mit mir, weil er die Macht hat.«

Er konnte weder lachen noch glücklich sein, solange der Cabran in der Nähe war. Jede Nacht lag er noch lange wach, wenn bereits alle anderen schliefen. Er hörte den Wind in den harten Blättern des *safsaf*-Baums rascheln, und er dachte nur darüber nach, wie er die Macht des Cabran brechen könnte.

Als Mehdi aus dem Arrest entlassen wurde, war er nicht gut auf den Cabran zu sprechen. Driss bezahlte ihm seine zehn Rial. »Eine Menge Geld für zehn Tage Bau«, brummte Mehdi und betrachtete den Geldschein in seiner Hand. Driss tat, als verstünde er nicht. »Er ist ein Hurensohn«, sagte er.

Mehdi schnaubte. »Und du hast den Kopf einer Stecknadel«, gab er zurück. »Du bist an allem schuld. Dir bläst der Wind den Kif aus den Ohren.«

»Meinst du, ich hätte nicht gesessen?« rief Driss. Aber er konnte Mehdi nicht vom Jilali und dem Hund erzählen. »Er ist ein Hurensohn«, wiederholte er. Mehdis Augen verengten sich und wurden starr. »Ich werde es ihm heimzahlen. Er wird glauben, selbst im Bau zu sitzen, wenn ich mit ihm fertig bin.«

Mehdi ging seines Weges. Driss blieb stehen und sah ihm nach.

Am nächsten Sonntag stand Driss früh auf und ging nach Beni Midar. Im *souk* drängten sich die Bergbewohner in ihren weißen Gewändern. Er zwängte sich mit den Eseln hinein und stieg die Stufen hinauf, die zu den Ständen führten. Dort suchte er einen alten Mann auf, der Räucherwerk und Kräuter verkaufte. Man nannte ihn El Fqih. Er setzte sich El Fqih gegenüber und sagte: »Ich brauche etwas für einen Hundesohn.«

El Fqih musterte ihn finster. »Eine Sünde!« Er fuhr mit dem erhobenen Zeigefinger durch die Luft. »Sünden sind nicht meine Sache.« Driss sagte nichts. El Fqih fuhr jetzt mit leiserer Stimme fort: »Um einen Ausgleich zu schaffen, sagt man, sei gegen jedes Übel ein Kraut gewachsen. Es gibt billige Kräuter, und es gibt andere, die sehr kostspielig sind.« Er hielt inne.

Driss wartete. »Und was kostet dieses?« fragte er. Der alte Mann war ungehalten, denn er wollte weitersprechen. Doch er sagte: »Für fünf Rial nenne ich dir einen Namen.« Er sah Driss streng an, beugte sich vor und flüsterte ihm einen Namen ins Ohr. »In der Gasse hinter dem Sägewerk«, sagte er laut. »Die blaue Blechhütte mit dem Rohrdickicht dahinter.« Driss bezahlte ihn und lief die Stufen hinunter.

Er fand das Haus. Die alte Frau stand mit einem karierten Tischtuch um den Kopf in der Tür. Ihre Augen schimmerten weiß wie Milch. Driss kamen sie vor wie die Augen eines alten Hundes. »Bist du Anisa?« fragte er.

»Komm ins Haus«, erwiderte sie. Drinnen war es fast dunkel. Er sagte, er brauche etwas, um die Macht eines Hurensohnes zu brechen. »Gib mir zehn Rial jetzt«, sagte sie, »und komm bei Sonnenuntergang mit weiteren zehn wieder. Dann ist es fertig.«

Nach dem Mittagessen ging er in den Hof. Er traf Mehdi und lud ihn ein, mit ins Café nach Beni Midar zu kommen. In der heißen Nachmittagssonne gingen sie durch die Stadt. Es war noch früh, als sie das Café betraten, und auf den Matten war viel Platz. Sie setzten sich in eine dunkle Ecke. Driss zog seinen Kif und seine *sebsi* aus der Tasche, und sie rauchten. Als Musiker zu spielen anfingen, sagte Mehdi: »Der Zirkus geht von neuem los.« Aber Driss wollte nicht von Jilala reden. Er sprach über den Cabran. Viele Male reichte er Mehdi die Pfeife, und er sah, daß Mehdi immer wütender auf den Cabran wurde, je mehr er rauchte. Er war nicht überrascht, als Mehdi rief: »Heute nacht bringe ich es zu Ende!«

»Nein, *khoya*«, wandte Driss ein. »Du weißt ja nichts. Er ist mächtig aufgestiegen, er ist mit allen Offizieren gut Freund. Sie bringen ihm Wein.«

»Dann wird er fallen«, sagte Mehdi. »Vor dem Abendessen, noch heute. Im Hof. Sei da und paß auf.«

Driss reichte ihm die Pfeife und bezahlte den Tee. Er ließ Mehdi allein zurück und trat hinaus auf die Straße, wo er auf und ab ging, denn er konnte nicht länger stillsitzen. Als der Himmel über den Bergen sich rot färbte, suchte er die Gasse hinter dem Sägewerk auf. Die Alte stand in der Tür.

»Komm herein«, sagte sie wie zuvor. Als sie im Zimmer waren, reichte sie ihm ein Papiertütchen. »Er muß alles auf einmal nehmen«, erklärte sie. Sie nahm das Geld und zupfte an seinem Ärmel. »Ich habe dich nie gesehen«, sagte sie. »Leb wohl.«

Driss kehrte ins Zimmer zurück und hörte Radio. Um die Abendessenszeit stellte er sich an die Tür und sah in den Hof. Im Schatten auf der anderen Seite meinte er Mehdi auszumachen, doch er war nicht sicher. Viele Soldaten schlenderten im Hof umher, sie warteten auf das Abendessen. Kurz darauf erhob sich bei den Treppen ein Geschrei. Die Soldaten rannten zum anderen Ende des Hofes. Driss sah zur Tür hinaus und sah nur laufende Soldaten. Er rief den anderen Männern zu: »Da ist etwas passiert!« Alle stürzten hinaus. Dann ging er mit dem Tütchen ins Zimmer und zum Bett des Cabran und griff nach der Weinflasche, die ein Offizier dem Cabran tags zuvor geschenkt hatte. Sie war fast voll. Er zog den Korken heraus und ließ das Pulver hineinrieseln. Dann schüttelte er die Flasche und korkte sie wieder zu. Das Geschrei im Hof hielt an. Er lief hinaus. Als er sich der Menge näherte, sah er, wie Mehdi von drei Soldaten weggeschleift wurde. Er trat um sich. Der Cabran saß mit gesenktem Kopf auf der Mauer und hielt sich den Arm. Sein Gesicht und sein Hemd waren voller Blut.

Es dauerte beinahe eine halbe Stunde, bis der Cabran zum Essen kam. Sein Gesicht war mit Blutergüssen bedeckt, der Arm war bandagiert und hing in einer Schlinge. Mehdi war noch in letzter Minute, als die Soldaten sie auseinandertrieben, mit dem Messer auf ihn losgegangen. Der Cabran sagte nicht viel, und die Männer versuchten nicht ihn anzusprechen. Er saß auf seinem Bett und aß. Dazu trank er die ganze Flasche Wein.

In dieser Nacht stöhnte Cabran im Schlaf. In den Bergen blies ein trockener Wind. Er verursachte großen Lärm im *safsaf*-Baum vor dem Fenster. Die Luft dröhnte, und die Blätter rauschten, dennoch hörte Driss das Wimmern des Cabran. Am Morgen kam der Arzt, um nach ihm zu sehen. Seine Augen standen offen, doch er konnte nichts erkennen. Und sein Mund war geöffnet, aber er brachte kein Wort heraus. Sie schafften ihn aus dem Raum, in dem die Soldaten schliefen, und brachten ihn woanders hin. »Vielleicht ist die Macht jetzt gebrochen«, dachte Driss.

Ein paar Tage später kam ein Lastwagen zur Kaserne, und Driss beobachtete, wie zwei Männer den Cabran auf einer Trage zum Laster brachten. Jetzt war er sicher, daß die Seele des Cabran aus seinem Körper gerissen worden war und er endgültig keine Macht mehr besaß. Im Geiste entfuhr ihm ein Dankgebet an Allah. Zusammen mit einigen anderen Soldaten stand er auf einem Felsen oberhalb der Kaserne und sah, wie der Laster kleiner wurde, während er den Abhang hinunterfuhr. »Das ist schlimm für mich«, sagte er zu einem Mann, der neben ihm stand. »Er brachte mir immer etwas zu essen von zu Hause.« Der Mann schüttelte den Kopf.

Tanger, 1962

Die Zeit der Freundschaft

Seit Endes des Krieges waren die Schwierigkeiten von Jahr zu Jahr größer geworden. Obwohl sie sich ihrer Existenz bewußt war, hatte Fräulein Windling von Anfang an beschlossen, ihnen keine Beachtung zu schenken. Zuerst tuschelte man nur hinter vorgehaltener Hand über Massenverhaftungen. »Tausende von Moslems sitzen in Frankreich im Gefängnis«, hieß es. Kurz darauf waren einige ihrer eigenen Freunde verschwunden, wie der junge Bachir und Omar ben Lakhdar, der Postmeister von Timimoun, die eines Morgens plötzlich fortgegangen waren, oder zumindest wurde es ihr so berichtet, denn als sie im folgenden Winter zurückkehrte, waren sie nicht da, und seitdem hatte sie die beiden nie wiedergesehen. Die Menschen setzten einfach ausdruckslose Gesichter auf, wenn sie versuchte, mit ihnen darüber zu sprechen. Als die Feindseligkeiten offen entbrannten, ließen die Nationalisten Züge entgleisen und unterbrachen bei mehreren Gelegenheiten die Lastwagenverbindung durch die Sahara, doch trotz der Unruhen war es noch möglich, zu ihrer Oase zu gelangen. Dort im Süden waren die Kämpfe noch weit weg, und die langen Stunden einsamer Wüste, die dazwischen lagen, ließen sie noch unwirklicher erscheinen, beinahe als spielten sie sich auf der anderen Seite des Ozeans ab. Wenn die Männer ihrer Oase je vom Virus der Unzufriedenheit aus dem fernen Norden angesteckt würden – und das erschien ihr kaum vorstellbar –, bliebe ihr nichts anderes übrig, als auf ihren Sieg zu hoffen, obgleich sie überzeugt war, daß der Krieg ihnen nichts als Unglück brächte. Es war ihr eigenes Land, für das sie kämpfen, das eigene Leben, das sie verlieren würden, um den Kampf zu gewinnen. Bisher sprachen die Menschen noch nicht davon; das Leben war mühsam, aber friedlich. Jeder wußte von dem Krieg, der im Norden herrschte, und jeder war froh, daß er weit weg war.

Im Sommer unterrichtete Fräulein Windling an der Freiluftschule in Bern, wo sie ihre Schüler mit Geschichten vom Leben der Menschen in der großen Wüste Afrikas unterhielt. In dem Dorf, das sie besuchte, machten die Bewohner aus dem, was die Wüste ihnen bot, alles selbst, erzählte sie. Sie lebten in einer Welt voller Gegenstände, die sie aus gebranntem Ton, geflochtenem Gras, Palmenholz und Tierfellen selbst gefertigt hatten. Metall gab es nicht. Obwohl sie es den Kindern nicht eingestand, entsprach das nicht mehr ganz der Wahrheit, da die Frauen sich seit einiger Zeit angewöhnt hatten, zum Wasserholen leere Ölkanister zu benutzen statt der Ziegenhautschläuche wie früher. Sie hatte versucht, ihre Freundinnen unter den Frauen des Dorfes von dieser Neuerung abzubringen, indem sie ihnen erzählte, das Blech könnte das Wasser vergiften; sie hatten genickt und sie weiter benutzt. »Sie sind eben faul«, entschied sie. »Die Ölkanister sind leichter zu tragen.«

Wenn die Sonne unterging und die kühle Luft aus der tiefer liegenden Oase mit ihrem beißenden Geruch von Holzfeuern bis zum Hotel und ins Innere ihres Zimmer heraufdrang, ließ sie liegen, was immer sie gerade tat, schlüpfte in ihren Burnus und stieg die Treppe zum Dach hinauf. Dort lag die Decke, auf der sie jeden Morgen ein Sonnenbad nahm; sie streckte sich darauf aus, das Gesicht nach Westen gewandt, und spürte noch die Hitze der untergegangenen Sonne unter ihrem Körper. Es gehörte zu ihren täglichen Freuden, zuzusehen, wie das Licht in der Oase unter ihr wechselte, wenn Dunst und Rauch der abendlichen Feuer das Tal allmählich auslöschten. Dann kam immer der Augenblick, da nur eine schwache Umrißlinie blieb, die, geometrisch und exakt, die Masse von Lehmrhomben, aus denen das Dorf bestand, mit einer bestimmten Gruppe hoher Dattelpalmen am Dorfeingang verband. Die Häuser selbst waren schon in tiefes Dunkel getaucht, und schließlich verschwand auch die höchste Palme; und wenn der Mond nicht schien, sah man jetzt nur noch den sterbenden Himmel, die scharfen Zacken der Felsen auf der Hamada und eine milchige Dunstschicht, die über dem Tal hing, ohne jedoch bis zu dem Felsvorsprung, auf dem das Hotel stand, hinaufzureichen.

Vielleicht zweimal pro Winter lud eine Gruppe von Frauen aus dem Dorf Fräulein Windling ein, mit in die endlose Weite der Dünen zu kommen, um Feuerholz zu sammeln. Das grelle Licht hier draußen war grausam. Nirgendwo im Sand gab es auch nur die Spur eines Zweiges oder Stammes; trotzdem entdeckten die Frauen, die barfuß über die Kämme der Dünen wanderten, unweigerlich die Stellen, an denen Wurzeln unter dem Sand vergraben lagen; dann bückten sie sich, legten sie frei und gruben sie aus. »Der Wind hinterläßt ein Zeichen«, sagten sie, doch Fräulein Windling war nicht sicher, ob sie in der Lage gewesen wäre, das Zeichen zu erkennen, und konnte sich kaum vorstellen, wie es zu einer Verbindung zwischen den unsichtbaren Wurzeln im Sand und dem Wind in der Luft kommen sollte. »Was bei uns verlorenging, haben sie sich erhalten«, dachte sie.

Ihre erste Begegnung mit der Wüste und deren Menschen war eine überwältigende Erfahrung gewesen; tatsächlich erschien es ihr, als habe sie niemals wirklich gelebt, ehe sie hierherkam. Sie war davon überzeugt, daß jeder Tag, den sie hier verbrachte, ihre Widerstandskraft vergrößerte. Sie beneidete die Einheimischen um ihre robuste Gesundheit, obwohl ihre eigene ebensogut war, doch weil sie weiß und gebildet war, glaubte sie, daß ihr Körper einfach minderwertig war.

Alle Arbeit im Hotel oblag einem stillen Mann mit traurigem Gesicht namens Boufelja. Er war schon da gewesen, als sie vor vielen Jahren zum ersten Mal gekommen war; für Fräulein Windling gehörte er zu dem Ort wie die zerklüfteten Felsen jenseits des Tals. Oft saß sie nach dem Mittagessen an ihrem Tisch neben dem Kamin und spielte allein Karten, bis die Holzscheite keine Wärme mehr verbreiteten. Es gab zwei sehr junge französische Soldaten aus der Festung gegenüber dem Hotel, die im Speisesaal aßen. Sie tranken viel Wein, und es ärgerte sie, mit ansehen zu müssen, wie sich ihre Gesichter immer mehr röteten, während sie dort saßen. Am Anfang hatten die Soldaten den Finger an die Mütze gelegt und ihr Gelächter lange genug unterbrochen, um »*Bonjour, Madame*« zu sagen, wenn sie hinausgingen, aber das taten sie nicht mehr. Sie war froh, wenn sie gegangen waren, und genoß den Moment, bevor das Feuer ganz erlosch und unter den Windstößen, die durch den großen Kamin fegten, noch einmal aufglühte.

Fast immer frischte am frühen Nachmittag der Wind auf und blies gleichmäßig und stark, pfiff durch die unzähligen Palmen der Oase unten, heulte im Türspalt und verschluckte die entfernteren Geräusche des Dorfes. Das war die Stunde, in der sie eine Patience legte oder einfach dasaß und die verkohlten Holzscheite betrachtete, die vor ihren Augen in Stücke zerfielen. Später überquerte sie eilig die Terrasse, eine hochgelegene, helle Welt, wie das Deck eines großen Schiffes, das durch den Wüstennachmittag segelte, trat in ihr Zimmer, um einen Pullover und den Gehstock zu holen, und brach zu ihrem Spaziergang auf. Manchmal ging sie in südlicher Richtung, dem Flußtal folgend, am Fuß der stummen Felsklippen entlang und durch gewundene Schluchten bis zu einem verlassenen Dorf, das an einer besonders heißen Stelle in einer Biegung des Tals gebaut worden war. Die nackten Felswände warfen die Hitze zurück, so daß die Glut ihr bei jedem Atemzug die Kehle versengte. Oder sie ging noch weiter bis dorthin, wo die Höhlen mit den in Stein geritzten Tieren und Symbolen waren.

Wenn sie die lange Straße ins Dorf, das tief im Schatten des dichtesten Palmenhains lag, zurückkam, bemerkte sie regelmäßig in einer Kurve der Straße, kurz vor dem Hügel mit den Geschäften und dem Dorf, dieselbe Gruppe von Jungen. Sie hockten hinter den federartigen Zweigen einer riesigen Tamariske im Sand und unterhielten sich ruhig. Wenn sie an ihnen vorbeikam, grüßte sie, und die Jungen erwiderten den Gruß jedesmal, verstummten einen Augenblick, bis sie vorüber war, und nahmen dann ihr Gespräch wieder auf. Soweit sie es beurteilen konnte, hatten sie nie eine Bemerkung über sie gemacht, und doch schien es ihr dieses Jahr manchmal, als würde sich ihr Tonfall merklich verändern, wenn sie vorbei war; es kam ihr vor wie ein Wechsel der Tonart. Zeugte ihr Verhalten von Spott? Sie wußte es nicht, doch da es das erste Mal in all diesen Jahren in der Wüste war, daß sich eine solche Frage überhaupt stellte, verbannte sie den Gedanken verschlossen aus ihrem Kopf. »Eine neue Generation verlangt eine neue Technik, wenn man Kontakt aufnehmen will«, dachte sie. »Es ist an mir, sie zu finden.« Trotzdem tat es ihr leid, daß es keinen anderen Weg ins Dorf zurück gab als diese Hauptstraße, an der sie sich ständig versammelten. Schon die geringe Spannung, die dadurch erzeugt wurde, daß sie an ihnen vorbei mußte, beeinträchtigte ihre Freude an den Spaziergängen.

Eines Tages machte sie sich schockiert und beschämt klar, daß sie nicht einmal wußte, wie die Jungen aussahen. Sie hatte sie immer nur als Gruppe aus einiger Entfernung wahrgenommen; wenn sie nahe genug heran war, um sie zu grüßen, senkte sie stets den Kopf und blickte auf die Straße. Die Erkenntnis, daß sie Angst hatte, sie anzuschauen, war unannehmbar; dieses Mal sah sie einem nach dem anderen aufmerksam in die Augen, als sie sich ihnen näherte. Gemessen nickend ging sie vorbei. Ja, es waren freche Gesichter, dachte sie – ganz anders als die ihrer Eltern. Das respektvolle Verhalten, zu dem man sie angehalten hatte, war nichts als eine grobe Täuschung. Doch für sie war nur wesentlich, daß sie gewonnen hatte: Es machte ihr nichts mehr aus, jeden Tag an ihnen vorbei zu müssen. Mit der Zeit gelang es ihr sogar, sie voneinander zu unterscheiden.

Da gab es einen, bemerkte sie, jünger als die übrigen, der immer ein wenig abseits von ihnen saß, und es war dieser schüchterne Junge, der eines frühen Morgens, als sie hereinkam, in der Hotelküche stand und mit Boufelja sprach. Sie tat, als hätte sie ihn nicht bemerkt. »Ich gehe nach oben, um eine Stunde an der Maschine zu arbeiten«, sagte sie zu Boufelja. »Danach kannst du heraufkommen, um das Zimmer zu machen.« Damit wandte sie sich ab, um zu gehen. In der Tür warf sie einen Blick in das Gesicht des Jungen. Er betrachtete sie, und er sah nicht weg, als ihre Blicke sich trafen. »Wie geht es dir?« fragte sie. Etwa eine halbe Stunde später, sie tippte gerade ihren zweiten Brief, hob sie den Kopf. Der Junge stand auf der Terrasse und beobachtete sie durch das offene Fenster. Er kniff die Augen zusammen, denn der Wind war heftig; sie sah, wie die Wipfel der Palmen sich hinter ihm beugten. »Wenn er zuschauen will, soll er zuschauen«, sagte sie sich und beschloß, ihn nicht zu beachten. Nach einer Weile ging er fort. Während Boufelja ihr das Mittagessen servierte, fragte sie ihn nach dem Jungen. »Wie ein alter Mann«, sagte Boufelja. »Zwölf Jahre, aber sehr ernst. Wie ein alter, alter Mann.« Er lächelte, zuckte dann die Achseln. »Gott hat ihn so gewollt.«

»Natürlich«, sagte sie und rief sich sein wachsames, unglückliches Gesicht ins Gedächtnis zurück. »Ein junger Hund, den jeder getreten hat, aber er hat nicht aufgegeben.«

In den folgenden Tagen erschien er öfter auf der Terrasse und sah zu, wie sie tippte. Manchmal winkte sie ihm oder rief: »Guten Morgen!« Ohne zu antworten, wich er einen Schritt zurück, so daß er außerhalb ihres Blickfeldes war. Dort blieb er stehen. Dieses Verhalten ärgerte sie, und eines Tages, bei gleicher Gelegenheit, sprang sie auf und ging zur Tür. »Was ist?« fragte sie und versuchte beim Sprechen zu lächeln.

»Ich habe nichts getan!« sagte er mit vorwurfsvollem Blick.

»Das weiß ich«, antwortete sie. »Warum kommst du nicht herein?«

Hastig, wie Hilfe suchend, sah der Junge sich auf der Terrasse um, dann senkte er den Kopf und trat durch die Tür. Hier blieb er mit noch immer gesenktem Kopf stehen und wartete; es war ein erbärmlicher Anblick. Aus ihrem Gepäck holte sie eine Tüte Bonbons und bot ihm eines an. Dann richtete sie einige einfache Fragen an ihn und stellte fest, daß sein Französisch viel besser war, als sie erwartet hatte. »Sprechen die anderen Jungen auch so gut Französisch wie du?« fragte sie.

»*Non, Madame*«, sagte er und schüttelte bedächtig den Kopf. »Mein Vater war Soldat. Soldaten sprechen gut Französisch.«

Sie versuchte sich die Mißbilligung, die sie empfand, nicht anmerken zu lassen, denn sie verabscheute alles, was mit Militär zu tun hatte. »Ich verstehe«, sagte sie etwas schroff, wandte sich wieder ihrem Schreibtisch zu und kramte in den Papieren. »Jetzt muß ich arbeiten«, sagte sie und setzte dann mit wärmerer Stimme hastig hinzu: »Aber du kannst morgen wiederkommen, wenn du willst.« Er wartete einen Augenblick und sah sie mit unverminderter Nachdenklichkeit an. Dann breitete sich langsam ein Lächeln über sein Gesicht, und er legte das Bonbonpapier, zu einem winzigen Rechteck gefaltet, auf die Ecke ihres Schreibtischs. »*Au revoir, Madame*«, sagte er und ging durch die Tür. In der Stille hörte sie das kaum vernehmbare, dumpfe Tappen seiner nackten Fersen auf dem Terrassenboden. »In dieser Kälte«, dachte sie. »Das arme Kind! Wenn ich ihm je etwas kaufe, dann ein Paar Sandalen.«

Seitdem kam der Junge jeden Tag, wenn die Sonne hoch genug stand, um die reglose Morgenluft zu erfüllen, verstohlen über die Terrasse an ihre Tür, blieb ein paar Sekunden stehen und sagte dann mit verlorener Stimme, die wegen der großartigen Stille draußen noch kleiner und leiser wirkte: »*Bonjour, Madame!*« Sie bat ihn herein, und sie schüttelten sich feierlich die Hand, worauf er in stets derselben langsamen und gemessenen Art die Rückseite der Finger zum Mund führte. Manchmal versuchte sie sein Gesicht zu ergründen, während er dieses Ritual vollführte, um

zu sehen, ob sich vielleicht eine Spur von Spott darin spiegelte, statt dessen entdeckte sie einen Ausdruck solch über-
zeugender Ergebenheit, daß sie erschrak und schnell den
Blick abwandte. In einer Schrankschublade bewahrte sie
immer etwas Brot oder ein paar Kekse auf; wenn sie das geholt hatte und er aß, fragte sie ihn nach Neuigkeiten über die
Familien in seinem Viertel des Dorfes. Aus disziplinari-
schen Gründen bot sie ihm nur jeden zweiten Tag ein Bon-
bon an. Er saß neben der Tür auf einer zerschlissenen alten
Kameldecke und beobachtete sie unablässig, ließ sie keine
Sekunde aus den Augen.

Sie wollte wissen, wie er hieß, war sich jedoch bewußt,
daß die Einheimischen dieser Gegend mit ihren Namen sehr
geheimnisvoll taten und Fremden nur selten verrieten, wie
sie wirklich hießen; es war eine Eigenheit, die sie respek-
tierte, denn sie wußte, daß dieses Verhalten in ihrer eigenen
prähistorischen Religion wurzelte. Also unterdrückte sie
die Frage, in der Gewißheit, daß die Zeit kommen würde,
da er ihr genügend vertraute, um ihr seinen Namen aus
freien Stücken zu verraten. Und dieser Augenblick kam unerwartet eines Morgens, als er gerade einige Legenden über
den großen, vor langer Zeit verstorbenen Moslemkönig erzählt hatte, dessen Name Salomon war. Plötzlich hielt er
inne, zwang sich, ihr unverwandt und ohne zu blinzeln in
die Augen zu sehen und sagte: »Und ich heiße auch Slimane,
genauso wie der König.«

Sie versuchte ihm das Lesen beizubringen, doch er schien
unfähig zu lernen. Manchmal, wenn sie das Gefühl hatte,
daß er kurz davor war, zwei Dinge zusammenzufügen und
vielleicht am Ende eine Verbindung herzustellen, die ihn be-
fähigen würde, das Prinzip zu verstehen, machte sich ein
Ausdruck der Resignation und Passivität in seinem Gesicht

breit, und er brach willkürlich seine Anstrengung ab, sah sie nur an und schüttelte immer wieder den Kopf, um zu zeigen, daß es zwecklos sei. In solchen Augenblicken war es schwer, nicht die Geduld zu verlieren.

Im folgenden Jahr beschloß sie, den Unterricht nicht fortzusetzen und Slimane statt dessen als Führer, Träger und Begleiter einzuspannen – eine Rolle, die, wie sie bald merkte, seiner Natur eher entsprach als die eines Schülers. Es machte ihm nichts aus, wie weit sie gingen oder wieviel Ausrüstung er zu tragen hatte, im Gegenteil, für ihn war ein großer Ausflug ein ganz besonderes Ereignis, und was immer sie ihm auflud, trug er mit dem Habitus eines Menschen, dem eine Ehre zuteil wird. Es war wahrscheinlich ihre schönste Zeit in der Wüste, jener Winter der Kameradschaft, in dem sie gemeinsam ungezählte Streifzüge durch das Tal unternahmen. Während die Wochen vergingen, wurden die Ausflüge ausgedehnter, und der Aufbruch wurde immer weiter vorverlegt, bis sie schließlich gleich nach dem Frühstück starteten. Den ganzen Tag lang, während sie in der prallen Sonne und gelegentlich im Schatten des durchbrochenen Saums der Palmen, die das Flußbett einfaßten, dahinwanderten, unterhielt sie sich lebhaft mit ihm. Zuweilen merkte sie, daß er ihr erzählen wollte, was ihm im Kopf herumging, und sie ließ ihn reden, solange seine Begeisterung anhielt, erweckte sie sogar bisweilen, wenn er fertig war, mit wohlüberlegten Fragen zu neuem Leben. Gewöhnlich aber war sie diejenige, die das Gespräch bestritt, während sie hinter ihm herging. Jedesmal wenn sie mit dem rechten Fuß auftrat, stieß sie die Stahlspitze ihres Gehstocks in den steinigen Grund, und dabei schilderte sie das Leben Hitlers bis ins kleinste Detail und erklärte ihm, warum er von den Christen verabscheut wurde. Sie hielt dies für notwendig, da Slimane einem ganz anderen Eindruck erlegen war und in der Tat glaubte, die Europäer hätten eine ebenso hohe Meinung von dem untergegangenen Führer wie er und die anderen Dorfbewohner. Sie erzählte viel vom Leben in der Schweiz, betonte bei vielen Gelegenheiten beiläufig Sauberkeit, Ehrlichkeit und die gute Gesundheit ihrer Landsleute. Sie sprach von Jesus, Martin Luther und Garibaldi, wobei sie darauf achtete, Jesus und den moslemischen Propheten Sidna Isa sorgfältig auseinanderzuhalten, sei es auch nur, um eine Diskussion darüber zu eröffnen, konnte sie doch keinen Augenblick der islamischen Lehre zustimmen, wonach der Erlöser ein Moslem war. Slimanes respektvolle Haltung, die an Anbetung grenzte, veränderte sich nie, außer wenn sie unvorsichtigerweise auf das Thema Islam zu sprechen kam; was sie dann auch sagte (und an diesem Punkt schien er automatisch nicht länger zuzuhören), er schüttelte nur unaufhörlich den Kopf und rief: »Nein, nein, nein, nein! Ungläubige wissen nichts vom Islam! Schweigen Sie, Madame, ich bitte Sie, denn Sie wissen nicht, was Sie sagen. Nein, nein, nein, nein!«

Vor langer Zeit schon hatte sie ihr altes Versprechen eingelöst und ihm Sandalen gekauft; diesem Geschenk waren andere gefolgt. In regelmäßigen Abständen war sie mit ihm in Benaissas Laden gegangen, um ein Hemd, eine weite schwarze Baumwollhose, wie sie die Chaamba-Kameltreiber tragen, und zuletzt einen neuen weißen Burnus zu kaufen, wohl wissend, aber ohne sich jedoch daran zu stören, daß das ganze Dorf die Tatsache eines solchen wertvollen Geschenkes diskutieren würde. Es war ihr klar, daß es diese regelmäßigen Geschenke waren, die Slimanes Vater davon abhielten, ihm den Umgang mit ihr zu verbieten. Trotzdem erhob er manchmal Einwände, wie Slimane berichtete. Slimane selbst jedoch, da war sie sicher, wollte nichts, erwartete nichts.

Jedes Jahr, wenn der März zu Ende ging, wurden die Tage unerträglich heiß und selbst die Nächte stickig. Obwohl es einer riesigen Willensanstrengung bedurfte, den Schritt zu tun, der den erneuten Kontakt mit der Außenwelt brachte, widmete sie sich zwei bis drei Tage dem Waschen ihrer Wäsche und den Reisevorbereitungen. Als die Woche kam, für die sie die Abreise festgesetzt hatte, begab sie sich hinüber zur Festung, meldete ein Gespräch mit dem Café in Kerzaz an und bat den Besitzer, den Fahrer des nächsten Lieferwagens, der nach Norden fuhr, zu einem Umweg zu veranlassen, damit sie ihn an einer Stelle, die nur etwa drei Kilometer vom Dorf entfernt lag, abpassen konnte.

Am Nachmittag nach ihrem letzten Ausflug durch das Tal war Fräulein Windling mit Slimane ins Hotel zurückgekehrt; sie stand auf der Terrasse und betrachtete die orangefarbenen Sandberge hinter der Festung. Slimane hatte die Pakete ins Zimmer getragen und abgestellt. Sie wandte sich um und sagte: »Hol mir die große Blechdose.« Als er sie unter dem Bett hervorgezogen hatte, brachte er sie, mit dem Ärmel den Staub abwischend, und sie ging voraus aufs Dach. Sie saßen auf der Decke; die Glut der untergegangenen Sonne erhitzte ihre Gesichter. Ein paar Fliegen schwirrten noch umher, attackierten hin und wieder ihren Nacken. Slimane reichte ihr die Dose, und sie gab ihm eine Handvoll Kekse mit Schokoladenüberzug. »So viel auf einmal?«

»Ja«, sagte sie. »Du weißt doch, daß ich in vier Tagen nach Hause fahre.«

Er starrte einen Augenblick auf die Decke hinunter, bevor er antwortete. »Ich weiß«, murmelte er. Er war wieder still. Dann rief er mißmutig: »Boufelja sagt, es sei heiß hier im Sommer. Es ist nicht heiß! In unserem Haus ist es kühl. Es ist so wie die Oase, da, wo das größte Becken ist. Dort wäre es Ihnen niemals zu heiß!«

»Ich muß Geld verdienen. Das weißt du doch. Nächstes Jahr will ich wiederkommen.«

Traurig sagte er: »Nächstes Jahr, Madame. Nur Moulana weiß, was nächstes Jahr sein wird.«

Ein paar Kamele knurrten, während sie sich am Fuß der Festung im Sand wälzten; das Licht verblaßte zusehends. »Iß deine Kekse«, sagte sie und steckte selbst einen in den Mund. »Nächstes Jahr fahren wir mit dem *caid* nach Abadla, *incha' Allah!*«

Er seufzte tief. »Ach, Madame!« Sie merkte, zunächst mit einem Anflug von Mitgefühl, beim genaueren Nachdenken jedoch mit Mißbilligung, die Qual, die seiner Stimme eine ungewohnte Eindringlichkeit verlieh. Es war die Eigenschaft, die sie am wenigsten an ihm ausstehen konnte, dieses leicht theatralische Selbstmitleid. »Nächstes Jahr bist du ein Mann«, sagte sie mit Bestimmtheit. Dann, mit unsicherer Stimme und einem hoffnungsvollen Unterton: »Wirst du dich an all die Dinge erinnern, die wir besprochen haben?«

Sie schickte ihm von Marseille aus eine Postkarte und zeigte ihrer Klasse Photographien, die sie voneinander und dem *caid* aufgenommen hatten. Die Kinder waren beeindruckt von dem riesigen Turban des *caid.* »Ist das ein Beduine?« fragten sie.

Als sie das Büro der Botschaft verließ, war ihr klar, daß dies das letzte Jahr war, in dem sie in die Wüste zurückreisen konnte. Da waren nicht nur die offen zur Schau getragene Unfreundlichkeit und das Mißtrauen des Beamten: Zum ersten Mal hatte er sich auch eine Reihe von Fragen beantworten lassen, was sie höchst beunruhigend fand. Er wollte wissen, welche Fächer sie an der Freiluftschule unterrichtete, ob sie jemals journalistisch tätig gewesen war und wo genau sie sich nach ihrer Ankunft in der Sahara aufhalten würde. Um ein Haar hätte sie erwidert: Ich lasse mich treiben. Ich mache keine Pläne. Doch dann hatte sie nur die Oase genannt. Sie wußte, daß Franzosen älteren Schweizer Damen, die wollene Strümpfe trugen, keinen Respekt entgegenbrachten; dies machte sie in ihren Augen nur um so verächtlicher. Dennoch waren sie diejenigen, die in der Sahara das Sagen hatten.

An dem Tag, an welchem das Schiff im afrikanischen Hafen anlegte, regnete es. Sie wußte, daß die terrassierten grauen Hügel der Stadt vor ihr lagen, doch sie blieben im Dunst unsichtbar. Die zerlumpten, europäischen Kinder der Hafenarbeiter trieften vor Nässe. Später erschien ihr die ganze vom Regen durchtränkte Stadt düster, und die Menschen, die durch die Straßen gingen, wirkten unglücklich. Die Veränderung, selbst gegenüber dem vergangenen Jahr, war enorm. Es stimmte sie trübsinnig, in dem großen, kalten Café zu sitzen, wo sie nach dem Abendessen ihren Kaffee einnahm, deshalb kehrte sie ins Hotel zurück und ging schlafen. Am nächsten Tag bestieg sie den Zug nach Perrégaux. Es regnete beinahe den ganzen Tag. In Perrégaux nahm sie ein Zimmer in einem Hotel unweit des Bahnhofs; dort blieb sie und lauschte dem Regen, der neben ihrem Fenster durch die Regenrinne prasselte. »Dieser Ort wäre als Modell für die Hölle geeignet«, schrieb sie an eine Freundin aus Basel, bevor sie an diesem Abend zu Bett ging. »Ein lebendiges Beispiel für den sozialen Niedergang, der durch die der Stadt aufgezwungene kulturelle Vermischung entsteht. Die Bevölkerung heruntergekommen und feindselig geworden nach Generationen unbarmherziger Ausbeutung. Morgen nehme ich die Schmalspurbahn nach Süden, in ein glücklicheres Land, und ich vertraue darauf, daß meine Freundin, die Sonne, mir irgendwann im Lauf des Tages ihre Aufwartung macht. Seien Sie herzlich gegrüßt von Ihrer Maria.«

Als der Zug gen Süden kroch, über ein hochgelegenes Plateau hinweg, blieben die Wolken zurück, und die Sonne eroberte die Landschaft. Fräulein Windling saß aufmerksam an der verschmierten Fensterscheibe, eingehüllt in eine immer stärker werdende Traurigkeit. Solange es regnete, hatte sie geglaubt, der Regen sei der Grund für ihre Niedergeschlagenheit: Das graue Licht der Wolken verlieh der Landschaft einen ungewohnten Ausdruck, indem es Formen und Entfernungen veränderte. Doch nun begriff sie: Je vertrauter und erkennbarer die Konturen der Wüste wurden, desto bewußter wurde ihr, daß sie keinen Grund für ihr Hiersein hatte, denn es war das letzte Mal.

Zwei Tage später, als der Lastwagen hielt, um sie aussteigen zu lassen, stand Boufelja neben dem Felsblock in der Sonne und winkte; er hatte einen Mann aus dem Dorf mitgebracht, der das Gepäck tragen half. Sobald der Lastwagen verschwunden war und die Staubwolke über die Hamada davongeweht war, war die Stille da; es schien, als könnte kein Geräusch lauter sein als das Knirschen ihrer Schuhe auf dem Sand.

»Wie geht es Slimane?« fragte sie. Boufelja antwortete wortkarg. »Es geht ihm gut. Es heißt, er hätte versucht wegzulaufen. Aber er ist nicht weit gekommen.« Gleichgültig, ob sein Bericht der Wahrheit entsprach oder nicht, sie beschloß jedenfalls, nicht davon zu sprechen, es sei denn Slimane erwähnte die Sache von selbst.

Sie empfand eine merkwürdige Erleichterung, als sie den Rand des Plateaus erreichten und sie auf der anderen Seite des Tals das Dorf erkannte. Erst als sie alle ihre Freunde im Dorf besucht, mit ihnen ihre Probleme erörtert, hier ein paar Pillen und dort ein paar Süßigkeiten verteilt hatte, war sie überzeugt, daß während ihrer Abwesenheit keine tiefgreifende Veränderung stattgefunden hatte. Sie ging zum Haus von Slimanes Eltern: Er war nicht da. »Sag ihm, er soll mich besuchen«, trug sie seinem Vater auf, als sie das Haus verließ.

Am dritten Morgen nach ihrer Ankunft erschien Slimane; lächelnd stand er in ihrer Tür. Nachdem sie ihn begrüßt und aufgefordert hatte, Platz zu nehmen und mit ihr Kaffee zu trinken, überhäufte sie ihn mit Fragen, um zu erfahren, was sich während ihrer Abwesenheit im Dorf abgespielt hatte. Einige seiner Freunde seien weggegangen, um Patrioten zu werden, erzählte er, und sie töteten die Franzosen wie die Fliegen. Ihr Herz sank, aber sie sagte nichts. Während sie ihn lächelnd beobachtete, konnte sie sich sogar an dem Gedanken freuen, daß er trotz allem zugänglich gewesen war; sie hatte bewiesen, daß es möglich war, echte Freundschaft mit einem jungen Menschen hier zu schließen. Doch schon als sie sagte: »Wie glücklich bin ich, dich wiederzusehen, Slimane«, mußte sie wieder daran denken, daß ihre gemeinsame Zeit jetzt begrenzt war, und ein schmerzlicher Zug flog über ihr Gesicht, als sie den Satz beendete. »Ich werde vor ihm kein Wort darüber verlieren«, beschloß sie. Wenn wenigstens er die Illusion einer unbegrenzt vor ihnen liegenden Zeit hätte, würde er irgendwie seine Aura von Reinheit und Unschuld bewahren können, und sie würde in der kurzen Zeit, die ihnen verblieb, weniger Qualen erleiden müssen.

Eines Tages gingen sie ins Tal, um den *caid* zu besuchen, und besprachen mit ihm den lange geplanten Ausflug nach Abadla. Ein anderes Mal gingen sie zum Grab von Moulay Ali ben Said, wo es eine heiße Quelle gab. Es war eine winzige Oase am Ende einer Kette von hohen Dünen; vielleicht fünfzig Palmen standen um den verfallenen Schrein. Im Schatten der Felsbrocken unter den Mauern befand sich eine verwahrloste Zisterne, in die das dampfende Wasser tröpfelte. Am Fuß einer kleinen Tamariske breiteten sie Decken über den Sand und packten ihr Mittagessen aus. Ehe sie zu essen anfingen, tranken sie ein paar Hände voll Wasser, und Slimane behauptete, es sei heilig und darum berühmt. Über ihnen rauschten und seufzten die Palmen im Wind.

»Allah hat uns Wind geschickt, damit wir es beim Essen kühl haben«, sagte Slimane, nachdem er sein Brot und die Datteln verzehrt hatte.

»Hier ist es immer windig«, antwortete sie unachtsam, »und es wird immer windig sein.«

Er richtete sich kerzengrade auf. »Nein, nein!« rief er. »Vierzig Tage nach der Wiederkehr von Sidna Isa wird es keine Moslems mehr geben, und die Welt wird untergehen. Alles wird sterben, Himmel, Sonne und Mond. Auch der Wind. Alles.« Er musterte sie mit einem Ausdruck derartiger Genugtuung, daß sie merkte, wie sich in ihrem Inneren einer ihrer gelegentlichen Wutanfälle zusammenbraute.

»Ich verstehe«, sagte sie. »Stell dich einen Augenblick neben die Quelle. Ich will ein Photo von dir machen.« Sie hatte nie verstanden, warum die Moslems Jesus diesen Pyrrhussieg zugestanden hatten, quasi am Ende der Schöpfung: Seine Inkonsequenz wurmte sie. Über den verfallenen Tank hinweg beobachtete sie, wie Slimane die traditionelle steife Pose eines Menschen annahm, der photographiert wird, und plötzlich kam ihr eine Idee. Zu Heiligabend in zwei Wochen würde sie eine Krippe bauen. Sie würde Slimane einladen, am Kamin mit ihr zusammen zu essen, und um Mitternacht würde sie ihn hineinbitten, um ihr Werk anzuschauen.

Sie machte noch ein paar Aufnahmen von Slimane; sie sammelten die Ausrüstung zusammen und kehrten, den heißen Nachmittagswind im Gesicht, zum Dorf zurück. Manchmal wirbelte Staub auf, wie unsichtbare Stacheln brannte er auf der Haut. Diesmal ging Fräulein Windling voraus, und sie marschierten schnell. Das Bild der von Kerzen erleuchteten Krippe erschien ihr auf dem Heimweg über den felsigen Erg immer wieder; es stimmte sie unaussprechlich traurig, denn für sie war es unausweichlich mit der Tatsache verbunden, daß alles zu Ende ging. Sie kamen zum nördlichsten Punkt des Dorfes, wo der Erg vom wandernden Flußtal gekreuzt wurde. Als sie langsam über den feinen Sand bergauf kletterten, hörte sie sich flüstern: »Es ist das Richtige.« »Richtig ist nicht das Wort«, dachte sie dann, ohne daß ihr jedoch ein besseres einfallen wollte. Sie würde eine Krippe bauen, weil sie Weihnachten liebte und das Fest mit Slimane teilen wollte. Sie erreichten das Hotel kurz nach Sonnenuntergang; sie schickte Slimane nach Hause, um in Ruhe ihren Plan zu skizzieren.

Doch erst als sie anfing, die Krippe tatsächlich zusammenzubauen, merkte sie, wieviel Arbeit es kosten würde. Früh am nächsten Morgen bat sie Boufelja, eine alte Holzkiste aufzutreiben. Sie hatte noch keine halbe Stunde gearbeitet, als sie Slimanes Stimme aus der Küche hörte. Schnell schob sie alles unter das Bett und trat hinaus auf die Terrasse.

»Ich habe zu tun, Slimane«, sagte sie. »Komm heute

nachmittag wieder.« Und am Nachmittag eröffnete sie ihm, daß sie im Moment keine längeren Ausflüge unternehmen könnten, da sie bis zum Tag nach Weihnachten jeden Vormittag zu arbeiten habe. Er nahm die Information mürrisch auf. »Ich weiß«, sagte er. »Sie bereiten sich auf den heiligen Tag vor. Ich verstehe.«

»Wenn der heilige Tag kommt, werden wir ein Fest feiern«, versprach sie ihm.

»Wenn Allah will.«

»Tut mir leid«, sagte sie lächelnd.

Er zuckte die Achseln und sagte: »Auf Wiedersehen.«

Nachmittags gingen sie weiterhin in die Oase oder tranken Tee auf dem Dach, doch die Vormittage verbrachte sie mit Nähen, Hämmern und Schnitzen in ihrem Zimmer. Als sie das Fundament fertig hatte, mußte sie die Figuren formen. Vom Fluß trug sie eine große Masse feuchten Lehm in ihr Zimmer. Es dauerte zwei Tage, bis sie eine Heilige Jungfrau zustande gebracht hatte, mit der sie zufrieden war. Aus einem Stück Musselin bastelte sie ein einigermaßen naturgetreues Zelt, das Mutter und Kind in seinem winzigen Nest aus weißen Hühnerfedern beherbergen sollte. Zerkleinerte Tamariskennadeln bildeten den Teppich im Inneren des Zeltes. Davor streute sie Sand und steckte dann die langen Beine des Kamels aus Lehm tief hinein; ein Tier schritt hinter dem nächsten über die Düne, und auf jedem saß aufrecht einer der Heiligen Drei Könige, und seine weiße Dschellaba fiel in langen, spitz zulaufenden Falten über die Flanken des Kamels. Die Heiligen Drei Könige kamen mit Säcken voller Mandeln und winzigen Likörpralinen, die in buntes Silberpapier gewickelt waren. Als sie fertig war, stellte sie die Krippe mitten im Zimmer auf den Boden und häufte Mandarinen und Datteln davor. Mit einer Reihe brennender

Kerzen dahinter und je einer auf jeder Seite würde sie aussehen wie ein moslemisches Heiligenbild. Sie hoffte, daß Slimane die Szene erkannte; möglicherweise wäre er dann eher von ihrer poetischen Wahrheit überzeugt. Sie wollte ihm nur klarmachen, daß der Gott, mit dem er so vertraut war, derselbe Gott war, den die Ungläubigen verehrten. Doch das war kein Gedanke, den sie je auszusprechen versucht hätte.

Eine weitere Überraschung für diesen Abend war die neue Blitzvorrichtung ihrer Kamera, die Slimane noch nicht gesehen hatte. Sie wollte eine stattliche Anzahl Bilder von der Krippe machen und von Slimane, wie er sie betrachtete; diese würde sie vergrößern, um sie ihren Schülern zu zeigen. Sie kaufte einen neuen Turban für Slimane; er trug schon seit mehr als einem Jahr keinen mehr. Dieser nun war ein Männerturban und wunderschön: zehn Meter weichster ägyptischer Baumwolle.

Heiligabend verschlief sie, durch den verhangenen Himmel getäuscht. In jedem Winter gab es ein paar düstere Tage in der Oase; sie waren selten, doch dies war einer davon. Während sie noch im Bett lag, hörte sie das Rauschen des Windes, und als sie aufstand, um aus dem Fenster zu sehen, fand sie draußen keine Welt mehr – nur einen trüben rosagrauen Dunst, der alles verbarg. Der umherfliegende Sand wirbelte unaufhörlich gegen die Scheibe, lag in langen Verwehungen auf dem Boden der Terrasse. Als sie zum Frühstück ging, zog sie die Kapuze ihres Burnus tief ins Gesicht. Sie trat auf die Terrasse, und der Wind traf sie mit der Wucht eines festen Körpers. Unter ihren Schuhen knirschte der Sand auf dem Zementfußboden. Im Speisesaal hatte Boufelja die Läden verriegelt; er grüßte sie freudig aus der Dunkelheit, glücklich, sie zu sehen.

»Ein sehr schlechter Tag für Ihr Fest, Mademoiselle«, bemerkte er, als er die Kaffeekanne auf den Tisch stellte.

»Morgen ist das Fest«, sagte sie. »Es beginnt heute abend.«

»Ich weiß, ich weiß.« Er hatte etwas gegen die Feste der Ungläubigen, weil die Stunde ihres Beginns oder Endes so ungenau festgelegt waren. Die Feste der Moslems begannen exakt entweder bei Sonnenuntergang oder eine Stunde vor Sonnenaufgang, oder wenn zum ersten Mal der neue Mond in der Abenddämmerung am westlichen Himmel auftauchte. Die Ungläubigen dagegen begannen ihre Feste, wann es ihnen beliebte.

Sie verbrachte den Vormittag mit Briefeschreiben in ihrem Zimmer. Um die Mittagszeit war es draußen noch dunkler, und mehr Sand wirbelte auf; der Wind rüttelte an dem Hotel auf seinem Felsen, als wollte er es über die Wipfel der Palmen ins Flußbett hinabschleudern. Mehrmals stand sie auf und ging zum Fenster, um in die rosafarbene Leere jenseits der Terrasse zu starren. Sie liebte Stürme, obgleich sie wünschte, dieser wäre erst nach Weihnachten gekommen. Sie hatte sich eine echte Wüstennacht vorgestellt – kalt, sternenfunkelnd und erfüllt vom Gekläff der Hunde in der Oase. Es könnte noch so kommen, es verblieb genügend Zeit, dachte sie, während sie den Burnus über den Kopf streifte, um zum Essen zu gehen.

Bei diesem Wind war der Kamin nicht nur segensreich: Außer der Hitze, die er abgab, sorgte er für die einzige Beleuchtung im Speisesaal, doch der Rauch, den er ausstieß, brannte ihr in den Augen und im Hals. Die Fensterläden klapperten und schlugen hin und her; sie übertönten sogar den Lärm des Windes.

Sobald sie die Mahlzeit beendet hatte, verließ sie den

Speisesaal und eilte in ihr Zimmer zurück, wo sie den ganzen, langsam dunkler werdenden Nachmittag verbrachte, indem sie weiter Briefe schrieb und auf das völlige Erlöschen des Tageslichts wartete. Slimane würde um acht kommen. Es blieb genug Zeit, alles in den Speisesaal zu tragen und die Krippe in der dunklen, unbenutzten Nische aufzubauen, die Boufelja kaum betreten würde. Doch als es soweit war, merkte sie, daß der Ansturm des Windes stärker war, als sie sich vorgestellt hatte. Wieder und wieder lief sie zwischen dem Speisesaal und ihrem Zimmer hin und her, jeden Gegenstand sorgsam in ihren Burnus gehüllt. Immer wenn sie an der Küche vorüberkam, befürchtete sie, Boufelja könnte die Tür öffnen und sie entdecken. Sie wollte ihn nicht dabeihaben, wenn sie Slimane die Krippe zeigte; er konnte sie morgen beim Frühstück sehen.

Durch das Heulen des Windes geschützt, gelang es ihr, alle Teile in die hintere, finstere Ecke des Speisesaals zu bringen, ohne Boufeljas Aufmerksamkeit zu erwecken. Lange vor der Essenszeit war die Krippe fertig; man mußte nur noch die Kerzen anzünden. Sie legte eine Schachtel Streichhölzer auf den Tisch daneben und lief zurück in ihr Zimmer, um sich zu frisieren und umzuziehen. Der Sand war durch ihre Kleidung gedrungen; er rieselte aus ihrer Unterwäsche und klebte wie Zucker auf der Haut. Ihre Uhr zeigte einige Minuten nach acht, als sie hinausging.

Der Tisch war nur für eine Person gedeckt. Sie wartete, während die Fensterläden klapperten und schlugen, bis Boufelja mit der Suppenterrine erschien.

»Was für ein schlimmer Abend«, sagte er.

»Du hast vergessen, für Slimane zu decken«, sagte sie. Doch er achtete nicht darauf. »Er ist dumm!« erklärte er und fing an, die Suppe zu servieren.

»Warte!« rief sie. »Slimane kommt. Ich kann nicht anfangen, bevor er da ist.«

Boufelja begriff noch immer nicht. »Er wollte in den Speisesaal kommen«, sagte er. »Und er weiß, daß es zur Essenszeit verboten ist.«

»Aber ich habe ihn eingeladen!« Sie sah auf den einzelnen Suppenteller auf dem Tisch. »Sag ihm, er soll hereinkommen, und leg noch ein Gedeck auf.«

Boufelja schwieg. Er legte die Kelle in die Suppenterrine zurück. »Wo ist er?« fragte sie und fuhr, ohne seine Antwort abzuwarten fort: »Habe ich dir nicht gesagt, daß er heute abend mit mir essen würde?« Denn plötzlich befürchtete sie, in ihrem Streben nach Geheimhaltung tatsächlich vergessen zu haben, Boufelja von der Einladung zu erzählen.

»Sie haben nichts gesagt«, antwortete er. »Ich wußte nichts davon. Ich habe ihn nach Hause geschickt. Aber er wird nach dem Abendessen wiederkommen.«

»O Boufelja«, rief sie. »Du weißt doch, daß Slimane niemals lügt.«

Er sah vorwurfsvoll auf sie hinunter. »Ich wußte nichts von Mademoiselles Plänen«, sagte er gekränkt. Einen Moment lang glaubte sie, er habe die Krippe entdeckt, doch dann sagte sie sich, daß er sie darauf angesprochen hätte, wenn es so wäre.

»Ja, ja, ich weiß. Ich hätte dir Bescheid sagen sollen. Es ist meine Schuld.«

»Das ist wahr, Mademoiselle«, sagte er. Und während er die restlichen Gänge servierte, hüllte er sich in würdevolles Schweigen, das sie, da sie sich noch immer über ihn ärgerte, nicht zu brechen gedachte. Erst am Ende der Mahlzeit, als sie das Spiel der Flammen im Kamin betrachtete, beschloß er zu sprechen: »Mademoiselle nehmen Kaffee?«

»Ja, gern«, sagte sie und versuchte ihrer Stimme eine Spur von Begeisterung zu verleihen. »*Bien*«, murmelte Boufelja und ließ sie allein im Raum. Als er mit dem Kaffee zurückkehrte, war Slimane bei ihm, und sie lachten, wie sie sah, ganz als hätte es kein Mißverständnis wegen des Abendessens gegeben. Slimane blieb einen Augenblick in der Tür stehen, stampfte mit den Füßen und schüttelte den Sand von seinem Burnus. Als er hereinkam, um ihr die Hand zu schütteln, rief sie: »O Slimane, es ist meine Schuld! Ich habe vergessen, Boufelja Bescheid zu geben. Es ist schrecklich!«

»Es gibt keine Schuld, Madame«, sagte er feierlich. »Dies ist ein Fest.«

»Ja, es ist ein Fest«, wiederholte sie. »Und der Wind bläst immer noch. Horch!«

Slimane wollte keinen Kaffee; Boufelja aber gab ihrem Drängen nach und ließ zu, daß sie ihm eine Tasse einschenkte, die er am Kamin stehend trank. Sie verdächtigte ihn heimlicher Genugtuung darüber, daß es Slimane nicht gelungen war, mit ihr zu essen. Als er seinen Kaffee ausgetrunken hatte, wünschte er ihnen eine gute Nacht und ging in sein kleines Zimmer neben der Küche, um sich hinzulegen.

Eine Weile saßen sie da und sahen ins Feuer, ohne zu sprechen. Der Wind fegte durch die Leere draußen, die Läden klapperten. Fräulein Windling empfand Zufriedenheit. Zwar war der erste Teil der Feier mißlungen, doch der Rest des Abends konnte trotzdem noch schön werden.

Sie wartete, bis sie sicher war, daß Boufelja zu Bett gegangen war, dann griff sie in ihre Handtasche und holte einen kleinen Plastikbeutel mit Pralinen heraus, den sie auf den Tisch legte.

»Iß!« sagte sie unbeschwert und nahm selbst eine. Zögernd streckte Slimane die Hand aus, um nach dem Beutel zu greifen. Als er eine Praline im Mund hatte, begann sie zu sprechen. Sie wollte ihm von der Geburt Christi erzählen, ein Thema, das sie auf ihren gemeinsamen Ausflügen schon mehrmals angeschnitten hatte, aber nur oberflächlich. Dieses Mal hatte sie das Gefühl, sie sollte ihm die ganze Geschichte erzählen. Sie war darauf gefaßt, daß er sie unterbrechen würde, wenn er merkte, daß es eine religiöse Geschichte war, doch er hielt nur seinen unbeteiligten Blick auf sie gerichtet, kaute mechanisch und bedeutete durch ein gelegentliches Nicken, daß er ihr folgte. Sie vertiefte sich immer mehr in ihre Erzählung und begann mit beiden Armen zu gestikulieren. Slimane nahm noch eine Praline und hörte weiter zu.

Sie sprach eine Stunde oder länger, ihres eigenen Wortschwalls wie aus der Ferne gewahr. Als sie ihm von Bethlehem erzählte, beschrieb sie in Wirklichkeit Slimanes Dorf, und das Haus von Maria und Joseph war das unten im *ksar*, in dem Slimane zur Welt gekommen war. Der Nachthimmel wölbte sich über dem Oued Zousfana, und seine Sterne leuchteten auf die kalte Hamada nieder. Die Heiligen Drei Könige in Burnus und Turban kamen auf ihren Kamelen über den Erg, hielten am Rand der großen Düne an und blickten auf das Tal, in dem das dunkle Dorf lag. Als sie fertig war, schneuzte sie sich die Nase.

Slimane war wie in Trance. Sie sah ihn an, wartete, daß er etwas sagte, und als er es nicht tat, musterte sie ihn genauer. Seine Augen hatten einen melancholischen, leeren Ausdruck, und obwohl sie noch auf ihr Gesicht gerichtet waren, hätte sie schwören können, daß er etwas ganz anderes sah als sie. Sie seufzte, sie wollte nicht die Entscheidung auf sich nehmen, ihn da herauszuholen. Wenn es nicht so unwahrscheinlich gewesen wäre, hätte sie am liebsten geglaubt, daß der Junge auf irgendeine Art von der poetischen Wahrheit der Geschichte gefesselt war und sie in seiner Vorstellung noch einmal Revue passieren ließ. »Das kann nicht sein«, sagte sie sich; wahrscheinlicher war, daß er bloß dasaß, ihr schon längst nicht mehr zuhörte und nur vage mitbekommen hatte, daß ihre Geschichte zu Ende war.

Dann sagte er: »Sie haben recht. Es war der König der Menschen.«

Fräulein Windling hielt den Atem an und beugte sich vor, er aber fuhr fort: »Später schickte Satan eine Schlange mit zwei Köpfen. Und Jesus tötete sie. Satan war böse auf ihn. Er sagte: ›Warum hast du meinen Freund getötet? Hat er dir vielleicht etwas zuleide getan?‹ Und Jesus sagte: ›Ich wußte, woher er kam.‹ Und Satan zog einen schwarzen Burnus an. Das ist wahr«, setzte er hinzu, als er einen Ausdruck, den er für reine Ungläubigkeit hielt, in ihrem Gesicht entdeckte.

Sie setzte sich sehr gerade hin und sagte: »Slimane, wovon redest du? Es gibt keine solchen Geschichten über Jesus. Und auch nicht über Sidna Isa.« Sie war nicht sicher, ob letzteres stimmte; immerhin wäre es möglich, dachte sie, daß es solche Legenden unter diesen Menschen gab. »Weißt du, das sind Geschichten, die nichts mit der Wahrheit zu tun haben.«

Er hörte sie nicht, denn er hatte bereits zu sprechen begonnen. »Ich rede nicht von Sidna Isa«, sagte er entschieden. »Er war ein islamischer Prophet. Ich rede von Jesus, dem Propheten der Ungläubigen. Jeder weiß, daß Satan ihm eine Schlange mit zwei Köpfen schickte.«

Sie horchte einen Augenblick auf den Wind. »Ah«, sagte sie und nahm noch eine Praline; sie hatte nicht vor, weiter darüber zu streiten. Wenig später kramte sie wieder in ihrer

Tasche und förderte den Turban zutage, verpackt in rotes und weißes Seidenpapier.

»Ein Geschenk für dich«, sagte sie und reichte es ihm. Er nahm es mechanisch, legte es auf seinen Schoß und ließ den Blick darauf ruhen. »Willst du es nicht öffnen?« fragte sie.

Er nickte zweimal und riß das Seidenpapier auf. Er sah den Ballen weißer Baumwolle und lächelte. Als sie bemerkte, daß sein Gesicht endlich zum Leben erwachte, sprang sie auf. »Komm, legen wir ihn dir an!« rief sie. Er reichte ihr ein Ende, das sie strammzog, indem sie bis zur Tür zurückwich. Dann hielt er das andere Ende an der Stirn fest, kam langsam und gleichmäßig sich um die eigene Achse drehend auf sie zu und bestimmte so die Form des Turbans, der sich um seinen Kopf wand. »Großartig«, sagte sie. Er trat an die Reihe dunkler Fenster, um sich zu begutachten.

»Kannst du sehen?« fragte sie.

»Ja, die Umrisse kann ich erkennen«, sagte er. »Er ist sehr schön.«

Sie kam in die Mitte des Raumes zurück. »Ich will ein Photo von dir machen, Slimane«, sagte sie und bemerkte, wie sogleich ein Ausdruck des Erstaunens in sein Gesicht trat. »Willst du mir einen Gefallen tun? Geh in mein Zimmer und hole die Kamera.«

»In der Nacht? Sie können in der Nacht photographieren?«

Sie nickte und lächelte geheimnisvoll. »Und bring mir die gelbe Schachtel auf dem Bett mit.«

Ohne den Turban abzusetzen, zog er den Burnus über, griff nach ihrer Taschenlampe und ging hinaus. Der Wind schlug die Tür zu. Sie hoffte, daß der Krach Boufelja nicht geweckt hatte; einen Augenblick horchte sie, doch da war nichts, nur das Heulen des Windes, der durch den Gang draußen fegte. Dann lief sie in die dunkle Nische des Raumes und griff nach den Streichhölzern. Eilig zündete sie alle Kerzen um die Krippe an, steckte ein Kamel fester in den Sand und ging um die Ecke zurück zum Kamin. Sie hatte nicht geglaubt, daß die Kerzen so viel Licht spenden würden. Das andere Ende des Raumes war jetzt heller als der Teil, in dem sie sich befand. Kurz darauf ging die Tür auf und Slimane stürzte herein, die Kamera um die Schulter gehängt. Er legte sie vorsichtig auf den Tisch. »Da war keine gelbe Schachtel auf dem Bett«, sagte er. Dann fiel sein Blick auf das seltsam flackernde Licht an der gegenüberliegenden Wand, und er trat in die Mitte des Raums. Sie begriff, daß dies der Moment war. »Komm«, sagte sie und nahm seinen Arm und schob ihn sanft um die Ecke, bis er die Krippe, von zahlreichen unruhigen Flämmchen erhellt, endlich sah. Slimane sagte kein Wort; er hielt inne und stand vollkommen reglos da. Nach einem Moment des Schweigens zupfte sie ihn vorsichtig am Ärmel. »Komm, sieh's dir an«, drängte sie. Sie gingen weiter; als sie vor der Krippe standen, hatte sie den Eindruck, er hätte die Hand ausgestreckt und sie berührt und das kleine in Gold gekleidete Jesuskind aus seinem Bett von Federn genommen, wenn sie nicht dagewesen wäre. Doch so stand er schweigend da und schaute. Nach einer Weile fragte er: »Haben Sie das alles aus der Schweiz mitgebracht?«

»Natürlich nicht!« Es war ein wenig enttäuschend, daß er die Gegenwart der Wüste in dem Bild gar nicht bemerkt hatte, nicht spürte, daß es aus seiner Umgebung stammte und nicht importiert war. »Ich habe es hier gemacht«, sagte sie. Sie wartete einen Augenblick. »Gefällt es dir?«

»O ja«, sagte er gefühlvoll. »Es ist schön. Ich dachte, es käme aus der Schweiz.«

Um sicherzugehen, daß er alles verstand, erklärte sie ihm nacheinander die Figuren, wobei ihre Stimme ein so ungewohntes Timbre von Ehrfurcht annahm, daß er einmal erstaunt zu ihr aufblickte. Es war fast so, als sähe auch sie die Krippe zum ersten Mal. »Und die Heiligen Drei Könige kommen vom Erg herunter, um das Kind zu sehen.«

»Warum haben Sie die Mandeln hierhergelegt?« fragte Slimane und berührte eine mit dem Zeigefinger.

»Es sind Geschenke für das Jesuskind.«

»Aber was werden Sie damit machen?« bohrte er weiter.

»Sie wahrscheinlich aufessen, später«, antwortete sie knapp. »Nimm eine, wenn du magst. Du sagst, es war keine gelbe Schachtel auf dem Bett?« Sie wollte die Photos machen, solange die Kerzen noch gleichmäßig hoch brannten.

»Da lagen nur ein Pullover und einige Papiere, Madame.«

Sie ließ ihn bei der Krippe zurück, durchquerte den Raum und streifte ihren Burnus über. Im Gang war es stockdunkel; kein Anzeichen, daß Boufelja erwacht war. Sie wußte, daß in ihrem Zimmer große Unordnung herrschte, und suchte mit dem Strahl der Taschenlampe den Boden ab, bevor sie eintrat. Im Durcheinander überall verstreuter Gegenstände in dem kleinen Zimmer schien die Chance, irgend etwas zu finden, sehr gering. Der schwache Strahl glitt nacheinander über die nichtssagenden Formen, die durch das Übereinanderstapeln unterschiedlichster Dinge entstanden waren; das Licht huschte über den Boden, am Bett entlang, hinter den verschlissenen Vorhang vor der Kleiderablage. Plötzlich fiel ihr etwas ein, und sie leuchtete unter das Bett. Da lag die Schachtel, genau vor ihr; sie hatte sie mit der Krippe zusammen versteckt.

»Ich darf nicht stolpern«, dachte sie, als sie den Gang entlanglief. Sie zwang sich, langsamer zu gehen, betrat den

Speisesaal und schloß sorgfälitg die Tür. Slimane lag auf den Knien in der Mitte des Raums und hielt einen kleinen Gegenstand in der Hand. Erleichtert stellte sie fest, daß er sich vergnügte. »Es tut mir leid, daß es so lange gedauert hat«, rief sie. »Ich wußte nicht mehr, wo ich sie hingelegt hatte.« Sie zog den Burnus über den Kopf; jetzt hängte sie ihn an einen Nagel beim Kamin, griff nach der Kamera und der gelben Schachtel und ging zu ihm.

Als er zu ihr aufsah, gewahrte sie auf seinem Gesicht einen schwachen Anflug von Schuldbewußtsein, der sie veranlaßte, mit den Augen den Boden abzusuchen, bis sie einen Gegenstand entdeckte, der demjenigen in Slimanes Hand ähnelte. Es war einer der Heiligen Drei Könige, am Rumpf von seinem Reittier abgebrochen. Der, den Slimane in der Hand hielt, war noch intakt, doch dem Kamel fehlte der Kopf und fast der ganze Hals.

»Slimane! Was tust du da?« rief sie mit unverhohlenem Zorn. »Was hast du mit der Krippe gemacht?« Sie trat um die Ecke und betrachtete die Krippe. Es war kaum mehr übrig als eine Reihe von Kerzen und ein Haufen Sand, übersät von Mandarinenschalen und Dattelkernen; hie und da war ein sorgfältig gefaltetes Stück violettes oder rosafarbenes Silberpapier in den Sand gesteckt. Alle drei Könige waren in Slimanes Schlacht auf dem Boden einbezogen worden, das Zelt war zerstört, um an die darin aufgestapelten Mandeln heranzukommen, und die Säckchen waren ihrer Pralinen beraubt. Nirgendwo war eine Spur vom Jesuskind oder seinem Kleid aus Goldlamé zu entdecken. Sie lachte kurz und sagte: »Nun, das ist wohl das Ende. Wie?«

»Ja, Madame«, sagte er ruhig. »Werden Sie jetzt die Photos machen?« Er stand auf und legte das zerbrochene Kamel zu dem übrigen Abfall in den Sand auf dem Fundament.

Fräulein Windlings Stimme klang ruhig. »Ich wollte ein Photo von der Krippe machen.«

Er wartete einen Augenblick, als horchte er auf ein entferntes Geräusch. Dann sagte er: »Soll ich meinen Burnus anziehen?«

»Nein.« Sie nahm die Blitzvorrichtung aus der Schachtel. Als sie fertig war, schoß sie ein Photo, ohne daß er Zeit hatte, sich in Positur zu stellen. Sie sah, wie sein Erstaunen über den unerwarteten Blitz sich in Überraschung verwandelte, daß es schon vorbei war, und dann in Unmut, weil sie ihn unvorbereitet erwischt hatte. Doch sie tat, als hätte sich nichts bemerkt, und ließ den Deckel zuschnappen. Er beobachtete sie, während sie ihre Sachen einsammelte. »Ist es fertig?« fragte er enttäuscht. »Ja«, sagte sie. »Es wird ein sehr gutes Bild.«

»*Incha' Allah.*«

Sie wiederholte den frommen Spruch nicht. »Ich hoffe, das Fest hat dir gefallen«, sagte sie.

Slimane lächelte breit. »O ja, Madame. Sehr. Vielen Dank.«

Sie ließ ihn auf den Kamelplatz hinaus und schloß hinter ihm ab. Schnell ging sie in ihr Zimmer zurück; sie wünschte, es wäre eine klare Nacht wie andere Nächte, in denen sie draußen auf der Terrasse stehen und die Dünen und Sterne betrachten konnte oder auf dem Dach sitzen und den Hunden lauschen, denn trotz der späten Stunde war sie nicht müde. Sie räumte alles vom Bett und streckte sich darauf aus, überzeugt, daß sie lange Zeit wach liegen würde. Denn es hatte sie erschüttert, dieses Chaos, das Slimane während der wenigen Minuten ihrer Abwesenheit angerichtet hatte. In den langen Jahren ihrer Freundschaft hatte sie sich angewöhnt, ihn fast so zu sehen wie sich selbst, wenngleich sie wußte, daß er nicht so gewesen war, als sie ihn kennenlernte. Nun erkannte sie die gefährliche Eitelkeit im Zentrum dieser Einbildung: Sie war davon ausgegangen, daß seine Beziehung zu ihr auf irgendeine Art automatisch zu seinem Besten gewesen war, daß er als Folge seiner Bekanntschaft mit ihr unweigerlich einen Reifungsprozeß durchgemacht hatte. Über ihrem Verlangen zu sehen, daß er sich veränderte, hatte sie vergessen, wie Slimane in Wirklichkeit war. »Ich werde ihn nie verstehen«, dachte sie hilflos, in der Gewißheit, daß sie, weil sie sich ihm so nahe fühlte, nie imstande sein würde, ihn objektiv zu betrachten.

»Das ist die Wüste«, sagte sie sich. »Hier dient Nahrung nicht zur Dekoration; sie ist da, um gegessen zu werden.« Sie hatte Nahrung ausgebreitet, und er hatte sie gegessen. Jedes Argument, das ihn deshalb kritisierte, mußte falsch sein. Und so lag sie da und machte sich Vorwürfe. »Zu viele hehre Vorstellungen«, dachte sie, »und zu wenig Herz.« Schließlich schläferte sie das Geräusch des Windes ein.

Als sie im Morgengrauen erwachte, sah sie, daß auch dieser Tag düster sein würde. Der Wind hatte nachgelassen. Sie stand auf und schloß das Fenster. Der frühe Morgenhimmel war wolkenverhangen. Sie fiel zurück aufs Bett und schlief wieder ein. Später als sonst stand sie auf, zog sich an und ging in den Speisesaal. Boufeljas Gesicht war merkwürdig ausdruckslos, als er ihr guten Morgen wünschte. Sie nahm an, daß es die Erinnerung an das Mißverständnis vom vergangenen Abend war, die ihn beschäftigte – oder vielleicht war er verärgert, daß er die Reste der Krippe hatte wegräumen müssen. Als sie Platz genommen und die Serviette auf ihrem Schoß ausgebreitet hatte, taute er so weit auf, daß er sagte: »Frohes Fest!«

»Danke sehr. Sag mir, Boufelja«, fuhr sie mit verändertem

Tonfall fort, »als du gestern abend nach dem Essen Slimane hereinbrachtest, weißt du, wo er da gewesen war? Hat er es dir gesagt?«

»Er ist ein dummer Kerl«, sagte Boufelja. »Ich habe ihm gesagt, er soll nach Hause gehen und später wiederkommen. Meinen Sie, das hat er getan? Natürlich nicht. Er ist die ganze Zeit vor der Küchentür im Hof hin- und hergegangen, im Dunkeln.«

»Ich verstehe!« rief Fräulein Windling triumphierend. »Dann hatte er also gar nichts gegessen?«

»Ich hatte nichts für ihn«, begann er, wie um sich zu verteidigen.

»Natürlich nicht«, sagte sie bestimmt. »Er hätte nach Hause gehen und dort essen sollen.«

»Ah, sehen Sie?« grinste Boufelja. »Dasselbe habe ich ihm auch gesagt.«

Im Geiste sah sie vor sich, wie die ganze Geschichte abgelaufen war: Slimane hatte seinen Vater beiläufig davon unterrichtet, daß er mit der Schweizer Dame im Hotel essen würde, der alte Mann hatte zweifellos eine verächtliche Äußerung über sie gemacht, und Slimane war weggegangen. Undenkbar, nachdem ihm der Zutritt zum Speisesaal verwehrt worden war, wieder zurückzugehen und sich dem Spott der Familie auszusetzen. »Armer Junge«, murmelte sie.

»Der Kommandant möchte Sie sehen«, sagte Boufelja – einer seiner abrupten Themenwechsel. Sie war überrascht, denn in all den Jahren hatte der Hauptmann nie ein Zeichen gegeben, daß er von ihrer Existenz überhaupt Notiz nahm; das Hotel und die Festung waren wie zwei verschiedene Länder. »Vielleicht wegen des Festes«, deutete Boufelja mit versteinertem Gesicht an. »Vielleicht«, sagte sie unsicher.

Als sie das Frühstück beendet hatte, begab sie sich zu den Toren der Festung. Der Wachtposten schien sie zu erwarten. Einer der beiden jungen französischen Soldaten war im Hof damit beschäftigt, einen Stuhl anzustreichen. Er grüßte und sagte, der Kommandant sei in seinem Büro. Sie stieg eine lange Treppe hinauf und blieb dann einen Augenblick stehen, um das Tal im ungewohnt grauen Licht zu betrachten und festzustellen, wie völlig anders als sonst es an diesem trüben Tag aussah.

Aus dem Inneren rief eine Stimme: *»Entrez, s'il vous plaît!«* Sie öffnete die Tür und trat ein. Der Kommandant saß hinter seinem Schreibtisch; sie hatte das unbehagliche Gefühl, diese Szene bei einer anderen Gelegenheit und an einem anderen Ort schon einmal erlebt zu haben. Und plötzlich war sie überzeugt zu wissen, was er sagen würde. Sie griff nach der Lehne des freien Stuhls vor seinem Schreibtisch. »Nehmen Sie Platz, Mademoiselle Windling«, sagte er, stand halb auf, machte eine Handbewegung und setzte sich rasch wieder hin.

An der Wand hinter ihm hingen mehrere topographische Karten mit blaßlila und grünen Kreidemarkierungen. Der Kommandant blickte auf seinen Schreibtisch und dann auf sie und sagte mit klarer Stimme: »Es ist eine unglückliche Fügung, die micht zwingt, Sie an diesem Tag zu mir zu bitten.« Fräulein Windling nahm auf dem Stuhl Platz; sie beugte sich leicht vor und schien den Ellbogen auf den Tisch stützen zu wollen, schlug jedoch statt dessen die Beine übereinander und verschränkte starr die Arme. »Ja?« sagte sie angespannt und wartete auf die Nachricht. Er sprach ohne Zögern, und sie war sich bewußt, daß sie ihm dafür dankbar war – selbst in diesem Augenblick. Er informierte sie einfach, daß die gesamte Region für Zivilpersonen gesperrt worden war; dieser Befehl gelte für französische Staatsbürger ebenso wie für Ausländer, sie solle sich daher nicht diskriminiert fühlen. »Das heißt, Sie werden morgen den Lastwagen nehmen müssen«, fuhr er fort. »Der Fahrer ist bereits über Ihre Abreise verständigt. Vielleicht in einem anderen Jahr, wenn die Unruhen vorbei sind ...« (»Warum sagt er das«, dachte sie, »wenn er weiß, daß alles zu Ende und die Zeit der Freundschaft vorbei ist?«) Er erhob sich und streckte ihr die Hand entgegen.

Sie konnte sich nicht erinnern, wie sie das Zimmer verlassen hatte und die lange Treppe in den Hof hinuntergelangt war, doch nun fand sie sich außerhalb des Wachttors an der Festungsmauer wieder, die Hand auf der Stirn. »Schon«, dachte sie. »Es kam so schnell.« Und dann fiel ihr ein, daß ihr keine Zeit bleiben würde, ihre Fehler im Umgang mit Slimane zu korrigieren, so daß es wirklich stimmte, daß sie ihn nie verstehen würde. Sie trat an die Brüstung, schaute einen Augenblick auf den Saum der Oase hinab und ging dann ins Zimmer zurück, um zu packen. Sie arbeitete den ganzen Tag im Zimmer, zog Kisten heraus und zwang sich, ihre ganze Konzentration auf die Entscheidung zu richten, was sie mitnehmen und was sie für immer zurücklassen sollte.

Während des Mittagessens strich Boufelja um ihren Stuhl herum. »Ah, Mademoiselle, so viele Jahre waren wir zusammen, und nun ist es vorbei.« »Ja«, dachte sie, aber es war nichts daran zu ändern. Seine Jammerei machte sie nervös, und sie war kurzangebunden mit ihm. Dann plagte sie ihr Gewissen, sie sah ihm in die Augen und sagte langsam: »Ich bin sehr traurig, Boufelja.« Er seufzte. »Ah, Mademoiselle, ich weiß.«

Bei Einbruch der Dämmerung war die Wolkenwand über

der Wüste abgezogen und der westliche Himmel teilweise klar. Fräulein Windling war fertig mit Packen. Sie trat auf die Terrasse, sah die rosafarbene Glut auf den Dünen und stieg die Treppe zum Dach hinauf, um den Sonnenuntergang zu betrachten. Langgezogene Stränge flammender Sturmwolken trieben am Himmel. Mechanisch folgte ihr Blick den Windungen des Flußtals, das sich in der dunkelnden Hamada im Süden verlor. »Es liegt in der Vergangenheit«, rief sie sich in Erinnerung; dies war schon die neue Ära. Die Wüste draußen sah so aus wie immer. Doch der Himmel, zerrissen, rot und schwarz, war wie ein Aufruf, der soeben über dem Land angeschlagen worden war, um den Ausbruch des Krieges zu verkünden.

Es war ein Verrat, dachte sie, als sie die Treppe wieder hinunterstieg und mit der Hand über die vertraute, rauhe Lehmwand fuhr, um sich abzustützen, und natürlich waren die Franzosen an allem schuld. Doch darüber hinaus empfand sie eine irrationale und unangenehme Gewißheit, daß das Land selbst an dem Verrat beteiligt war, daß es darauf wartete, durch den Kampf verwandelt zu werden. Sie ging in ihr Zimmer und zündete die kleine Öllampe an; sie setzte sich und hielt die Hände über die Flamme, um sie zu wärmen. Irgendwann hatte sich etwas verändert. Die Menschen wollten nicht länger in einer Welt leben, die sie kannten. Der Druck der Vergangenheit war zu übermächtig geworden, hatte seine Hülle gesprengt.

Am Nachmittag hatte sie Boufelja zu Slimane geschickt, um ihm die Neuigkeiten zu berichten und ihn zu bitten, sich bei Tagesanbruch im Hotel einzufinden. Während des Abendessens sprach sie nur über die Einzelheiten des Aufbruchs und der Reise; als Boufelja versuchte, das Gespräch auf eine emotionale Ebene zu ziehen, reagierte sie nicht.

Seine Trauer war unerträglich; sie war es nicht gewohnt, ihrer Verzweiflung Ausdruck zu verleihen. Die Hunde bellten die halbe Nacht.

Am Morgen war es kalt. Ihre Hände schmerzten, als sie die nassen Gegenstände um die Waschschüssel auf dem Tisch zusammensuchte, und irgendwie trieb sie sich dabei einen Splitter tief unter den Daumennagel. Mit Hilfe einer Nadel bekam sie Teile davon heraus, doch das meiste ließ sich nicht entfernen. Vor dem Frühstück ging sie hinaus.

Sie stand auf dem steinigen Gelände zwischen Hotel und Festung und blickte hinab in das unschuldige Antlitz des Landes. Die mit einem Vorhängeschloß versehene Benzinpumpe, in frischem roten und orangefarbenen Anstrich prangend, warf das erste Sonnenlicht zurück; einen Augenblick lang wirkte sie wie das einzig Lebendige in der Landschaft. Fräulein Windling drehte sich um. Über der dunklen, unregelmäßigen Masse von Palmen erhob sich das terrassierte Dorf friedlich unter seinem morgendlichen Rauchschleier. Einen Augenblick schloß sie die Augen und ging dann ins Hotel.

Sie spürte, wie steif sie auf ihrem Stuhl saß, während sie Kaffee trank, und wußte, daß sie Boufelja gegenüber formell und distanziert wirkte, doch nur auf diese Art war es ihr möglich durchzuhalten. Einmal kam er, um ihr zu sagen, daß Slimane eingetroffen war und den Esel samt dem Eseltreiber für das Gepäck mitgebracht hatte. Sie dankte ihm und stellte die Kaffeetasse ab. »Mehr Kaffee?« fragte Boufelja. »Nein«, antwortete sie. »Trinken Sie noch eine Tasse, Mademoiselle«, drängte er, »er ist gut an einem kalten Morgen.« Er goß ihr ein, und sie trank die Tasse halb aus. Es klopfte am Tor. Einer der jungen Soldaten hatte den Auftrag, sie mit dem Jeep zum Haltepunkt des Lastwagens zu bringen.

»Das geht nicht!« rief sie aus und dachte an Slimane und den Esel. Der junge Soldat machte ihr klar, daß es sich nicht um ein Angebot handelte, sondern um einen Befehl. Slimane stand neben dem Esel vor dem Tor. Als sie mit ihm zu sprechen begann, rief der Soldat: »Will er mitkommen, der *gosse?* Er kann uns begleiten, wenn er will.« Slimane rannte los, um das Gepäck zu holen, und Fräulein Windling ging rasch hinein, um ihre Rechnung zu bezahlen. »Sie brauchen sich nicht zu beeilen«, rief der Soldat ihr nach. »Wir haben jede Menge Zeit!«

Boufelja stand in der Küchentür. In diesem Moment kam ihr zum ersten Mal in den Sinn, sich zu fragen, was aus ihm werden würde. Wenn das Hotel geschlossen war, hätte er keine Arbeit mehr. Als sie die Rechnung beglichen und ihm ein weit größeres Trinkgeld gegeben hatte, als sie sich leisten konnte, nahm sie seine beiden Hände und sagte: »*Mon cher* Boufelja, wir werden uns bald wiedersehen.«

»Ah, ja«, seufzte er und versuchte zu lächeln. »Sehr bald, Mademoiselle.«

Sie gab dem Eseltreiber etwas Geld und setzte sich neben den Soldaten in den Jeep. Slimane hatte das ganze Gepäck herausgetragen, stand hinter dem Jeep und trat gegen die Reifen. »Hast du alles?« rief sie. »Alles?« Am liebsten hätte sie selbst nachgesehen, aber sie brachte es nicht fertig, noch einmal ins Zimmer zurückzugehen. Boufelja verschwand; dann kam er eilig wieder heraus, außer Atem, mit einem Packen alter Zeitschriften in den Händen. »Ist schon gut«, sagte sie. »Nein, nein, ich will sie nicht.« Der Jeep rollte bereits den Hügel hinab. In unglaublich kurzer Zeit, so schien es ihr, hatten sie die Felsen erreicht. Als Fräulein Windling versuchte, ihre Aktentasche aus ihrem Wagen zu heben, schmerzte der Splitter unter dem Daumen so sehr, daß ihr

Tränen in die Augen stiegen und sie mit einem Aufschrei losließ. Slimane warf ihr einen überraschten Blick zu. »Ich habe mich an der Hand verletzt«, erklärte sie ihm. »Es ist nichts.«

Das Gepäck war im Schatten aufgestapelt. Auf einem Felsblock unweit des Jeeps saß der Soldat Fräulein Windling gegenüber; von Zeit zu Zeit suchte er am Horizont nach Anzeichen für den Lastwagen. Slimane inspizierte den Jeep von allen Seiten; dann kam er und setzte sich in ihre Nähe. Sie sprachen nicht viel miteinander. Sie hätte nicht mit Sicherheit sagen können, ob es an dem Soldaten lag oder daran, daß ihr Daumen ununterbrochen schmerzte, doch sie saß schweigend da und wartete, wollte nicht reden.

Es dauerte lange, bis der Motor in der Ferne hörbar wurde. Als der Lastwagen noch kaum mehr als eine Staubwolke zwischen Himmel und Erde war, stand der Soldat schon und hielt Ausschau; einen Augenblick später sprang Slimane auf. »Er kommt, Madame«, sagte er. Dann beugte er sich zu ihr, näherte sein Gesicht dem ihren und flüsterte: »Ich will mit Ihnen nach Colomb-Béchar.« Als sie nicht antwortete, denn sie sah im Geist die ganze Geschichte ihrer Freundschaft vom Ende bis zum Anfang vor sich abrollen, sagte er lauter, flehentlicher: »Bitte, Madame.«

Fräulein Windling zögerte nur einen Augenblick. Sie hob den Kopf und betrachtete aufmerksam das glatte braune Gesicht so dicht vor ihr. »Natürlich, Slimane«, sagte sie. Es war klar, daß er mit dieser Antwort nicht gerechnet hatte; seine Freude war ansteckend, und sie lächelte, als sie beobachtete, wie er zu dem Haufen von Gepäckstücken rannte und anfing, sie in die Sonne zu tragen und im Staub neben der Piste aufzureihen.

Später, während sie durch die Hamada ratterten, sie vorn

neben dem Fahrer und Slimane auf der Ladefläche hockend, zusammen mit einem Dutzend Männer und einem Schaf, überdachte sie ihre unverantwortliche Entscheidung, ihm diesen absurden Ausflug nach Colomb-Béchar zu gestatten. Sie wußte nur eins: Sie wollte, daß ihre gemeinsame Geschichte so endete. Ein paarmal drehte sie sich halb auf ihrem Sitz um und warf durch die schmutzige Scheibe einen Blick auf ihn. Da saß er, im Rauch und Staub, das Gesicht fast ganz unter der Kapuze des Burnus verborgen, und lachte wie die anderen.

In Colomb-Béchar hatte es geregnet; die Straßen hatten sich in große Pfützen verwandelt, die den bedeckten Himmel widerspiegelten. Bei der Garage fanden sie einen mürrischen Negerjungen, der ihnen behilflich war, das Gepäck zum Bahnhof zu tragen. Ihr Daumen schmerzte etwas weniger.

»Es ist eine kalte Stadt«, sagte Slimane, als sie die Hauptstraße entlanggingen. Am Bahnhof gaben sie das Gepäck zur Aufbewahrung, traten dann nach draußen und blieben stehen, um zuzuschauen, wie ein Auto von einem offenen Güterzug entladen wurde: Sein Dach war noch weiß vom Schnee aus den Bergen. Es war ein düsterer Tag, und der Wind kräuselte die Oberfläche der Wassertümpel auf dem überschwemmten, brachliegenden Gelände. Sie gingen in ein Restaurant und aßen ausgiebig zu Mittag.

»Wirst du auch wirklich morgen nach Hause fahren?« fragte sie ihn einmal besorgt beim Nachtisch. »Du weißt, wir haben uns deinem Vater und deiner Mutter gegenüber sehr schlecht verhalten. Sie werden mir nie verzeihen.« Ein Schleier schien über Slimanes Gesicht zu fallen. »Das macht nichts«, sagte er knapp.

Nach dem Essen gingen sie in den Park und betrachteten

die Adler in ihren Käfigen. Ein feiner Regen trieb mit dem Wald dahin. Der Schlamm auf den Wegen wurde tiefer. Sie gingen zurück ins Zentrum der Stadt und setzten sich auf die Terrasse eines großen, schäbigen modernen Cafés. Der Tisch am hintersten Ende war teilweise vor dem feuchten Wind geschützt; sie sahen auf ein leeres, von Abfällen übersätes Grundstück. Nicht weit entfernt lagen die rostigen Überreste eines alten Busses, verstreut wie die Knochen eines in der Wüste verendeten Kamels. Eine hohe, frisch gefällte Dattelpalme lag quer über der größeren Hälfte des Geländes. Fräulein Windling wandte sich ein wenig um, betrachtete die feuchte, orangefarbene Faser des Stumpfes und empfand ein sinnloses Mitleid mit dem Baum. »Ich nehme eine Coca-Cola«, erklärte sie. Slimane sagte, er wolle auch eine.

Lange saßen sie so da. Der feine Nieselregen sprühte draußen an den Arkaden vorbei und fiel geräuschlos zu Boden. Sie hatte erwartet, von Bettlern angesprochen zu werden, doch keiner ließ sich blicken, und nun, da die Zeit gekommen war, das Café zu verlassen und zum Bahnhof aufzubrechen, empfand sie Dankbarkeit, daß der Tag so leicht vergangen war. Sie öffnete ihre Brieftasche, nahm dreitausend Francs heraus und gab sie Slimane. »Das wird genug sein für alles. Aber du mußt heute noch deine Fahrkarte nach Hause kaufen. Bevor du den Bahnhof verläßt. Paß sehr gut darauf auf.«

Slimane verstaute das Geld im Inneren seiner Kleidung, brachte den Burnus wieder in Ordnung und bedankte sich. »Du verstehst, Slimane«, sagte sie und hielt ihn mit der Hand zurück, denn er schien schon aufzustehen wollen. »Ich gebe dir jetzt kein Geld, weil ich alles, was ich habe, für die Reise brauche. Doch wenn ich wieder in der Schweiz bin, werde ich dir hin und wieder etwas schicken. Nicht viel. Ein bißchen.«

Panik überflog sein Gesicht, sie war erstaunt.

»Sie haben meine Adresse nicht«, wandte er ein.

»Nein, aber ich werde es an Boufeljas Haus schicken«, sagte sie in der Hoffnung, ihn zu beruhigen. Er beugte sich vor, seine Augen funkelten. »Nein, Madame«, sagte er entschieden. »Nein. Ich habe Ihre Adresse, und ich werde Ihnen meine schicken. Dann haben Sie die Möglichkeit, mir zu schreiben.«

Eine Auseinandersetzung darüber schien unnötig. Fast den ganzen Nachmittag hatte ihr Daumen kaum weh getan, nun, da der Tag sich neigte, schien der Schmerz wieder zuzunehmen. Sie wollte aufstehen, den Kellner suchen und bezahlen. Es nieselte noch immer; zum Bahnhof war es ziemlich weit. Doch sie merkte, daß Slimane noch etwas loswerden wollte. Er beugte sich auf seinem Stuhl vor und starrte zu Boden. »Madame«, begann er.

»Ja?« sagte sie.

»Wenn Sie wieder in Ihrem Land sind und an mich denken, werden Sie nicht froh sein. Das stimmt, nicht wahr?«

»Ich werde sehr traurig sein«, antwortete sie und erhob sich.

Slimane stand zögernd auf und schwieg einen Augenblick, ehe er fortfuhr: »Traurig, weil ich die Süßigkeiten aus dem Bild aufgegessen habe. Das war sehr schlimm. Verzeihen Sie mir.«

Der schrille Klang ihrer eigenen Stimme, mit der sie »Nein!« rief, überraschte sie. »Nein!« rief sie noch einmal. »Das war gut.« Sie spürte, wie die Muskeln in ihren Wangen und Lippen sich zum Weinen verzogen; sie packte ihn heftig am Arm und sah in sein Gesicht. *»Oh, mon pauvre* *petit!*« schluchzte sie und bedeckte dann ihr Gesicht mit beiden Händen. Sie spürte, wie er leicht ihren Ärmel berührte. Ein Lastwagen fuhr auf der Hauptstraße vorbei und ließ die Erde erzittern.

Entschlossen wandte sie sich ab und suchte in ihrer Handtasche nach einem Taschentuch. »Komm«, sagte sie und räusperte sich. »Ruf den Kellner.«

Frierend und durchnäßt kamen sie am Bahnhof an. Der Zug wurde gerade zusammengestellt; die Fahrgäste durften den Bahnsteig nicht betreten und saßen im Inneren des Gebäudes auf dem Fußboden. Während Fräulein Windling ihre Fahrkarte kaufte, holte Slimane das Gepäck. Er blieb lange Zeit fort. Als er dann kam, hatte er den Burnus über die Schulter zurückgeworfen, grinste triumphierend und trug drei Koffer übereinander auf dem Kopf. Ein Mann in einer abgetragenen europäischen Jacke folgte ihm mit dem Rest. Als er näher kam, sah sie, daß er einen Zettel zwischen den Zähnen trug. Das alte Abteil roch nach Lack. Durch das Fenster konnte sie über einem fernen Streifen kargen Landes im Westen ein paar Fetzen wäßrigblauen Himmels erkennen. Slimane wollte das Gepäck auf die Sitze stellen, damit niemand in das Abteil kam. »Nein«, sagte sie. »Leg sie ins Gepäcknetz.« Es gab kaum andere Fahrgäste im Waggon. Als alles verstaut war, blieb der Träger im Gang stehen, und sie sah, daß er noch immer den Zettel zwischen den Zähnen hatte. Er zählte die Münzen, die sie ihm reichte, und ließ sie in der Tasche verschwinden. Dann drückte er Slimane hastig den Zettel in die Hand und verschwand.

Fräulein Windling bückte sich ein wenig und versuchte, ihr Gesicht in dem schmalen Spiegel, der über den Sitzen angebracht war, zu erkennen. Das Licht reichte nicht aus; die Öllampe über ihr erhellte nur die Decke, und ihre Halte-

rung warf einen bleiernen Schatten auf alles darunter. Plötzlich ruckte der Zug an und machte eine Reihe polternder
Geräusche. Sie nahm Slimanes Kopf mit beiden Händen
und küßte ihn auf die Stirn. »Bitte steig aus«, sagte sie. »Wir
können hier reden.« Sie deutete auf das Fenster und zog an
dem abgenutzten Lederriemen, um es zu öffnen.

Sie beugte sich aus dem Fenster; Slimane wirkte klein, als
er auf dem dunklen Bahnsteig zu ihr hinaufstarrte. Dann
setzte sich der Zug in Bewegung. Sie war sicher, daß er nur
ein paar Meter fahren und dann wieder halten würde, doch
er rollte langsam weiter. Slimane ging neben dem Fenster
mit, in der Hand den Zettel, den der Träger ihm gegeben
hatte. Er streckte ihn zu ihr hinauf und rief: »Hier ist meine
Adresse. Schicken Sie es dorthin!«

Sie nahm das Papier und winkte, während der Zug
schneller wurde. Immer wieder rief sie: »Auf Wiedersehen!« Er ging noch immer rasch neben dem Zug her, lief
dann schneller, bis er rannte und der Bahnsteig plötzlich endete. Sie lehnte sich weit aus dem Fenster, sah zurück und
winkte; sofort wurde er von Dunkelheit und Regen verschluckt. Neben den Gleisen flammte ein orangefarbenes
Feuer auf, und der Rauch brannte ihr in der Nase. Sie zog
das Fenster hoch, warf einen Blick auf den Zettel in ihrer
Hand und setzte sich hin. Das Rütteln des Zuges warf sie
hin und her; sie starrte noch auf das Papier, obgleich es jetzt
im Schatten war; und sie erinnerte sich an den ersten Tag vor
langer Zeit, als das Kind Slimane vor ihrer Tür gestanden
und sie beobachtet hatte, und wie er jedesmal, wenn sie sich
umdrehte, um ihn anzusehen, aus ihrem Blickfeld gewichen
war. Die Worte, hastig von dem Träger auf einen Fetzen Papier gekritzelt, bildeten in der Tat eine Adresse, doch es war
eine Adresse in Colomb-Béchar. »Sie sagten, er habe ver-

579

sucht wegzulaufen. Doch er sei nicht weit gekommen.« Je länger sie über die Details seines Verhaltens nachdachte, um so deutlicher sah sie die Logik dahinter. »Er ist zu jung, um Soldat zu werden«, sagte sie sich. »Sie werden ihn nicht nehmen.« Doch sie wußte, sie würden es tun.

Ihr Daumen war heiß und geschwollen, manchmal schien es, als verstärkte das Pochen darin das Schwanken des Waggons. Sie sah hinaus auf die wenigen übriggebliebenen Flecken farblosen Lichtes am Himmel. »Früher oder später hätte er es sowieso getan«, dachte sie.

»Vielleicht in einem anderen Jahr«, hatte der Kommandant gesagt. Sie sah ihr verzerrtes, trostloses Lächeln in der dunklen Fensterscheibe neben ihrem Gesicht. Vielleicht hatte Slimane Glück und gehörte zu den ersten Opfern. »Wenn der Tod in Kriegszeiten nur absolut sicher käme«, dachte sie verzweifelt, »wäre das Warten nicht so schmerzlich.« Schwankend und ächzend begann der Zug den langen Anstieg auf die Hochebene.

Tanger, 1962

DER GARTEN

Ein Mann, der in einer fernen Stadt im Süden lebte, arbeitete in seinem Garten. Er war arm, deshalb lag sein Garten am Rand einer Oase. Den ganzen Nachmittag über hob er Wassergräben aus, und als der Tag sich dem Ende zuneigte, öffnete er am oberen Ende des Gartens die Schleuse, die das Wasser eingedämmt hatte. Und nun strömte es die Kanäle entlang zu den Gerstenfeldern und den jungen Granatapfelbäumen. Der Himmel war in rotes Licht getaucht, und als der Mann bemerkte, daß die Erde seines Gartens wie lauter Juwelen glänzte, setzte er sich auf einen Stein, um ihn zu betrachten. Der Garten leuchtete immer heller, und er dachte: »In der ganzen Oase gibt es keinen schöneren Garten als meinen.«

Ein großes Glücksgefühl durchströmte ihn. Er blieb lange Zeit sitzen und ging erst sehr spät nach Hause. Als er zur Tür hereinkam, schaute seine Frau ihn an und bemerkte die Freude, die ihm aus den Augen strahlte.

»Er hat einen Schatz gefunden«, dachte sie, aber sie sagte nichts.

Als sie sich dann beim Abendessen gegenüber saßen, dachte der Mann noch immer an seinen Garten, und es schien ihm, als könnte ihn dieses Glück, nun da er es erfahren hatte, nie wieder verlassen. Er aß, ohne etwas zu sagen.

Auch seine Frau sprach nicht. »Er denkt an den Schatz«, sagte sie sich und war böse, daß er sein Geheimnis nicht mit ihr teilen wollte. Am nächsten Morgen ging sie zum Haus einer alten Frau und kaufte dort viele Kräuter und Pulver. Die nahm sie mit nach Hause und verbrachte dann mehrere Tage damit, sie zu mischen und zu kochen, bis sie eine Medizin gemacht hatte, die sie brauchte. Von nun an tat sie bei jeder Mahlzeit ein wenig von dem *tseuheur* in das Essen ihres Mannes.

Es dauerte nicht lange und der Mann wurde krank. Eine Zeitlang ging er noch jeden Tag zur Arbeit in seinen Garten. Oft war er jedoch, wenn er dort ankam, so erschöpft, daß er sich hinsetzen und an einer Palme anlehnen mußte. Er hörte ein Sausen in den Ohren und konnte seinen Gedanken nicht mehr folgen. Trotzdem – jeden Abend, wenn die Sonne unterging und er den Garten in ihrem roten Licht leuchten sah, war er glücklich. Und wenn er abends nach Hause kam, merkte seine Frau, daß seine Augen noch immer voller Freude waren.

»Er hat seinen Schatz gezählt«, dachte sie und fing an, heimlich zum Garten zu gehen, wo sie sich hinter ein paar Bäumen versteckte und beobachtete, was er tat. Als sie sah, daß er nur dasaß und zu Boden schaute, ging sie wieder zu der alten Frau und erzählte ihr davon.

»Du mußt dich beeilen und ihn zum Reden bringen, ehe er vergißt, wo er den Schatz versteckt hat«, riet ihr die alte Frau.

An diesem Abend mischte die Frau eine große Menge *tseuheur* in sein Essen, und als sie später beim Tee saßen, fing sie an, ihm um den Bart zu gehen. Der alte Mann lächelte bloß. Sie versuchte eine ganze Weile, ihn zum Reden zu bringen, aber er zuckte nur die Achseln und gestikulierte mit den Händen.

Am nächsten Morgen ging sie in aller Frühe, als er noch

schlief, wieder zu der alten Frau und erzählte ihr, daß der alte Mann nicht mehr sprechen konnte.

»Du hast ihm zuviel gegeben«, sagte die alte Frau. »Jetzt wird er dir sein Geheimnis nie verraten. Dir bleibt nichts anderes übrig, als so schnell wie möglich wegzugehen, ehe er stirbt.«

Die Frau rannte nach Hause. Ihr Mann lag mit offenem Mund auf seiner Matte. Sie packte ihre Habseligkeiten zusammen und verließ die Stadt noch am selben Morgen.

Drei Tage lag der Mann in tiefem Schlaf. Als er am vierten Tag erwachte, kam es ihm vor, als hätte er eine weite Reise zum anderen Ende der Welt gemacht. Er war sehr hungrig, aber alles, was er im Haus fand, war ein Stück trockenes Brot. Als er es gegessen hatte, ging er zu seinem Garten am Rand der Oase und pflückte viele Feigen. Dann setzte er sich hin und aß. Er dachte nicht ein einziges Mal an seine Frau, er hatte sie einfach vergessen. Als ein Nachbar vorbeikam und ihn grüßte, antwortete er höflich, als spräche er zu einem Fremden, und der Nachbar ging verwirrt seines Weges.

Nach und nach wurde der Mann wieder gesund. Er arbeitete jeden Tag im Garten. Wenn die Dämmerung kam, schaute er sich den Sonnenuntergang und das rotglänzende Wasser an. Dann ging er nach Hause, kochte sich sein Abendessen und legte sich schlafen. Er hatte keine Freunde mehr, denn wenn die anderen Männer ihn ansprachen, wußte er nicht, wer sie waren, und deshalb lächelte er bloß und nickte ihnen zu. Schließlich fiel den Leuten in der Stadt auf, daß er nicht mehr zum Beten in die Moschee kam. Sie sprachen untereinander darüber, und eines Tages kam der Imam zum Haus des Mannes, um mit ihm darüber zu reden. Während sie miteinander sprachen, horchte der Imam auf die Geräusche der Frau im Haus. Aus Höflichkeit erwähnte er sie nicht, aber er dachte an sie und fragte sich, wo sie wohl steckte. Als er das Haus verließ, plagten ihn viele Zweifel.

Der Mann dagegen fuhr fort, sein eigenes Leben zu führen. Die Leute in der Stadt sprachen von nichts anderem mehr. Sie flüsterten sich zu, daß er seine Frau getötet habe, und es gab nicht wenige unter ihnen, die sich am liebsten zusammengetan und das Haus nach ihren Überresten durchsucht hätten. Aber der Imam war dagegen und kündigte an, daß er nochmals hingehen und mit dem alten Mann reden würde. Diesmal ging er den ganzen Weg bis zum Garten am Rand der Oase und fand ihn dort glücklich bei der Arbeit mit seinen Pflanzen und Bäumen. Er schaute ihm eine Zeitlang zu, trat dann näher und wechselte ein paar Worte mit ihm.

Es war schon später Nachmittag. Im Westen versank die Sonne, und das Wasser fing an, rot aufzuglühen. Plötzlich sagte der alte Mann zum Imam: »Der Garten ist schön.«

»Schön oder nicht schön«, erwiderte der Imam. »Du solltest Allah danken, daß er dir gestattet, ihn zu besitzen.«

»Allah?« sagte der alte Mann. »Wer ist das? Ich habe noch nie von ihm gehört. Diesen Garten habe ich ganz allein gemacht. Ich habe jeden einzelnen Graben selber ausgehoben und jeden einzelnen Baum selbst gepflanzt, und dabei hat mir keiner geholfen. Ich schulde niemandem Dank.«

Der Imam wurde bleich. Er hob den Arm und schlug dem Mann hart ins Gesicht. Dann ging er rasch davon.

An diesem Abend beratschlagten sich die Leute in der Moschee. Sie entschieden, daß der Mann nicht länger in ihrer Stadt leben konnte. Früh am nächsten Morgen gingen sehr viele Männer mit dem Imam an der Spitze hinaus zur Oase, zum Garten des Mannes.

Die kleinen Jungen rannten vor den Männern her und kamen lange vor ihnen an. Sie versteckten sich in den Büschen, und als sie den alten Mann bei der Arbeit entdeckten, bewarfen sie ihn mit Steinen und riefen ihm Schimpfnamen hinterher. Er kümmerte sich nicht um sie. Plötzlich traf ihn ein Stein am Hinterkopf. Mit einem Satz sprang er auf. Als sie vor ihm davonliefen, stolperte einer von ihnen und der Mann erwischte ihn. Er versuchte ihn festzuhalten und ihn zu fragen: »Warum werft ihr mit Steinen nach mir?«, aber der Junge schrie und zappelte nur.

Als die Leute aus der Stadt auf ihrem Weg zum Garten das Geschrei vernahmen, kamen sie angerannt, zerrten den Jungen von ihm weg und hieben mit Hacken und Sicheln auf den Mann ein. Als sie fertig mit ihm waren, ließen sie ihn mit dem Kopf in einem der Wassergräben liegen, gingen zurück zur Stadt und dankten Allah, daß er den Jungen gerettet hatte.

Nach und nach vertrockneten die Bäume, und nach kurzer Zeit war der Garten verschwunden. Nur die Wüste blieb.

Asilah, 1963

Nachmittag mit Antaeus

Sie wollten mich sprechen? Man hat Sie recht unterrichtet. Das ist mein Name. Ntiuz. Riese von Afrika haben sie mich genannt, seit ich anfing zu kämpfen. Was kann ich für Sie tun? Haben Sie die Stadt gesehen? Es ist kein schlechter Ort. Sie haben Glück, daß in diesen Tagen kein Wind weht. Wir haben einen bösen Wind hier bei uns. Doch ohne ihn ist die Sonne zu heiß. Argos? Nie davon gehört. Ich bin nie auf der anderen Seite gewesen.

Ein Mann namens Erakli? Ja, ja, der war hier. Es ist schon lange her. Ich erinnere mich an ihn. Wir haben sogar gegeneinander gekämpft.

Mich getötet! Ist es das, was da drüben erzählt wird? Ich verstehe. Und als Sie herkamen, hörten Sie, daß ich noch da bin, und deshalb wollten Sie mich treffen? So, so.

Warum setzen wir uns nicht? Im Hof gibt es eine Quelle mit dem kältesten Wasser der Stadt. Sie fragten nach Erakli? Nein, er hatte keine Schwierigkeiten hier, außer daß er seinen Kampf verlor. Weshalb hätte ihn jemand belästigen sollen? Ein einzelner Mann. Man hat ihn vorher nie gesehen. Man läßt ihn seines Weges ziehen. Man belästigt ihn nicht. Nur Barbaren greifen einen Fremden an, der allein geht. Sie töten ihn und prügeln sich um seinen Lendenschurz. Wir lassen die Menschen vorbeiziehen ohne ein Wort. Sie kommen auf einer Seite hinein und gehen zu einer anderen hinaus. So mögen wir es. Friedlich und freundlich zu jedermann. Wir haben ein Sprichwort: Schlage nie einen Menschen, es sei denn, du weißt, daß du ihn töten kannst, und dann töte ihn schnell. Dort oben, wo ich herkomme, sind wir rauher als die Menschen hier unten an der Küste. Wir haben ein härteres Leben, aber wir sind gesünder. Sehen Sie mich an, ich könnte Ihr Vater sein. Wenn ich mein ganzes Leben hier unten an der Küste verbracht hätte, wäre ich heute nicht so. Und trotzdem ist das nichts im Vergleich dazu, was ich vor zwanzig Jahren war. In jenen Tagen ging ich zu allen Festen und veranstaltete Schaukämpfe für die Leute. Ich hob mit der einen Hand einen Stier in die Luft und versetzte ihm mit der anderen einen Schlag zwischen die Hörner, daß er tot umfiel. So etwas mögen die Leute. Manchmal zerschmetterte ich einen Balken mit meinem Kopf. Auch das war beliebt, aber der Stier war eine religiöse Sache, natürlich, deshalb mochten die Leute das am liebsten. Es gab niemanden, der nicht von mir gehört hatte.

Nehmen Sie ein paar Nüsse? Ich esse sie den ganzen Tag. Ich hole sie oben aus dem Wald. Dort gibt es Bäume, die größer sind als alles, was Sie je gesehen haben.

Es ist mindestens zwanzig Jahre her, daß er hier durch-kam, aber ich erinnere mich gut an ihn. Nicht weil er als Kämpfer etwas taugte, sondern weil er so verrückt war. Einen verrückten Kerl wie Erakli vergißt man nicht.

Nehmen Sie noch ein paar. Ich habe einen ganzen Sack voll. Das stimmt, ihr Geschmack ist wirklich einmalig. Ich glaube nicht, daß es drüben auf der anderen Seite so etwas gibt.

Sicher führe ich Sie gern hinauf in den Wald, wenn Sie ihn sehen wollen. Es ist nicht weit. Es macht Ihnen doch nichts aus, ein wenig zu klettern?

Natürlich schloß er hier keine Freundschaften, aber ein

solcher Mann kann auch keine Freunde haben. Er fand sich so großartig, daß er uns gar nicht wahrnahm. Er hielt uns alle für Wilde, die nur darauf warteten, seine Geschichten zu verschlingen. Schon vor dem Kampf lachte jeder über ihn. Stark, ja, aber kein guter Kämpfer. Ein furchtbarer Angeber und ein schrecklicher Lügner. Und dumm.

Biegen wir hier ab, und steigen wir diesen Pfad hinauf. Er redete ununterbrochen. Wenn es nach ihm ging, gab es nichts, was er nicht fertigbrachte, und besser als jeder andere.

Sie werden unterwegs eine wunderbare Aussicht haben. Das Ende der Welt. Wie fühlt man sich hier draußen am Ende, wenn man sonst immer im Mittelpunkt steht? Es muß ein ganz anderes Gefühl sein.

Erakli kam in die Stadt, ohne daß irgend jemand ihn bemerkte. Er muß ein wenig Geld gehabt haben, denn er fing an, sich jeden Tag mit zwei oder drei Männern zu treffen, die ich kannte, und ihre Getränke zu bezahlen. Sie erzählten mir von ihm, und eines Tages ging ich mit, um zu erfahren, wie er aussah, nicht um ihn zu treffen. Ich wußte sofort, daß er nichts taugte. Nicht als Kämpfer, nicht als Mensch. Ich nahm ihn nicht einmal ernst genug, um ihn herauszufordern. Wie kann man einen Mann ernst nehmen, wenn er einen Bart trägt, der wie Wolle auf einem Schaf aussieht?

Er blieb eine Weile in der Stadt und sah, wie ich ein paar Stiere tötete. Ich nahm an ein oder zwei Kämpfen teil, während er hier war, und anscheinend kam er jedes Mal, um mich zu beobachten. Als nächstes erfuhr ich, daß er mich herausgefordert hatte. Er war es, der den Kampf wollte. Es war kaum zu glauben. Und obendrein erzählte man mir, er nähme es mir übel, daß ich ihn nicht herausgefordert hätte. Es war mir einfach nie in den Sinn gekommen.

All das Land, das Sie hier sehen, gehört mir. Und auch der Wald weiter oben. Ich lasse niemanden hinein. Ich gehe gern spazieren, und ich mag keine Menschen um mich, wenn ich spazierengehe. Es macht mich nervös. Ich schlug mich mit jedem, der mir über den Weg lief. Zumindest am Anfang.

Als ich ein kleiner Junge war und noch in meinem Dorf lebte, ging ich am späten Nachmittag gern zu einem großen Felsen. Ich saß da und sah ins Tal und bildete mir ein, es wären Feinde im Anmarsch. Ich ließ sie bis zu einer bestimmten Stelle kommen, und dann wälzte ich einen großen Stein den Berg hinunter, um sie zu erschlagen. Ich tötete sie jedes Mal. Mein Vater erwischte mich, und ich wurde bestraft. Ich hätte da unten ein Schaf oder eine Ziege treffen können, oder sogar Menschen.

Aber ich bin nicht tot, wie Sie sehen, egal, was Erakli gesagt haben mag. Ich möchte Ihnen meine Bäume zeigen. Schauen Sie sich die Dicke dieses Stammes an. Schauen Sie an ihm hoch, höher und höher, bis die ersten Äste anfangen. Haben Sie jemals so große Bäume gesehen?

Als ich älter wurde, lernte ich, wie man ein Kalb umwirft und später einen Stier. Damals kämpfte ich schon. Hatte noch nie verloren. Die Leute vergaßen, daß ich Ntiuz hieß, und fingen an, mich den Riesen zu nennen. Nicht wegen meiner Größe natürlich. Ich bin nicht so groß. Sondern weil mich im Kampf keiner schlagen konnte. Sie kamen von überall her, erst aus der Umgebung, später von weit weg. Sie wissen, wie es ist, wenn sie von einem Kämpfer hören, der noch nie verloren hat. Sie wollen nicht glauben, daß sie nicht irgendwie doch imstande sind, ihn zu bezwingen. So war es auch mit Ihrem Erakli. Ich war ihm bis zum Kampf nicht begegnet, doch ich hatte von meinen Freunden alles über ihn gehört. Er erzählte ihnen, er habe mich studiert und er wisse, wie er mich besiegen könnte. Er sagte nicht, wie er das anstellen wollte. Und ich erfuhr nicht einmal, was er vorhatte, bis der Kampf vorbei war.

Nein, ich bin nicht tot. Ich bin immer noch der Champion. Jeder hier kann Ihnen das bestätigen. Es ist schade, daß Sie Erakli nie selbst getroffen haben. Sie wären nicht so überrascht. Sie würden verstehen, daß er nur das erzählte, was er erzählen wollte, als er nach Hause kam, und sonst nichts. Er konnte die Wahrheit nicht sagen, nicht einmal, wenn er gewollt hätte.

Sind Sie müde? Es ist ein anstrengender Weg, wenn man nicht daran gewöhnt ist. Der Kampf selbst? Er dauerte nicht lange. Er war so damit beschäftigt, das System anzuwenden, das er ausgeklügelt hatte. Er wich aus, kam dann auf mich zu und stand nur da, umklammerte mich mit den Händen. Ich verstand einfach nicht, was er wollte. Die Menge höhnte. Einen Augenblick dachte ich: Er ist der Typ, der Spaß daran hat, einem Mann mit den Händen über die Brust zu streicheln und seine Taille zu umfassen. Es gefiel ihm nicht, denn ich lachte und rief in die Menge. Er war die ganze Zeit sehr ernst. Und ich hatte sowieso unrecht. Gehen wir zu schnell? Sie tragen auch noch diese große Tasche um die Hüften. Wir können so langsam gehen, wie Sie möchten. Keine Eile.

Das ist eine gute Idee. Setzen wir uns einen Moment, und ruhen wir uns aus. Geht es Ihnen gut? Nein. Nichts. Ich fand, Sie sehen etwas blaß aus. Doch das mag am Licht liegen. Die Sonne dringt nicht bis hierhin durch.

Erst nach dem Kampf erzählte mir einer meiner Freunde, was Erakli geplant hatte. Statt zu versuchen, mich niederzuwerfen, wollte der Dummkopf mich hochheben und festhalten! Nicht um mich danach besser niederwerfen zu können, sondern nur, um mich in der Luft zu halten. Kaum zu glauben, nicht wahr? Aber das war sein Plan. Darin bestand sein großartiges System. Warum? Fragen Sie mich nicht. Ich bin Afrikaner. Ich weiß nicht, was in den Köpfen Ihrer Landsleute vorgeht.

Nehmen Sie noch ein paar Nüsse. Nein, nein, sie können Ihnen nicht geschadet haben. Es ist die Luft. Unser Klima ist nichts für Leute von der anderen Seite. Während er versuchte, sich darüber klarzuwerden, wie er mich hochheben sollte, machte ich ihn fertig. Man mußte ihn hinaustragen.

Sollen wir weitergehen? Oder möchten Sie lieber noch etwas warten? Sind Sie noch außer Atem? Man kriegt keine Luft hier im Wald.

Meinen Sie nicht, wir sollten noch etwas warten? Natürlich, wenn Sie zurück möchten. Wir können langsam gehen. Warten Sie, ich helfe Ihnen auf. Es ist wirklich schade, daß wir nicht höher hinaufkonnten. Die größten Bäume stehen da oben.

Ja, sie trugen ihn hinaus, und er lag drei Tage lang auf einer Matte, ehe er von hier fortging. Am Ende hinkte er wie ein Hund aus der Stadt, und jeder, der ihn sah, lachte ihn aus. Stützen Sie sich auf mich. Ich lasse Sie nicht fallen. Sie machen das sehr gut. Gehen Sie nur weiter. Er sah weder nach rechts noch nach links, als er die Stadt verließ. Muß froh gewesen sein, in die Berge zu kommen.

Nur ruhig. Zuerst den einen Fuß, dann den anderen. Ich weiß nicht, wo er hingegangen ist. Ich fürchte, es gibt hier kein Wasser. Wir bekommen welches in der Stadt. Es wird Ihnen bald besser gehen. Ich nehme an, er ging wieder dorthin zurück, woher er gekommen war. Jedenfalls haben wir ihn hier nie wieder gesehen.

Haben Sie das Gefühl, daß wir schon so lange unterwegs

sind? Es waren nur ein paar Minuten. Sie erkennen den Pfad wieder, aber Sie wissen nicht, wo Sie sind? Warum sollten Sie wissen, wo Sie sind? Es ist nicht Ihr Wald. Entspannen Sie sich. Schritt für Schritt für Schritt.

Sie haben recht. Das ist der Felsen, auf dem wir vor wenigen Minuten saßen. Ich fragte mich schon, ob Sie ihn wiedererkennen würden. Natürlich weiß ich den Weg! Ich dachte, Sie sollten sich lieber noch etwas ausruhen, bevor wir in die Stadt zurückgehen. So ist es recht, legen Sie sich einfach zurück. Es wird Ihnen bessergehen, wenn Sie etwas geschlafen haben. Es ist sehr ruhig hier. Nein, Sie haben nicht so lange geschlafen. Wie fühlen Sie sich jetzt? Ich wußte, ein wenig Schlaf würde Ihnen guttun. Sie sind nicht an die Luft gewöhnt. Eine Tasche? Ich glaube nicht, daß Sie etwas dabei hatten.

Es gibt keinen Grund, ein solches Gesicht zu machen. Sie glauben doch nicht etwa, daß ich sie genommen habe, oder?

Ich dachte, wir wären Freunde. Ich habe Sie wie einen Freund behandelt. Und so zahlen Sie es mir heim.

Ich werde Sie nirgendwohin führen. Sehen Sie zu, wie Sie in die Stadt kommen. Ich nehme einen anderen Weg.

Kehren Sie in Ihr Land zurück, und erzählen Sie von mir. Sie können ganz gut gehen.

Gehen Sie einfach weiter.

Und machen Sie, daß Sie aus dem Wald kommen!

Tanger, 1970

MEJDOUB

Ein Mann, der in Cafés schlief oder unter Bäumen oder wo immer er sich gerade befand, wenn er müde war, schlenderte eines Morgens durch die Straßen der Stadt. Er kam zum Markt, wo ein alter *mejdoub,* in Lumpen gekleidet, die Menge unterhielt und Prophezeiungen ausstieß. Er blieb stehen und sah zu, bis der Alte fertig war und das Geld aufhob, das die Menschen ihm hinwarfen. Er war erstaunt, als er sah, wieviel der Verrückte gesammelt hatte, und da er nichts anderes zu tun hatte, beschloß er, ihm nachzugehen.

Kurz ehe er den Markt verließ, bemerkte er, daß kleine Jungen aus den Arkaden herbeieilten, um neben dem *mej-doub* herzulaufen, der einfach nur vorwärts schritt, sang, sein Zepter schwang und von Zeit zu Zeit den Kindern drohte, die ihm zu nahe kamen. Er folgte in einiger Entfernung und sah, wie der Alte mehrere Läden betrat. Jedesmal kam er mit einer Banknote in der Hand heraus, die er sofort einem der kleinen Jungen reichte.

Er stellte sich vor, daß es vieles gab, was er von diesem alten *mejdoub* lernen konnte. Er mußte nur das Verhalten des Mannes studieren und sorgfältig auf die Worte achten, die er ausstieß. Mit etwas Übung könnte er dann dieselben Gesten machen und dieselben Worte schreien. Er fing an, jeden Tag Ausschau nach dem *mejdoub* zu halten und ihm überallhin zu folgen. Nach Ablauf eines Monats fand er, es sei an der Zeit, seine Kenntnisse anzuwenden.

Er reiste in den Süden, in eine Stadt, die er nie zuvor betreten hatte. Hier mietete er ein schäbiges Zimmer beim Schlachthof, weit vom Zentrum entfernt. Auf dem Flohmarkt kaufte er eine geflickte alte Dschellaba. Dann ging er zu den Eisenwarenhändlern und sah zu, wie sie ihm ein Zepter machten, ganz wie jenes, das der *mejdoub* getragen hatte.

Am nächsten Tag begab er sich, nachdem er eine Weile geübt hatte, in die Stadt und setzte sich am Fuß der größten Moschee auf die Straße. Eine Zeitlang sah er nur die Menschen an, die vorbeigingen. Zögernd begann er, die Arme zum Himmel zu erheben und zu gestikulieren. Niemand schenkte ihm Beachtung. Dies beruhigte ihn, denn es bedeutete, daß seine Verkleidung überzeugend war. Als er anfing, Worte zu schreien, sahen die Vorbeikommenden in seine Richtung, doch es war, als könnten sie ihn nicht sehen und warteten nur auf das, was er zu sagen hatte. Eine Zeitlang rief er kurze Zitate aus dem Koran. Er verdrehte die Augen und ließ den Turban über sein Gesicht fallen. Nachdem er mehrmals die Worte *Feuer* und *Blut* ausgestoßen hatte, ließ er die Arme fallen, senkte den Kopf und sagte nichts mehr. Die Menschen gingen weiter, doch nicht, bevor viele von ihnen Münzen vor ihn hingeworfen hatten.

In den folgenden Tagen versuchte er es in anderen Stadtteilen. Es schien gleichgültig zu sein, wo er saß. Die Menschen waren hier ebenso großzügig wie dort. Er wollte nicht riskieren, Geschäfte und Cafés zu betreten, bis er sicher war, daß die Stadt sich an seine Gegenwart gewöhnt hatte. Eines Tages stürmte er durch die Straßen, schwenkte sein Zepter zum Himmel und schrie: »Sidi Rahal ist da! Sidi Rahal sagt: Bereitet euch auf das Feuer vor!« Dies tat er, um sich einen Namen zu geben, damit die Bewohner der Stadt sich an ihn erinnerten.

Er fing an in den Eingängen der Geschäfte zu stehen. Wenn er hörte, daß jemand ihn mit Sidi Rahal ansprach, ging er hinein, sah den Besitzer durchdringend an und streckte wortlos seine Hand aus. Dann gab der Mann ihm Geld, und er wandte sich ab und ging hinaus.

Aus irgendeinem Grund folgten ihm keine Kinder. Er wäre glücklicher gewesen, wenn er eine Schar um sich gehabt hätte wie der alte *mejdoub*, doch sobald er sie ansprach, bekamen sie Angst und liefen davon. Es ist ruhiger so, sagte er sich, doch insgeheim wurmte es ihn. Trotzdem verdiente er mehr Geld, als er je für möglich gehalten hätte. Als die ersten Regenfälle einsetzten, hatte er eine große Summe gespart. Er ließ das Zepter und die zerlumpte Dschellaba in dem Zimmer beim Schlachthof zurück und bezahlte die Hausbesitzerin für mehrere Monate im voraus. Er wartete die Dunkelheit ab. Dann verschloß er die Tür und nahm einen Bus zurück in seine Heimatstadt.

Zuerst kaufte er eine große Anzahl Gewänder. Als er prächtig ausgestattet war, ging er aus, um ein Haus zu suchen. Bald fand er eines, das ihm gefiel. Es war klein, und er besaß noch genügend Geld, um es zu kaufen. Er richtete zwei Zimmer ein und bereitete sich darauf vor, den Winter im Kreis seiner Freunde mit Essen und Kifrauchen zu verbringen.

Als sie ihn fragten, wo er den ganzen Sommer gesteckt habe, erzählte er von der Gastfreundschaft und Güte seines reichen Bruders in Taza. Schon wartete er ungeduldig darauf, daß der Regen aufhörte. Denn es gab keine Zweifel daran, daß er seine neue Arbeit überaus genoß.

Schließlich ging der Winter zu Ende. Er packte sein Bündel und erzählte den Freunden, er müsse geschäftlich verreisen. In der anderen Stadt ging er in sein Zimmer. Die Dschellaba und sein Zepter waren noch da.

Dieses Jahr erkannten ihn viel mehr Menschen wieder. Er wurde mutiger und betrat die Geschäfte, ohne vor den Eingängen zu warten. Die Ladenbesitzer legten Wert darauf, ihre Frömmigkeit vor den Kunden zu bezeugen, und gaben stets etliches mehr als die Passanten.

Eines Tages beschloß er, eine Probe zu machen. Er winkte einem Taxi. Beim Einsteigen schrie er: »Ich muß zu Sidi Larbis Grab! Schnell!« Der Fahrer, dem klar war, daß er nicht bezahlt würde, erklärte sich trotzdem einverstanden, und sie fuhren hinaus zu einem Olivenhain auf einem Hügel weitab von der Stadt.

Er wies den Fahrer an zu warten und sprang aus dem Taxi. Dann begann er den langen Aufstieg zum Grab. Der Fahrer verlor die Geduld und fuhr davon. Auf der Rückfahrt verpaßte er eine Kurve und prallte gegen einen Baum. Als er aus dem Krankenhaus entlassen wurde, verbreitete er das Gerücht, Sidi Rahal habe den Wagen von der Straße abgebracht. Die Männer sprachen lange darüber und erinnerten sich an andere heilige Narren, die Bremsen und Motoren verhext hatten. Jedermann führte den Namen Sidi Rahal im Munde, und die Menschen hörten seinem Geschwafel ehrfürchtig zu.

In diesem Sommer häufte er mehr Geld an als im Jahr zuvor. Er kehrte heim und kaufte noch ein größeres Haus, in das er einzog; das andere wurde vermietet. Jedes Jahr erwarb er neue Grundstücke und Häuser, bis schließlich nicht mehr zu übersehen war, daß er ein wohlhabender Mann geworden war.

Sobald der erste Regen fiel, kündigte er seinen Freunden an, daß er verreisen würde. Dann machte er sich heimlich davon, ohne ein einziges Mal zuzulassen, daß ihn jemand verabschiedete. Ihm gefiel der Rhythmus seines Lebens über alle Maßen, und er pries das Glück, es fortsetzen zu können. Er schloß daraus, daß Allah nichts dagegen hatte, wenn er vorgab, einer seiner heiligen Narren zu sein. Das Geld war nur der Lohn dafür, daß er Menschen die Gelegenheit verschaffte, ihrer Barmherzigkeit Ausdruck zu verleihen.

Eines Winters kam eine neue Regierung an die Macht und verkündete, daß alle Bettler von den Straßen verjagt würden. Er sprach mit seinen Freunden darüber, die sehr dafür waren. Er stimmte ihnen zu, doch die Nachricht raubte ihm den Schlaf. Alles aufs Spiel zu setzen, indem er zurückging, nur weil es das war, was er tun wollte, kam nicht in Frage. Traurig fand er sich damit ab, den Sommer zu Hause zu verbringen.

Kaum waren die ersten Wochen des Frühlings ins Land gegangen, da begriff er, wieviel es ihm bedeutete, in einer milden, sternenklaren Nacht in die andere Stadt aufzubrechen, alles zu vergessen und als Sidi Rahal zu leben. Jetzt dämmerte ihm die Erkenntnis, daß sein Leben hier zu Hause nur deshalb schön gewesen war, weil er wußte, daß er es zu einem bestimmten Zeitpunkt aufgeben und gegen ein anderes eintauschen würde.

Als die heiße Zeit anbrach, wurde er immer rastloser. Er langweilte sich und verlor den Appetit. Seine Freunde bemerkten die Veränderung, die er durchmachte, und rieten ihm zu reisen, wie er es stets getan hatte. Sie sagten, jeder wisse, daß Menschen sogar gestorben sind, nur weil sie ihre Gewohnheiten aufgaben. Wieder lag er des Nachts wach und grübelte, und dann beschloß er, heimlich zurückzugehen. Sobald er den Entschluß gefaßt hatte, fühlte er sich besser. Es war, als habe er bis jetzt geschlafen und sei plötzlich aufgewacht. Er verkündete seinen Freunden, er werde verreisen.

In derselben Nacht noch verschloß er sein Haus und nahm einen Bus. Am nächsten Tag wanderte er glücklich durch die Straßen und setzte sich an seinen Lieblingsplatz bei der Moschee. Die Vorübergehenden sahen ihn und sagten zueinander: »Er ist trotz allem wiedergekommen. Seht ihr?«

Er saß den ganzen Tag friedlich da und sammelte Geld. Am späten Nachmittag ging er hinunter zum Fluß vor der Stadtmauer, um ein Bad zu nehmen, denn es war sehr heiß. Als er sich hinter einem Oleanderbusch entkleidete, sah er auf und erblickte drei Polizisten, die am Ufer entlang auf ihn zukamen. Ohne zu zögern, griff er nach seinen Sandalen, warf die Dschellaba über die Schultern und rannte davon.

Manchmal platschte er ins Wasser, und manchmal rutschte er im Schlamm aus und stürzte. Er konnte hören, wie die Männer hinter ihm herriefen. Sie verfolgten ihn nicht sehr weit, denn sie lachten. Da er dies nicht bemerkte, lief er weiter und folgte dem Fluß, bis er außer Atem war und stehenbleiben mußte. Er zog die Dschellaba und die Sandalen an und dachte: In die Stadt kann ich nicht zurück, und in eine andere Stadt in dieser Kleidung auch nicht.

Langsam ging er weiter. Als es dämmerte, war er hungrig, doch weit und breit war weder ein Haus noch ein Mensch zu sehen. Er schlief unter einem Baum und hatte nichts als die zerlumpte Dschellaba, um sich zuzudecken.

Am nächsten Morgen war sein Hunger noch größer. Er stand auf, badete im Fluß und machte sich wieder auf den Weg. Den ganzen Tag marschierte er unter der heißen Sonne. Am späten Nachmittag setzte er sich hin, um zu rasten. Er trank Wasser aus dem Fluß und sah sich um. Hinter ihm auf einem Hügel stand ein teilweise zerfallener heiliger Schrein.

Nachdem er sich ein wenig ausgeruht hatte, stieg er zu dem Gebäude hinauf. Darin befand sich inmitten eines kupelförmigen Raums ein Grabmal. Er setzte sich hin und lauschte. Hähne krähten, und gelegentlich hörte er Hundegebell. Er stellte sich vor, wie er ins Dorf rannte und den erstbesten Mann, der ihm begegnete, anflehte: »Gib mir ein Stück Brot, um der Liebe von Moulay Abdelquader willen!« Er schloß die Augen.

Es war fast dunkel, als er erwachte. Draußen vor der Tür stand eine Gruppe von kleinen Jungen und beobachtete ihn. Als sie ihn aufwachen sahen, lachten sie und stießen sich gegenseitig an. Dann warf ein Junge ein Stück trockenes Brot neben ihn. Bald sangen sie im Chor: »Er ißt Brot! Er ißt Brot!«

Dieses Spiel setzten sie eine Weile fort und bewarfen ihn nicht nur mit Brot, sondern auch mit Erdklumpen und sogar ausgerissenen Pflanzen. In ihren Gesichtern las er Neugier, Bosheit und Verachtung, und hinter diesen wechselnden Gefühlen erkannte er einen Ausdruck von Besitzerstolz. Er dachte an den alten *mejdoub*, und ein Schauder lief ihm über den Rücken. Plötzlich waren sie verschwunden. Er hörte ein paar schrille Schreie in der Ferne, als sie ins Dorf zurückliefen.

Das Brot hatte ihm neue Kraft geschenkt. Er schlief, wo er war, und ehe es hell wurde, machte er sich wieder auf den Weg, am Flußufer entlang, Allah dankend, daß er ihm erlaubt hatte, das Dorf ungesehen zu verlassen. Er erkannte, daß die Kinder bisher nur vor ihm weggelaufen waren, weil sie wußten, daß er noch nicht für sie reif war, daß sie ihn nicht besitzen konnten. Je mehr er darüber nachdachte, um so inbrünstiger hoffte er, niemals zu erfahren, was es hieß, ein echter *mejdoub* zu sein.

Als er am Nachmittag einer Biegung des Flusses folgte, kam er zu einer Stadt. Seine verzweifelte Suche nach etwas Eßbarem führte ihn geradewegs zum Markt. Ohne auf die Blicke der Menschen zu achten, betrat er einen Stand und bestellte eine Schale Suppe. Als er sie aufgegessen und bezahlt hatte, ging er zu einem anderen Stand und verlangte ein Eintopfgericht. An einem dritten Stand verzehrte er Fleischspieße. Schließlich ging er zum Brotmarkt und kaufte zwei Brote. Während er noch zahlte, klopfte ihm ein Polizist auf die Schulter und fragte nach seinen Papieren. Er hatte keine. Es gab nichts zu sagen. Auf dem Kommissariat sperrten sie ihn in einen übelriechenden kleinen Raum im Keller. In dieser Zelle verbrachte er vier Tage und vier Nächte des Schreckens. Als sie ihn dann herausließen und verhörten, brachte er es nicht fertig, ihnen die Wahrheit zu sagen. Statt dessen runzelte er die Stirn und sagte: »Ich bin Sidi Rahal.«

Sie fesselten ihm die Hände und stießen ihn auf die Ladefläche eines Lastwagens. Später, im Krankenhaus, brachten sie ihn zu einem feuchten Gelaß, wo Männer vor sich hinstierten und zitterten und schrien. Er ertrug es eine Woche, dann beschloß er, den Beamten seinen wahren Namen zu verraten. Doch als er bat, ihnen vorgeführt zu werden, lachten die Wärter nur. Manchmal sagten sie: »Nächste Woche«, doch gewöhnlich gaben sie gar keine Antwort.

Die Monate vergingen. Nächte und Tage und Nächte lebte er mit den anderen Verrückten zusammen, und es kam die Zeit, da es ihm kaum noch wichtig war, den Beamten vorgeführt zu werden, um ihnen zu sagen, wer er war. Schließlich hörte er auf, daran zu denken.

Tanger, 1974

DER FQIH

Mitten im Sommer kam eines Nachmittags ein Hund durchs Dorf gelaufen und blieb gerade lang genug, um einen jungen Mann, der an der Hauptstraße stand, zu beißen. Die Wunde war nicht tief – der junge Mann wusch sie am Brunnen in der Nähe aus und dachte nicht weiter darüber nach. Es gab jedoch ein paar Leute, die diesen Vorfall beobachtet hatten und seinem jüngeren Bruder davon erzählten.

»Du mußt deinen Bruder zu einem Doktor in der Stadt bringen«, sagten sie, »ein Tier hat ihn gebissen.«

Als der Junge nach Hause kam und vom Doktor sprach, lachte sein Bruder nur. Am nächsten Tag beschloß der Junge, den *fqih* des Dorfes aufzusuchen. Er fand den alten Mann im Schatten eines Feigenbaumes sitzend, am Rande des Hofes in der Moschee. Er küßte ihm die Hand und erzählte ihm, wie ein Hund, den man noch nie zuvor im Dorf gesehen hatte, seinen Bruder gebissen hatte und dann weggelaufen war.

»Das ist schlecht«, sagte der *fqih*. »Hast du einen Stall, in dem du ihn einsperren kannst? Schaff ihn dorthin, aber vergiß nicht, ihm die Hände auf dem Rücken zu fesseln. Keiner darf in seine Nähe kommen, verstehst du?«

Der Junge bedankte sich bei dem *fqih* und machte sich auf den Heimweg. Unterwegs fiel ihm ein, daß er einen Hammer mit Garn umwickeln und seinem Bruder damit einen Hieb auf den Kopf versetzen könnte. Er wußte aber, daß seine Mutter nie einwilligen würde, ihren Erstgeborenen so zu behandeln; es mußte also getan werden, wenn seine Mutter nicht zu Hause war.

Als die Frau an diesem Abend zum Brunnen hinaus gegangen war, schlich sich der Junge hinter seinen Bruder und schlug so lange mit dem Hammer auf ihn ein, bis er bewußtlos war und zu Boden fiel. Dann fesselte er ihm die Hände auf dem Rücken und schleppte ihn in einen Verschlag neben dem Haus. Dort ließ er ihn auf dem Boden liegen, ging hinaus und verriegelte die Tür hinter sich.

Als sein Bruder wieder zur Besinnung kam, erhob er ein großes Geschrei. Die Mutter sagte zu dem Jungen:

»Schnell! Lauf und sieh nach, was mit Mohammed ist.«

Aber der Junge gab ihr zur Antwort:

»Ich weiß, was mit ihm los ist. Ein Hund hat ihn gebissen, und der *fqih* hat gesagt, daß man ihn in dem Verschlag einsperren muß.«

Die Frau raufte sich die Haare, zerkratzte sich das Gesicht mit den Fingernägeln und schlug sich mit den Fäusten an die Brust. Der Junge versuchte sie zu beruhigen, doch sie stieß ihn weg und lief hinaus zu dem Verschlag. Sie legte ihr Ohr an die Tür und lauschte. Aber sie hörte nur das laute Keuchen ihres Sohnes, als er versuchte, seine Hände von den Stricken zu befreien, mit denen er gefesselt war. Sie hämmerte gegen die Holztür und rief seinen Namen, aber er kämpfte mit dem Gesicht im Dreck und gab keine Antwort. Schließlich führte der Junge seine Mutter zum Haus zurück. *Mektoub,* sagte er, so stand es geschrieben.

Am nächsten Tag bestieg die Frau ihren Esel und ritt ins Dorf, um den *fqih* aufzusuchen. Er jedoch war am selben Morgen aufgebrochen, um seine Schwester in Rhafsai zu besuchen, und niemand wußte zu sagen, wann er zurückkommen würde. Also kaufte sie sich ein Stück Brot und ritt mit ein paar Männern aus dem Dorf, die auf dem Weg zu einem *souq* in derselben Gegend waren, die Straße in Richtung Rafsai entlang. In dieser Nacht schlief sie in dem *souq,* und am nächsten Tag ritt sie im Morgengrauen mit einer anderen Gruppe von Männern weiter.

Währenddessen warf der Junge seinem Bruder jeden Tag durch ein kleines vergittertes Fenster über den Boxen etwas Nahrung in den Verschlag. Am dritten Tag warf er ihm auch ein Messer hinein, damit er die Stricke durchschneiden und seine Hände zum Essen gebrauchen konnte. Nach einer Weile fiel ihm ein, daß es dumm von ihm gewesen war, seinem Bruder das Messer zu geben, denn jetzt würde er vielleicht fliehen können. Deshalb drohte er dem Älteren damit, ihm kein Essen mehr zu bringen, bis er das Messer durchs Fenster zurückgeworfen hatte.

Kaum war die Mutter in Rhafsai angekommen, als sie ein Fieber packte. Die Familie, in deren Gesellschaft sie gereist war, nahm sie in ihrem Haus auf und sorgte für sie, aber es dauerte fast einen Monat, bis sie in der Lage war, sich von der Strohmatte in der Ecke des Zimmers, auf der sie die ganze Zeit gelegen hatte, zu erheben. Unterdessen war der *fqih* in sein Dorf zurückgekehrt.

Schließlich ging es ihr wieder so gut, daß sie sich auf den Heimweg machen konnte. Nach zwei Tagesritten auf dem Rücken ihres Esels kam sie erschöpft zu Hause an und wurde von dem Jungen willkommen geheißen.

»Und dein Bruder?« sagte sie, im sicheren Glauben, daß er mittlerweile tot war.

Der Junge deutete auf den Verschlag, und sie lief hin und rief seinen Namen.

»Hol den Schlüssel und laß mich hier raus!« rief er.

»Zuerst muß ich mit dem *fqih* sprechen, *aoulidi.* Morgen!«

Am nächsten Morgen ging sie mit dem Jungen ins Dorf. Als der *fqih* die beiden in den Hof kommen sah, erhob er die Augen zum Himmel.

»Es war Gottes Wille, daß dein Sohn sterben mußte«, sagte er zu ihr.

»Aber er ist gar nicht tot«, gab sie zur Antwort. »Und er sollte nicht länger da drin bleiben!«

Der *fqih* war verwundert. Dann sagte er: »Dann laßt ihn raus! Laßt ihn raus! Allah war euch gnädig.«

Der Junge bat den *fqih* mitzukommen und selber die Tür zu öffnen. So brachen sie auf, der *fqih* auf dem Esel, und der Junge mit der Frau hinterher. Als sie zu dem Verschlag kamen, gab der Junge dem alten Mann den Schlüssel, und der schloß die Tür auf. Der Junge sprang heraus. Hinter ihm quoll eine Wolke von Gestank aus dem Verschlag, die so stark war, daß der *fqih* die Tür eilig wieder schloß.

Sie gingen ins Haus. Die Frau kochte Tee, und als sie vor ihren Gläsern saßen, sagte der *fqih* zu dem jungen Mann:

»Allah hat dich verschont. Du darfst es deinem Bruder nie übelnehmen, daß er dich eingesperrt hat. Er tat es, weil ich es ihm geheißen habe.«

Der junge Mann schwor, niemals die Hand gegen seinen Bruder zu erheben. Aber der Junge hatte immer noch Angst und brachte es nicht über sich, seinem Bruder in die Augen zu schauen. Als der *fqih* aufbrach, um ins Dorf zurückzukehren, ging der Junge mit ihm, um anschließend den Esel zurückzubringen. Während sie die Straße entlanggingen, sagte er zu dem alten Mann: »Ich habe Angst um Mohammed.«

Der *fqih* war unzufrieden. »Dein Bruder ist älter als du«, sagte er. »Du hast gehört, wie er geschworen hat, dir kein Haar zu krümmen.«

Als sie an diesem Tag mit dem Abendessen fertig waren, stand die Frau auf und ging zum Ofen, um einen Tee zu machen. Jetzt warf der Junge zum erstenmal einen verstohlenen Blick auf seinen Bruder und erstarrte vor Angst. Mohammed hatte seine Zähne gefletscht und ein eigenartiges Knurren in der Kehle ausgestoßen. Er meinte es als eine Art Witz, aber für den Jungen bedeutete es etwas ganz anderes.

Der *fqih* hätte ihn nie wieder rauslassen sollen, dachte er bei sich. Jetzt wird er mich beißen, und dann bin ich genauso krank wie er. Und dann wird der *fqih* ihm raten, mich in den Käfig zu sperren.

Er brachte es nicht fertig, Mohammed noch einmal anzuschauen. Nachts lag er hellwach im Dunkeln und dachte über alles nach, konnte nicht einschlafen. Am nächsten Morgen begab er sich in aller Frühe ins Dorf, um den *fqih* zu erwischen, noch ehe er anfing, im *msid* seine Schüler zu unterrichten.

»Was ist es denn diesmal?« fragte der *fqih*.

Als der Junge ihm von seinen Befürchtungen erzählte, lachte der alte Mann nur.

»Aber er ist doch gar nicht krank, Allah sei Dank!«

»Aber du hast mir doch selber gesagt, daß ich ihn einsperren soll, Sidi.«

»Ja ja. Aber Allah war euch gnädig. Jetzt geh nach Hause und vergiß die ganze Sache. Dein Bruder wird dich schon nicht beißen.«

Der Junge dankte dem *fqih* und machte sich auf den Weg. Er ging quer durchs Dorf, bis er auf die Straße kam, die schließlich auf die Schnellstraße führte. Am nächsten Morgen nahm ihn ein Laster mit nach Casablanca. Keiner im Dorf hat je wieder von ihm gehört.

Tanger, 1974

Das Wasser von Izli

Niemand hätte beim Anblick der beiden weitläufigen Dörfer, die übereinander auf dem sonnigen Abhang des Berges lagen, angenommen, daß sie miteinander verfeindet waren. Doch wenn man genauer hinschaute, entdeckte man in der Lage der beiden in der Landschaft ziemlich ausgeprägte Unterschiede. Tamlat lag höher, die Häuser standen weiter auseinander, und es gab viele Bäume in den Straßen. In Izli war alles dicht zusammengedrängt, so als gäbe es nicht genug Platz für alle. Das ganze Dorf schien auf Felsbrocken gebaut zu sein, hinter denen steile Abgründe ins Tal hinabfielen. Tamlat war von grünen Feldern und Wiesen umgeben. Es lag weiter oben, wo das Tal sich verbreiterte und es genug Platz zum Bestellen des Bodens gab, deshalb lebten die Leute dort gut. Die Gärten unten in Izli waren nicht viel mehr als abschüssige Terrassen mit steilen Treppengängen dazwischen. Egal, wie sehr sie sich auch abrackerten, um Gemüse und Obst anzubauen, nie hatten die Dörfler genug.

Was eigentlich hätte helfen sollen, um für Izlis ungünstige Lage zu entschädigen, war die große Quelle am Rande des Dorfes mit dem süßesten Wasser in der ganzen Gegend. Die Leute von Izli schrieben ihm heilende Kräfte zu, was von den Bewohnern von Tamlat abgestritten wurde, obwohl sie selbst nicht selten hinuntergingen und ihre Krüge und Schläuche damit füllten, um es mit nach Hause zu nehmen. Es gab keine Möglichkeit, das Land um die Quelle einzuzäunen, sonst hätten die Leute von Izli schon längst dafür gesorgt, daß keiner außer ihnen Zugang zu dem Wasser hatte. Wenn die Bewohner von Tamlat doch wenigstens zugegeben hätten, daß dieses Wasser besser war als ihr eigenes, dann hätte man sie vielleicht irgendwann dazu bringen können, ihnen ein wenig Gemüse dafür zu bezahlen. Sie waren jedoch stets darauf bedacht, so etwas nie zu erwähnen. Abgesehen davon, daß sie gelegentlich hingingen und sich etwas davon mitnahmen, verhielten sie sich so, als ob die Quelle gar nicht existierte.

Der Mann, dessen Land der Quelle am nächsten lag, hieß Ramadi und war angeblich der reichste Mann von ganz Izli. Nach dem Standard von Tamlat hätte er nicht mal als wohlhabend gegolten. Aber seine schwarze Stute war das einzige Pferd in Izli, und in seinem Garten wuchsen dreiundzwanzig Mandelbäume auf acht verschiedenen Terrassen. Er hatte mit eigenen Händen Kanäle angelegt, die vom klaren frischen Wasser der Quelle gespeist wurden. Die Stute war ein schönes Tier, das er sorgfältig pflegte. Wenn er dann seinen weißen Selham anlegte und die Stute durchs Dorf und auf die Straße hinauslenkte, flüsterten die Leute sich zu, daß er fast aussah wie Sidi Bouhajja. Das war ein großes Kompliment, denn Sidi Bouhajja war der bedeutendste Heilige der Gegend. Er kleidete sich stets in Weiß und ritt ein schwarzes Pferd, seins war jedoch ein Hengst.

Schon seit geraumer Zeit war Ramadi auf der Suche nach einem passenden Partner für seine Stute. Unter all den Hengsten, die er sich in den umliegenden Dörfern angesehen hatte, war jedoch keiner gewesen, der ihr ebenbürtig war. Im Grunde war das einzige Pferd, das er für sie akzeptiert hätte, der glänzende schwarze Hengst, den Sidi Bouhajja ritt, und der kam nicht in Frage, denn es war unmöglich, einen Heiligen um einen solchen Gefallen zu bitten.

Viele Leute glaubten, daß Sidi Bouhajja mit seinem Pferd sprechen konnte. Und es war überall bekannt, denn er hatte es bei mehreren Gelegenheiten öffentlich erklärt, daß im Augenblick seines Todes sein Pferd entscheiden würde, wo er begraben werden sollte. Er hatte darum gebeten, daß man seine Leiche auf den Rücken des Tieres binden und es dann frei herumlaufen lassen sollte. Dort, wo es anhielt, wollte Sidi Bouhajja begraben werden. Zweifellos trug dieser Wunsch zu der Vorstellung bei, daß der alte Mann und sein Pferd eine Geheimsprache hatten. Es wurde viel darüber diskutiert, welche Gegend wohl das große Glück haben würde, Sidi Bouhajjas Grabstätte errichten zu dürfen, aber alle Spekulationen fanden ein jähes Ende, als Sidi Bouhajja eines Tages vor seiner Moschee in Tamlat zusammenbrach.

An diesem Tag war der Heilige durch Izli geritten und an Ramadis Haus vorbeigekommen. Die Stute graste im Schatten einer alten Olive. Der Hengst wollte stehenbleiben, und Sidi Bouhajja hatte einige Schwierigkeiten gehabt, ihn zum Weitergehen zu bewegen. Ramadi beobachtete den Zwischenfall, strich sich durch den Bart und dachte, wie großartig es doch wäre, wenn der Hengst sich plötzlich mitsamt dem Heiligen auf dem Rücken aufbäumen und die Stute besteigen würde. Aber dann packte ihn plötzlich Scham, und er schaute schnell beiseite.

Am späten Nachmittag des gleichen Tages stieg Ramadi auf seine Stute und ritt nach Tamlat. Dort gewahrte er in einer Ecke des Marktplatzes einen Assaoui-Schlangenbeschwörer aus Izli, den er kannte, und er setzte sich zu ihm, um sich mit ihm zu unterhalten. Da hörte er die Nachricht von Sidi Bouhajjas plötzlichem Tod.

Er setzte sich aufrecht hin. Der Assaoui erzählte weiter, daß man in wenigen Minuten den Heiligen auf das Pferd binden würde.

»Was glaubst du – wohin wird es laufen?« fragte Ramadi ihn.

»Wahrscheinlich kommt es hierher und geht zu den Kornverkäufern«, sagte der Assaoui.

»Hast du deine Schlangen bei dir?«

Der Assaoui schaute Ramadi erstaunt an.

»Ja, ich habe sie dabei«, sagte er.

»Nimm sie dort drüben zu der Kreuzung, und laß den Hengst sie sehen«, rief Ramadi ihm zu. »Dann muß er statt dessen den Berg hinunter.«

Er sprang auf, stürzte sich auf sein Pferd und galoppierte davon.

Der Assaoui lief zum *fondouq*, wo er seinen Korb mit Vipern und Kobras abgestellt hatte. Dann eilte er zu der Straßenkreuzung hinauf, wo die Straße auf die Hauptstraße mündete, die den Abhang des Berges hinunterführte.

Da jedermann auf den Beinen war und zuschauen wollte, wie die Älteren Sidi Bouhajjas Leiche auf den Rücken des Hengstes banden, blieb Ramadi auf seiner Stute unbemerkt, als er jetzt die Straße nach Izli hinunterpreschte. Als er bei seinem Haus angekommen war, ließ er die Stute unter dem Olivenbaum stehen und wartete.

Oben in Tamlat saß unterdessen der Assaoui mit seinem Korb am Straßenrand. Nach einer Weile sah er den Hengst näher kommen, das heilige Bündel wippte auf seinem Rücken auf und ab. Er kam genau auf ihn zu, in etwas weiterer Entfernung folgten die Älteren. Er machte seinen Korb auf und holte zwei von den größeren Schlangen heraus. Er hielt eine in jeder Hand und wartete. Als der Hengst schon ziemlich nah herangekommen war, stand er auf, und das Pferd sah, wie die beiden Schlangen sich unter seinem Griff wanden. Der Hengst riß die Augen auf und stürmte nach rechts, die Straße hinunter, die aus dem Dorf hinausführte.

Der Assaoui legte die Schlangen in den Korb zurück und schlenderte aus dem Gebüsch heraus, das ihn vor den Blicken der Älteren geschützt hatte. Sie schenkten ihm keine Beachtung, und er machte sich auf den Weg nach Izli. Weit vor sich konnte er den schwarzen Strich des Hengstes ausmachen, der den Abhang hinunterpreschte. Das weiße Bündel auf seinem Rücken hüpfte im Sonnenlicht auf und ab. Als er eine Weile gegangen war, drehte er sich um und schaute zurück. Die Älteren standen oben an der Wegbiegung, beschatteten ihre Augen mit den Händen und spähten hinunter ins Tal.

Und während Ramadi noch in seinem Hauseingang saß und wartete, stürmte der Hengst ins Dorf, blieb einen Augenblick reglos stehen und trottete dann geradewegs auf Ramadis Haus zu. Die Stute stand ruhig unter dem Olivenbaum und peitschte mit dem Schwanz die Fliegen fort. Noch ehe irgend jemand gekommen war, um es mit anzusehen, bäumte der Hengst sich hoch auf, so daß die Gurte, die Sidi Bouhajja auf seinem Rücken hielten, platzten. Der in den weißen Selham eingehüllte Körper fiel in dem Moment zu Boden, als der Hengst die Stute bestieg. Ramadi sprang vorwärts und zerrte ihn aus dem Weg. Dann kehrte er in seinen Hauseingang zurück und schaute den beiden Tieren zu.

Wenig später kamen die Nachbarn herbeigeeilt. Sie trugen Sidi Bouhajjas Leiche auf Ramadis Hof und priesen Allah. Als dann die Männer aus Tamlat in Izli angekommen waren, standen Hengst und Stute friedlich nebeneinander unter dem alten Olivenbaum, während im Inneren von Ramadis Haus die *tolbas* ihre Wehklagen anstimmten.

Die Männer von Tamlat verbargen ihren Kummer und akzeptierten Allahs Willen. Das Pferd war nach Izli gelaufen und hier stehengeblieben, also würde dies der Ort sein, an dem sie Sidi Bouhajja begraben würden.

Sie halfen den Männern von Izli, das Grab auszuheben. Währenddessen machte die Neuigkeit in allen Dörfern der Umgebung die Runde, so daß viele *tolbas* aus anderen Gemeinden herbeieilten, um am Grab zu wehklagen.

Es dauerte nicht lange, und es kamen Scharen von Pilgern in Izli an, die am Grab von Sidi Bouhajja *baraka* finden wollten. Bald war es notwendig, Ramadis Haus abzureißen und an seiner Stelle eine heilige Stätte zu errichten, wo die Pilger auch übernachten konnten. Gleichzeitig bauten die Leute von Izli eine kuppelförmige *quobba* über die letzte Ruhestätte des Heiligen unter dem Olivenbaum, und schließlich zogen sie eine hohe Mauer drumherum. Ramadi bekam ein anderes Haus in der Nähe.

Da die Pilger anfingen, das Wasser aus der Quelle mitzunehmen, verbreitete sich der Ruhm des Wassers bald im ganzen Land und gewann eine große Bedeutung. Selbst die, die Sidi Bouhajja nicht verehrten, kamen, um davon zu trinken und es mit nach Hause zu nehmen. Als Gegenleistung ließen sie Nahrung und Geld an der heiligen Stätte zurück. Noch ehe ein Jahr vergangen war, galt Izli als wohlhabenderes Dorf als Tamlat.

Nur Ramadi und der Assaoui wußten um die Rolle, die sie dabei gespielt hatten, das Glück herbeizulocken, das schließlich ihr Dorf so sehr verändert hatte, und sie hielten es nicht für wichtig, denn alles kommt von Allah und ist

vorherbestimmt. Was Ramadi interessierte, war die Schönheit des schwarzen Füllens, das nun der Stute folgte, wo
immer er mit ihr hinritt, egal ob hinunter in die Ebene oder
hinauf zum Markt von Tamlat.

Tanger, 1975

GRÜSSE VON BOUSELHAM

Als ich ein Junge war, saß Mutter, wenn sie lesen wollte, zumindest wenn sie lange lesen wollte, am liebsten auf einer alten Chaiselongue, die stets an derselben Stelle in einer Ecke des Ostzimmers stand, weit genug von den Wänden entfernt, damit von allen Seiten Licht über ihre Schultern fiel. An der Rückenlehne der Chaiselongue stapelten sich Dutzende von kleinen, mit Daunen gefüllte Kissen. Es war ein bequemes Möbelstück zum Ausruhen. Manchmal stahl ich mich morgens ein paar Minuten hinein, ehe sie auf war. Einmal erwischte sie mich und machte sich darüber lustig.

»Schon so klapprig, und das in deinem Alter!« spottete sie. »Du bist ein heranwachsender Junge. Das ist ein Sessel für einen Erwachsenen.«

An den Sommernachmittagen lag man im Garten. Oben rauschte der Wind in den hohen Eukalyptusbäumen und Zypressen. Schnell dahinziehende Dunstfetzen trieben darüber hinweg, manchmal streiften sie die Wipfel der Bäume und sanken durch die Zweige herab. Während eines Sommers, den ich zu Hause verbrachte – ich ging in England zur Schule –, erledigte ich all meine Studien draußen auf der Erde, hinter Büschen oder Hecken oder überall dort, wo ich vom Haus aus nicht gesehen werden konnte.

Und ich lag mit dem Gesicht nach unten im heißen Garten und spähte durch die geschnittenen Spitzen der Grashalme in den winzigen Wald, wo die Ameisen lebten. Die meisten waren sehr klein und ließen sich durch die Matte, die ich über ihr Reich breitete, nicht stören. Wenn jedoch die großen roten sie entdeckten, was hin und wieder geschah, griffen sie ohne zu zögern an, und es blieb einem nichts anderes übrig, als die Matte woanders hinzutragen.

Es stand außer Frage, daß die Medina verbotenes Terrain war. Mutter wäre sehr böse gewesen, hätte sie gewußt, daß ich je allein dorthin gegangen war. Doch manchmal erledigte ich Botengänge und hatte so Gelegenheit, in die Altstadt zu schlüpfen und mich ein paar Minuten lang im Gewirr der Gassen zu verlieren. Es faszinierte mich, wie sie plötzlich die Richtung wechselten oder sogar unter den Häusern verliefen. Tatsächlich mußte man unter einem Haus durch, um zu der Gasse mit Mama Tiemponadas Bordell zu gelangen. Ihres war nicht das einzige dort, aber es war das größte. Alle Häuser in dieser Gasse waren Bordelle. Die Frauen lehnten in den Türrahmen und sprachen die vorbeigehenden Männer an. Ich fand den Ort rätselhaft und unheimlich. Es schien nur natürlich, daß Mutter mich nicht in die Medina gehen ließ.

Eines Abends, als ich draußen vor Mama Tiemponadas Bordell stand und es beobachtete, öffnete sich die Tür und ein marokkanischer Junge trat heraus. Er blieb einen Augenblick stehen, sah zum Vollmond auf, der genau über der Gasse stand, pfiff ihm zu und ging dann weg. Dies erschien mir seltsam, und ich behielt es im Gedächtnis. Der Pfiff war ungezwungen und vertraulich; er ließ ahnen, daß der Junge und der Mond seit langem Freunde waren. Ein oder zwei Jahre später, als Bouselham kam, um für uns zu arbeiten, glaubte ich, in ihm den Jungen von damals wiederzuerkennen.

Wahrscheinlich hätte es mir geholfen, wenn ich Vater besser kennengelernt hätte, doch das war nicht der Fall. Ich kam nie auf den Gedanken, mich zu fragen, was für ein Mensch er war. Sein fünfzigster Geburtstag lag schon weit zurück, als ich geboren wurde, und in der Zeit interessierte er sich vor allem für Golf. Mich beachtete er gar nicht, und auch meiner Mutter schenkte er nur wenig Aufmerksamkeit. Bei Tagesanbruch stand er auf, nahm ein üppiges Frühstück zu sich und ritt auf seinem Lieblingspferd zum Country Club in Bourbana. Wir sahen ihn erst am Abend wieder. Die Damen sagten zu meiner Mutter: »Colonel Driscoll ist ja so beeindruckend auf seinem Pferd!« Ihre Ehemänner kamen im Auto zum Country Club. Ich war überzeugt, daß sie heimlich über uns lachten, weil mein Vater so sonderbar war.

Als Junge spielte ich manchmal mit Amy, weil sie neben uns wohnte, in derselben Straße. Sie war fünf Jahre älter als ich, ein Wildfang voller sadistischer Triebe, die sie oft an mir ausließ. Als sie zwanzig war, starb ihre Mutter und ließ Amy allein in dem Haus zurück, das viel zu groß für sie war. Damals fing sie an, fast all ihre Zeit mit Mutter zu verbringen.

Es wunderte mich nicht, als Mutter eines Tages beiläufig verkündete: »Amy hat einen Käufer für die Villa Vireval. Sie wird eine Weile zu uns ziehen.«

Bald danach wohnte Amy bei uns. Mit den Jahren hatte sie sich verändert und war jetzt eine introvertierte, nervöse junge Frau mit einem Hang zur Perfektion. Sie hatte einen schrecklichen Tick: Sie räusperte sich unaufhörlich. Anfänglich gab mein Vater sich Mühe, mit ihr zu sprechen, obgleich er vollkommen dagegen war, daß sie bei uns lebte. Sie sei neurotisch, sagte er, morbid und selbstsüchtig; sie verbrauche Mutters ganze Energie.

»Was ist mit diesem Mädchen los? Kann sie dich nicht eine Minute in Ruhe lassen?«

Mutter, die sich wie jeder Mensch gern bewundern ließ, war selbst für Amys Hingabe dankbar.

»Sie ist ein ausgeglichenes Mädchen. Ich verstehe nicht, was du gegen sie hast.«

Wie üblich stimmten an den Gerüchten die reinen Fakten – aber die unterstellten Motive waren falsch. Jedermann glaubte, Vater habe das Haus wegen Bouselham verlassen, dabei war es in Wirklichkeit so, daß er nicht länger mit Amy unter einem Dach leben konnte. Sechs Monate hielt er es mit ihr aus. Als er sah, daß sie keinerlei Anstalten machte, das Haus zu verlassen, und Mutter sich standhaft weigerte, ihr vorzuschlagen, sich nach einem anderen Haus umzuschauen, fuhr er plötzlich nach Italien. Mutter blieb unbeirrt. »Dein Vater braucht Entspannung«, sagte sie zu mir, nachdem er abgereist war. Natürlich rechnete sie damit, daß er zurückkehren würde.

Etwa zu diesem Zeitpunkt trat Bouselham aus seiner unbedeutenden Rolle heraus. Vater hatte ihn ungefähr ein Jahr zuvor, als er sechzehn war, als Gärtnergehilfen eingestellt. Er jätete Unkraut, rechte den Rasen und trug Wasser in den unteren Teil des Gartens; nur selten sah man ihn in der Nähe des Hauses. Doch als Vater fortging, fing er an, in die Küche zu kommen, wo die Mädchen ihm Tee machten. Es dauerte nicht lange, und er aß regelmäßig mit ihnen, statt wie früher seinen von zu Hause mitgebrachten Proviant unter einem Baum zu verzehren.

Wie fing das Verhältnis zwischen Mutter und ihm an? Was war der Auftakt? Es ist zwecklos, Bouselham darauf anzusprechen, da es nie zur Sprache kam und daher zwischen uns nicht existiert. Doch ich weiß, was immer der

Auslöser gewesen sein mag, es war Mutter, die den ersten Schritt tat.

Oft hatte Bouselham nichts anderes zu tun, als in einem Café zu sitzen und Kif zu rauchen, und es war nicht immer sicher, daß sich jemand finden würde, mit dem er Karten spielen konnte. Die meisten Männer arbeiteten tagsüber und kamen erst nach Feierabend ins Café. Bouselham mußte nicht arbeiten. Seit der Colonel fortgegangen war, lebte er mit der Frau des Colonels zusammen. Sie wollte nicht, daß er arbeitete, denn dann hätte er jeden Morgen sehr früh aufstehen müssen, während sie gern lange schlief und ihn bei sich haben wollte. Alle Männer im Café wußten, daß Bouselham eine reiche ungläubige Frau hatte, die ihm alles gab, was er wollte.

Und Amy hielt genau das Mutter schließlich auf die eine oder andere Weise immer wieder vor. Aus ihrer Sicht war es falsch von Mutter, Bouselham bei sich zu haben, nicht nur, weil er einen anderen sozialen Status, eine andere Kultur und eine andere Religion hatte, sondern auch, weil er zu jung war für eine Frau ihres Alters. Gewöhnlich antwortete Mutter höflich, daß sie anderer Meinung sei, hin und wieder aber wurde sie deutlicher. Eines Tages hörte ich sie sagen: »Du versuchst dich in mein Privatleben einzumischen, Amy, und dazu hast du kein Recht.«

Bald darauf beschloß Amy, nach Paris zu fahren, wohin eine Freundin sie eingeladen hatte. Sie packte sehr schnell ihre Sachen und war plötzlich verschwunden. Mutter beschränkte ihren Kommentar auf folgenden Satz: »Amy ist ein sehr liebes Mädchen, aber sie hat noch viel zu lernen, fürchte ich. Und ob ihr das gelingt, wage ich zu bezweifeln.«

Am Tag von Amys Abreise ging ich in ihr Zimmer und sah mich um. Es bedurfte einer gründlichen Reinigung. Ich

schob den Sekretär von der Wand und warf einen Blick dahinter. Zwischen einem der Beine und der Wand einge-
klemmt lag ein zerknittertes postkartengroßes Hochglanz-
photo von Bouselham in Badehosen am Strand von Side
Qanquoch. Für mich warf dies ein neues Licht auf Amys
Streit mit Mutter. Einen Augenblick tat es mir sogar leid,
daß sie fort war; es hätte Spaß gemacht zu sehen, was ein
paar gezielte Fragen ihren dünnen Lippen entlockt hätten.
Hatte sie Bouselham selbst begehrt? Oder hatte Mutter
etwas durchkreuzt, was bereits zwischen den beiden im
Gange war, als sie Bouselham ins Haus holte und in ihrem
Zimmer schlafen ließ?

Monatelang machte das Gerücht in Tanger die Runde. Ich
hörte es zum ersten Mal von einer Engländerin; sie war gerade erst angekommen und konnte daher nicht wissen, daß
die Heldin ihrer Geschichte meine Mutter war: Die Frau des
Colonel war Nacht für Nacht in den dunklen Ecken des
Gartens verschwunden, um den Gärtner zu treffen, der
nicht viel älter war als ein Junge, ein gewöhnlicher marokkanischer Arbeiter. Und als der Colonel von ihren Dumm-
heiten genug hatte, war er fortgegangen, woraufhin sie den
Diener seelenruhig ins Haus gebracht hatte und nun mit
ihm zusammenlebte. »Es heißt, sie habe ihm sogar einen
Rennwagen geschenkt!« fügte sie hinzu und tat, als ob sie in
Gelächter ausbräche.

»Schon möglich«, sagte ich.

Es bestand kein Zweifel daran, daß Mutter sich in man-
cherlei Hinsicht veränderte, als Bouselham im Haus lebte.
Sie kaufte ihm tatsächlich einen gebrauchten Porsche, ein
Kabriolett, und das war sicher höchst ungewöhnlich für sie.
Ihr Verhalten wurde distanzierter; sie schien sich für nichts
mehr aus ihrem früheren Leben zu interessieren. Als ich den

Vorschlag machte, auszuziehen und eine Wohnung in der Stadt zu mieten, hob sie nur die Augenbrauen. »Du kommst zweimal in der Woche zum Abendessen«, war alles, was sie sagte.

Was sie schließlich dazu bewog, mit Bouselham zu brechen, war eine lange, komplizierte Geschichte um seine Schwester. Sobald sie sich diskret nach den Einzelheiten erkundigt hatte, stand ihr Entschluß, ihn loszuwerden, fest. Um dies zu bewerkstelligen, unternahm sie einen so drastischen Schritt, daß sie sich geradezu lächerlich machte. Mutter hat viele Jahre in diesem Land gelebt und hätte von Bouselhams Verhalten nicht so erschüttert sein dürfen, vor allem, da es nicht das geringste mit ihr zu tun hatte. Mir erschien das, was er getan hatte, nur natürlich, aber ich bin schließlich hier geboren. Ich hörte es zuerst von Bouselham selbst, kurz nachdem ich ausgezogen war und ein Apartment in der Stadt bezogen hatte.

Ich war zum Abendessen ausgegangen und später zu Fuß nach Hause zurückgekehrt. Von Gibraltar her näherte sich ein Gewitter. Bald prasselte der Hagel gegen die Fenster. Es gab einen sehr hellen Blitz, und dann war der Strom weg. Ich holte eine Taschenlampe, zündete ein paar Kerzen an und stand eine Weile vor dem Kamin. Das Gewitter drehte und kam zurück, und der Regen wurde stärker. Plötzlich klopfte es heftig an der Tür, und als ich öffnete, stand Bouselham vor mir, völlig durchnäßt.

Er wirkte so wild und selbstzufrieden wie immer, ungeachtet des Wassers, das ihm über das Gesicht lief. Als erstes zog er Schuhe und Socken aus und hockte sich vor den Kamin, schien fast hineinkriechen zu wollen, während er sprach. Jeden Tag, so erzählte er, besuche er einen Freund, einen Rechtsanwalt, der ihm behilflich sei.

»Wobei?« fragte ich.

Er wich einer direkten Antwort aus, drehte sich auf den Fersen um, sah mich an und fragte, ob ich ihm zehntausend Francs leihen könnte. Der Anwalt benötigte das Geld für Fotokopien und notarielle Beglaubigungen. Sein Honorar hinge dann später vom Erfolg seines Falles ab. Sobald ich mich bereit erklärt hatte, ihm das Geld zu geben, rückte er mit der Geschichte heraus.

Ein gewisser wohlhabender Kaufmann in der Medina, erpicht auf die Genüsse der Dämmerstunde, pflegte jeden Tag in einem Café am Ende der Stadt zu sitzen. Von hier aus konnte er in drei Richtungen sehen; Hunderte von Menschen, die durch die Straßen gingen, konnte er von weitem und aus der Nähe beobachten. Tag für Tag kam hier ein Mädchen in Begleitung einer älteren Frau mit einem Korb am Arm vorbei. Er saß an einem Tisch auf dem Gehsteig, das Gesicht in die Richtung gewandt, aus der das Mädchen gewöhnlich kam, so daß er sie schon von weitem erblicken und dann beobachten konnte, wie sie sich näherte. Jeden Nachmittag sah er, daß ihr Blick unter den Besuchern des Cafés nach ihm suchte, doch wenn sie ihn gefunden hatte, zeigte sie nicht mehr, ob sie seine Anwesenheit zur Kenntnis nahm.

»Wie lange habe ich keine solche Schönheit mehr gesehen?« seufzte er. Er sah die beiden Frauen in der Ferne unter den Eukalyptusbäumen die Straße heraufkommen, lange bevor sie ihn sehen konnten, denn sie gingen der untergehenden Sonne entgegen. Es kam der Augenblick, da sie ihn sah, und sie senkte den Kopf. Der reiche Kaufmann beobachtete, wie sie näher kam, und er ließ sie nicht aus den Augen. Es kam ihm vor, als tanze sie statt zu gehen, und wenn sie vorbeischritt, häufig so nah, daß er mit ausgestrecktem Arm ihre Dschellaba hätte berühren können, verzweifelte er ob der Unmöglichkeit, mit ihr sprechen zu können.

Vielleicht läßt man sie eines Tages allein heraus, dachte er, und so wartete er.

Schließlich kam der Tag, an dem er sie den Korb tragen sah und niemand bei ihr war. »Ah«, sagte er leise und rieb die Fingerspitzen gegeneinander. Er winkte dem Kellner und zahlte. Dann blieb er ruhig sitzen, bis sie vorbeigegangen war. Als das Mädchen um die Ecke bog, stand er auf und ging ihr nach.

Er erreichte sie erst, als sie schon in eine andere Straße eingebogen war. »Darf ich dich irgendwohin fahren?« fragte er.

»Du kannst mich nach Hause fahren, wenn du willst«, sagte sie.

Das war nicht das, was der reiche Kaufmann zu hören erhofft hatte. Trotzdem führte er sie zu seinem Wagen, der nicht weit entfernt geparkt war.

Ich brachte Bouselham eine Tasse Kaffee. Er nippte daran, noch immer vor dem Kamin sitzend, und schwieg minutenlang. Dann gab er seine Art des Geschichtenerzählens auf und fuhr sachlich fort, als rekapituliere er einen Vorgang, den ich bereits kannte:

»Und ich kam gerade aus einem Bacal dort und sah den Mercedes, der weiter oben parkte. Und nicht einmal mit belgischem Kennzeichen. Es waren marokkanische, das bedeutet Geld. Und während ich noch hinschaute, konnte ich nicht glauben, was ich sah, denn die Tür des Wagens ging auf, und meine Schwester stieg aus und lief zur Ecke hinauf. Ich wußte, daß sie mich gesehen hatte und glaubte, ich hätte sie nicht bemerkt. Das erste, woran ich dachte, war, ihr nachzulaufen und sie zu töten. Während ich noch dastand, fuhr der Wagen davon. Ich hatte weder den Mann gesehen noch mir die Nummer gemerkt.«

»Was hätte es genützt, wenn du sie getötet hättest?« fragte ich, obgleich ich wußte, daß dies für ihn nur wieder eine dieser sinnlosen europäischen Bemerkungen war. Zu meiner Überraschung lachte er und sagte: »So dumm bin ich nicht. Sie tat mir leid; ich begegnete ihr noch am selben Abend und sah, wie ängstlich sie war.

›Ich habe gesehen, wie du aus dem Auto gestiegen bist‹, sagte ich zu ihr. Doch dann setzte ich hinzu: ›Du sagst, er sei jeden Tag im Café Dakhla. Morgen wirst du mir zeigen, wer es ist. Wenn du an ihm vorbeigehst, wirst du husten.‹

So machte sie es, und als der Mann das Café verließ, folgte ich ihm und sah, wie er in den Mercedes stieg. Ich schaute ihm nach, als er davon fuhr, und dachte: Vielleicht. Vielleicht. *Incha' Allah*!«

Nachdem er anhand des Kennzeichens herausgefunden hatte, wer der Mann war, begann er Fragen zu stellen, indem er sich zuerst an den *qahouaji* im Café wandte und dann, als seine Nachforschungen detaillierter wurden, an verschiedene Kaufleute und Bazarhändler der Stadt.

»Ich wußte schließlich mehr über ihn als seine eigene Mutter«, sagte Bouselham. »Er besitzt die halbe Textilfabrik an der Plaza Mozart und ein Mietshaus am Boulevard de Paris. Und drei Bazare. Also ging ich eines Abends, als ich nach Hause kam, mit meiner Schwester aufs Dach, wo wir sprechen konnten, und ich fragte sie: ›Gefällt dir dieser Qasri?‹

Sie fing an, sich zu winden und herauszureden. ›Ich kenne ihn nicht einmal. Wie kann ich sagen, ob er mir gefällt?‹

Das machte mich wütend, und ich packte sie. ›Du weißt

nicht, ob er dir gefällt. Aber du steigst in seinen Wagen und sitzt neben ihm. Was hat das zu bedeuten?‹

Sie glaubte, ich würde sie schlagen, hob die Hände vor das Gesicht und wich zurück. Natürlich hatte ich das Recht, sie zu schlagen. Doch ich machte ihr klar, daß ich auf ihrer Seite stand und dem Rest der Familie nichts verraten würde. Am nächsten Morgen kaufte ich ihr sogar neue Kleider, damit der Qasri eine Ahnung davon bekam, wie gut sie aussehen konnte, wenn sie wollte. Und ich beschloß abzuwarten und zu sehen, wie sich die Dinge entwickelten.

Er stellte ihr nach, und sie wies ihn jedesmal ab. Dann mußten mein Vater, meine Mutter und meine ganze Familie einmal für zwei Tage nach Meknes, und sie und ich sollten zu Hause bleiben. Ich dachte: Ich werde die Nacht in Tetuan verbringen und sehen, was passiert. Also erzählte ich ihr, daß ich diese Nacht nicht dasein würde und daß sie im Haus unserer Tante schlafen müßte. Ich bat sie, unseren Eltern nichts von meinem Ausflug nach Tetuan zu erzählen, denn natürlich hätte ich zu Hause bleiben und auf sie aufpassen sollen. Ich dachte: Wenn sich irgend etwas ergeben soll, dann ist heute die richtige Nacht dafür.

Und ich behielt recht. Ich fuhr nach Tetuan, und sie ging mit in sein Haus, und es dauerte nicht lange, bis sie zu mir kam und sagte, sie glaube, sie habe ein Kind im Bauch.

Ich fuhr sofort mit ihr nach Gibraltar, ins größte Krankenhaus. Wir blieben vier Tage dort, und ich bekam die Papiere von allen Tests, und es gab keinen Zweifel, sie sagten, es sei ein Kind in ihr.«

Da er nichts Dringenderes zu tun hatte, ging Bouselham weiterhin jeden Tag zu dem Café am Ende der Stadt. Hier kam er mit dem reichen Kaufmann ins Gespräch und freundete sich schließlich mit ihm an. Selbst nachdem er mit

seiner Schwester aus Gibraltar zurückgekehrt und der Anwalt damit beschäftigt war, seine Strategie auszutüfteln, und
selbst nachdem der Anwalt den Kaufmann aufgesucht und
ihn darauf hingewiesen hatte, daß er einen Skandal nur vermeiden konnte, indem er um das Mädchen anhielt, ehe die
Familie die Schwangerschaft entdeckte, saß Bouselham täglich mit ihm im Café und lauschte der Geschichte seiner
traurigen Romanze.

»Sie hat einen Bruder«, erzählte ihm der reiche Kaufmann. »Er ist derjenige, der hinter mir her ist. Der Hurensohn hat Wind von der Sache bekommen.«

Dann sagte Bouselham: »Aber warum ist er ein Hurensohn? Er läßt zu, daß du sie heiratest. Wenn er wollte,
könnte er dich noch heute ins Gefängnis bringen. Bist du
verrückt? Sie war Jungfrau.«

Der reiche Kaufmann sah ein, daß Bouselham recht hatte.
Noch vor Ablauf einer Woche bat er bei seinem Vater um
die Hand des Mädchens.

Als Bouselham zu reden aufhörte, sah ich auf ihn herunter und versuchte seinen Gesichtsausdruck zu erkennen,
doch sein Kopf hob sich dunkel vor den Flammen ab, und
der Raum wurde nur von zwei Kerzen erhellt.

»Er wird ziemlich böse sein, wenn er merkt, wer der Bruder ist«, sagte ich.

Er lachte nur. »Eines Tages«, sagte er, »eines Tages.«

Ich legte ein neues Holzscheit ins Feuer, und schließlich
erhob er sich.

Bouselham wahrte kein Schweigen über die zweifelhafte
Rolle, die er bei der Bewerkstelligung der Hochzeit seiner
Schwester gespielt hatte; im Gegenteil, er besprach sie in
aller Ausführlichkeit mit seinen marokkanischen Freunden.
Für ihn war es eine geschäftliche Angelegenheit, auf deren

Erfolg er gehörig stolz war. So kam es, daß mehrere verworrene Versionen der Geschichte in Tanger die Runde machten. Mutter hörte davon, tat sie jedoch als boshafte Denunziationen ab. Erst Monate nachdem Bouselham mich in meiner Wohnung besucht hatte, rang sie sich durch, sie als Tatsache zu akzeptieren. Von diesem Moment an wurde sie unvernünftig.

»Die ganze Sache ist eine Schande!« sagte sie. »Ich habe ihn fortgeschickt.« Seine Entlassung wurde knapp und ohne Erklärung ausgesprochen. Sie gab ihm eine bestimmte Summe Geld und wies ihn an, das Grundstück auf der Stelle zu verlassen. Zwei Tage später war sie auf dem Weg nach Italien. Mir war klar, daß sie halb und halb befürchtete, erpreßt zu werden, sich jedoch schämte, dies zuzugeben. Hätte sie mir von ihrer Angst nur erzählt, dann hätte ich versuchen können, sie zu beruhigen. Ich glaube, ich kenne Bouselham besser als sie.

Bis zu dem Tag, an dem er mir vom Café Raqassa aus zurief, hatte ich ihn mehrere Wochen nicht gesehen. Wir saßen in einer hinteren Ecke, wo es dunkel war und nach feuchtem Zement und Holzkohlenfeuer roch. Bouselham erwähnte Mutter nur kurz und schüttelte traurig den Kopf. Er erwähnte nur, daß er seine Stellung als Gärtner verloren habe, als Madame fortgegangen sei, sonst nichts. Er war sich klar darüber, daß irgend etwas sie gekränkt haben mußte, doch ihr willkürliches Verhalten hatte ihn vor den Kopf gestoßen und verletzt. Seiner Meinung nach war er vollkommen grundlos aus dem Haus gejagt worden. Trotzdem sagte er, als wir uns trennten: »Wenn du an Madame schreibst, sag ihr, daß Bouselham sie grüßen läßt.«

Ich richtete meiner Mutter diesen Gruß nicht aus, ebensowenig irgendwelche folgenden. Sie verkaufte das Haus, ohne nach Tanger zurückzukehren, und mir schien es, als sei ihr Leben mit Vater drüben in Italien erbärmlich genug, auch ohne daß ich ihr Grüße von Bouselham schickte.

Tanger, 1976

SIE HABEN IHRE LOTUSKAPSELN IM BUS LIEGENGELASSEN

Ich lernte bald, nicht in die Nähe der Fenster zu kommen oder die Vorhänge beiseite zu schieben, um auf den Fluß zu sehen. Die Aussicht war abwechslungsreich; Fabriken und Lagerschuppen auf der anderen Seite des Chao Phraya, und Schlangen von Lastkähnen, die das schmutzige Wasser hinauf- und hinabgeschleppt wurden. Der neue Flügel des Hotels war in Form einer aufrecht stehenden Platte gebaut worden, so daß mein Zimmer hoch lag und keine Bäume da waren, um es vor dem mörderischen Angriff der Nachmittagssonne zu schützen. Das Ende des Tages verstärkte die Hitze noch, statt Erleichterung zu bringen, denn dann verwandelte sich der ganze Fluß in Sonnenlicht. Die rote Dämmerung machte alles melodramatisch und bedrohlich, und noch immer sickerte die brütende Hitze durch die Fenster.

Brooks, der an der Chulalongkorn-Universität lehrte, war als Fulbright-Stipendiat verpflichtet, regulären Unterricht in Thai zu nehmen; darüber hinaus richtete er es so ein, daß er einen großen Teil seiner Freizeit mit Thais verbrachte. Eines Tages brachte er drei junge Männer mit, die in die leuchtendorange-gelben Gewänder buddhistischer Mönche gehüllt waren. Schweigend traten sie einer nach dem anderen in das Hotelzimmer und standen in einer Reihe da, als sie mir vorgestellt wurden. Jeder begrüßte mich, indem er die Handflächen aneinanderlegte und mit beiden Daumen seine Brust berührte.

Im Verlauf unserer Unterhaltung erklärte Yamyong, der älteste, der Ende Zwanzig sein mochte, daß er geweihter Mönch sei, die beiden anderen dagegen Novizen. Brooks fragte Prasert und Vichai, ob sie bald geweiht würden, doch der Mönch antwortete an ihrer Stelle.

»Ich glaube nicht, daß sie damit rechnen, geweiht zu werden«, sagte er leise und sah zu Boden, als sei dies ein wunder Punkt, der schon allzuoft zwischen ihnen erörtert worden war. Dann blickte er zu mir auf und fuhr fort: »Ihr Zimmer ist schön. Wir sind solchen Luxus nicht gewöhnt.« Seine Stimme war unbeteiligt; er versuchte, sich seine Mißbilligung nicht anmerken zu lassen. Einen Augenblick beratschlagten die drei mit gedämpften Stimmen. »Meine Freunde sagen, sie hätten noch nie einen so luxuriösen Raum gesehen«, berichtete er dann und sah mich durch seine metallgerahmte Brille aufmerksam an, als wollte er meine Reaktion beobachten. Ich tat, als hätte ich nichts gehört.

Sie legten ihre Sonnenschirme aus braunem Papier und ihre mit Früchten und Büchern vollgestopften Netze ab. Dann setzten sie sich nebeneinander zwischen die Kissen auf der Couch. Eine Weile waren sie damit beschäftigt, die Falten ihrer Gewänder an Schultern und Beinen zu ordnen.

»Sie machen ihre Kleider selbst«, erklärte Brooks. »Alle Mönche tun das.«

Ich erzählte von Ceylon; dort kauften die Mönche ihre Gewänder bereits vorgeschneidert und brauchten sie nur noch zusammenzunähen. Yamyong lächelte anerkennend und sagte: »Dasselbe System haben wir hier auch.«

An einem Ende des Zimmers brummte laut die Klimaanlage, und am anderen Ende drang der Lärm der Motorboote durch die Fenster. Ich betrachtete die drei, die vor mir saßen. Alle waren ruhig und gelassen, doch schien es ihnen an körperlicher Gesundheit zu mangeln. Ich bemerkte ihre Wangenknochen unter der Haut. Beruhte der Eindruck von Blässe teilweise darauf, daß sie Augenbrauen und Haupthaar rasiert hatten?

Yamyong redete. »Wir schätzen die Gelegenheit, Englisch zu sprechen. Aus diesem Grund haben wir gerne ausländische Freunde. Engländer, Amerikaner; es spielt keine Rolle. Wir verstehen sie.« Prasert und Vichai nickten.

Die Zeit verging, und wir saßen da und weiteten das Thema der Unterhaltung aus, ohne es jedoch zu wechseln. Hin und wieder sah ich mich im Zimmer um. Ehe sie es betreten hatten, war es ein Hotelzimmer gewesen, in dem man die Vorhänge geschlossen hielt. Ihre Gegenwart und ihre Kommentare hatten dem Raum einen vage beunruhigenden Zug verliehen; ich hatte das Gefühl, sie hielten es für einen großen Fehler, daß ich mir einen solchen Ort zum Leben ausgesucht hatte.

»Sieh dir seine Tätowierung an«, sagte Brooks. »Zeig sie ihm!«

Yamyong entblößte seine Schulter ein wenig von dem Gewand, und ich sah die beiden indigofarbenen Linien eines fein ausgeführten Thai-Schriftzeichens. »Das ist für eine gute Gesundheit«, sagte er und sah mich an. Sein Lächeln wirkte seltsam, doch nie entsprach sein Gesichtsausdruck in irgendeiner Weise dem, was er sagte.

»Verurteilen die Buddhisten Tätowierungen nicht?« fragte ich.

»Manche Leute finden sie nicht fortschrittlich.« Wieder lächelte er. »Zeichen für eine gute Gesundheit gelten als Aberglaube. Dieses wurde von meinem Abt gemacht, als ich ein Kind war und im *wat* studierte. Vielleicht wußte er nicht, daß es Aberglaube war.«

Wir hatten vor, mit ihnen zusammen den *wat* zu besuchen, in dem sie lebten. Ich nahm eine Krawatte aus dem Schrank und stand vor dem Spiegel, während ich sie umband.

»Sir«, begann Yamyong. »Würden Sie mir bitte etwas erklären? Welche Bedeutung hat eine Krawatte?«

»Welche Bedeutung eine Krawatte hat?« Ich drehte mich zu ihm um. »Sie meinen, warum man Krawatten trägt?«

»Nein, das weiß ich. Weil man aussehen möchte wie ein Gentleman.«

Ich lachte. Yamyong ließ sich nicht beirren. »Ich habe bemerkt, daß manche Männer die beiden Enden gleich lang tragen und andere das breite Ende länger als das schmale oder das schmale Ende länger als das breite. Und die Krawatten selbst sind nicht alle gleich lang, oder? Manche, deren Enden gleich lang getragen werden, reichen sogar bis über den Hosenbund. Welche unterschiedlichen Bedeutungen haben sie?«

»Sie haben keine Bedeutung«, sagte ich. »Überhaupt keine.«

Zustimmung heischend warf er einen Blick auf Brooks, doch Brooks war dabei, seine Thai-Kenntnisse an Prasert und Vichai auszuprobieren, daher schwieg er einen Augenblick nachdenklich. »Natürlich glaube ich Ihnen«, sagte er höflich. »Wir waren nur alle der Ansicht, jede Art müßte eine andere Bedeutung haben.«

Als wir das Hotel verließen, verbeugte sich der Portier respektvoll. Bis dahin hatte er sich nie anmerken lassen, daß er sich meiner Existenz bewußt war. Die Träger des gelben Gewandes haben Gewicht in Thailand.

Einige Sonntage später beschloß ich, mit Brooks und unseren Freunden Ayutthaya zu besuchen. Die Vorstellung eines Sonntagsausfluges ist mir so zuwider, daß die Entscheidung, an diesem teilzunehmen, gewissermaßen eine Zwangshandlung war. Ayutthaya liegt weniger als fünfzig Meilen von Bangkok entfernt den Chao Phraya hinauf. Für Historiker und Kunstsammler ist sie mehr als eine reine Provinzstadt; sie ist eine Periode und ein Stil – immerhin war sie mehr als vier Jahrhunderte lang die Hauptstadt von Thailand. Wahrscheinlich wäre sie es bis heute geblieben, hätten die Burmesen sie im achten Jahrhundert nicht dem Erdboden gleichgemacht.

Brooks kam in aller Frühe, um mich abzuholen. Unten auf der Straße standen die drei *bhikkus* mit ihren Büchernetzen und Sonnenschirmen. Sie winkten einem Taxi, und ohne den Preis auszuhandeln – der gewöhnliche Bürger versucht, vor der Fahrt eine feste Summe zu vereinbaren –, stiegen wir ein und fuhren zwanzig Minuten oder eine halbe Stunde, bis wir zu einem Busbahnhof im äußersten Norden der Stadt gelangten.

Es war ein schöner, altmodischer, offener Bus. Alles an ihm ratterte, und die Luft aus den Reisfeldern wehte zwischen uns hindurch, während wir die Bruchstücke unserer abgerissenen Unterhaltung zusammenstückelten. Brooks, der guter Dinge war, rief mir ständig zu: »Schau nur! Wasserbüffel!« Je weiter wir uns von Bangkok entfernten, um so häufiger tauchten diese Tiere auf, und seine Schreie nahmen zu. Yamyong, der neben mir saß, flüsterte: »Professor Brooks mag Büffel?« Ich lachte und sagte, daß ich das nicht glauben würde.

»Dann?«

Ich erzählte ihm, daß es in Amerika keine Büffel auf den Feldern gäbe und Brooks es deshalb so interessant fände, sie zu sehen. Es gäbe auch keine Tempel auf dem Land, fuhr ich fort und setzte, vielleicht unklugerweise, hinzu: »Er sieht sich Büffel an. Ich sehe mir Tempel an.« Dies erschien Yamyong äußerst komisch, und er spielte während des ganzen Tages immer wieder darauf an.

Die Straße führte wie mit dem Lineal gezogen gerade durch das flache grüne Land. Parallel dazu verlief östlich ein ziemlich breiter Kanal, hie und da mit Flecken riesiger rosa-farbener Lotusblüten bedeckt. Manchmal waren die Blüten verschwunden und nur die Kapseln übriggeblieben, dicke grüne Scheiben, mit runden, darin eingebetteten Samen. An der ersten Haltestelle stiegen die *bhikkus* aus. Sie kamen mit Mangostangen und Lotuskapseln zurück und bestanden darauf, jedem von uns eine große Zahl davon zu schenken. Die riesigen Samen fielen aus den fasrigen Lotuskuchen heraus wie Murmeln; sie schmeckten beinahe wie grüne Mandeln. »Etwas Neues für Sie, glaube ich«, sagte Yamyong und machte ein zufriedenes Gesicht.

Ayutthaya war heiß, staubig, weitläufig, die Umgebung übersät von Ruinen, die durch die Vegetation kaum zu er-kennen waren. In einiger Entfernung von der Stadt begann ein breiter, von wichtig aussehenden Gebäuden spärlich ge-säumter Boulevard. Er zog sich ein Stück hin und endete dann ebenso plötzlich, wie er begonnen hatte. Da sie aus dem Buschwerk wuchsen und aus kleinen rostroten Ziegel-steinen erbaut waren, wirkten die verfallenen Tempel eher unfertig als von der Zeit zerfressen. Reparaturen mit ver-schmiertem Zement durchzogen die Fassaden.

Die letzte Haltestelle des Busses lag noch zwei oder drei Meilen vom Zentrum Ayutthayas entfernt. Wir stiegen aus in den Staub, und Brooks erklärte: »Als erstes müssen wir etwas zu essen finden. Nach Mittag dürfen sie nichts Festes mehr zu sich nehmen, verstehst du.«

»Nicht genau Mittag«, berichtigte ihn Yamyong. »Es kann auch ein Uhr sein oder etwas später.«

»Auch dann bleibt nicht viel Zeit«, sagte ich ihm. »Es ist Viertel vor zwölf.«

Doch die *bhikkus* waren nicht hungrig. Keiner von ihnen war je in Ayutthaya gewesen, daher hatten sie eine Liste von Dingen zusammengestellt, die sie unbedingt sehen wollten. Sie sprachen einen Mann an, dessen Kombi in der Nähe geparkt war, und wir brachen zu einer verfallenen *stupa* auf, die ein paar Meilen südwestlich lag. Man hatte sie auf dem Gipfel eines großen Hügels errichtet, den wir mit einiger Mühe erkletterten, damit Brooks Photos von uns machen konnte, wie wir in einem Riß der verwitterten Außenwand standen. Die Luft roch nach den Fledermäusen, die darin lebten.

Als wir zur Bushaltestelle zurückkehrten, kam das Essen wieder zur Sprache, doch der Ausflug hatte die *bhikkus* in eine derartige Erregung versetzt, daß sie für nichts Zeit hatten, als alles zu besichtigen. Wir gingen ins Museum. Es war ruhig; es gab dort Köpfe der Khmer und Dokumente mit Pali-Inschriften. Der Tag war zu einer Qual geworden. Ich sagte mir, daß ich es vorausgeahnt hatte. Dann fuhren wir zu einem Tempel. Ich war beeindruckt, weniger von dem riesigen Buddha, der fast das ganze Innere ausfüllte, als von der Tatsache, daß unweit des Eingangs ein Mann auf dem Boden saß und ein *ranad* (*lanat* ausgesprochen) spielte. Obgleich ich den Klang von Aufnahmen mit siamesischer Musik her kannte, hatte ich das Instrument noch nie zuvor gesehen. Es bestand aus einer Reihe verschieden großer, hölzerner Klötze, die miteinander verbunden waren und wie eine Hängematte über einem bootsförmigen Resonanzkasten hingen. Die Töne stürzten übereinander wie schnell fallende Wassertropfen. Nach der glühenden Hitze draußen erschien der ganze Tempel plötzlich als der Inbegriff von Kühle – der Steinboden unter meinen nackten Füßen, die Brise, die durch den schattigen Innenraum strich, die Glücksstäbchen in den langen Kästen, die von den Betenden vor dem Altar geschüttelt wurden, und die Folge der unwirklichen, gläsernen Töne, die aus dem *ranad* drangen. Ich dachte: Wenn ich nur etwas zu essen bekäme, würde mir die Hitze nicht soviel ausmachen. Kurz nach drei Uhr kamen wir ins Zentrum von Ayutthaya. Es war heiß und laut; die *bhikkus* hatten keine Ahnung, wo sie nach einem Restaurant suchen sollten, und die Idee, jemanden zu fragen, schien sie nicht zu reizen. So schlenderten wir alle fünf ziellos umher. Ich war zu dem Schluß gekommen, daß weder Prasert noch Vichai Englisch verstanden, und wandte mich an Yamyong. »*Wir müssen etwas essen.*« Er sah mich streng an. »Wir sind auf der Suche«, gab er zurück.

Schließlich entdeckten wir an einer Ecke der Hauptstraße ein chinesisches Restaurant. Ein Tisch war voller lärmender Thais, die *mekong* tranken, eine Art Whiskey, der jedoch nach billigem Rum schmeckt, ein anderer Tisch war von einer ganzen chinesischen Familie besetzt. Diese Leute waren vollkommen mit Essen beschäftigt und hatten ihre Gesichter in den Reisschalen vergraben. Es heiterte mich auf, sie zu sehen: ich war kraftlos und hatte fast erwartet, man würde uns sagen, es gäbe nichts Warmes mehr.

Die lange, auf englisch geschriebene Speisekarte, die man uns brachte, mußte vor vielen Jahrzehnten getippt und seitdem jede Woche mit einem feuchten Lappen abgewischt worden sein. Unter der Überschrift SPEZIALITÄTEN standen einige Gerichte, die meine Aufmerksamkeit erweckten, und während ich die Liste überflog, begann ich zu lachen. Dann las ich Brooks laut vor:

Gebratene Haifischflossen mit Bohnensprosse
Hühnerkinn mit Krabben gefüllt
Gebratene Reisvögel
Krabbenbällchen mit grünem Mark
Schweinebierchen süß-sauer
Gekünsteter Reisvogel in Portwein
Fischkopf mit Tofu

Obgleich es für unsere Freunde selbstverständlich war, sich unserem Lachen nicht anzuschließen, spürte ich, daß ihr Schweigen mehr war als nur das Unvermögen, darauf zu reagieren; es war schwer, vielsagend.

Kurz darauf brachte der Kellner drei Pepsi-Cola-Flaschen und stellte sie auf den Tisch. »Was nehmen Sie?« fragte Brooks Yamyong.

»Nichts, danke«, sagte er leichthin. »Das ist genug für uns.«

»Aber das ist ja schrecklich. Wollen Sie sagen, daß keiner von Ihnen etwas essen wird?«

»Sie und Ihr Freund werden essen«, sagte Yamyong. (Er hätte ebensogut »fressen« sagen können.) Dann standen er, Prasert und Vichai auf, nahmen ihre Pepsi-Cola-Flaschen und setzten sich an einen Tisch am anderen Ende des Raums. Hin und wieder lächelte uns Yamyong ernst zu.

»Ich wünschte, sie würden aufhören, uns zu beobachten«, sagte Brooks leise.

»Sie waren es, die das Essen immer wieder hinausgezögert haben«, erinnerte ich ihn. Doch ich fühlte mich schuldig, und es ärgerte mich, daß ich mich plötzlich in der Rolle des hemmungslosen Ungläubigen wiederfand. Es war fast so schlimm, wie während des Ramadan vor Moslems zu essen.

Wir beendeten die Mahlzeit und machten uns sofort auf den Weg zu einem bestimmten Tempel, den Yamyong sehen wollte. Die Taxifahrt führte durch eine Gegend mit dornigem Gestrüpp. Hie und da, im Schatten sich ausbreitender Bäume mit flachen Wipfeln, gab es große runde Tümpel mit dunklem Wasser, in denen Büffel badeten. Man sah nur ihre nassen Schnauzen und die Hörner. Brooks schrie schon wieder: »Büffel! Hunderte von Büffeln!« Er bat den Taxifahrer anzuhalten, damit er die Tiere photographieren könne.

»Sie werden am Tempel Büffel sehen«, sagte Yamyong. Er hatte recht; nur ein paar hundert Fuß von dem Gebäude entfernt gab es eine schlammige Grube voller Büffel. Brooks ging hin und schoß seine Photos, während die *bhikkus* ihren routinemäßigen Rundgang durch den Tempel machten. Ich schlenderte in einen Hof, in dem es eine lange Reihe steinerner Buddhas gab. Es ist ein alter Brauch der Tempelbesucher, kleine Quadrate von Blattgold auf die religiösen Figuren in den *wats* zu kleben. Wenn Tausende dieser Quadrate übereinanderkleben, lösen sich winzige Fetzen des Goldes. Dann zittern sie im Wind, und die Figur scheint wie von einem vibrierenden Eigenleben erfüllt zu flimmern. Ich blieb im Hof stehen und beobachtete dieses Beben entlang der Arme und Rümpfe der Buddhas; sie erinnerten mich an die Bewegungen der Blätter von Heiligen Feigenbäumen. Als ich Yamyong im Taxi davon erzählte, hatte ich das Gefühl, daß er mich nicht verstand, denn er erwiderte: »Der Heilige Feigenbaum ist ein sehr bedeutender Baum für Buddhisten.«

Auf dem Rückweg nach Bangkok saß Brooks neben mir im Bus. Wir sprachen nur wenig. Nachdem wir so viele Stunden gegen die Hitze angekämpft hatten, war es nun angenehm, einfach dazusitzen und den verhältnismäßig kühlen Wind aus den Reisfeldern zu spüren. Der Fahrer des Busses schien nicht an das Gesetz von Ursache und Wirkung zu glauben. Er überholte Lastwagen, obwohl ihm Verkehr entgegenkam. Ich fühlte mich mit geschlossenen Augen besser und wäre sogar eingenickt, wäre da nicht ein Mann im hinteren Teil des Busses gewesen, der offensichtlich nicht ganz normal war und sich alle Mühe gab, soviel Krach wie nur möglich zu veranstalten. Kaum hatten wir Ayutthaya verlassen, fing er an zu rufen und zu schreien und zu heulen, und so ging es die ganze Fahrt hindurch weiter. Brooks und ich lachten und überlegten, ob er verrückt oder nur betrunken war. Der Gang zwischen den Sitzreihen war besetzt, so daß ich ihn von meinem Platz aus nicht sehen konnte. Gelegentlich warf ich einen Blick auf die anderen Passagiere. Es war, als nähmen sie den Lärm gar nicht wahr. Als wir uns Bangkok näherten, wurde sein Geschrei immer lauter.

»Mein Gott, warum werfen sie ihn nicht raus?« Brooks wurde allmählich ärgerlich.

»Sie hören ihn nicht einmal«, sagte ich verbittert. Menschen, denen Krach nichts ausmacht, erfüllen mich mit Neid und Wut. Schließlich beugte ich mich zu Yamyong und sagte: »Der arme Kerl dahinten! Es ist unglaublich!«

»Ja«, sagte er über die Schulter, »er ist sehr beschäftigt.« Dies gab mir zu denken – wie zivilisiert und tolerant die Menschen hier waren! Ich bewunderte die Eleganz des Wortes »beschäftigt« als Beschreibung für das, was hinten im Bus vor sich ging.

Schließlich saßen wir im Taxi und fuhren durch Bangkok. Es sollte mich am Hotel absetzen, anschließend würde Brooks die *bhikkus* zu ihrem *wat* bringen. Im Geiste hörte ich noch das herzzerreißende Geschrei. Was hatten die immer gleichen Wortmuster wohl bedeutet?

Es war mir zwar nicht gelungen, eine passable Antwort auf Yamyongs staunende Frage über die Bedeutung von Krawatten zu geben, aber vielleicht konnte diesmal er meine Neugier befriedigen.

»Dieser Mann eben im Bus – erinnern Sie sich?«

Yamyong nickte. »Er mußte schwer schuften, der arme Kerl. Sonntag ist ein schlechter Tag.«

Ich achtete nicht auf diesen Unsinn. »Was hat er gesagt?«

»Oh, er sagte: ›Den zweiten Gang!‹ oder ›Achtung, eine Brücke!‹ oder ›Vorsicht, Leute auf der Straße!‹. Alles, was er sah.«

Da weder Brooks noch ich den Anschein erweckten zu verstehen, fuhr er fort: »Alle Busse müssen jemanden haben, der dem Fahrer hilft. Er beobachtet die Straße und sagt ihm, wie er fahren muß. Es ist eine schwere Arbeit, denn er muß laut schreien, damit der Fahrer ihn hört.«

»Aber warum sitzt er nicht vorn, neben dem Fahrer?«

»Nein, nein. Einer sitzt vorn und einer hinten. Auf diese Weise sind zwei Männer für den Bus verantwortlich.«

Das war keine allzu überzeugende Antwort für den unheimlichen Lärm, den wir gehört hatten, doch um zu zeigen, daß ich ihm glaubte, sagte ich: »Aha. Ich verstehe.«

Das Taxi bog in die Einfahrt des Hotels, und ich stieg aus. Als ich mich von Yamyong verabschiedete, sagte er, mit einem Anflug von Betrübnis, so kam es mir vor: »Auf Wiedersehen. Sie haben Ihre Lotuskapseln im Bus liegengelassen.«

Tanger, 1971

ISTIKHARA, ANAYA, MEDAGAN
UND DIE MEDAGANAT

In der Sahara, wo die Luft, das Licht und sogar der Himmel den Eindruck eines bisher unbekannten Planeten erwecken, überrascht es nicht, bestimmte Formen menschlichen Gebarens zu finden, die ebenso fremdartig sind. Das Verhalten ist streng geregelt und bietet wenig Raum für individuelle Varianten. Wenn eine Situation die Gelegenheit zu Angriff und Plünderung bietet, werden eben diese Verhaltensweisen erwartet; tatsächlich ist es so, daß die Tradition sie verlangt.

Dies ist allgemein bekannt. Weniger verbreitet dagegen dürfte das Wissen über die beiden Institutionen *istikhara* und *anaya* sein. Bei ersterem handelt es sich um ein Gebet kurz vor dem Schlafengehen, in dem der Gläubige Allah bittet, ihm einen Traum zu schicken, der es ihm ermöglicht, seine Probleme zu lösen. Das Gebet muß viermal hintereinander in vollem Umfang gesprochen werden, ehe die Bitte um bestimmte, erleuchtende Einzelheiten folgt, die das Verhalten des Schläfers nach dem Erwachen bestimmen sollen. Dieses Gebet kann erhört oder nicht erhört werden. Es liegt beim Bittsteller zu entscheiden, ob sein Traum die Folge von *istikhara* ist oder nicht, und, wenn er zu einem positiven Ergebnis kommt, den Traum richtig zu interpretieren. Diese Praxis scheint durchaus gedeihlich: Sie geht nicht nur davon aus, daß Träume therapeutischen Nutzen haben können, sondern offeriert dem Moslem zugleich eine brauchbare Technik, solche Träume zu erzeugen.

Anaya dagegen ist ein außer in feudalen Gesellschaften gänzlich sinnloser Brauch. Es ist der letzte schwache Strohhalm, der einem Krieger bleibt, wenn er die Schlacht verloren hat. Sollte es ihm gelingen, zu einem seiner Feinde zu kriechen und seinen Kopf vollkommen unter dessen Burnusfalten zu verbergen, wird ihm automatisch das Leben geschenkt. Seine Rettung jedoch verbindet ihn für den Rest seines Lebens mit dem Träger des Burnus, zumindest jedoch, bis dieser stirbt. Er wird zum dauerhaften Eigentum seines Feindes und untersteht dessen Verantwortung. Zum Zeitpunkt der hier erzählten Ereignisse, also vor etwa hundert Jahren, fungierte *anaya* noch als integraler Bestandteil der militärischen Etikette in der Sahara.

Eines Tages erschien in Quargla ein Mann namens Medagan, begleitet von sieben seiner Söhne. Sie saßen bei den Chaamba und erzählten ihnen, daß ihr eigener Stamm, die Kelkhela Tuareg, sie wegen eines geringfügigen Vergehens aus ihrer Heimat im Hoggar vertrieben habe und sie seitdem durch das Land ziehen und großes Leid ertragen müßten. Die Chaamba hörten zu und nahmen sie bei sich auf. Zuerst liehen sie ihnen einige ihrer Kamele, später gaben sie ihnen große Mengen Datteln und Getreide auf Kredit. Dies ermöglichte den Tuareg die Bewegungsfreiheit, die sie offenbar brauchten. Mehrere Monate hielten sie sich in der Nähe von Quargla auf, jagten und sorgten dafür, daß sie wieder zu Kräften kamen. Dann drangen sie in Quargla ein und raubten den Chaamba zwanzig ihrer besten Kamele, mit denen sie sich anschließend in eine unbewohnte Gegend zurückzogen. Dort, in den tiefen Bergschluchten der menschenleeren Landschaft von Tademait, verbrachten sie die nächsten zwei Jahre oder mehr, und sie verließen ihr Versteck nur, um vorbeiziehende Karawanen anzugreifen. Mit der Zeit hielten sie sich offensichtlich für unverletzlich und wagten sich eines Tages bis an die Tore von El Gola vor, wo sie vor den Augen der Chaamba dreißig ihrer Kamele stahlen.

Zufällig befand sich ein Chaambi aus Quargla bei den anderen Chaamba, als der Überfall stattfand. Er gehörte zu jenen, die dafür gestimmt hatten, den Medagan Getreide auf Kredit zu geben. Als er den anderen diesen Teil der Geschichte erzählte, beschlossen die Chaamba, den Tuareg nachzusetzen. Wenige Tage später verließen sechzig Männer auf schnellen *mehara* die Stadt.

Als Medagan und seine Söhne zu ihrem Versteck zurückgekehrt waren, ahnten sie, daß man sie verfolgen würde, waren jedoch zuversichtlich, daß die Chaamba sich nicht in das Labyrinth von Schluchten und engen Durchlässen wagten, die dieses Gebiet charakterisieren. Trotzdem betete Medagan, bevor er sich in jener Nacht zur Ruhe begab, um einen Traum, der sein Verhalten leiten sollte, falls es den Chaamba gelänge, sie aufzuspüren. Als er am Morgen aufwachte und voller Schrecken feststellte, daß er keinen Traum gehabt hatte oder zumindest keinen, an den er sich erinnern konnte, beriet er sich mit seinen Söhnen. Sie deuteten es als schlechtes Zeichen und beschlossen, *anaya* zu suchen und sich der Gnade der Chaamba erneut – und diesmal für immer – zu unterwerfen, sollte es zum Kampf kommen. Dann schickte Medagan seinen jüngsten Sohn, der kaum mehr als ein Kind war, mit einigen früher erbeuteten Kamelen nach El Golea, um sie dort zu verkaufen. Da die Gruppe eben erst von dort zurückgekehrt war, scheint dies darauf hinzudeuten, daß Medagan die Möglichkeit einer größeren Auseinandersetzung voraussah und zumindest hoffte, diesen Sohn zu retten. Damit hatte er Erfolg; der

Junge erreichte unverletzt und mitsamt den Kamelen die Stadt El Gola.

Die Chaamba spürten die Gruppe unterdessen ohne Schwierigkeiten auf und hörten, wie Medagan rief, Allah habe ihnen aufgetragen, *anaya* zu suchen. Als sie merkten, daß die Tuareg tatsächlich keinen Versuch unternahmen, sich zu verteidigen, erledigten die Chaamba die Angelegenheit, indem sie ihre schwarzen Sklaven gegen sie schickten. Damit war die Möglichkeit von *anaya* ausgeschlossen, denn ein Sklave ist nicht in der Lage, *anaya* zu gewähren. Die Schwarzen schnitten allen Männern die Kehle durch und machten so der Geschichte von Medagan und seinen Söhnen ein Ende.

Dies geschah im Jahre 1863, gerade als die Franzosen große Anstrengungen unternahmen, ihre Hegemonie auf die Wüste im Süden auszuweiten. Es markierte den Beginn einer Periode von zwanzig Jahren exzessiver Gesetzlosigkeit in der gesamten Sahara. Überall entstanden Trupps von Banditen, die Oasen überfielen, vorbeiziehende Karawanen plünderten und Reisende töteten. Einige dieser Aktivitäten waren die legitime Vergeltung französischer Übergriffe, zumeist aber handelte es sich um reine Gesetzlosigkeit, die zweifellos auf den Zusammenbruch aller moralischen Konventionen infolge der andauernden Präsenz der Ungläubigen zurückzuführen war.

Als im selben Gebiet von Tademait, in dem Medagan den Tod gefunden hatte, eine kleine Gruppe des Mekhadema-Stamms angegriffen und ermordet worden war, schrieb der Volksglaube um Quargla die Tat sofort Medagan und seinen Söhnen zu, die nun bezichtigt wurden, aus dem Grab heraus Rache zu üben, weil die Chaamba ihnen *anaya* verwehrt hatten. Als die Überfälle sich häuften, wurden die Geister

der Medaganat für jede neue *razzia* verantwortlich gemacht, und das Wort Medaganat wurde in der Sahara rasch
zu einem Synonym für Gesetzlose. Jeder kleine Dieb, Auf-
rührer, Plünderer, Überläufer oder Wegelagerer galt als Medagani. Nur die leere Hülse des Begriffs blieb übrig, seine
ursprüngliche und auch seine übertragene Bedeutung gingen in den allgemeinen Wirren, die das Gebiet heimsuchten,
verloren. Schließlich wurden die Überfälle organisiert und
nahmen einen offeneren politischen Charakter an. Jetzt
waren es die Chaamba selbst, die in großen Massen beschlossen, sich gegen das Gesetz zu erheben; 1871 nahmen
sie den Namen Medaganat als ihre offizielle Bezeichnung.

1876 prahlten sie damit, die drei französischen Priester,
Pater Paulmier, Menoret und Boujard, getötet zu haben.
Die Presse in Frankreich reagierte hysterisch: die Lage in
der Sahara war vollkommen untragbar. Mittlerweile nahmen die Angriffe an Häufigkeit und Brutalität zu. Die Medaganat organisierten Überfälle an der tunesischen Grenze,
in Libyen, Marokko und der gesamten algerischen Wüste.
Erst mehrere Jahre später, 1883, als sie so leichtsinnig waren,
einen Trupp der Reguibat anzugreifen, trafen sie auf einen
Feind, der stark genug war, ihnen ein Ende zu machen.

Gleich zu Beginn der Schlacht ergaben sich viele Medaganat den Reguibat, da sie ihre Niederlage voraussahen. Sobald offensichtlich wurde, daß sie auf verlorenem Posten
standen, versuchten die übrigen wie ihre Namensvettern,
anaya zu erlangen. Die Frauen der Reguibat jedoch, die mit
im Lager waren, warnten ihre Männer wiederholt davor,
den Feinden *anaya* zu gewähren. So waren die Reguibat gezwungen, die Medaganat mit ihren Schwertern zu zer-
stückeln, um sie daran zu hindern, die Falten ihrer Gewänder zu berühren. Die Frauen bestanden darüber hinaus

darauf, auch jene zu töten, die sich zu Anfang ergeben hatten. Dies war ein schwerer Verstoß gegen das Gesetz der Wüste, doch um sie zufriedenzustellen, schlitzten die Reguibat einigen Dutzend Männern die Kehle auf, und schließlich gaben die Frauen Ruhe.

An diesem Beispiel wird deutlich, daß sich weder mit *anaya* noch mit *istikhara* das gewünschte Ergebnis erzielen ließ, und doch waren die Folgen keineswegs dieselben, als wäre beides nicht praktiziert worden. Für einen Moslem wird das Scheitern von Medagans Versuch, *istikhara* zu erbitten, aus den Fakten klar. Der Gläubige mag beten: Wenn er nicht im Stand der Gnade ist, wird das Gebet keinen Erfolg zeitigen. Da Medagan seine Beschützer hintergangen hatte, war er nicht in der Lage, Kontakt mit der Gottheit aufzunehmen. Und als er seine traumlose Nacht als Hinweis auf *anaya* interpretierte und darum bat, ohne jeden Versuch, sich zu verteidigen, half er zweifellos bei seiner eigenen Niederlage mit. Die Chaamba mußten in diesem Verhalten einen Beweis für seine Feigheit sehen. Daß sie ihre Sklaven sandten, um die Feinde zu töten, gab daher ihrer Verweigerung von *anaya* einen verächtlichen Beigeschmack. Offensichtlich befanden sich Medagan und seine Söhne in bezug auf *istikhara* und *anaya* nicht mehr im Bereich des normalen Funktionsrahmens. Für viele der Chaamba-Medaganat dagegen wäre *anaya* eine Rettung gewesen, hätten die Frauen der Reguibat ihre Männer nicht begleitet.

Also gab es weder *istikhara* noch *anaya*; Medagan war kein Medagani, und die Medaganat hatten nie von Medagan gehört.

Tanger, 1975

VERGANGENHEIT UND GEGENWART

Tanger – wenn ich wirklich in dieses Haus am Aim Cqof ziehen sollte, werde ich keine Kosten scheuen, um mir in der Mitte des Hofes einen Brunnen bauen zu lassen. Das Wasser würde in ein Marmorbecken plätschern und durch die marmornen Rinnen in einen Graben fließen. Fließendes Wasser, so heißt es, verleiht der Seele in der Stunde des Gebets Frieden. Gelegentlich vielleicht sogar zuviel. Ein Beispiel: die bekannte Geschichte von Hadj Allal, der nicht durch eigene Schuld ins Unglück stürzte.

»Als sei er auf eine Mine getreten«, erklärte einer der Theologiestudenten. »Nur daß die Mine unsichtbar war und kein Geräusch verursachte, als sie explodierte. Niemand wußte etwas darüber. Er schaute in den Fluß. Dann kam er plötzlich in die Moschee. Wir alle meinten, er wäre etwa fünf Minuten draußen gewesen. Aber am Ort, wo er gefallen war, waren ungefähr zwei Jahre vergangen. Er hat versucht, es uns zu erklären. Wir brachten ihn nach Hause und sagten seiner Frau, sie solle ihn ins Bett legen und gut zudecken.«

Und da ist die Geschichte von dem *fqih,* der vor ungefähr zweihundert Jahren in der Moschee eines kleines Dörfchens lehrte. Keine Spur von seinem Leben wäre heute noch erhalten, hätte er nicht dieses unerklärliche psychische Abenteuer erlebt. Der Mann muß über einen der seltenen Risse in der Zeit gestolpert sein, ein Fehler in der Oberfläche der Zeit, wie man so sagt – und fiel hinein.

Von einem anderen *fqih* in Hajra den Nahal wird berichtet, daß er von einer Sekunde auf die andere ausgerutscht und in einen tiefen Schacht der Zeit gefallen ist. Der Unfall passierte, während er sich im Fluß vor der Moschee wusch. Er hockte neben dem fließenden Wasser, als zwei *tolbas* auf ihrem Weg zum Gebet in der Moschee an ihm vorbeikamen. Sie waren in ein Gespräch vertieft. Später erklärte der *fqih*, daß er nur diesen einen Satz gehört hatte: »…innerhalb eines Augenblicks…« Das schien das Signal gewesen zu sein. Alles um ihn herum hörte auf zu existieren, verschwamm vor seinen Augen und ließ ihn in völliger Dunkelheit zurück.

In allen Versionen ist der Eintritt in diese Ebene für die Betroffenen von entscheidender Bedeutung. Die beiden »falschen« Jahre verbrachte der Nahali seinen eigenen Worten nach in Indien, und zwar in einem Zustand, in dem er für andere unsichtbar war. Während dieser Zeit beschäftigte er sich mit nichts anderem, als einem berühmten Goldschmied bei der Arbeit zuzuschauen. Als die Zeit ihn dann wieder ausspuckte und er wie vorher an seinem Fluß bei der Moschee saß, kannte er alle Geheimnisse des indischen Meisters. Er benutzte dieses Wissen von nun an, indem er selber Goldschmied wurde. Sein Ruhm als großer Künstler verbreitete sich in der ganzen islamischen Welt, so daß der indische Goldschmied, als er davon hörte, nicht ruhte noch rastete, bis er Marokko besucht und die Schmuckstücke mit eigenen Augen gesehen hatte. Unklugerweise reiste er mit seiner Frau. Der Höhepunkt und das Tüpfelchen auf dem i für die, die diese Geschichte erzählen, ist der doppelte Triumph des Nahali. Der Inder sah nicht nur seine eigenen Erfindungen von dem Marokkaner verbessert, sondern er verlor auch noch seine Frau an ihn.

Ein anderer unglücklicher *fqih* verbrachte seinen Aufent-
halt in der Zeitblase als Frau, kehrte jedoch mit größerer
Weisheit in die Welt zurück.

Auch die Legende der Haddadoua und ihrer Vernichtung
liefert neues Material zu diesem Thema. Tag für Tag, von
morgens bis abends saß ihr Schutzheiliger da und rauchte
Kif aus einer *nargilah*, erzählte man sich. Noch vor sieben
oder acht Jahren konnte man seine Schüler neben dem zerfallenen Grab sitzen sehen, die nur dorthin gekommen
waren, um zu rauchen. Die ganze Bruderschaft wurde von
der Regierung völlig ausgerottet. Manchmal sieht man einen
einsamen Mann die Straße entlanggehen; er trägt die zerlumpten Kleider und die wilde Haartracht der Haddadouih,
aber da die Sekte nicht länger existiert und, wichtiger noch,
kein Hauptquartier mehr besitzt, verdient ein solcher Mann
nicht länger den Respekt, den man einem Mitglied des Or-
dens normalerweise zollt, und so rutscht er für die meisten
Bürger in die Kategorie der ganz normalen Verrückten.

In den Augen der Regierung jedoch war die Haddadoua
überhaupt keine religiöse Sekte, sondern eine Bande von organisierten Banditen, die man nur mit Waffengewalt ein-
schüchtern konnte. Abgesehen von ihrer geheimnisvollen
Macht über Ziegen, die es ihnen ermöglichte, einen großan-
gelegten Raubzug dieser Tiere im gesamten nördlichen Teil
des Landes durchzuführen, und der Angewohnheit, ihre
Mitmenschen mit magischen Flüchen zu bedrohen, um –
besonders von der Landbevölkerung – Geld zu erpressen,
schien es keinen triftigen Grund für ihre Verfolgung und
Vernichtung zu geben. Vielleicht war es die Legende von der
Festung, die sie errichtet hatten, in deren Kellern sie angeblich viele Frauen gefangenhielten. Sie behaupteten, daß die
Frauen aus freiem Willen zu ihnen gekommen waren und

darum gebeten hatten, als Schülerinnen bei ihnen aufgenommen zu werden. Ob das nun der Wahrheit entsprach oder nicht, sobald die Frauen bei ihren Ritualen zugegen gewesen waren, konnten sie es ihnen nicht mehr erlauben, das Gebäude zu verlassen, und schlossen sie deshalb in die Keller ein, wo sie den häuslichen Pflichten nachgingen.*

Die Haddadoua legten sehr viel Wert auf ihre Nahrung. Jede Mahlzeit war ein Bankett. Vielleicht war die Bedeutung, die man dem Essen beimaß, eine Folge der großen Mengen von Cannabis, die die Männer jeden Tag zu sich nahmen. Ein riesiger Viehbestand im ganzen Land sorgte im übrigen dafür, daß sie immer genug auf dem Tisch hatten. Ein Haddadouih konnte allein in die Landschaft hinausgehen und innerhalb von wenigen Tagen mit Hunderten von Ziegen zurückkehren, die ihm im Gänsemarsch folgten. Das allein genügte, um die Herzen der Bauern mit Angst und Schrecken zu erfüllen. Niemand scheint Genaueres darüber zu wissen, wie sie den Tieren ihren Willen aufzwangen, aber es besteht Übereinstimmung dahingehend, daß es eine besondere Kunst erforderte, die man sich nur mit viel Zeit und Geduld aneignen konnte. Wenn man bedenkt, daß sie die Technik erlernten, indem sie sich zu den Tieren legten und nachts, wenn sie schliefen, zu ihnen sprachen, scheint es gar nicht so unwahrscheinlich. Der Haddadouih, der vor vierzig Jahren im Staub von Marrakesch lag, verwandelte sich in eine Ziege, während ich zuschaute. Ich sah einen menschlichen Körper mit dem Geist einer Ziege vor mir, so, als wäre die Ziege in der Lage gewesen, äußerlich die Form eines

* Das ist die Legende. Eine erst kürzlich vorgenommene Untersuchung der besagten Stelle bewies mir jedoch, daß es unter keinem Flügel des ehemals heiligen Ortes Keller gegeben hat.

Menschen anzunehmen und doch unverwechselbar eine Ziege zu bleiben. Was immer es war, worüber das sie auf dem Weg zu ihrem esoterischen Wissen stolperten, sicherlich ist ihr eigener Ruin auf den Mißbrauch dieser Techniken zurückzuführen.

Für die Leute, die auf dem Land leben, ist der *djinn* auch heute noch ein selbstverständlicher, wenn auch gefürchteter Bestandteil ihres Lebens. Es geht den Marokkanern nicht darum, sie zu beschwören und um Hilfe zu bitten, sondern ausschließlich darum, ihnen möglichst aus dem Weg zu gehen. Sie leben nur ein paar Meter unter uns, in einer exakten Imitation der Landschaftsoberfläche der Erde. Jeder Baum und Fels, jedes Haus hat ein identisches Gegenstück auf der Erde. Der einzige Unterschied liegt darin, daß ihr Himmel aus Erde statt aus Luft besteht und es deshalb stockfinster ist. Aber da die Unterwelt eine exakte Reproduktion der oberen Welt ist, sind die *djenoun* für das Leben dort unten perfekt ausgerüstet und ziehen es auch in der Tat dem in unserer Welt vor. Schwierigkeiten gibt es erst, wenn sie tierische oder menschliche Form annehmen und bei uns auftauchen, denn sie sind unsere traditionellen Feinde, ein fremder Stamm, immer auf der Lauer nach einer Gelegenheit, unsere Dörfer zu infiltrieren, und das passiert schon dann, wenn sie einfach nur Kontakt zu uns aufnehmen.

Wenn sich ein *djinn* einem bestimmten Menschen gezeigt hat, wird sich sein Leben radikal verändern. Wir können immer dann seinen Einfluß oder seine Gegenwart erkennen, wenn die Dinge nicht so laufen, wie sie sollten, immer dann, wenn in einer bestimmten Situation ein unerklärliches oder verdächtiges Element auftaucht, kurz, wenn wir mit etwas konfrontiert werden, das wir nicht verstehen. Das ist die erste Warnung. Und dann müssen wir Ausschau nach dem *djinn* halten – früher oder später stoßen wir auf ihn und erkennen ihn auch, egal in welcher Form er uns begegnet. Was dann nur zählt, ist die Reaktion und die Art, wie man mit ihm umgeht. Wenn man den Kampf mit einem *djinn* verliert, kann man mit jahrelangem Ärger, mit Krankheit, ja, sogar mit dem Tod rechnen.

Vor allem sollte man sich davor hüten, sich gefühlsmäßig mit einem *djinn* oder einer *djinniya* einzulassen. Rassenmischung ist zwar nicht selten, aber sie wird im allgemeinen erst entdeckt, wenn einer der beiden Partner den anderen getötet hat. »Ich habe sie monatelang beobachtet, bis ich dahinterkam, daß sie nie etwas aß, das Salz enthielt. Da wußte ich, daß sie keine richtige Frau war.«

Begreiflicherweise kann sich die offene Stelle in der Grenze zwischen den beiden Welten überall befinden, meistens liegt sie jedoch in Höhlen und unter Wasser, besonders unter fließendem Wasser. Wenn dein Reiseweg über einen Fluß führt, dann achte darauf, daß du immer irgendeinen Gegenstand aus Stahl (oder wenigstens Eisen) zur Hand hast. Stadtmenschen behaupten ja oft, daß es gar keine *djenoun* gibt, oder nicht mehr gibt, wenigstens nicht in der Stadt. Auf dem Land aber, wo das Leben immer noch genau in den gleichen Bahnen verläuft wie seit Jahrhunderten, und wo es nicht so viele Autos und andere Dinge gibt, die Eisen enthalten, ist es wahrscheinlich, daß *djenoun* auch heute noch existieren – das müssen selbst die Leute aus der Stadt zugeben. Aber dann fügen sie meistens schnell hinzu, daß die Autos sie am Ende alle vertreiben werden, denn sie können gegen Stahl oder Eisen einfach nichts ausrichten. Dann wird man sie nur noch in den Bergen oder in den abgelegenen Teilen der Wüste fürchten müssen.

Trotz dieser rationalen Beruhigungsversuche richten die

djenoun gelegentlich auch mitten in der Stadt ihre Verwüstungen an. Dann tauchen sie urplötzlich aus Abflußrohren
auf und fallen Hausfrauen an. Aus diesem Grund hüten sich
auch heute noch viele Frauen davor, heißes Wasser in den
Ausguß zu gießen, mit anderen Worten, sie spülen ihr Geschirr mit kaltem Wasser, damit sie nicht aus Versehen einen
möglichen Bewohner des Abflußrohres verletzen. Man
weiß, daß die *djenoun* in solchen Fällen extrem rachsüchtig
sein können und es den Übeltätern meistens mit einer Läh-
mung heimzahlen.

Wenn man in die Vororte der Stadt kommt, wo die Felder
anfangen und die Schafe weiden, und dort unter bestimmten Bäumen ein Loch gräbt, wird man nicht selten auf ein
Messer stoßen. Ein paar Meter weiter stößt man vielleicht
auf ein zweites. Man findet sie zu Dutzenden, und alle sind
in einen Fetzen Papier eingewickelte Klappmesser. Selbst,
wenn einer hinginge und jedes Messer, das er findet, auf-
klappt und damit jedesmal einen Mann vom Fluch einer
gottlosen Frau erlöst – er würde wohl kaum seine ganze Zeit
damit verbringen wollen, Gutes für eine ganze Schar von
Männern zu tun, die er noch nie gesehen hat und wohl auch
nie kennenlernen wird. Eigentlich gibt es keinen Grund,
loszugehen und nach vergrabenen Messern zu suchen, es sei
denn, man vermutet, daß man selber Opfer eines solchen
Messerfluches geworden ist. In diesem Fall überlegt man
sich, welche Frau es vermutlich war und wo sie wohl hingegangen sein könnte, geht dann selber los und fängt an,
aufs Geratewohl zu graben.

Manchmal stößt man dabei auf andere grabende Männer,
die beschämt zur Seite schauen, wenn sie einen bemerken,
und schnell so tun, als höben sie etwas vom Boden auf, was
ihnen heruntergefallen war. Oft stehen sie auf, zucken die

Achseln und gehen weg. Aber wenn man in einiger Entfernung wartet, kommen sie verstohlen zurück und fangen wieder an zu graben. Wo bleibt die Gerechtigkeit in einer Welt, in der eine Frau einem Mann mit einem simplen Klappmesser so viel Kummer machen kann?

»Schon zweimal habe ich ein zusammengeklapptes Messer am Fuß der Klippe, im Meer vergraben gefunden. Die Frauen, die so etwas tun, sind noch schlimmer als die, die sie im Boden vergraben; sie sind entschlossen, einen langen Weg zu machen, um das Leben der Männer, die sie hassen, zu ruinieren. Und die Chance, daß ein solches Messer gefunden und geöffnet wird, ist nicht sehr groß. Selbst, wenn das Papier, auf das der Fluch geschrieben war, sich im Wasser auflöst, kann der Mann seines Lebens nicht mehr froh werden, bis die Klinge geöffnet wird. Denn das Schließen der Klinge auf dem Fluch macht den Mann unfähig, hart zu werden. Wenn ich je einer Frau begegne, die dabei ist, ein Messer zu begraben, kommt sie nie wieder heil nach Hause zurück.«

Tanger 1975

ALLAL

Er wurde in dem Hotel geboren, in dem seine Mutter arbeitete. Das Hotel hatte nur drei düstere Zimmer und einen Hof hinter der Bar. Weiter hinten lag noch ein kleinerer Patio mit mehreren Türen. Hier wohnten die Dienstboten, und hier verbrachte Allal seine Kindheit.

Der Besitzer des Hotels, ein Grieche, hatte Allals Mutter davongejagt. Er war empört, daß sie, ein Mädchen von vierzehn Jahren, es gewagt hatte, in seinem Haus ein Kind in die Welt zu setzen. Obendrein weigerte sie sich, den Namen des Vaters zu verraten, und es wurmte ihn, daß er nicht selber auf die Idee gekommen war, die Situation auszunutzen, solange sich die Chance bot. Er drückte Allals Mutter ihren Lohn für die nächsten drei Monate in die Hand und schickte sie zurück nach Marrakesch. Aber der Koch und seine Frau hatten das Mädchen ins Herz geschlossen und boten ihm an, es eine Weile bei sich aufzunehmen, und so willigte der Grieche ein und erlaubte, daß die Mutter so lange bei ihnen blieb, bis ihr Baby groß genug war, um es mit zurück nach Marrakesch zu nehmen. Ein paar Monate verbrachte sie mit dem Koch und seiner Frau in dem hinteren Patio, dann verschwand sie eines Tages und ließ ihr Kind zurück. Keiner hat je wieder etwas von ihr gehört.

Kaum war Allal alt genug, um Lasten zu tragen, gaben sie ihm Arbeit. Es dauerte nicht lange, da schleppte er schon ganz allein einen Kübel Wasser vom Brunnen hinter dem

Hotel herbei. Der Koch und seine Frau hatten keine Kinder, deshalb spielte er allein.

Als er älter wurde, begann er die verlassene Hochebene draußen zu erforschen. Dort oben gab es nichts außer Militärbaracken, die von einer hohen, unüberwindlichen Mauer aus roten Backsteinen umgeben waren. Alles andere lag unten im Tal: die Stadt, die Gärten und der Fluß, der sich zwischen Tausenden von Palmen hindurch südwärts schlängelte. Hier konnte er hoch oben auf einem Felsen sitzen und hinunterschauen auf die Leute, die durch die Gassen der Stadt liefen. Erst viel später kam er in die Stadt hinab und lernte ihre Einwohner kennen. Sie nannten ihn einen Sohn der Sünde, weil seine Mutter ihn ausgesetzt hatte, und sie lachten hämisch, wenn sie ihn sahen. Ihm kam es vor, als hofften sie, ihn auf diese Weise zu einem Schatten zu machen, damit sie ihn nicht als Wesen aus Fleisch und Blut akzeptieren mußten. Mit Schrecken sah er der Zeit entgegen, wo er jeden Morgen in die Stadt gehen mußte, um dort zu arbeiten. Momentan half er noch in der Küche aus oder bediente die Offiziere aus den Baracken und die paar Fremden, die durch die Gegend kamen. Im Restaurant bekam er kleine Trinkgelder, dazu gewährte ihm der Grieche freie Kost und Logis in einer der Zellen im Gesindequartier, jedoch keinen Lohn für seine Arbeit. Schließlich kam er in das Alter, wo ihm seine Situation entwürdigend erschien, und so beschloß er eines Tages, in die Stadt hinunterzugehen und zu arbeiten. Zusammen mit anderen Jungs in seinem Alter half er bei der Herstellung der Lehmziegel, aus denen die Leute hier ihre Häuser bauten.

Das Leben in der Stadt war genauso, wie er es sich vorgestellt hatte. Zwei Jahre lang wohnte er in einem Zimmer hinter einer Schmiede, lebte zurückgezogen und ohne Scherereien und sparte alles Geld, das er nicht unmittelbar zum Leben brauchte. Er dachte nicht daran, sich in dieser Zeit Freunde zu suchen; ganz im Gegenteil entwickelte er einen tiefen Haß auf die Leute in der Stadt, denn sie ließen ihn niemals vergessen, daß er ein Sohn der Sünde war, nicht einer wie die anderen, sondern *meskhot* – verflucht. Eines Tages fand er ein kleines Haus, kaum mehr als eine Hütte, zwischen den Palmenhainen vor der Stadt. Die Miete war niedrig, und kein Mensch wohnte in der Umgebung. Dort, wo der Wind in den Bäumen spielte, lebte er nun und vermied allen Kontakt mit den Leuten aus der Stadt, so gut er konnte.

An einem heißen Sommerabend kurz nach Sonnenuntergang schlenderte er unter den Arkaden entlang, die den Marktplatz der Stadt säumten. Ein paar Meter vor ihm ging ein alter Mann mit einem weißen Turban und versuchte, einen schweren Sack von der einen auf die andere Schulter zu wuchten. Plötzlich fiel der Sack auf die Erde, und Allal traute seinen Augen nicht, als zwei dunkle Schatten herausglitten und im Zwielicht verschwanden. Der alte Mann warf sich auf seinen Sack, band ihn zu und schrie dabei: »Paßt auf die Schlangen auf! Helft mir meine Schlangen suchen!«

Viele Leute machten auf dem Absatz kehrt und liefen eilig denselben Weg zurück, den sie gekommen waren. Andere blieben in sicherer Entfernung stehen und gafften. Ein paar riefen dem Alten zu: »Mach bloß, daß du deine Schlangen wiederfindest und hier fortkommst! Was hast du hier zu suchen? Wir wollen keine Schlangen in unserer Stadt!«

Der alte Mann hüpfte aufgeregt von einem Fuß auf den anderen und sagte dann zu Allal: »Paß einen Augenblick hier auf, mein Sohn!« Dabei deutete er auf den Sack, der vor ihm auf der Straße lag. Er nahm einen Korb, den er mitgebracht hatte, und bog hastig um die Ecke in eine kleine Gasse. Allal blieb, wo er war. Niemand ging an ihm vorbei.

Nicht lange darauf kam der alte Mann keuchend und triumphierend zurück. Als die Neugierigen ihn wieder auf dem Marktplatz sahen, fingen sie an zu schreien und zu rufen. Diesmal meinten sie Allal: »Zeig diesem *berrani* den Weg aus der Stadt! Wie kann er es wagen, uns dieses Viehzeug hier reinzuschleppen! Raus hier! Raus!«

Allal nahm den schweren Sack auf und sagte zu dem alten Mann: »Komm mit.«

Sie ließen den Marktplatz hinter sich und liefen durch die Gassen, bis sie am Rande der Stadt angekommen waren. Der alte Mann schaute auf und sah, wie sich die Palmen vor dem blassen Abendhimmel neigten. Er blickte auf den Jungen neben sich. »Komm«, sagte Allal nur und wandte sich nach links, den ebenen Pfad entlang, der zu seinem Haus führte. Der alte Mann blieb verwundert stehen.

»Du kannst heute nacht bei mir bleiben«, erklärte Allal.

»Und die hier?« fragte der Alte und deutete zuerst auf den Sack und dann auf den Korb. »Sie müssen immer in meiner Nähe sein.« Allal grinste.

»Die können mitkommen.«

Als sie im Haus saßen, schaute Allal auf den Sack und den Korb.

»Ich bin nicht wie die anderen dort draußen«, sagte er.

Es tat ihm gut, diese Worte auszusprechen. Er machte eine verächtliche Handbewegung.

»Haben Angst, über den Marktplatz zu gehen, bloß weil da eine Schlange ist. Aber du hast sie ja selber gesehen.«

Der alte Mann kratzte sich am Kinn.

»Schlangen sind wie Menschen«, sagte er. »Du mußt sie kennenlernen. Dann kannst du ihr Freund werden.«

Allal dachte eine Weile nach und fragte dann:

»Läßt du sie ab und zu mal raus?«

»Natürlich, oft« sagte der alte Mann eifrig. »Das ist nicht gut für sie, wenn sie eingesperrt sind, so wie jetzt. Sie müssen gesund sein, wenn wir nach Taroudant kommen, sonst wird sie mir der Händler dort nicht abkaufen.«

Er fing an, Allal eine lange Geschichte über sein Leben als Schlangenfänger zu erzählen. Er beschrieb ihm, wie er jedes Jahr einmal nach Taroudant fuhr, um dort einen Händler zu besuchen, der ihm seine Schlangen für die Assaoua Schlangenbeschwörer in Marrakesch abkaufte. Allal kochte Tee und hörte zu, dann brachte er dem Alten eine Schale mit Kifpaste, um sie zum Tee zu essen. Später, als sie sich in einer Wolke von Pfeifenrauch bequem zurückgelegt hatten, lachte der alte Mann leise in sich hinein. Allal wandte den Kopf und sah ihn an.

»Soll ich sie rauslassen?«

»Klar!«

»Aber du mußt ganz still sitzen bleiben und darfst nicht sprechen. Rück die Lampe ein Stückchen näher.«

Er schnürte den Sack auf, schüttelte ihn ein bißchen und kehrte auf seinen Platz zurück. Dann beobachtete Allal schweigend, wie die langen Körper vorsichtig herausglitten ins Licht. Außer den Kobras gab es noch andere, deren Haut so fein und exakt gezeichnet war, daß man glauben konnte, ein Künstler habe sich diese Muster ausgedacht und aufgemalt. Eine rötlich-goldene Schlange gefiel ihm ganz besonders. Sie hatte sich mitten auf dem Fußboden zusammengerollt und lag jetzt träge da. Als er sie anstarrte, spürte er ein starkes Verlangen, sie zu besitzen und immer bei sich zu haben.

Der alte Mann erzählte.

»Ich habe mein ganzes Leben lang mit Schlangen zu tun gehabt«, sagte er. »Ich könnte dir einiges über sie erzählen. Wußtest du beispielsweise, daß du mit ihnen machen kannst, was du willst, ohne auch nur ein Wort zu sagen? Du brauchst ihnen bloß *majoun* zu geben, ich schwör's bei Allah!«

Ein Anflug von Zweifel huschte über Allals Gesicht. Er zweifelte nicht daran, daß der Alte die Wahrheit sagte, eher daran, ob er sein Wissen auch in die Tat umsetzen konnte. In diesem Moment kam ihm zum erstenmal die Idee, sich die Schlange zu eigen zu machen. Er dachte bei sich, was auch immer nun zu tun sei – er mußte sich damit beeilen, denn am nächsten Morgen wollte der Alte aufbrechen.

Plötzlich war er voller Ungeduld.

»Tu sie wieder weg, damit ich das Abendessen kochen kann«, flüsterte er. Er saß da und bewunderte die Leichtigkeit, mit der der alte Mann jede einzelne am Kopf aufhob und wieder in den Sack steckte. Und wieder sperrte er zwei von den Schlangen in den Korb, und eine von ihnen, bemerkte Allal, war die rote. Er meinte sogar, den Glanz ihrer Schuppen durch den Korbdeckel hindurch schimmern zu sehen.

Als er anfing, das Essen zu bereiten, bemühte sich Allal, an andere Dinge zu denken. Aber als sich die Schlange trotz alledem nicht aus seinen Gedanken verbannen ließ, überlegte er, wie er sie am besten dem Alten wegnehmen konnte. Während er in der Ecke vor dem Feuer hockte, verrührte er ein wenig Kifpaste in einer Schale mit Milch und stellte sie beiseite.

Der alte Mann erzählte immer noch.

»Wir hatten wirklich Glück, daß wir die beiden Schlangen so schnell gefunden haben, und das mitten in der Stadt. Man weiß nie, was Menschen plötzlich in den Sinn kommt, wenn sie mitkriegen, daß du Schlangen transportierst. Einmal in El Keela, da haben sie mir alle abgenommen und totgeschlagen, eine nach der anderen, vor meinen Augen. Ein ganzes Jahr Arbeit. Ich mußte nach Hause zurückkehren und wieder von vorne anfangen.«

Beim Essen bemerkte Allal, daß sein Gast allmählich schläfrig wurde. »Wie soll ich es bloß anstellen?« fragte er sich. Jedenfalls war es unmöglich, im voraus zu entscheiden, was zu tun war. Und die Aussicht, die Schlange zu berühren, machte ihm angst. »Sie könnte mich umbringen«, dachte er.

Als sie die Mahlzeit beendet, ihren Tee getrunken und ein paar Pfeifen Kif geraucht hatten, legte sich der alte Mann auf die Erde, um zu schlafen. Allal sprang auf.

»Hier drin!« erklärte er und führte ihn zu seiner eigenen Matte, die in einer kleinen Nische lag. Der alte Mann legte sich hin und war im Handumdrehen eingeschlafen.

In der nächsten halben Stunde schlich sich Allal mehrere Male zu der Nische und spähte hinein, aber der Alte mit seinem Burnus und seinem Turban lag noch genauso reglos da wie zuvor.

Er holte seine Decke, verknotete sie an drei Zipfeln miteinander und breitete sie so auf dem Fußboden aus, daß das vierte Ende genau vor dem Korb zu liegen kam. Dann stellte er die Schale mit Kifpaste und Milch in die Mitte des Lakens. Als er den Riemen am Korbdeckel lockerte, hörte er den Alten husten. Allal blieb reglos stehen und wartete darauf, daß die heisere Stimme etwas sagte. Eine leichte Brise war aufgekommen; draußen rieben sich die Palmwedel aneinander, aber in der Nische blieb alles still. Er kroch zum anderen Ende des Zimmers, hockte sich gegen die Wand und starrte gebannt auf den Korb.

Ein paarmal hatte er den Eindruck, daß der Korbdeckel sich leicht bewegte, und jedesmal glaubte er, er habe sich geirrt. Plötzlich stockte ihm der Atem. Im Schatten des Korbes bewegte sich etwas. Eine der Schlangen war am jenseitigen Ende herausgeschlüpft. Sie wartete eine Weile, ehe sie sich weiter ins Licht vorwagte, aber als sie es endlich tat, hauchte Allal ein Dankgebet. Es war die rötlich-goldene.

Nach einiger Zeit beschloß sie, die Schale auszukundschaften. Erst machte sie eine Runde um den Rand und schaute von allen Seiten hinein, ehe sie schließlich den Kopf senkte und von der Milch trank. Allal schaute ihr zu und befürchtete, daß der ungewohnte Geschmack des Kif sie irritieren würde. Doch die Schlange rührte sich nicht vom Fleck.

Er wartete eine halbe Stunde, vielleicht sogar länger. Die Schlange blieb, wo sie war, mit dem Kopf in der Schale. Von Zeit zu Zeit warf Allal einen Blick in den Korb, um sich zu vergewissern, daß die zweite Schlange noch drin war. Der leichte Wind draußen hielt an und rieb die Palmwedel gegeneinander. Jetzt war der richtige Augenblick gekommen – er stand langsam auf, und während er den Korb im Auge behielt, in dem offensichtlich noch die zweite Schlange lag, nahm er vorsichtig die drei zusammengeknoteten Enden des Lakens in die Hand. Dann hob er den vierten Zipfel hoch, wobei Schlange und Schale in die Mitte des improvisierten Sackes rutschten. Die Schlange bewegte sich leicht, aber er hatte nicht den Eindruck, daß sie böse war. Er wußte haargenau, wo er sie verstecken mußte: zwischen ein paar Felsblöcken im ausgetrockneten Flußbett.

Das Laken vor sich her tragend, öffnete er die Tür und trat hinaus unter die Sterne. Er ging nicht weit die Straße hinauf, bis zu einer Gruppe hoher Palmen und dann nach links in das *oued* hinein. Zwischen den Felsen wußte er eine kleine Mulde, wo sein Bündel gut aufgehoben war. Er schob es vorsichtig hinein und lief dann eilig zu seiner Hütte zurück. Der alte Mann schlief.

Er war sich nicht ganz sicher, ob die andere Schlange noch in ihrem Korb war, deshalb nahm Allal seinen Burnus und ging nach draußen. Er schloß leise die Tür hinter sich und legte sich zum Schlafen auf die Erde.

Noch vor Sonnenaufgang war der Alte wach und lag hustend in seiner Nische. Allal sprang auf, ging ins Haus und machte Feuer im *mijmah*. Eine Minute später hörte er ihn schreien:

»Sie sind schon wieder weg! Aus dem Korb verschwunden! Bleib, wo du bist, ich suche sie!«

Kurze Zeit später kam er zufrieden grunzend wieder an.

»Ich hab die Schwarze!« rief er. Allal blickte nicht auf. Er hockte in seiner Ecke vor der Feuerstelle. Der Alte kam mit der Kobra in der Hand zu ihm herüber. »Jetzt muß ich bloß noch die andere finden!«

Er verstaute die Schlange und setzte seine Suche fort. Als das Feuer prasselte, drehte Allal sich um und fragte:

»Soll ich dir beim Suchen helfen?«

»Nein, nein! Bleib wo du bist.«

Allal kochte Wasser und machte Tee. Die ganze Zeit kroch der Alte auf allen vieren durch die Hütte, drehte Kisten um und schob Säcke beiseite. Sein Turban war ihm halb heruntergerutscht, und Schweiß rann ihm übers Gesicht.

»Komm und trink deinen Tee«, sagte Allal.

Zuerst schien es, als habe der alte Mann ihn gar nicht gehört. Dann stand er auf und ging hinüber zu der Nische, wo er sich den Turban neu um den Kopf wickelte. Schließlich war er fertig und setzte sich mit Allal zum Frühstück.

»Schlangen sind äußerst kluge Tiere«, sagte der Alte. »Sie verstecken sich an Plätzen, die es gar nicht gibt. Ich habe jeden Winkel in diesem Haus durchsucht.«

Als sie mit dem Frühstück fertig waren, gingen sie hinaus und suchten in den dichten Palmenhainen vor Allals Haus nach der Schlange. Am Ende mußte der alte Mann sich damit abfinden, daß sie verschwunden war, und traurig ging er zurück ins Haus.

»Es war eine gute Schlange«, sagte er nach einer Weile. »Aber jetzt muß ich endlich nach Taroudant aufbrechen.«

Sie verabschiedeten sich, dann nahm der Alte seinen Sack und seinen Korb und machte sich auf den Weg zur Landstraße.

Den ganzen Tag über dachte Allal während der Arbeit an die Schlange, aber erst bei Sonnenuntergang konnte er hinunterlaufen zu den Felsblöcken im *oued* und das Laken herausziehen. Als er sein Bündel zum Haus zurück schleppte, schlug ihm vor Aufregung das Herz bis zum Hals.

Ehe er das Bündel aufschnürte, füllte er wieder eine Schale mit Milch und Kifpaste und stellte sie auf die Erde. Drei Löffel Paste aß er selber, lehnte sich zurück und paßte auf, was geschah. Mit den Fingerspitzen trommelte er leicht auf die Holzplatte des niedrigen Teetischs. Alles verlief genauso, wie er gehofft hatte. Die Schlange glitt langsam aus dem Laken heraus, fand sofort die Schale und trank von der Milch. Solange sie trank, trommelte Allal weiter; doch als sie fertig war und den Kopf hob, um ihn anzuschauen, hörte er auf damit, und sie kroch zu ihrem Lager zurück. Später an diesem Abend stellte er ihr wiederum eine Schale Milch hin, und wieder trommelte er auf den Teetisch. Zuerst erschien der Kopf der Schlange, und nach einer Weile kam sie ganz hervor. Das Ritual verlief genauso wie zuvor.

In dieser und den folgenden Nächten setzte sich Allal zu der Schlange und begann mit unendlicher Geduld, Freundschaft mit ihr zu schließen. Kein einziges Mal versuchte er, sie zu berühren, aber bald hatte er sie so weit, daß er sie zu sich rufen und bei sich behalten konnte, solange er wollte. Er trommelte einfach leise auf den Tisch und schickte sie nach Belieben wieder fort. Etwa eine Woche lang machte er es mit der Kifpaste, dann versuchte er es ohne. Der Erfolg blieb der gleiche. Jetzt fütterte er sie nur noch mit Milch und Eiern.

Eines Abends, als seine Freundin träge zusammengerollt vor ihm lag, mußte er plötzlich an den alten Mann denken, und er kam auf eine Idee, die alle anderen Gedanken aus seinem Kopf verscheuchte. Seit ein paar Wochen hatte er keine Kifpaste mehr im Haus gehabt, und er beschloß, *majoun* zu machen. Am nächsten Tag besorgte er die Zutaten, und nach der Abendmahlzeit machte er sich an die Zubereitung der Paste. Als sie fertig war, verrührte er eine gute Portion mit etwas Milch und stellte die Schale für seine Schlange auf die Erde. Er selber aß vier Löffel voll, die er mit Tee hinunterspülte.

Dann zog er sich hastig aus, schob den Tisch so, daß er ihn bequem erreichen konnte, und streckte sich in der Nähe der Tür nackt auf einer Matte aus. Diesmal trommelten seine Fingerspitzen immer weiter, auch als die Schlange längst die Milch ausgetrunken hatte. Sie lag ganz still und beobachtete ihn, als zweifle sie, daß das vertraute Trommeln von dem braunen Körper kam. Als er merkte, daß sie nach einer langen Zeit immer noch unbeweglich liegenblieb und ihn mit ihren starren gelben Augen fixierte, begann er, das gleiche Wort immer und immer wieder zu wiederholen: »Komm.« Er wußte, sie konnte seine Stimme nicht hören;

doch hoffte er, daß sie auf die Gedankenimpulse reagierte, mit denen er sie zu sich rief. »Du kannst sie dazu bringen, zu tun was du willst, ohne ein Wort zu sagen«, hatte ihm der alte Mann erzählt.

Obgleich sich die Schlange nicht vom Fleck rührte, fuhr Allal fort, seinen Befehl immer wieder von neuem zu wiederholen, denn mittlerweile war er sicher, daß sie kommen würde. Und nachdem er lange Zeit gewartet hatte, senkte sie plötzlich ihren Kopf und schlängelte sich auf ihn zu. Sie erreichte seine Hüfte und glitt an seinem Bein entlang. Dann kroch sie das Bein hoch und blieb eine Zeitlang auf seiner Brust liegen. Ihr Körper war schwer und lauwarm, ihr Schuppenpanzer wunderbar glatt. Nach einer Weile rollte sie sich in der Mulde zwischen seinem Kopf und der Schulter zusammen.

Mittlerweile hatte der Kif Allals Sinne berauscht. In reinster Verzückung lag er da, spürte den Kopf der Schlange an seinem eigenen und hörte auf zu denken. Das Gefühl, mit der Schlange eins zu sein, beherrschte ihn vollkommen. Die Muster, die hinter seinen Augenlidern auftauchten und miteinander verschmolzen, schienen identisch mit denen auf dem Rücken der Schlange. Ab und zu wirbelten sie in einer rasenden, überwältigenden Bewegung empor und zersplitterten in Fragmenten, aus denen sich ein großes gelbes Auge formte, in der Mitte der schmale Schlitz einer vertikalen Pupille, die mit seinem eigenen Herzschlag pulsierte. Das Auge wich zurück hinter Schichten von Schatten und Sonnenlicht, nur die Schuppenmuster blieben, die mit erneuter Vehemenz verschmolzen und wieder auseinandertrieben. Schließlich tauchte wieder das Auge auf und war so groß, daß es sein ganzes Blickfeld beherrschte, und die Pupille dehnte und dehnte sich, bis der Spalt groß genug war, um ihn durchzulassen. Er starrte hinein in die schwarze Öffnung und spürte, wie er langsam darauf zutrieb. Er streckte die Hand aus und berührte die glatte Oberfläche des Auges zu beiden Seiten der Pupille. Im selben Moment fühlte er den Sog, der aus ihren Augen zu kommen schien. Er schlüpfte hindurch und wurde von der Dunkelheit verschluckt.

Beim Aufwachen hatte Allal das Gefühl, als sei er von weither zurückgekehrt. Er öffnete die Augen und sah dicht vor sich etwas, das wie die Flanke eines enormen Tieres aussah und mit rauhen, stoppeligen Haaren überzogen war. Die Luft schien in regelmäßigen Abständen zu vibrieren, wie ferner Donner, der über den Horizont des Himmels rollt. Er seufzte, oder besser, er glaubte zu seufzen, denn kein Laut kam über seine Lippen. Dann bewegte er seinen Kopf ein wenig, um zu sehen, was sich hinter der Masse von Haaren da neben ihm verbarg. Als nächstes erblickte er ein Ohr und wußte, daß er seinen eigenen Kopf vor sich hatte. Das hatte er nicht erwartet – er hatte nur gehofft, daß seine Freundin zu ihm kommen und seinen Traum mit ihm teilen würde. Trotzdem fand er es nicht befremdend; er sagte sich, daß er eben durch die Augen der Schlange sah anstatt durch seine eigenen.

Jetzt verstand er auch, weshalb die Schlange so vorsichtig war: Nun würde der Junge eine monströse Kreatur sein, mit all diesen Borsten auf seinem Kopf und dem Atem, der wie ein ferner Sturm in seinem Körper bebte.

Er rollte sich auf und glitt über den Fußboden zu der Nische. In der Lehmwand gab es einen Spalt, der breit genug war, um ihn hindurchzulassen. Als er sich hinausgezwängt hatte, streckte er sich im kristallenen Mondlicht aus und starrte auf die fremdartige Landschaft, in der die Schatten keine Schatten mehr waren.

Er kroch an der Hauswand entlang, bis er zur Straße kam, die in die Stadt führte. Ein Gefühl der Freiheit erfüllte ihn, wie er es nie zuvor gekannt hatte. Seinen Körper spürte er kaum noch, fühlte sich völlig schwerelos in seiner Schuppenhaut. Wie schön war es, mit langgestrecktem Bauch über die Erde zu streichen, als er die stille Straße entlangkroch und das scharfe Aroma der Wermutsbäume in der Nase spürte. Die Stimme des Muezzin, die sich eben von der Moschee her über die Landschaft erhob, konnte er nicht hören, noch konnte er wissen, daß binnen einer Stunde ein neuer Tag heraufgedämmert war.

Als er in einiger Entfernung einen Mann erblickte, verließ er die Straße und versteckte sich hinter einem Felsen, bis die Gefahr vorbei war. Doch als er sich der Stadt näherte, tauchten immer mehr Leute auf, so daß er sich in den *seguia*, den tiefen Graben neben der Straße, verzog. Hier behinderten die Steine und vertrockneten Pflanzenreste sein Vorwärtskommen. Als der Morgen heraufdämmerte, kämpfte er sich noch immer am Grund des *seguia* voran, ringelte sich um Felsblöcke und kroch durch das Gewirr umgeknickter Grashalme.

Das erste blasse Licht des neuen Tages machte ihn verwirrt und unglücklich. Er kletterte die Böschung des *seguia* hinauf und hob den Kopf, um die Straße zu überblicken. Ein vorbeigehender Mann sah ihn, blieb wie angewurzelt stehen, drehte sich dann abrupt um und rannte davon. Allal wartete nicht lange – er wollte jetzt nur noch nach Hause, und zwar so schnell es ging.

Plötzlich spürte er, wie hinter ihm ein Stein auf dem Boden aufschlug. Sofort warf er sich über den Rand des *seguia* und rollte sich krümmend die Böschung hinunter. Er kannte das Terrain: Dort, wo die Straße den *oued* kreuzte, gab es zwei Kanalrohre, die nicht weit voneinander lagen. In einiger Entfernung vor ihm stand ein Mann mit einer Schaufel in der Hand und beobachtete argwöhnisch den *seguia*. Allal beeilte sich; er wußte, daß er den ersten Kanal erreichen konnte, ehe der Mann ihn erwischen würde.

Der Boden des Tunnels, der unter der Straße hindurchführte, war übersät mit kleinen harten Wellen aus Sand. In der Luft, die durch das Rohr strich, witterte er den Geruch der Berge. Es gab hier drin ein paar Stellen, an denen er sich hätte verstecken können, aber er kroch weiter und erreichte bald das andere Ende. Er schlüpfte in den zweiten Kanal und kroch unter der Straße retour, bis der Tunnel wieder in den *seguia* mündete. Hinter ihm, am Eingang zum ersten Kanal, standen ein paar Männer beisammen. Einer von ihnen lag auf den Knien und war schon bis zu den Schultern in der Kanalöffnung verschwunden.

Allal schlüpfte nun über das offene Feld geradewegs auf sein Haus zu. Er orientierte sich an der Palmengruppe, die neben dem Haus emporragte. Eben ging die Sonne auf, und die Steine warfen lange bläuliche Schatten. Plötzlich tauchte hinter ein paar Bäumen in der Nähe unvermittelt ein kleiner Junge auf, sah ihn und riß vor Schreck Mund und Augen auf. Er war so nahe, daß Allal direkt auf ihn zu glitt und ihn ins Bein biß. Der Junge rannte schreiend zu den Männern, die noch immer im *seguia* standen.

Allal eilte auf sein Haus zu und schaute sich erst wieder um, als er das Loch zwischen den Lehmziegeln erreicht hatte. Ein paar von den Männern kamen durch die Palmen auf ihn zugerannt. Hastig glitt er durch den Mauerspalt in die Nische hinein. Noch immer lag der braune Körper neben der Tür. Aber die Zeit war knapp, und Allal brauchte eine Weile, um sich dicht neben den Kopf zu

schmiegen und zu sagen »Komm«, wenn er wieder hinein-
schlüpfen wollte.

Während er noch hinausstarrte auf den Körper im Ne-
benraum, klopfte es laut an die Tür. Schon beim ersten
Schlag war der Junge auf den Beinen, als hätte ihn eine Fe-
der hochgeschnellt. Verzweifelt sah Allal den Ausdruck absoluten Grauens in seinem Gesicht und diese Augen, hinter
denen jeder menschliche Verstand verschwunden war. Keuchend und mit geballten Fäusten stand der Junge da. Da öffnete sich die Tür und einer der Männer lugte herein. Mit
einem brüllenden Aufschrei senkte der Junge den Kopf und
stürmte durch die Tür ins Freie. Ein anderer streckte die
Hand aus, wollte ihn festhalten, verlor aber das Gleichgewicht und stürzte zu Boden. Im nächsten Moment stürm-
ten alle los und rannten durch den Palmenhain hinter der
nackten Gestalt her.

Auch wenn sie ihn ab und zu aus den Augen verloren, so
hörten sie doch seine Schreie, und dann sahen sie ihn wieder zwischen den Palmen, immer noch laufend. Schließlich
stolperte er und stürzte zu Boden. Nun schnappten sie ihn,
fesselten ihn, bedeckten seine Blöße und trugen ihn fort, um
ihn schließlich ins Hospital von Berrechid zu schaffen.

Am Nachmittag kam dieselbe Gruppe zurück, um die
Suche vom Morgen wieder aufzunehmen. Allal lag in seiner
Nische und döste. Als er zu sich kam, waren sie bereits im
Haus. Er warf sich herum und kroch auf den Mauerspalt zu.
Da sah er den Mann, der draußen wartete, mit einem Knüp-
pel in der Hand.

Schon immer hatte der Zorn sein Herz erfüllt, nun brach
er aus ihm heraus. Wie eine Peitsche schnellte er ins Zimmer
hinein. Die Männer, die ihm am nächsten waren, krochen
auf Händen und Knien auf dem Boden herum, und Allal

hatte noch das Vergnügen, zweien von ihnen seine Giftzähne ins Fleisch zu bohren, bevor ein dritter ihm mit seiner Axt den Kopf abschlug.

Targe, 1976

45599

»DeLillo ist einer unserer geistreichsten
Schriftsteller.«
New York Times

»Die Brillanz und die Originalität des Autors
spiegeln sich auf jeder Seite dieses Romans.«
Newsweek